Manual de
Direito
Administrativo

Acesse o
MATERIAL SUPLEMENTAR
uqr.to/1xyeg

Igor Moura Maciel

Manual de
Direito
Administrativo

2ª edição

2025

- O autor deste livro e a editora empenharam seus melhores esforços para assegurar que as informações e os procedimentos apresentados no texto estejam em acordo com os padrões aceitos à época da publicação, *e todos os dados foram atualizados pelo autor até a data de fechamento do livro*. Entretanto, tendo em conta a evolução das ciências, as atualizações legislativas, as mudanças regulamentares governamentais e o constante fluxo de novas informações sobre os temas que constam do livro, recomendamos enfaticamente que os leitores consultem sempre outras fontes fidedignas, de modo a se certificarem de que as informações contidas no texto estão corretas e de que não houve alterações nas recomendações ou na legislação regulamentadora.

- Data do fechamento do livro: 30/12/2024

- O autor e a editora se empenharam para citar adequadamente e dar o devido crédito a todos os detentores de direitos autorais de qualquer material utilizado neste livro, dispondo-se a possíveis acertos posteriores caso, inadvertida e involuntariamente, a identificação de algum deles tenha sido omitida.

- Direitos exclusivos para a língua portuguesa
  Copyright ©2025 by
  Saraiva Jur, um selo da SRV Editora Ltda.
  Uma editora integrante do GEN | Grupo Editorial Nacional
  Travessa do Ouvidor, 11
  Rio de Janeiro – RJ – 20040-040

- **Atendimento ao cliente: https://www.editoradodireito.com.br/contato**

- Reservados todos os direitos. É proibida a duplicação ou reprodução deste volume, no todo ou em parte, em quaisquer formas ou por quaisquer meios (eletrônico, mecânico, gravação, fotocópia, distribuição pela Internet ou outros), sem permissão, por escrito, da **SRV Editora Ltda.**

- Capa: Tiago Dela Rosa
  Diagramação: Rafael Cancio Padovan

- DADOS INTERNACIONAIS DE CATALOGAÇÃO NA PUBLICAÇÃO (CIP)
  VAGNER RODOLFO DA SILVA – CRB-8/9410

M152c   Maciel, Igor Moura
Manual de Direito Administrativo / Igor Moura Maciel. – 2. ed. – São Paulo: Saraiva Jur, 2025.

712 p.
ISBN 978-85-5362-850-6

1. Direito. 2. Direito Administrativo. I. Título.

	CDD 341.3
2024-4264	CDU 342.9

Índices para catálogo sistemático:
1. Direito Administrativo   341.3
2. Direito Administrativo   342.9

Para Laysa, Arthur, Luciana e João, razão diária
da minha dedicação e esforço.

APRESENTAÇÃO DO AUTOR E DA OBRA

Igor Moura Maciel é graduado em Direito pela Universidade Federal de Pernambuco, com especialização LLM em Direito Corporativo pelo IBMEC/RJ.

É mestre e doutorando em Direito pelo UNICEUB.

Atualmente, é procurador do município de Porto Alegre junto aos Tribunais Superiores.

É advogado com mais de dez anos de experiência com Direito Administrativo, sendo também professor e coordenador do Estratégia Carreiras Jurídicas e tendo ampla experiência com concursos jurídicos e com o Exame da Ordem.

Esta obra é resultado de sua experiência profissional e acadêmica.

contato@profigormaciel.com.br
Redes Sociais: @profigormaciel

SUMÁRIO

Apresentação do autor e da obra VII

CAPÍTULO 1 • INTRODUÇÃO AO DIREITO ADMINISTRATIVO

1. Introdução 1
2. A constitucionalização do Direito Administrativo 5
3. Administração Pública como função do Estado 6
4. Princípios do Direito Administrativo 7
   4.1 Princípios constitucionais implícitos 7
   4.2 Princípios constitucionais explícitos 8
      4.2.1 Legalidade 9
      4.2.2 Impessoalidade 10
      4.2.3 Moralidade 11
      4.2.4 Publicidade 12
      4.2.5 Eficiência 15
   4.3 Princípios legais 15
5. A reforma do Estado brasileiro 16
6. Os quatro setores e suas características 17
7. A publicização do Terceiro Setor 18
8. Serviços sociais autônomos 19
9. As organizações sociais 21
10. OSCIP's 24
11. OSC's 25
12. ONG's 27

CAPÍTULO 2 • ORGANIZAÇÃO DA ADMINISTRAÇÃO PÚBLICA

1. Aspectos introdutórios 29
2. Organização da Administração Pública 31

2.1 Administração Direta.. 33

2.2 Administração Indireta.. 33

    2.2.1 Agências reguladoras.. 35

    2.2.2 Empresas estatais 37

    2.2.3 Fundações públicas.. 42

    2.2.4 Consórcios públicos... 43

CAPÍTULO 3 • PODERES E DEVERES DA ADMINISTRAÇÃO

1. Noções gerais... 47

2. Deveres dos agentes públicos 48

    2.1 Dever de agir.. 48

    2.2 Dever de eficiência.. 48

    2.3 Dever de probidade... 49

    2.4 Dever de prestar contas 50

3. Poder vinculado... 50

4. Poder discricionário 51

5. Poder hierárquico 51

6. Poder disciplinar... 55

7. Poder regulamentar 56

    7.1 Regulamentação e regulação.. 58

    7.2 Regulamentos administrativos de execução e autônomos........... 58

    7.3 Análise do art. 84 da CF quanto aos limites do poder regulamentar.. 60

8. Poderes de polícia 61

    8.1 Noções gerais 61

    8.2 Características 63

        8.2.1 Polícia administrativa *vs.* Polícia judiciária 64

        8.2.2 Ciclos de polícia 65

    8.3 Atributos do poder de polícia... 67

        8.3.1 Autoexecutoriedade 67

        8.3.2 Discricionariedade 68

        8.3.3 Coercibilidade 68

    8.4 Limites e prescrição.. 68

CAPÍTULO 4 • ATOS ADMINISTRATIVOS

1. Conceito 73

1.1 Distinções 73

1.2 Silêncio administrativo 74

2. Regime jurídico – atributos 75

2.1 Presunção de legitimidade e de veracidade........................... 75

2.2 Imperatividade 76

2.3 Autoexecutoriedade... 76

3. Elementos e requisitos 77

3.1 Competência.. 77

3.1.1 Delegação 78

3.1.2 Avocação... 79

3.1.3 Vícios de competência 79

3.2 Finalidade 80

3.3 Forma 81

3.3.1 Motivação... 81

3.4 Motivo 83

3.5 Objeto 83

3.6 Mérito administrativo 84

4. Atos vinculados 84

5. Atos discricionários 84

6. Vícios dos atos administrativos 85

6.1 Convalidação 85

6.2 Anulação 86

6.3 Revogação 88

7. Formas de extinção 89

8. Principais classificações.. 89

8.1 Quanto à formação 89

8.2 Quanto aos destinatários.. 90

8.3 Quanto ao alcance 90

8.4 Quanto ao objeto... 90

8.5 Quanto aos efeitos 90

8.6 Quanto ao objeto... 91

8.7 Quanto à validade 91

8.8 Espécies de atos... 91

CAPÍTULO 5 • BENS PÚBLICOS

1. Considerações iniciais... 93

1.1 Classificação dos bens públicos 97

1.2 Alienação de bens públicos... 98

1.3 Afetação *vs.* desafetação 99

1.4 Principais bens públicos em espécie... 103

2. Utilização de bens públicos por particulares...................................... 106

2.1 Autorização de uso de bem público 106

2.2 Permissão de uso de bem público 107

2.3 Concessão de uso de bem público 108

2.4 Concessão de direito real de uso.. 110

2.5 Autorização de uso na Medida Provisória n. 2.220/2001 116

2.6 Cessão de uso.. 118

3. Benfeitoria em bem público irregularmente ocupado......................... 118

CAPÍTULO 6 • AGENTES PÚBLICOS

1. Conceito e classificações 123

1.1 Agentes políticos 124

1.2 Agentes administrativos.. 124

1.3 Agentes honoríficos.. 124

1.4 Agentes delegados 125

1.5 Agentes credenciados 125

2. Regime constitucional 126

2.1 Regimes jurídicos funcionais 126

2.1.1 Regime estatutário 126

2.1.2 Regime celetista 128

2.1.3 Regime Jurídico Único 129

2.2 Cargos, empregos, funções 132

2.2.1 Requisitos para o acesso a cargos ou empregos públicos 134

2.2.2 Formas de provimento dos cargos públicos 139

2.3 Investidura... 141

2.3.1 Vedação ao nepotismo 143

2.3.2 Exame psicotécnico.. 145

2.3.3 Teste de aptidão física 146

2.3.4 Sistema de cotas raciais 147

2.3.5 Cláusula de barreira 148

2.3.6 Contratação irregular: consequências da não realização de concurso público.. 148

2.3.7 Aprovação em concurso e direito à nomeação 149

2.3.8 Controle judicial do concurso público 155

2.3.9 Desvio de função do servidor público 156

2.3.10 Posse e exercício 156

2.3.11 Lei Geral dos Concursos Públicos 157

    2.3.11.1 Modalidades de avaliação 157

    2.3.11.2 Implementação de cursos de formação 159

    2.3.11.3 A possibilidade de provas *online* 160

    2.3.11.4 Exigências mínimas para os editais e promoção
    da transparência 161

    2.3.11.5 Hipóteses de não aplicação da Lei n. 14.965/2024 162

2.4 Cargos em comissão e funções de confiança 163

2.5 Direito de associação sindical 164

2.6 Direito de greve 165

2.7 Pessoas com deficiência 169

2.7.1 Readaptação 170

2.8 Contratação por tempo determinado 171

2.9 Remuneração 172

2.9.1 Teto remuneratório 175

2.10 Remuneração e aposentadoria do servidor público 178

2.10.1 Remuneração 178

2.10.2 Regime previdenciário do servidor público 180

2.11 Acumulação de cargos 183

2.11.1 Acumulação de cargo e mandato 186

2.12 Administração tributária e servidores fiscais 186

2.13 Responsabilidade do servidor no âmbito constitucional 187

2.13.1 Improbidade administrativa 187

2.13.2 Ação regressiva 188

2.14 Estabilidade 189

2.15 Vitaliciedade 192

CAPÍTULO 7 • REGIME DISCIPLINAR DO SERVIDOR PÚBLICO

1. Os deveres dos servidores públicos 193

2. As proibições 194

3. A acumulação de cargos públicos 195

4. A responsabilidade do servidor público... 196

5. A responsabilidade administrativa do servidor 198

    5.1 Sindicância administrativa.. 199

    5.2 Processo Administrativo Disciplinar (PAD)............................... 200

        5.2.1 Instauração 201

        5.2.2 Inquérito administrativo.. 203

        5.2.3 Decisão.. 207

        5.2.4 PAD Sumário 211

        5.2.5 A prescrição no PAD 212

        5.2.6 Competência administrativa para aplicar as sanções......... 214

CAPÍTULO 8 • RESPONSABILIDADE CIVIL DO ESTADO

1. Considerações iniciais.. 217

2. Conceito 218

3. Evolução histórica no Direito brasileiro 218

    3.1 Responsabilidade objetiva fundada na modalidade risco administrativo 221

        3.1.1 Responsabilidade civil objetiva: art. 37, § 6.º, da CF........ 221

        3.1.2 Fundamento da responsabilidade objetiva fundada na teoria do risco administrativo.. 222

        3.1.3 Sujeito ativo do evento danoso.. 222

        3.1.4 Agentes públicos... 224

        3.1.5 Sujeito passivo do evento danoso 226

    3.2 Elementos da responsabilidade... 227

        3.2.1 Conduta 227

        3.2.2 Dano 227

        3.2.3 Nexo causal... 228

        3.2.4 Excludentes do nexo de causalidade 229

    3.3 A responsabilidade por ação e por omissão 231

    3.4 Responsabilidade por atos legislativos... 239

        3.4.1 Lei de efeitos concretos 241

        3.4.2 Leis inconstitucionais... 241

        3.4.3 Omissão legislativa... 242

    3.5 Responsabilidade por atos jurisdicionais..................................... 242

        3.5.1 Erro judiciário 243

3.5.2 Prisão além do tempo fixado na sentença 244

3.5.3 Demora na prestação jurisdicional 245

3.5.4 Responsabilização pessoal dos agentes públicos por atos jurisdicionais 246

3.6 Responsabilidade civil do Estado, dos notários e registradores 248

3.7 Responsabilidade civil do Estado por danos causados por obras públicas 250

3.8 Responsabilidade civil por danos ambientais 252

3.9 Responsabilidade civil por danos causados a profissional de imprensa 254

3.10 Responsabilidade por atos praticados por presos foragidos 254

3.11 Responsabilidade por bala perdida 255

4. Reparação do dano 255

5. Ação regressiva 261

6. Responsabilidade administrativa, civil e penal do servidor 263

CAPÍTULO 9 • LICITAÇÕES (LEI N. 14.133/2021)

1. Considerações iniciais 267

2. Legislação 269

2.1 Disciplina normativa constitucional 269

2.2 Regime de transição da Lei n. 14.133/2021 e nova disciplina normativa infraconstitucional 271

2.3 Definições positivadas na Lei n. 14.133/2021 276

3. Princípios da licitação 284

3.1 Considerações iniciais 284

3.2 Princípio da legalidade 285

3.3 Princípios da moralidade e da impessoalidade 285

3.4 Princípios da publicidade e da transparência 286

3.5 Princípios da eficiência, da celeridade e da economicidade 287

3.6 Princípio do interesse público 289

3.7 Princípio da probidade administrativa 289

3.8 Princípio da igualdade ou isonomia 290

3.9 Princípio da competitividade 293

3.10 Princípio da vinculação ao edital 294

3.11 Princípio do julgamento objetivo 295

3.12 Princípio do procedimento formal ou formalismo moderado ... 296

3.13 Princípio do planejamento 296

3.14 Princípio do desenvolvimento nacional sustentável 297

3.15 Princípio da segregação de funções 299

4. Objeto da licitação 299

5. Contratação direta 300

5.1 Pressupostos para a licitação 300

5.2 Contratação direta como exceção constitucional à licitação 301

5.3 Processo de contratação direta 302

5.4 Inexigibilidade de licitação 303

5.5 Licitação dispensável 307

5.6 Licitação dispensada 311

6. Modalidades de licitação 314

6.1 Pregão 315

6.2 Concorrência 316

6.3 Concurso 317

6.4 Leilão 319

6.5 Diálogo competitivo 321

7. Procedimentos auxiliares na nova Lei de Licitações 326

7.1 Credenciamento 327

7.2 Pré-qualificação 330

7.3 Procedimento de manifestação de interesse (PMI) 332

7.4 Sistema de Registro de Preços 334

7.5 Registro cadastral 340

8. Critérios de julgamento (tipos de licitação) 342

9. Procedimento da licitação 343

9.1 Fase interna 344

9.1.1 Participação popular direta nas licitações 347

9.1.2 Matriz de alocação de riscos 349

9.1.3 Valor da contratação 350

9.2 Fase externa 351

9.2.1 Função regulatória da licitação 353

9.2.2 Responsabilidade pelo licenciamento ambiental 354

9.2.3 Manutenção do equilíbrio econômico-financeiro 355

9.2.4 Apresentação de propostas e lances 355

9.2.5 Julgamento 357

9.2.6 Etapa de habilitação 361

9.2.7 Encerramento da licitação 368

10. Anulação e revogação 370

11. Licitações em casos de calamidade pública 373

11.1 Introdução 373

11.2 Dispensa de licitação 373

11.3 Redução de prazos em licitações 374

11.4 Prorrogação e flexibilidade dos contratos 374

11.5 Contratação verbal 374

11.6 Sistema de Registro de Preços 375

11.7 Publicação e controle dos contratos 375

11.8 Conclusão 375

CAPÍTULO 10 • CONTRATOS ADMINISTRATIVOS (LEI N. 14.133/2021)

1. Introdução 377

2. Características 379

2.1 Desequilíbrio contratual 379

2.2 Formalismo 379

2.3 Contrato de adesão 384

2.4 Pessoalidade (*intuitu personae*) 384

2.5 Presença de cláusulas exorbitantes 385

3. Disciplina normativa constitucional e legal 385

3.1 Regime de transição da Lei n. 14.133/2021 e nova disciplina normativa infraconstitucional 386

4. Principais espécies de contratos administrativos 388

4.1 Contrato de obra pública 388

4.2 Contrato de prestação de serviços 389

4.3 Contrato de fornecimento 389

4.4 Contrato de concessão 390

4.5 Contratos celebrados por empresas estatais 390

5. Cláusulas necessárias dos contratos administrativos 393

6. Cláusulas exorbitantes 394

6.1 Alteração unilateral do contrato 395

6.2 Rescisão unilateral do contrato 397

6.3 Fiscalização da execução do contrato 399

6.4 Aplicação de sanções 399

6.5 Ocupação provisória 404

6.6 Outras cláusulas exorbitantes 404

7. Equilíbrio econômico e financeiro do contrato 405

7.1 Manutenção do equilíbrio econômico-financeiro do contrato 405

7.2 Alocação de riscos e Lei n. 14.133/2021 409

8. Duração 409

8.1 Lei n. 8.666/93 409

8.2 Lei n. 14.133/2021 410

9. Inexecução contratual 413

9.1 Caso fortuito e força maior 414

9.2 Fato do príncipe 414

9.3 Fato da Administração 414

9.4 Interferências imprevistas 415

10. Responsabilidade civil nos contratos administrativos 416

11. Extinção do contrato 417

12. Convênios administrativos 420

13. Controle das contratações na Lei n. 14.133/2021 421

CAPÍTULO 11 • SERVIÇOS PÚBLICOS

1. Introdução 425

2. Princípios dos serviços públicos 427

2.1 Princípio da continuidade do serviço público 427

2.2 Princípio da generalidade 431

2.3 Princípio da modicidade 431

2.4 Princípio da atualidade 432

2.5 Princípio da cortesia 433

3. Classificação dos serviços públicos 433

3.1 Serviços públicos delegáveis e indelegáveis 433

3.2 Serviços públicos próprios e impróprios 433

3.3 Serviços públicos coletivos (*uti universi*) e singulares (*uti singuli*) 434

3.4 Serviços públicos propriamente ditos e de utilidade pública 435

3.5 Serviços públicos sociais e econômicos 435

3.6 Serviços públicos exclusivos e não exclusivos 435

4. Delegação dos serviços públicos... 436

4.1 Fonte normativa constitucional.. 438

4.2 Fontes normativas infraconstitucionais................................ 438

4.3 Concessão de serviço público (comum ou simples) 439

4.4 Concessão comum precedida de execução de obra pública 439

4.5 Concessão de serviços públicos *vs.* permissão de serviços públicos..... 441

4.6 Obrigatoriedade de licitação.. 444

4.7 Contrato de concessão comum.. 447

5. Direitos e deveres dos usuários do serviço público 449

6. Política tarifária 453

7. Encargos do Poder Concedente (Estado) 457

8. Encargos do concessionário (empresa particular) 458

9. Extinção da concessão 460

10. Parcerias público-privadas (PPP's)... 466

10.1 Considerações iniciais 466

10.2 Modalidades de PPP's 468

10.3 Contratos, contraprestação da Administração Pública e garantias... 469

10.4 Sociedade de propósito específico...................................... 472

10.5 Licitação 472

10.6 Responsabilidade civil nas PPP's.. 474

11. Autorização de serviços públicos.. 475

CAPÍTULO 12 • INTERVENÇÃO DO ESTADO NA PROPRIEDADE PRIVADA

1. Noções gerais... 477

1.1 Função social da propriedade urbana 478

1.2 Função social da propriedade rural...................................... 479

2. Formas de intervenção do Estado na propriedade 480

2.1 Formas brandas, restritivas ou não supressivas 480

2.2 Formas drásticas ou supressivas 481

3. Limitação administrativa 481

3.1 Direito à indenização 482

3.2 Limitação administrativa ambiental 485

4. Requisição administrativa 487

5. Servidão administrativa 490

XIX

6. Ocupação temporária 493

7. Tombamento 495

8. Desapropriação 503

CAPÍTULO 13 • DESAPROPRIAÇÃO

1. Introdução 505

    1.1 Desapropriações ordinárias 506

    1.2 Desapropriações extraordinárias 507

    1.3 Expropriações de glebas 508

2. Desapropriação por necessidade, utilidade pública ou interesse social 508

    2.1 Fase declaratória da desapropriação 510

    2.2 Fase executória da desapropriação – Extrajudicial 512

    2.3 Fase executória da desapropriação – Demanda judicial 513

        2.3.1 Competência para processar e julgar a demanda 514

        2.3.2 Legitimidade ativa e passiva 515

        2.3.3 Citação 518

        2.3.4 Resposta do réu e revelia 519

              2.3.4.1 Imediata transferência da propriedade 523

        2.3.5 Imissão provisória na posse de imóvel rural 523

        2.3.6 Imissão provisória na posse de imóvel residencial urbano .. 526

        2.3.7 Desistência da ação de desapropriação 528

        2.3.8 Honorários advocatícios 528

        2.3.9 Sentença, reexame necessário e coisa julgada 529

        2.3.10 Juros na desapropriação 530

3. Desapropriação indireta 534

4. Retrocessão e tredestinação 539

5. Desapropriação para fins de reforma agrária 541

    5.1 Legitimidade 542

    5.2 Petição e despacho inicial 542

    5.3 Contestação 544

    5.4 Citação e intervenção do Ministério Público 546

    5.5 Sentença, recurso e reexame necessário 547

    5.6 Custas processuais e honorários advocatícios 548

6. Desapropriação para fins urbanísticos 550

    6.1 Requisitos 551

6.1.1 Parcelamento, edificação e utilização compulsórios 551

6.1.2 IPTU progressivo no tempo.. 553

6.1.3 Desapropriação 554

    6.1.3.1 Valor real da indenização................................. 555

    6.1.3.2 Títulos e poder liberatório 555

    6.1.3.3 Procedimento expropriatório 556

    6.1.3.4 Adequado aproveitamento do imóvel pelo Município 556

7. Expropriação de glebas com plantações ilegais 557

CAPÍTULO 14 • CONTROLE DA ADMINISTRAÇÃO PÚBLICA

1. Introdução 561

2. Espécies de controle 561

3. Controle administrativo 562

4. Controle legislativo 563

4.1 O controle pelos Tribunais de Contas................................ 564

    4.1.1 Atribuições do Tribunal de Contas da União.................. 566

4.2 Controle jurisdicional 570

    4.2.1 Limites do controle jurisdicional................................ 571

4.3 Mandado de segurança... 572

    4.3.1 Considerações iniciais 572

    4.3.2 Direito líquido e certo 573

    4.3.3 Hipóteses de não cabimento do mandado de segurança 574

        4.3.3.1 Ato de gestão comercial.................................. 574

        4.3.3.2 Ato contra o qual caiba recurso administrativo com efeito suspensivo 576

        4.3.3.3 Decisão judicial da qual caiba recurso com efeito suspensivo 577

        4.3.3.4 Decisão judicial transitada em julgado 578

        4.3.3.5 Lei em tese.. 578

        4.3.3.6 Convalidação de compensação de créditos tributários 579

        4.3.3.7 Em substituição à ação de cobrança 580

        4.3.3.8 Em substituição à ação popular........................ 580

    4.3.4 Legitimidade ativa 580

    4.3.5 Legitimidade passiva 581

4.3.5.1 Órgãos colegiados 581

4.3.5.2 Ato administrativo complexo 582

4.3.5.3 Atos praticados no exercício da competência delegada 582

4.3.5.4 Litisconsórcio necessário 583

4.3.6 Prazo para impetração 584

4.3.7 Desistência do mandado de segurança 585

4.3.8 Atuação do Ministério Público 585

4.3.9 Competência 586

4.3.9.1 Competência do Supremo Tribunal Federal 587

4.3.9.2 Competência do Superior Tribunal de Justiça 587

4.3.10 Cabimento de medida liminar 588

4.3.11 Efeitos financeiros da segurança 589

4.3.12 Mandado de segurança coletivo 590

4.3.12.1 Medida liminar 590

4.3.12.2 Litispendência e coisa julgada 591

4.3.12.3 Legitimidade ativa 591

4.3.12.4 Quais direitos podem ser discutidos? 592

5. Ação popular 592

5.1 Considerações iniciais 592

5.2 Legitimidade ativa 593

5.3 Legitimidade passiva 594

5.4 Legitimação bifronte ou pendular 595

5.5 Objeto da ação popular 596

6. *Habeas data* 599

6.1 Considerações iniciais 599

6.2 Legitimidade ativa e passiva 600

6.3 Prévio esgotamento da via administrativa 602

6.4 Procedimento 602

7. Mandado de injunção 603

7.1 Considerações iniciais 603

7.2 Legitimidade ativa e passiva 603

7.3 Efeitos da decisão 604

7.3.1 Teoria não concretista 604

7.3.2 Teoria concretista individual intermediária 605

7.3.3 Teoria concretista individual direta 605

7.3.4 Teoria concretista geral.. 606

7.3.5 Previsão da Lei n. 13.300/2016 606

7.4 Competência.. 607

8. *Habeas corpus*... 608

8.1 Considerações iniciais 608

8.2 Legitimidade ativa e passiva.. 608

8.3 Objeto 608

8.4 Procedimento... 608

9. Ação civil pública 609

9.1 Considerações iniciais 609

9.2 Competência.. 610

9.3 Legitimidade 611

9.4 Demais peculiaridades.. 611

9.4.1 Prazo prescricional 612

9.4.2 Liminar 612

10. Improbidade administrativa.. 612

CAPÍTULO 15 • IMPROBIDADE ADMINISTRATIVA

1. Introdução 613

2. A Lei n. 14.230/2021 e as principais alterações na Lei n. 8.429/92.... 614

2.1 Natureza da ação de improbidade administrativa 614

2.2 Fim da modalidade culposa.. 615

2.3 Rol do art. 11 passou a ser taxativo 616

2.4 Modificação na legitimidade para ajuizamento da ação de im-
probidade 616

2.5 Modificações nas sanções 617

2.6 Alteração no prazo prescricional 617

3. Aspectos gerais 617

3.1 Entes públicos protegidos pela Lei de Improbidade Administrativa 618

3.2 Exigência de dolo 620

3.3 O Direito Administrativo Sancionador 621

3.4 *Non bis in idem* 624

4. Atos de improbidade administrativa 624

4.1 Considerações gerais 624

4.2 Efetiva demonstração de prejuízo ao erário............................. 625

XXIII

4.3 Rol taxativo ou exemplificativo? 628

4.4 Análise dos atos em espécie: art. 9.º 630

4.5 Análise dos atos em espécie: art. 10 632

4.6 Análise dos atos em espécie: art. 11 636

4.7 Declaração de bens 639

5. Sujeito ativo do ato de improbidade 640

5.1 Agentes públicos 640

5.2 Agentes privados 645

5.3 Situação dos sucessores e herdeiros dos agentes 648

5.4 Situação das pessoas jurídicas de direito privado 649

6. Legitimidade ativa para propor a demanda 650

7. Procedimento 651

8. Transação em ações de improbidade 658

9. Medidas cautelares 662

9.1 Indisponibilidade de bens 662

9.2 Afastamento do exercício de cargo, emprego ou função 666

10. Competência 667

11. Sanções, sentença e coisa julgada 669

11.1 Improbidade de "menor valor ofensivo" 673

11.2 Aplicação das sanções 673

11.3 Execução das sanções 676

12. Prescrição 677

Referências 681

CAPÍTULO 1

INTRODUÇÃO AO DIREITO ADMINISTRATIVO

1. INTRODUÇÃO

O surgimento do Direito Administrativo, de acordo com Rafael Oliveira (2021, p. 47), está relacionado com os ideais da Revolução Francesa de 1789 e com o surgimento do Estado de Direito, sendo concebido como o ramo especial do direito regulador das relações envolvendo o Estado e o exercício das atividades administrativas. Sua origem remonta ao célebre julgamento do Caso Blanco.

Sob a égide do Estado Absolutista, caracterizado pela centralização do poder nas mãos do monarca, não se concebia a existência do Direito Administrativo como ramo autônomo do direito, já que não havia limites à atuação estatal.

A partir da concepção da separação de poderes, do princípio da legalidade e das bases da Declaração dos Direitos do Homem e do Cidadão, o poder estatal passou a ser limitado e o Direito Administrativo foi concebido como disciplina independente.

Para Celso Antônio Bandeira de Melo (2010), as bases ideológicas do Direito Administrativo resultam da confluência de duas correntes de pensamento: de um lado, a teoria da separação dos poderes de Montesquieu e, de outro, a teoria contratualista de Rousseau.

Isto porque, ante a necessidade de distribuição do poder estatal entre os órgãos distintos, como uma forma de evitar os arbítrios decorrentes da concentração de poderes nas mãos de uma única figura (como ocorria com os monarcas no Estado Absolutista), os cidadãos, por meio de um pacto social, resolveram atribuí-lo ao Estado, limitando os poderes por meio do Direito. É justamente por isso que se fala em Estado de Direito.

O Direito Administrativo, portanto, surgiu da necessidade de limitar o arbítrio estatal ante a submissão do Poder Público à lei como reflexo da vontade geral. Suas bases estão estruturadas sob os princípios da legalidade (submissão dos governantes à lei e à Constituição) e da separação de poderes (como forma de limitar o arbítrio estatal e evitar a concentração de poderes nas mãos de uma única figura).

O objetivo desse ramo do direito, nesses termos, é assegurar a proteção dos direitos individuais, não apenas nas relações entre particulares, mas, também, entre estes e o Estado.

Alexandre Mazza (2022, p. 98), sintetizando as características da natureza de direito público, do complexo de princípios e normas e da função administrativa, que engloba os órgãos, agentes e pessoas da Administração, conceitua o Direito Administrativo como sendo o "ramo do direito público que estuda princípios e normas reguladoras do exercício da função administrativa".

Trata-se do ramo do direito que regula não só as relações travadas entre a Administração Pública e aqueles que possuem com ela um vínculo jurídico especial, mas também as suas relações com os particulares de modo geral.

Observe-se que o Direito Administrativo não é restrito ao Poder Executivo. Em que pese a função administrativa seja exercida, de forma típica, pelo referido poder, é certo que a ele não se limita. Tanto o Judiciário quanto o Legislativo também praticam, de forma atípica, atos que são objeto de estudo pelo Direito Administrativo (ex.: promoção de um servidor).

Mas, afinal, qual é o conceito de Direito Administrativo?

O conceito de Direito Administrativo é formulado, de acordo com a doutrina, partindo de alguns critérios. Tais critérios podem ser unitários (simples ou unidimensionais), quando utilizados de forma isolada, ou conjugados (compostos ou pluridimensionais), assim compreendidos aqueles conceitos que se apoiam em dois ou mais critérios.

São critérios unitários: critério legalista (escola legalista), critério do poder executivo, critério do serviço público (ou escola do serviço público), critério das relações jurídicas, critério teleológico (ou finalístico), critério negativo (ou residual) e critério da administração pública.

Vejamos os conceitos propostos segundo cada um dos critérios (MAZZA, 2022, p. 98-102):

- **Critério legalista (exegético, francês, empírico ou caótico – Escola Legalista):** para esse critério, o objeto do Direito Administrativo é o conjunto das leis administrativas existentes no país em um dado momento histórico.

Trata-se de um critério reducionista, que descarta o papel dos princípios implícitos e das demais fontes normativas reconhecidas pelo ordenamento, como a doutrina, a jurisprudência e os costumes.

- **Critério do Poder Executivo:** conceitua o Direito Administrativo como o ramo que disciplina as atividades do Poder Executivo.

O equívoco é evidente já que, como vimos, a atividade administrativa também pode ser executada, de forma atípica, pelo Poder Judiciário e pelo Poder

Legislativo. Além disso, o Poder Executivo também exerce funções atípicas não abarcadas pelo Direito Administrativo.

- **Critério das relações jurídicas:** o Direito Administrativo é conceituado como o conjunto de normas que regem as relações entre a administração e os administrados.

Ora, a disciplina das relações entre o Poder Público e os particulares não é exclusiva do Direito Administrativo, permeando todos os outros ramos do Direito Público (a exemplo do Direito Tributário). Tal critério desconsidera, ainda, as atuações administrativas unilaterais, a exemplo da expedição de atos normativos.

- **Critério do serviço público (Escola do Serviço Público ou Escola de Bordeaux):** como o próprio nome já sugere, preconiza que o Direito Administrativo é o ramo do Direito que disciplina a prestação dos serviços públicos. Suas origens remontam à França, encontrando em Léon Duguit e Gaston Jèze os seus maiores expoentes.

A Administração Pública, todavia, não tem sua atuação restrita à disciplina dos serviços públicos, abarcando o poder de polícia, a exploração direta de atividade econômica. Ademais, outras atividades estranhas ao escopo administrativo também podem ser enquadradas no conceito amplo de "serviço público", evidenciando a insuficiência desse critério.

- **Critério teleológico (ou finalístico):** define o Direito Administrativo como o sistema dos princípios que regulam a atividade do Estado para o cumprimento de seus fins.

Peca por não definir quais são os fins do Estado, impossibilitando, assim, uma definição desse ramo do Direito.

- **Critério negativo (negativista ou residual):** propõe que a definição do objeto do Direito Administrativo seja obtida por exclusão, isto é, tudo que não pertencesse a nenhum outro ramo do Direito, caberia à seara administrativa. Consoante tal critério, o Direito Administrativo compreenderia as atividades desenvolvidas para a consecução dos fins estatais, excluídas as atividades legislativa e jurisdicional, bem como as atividades patrimoniais.
- **Critério da Administração Pública:** preconiza que o Direito Administrativo é o conjunto de princípios e normas que regem a Administração Pública.

Hely Lopes Meirelles (2003, p. 38) apresenta um conceito bastante completo de Direito Administrativo, definindo-o como o "conjunto harmônico de princípios jurídicos que regem os órgãos, os agentes e as atividades públicas tendentes a realizar concreta, direta e imediatamente os fins desejados pelo Estado".

Adotaremos, pois, esse conceito mais amplo.

Em sua formação, o Direito Administrativo brasileiro recebeu a influência da experiência doutrinária, legislativa e jurisprudencial de vários países, destacando-se especialmente a França, considerada como berço da disciplina.

Como exemplo dessa influência, temos a adoção do interesse público como eixo da atividade administrativa e a ideia de exorbitância em relação ao direito comum.

Destaque-se, todavia, que, apesar da influência francesa, não adotamos o sistema administrativo francês, chamado de sistema de jurisdição una.

Sistema administrativo é o regime adotado pelo Estado para o controle dos atos administrativos ilegais ou ilegítimos. São dois os principais sistemas administrativos:

- **Sistema do contencioso administrativo (sistema francês):** preconiza que cabe à própria Administração Pública rever a legalidade dos seus atos, afastando o controle pelo Poder Judiciário. Nesse sistema, portanto, a função jurisdicional é repartida entre o Poder Judiciário (a quem compete decidir as causas comuns) e os Tribunais Administrativos (que decidem as demandas que envolvem interesses da Administração).
- **Sistema de jurisdição una (sistema inglês):** todos os litígios, mesmo aqueles que envolvem interesses da Administração Pública, podem ser apreciados pelo Poder Judiciário, a quem compete dar a "palavra final", fazendo-se a "coisa julgada". É o sistema adotado no Brasil, tendo como expressão maior o princípio da inafastabilidade da jurisdição, consagrado no art. 5.º, XXXV, da CF.

Destaque-se que o fato de os órgãos administrativos expedirem decisões definitivas não implica dizer que essas decisões não são passíveis de revisão pelo judiciário, isto porque não fazem coisa julgada em sentido próprio.

Ocorre que, em que pese tenha adotado o sistema inglês, o nosso ordenamento jurídico consagra algumas hipóteses em que o exaurimento (ou, ao menos, a provocação inicial) da via administrativa são condições para o acesso ao judiciário. São elas:

- **Justiça desportiva:** o art. 217, § 1.º, da CF exige o esgotamento das instâncias.
- *Habeas data:* para a propositura desta ação constitucional, é imprescindível a comprovação do interesse de agir, materializada na prova

do anterior indeferimento do pedido de acesso ou retificação da informação de dados pessoais ou da omissão em atendê-lo (para acesso às informações, a Lei n. 9.507/97, em seu art. 8.º, parágrafo único, estabelece o prazo de 10 dias; para retificações, o prazo é de 15 dias – extrapolados os prazos, configura-se a omissão).

- **Ato ou omissão administrativa que contrarie súmula vinculante:** o uso da reclamação só será admitido após esgotamento das vias administrativas (art. 7.º, § 1.º, da Lei n. 11.417/2006).
- **Benefícios previdenciários:** é necessário o prévio requerimento administrativo. Esse entendimento é flexibilizado pelo STF (RE 631.240/MG) e pelo STJ (REsp 1.369.834/SP) quando:

  i) o **INSS não decidiu** o pedido do benefício **em até 45 dias;**

  ii) o **INSS negou o benefício** requerido (total ou parcialmente);

  iii) o interessado não requereu administrativamente o benefício, mas é notório que, quanto ao pleito, o **INSS tem posição contrária** ao pedido feito pelo segurado.

Saliente-se, por fim, que, diversamente de outros ramos do Direito, não há um Código de Direito Administrativo. As principais fontes desse ramo são: a lei, a jurisprudência, a doutrina e os costumes.

Existem, ademais, normas federais, estaduais e municipais sobre o tema, dada a autonomia legislativa dos entes federados.

2. A CONSTITUCIONALIZAÇÃO DO DIREITO ADMINISTRATIVO

Inicialmente concebido como forma de limitar o poder estatal, o Direito Administrativo foi sofrendo mutações ao longo do tempo, passando pela noção de serviço público, de interesse público e da própria satisfação dos direitos fundamentais.

Na análise de tais transformações, mostra-se evidente o fenômeno da constitucionalização do Direito Administrativo, o qual pode ser analisado sob dois aspectos:

- **Constitucionalização-inclusão:** diz respeito à elevação, ao nível constitucional, de matérias antes tratadas por legislação infraconstitucional ou mesmo ignoradas; e
- **Constitucionalização-releitura:** alude à irradiação dos efeitos das normas constitucionais por todo o sistema jurídico, à impregnação de todo o ordenamento pelos valores e princípios da Constituição Federal. Trata-se da ideia de "filtragem constitucional". Ex.: normas sobre servidores públicos, sobre o regime jurídico da Administração.

O reconhecimento da normatividade da Constituição, bem como de sua superioridade hierárquica (CF como vértice do ordenamento jurídico), decorrentes do processo de constitucionalização do direito, exigiu a adequação de todo o ordenamento jurídico aos seus preceitos.

Ampliou-se a noção de princípio da legalidade, o qual passou a ser concebido como vinculação não apenas à lei, mas a todo o ordenamento jurídico (fala-se, atualmente, em princípio da juridicidade).

A discricionariedade, por outro lado, resultou consideravelmente reduzida, tendo em vista a possibilidade de controle pelo Poder Judiciário, com fulcro, por exemplo, nos princípios da razoabilidade e da proporcionalidade, com base em outras normas ou em princípios, diminuindo assim a liberdade da Administração.

Nesse contexto, os princípios constitucionais e os direitos fundamentais passam a assumir posição de destaque na ordem jurídica, servindo, inclusive, como fundamento para um maior ativismo judicial (a exemplo das decisões judiciais que obrigam a Administração a fornecer determinados medicamentos).

Em síntese (OLIVEIRA, 2021, p. 58):

> **O fenômeno da constitucionalização do ordenamento jurídico** abalou alguns dos mais tradicionais dogmas do Direito Administrativo, a saber:

- A redefinição da ideia de supremacia do interesse público sobre o privado e a ascensão do princípio da ponderação dos direitos fundamentais;
- A superação da concepção do princípio da legalidade como vinculação positiva do administrador à lei e a consagração da vinculação direta à Constituição;
- A possibilidade de controle judicial da discricionariedade a partir dos princípios constitucionais, deixando-se de lado o paradigma da insindicabilidade do mérito administrativo;
- A releitura da legitimidade democrática da Administração, com a previsão de instrumentos de participação dos cidadãos na tomada de decisões administrativas (consensualidade na Administração).

3. ADMINISTRAÇÃO PÚBLICA COMO FUNÇÃO DO ESTADO

Muitas questões diferenciam o termo "Administração Pública" (com iniciais maiúsculas), do termo "administração pública" (com iniciais minúsculas), portanto, fique atento:

- **Administração Pública (sentido subjetivo, orgânico ou formal):** conjunto de órgãos e agentes estatais no exercício da função administrativa, independente do poder a que pertençam (Executivo, Legislativo ou Judiciário).

- **administração pública (sentido objetivo, material ou funcional):** é a função administrativa propriamente dita, atividade de defesa concreta do interesse público.

Em sentido objetivo, portanto, o termo administração pública alude a uma função do Estado.

Ensina Celso Antônio Bandeira de Mello (2010) que a função administrativa é a função exercida pelo Estado, ou quem lhes faça as vezes, *na intimidade de uma estrutura e regime hierárquicos* e que no sistema constitucional brasileiro se caracteriza pelo fato de ser desempenhada mediante *comportamentos infralegais ou, excepcionalmente, infraconstitucionais,* submissos todos a controle da legalidade pelo Poder Judiciário.

Trata-se de função exercida de forma típica pelo Poder Executivo e de forma atípica pelos outros dois poderes (Legislativo e Judiciário).

A função administrativa engloba, nesses termos, a prestação de serviços públicos; o exercício do poder de polícia; a intervenção no domínio econômico, seja indiretamente (atividades de fomento e de regulamentação), seja diretamente; as contratações administrativas, dentre outros.

4. PRINCÍPIOS DO DIREITO ADMINISTRATIVO

4.1 Princípios constitucionais implícitos

Os princípios constitucionais podem ser explícitos, quando previstos expressamente na Carta Magna ou implícitos, quando extraídos como uma decorrência lógica do ordenamento. Desta última categoria, são exemplos os princípios da supremacia do interesse público sobre o privado e o da indisponibilidade do interesse público.

Para Celso Antônio Bandeira de Mello (2010), em verdade, estes são os dois *supraprincípios* ou *superprincípios* do Direito Administrativo, dos quais derivam todos os demais princípios e normas desse ramo do Direito.

- **Supremacia do interesse público sobre o privado:** também chamado de princípio da finalidade pública, significa que os interesses da coletividade são mais importantes que os dos indivíduos isoladamente considerados, razão pela qual a Administração encontra-se em posição de superioridade em relação aos particulares e goza de um regime jurídico especial. Ex.: cláusulas exorbitantes nos contratos administrativos; prazos processuais em dobro; possibilidade de desapropriar imóvel privado.

- **Indisponibilidade do interesse público:** preconiza que os agentes públicos são meros representantes do interesse da coletividade e, como tais, devem atuar de acordo com os parâmetros estabelecidos na legislação (e não balizados por sua vontade pessoal). Como decorrência desse princípio, não é admitida a renúncia dos poderes administrativos.

Ressalte-se que o interesse público aqui analisado é o interesse público primário (que alude à satisfação das necessidades coletivas) e não o secundário (interesse do próprio Estado, meramente patrimonial).

4.2 Princípios constitucionais explícitos

Preconiza a Constituição Federal de 1988:

> Art. 37. A administração pública direta e indireta de qualquer dos Poderes da União, dos Estados, do Distrito Federal e dos Municípios obedecerá aos **princípios de legalidade, impessoalidade, moralidade, publicidade e eficiência** e, também, ao seguinte: (...)

Este é o principal (mas não o único) dispositivo constitucional acerca dos princípios administrativos.

Mnemônico: LIMPE

- » Legalidade
- » Impessoalidade
- » Moralidade
- » Publicidade
- » Eficiência

Como bem salienta Mazza (2022, p. 91), há outros princípios expressos na CF. São eles:

- **Princípio da participação:** consagrado no art. 37, § 3.º, da CF, diz respeito à necessidade de a lei estimular a participação do usuário na administração pública direta e indireta;
- **Princípio da celeridade processual (art. 5.º, LXXVIII, da CF):** assegura a todos, nos âmbitos judicial e administrativo, a razoável duração do processo e os meios que garantam celeridade na sua tramitação;
- **Princípio do devido processo legal formal e material (art. 5.º, LIV, da CF):** a tomada de decisões pelo Poder Público pressupõe a instau-

ração de processo com garantia de contraditório e ampla defesa. A decisão, além de respeitar um rito formal previamente definido, deve ser justa e proporcional;

- **Princípio do contraditório (art. 5.º, LV, da CF);**
- **Princípio da ampla defesa (art. 5.º, LIV, da CF).**

Passemos à análise dos princípios elencados no art. 37.

4.2.1 Legalidade

O princípio da legalidade foi inicialmente concebido como a limitação da atuação administrativa à lei, isto é, a atividade administrativa, para ser válida, deveria ser prevista na lei (**vinculação positiva à lei**). Enquanto ao particular é dado fazer tudo aquilo que a lei não proíbe, a Administração só pode fazer aquilo que a lei permite.

Essa concepção, contudo, sofreu mutações decorrentes do processo de constitucionalização do Direito Administrativo. O administrador não deve observar apenas a lei, mas também a própria Constituição Federal e os seus princípios explícitos e implícitos. Deve observar, assim, a lei e o Direito, pautando-se em parâmetros de legalidade e de legitimidade, conforme prevê a Lei n. 9.784/99:

> Art. 2.º (...)
> Parágrafo único. Nos processos administrativos serão observados, entre outros, os critérios de:
> I – atuação conforme a lei e o Direito;

Fala-se, hoje, em **princípio da juridicidade**, que representa o dever da Administração Pública se vincular ao conjunto de normas constitucionais e infraconstitucionais que compõe o sistema. O administrador está vinculado ao direito como um todo (Constituição Federal, princípios explícitos e implícitos, leis, enfim... todo o ordenamento jurídico).

Como decorrência do princípio da legalidade, exsurge o poder-dever da administração de autotutela, é dizer, o poder-dever de o administrador anular os seus próprios atos quando eivados de vício de ilegalidade.

> **Súmula 346 do STF:** A Administração Pública pode declarar a nulidade dos seus próprios atos.
> **Súmula 473 do STF:** A Administração pode anular seus próprios atos, quando eivados de vícios que os tornem ilegais, porque deles não se originam direitos, ou revogá-los, por motivo de conveniência ou oportunidade, respeitados os direitos adquiridos e ressalvada, em todos os casos, a apreciação judicial.

Há quem defenda que este é um princípio infraconstitucional: o princípio da autotutela.

4.2.2 Impessoalidade

O princípio da impessoalidade pode ser analisado sob duas perspectivas. A primeira, ligada à noção de **isonomia**, impondo a obrigação de a Administração Pública tratar os administrados de forma igualitária e impessoal, impedindo discriminações e privilégios a indivíduos que se encontram na mesma situação fática.

Lembre-se, contudo, que a igualdade aqui buscada é a igualdade aristotélica, no sentido de tratar igualmente os iguais e desigualmente os desiguais, na medida de suas desigualdades (o que fundamenta, por exemplo, a reserva de vagas para portadores de necessidades especiais em concursos públicos).

A segunda perspectiva diz respeito à vedação ao uso da máquina administrativa em proveito do gestor. Em outras palavras, proíbe-se a promoção pessoal, haja vista que a atuação dos agentes públicos é imputada ao Estado.

Exemplo bem claro desse viés é a proibição constante do art. 37, § 1.º, da CF:

> A publicidade dos atos, programas, obras, serviços e campanhas dos órgãos públicos deverá ter caráter educativo, informativo ou de orientação social, dela *não podendo constar nomes, símbolos ou imagens que caracterizem promoção pessoal de autoridades ou servidores públicos.*

Referida norma, aliás, *não admite flexibilização por norma infraconstitucional ou regulamentar* (STF, Plenário, ADI 6.522/DF, Rel. Min. Cármen Lúcia, j. 14-5-2021, Info 1017).

No caso concreto, a Lei Orgânica do Distrito Federal autorizava que cada poder definisse, por meio de norma interna, hipóteses nas quais a divulgação de ato, programa, obra ou serviços públicos não constituiria promoção pessoal. Para o Supremo, todavia, essa delegação conferida viola o § 1.º do art. 37 da CF, que não admite flexibilização por norma infraconstitucional ou regulamentar.

A divulgação de atos e iniciativas de parlamentares, nesses termos, somente será tida como legítima quando efetuada nos ambientes de divulgação do mandatário ou do partido político, não se havendo de confundi-la com a publicidade do órgão público ou entidade.

Como decorrência do princípio da impessoalidade, bem como do princípio da moralidade (que veremos a seguir), tem-se, ainda, a proibição ao nepotismo, consagrada no enunciado de Súmula Vinculante 13:

> **Súmula Vinculante 13:** A nomeação de cônjuge, companheiro, ou parente, em linha reta, colateral ou por afinidade, até o terceiro grau, inclusive, da autoridade nomeante ou de servidor da mesma pessoa jurídica, investido em cargo de direção, chefia ou assessoramento, para o exercício de cargo em comissão ou de confiança, ou, ainda, de função gratificada na administração pública direta e indireta, em qualquer dos Poderes da União, dos Estados, do Distrito Federal e dos Municípios, compreendido o ajuste mediante designações recíprocas, viola a Constituição Federal.

Para o Supremo, a vedação ao nepotismo na Administração Pública decorre diretamente da Constituição Federal e sua aplicação deve ser imediata e verticalizada (prescindindo, portanto, de legislação infraconstitucional).

Desse modo, viola os princípios da moralidade, impessoalidade e isonomia diploma legal que excepciona da vedação ao nepotismo os servidores que estivessem no exercício do cargo no momento de sua edição.

Ressalte-se, ademais, que não é privativa do chefe do Poder Executivo a competência para a iniciativa legislativa de lei sobre nepotismo na Administração Pública. Leis com esse conteúdo normativo dão concretude aos princípios da moralidade e da impessoalidade do art. 37, *caput*, da CF.

FIQUE ATENTO!

Como regra, a proibição do nepotismo não alcança a nomeação para **cargos de natureza política**, como os de Secretário Estadual e Municipal.

Assim, a jurisprudência do STF, em regra, tem excepcionado a regra sumulada (Súmula Vinculante 13) e garantido a permanência de parentes de autoridades públicas em cargos políticos, sob o fundamento de que tal prática não configura nepotismo.

Excepcionalmente, mesmo se tratando de cargos políticos, será possível considerar a nomeação indevida nas hipóteses de:

» nepotismo cruzado;

» fraude à lei; e

» inequívoca falta de razoabilidade da indicação, por manifesta ausência de qualificação técnica ou por inidoneidade moral do nomeado.

(STF, 1.ª Turma, Rcl 29.033 AgR/RJ, Rel. Min. Roberto Barroso, j. 17-9-2019, Info 952).

4.2.3 Moralidade

Determina a subordinação da atividade estatal à observância de parâmetros ético-jurídicos, isto é, a padrões éticos, de boa-fé, decoro, lealdade, honestidade e probidade.

Esse postulado fundamental, que rege a atuação do Poder Público, confere substância e dá expressão a uma pauta de valores éticos sobre os quais se funda a ordem positiva do Estado.

Vejamos exemplo de aplicação desse princípio na jurisprudência do STF:

Lei n. 13.219/2014 do Estado da Bahia, que concede a ex-governadores, em caráter vitalício, o direito a serviços de segurança e motorista, prestados pela administração pública estadual. (...) **A Jurisprudência do STF é firme quanto à inconstitucionalidade de leis estaduais e locais que concedem benefícios em caráter gracioso e vitalício a ex-agentes públicos, com fundamento nos princípios republicano, isonômico e da moralidade administrativa.** (...) No caso, a norma impugnada não prevê o pagamento de benefício pecuniário, mas a disponibilização de serviços relacionados à preservação da incolumidade e integridade física de ex-agentes públicos que, no exercício da chefia do Poder Executivo, conduziram políticas públicas de grande interesse social, como segurança pública, com especial nível de exposição pessoal. Não obstante, a vitaliciedade do benefício ultrapassa os limites mínimos da razoabilidade, transformando os serviços prestados em privilégio injustificado, afastada a comparação com o tratamento conferido pela Lei Federal 7.474/1986 a ex-Presidentes da República. Ação Direta julgada procedente, para declarar a inconstitucionalidade da expressão "de forma vitalícia", do art. 1.º da Lei n. 13.219/2014 do Estado da Bahia, conferindo interpretação conforme ao texto remanescente, pela qual a prestação dos serviços de segurança e motorista fica limitada ao final do mandato subsequente, enquanto não regulamentada a norma (ADI 5.346, Rel. Min. Alexandre de Moraes, j. 18-10-2019, *DJe* 6-11-2019).

De acordo com o STJ:

A demora excessiva e injustificada da Administração para cumprir obrigação que a própria Constituição lhe impõe é omissão violadora do princípio da eficiência, na medida em que denuncia a incapacidade do Poder Público em desempenhar, num prazo razoável, as atribuições que lhe foram conferidas pelo ordenamento (nesse sentido, o comando do art. 5.º, LXXVIII, da CF). Fere, também, a moralidade administrativa, por colocar em xeque a legítima confiança que o cidadão comum deposita, e deve depositar, na Administração. Por isso que semelhante conduta se revela ilegal e abusiva, podendo ser coibida pela via mandamental, consoante previsto no art. 1.º, *caput*, da Lei n. 12.016, de 7 de agosto de 2009 (MS 19.132/DF, *DJe* 27-3-2017).

4.2.4 Publicidade

Diz respeito ao dever de divulgação oficial dos atos administrativos, como forma de consagrar o livre acesso dos indivíduos a informações de seu interesse e de impor transparência na atuação administrativa, permitindo maior controle de seu exercício.

Imperioso destacar que o princípio da publicidade não impõe a publicação, em jornais oficiais, de TODOS os atos da Administração. Isto porque os atos individuais, dirigidos a destinatários certos, e os atos internos, por exemplo, tem a sua publicidade garantida com a simples comunicação ao interessado. Desnecessária, portanto, a publicação no *Diário Oficial*.

Exemplo bastante citado pela doutrina de tal princípio é o da publicação em "Portais da Transparência" dos nomes dos servidores com os seus respectivos vencimentos:

> É legítima a publicação, inclusive em sítio eletrônico mantido pela administração pública, dos nomes dos seus servidores e do valor dos correspondentes vencimentos e vantagens pecuniária (STF, ARE 652.777, Rel. Min. Teori Zavascki, j. 23-4-2015, *DJe* 1.º-7-2015, Tema 483).

A própria Constituição Federal traz exceções a esse princípio, autorizando o sigilo das informações tidas por imprescindíveis à segurança da sociedade e do Estado (art. 5.º, XXXIII).

O STJ possui entendimento específico sobre a remuneração dos notários e registradores:

> (...) 5. Embora os serviços notariais e de registro sejam realizados em caráter privado por delegação do poder público (CF, art. 236), não há descaracterização da natureza essencialmente estatal dessas atividades de índole administrativa e destinadas à garantia da publicidade, autenticidade, segurança e eficácia dos atos jurídicos.
> Por isso, ainda que não sejam servidores públicos, mas particulares atuando em colaboração com o Poder Público por meio de delegação, os notários e registradores sujeitam-se ao regime jurídico de direito público.
> 6. Além disso, não se pode olvidar que os emolumentos recebidos pelas serventias têm natureza jurídica de taxa, o que também justifica a submissão ao regime de direito público.
> 7. Ademais, o STJ reconhece que os notários e registradores, por estarem abrangidos no conceito de agentes públicos lato sensu, devem se sujeitar a ampla fiscalização.
> 8. A transparência quanto ao funcionamento e à gestão da Administração Pública a partir do acesso a informações que garantam seu controle e fiscalização é indissociável do princípio republicano, do regime democrático e do efetivo exercício da cidadania. **A publicidade, como um dos princípios constitucionais da Administração Pública e preceito geral, demanda a transparência ativa e/ou publicidade com a divulgação de informações de interesse público independentemente de solicitação.**
> 9. **As receitas e despesas brutas das serventias extrajudiciais não configuram dados pessoais a serem protegidos sob o argumento de garantir o direito ao sigilo e à privacidade.**
> 10. O STJ e o STF entendem que a divulgação nominal da remuneração de servidores públicos em sítio eletrônico governamental na rede mundial de computadores não

> configura lesão aos princípios constitucionais do direito à intimidade ou à vida privada, o que se aplica mutatis mutandis ao caso em exame. (...)
> (AgInt no RMS 70.212/PR, Rel. Min. Herman Benjamin, 2.ª Turma, j. 13-6-2023, *DJe* 27-6-2023, Info 11 – Edição Especial).

A intimidade dos envolvidos, nos termos do inciso X do mencionado artigo, também pode funcionar como exceção à publicação dos atos, a exemplo dos processos administrativos disciplinares.

Vejamos o que diz o STF sobre tais exceções:

> Art. 86 do Decreto-lei n. 200/1967, que prevê o sigilo da movimentação dos créditos destinados à realização de despesas reservadas ou confidenciais. Não Recepção pela Constituição de 1988. (...) O Princípio de Publicidade dos Atos da Administração Pública caracteriza-se como preceito fundamental para fins de cabimento de Arguição de Descumprimento de Preceito Fundamental. **O Estado Democrático de Direito instaurado pela Constituição de 1988 estabeleceu, como regra, a publicidade das informações referentes às despesas públicas, prescrevendo o sigilo como exceção, apenas quando imprescindível à segurança da sociedade e do Estado. Quanto maior for o sigilo, mais completas devem ser as justificativas para que, em nome da proteção da sociedade e do Estado, tais movimentações se realizem.** Os tratados internacionais e a própria Constituição Federal convergem no sentido de se reconhecer não apenas a ampla liberdade de acesso às informações públicas, corolário, como visto, do direito à liberdade de expressão, mas também a possibilidade de restringir o acesso, **desde que (i) haja previsão legal; (ii) destine-se a proteger a intimidade e a segurança nacional; e (iii) seja necessária e proporcional.** O art. 86 do Decreto-lei n. 200/1967, embora veiculado em norma jurídica, não foi recepcionado pela Constituição da República na medida em que é insuficiente para amparar a restrição ao direito de acesso à informação (ADPF 129, Rel. Min. Edson Fachin, j. 5-11-2019).

O Supremo Tribunal Federal entendeu, ainda, que o ato de qualquer dos poderes públicos restritivos de publicidade deve ser motivado de forma concreta, objetiva, específica e formal, **sendo nulos os atos públicos que imponham, genericamente e sem fundamentação válida, restrição ao direito fundamental à informação** (ADPF 872, Rel. Min. Carmém Lúcia, 15-8-2023, Info 11023).

Já o Superior Tribunal de Justiça analisou caso específico sobre um Mandado de Segurança impetrado contra o Comandante da Marinha requerendo o acesso à informação da carga horária de todos os Militares de uma determinada região. Ao denegar a segurança, a Primeira Seção entendeu que esses dados eram materialmente inexistentes, eis que "a carreira militar é caracterizada pela atividade continuada e inteiramente devotada às finalidades das Forças Armadas, não havendo a definição de uma carga horária específica para a jornada de trabalho". Logo, inexistente a informação, não há como se exigir o acesso – seja pela via da transparência ativa ou passiva (MS 28.715, 12-6-2024, Info 816).

4.2.5 Eficiência

Esse princípio foi acrescido ao rol do art. 37 da CF pela **Emenda Constitucional n. 19/98**, de inspiração neoliberal, cuja finalidade foi instituir o modelo de governança consensual (Administração Pública Gerencial, em detrimento do modelo burocrático em vigor), visando conferir maior agilidade e eficiência à atuação administrativa.

Até então, vigorava um modelo de administração burocrática, cuja autoridade era baseada na legalidade e nas relações hierarquizadas de subordinação entre órgãos e agentes. A ênfase, aqui, era nos processos e ritos, em uma administração claramente burocrática, como o próprio nome já sugere.

No modelo Gerencial, são incorporados preceitos da iniciativa privada à função administrativa, com ênfase na obtenção de resultados e na qualidade da gestão pública, em detrimento de processos e ritos, além do estímulo à participação popular, da ampla transparência e da imparcialidade na efetivação do bem comum.

Segundo Di Pietro (2018, p. 83), o princípio da eficiência "apresenta-se sob dois aspectos, podendo tanto ser considerado em relação à forma de atuação do agente público, do qual se espera o melhor desempenho possível de suas atuações e atribuições, para lograr os melhores resultados, como também em relação ao modo racional de se organizar, estruturar, disciplinar a administração pública, e também com o intuito de alcance de resultados na prestação do serviço público".

4.3 Princípios legais

A legislação infraconstitucional consagra diversos outros princípios aplicáveis ao Direito Administrativo, sendo o art. 2.º da Lei n. 9.784/99 o principal dispositivo mencionado pela doutrina (e também cobrado nas questões de concursos):

> Art. 2.º A Administração Pública obedecerá, dentre outros, aos **princípios da legalidade, finalidade, motivação,** *razoabilidade, proporcionalidade,* **moralidade, ampla defesa, contraditório, segurança jurídica, interesse público** e **eficiência.**

A Lei n. 14.133/2021 (nova Lei de Licitações), por sua vez, consagra os seguintes princípios:

> Art. 5.º Na aplicação desta Lei, serão observados os princípios da **legalidade**, da **impessoalidade**, da **moralidade**, da **publicidade**, da **eficiência**, do **interesse público**, da **probidade administrativa**, da **igualdade**, do **planejamento**, da **transparência**, da **eficácia**, da *segregação de funções*, da **motivação**, da **vinculação ao edital**, do **julgamento objetivo**, da **segurança jurídica**, da **razoabilidade**, da **competitividade**, da **proporcionalidade**, da **celeridade**, da **economicidade** e do *desenvolvimento nacional sustentável*, assim como as disposições do Decreto-lei n. 4.657, de 4 de setembro de 1942 (Lei de Introdução às Normas do Direito Brasileiro).

No âmbito da concessão de serviços públicos, por exemplo, fala-se, ainda, no princípio da continuidade dos serviços.

Veja, portanto, que cada ramo do Direito Administrativo apresenta princípios setoriais próprios, os quais serão analisados ao longo dos capítulos respectivos.

5. A REFORMA DO ESTADO BRASILEIRO

Como vimos, a Administração Pública Burocrática foi substituída pela Administração Pública Gerencial com a EC n. 19/98, chamada de Emenda da Reforma Administrativa.

Salienta OLIVEIRA (2021, p. 111-112) que o modelo gerencial é voltado para a obtenção de resultados (eficiência), sendo marcado pela descentralização de atividades e avaliação de desempenho a partir de indicadores definidos em contratos (contrato de gestão).

Para o autor, no processo de reforma, foram definidos os quatro setores do aparelho estatal:

- **Núcleo estratégico:** responsável pela elaboração das leis, pela definição das políticas públicas e pelo seu respectivo cumprimento (ex.: atividade legislativa, jurisdicional e político-administrativa exercida pela alta cúpula do Executivo). É inerente ao Estado, sendo vedada a sua delegação aos particulares, a despeito de ser possível a participação popular na elaboração das políticas públicas.
- **Atividades exclusivas:** envolve atividades em que a presença do Estado é fundamental, seja por imposição constitucional, seja pela necessidade do exercício do poder de autoridade (ex.: atividade de polícia, de regulação, prestação de serviços públicos etc.). Algumas atividades podem ser delegadas aos particulares, por meio da concessão e da permissão de serviços públicos (art. 175 da CF).
- **Serviços não exclusivos:** são aqueles prestados para a coletividade e que não exigem o poder de autoridade do Estado, razão pela qual podem ser prestados pelo setor privado e pelo setor "público não esta-

tal" (ex.: saúde, educação etc.). Devem ser prestados prioritariamente pelos particulares, incumbindo ao Estado a atividade de fomento.

- **Setor de produção de bens e serviços para o mercado:** envolve as atividades econômicas lucrativas (ex.: empresas estatais), a serem prestadas pelos particulares. Excepcionalmente, admite-se o seu exercício pelo Estado, por meio das empresas estatais, desde que haja *interesse coletivo relevante* ou *imperativo de segurança nacional*, nos termos do art. 173 da CF.

6. OS QUATRO SETORES E SUAS CARACTERÍSTICAS

A doutrina classifica a economia em setores, sob a ótica dos sujeitos que a protagonizam, os quais são responsáveis pela consecução do interesse público e sofrem a incidência, em diferentes graus, das normas de direito administrativo.

O chamado primeiro setor diz respeito ao próprio Estado e aos órgãos integrantes da Administração Pública. Já o segundo setor diz respeito ao mercado e a empresas e empresários.

O terceiro setor é formado pelas entidades paraestatais ou não governamentais (entidades privadas) que prestam atividades de interesse público, por iniciativa própria, sem fins lucrativos, enquanto o quarto setor é formado pela economia informal (particulares que atuam no mercado, sem estarem formalmente registrados).

Estes podem ser aprofundados da seguinte forma.

De acordo com o Plano Diretor de Reforma do Aparelho do Estado-1995, elaborado pelo Ministro Bresser Pereira, o **1.º setor** diz respeito ao **NÚCLEO ESTRATÉGICO.** Corresponde ao governo, em sentido lato. É o setor que define as leis e as políticas públicas, além de cobrar o seu cumprimento. É, portanto, a esfera onde as decisões estratégicas são tomadas. Corresponde aos Poderes Legislativo e Judiciário, ao Ministério Público e, no Poder Executivo, ao Presidente da República, aos ministros e aos seus auxiliares e assessores diretos, responsáveis pelo planejamento e formulação das políticas públicas.

O **2.º setor**, por sua vez, alude às **ATIVIDADES EXCLUSIVAS.** É o setor em que são prestados serviços que só o Estado pode realizar. São serviços em que se exerce o poder extroverso do Estado - o poder de regulamentar, de fiscalizar e de fomentar. Como exemplos temos: a cobrança e fiscalização dos impostos, a polícia, a previdência social básica, o serviço de desemprego, a fiscalização do cumprimento de normas sanitárias, o serviço de trânsito, a compra de serviços de saúde pelo Estado, o controle do meio ambiente, o subsídio à educação básica, o serviço de emissão de passaportes etc.

O **3.º setor** corresponde aos **SERVIÇOS NÃO EXCLUSIVOS.** Corresponde ao setor onde o Estado atua simultaneamente com outras organizações públicas não estatais e privadas. As instituições desse setor não possuem o poder de Estado. Este, entretanto, está presente porque os serviços envolvem direitos humanos fundamentais, como os da educação e da saúde, ou porque possuem "economias externas" relevantes, na medida que produzem ganhos que não podem ser apropriados por esses serviços por meio do mercado. As economias produzidas imediatamente se espalham para o resto da sociedade, não podendo ser transformadas em lucros. São exemplos desse setor: as universidades, os hospitais, os centros de pesquisa e os museus.

Por fim, o **4.º setor** alude à **PRODUÇÃO DE BENS E SERVIÇOS PARA O MERCADO.** Corresponde à área de atuação das empresas. É caracterizado pelas atividades econômicas voltadas para o lucro que ainda permanecem no aparelho do Estado como, por exemplo, as do setor de infraestrutura. Estão no Estado seja porque faltou capital ao setor privado para realizar o investimento, seja porque são atividades naturalmente monopolistas, nas quais o controle via mercado não é possível, tornando-se necessário no caso de privatização, a regulamentação rígida.

7. A PUBLICIZAÇÃO DO TERCEIRO SETOR

Como acabamos de ver, o terceiro setor engloba os chamados "serviços não exclusivos", correspondendo ao setor em que o Estado atua simultaneamente com outras organizações públicas não estatais e privadas.

São serviços que envolvem direitos humanos fundamentais, como os da educação e da saúde, ou porque possuem "economias externas" relevantes, na medida que produzem ganhos que não podem ser apropriados por esses serviços por meio do mercado.

O terceiro setor caracteriza-se, portanto, pela transferência de questões públicas da responsabilidade estatal para a responsabilidade de parcelas da sociedade civil.

Como as economias produzidas imediatamente se espalham para o resto da sociedade, não podendo ser transformadas em lucros, diz-se que esse setor é composto por **entidades privadas da sociedade civil que exercem atividades de interesse público sem finalidade lucrativa** (MAZZA, 2022, p. 371).

Submetem-se, nesses termos, a um **regime jurídico predominantemente de Direito Privado, parcialmente derrogado por normas de Direito Público.**

Trata-se de setor composto pela sociedade civil, isto é, pelos Serviços Sociais Autônomos (Sistema "S"); pelas Organizações Sociais (OS's); pelas Organizações da Sociedade Civil de Interesse Público (OSCIP's) etc.

As entidades da sociedade civil integrantes do terceiro setor possuem as seguintes características (OLIVEIRA, 2021, p. 261):

- São criadas pela iniciativa privada;
- Não possuem finalidade lucrativa;
- **Não integram a Administração Pública indireta;**
- Prestam atividades privadas de relevância social;
- Possuem vínculo legal ou negocial com o Estado;
- Recebem benefícios públicos.

O fenômeno da **publicização do terceiro setor**, nesses termos, diz respeito à prestação de serviços de interesse público por entidades privadas, integrantes do terceiro setor, com o apoio estatal.

> A estratégia de transição para uma administração pública gerencial prevê, ainda na dimensão institucional-legal, a elaboração, que já está adiantada, de projeto de lei que permita a "publicização" dos serviços não exclusivos do Estado, ou seja, sua transferência do setor estatal para o público não estatal, onde assumirão a forma de "organizações sociais" (Fonte: Plano Diretor de Reforma do Aparelho de Estado, 1995).

Esse fenômeno está diretamente relacionado com a Reforma Administrativa ocorrida na década de 1990, que teve por fim tornar a Administração mais moderna e eficiente, reduzindo o papel do Estado na economia (para que ele deixasse de ser responsável direto por atividades econômicas e atuasse apenas como fomentador e regulador do mercado), bem como pela defesa da publicização dos serviços não exclusivos, com a sua gradual transferência para a sociedade civil.

8. SERVIÇOS SOCIAIS AUTÔNOMOS

Os serviços sociais autônomos compõem o chamado "Sistema S", sendo criados por confederações privadas (entidades representativas de categorias econômicas, tal como a Confederação Nacional da Indústria), mediante *autorização legal*, para exercerem atividade de amparo aos integrantes da respectiva categoria. Para tanto, recebem contribuições sociais, cobradas compulsoriamente da iniciativa privada, nos termos do art. 240 da CF. Ex.: SENAI, SENAC, SESI, SESC.

Para Hely Lopes Meirelles (2003, p. 338), os serviços sociais autônomos:

> são todos aqueles de criação autorizada por lei, com personalidade de Direito Privado, para ministrar assistência ou ensino a certas categorias sociais ou grupos profissionais, sem fins lucrativos, sendo mantidos por dotações orçamentárias ou por contribuições parafiscais.

> São entes paraestatais, de cooperação com o Poder Público, com administração e patrimônio próprios, revestindo a forma de instituições particulares convencionais (fundações, sociedades civis ou associações) ou peculiares ao desempenho de suas incumbências estatutárias.

Tais entidades têm natureza privada e possuem autonomia administrativa, motivo pelo qual *não se submetem ao processo licitatório* disciplinado pela Lei n. 14.133/2021. Devem, contudo, observar os princípios gerais da referida norma, tais como: princípio do julgamento objetivo, da vinculação ao instrumento convocatório, da publicidade, dentre outros.

Não se submetem, ademais, à observância da regra de concurso público (art. 37, II, da CF) para contratação de seu pessoal. Tal fato, entretanto, não as exime de manter um padrão de objetividade e eficiência na contratação e nos gastos com seu pessoal.

Destaque-se, ainda, que as entidades do Sistema S *gozam de imunidade tributária*, não com fulcro na "imunidade recíproca", já que não integram a Administração Pública, mas sim *com fundamento na imunidade das entidades de assistência social prevista no art. 150, VI, c, da CF.*

Isto porque são consideradas instituições de educação e assistência social, fazendo jus à aludida imunidade.

Assim, se o SENAC, por exemplo, adquire um terreno para a construção de sua sede, deverá incidir a imunidade nesse caso considerando que o imóvel será destinado às suas finalidades essenciais (STF, 1.ª Turma, RE 470.520/SP, Rel. Min. Dias Toffoli, j. 17-9-2013, Info 720).

Por não integrarem a Administração Pública, *não gozam das prerrogativas processuais inerentes à Fazenda Pública* (ex.: prazo em dobro), *nem se submetem ao regime de pagamentos por precatórios.*

Apesar de haverem divergências, prevalece que as contribuições recebidas por tais entidades paraestatais ostentam a natureza jurídica de "contribuição social geral" (contribuição social de interesse de categorias profissionais e econômicas), prevista no art. 240 da CF.

> No caso específico do SEBRAE, o STF consignou que se trata de uma contribuição de intervenção no domínio econômico:
>
> "A contribuição destinada ao SEBRAE possui natureza de contribuição de intervenção no domínio econômico (art. 149 da CF/88) e não necessita de edição de lei complementar para ser instituída" (STF, RE 635.682/RJ, Rel. Min. Gilmar Mendes, j. 25-4-2013, Info 703).

Para o Supremo (ACO 1.953 AgR, j. 18-12-2013), a partir do momento que o produto das referidas contribuições ingressa nos cofres dos Serviços Sociais Autônomos, perde o caráter de recurso público.

Sobre o tema, é relevante destacar, ainda, que os serviços sociais autônomos são meros destinatários de uma parcela das contribuições sociais instituídas pela União e, como tal, **não possuem legitimidade passiva nas ações judiciais em que se discute a relação jurídico-tributária entre o contribuinte e a União e a repetição de indébito das contribuições sociais recolhidas**, as quais devem ser propostas somente contra a União (STJ, 1.ª Seção, EREsp 1.619.954/SC, Rel. Min. Gurgel de Faria, j. 10-4-2019, Info 646).

9. AS ORGANIZAÇÕES SOCIAIS

Como forma de incentivar o fortalecimento do terceiro setor e, com isso, promover a publicização dos serviços não exclusivos do Estado, foram editadas algumas leis, como a Lei n. 9.637/98, que trata das Organizações Sociais Federais. As OS's, pela própria disposição da lei, têm o objetivo de absorver completamente a atividade de determinado órgão, extinguindo-o, como consequência.

Saliente-se, inicialmente, que o termo "organização social" não diz respeito a uma nova modalidade de pessoa jurídica, mas sim de uma **qualificação especial** que poderá ser atribuída a pessoas jurídicas de direito privado, sem fins lucrativos, cujas atividades sejam dirigidas ao ensino, à pesquisa científica, ao desenvolvimento tecnológico, à proteção e preservação do meio ambiente, à cultura e à saúde, atendidos aos requisitos previstos nesta Lei.

Trata-se, nesses termos, de pessoas jurídicas de direito privado, sem fins lucrativos, prestadoras de atividades de interesse público que, após preencherem os requisitos legais, recebem o título de "organização social".

Art. 2.º São requisitos específicos para que as entidades privadas referidas no artigo anterior habilitem-se à qualificação como organização social:

I – comprovar o registro de seu ato constitutivo, dispondo sobre:

a) natureza social de seus objetivos relativos à respectiva área de atuação;

b) finalidade não lucrativa, com a obrigatoriedade de investimento de seus excedentes financeiros no desenvolvimento das próprias atividades;

c) previsão expressa de a entidade ter, como órgãos de deliberação superior e de direção, um conselho de administração e uma diretoria definidos nos termos do estatuto, asseguradas àquele composição e atribuições normativas e de controle básicas previstas nesta Lei;

d) previsão de participação, no órgão colegiado de deliberação superior, de representantes do Poder Público e de membros da comunidade, de notória capacidade profissional e idoneidade moral;

e) composição e atribuições da diretoria;

f) obrigatoriedade de publicação anual, no Diário Oficial da União, dos relatórios financeiros e do relatório de execução do contrato de gestão;

g) no caso de associação civil, a aceitação de novos associados, na forma do estatuto;

h) **proibição de distribuição de bens ou de parcela do patrimônio líquido em qualquer hipótese**, inclusive em razão de desligamento, retirada ou falecimento de associado ou membro da entidade;

i) previsão de incorporação integral do patrimônio, dos legados ou das doações que lhe foram destinados, bem como dos excedentes financeiros decorrentes de suas atividades, em caso de extinção ou desqualificação, ao patrimônio de outra organização social qualificada no âmbito da União, da mesma área de atuação, ou ao patrimônio da União, dos Estados, do Distrito Federal ou dos Municípios, na proporção dos recursos e bens por estes alocados;

II – haver aprovação, quanto à conveniência e oportunidade de sua qualificação como organização social, do Ministro ou titular de órgão supervisor ou regulador da área de atividade correspondente ao seu objeto social e do Ministro de Estado da Administração Federal e Reforma do Estado.

Como se vê no inciso II do art. 2.º da Lei n. 9.637/98, a **qualificação como OS é *discricionária***, visto que sujeita à conveniência e oportunidade estatais (*Ministro da área na qual atua a pessoa jurídica que pretende a qualificação como OS, juntamente com o Ministro do Planejamento*). Observe que, além desta previsão, o art. 1.º da Lei fala em "poderá qualificar", tornando ainda mais evidente o mérito existente na outorga deste título.

Ao receber tal qualificação, a pessoa jurídica gozará de determinadas vantagens originalmente não atribuídas ao setor privado, tais como isenções fiscais, recebimento de recursos públicos, cessão de bens públicos (dispensada licitação), empréstimo temporário de servidores públicos (com ônus para a origem do servidor cedido).

O procedimento de qualificação das organizações sociais, de acordo com o Supremo, apesar de discricionário, deve ser conduzido de forma pública, objetiva e impessoal, com observância dos princípios do *caput* do art. 37 da CF, e de acordo com parâmetros fixados em abstrato segundo o disposto no art. 20 da Lei n. 9.637/98.

Após qualificadas, as entidades formalizarão a parceria com a Administração por meio de ***Contrato de Gestão***, cuja celebração também deve ser conduzida de forma pública, objetiva e impessoal, com observância dos princípios da legalidade, impessoalidade, moralidade, publicidade, economicidade.

O referido contrato discriminará as atribuições, responsabilidades e obrigações do Poder Público e da organização social.

Destaque-se que a **Lei n. 8.666/93** previa, em seu art. 24, XXIV, ser **dispensável a licitação para a celebração de contratos de prestação de serviços com as organizações sociais**, qualificadas no âmbito das respectivas esferas de governo, para atividades contempladas no contrato de gestão.

Ao ser instado a apreciar a constitucionalidade de diversos dispositivos da Lei n. 9.637/98 e também contra o art. 24, XXIV, da Lei n. 8.666/93, que previa a dispensa de licitação nas contratações de organizações sociais, o STF entendeu pela constitucionalidade das disposições impugnadas, conferindo-lhes interpretação conforme a Constituição para deixar explícitas as seguintes conclusões:

> (i) o procedimento de qualificação seja conduzido de forma pública, objetiva e impessoal, com observância dos princípios do *caput* do art. 37 da CR, e de acordo com parâmetros fixados em abstrato segundo o que prega o art. 20 da Lei n. 9.637/98;
>
> (ii) a celebração do contrato de gestão seja conduzida de forma pública, objetiva e impessoal, com observância dos princípios do *caput* do art. 37 da CR;
>
> (iii) as hipóteses de dispensa de licitação para contratações (Lei n. 8.666/93, art. 24, XXIV) e outorga de permissão de uso de bem público (Lei n. 9.637/98, art. 12, § 3.º) sejam conduzidas de forma pública, objetiva e impessoal, com observância dos princípios do *caput* do art. 37 da CR;
>
> (iv) os contratos a serem celebrados pela Organização Social com terceiros, com recursos públicos, sejam conduzidos de forma pública, objetiva e impessoal, com observância dos princípios do *caput* do art. 37 da CR, e nos termos do regulamento próprio a ser editado por cada entidade;
>
> (v) a seleção de pessoal pelas Organizações Sociais seja conduzida de forma pública, objetiva e impessoal, com observância dos princípios do *caput* do art. 37 da CR, e nos termos do regulamento próprio a ser editado por cada entidade; e
>
> (vi) para afastar qualquer interpretação que restrinja o controle, pelo Ministério Público e pelo TCU, da aplicação de verbas públicas (STF, Plenário, ADI 1.923/DF, j. 15 e 16-4-2015, Info 781).

ATENÇÃO!

Na Lei n. 14.133/2021, não consta previsão similar. É dizer: foi suprimida a hipótese de contratação direta de organizações sociais, pela nova Lei de Licitações.

Ressalte-se, por fim, que, de acordo com a Lei, os responsáveis pela fiscalização da execução do contrato de gestão, ao tomarem conhecimento de qualquer irregularidade ou ilegalidade na utilização de recursos ou bens de origem pública por organização social, dela darão ciência ao Tribunal de Contas da União, sob pena de responsabilidade **solidária.**

Sem prejuízo desta medida, *quando assim exigir a gravidade dos fatos ou o interesse público, havendo indícios fundados de malversação de bens ou recursos de origem pública*, os responsáveis pela fiscalização **representarão ao Ministério Público, à Advocacia-Geral da União ou à Procuradoria da entidade** para que requeira ao juízo competente a decretação da indisponibilidade dos bens da entidade e o sequestro dos bens dos seus dirigentes, bem como de agente público ou terceiro, que possam ter enriquecido ilicitamente ou causado dano ao patrimônio público.

10. OSCIP'S

As Organizações da Sociedade Civil de Interesse Público (OSCIP's), por sua vez, são regulamentadas pela Lei n. 9.790/99, a qual preconiza que:

> podem qualificar-se como Organizações da Sociedade Civil de Interesse Público as pessoas jurídicas de direito privado sem fins lucrativos que tenham sido constituídas e se encontrem em funcionamento regular há, *no mínimo, 3 (três) anos*, desde que os respectivos objetivos sociais e normas estatutárias atendam aos requisitos instituídos por esta Lei.

São pessoas jurídicas de direito privado, também sem fins lucrativos, que se destinam a executar os serviços não exclusivos do Estado, com este firmando **termo de parceria,** após a qualificação como OSCIP pelo Poder Público.

Os termos de parceria firmados entre o Poder Público e as OSCIP's são regidos pelo *princípio da solenidade* e, por isso, não dispensam sua procedimentalização a partir de cláusulas que estipulem metas a serem atingidas em um cronograma organizado de execução, além de estabelecerem critérios objetivos de avaliação de desempenho que deverão ser utilizados mediante indicadores de resultado, todos estes, importantes instrumentos para a avaliação de políticas públicas.

Aqui, diferentemente das OS, o ato de qualificação é de natureza **vinculada**, a ser formalizado perante o Ministério da Justiça. Em outros termos, se a pessoa jurídica atender os requisitos previstos na Lei, o Estado é obrigado a conceder a qualificação como OSCIP (*vide* art. 1.º, § 2.º, da Lei das OSCIP's).

De acordo com a Lei, considera-se sem fins lucrativos a pessoa jurídica de direito privado que não distribui, entre os seus sócios ou associados, conselheiros, diretores, empregados ou doadores, eventuais excedentes operacionais, brutos ou líquidos, dividendos, bonificações, participações ou parcelas do seu patrimônio, auferidos mediante o exercício de suas atividades, e que os aplica integralmente na consecução do respectivo objeto social.

A teor do art. 2.º da Lei de regência, não são passíveis de qualificação como OSCIP, ainda que se dediquem de qualquer forma às atividades descritas no art. 3.º:

I – as sociedades comerciais;

II – os *sindicatos*, as associações de classe ou de representação de categoria profissional;

III – as *instituições religiosas* ou voltadas para a disseminação de credos, cultos, práticas e visões devocionais e confessionais;

IV – as organizações partidárias e assemelhadas, inclusive suas fundações;

V – as entidades de benefício mútuo destinadas a proporcionar bens ou serviços a um círculo restrito de associados ou sócios;

VI – as entidades e empresas que comercializam planos de saúde e assemelhados;

VII – as instituições hospitalares privadas não gratuitas e suas mantenedoras;

VIII – as escolas privadas dedicadas ao ensino formal não gratuito e suas mantenedoras;

IX – as *organizações sociais*;

X – as *cooperativas*;

XI – as fundações públicas;

XII – as fundações, sociedades civis ou associações de direito privado criadas por órgão público ou por fundações públicas;

XIII – as organizações creditícias que tenham quaisquer tipo de vinculação com o sistema financeiro nacional a que se refere o art. 192 da Constituição Federal.

Parágrafo único. *Não constituem impedimento à qualificação como Organização da Sociedade Civil de Interesse Público as operações destinadas a microcrédito realizadas com instituições financeiras na forma de recebimento de repasses, venda de operações realizadas ou atuação como mandatárias.*

O campo de atuação das OSCIP's (art. 3.º da Lei), ademais, é mais amplo do que o das organizações sociais, dizendo respeito a serviços privados de interesse público/coletivo.

11. OSC'S

A Lei n.13.019/2014 estabelece o regime jurídico das parcerias entre a Administração Pública e as organizações da sociedade civil, em regime de mútua cooperação, para a consecução de finalidades de interesse público e recíproco, mediante a execução de atividades ou de projetos previamente estabelecidos em planos de trabalho inseridos em termos de colaboração, de fomento ou em acordos de cooperação. Além disso, define diretrizes para a política de fomento, de colaboração e de cooperação com organizações da sociedade civil.

Referida Lei goza de caráter nacional, sendo aplicável à administração pública de todos os entes da Federação, inclusive às empresas públicas e sociedades de economia mista prestadoras de serviço público e suas subsidiárias, que recebam recursos da pessoa política instituidora para pagamento de despesas de pessoal ou de custeio em geral.

De acordo com a lei, considera-se Organização da Sociedade Civil (OSC):

> *a)* entidade privada sem fins lucrativos que não distribua entre os seus sócios ou associados, conselheiros, diretores, empregados, doadores ou terceiros eventuais resultados, sobras, excedentes operacionais, brutos ou líquidos, dividendos, isenções de qualquer natureza, participações ou parcelas do seu patrimônio, auferidos mediante o exercício de suas atividades, e que os aplique integralmente na consecução do respectivo objeto social, de forma imediata ou por meio da constituição de fundo patrimonial ou fundo de reserva;
> *b)* as sociedades cooperativas previstas na Lei n. 9.867, de 10 de novembro de 1999; as integradas por pessoas em situação de risco ou vulnerabilidade pessoal ou social; as alcançadas por programas e ações de combate à pobreza e de geração de trabalho e renda; as voltadas para fomento, educação e capacitação de trabalhadores rurais ou capacitação de agentes de assistência técnica e extensão rural; e as capacitadas para execução de atividades ou de projetos de interesse público e de cunho social;
> *c)* as organizações religiosas que se dediquem a atividades ou a projetos de interesse público e de cunho social distintas das destinadas a fins exclusivamente religiosos.

A Lei prevê três instrumentos para formalizar as parcerias voluntárias com o Poder Público:

- **Termo de Colaboração:** instrumento por meio do qual são formalizadas as parcerias estabelecidas pela Administração Pública com organizações da sociedade civil para a consecução de finalidades de interesse público e recíproco **propostas pela Administração Pública** que envolvam a transferência de recursos financeiros. *(Mnemônico: ColaboraÇÃO – AdministraÇÃO).*

- **Termo de Fomento:** instrumento por meio do qual são formalizadas as parcerias estabelecidas pela Administração Pública com organizações da sociedade civil para a consecução de finalidades de interesse público e recíproco **propostas pelas organizações da sociedade civil**, que envolvam a transferência de recursos financeiros. *(Não há mnemônico específico, é o que "sobra", dizendo respeito às parcerias propostas pelo ente privado).*

- **Acordo de Cooperação:** instrumento por meio do qual são formalizadas as parcerias estabelecidas pela Administração Pública com organizações da sociedade civil para a consecução de finalidades de interesse público e recíproco que **não envolvam a transferência de recursos financeiros**.

> Mnemônico: COOperação - Dois OO "zeros" = não há transferência de recursos

Destaque-se que, para a escolha da entidade parceira, não há necessidade de licitação, mas de mero **chamamento público**, nos termos do art. 24 da Lei.

12. ONG'S

As Organizações Não Governamentais (ONG's) são entidades privadas sem fins lucrativos que realizam serviços de interesse público, ações solidárias nas áreas de saúde, educação, assistência social, economia, meio ambiente, dentre outras. Sua atuação pode ocorrer em âmbito local, estadual, nacional, ou mesmo internacional.

Como integrantes do terceiro setor, não integram a Administração Pública, apesar de prestarem serviços sociais.

Não há (como ocorre com as demais entidades que acabamos de estudar) nenhuma lei ou mesmo disposição específica no Código Civil sobre as ONG's, as quais são usualmente enquadradas como associações.

Caracterizam-se pela autonomia, livre adesão e participação voluntária dos associados, que se reúnem em prol de interesses e objetivos comuns relacionados à realização de atividades solidárias, de ajuda mútua ou filantrópicas, atuando sem fins lucrativos.

CAPÍTULO 2

ORGANIZAÇÃO DA ADMINISTRAÇÃO PÚBLICA

1. ASPECTOS INTRODUTÓRIOS

Conforme estudamos no capítulo anterior, o Direito Administrativo pode ser conceituado como um ramo do direito público interno que busca a proteção do interesse de toda a coletividade. Para José dos Santos Carvalho Filho (2017, p. 42), é possível conceituar o Direito Administrativo:

> como sendo o conjunto de normas e princípios que, visando sempre ao interesse público, regem as relações jurídicas entre as pessoas e órgãos do Estado e entre este e as coletividades a que devem servir.

Não existe um Código de Direito Administrativo, a exemplo do Código Civil ou do Código Penal, sendo certo que a Constituição Federal e diversas leis esparsas regulam a matéria, a exemplo da Lei n. 14.133/2021 (Licitações e Contratos), da Lei n. 8.112/90 (Estatuto dos Servidores Públicos Federais), dentre outras.

No estudo da Administração Pública, qual é a diferença de Estado para Governo?

Esses conceitos possuem análise mais aprofundada no Direito Constitucional.

A noção de **Estado** reflete a posição da pessoa jurídica territorial soberana. Trata-se de ente que possui como característica marcante a **soberania**, matriz essencial de sua independência. Para Fernanda Marinela (2017, p. 63):

> A organização do Estado é matéria constitucional no que concerne à divisão política do território nacional, à estruturação dos Poderes, à forma de Governo, ao modo de investidura dos governantes, aos direitos e garantias dos governados.

Já a noção de **Governo** a atuação política e discricionária da Administração Pública no que tange ao enfoque **operacional** dos negócios públicos. Trata-se da organização, aparelhamento e atuação do administrador público na condução dos negócios atinentes à garantia do interesse público.

Para Hely Lopes Meireles (2003, p. 63), ainda é possível conceituarmos **Administração Pública.** Esta deve ser analisada sob três critérios:

a) formal – conjunto de órgãos instituídos para consecução dos objetivos do governo;

b) material – conjunto das funções necessárias aos serviços públicos em geral;

c) operacional – desempenho perene e sistemático, legal e técnico, dos serviços próprios do Estado ou por ele assumidos em benefício da coletividade.

E o que seria o regime jurídico administrativo?

A partir do momento que entendemos que o Direito Administrativo é uma disciplina autônoma e um ramo do direito público interno, precisamos estabelecer princípios e critérios para "pensarmos" essa matéria. Como o leitor deve interpretar as normas desse ramo do direito?

Para Fernanda Marinela (2017, p. 67), a escolha desses princípios não pode ser feita de forma aleatória nem eles podem ser analisados de forma isolada. Em verdade:

É necessária a fixação de um conjunto sistematizado de princípios e normas que lhe dê identidade, tornando possível diferenciá-lo das demais ramificações do Direito. Os princípios escolhidos para compor este conjunto devem ser peculiares aos seus objetivos e devem especialmente guardar entre si uma correlação lógica, uma relação de coerência e unidade, um ponto de coincidência, compondo um sistema ou regime.

Esse sistema é exatamente o *regime jurídico administrativo.*

Com base nestas definições básicas, iremos, ao longo do nosso livro, focar no Direito Administrativo brasileiro sempre com a cabeça "recheada" dessas ideias, por exemplo, que o regime jurídico administrativo exige a proteção do interesse público.

O que é, afinal, o interesse público?

O interesse público é o interesse da coletividade analisada como uma entidade autônoma e, portanto, capaz de gozar de direitos e obrigações. Para Celso Antônio Bandeira de Mello (2010, p. 52), o regime jurídico administrativo resulta exatamente da construção normativa de determinados interesses como pertinentes a toda a coletividade e não aos particulares individualmente considerados.

O Direito Administrativo consiste, portanto, (BANDEIRA DE MELLO, 2010, p. 70):

> na atribuição de uma disciplina normativa peculiar que, fundamentalmente, se delineia em função da consagração de dois princípios: a supremacia do interesse público sobre o privado e a indisponibilidade do interesse público.

2. ORGANIZAÇÃO DA ADMINISTRAÇÃO PÚBLICA

Para executar sua atividade administrativa de forma plena, o Estado divide sua atuação em unidades de poder menores e mais especializadas. Desta forma, os serviços públicos colocados à disposição da população poderão ser prestados de forma mais eficiente.

Diferentemente do que ocorrer na **centralização**, na qual a Administração atua diretamente na execução de políticas públicas, a subdivisão poderá operar-se por meio dos institutos da **desconcentração** ou da **descentralização.**

Na desconcentração, com base em seu poder hierárquico, o Estado subdivide-se internamente distribuindo o poder dentro da mesma pessoa jurídica, por meio da criação de órgãos públicos. Estes não possuem personalidade jurídica própria e estão diretamente subordinados à autoridade superior.

Segundo a Lei n. 9.784/99, o conceito de órgão público:

> Art. 1.º Esta Lei estabelece normas básicas sobre o processo administrativo no âmbito da Administração Federal direta e indireta, visando, em especial, à proteção dos direitos dos administrados e ao melhor cumprimento dos fins da Administração.
> (...)
> § 2.º Para os fins desta Lei, consideram-se:
> I – órgão – a unidade de atuação integrante da estrutura da Administração direta e da estrutura da Administração indireta;

Assim, a desconcentração não desconstitui a unidade monolítica do Estado, eis que os órgãos permanecem ligados entre si por um vínculo de hierarquia e integram a estrutura da Administração Pública.

Exemplo da criação de órgãos públicos, temos a União Federal que cria órgãos especializados para dividir o centro de poder em várias esferas. Podemos citar, nesse sentido, a criação de Ministérios (Educação, Saúde, Fazenda etc.).

A representação gráfica da desconcentração deve ser entendida como algo assim:

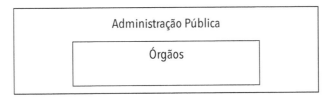

Já na **descentralização**, a Administração Pública atua por meio da criação de **entidades** que possuem personalidade jurídica própria, deslocando a competência de atuação para uma nova pessoa, em um vínculo desprovido de hierarquia e subordinação.

Nesse caso, em que pese as entidades não estarem subordinadas à Administração Direta, sofrerão esses entes fiscalização e controle.

Percebam, portanto, que na descentralização o Estado outorga ou delega, alguma atribuição de sua competência para que outra pessoa jurídica a execute, passando a existir duas pessoas bastante distintas: o Estado e a nova pessoa designada para a execução do serviço.

As entidades, nos termos da Lei n. 9.784/99 podem ser conceituadas como:

> Art. 1.º (...).
> § 2.º (...).
> II – entidade – a unidade de atuação dotada de personalidade jurídica;

Essa descentralização pode ser política ou administrativa.

Na descentralização política (2017, p. 143):

> Pessoas jurídicas de direito público concorrem com competências políticas, com soberania ou autonomia para legislar, ditar seus propósitos e governar, havendo deslocamento e distribuição entre entes políticos, o que é feito pela Constituição Federal.

Esta é a descentralização que ocorre com os entes federados (União, Estados, Distrito Federal e os Municípios) que possuem autonomia política e são capazes de se auto-organizar (podendo legislar).

Já a descentralização administrativa ocorre quando o próprio poder central estabelece as atribuições que as entidades terão, sem que esse poder decorra diretamente da Constituição Federal. Esta é a descentralização que ocorre com os demais integrantes da Administração Pública que não dispõem de autonomia política, apenas autonomia administrativa (criação de autarquias, por exemplo).

2.1 Administração Direta

A Administração Direta nada mais é do que a própria atuação da Administração Pública **diretamente** ou por meio de seus órgãos.

Os entes que compõem a Administração Direta, portanto, estão sujeitos a prerrogativas de direito público, uma vez que – sem exceção – são consideradas pessoas jurídicas de direito **público.**

Assim, a esses entes aplicam-se as seguintes regras:

a) seus servidores são servidores públicos e submetem-se a concurso público;

b) seus atos administrativos gozam de presunção de legitimidade;

c) gozam de privilégios tributários;

d) seus bens são bens públicos e, portanto, impenhoráveis;

e) seus créditos são pagos por meio de precatórios.

2.2 Administração Indireta

A Administração Indireta é caracterizada pelo conjunto de pessoas jurídicas, sem autonomia política, que exercem de forma descentralizada determinadas atividades administrativas.

Nessa atuação, as entidades – com personalidade jurídica – que compõem a Administração Indireta são:

- Autarquias;
- Empresas Públicas;
- Sociedades de Economia Mista;
- Fundações Públicas;
- Consórcios Públicos (associações públicas).

Estas são criadas para atender a uma finalidade específica e, como dito anteriormente, não estão sujeitas a um vínculo de hierarquia ou subordinação com a Administração Direta. Contudo, estão sujeitas a um vínculo de supervisão ministerial e de controle de seus atos pelos órgãos de controle estatais.

Tratam-se de entes que possuem personalidade jurídica, patrimônio próprio, receita própria e que possuem características específicas a seguir a depender de cada ente.

É necessária a edição de lei específica para a criação de entes da Administração Indireta?

As empresas públicas e sociedades de economia mista são empresas estatais e, como qualquer empresa, para adquirir personalidade jurídica, precisam averbar seus atos constitutivos na Junta Comercial.

Assim, a **lei irá autorizar a criação** de empresas públicas ou sociedades de economia mista, mas apenas o registro dos atos na Junta terá a capacidade de atribuir personalidade jurídica a tais entidades.

Essa lei não precisa ser uma lei complementar, tão somente uma lei ordinária.

No mesmo sentido, entende-se quanto às fundações públicas.

E as autarquias?

Já as autarquias são pessoas jurídicas de direito público e, como tais, a lei irá diretamente criá-las. A partir da edição da própria lei, a autarquia já passa a ter personalidade jurídica. Nesse sentido, o inciso XIX do art. 37 da CF:

> XIX – somente por lei específica poderá ser *criada* autarquia e *autorizada* a instituição de empresa pública, de sociedade de economia mista e de fundação, cabendo à lei complementar, neste último caso, definir as áreas de sua atuação;

As autarquias são **pessoas jurídicas de direito público** criadas por lei para o desempenho de um serviço público de forma descentralizada com capacidade de autoadministração. Desenvolvem, assim, atividades típicas de Estado prestando serviços de forma técnica e especializada.

A elas se aplicam todas as regras inerentes ao direito público:

a) seus servidores são servidores públicos e submetem-se a concurso público;

b) seus atos administrativos gozam de presunção de legitimidade;

c) gozam de privilégios tributários quanto a suas finalidades essenciais ou às que dela decorram;

d) seus bens são bens públicos e, portanto, impenhoráveis;

e) seus créditos são pagos por meio de precatórios.

Exemplos de Autarquias são o INSS (autarquia previdenciária), as Universidades Federais, as autarquias profissionais (CREA, CRM, CFC), o INCRA, DNIT, Banco Central, dentre outros.

Não haverá vínculo de subordinação e hierarquia quando o assunto é descentralização.

Contudo, o vínculo existente entre a entidade criada e a Administração Pública permite a existência de um **controle** das funções, inclusive com a possibilidade de manejo de recurso administrativo em face das decisões da autoridade máxima da entidade. É o denominado controle ministerial ou tutela administrativa (não confunda, todavia, com a autotutela, que será estudada no capítulo seguinte).

Exatamente por não existir um vínculo de hierarquia, esse recurso é denominado de **recurso hierárquico impróprio.** Trata-se de recurso excepcionalíssimo que depende de previsão legal expressa.

Percebam que todas as pessoas jurídicas de direito **público** gozam de privilégios tributários. Contudo, especificamente quanto às autarquias, a Constituição Federal possui uma dicção específica:

> Art. 150. Sem prejuízo de outras garantias asseguradas ao contribuinte, é vedado à União, aos Estados, ao Distrito Federal e aos Municípios:
> (...)
> VI – instituir impostos sobre:
> a) patrimônio, renda ou serviços, uns dos outros;
> (...)
> § 2.º A vedação do inciso VI, a, é extensiva às autarquias e às fundações instituídas e mantidas pelo Poder Público, no que se refere ao patrimônio, à renda e aos serviços, vinculados a suas finalidades essenciais ou às delas decorrentes.

Assim, não poderão os entes políticos instituir tributos sobre patrimônio, renda ou serviços das autarquias relacionadas às suas finalidades essenciais ou às delas decorrentes.

2.2.1 Agências reguladoras

As agências reguladoras são autarquias em regime especial que fiscalizam a prestação de serviços públicos por parte das concessionárias e permissionárias

É que o Governo Federal criou um plano chamado de Plano Nacional de Desestatização e privatizou diversos setores nos quais o Estado atuava diretamente. O afastamento do Estado de atividades como telefonia exigiu a criação de agências para regular a atuação dos agentes privados no mercado.

Assim (MARINELA, 2017, p. 185):

> As agências reguladoras são autarquias em regime especial, instituídas em razão do fim do monopólio estatal e são responsáveis pela regulamentação, controle e fiscalização de serviços públicos, atividades e bens transferidos ao setor privado.

Exemplo de agência reguladora é a ANATEL (Agência Nacional de Telecomunicações), responsável pela regulação desse setor.

O regime especial destas autarquias decorre da necessidade de emprestar maior independência, segurança e estabilidade à sua atuação. Assim, enquanto nas autarquias ditas "normais", os gestores exercem cargos de livre nomeação e exoneração, nas agências reguladoras temos algumas particularidades.

Essas foram sensivelmente atualizadas com a Lei n. 13.848/2019 e hoje devem ser reguladas da seguinte forma:

a) **a investidura dos dirigentes dá-se de forma especial (nomeados pelo Presidente da República com prévia aprovação do Senado Federal);**

b) **os dirigentes possuem mandato com prazo fixo que não pode ultrapassar a legislatura do Presidente da República;**

c) **os dirigentes não poderão ser exonerados *ad nutum*, apenas perdendo o mandato em caso de renúncia ou condenação judicial transitada em julgado;**

d) **após terminado o mandato, o ex-dirigente fica sujeito a uma quarentena, sendo impedido de exercer qualquer atividade ou prestar serviço no setor regulado após 6 (seis) meses, conforme a Lei n. 9.986/2000:**

Art. 8.º Os membros do Conselho Diretor ou da Diretoria Colegiada ficam impedidos de exercer atividade ou de prestar qualquer serviço no setor regulado pela respectiva agência, por período de 6 (seis) meses, contados da exoneração ou do término de seu mandato, assegurada a remuneração compensatória.

e) **Além disso, não será qualquer pessoa que poderá ser nomeada como Diretor da Agência Reguladora, mas apenas aqueles previstos no art. 5.º da Lei n. 9.986/2000:**

Art. 5.º O Presidente, Diretor-Presidente ou Diretor-Geral (CD I) e os demais membros do Conselho Diretor ou da Diretoria Colegiada (CD II) serão brasileiros, indicados pelo Presidente da República e por ele nomeados, após aprovação pelo Senado Federal, nos termos da alínea *f* do inciso III do art. 52 da Constituição Federal, entre cidadãos de reputação ilibada e de notório conhecimento no campo de sua especialidade, devendo ser atendidos 1 (um) dos requisitos das alíneas *a*, *b* e *c* do inciso I e, cumulativamente, o inciso II:

I – ter experiência profissional de, no mínimo:

a) 10 (dez) anos, no setor público ou privado, no campo de atividade da agência reguladora ou em área a ela conexa, em função de direção superior; ou

b) 4 (quatro) anos ocupando pelo menos um dos seguintes cargos:

1. cargo de direção ou de chefia superior em empresa no campo de atividade da agência reguladora, entendendo-se como cargo de chefia superior aquele situado nos 2 (dois) níveis hierárquicos não estatutários mais altos da empresa;

2. cargo em comissão ou função de confiança equivalente a DAS-4 ou superior, no setor público;

3. cargo de docente ou de pesquisador no campo de atividade da agência reguladora ou em área conexa; ou

c) 10 (dez) anos de experiência como profissional liberal no campo de atividade da agência reguladora ou em área conexa; e

II – ter formação acadêmica compatível com o cargo para o qual foi indicado.

A ideia é criar um quadro de agentes públicos extremamente capacitados naquela área de atuação e com possibilidade e liberdade para proferirem decisões contrárias aos interesses do governo.

2.2.2 Empresas estatais

As empresas estatais (empresas públicas e sociedades de economia mista) surgiram no ordenamento jurídico brasileiro com a natureza jurídica de direito **privado.**

Esta foi uma forma encontrada pelo Constituinte de **desburocratizar** a Administração Pública. Assim, a Administração atuará sob a égide do direito privado para que possa atuar de forma mais ágil e sem os entraves característicos do direito público.

Os empregados das estatais, inclusive, são regidos pela Consolidação das Leis Trabalhistas (CLT).

A ideia é que a Administração Pública possa explorar diretamente atividades econômicas quando relevante o interesse coletivo ou necessário aos imperativos de segurança nacional. Trata-se de previsão do art. 173 da CF:

Art. 173. Ressalvados os casos previstos nesta Constituição, a exploração direta de atividade econômica pelo Estado só será permitida quando necessária aos imperativos da segurança nacional ou a relevante interesse coletivo, conforme definidos em lei.

§ 1.º A lei estabelecerá o estatuto jurídico da empresa pública, da sociedade de economia mista e de suas subsidiárias que explorem atividade econômica de produção ou comercialização de bens ou de prestação de serviços, dispondo sobre:

(...)

II – *a sujeição ao regime jurídico próprio das empresas privadas, inclusive quanto aos direitos e obrigações civis, comerciais, trabalhistas e tributários;*

As empresas estatais são criadas por meio do registro de seus atos constitutivos na Junta Comercial, após a autorização para sua criação em lei específica.

Dois são os tipos de empresas estatais: as empresas públicas e as sociedades de economia mista.

As empresas públicas são constituídas sob qualquer modalidade permitida em direito (LTDA, S/A) desde que seu capital seja 100% (cem por cento) público. Trata-se, assim, de uma empresa na qual a totalidade das quotas sociais é constituída por recursos públicos, podendo ser federal, estadual ou municipal.

Contudo, ainda que o capital social seja constituído em sua totalidade por recursos públicos, as empresas públicas possuem natureza jurídica de direito privado (art. 173, § 1.º, II, da CF).

Exemplos: Caixa Econômica Federal, Casa da Moeda do Brasil e EMBRAPA.

Já as sociedades de economia mista também são criadas com o registro de seus atos constitutivos na Junta Comercial, após a autorização por lei específica. Contudo, estas sociedades são compostas pelo capital parcialmente público e parcialmente privado.

Necessariamente as sociedades de economia mista serão constituídas sob a forma de **sociedades anônimas**, cujas ações com direito a voto serão pertencentes em sua maioria ao Poder Público. Exemplos: Banco do Brasil, Petrobrás e Banco do Nordeste do Brasil.

As estatais são regidas na atualidade pela Lei n. 13.303/2016, cuja leitura se recomenda.

Estas, em que pese atuarem sob a égide do direito privado, possuem algum capital público envolvido e, exatamente por isto, sujeitam-se à fiscalização de seus atos pelos Tribunais de Contas. Contudo, nesta fiscalização, deverá o órgão de controle atentar para não interferir na gestão destas estatais.

> Lei n. 13.303/2016
> Art. 90. As ações e deliberações do órgão ou ente de controle não podem implicar interferência na gestão das empresas públicas e das sociedades de economia mista a ele submetidas nem ingerência no exercício de suas competências ou na definição de políticas públicas.

TRAÇOS COMUNS E DISTINTIVOS – EMPRESAS ESTATAIS	
▪ Criação e extinção autorizadas por lei. ▪ Personalidade jurídica de direito privado. ▪ Sujeição ao controle estatal. ▪ Derrogação parcial do regime de direito privado por normas de direito público. ▪ Vinculação aos fins definidos na lei instituidora. ▪ Desempenho de atividade de natureza econômica e, em algumas ocasiões, a prestação de serviços públicos.	▪ Forma de organização (EP = qualquer forma admitida em direito; SEM = sociedade anônima). ▪ Composição do capital (EP = capital público; SEM = capital público e privado).

Além disso, as características de direito público que circundam a atuação das empresas estatais exigem a impessoalidade na contratação de pessoas, obras e serviços, o que redunda na necessidade de as estatais contratarem:

a) pessoal, por meio de concurso público;

CF
Art. 37. (...)
II – a investidura em cargo ou emprego público depende de aprovação prévia em concurso público de provas ou de provas e títulos, de acordo com a natureza e a complexidade do cargo ou emprego, na forma prevista em lei, ressalvadas as nomeações para cargo em comissão declarado em lei de livre nomeação e exoneração;

Este inclusive o teor da Súmula 231 do TCU:

Súmula 231 do TCU: A exigência de concurso público para admissão de pessoal se estende a toda a Administração Indireta, nela compreendidas as Autarquias, as Fundações instituídas e mantidas pelo Poder Público, as Sociedades de Economia Mista, as Empresas Públicas e, ainda, as demais entidades controladas direta ou indiretamente pela União, mesmo que visem a objetivos estritamente econômicos, em regime de competitividade com a iniciativa privada.

b) obras e serviços por meio de procedimento licitatório (ainda que simplificado);

CF
Art. 173. (...)
§ 1.º (...)
III – licitação e contratação de obras, serviços, compras e alienações, observados os princípios da administração pública;

As estatais, quando atuam sob a égide do direito privado, não poderão gozar de privilégios fiscais não extensivos às do setor privado, conforme o § 2.º do art. 173 da CF:

§ 2.º As empresas públicas e as sociedades de economia mista não poderão gozar de privilégios fiscais não extensivos às do setor privado.

Contudo, a jurisprudência do Supremo Tribunal Federal fora construída no sentido se diferenciar as empresas estatais que prestam serviço público das que exercem atividade econômica em regime concorrencial.

Na opinião da Corte Suprema, existem três tipos de empresas estatais: as que prestam serviço público, as que exercem atividade econômica em regime de monopólio (ex.: Correios) e as que atuam no mercado em regime concorrencial.

Nos dois primeiros casos, as regras de direito público devem ser aplicadas com maior ênfase, dado o interesse público que circunda a atuação estatal. Assim, o STF já reconheceu imunidade tributária aos Correios:

> Recurso extraordinário com repercussão geral. 2. Imunidade recíproca. Empresa Brasileira de Correios e Telégrafos. 3. Distinção, para fins de tratamento normativo, entre empresas públicas prestadoras de serviço público e empresas públicas exploradoras de atividade. Precedentes. 4. Exercício simultâneo de atividades em regime de exclusividade e em concorrência com a iniciativa privada. Irrelevância. Existência de peculiaridades no serviço postal. Incidência da imunidade prevista no art. 150, VI, "a", da Constituição Federal. 5. Recurso extraordinário conhecido e provido (RE 60.1392, Rel. Min. Joaquim Barbosa, Relator(a) p/ Acórdão: Min. Gilmar Mendes, Tribunal Pleno, j. 28-2-2013, *DJe* 5-6-2013).

Ademais, o Supremo Tribunal Federal (Informativo 812) estabeleceu que se aplica às sociedades de econômica mista prestadoras de serviços públicos de natureza **não concorrencial** o regime de precatório próprio dos entes públicos. Impenhoráveis, portanto, os bens de tais companhias.

> Agravo regimental no recurso extraordinário. Constitucional. Sociedade de economia mista. Regime de precatório. Possibilidade. Prestação de serviço público próprio do Estado. Natureza não concorrencial. Precedentes. 1. *A jurisprudência da Suprema Corte é no sentido da aplicabilidade do regime de precatório às sociedades de economia mista prestadoras de serviço público próprio do Estado e de natureza não concorrencial.* 2. A CASAL, sociedade de economia mista prestadora de serviços de abastecimento de água e saneamento no Estado do Alagoas, presta serviço público primário e em regime de exclusividade, o qual corresponde à própria atuação do estado, haja vista não visar à obtenção de lucro e deter capital social majoritariamente estatal. Precedentes. 3. Agravo regimental não provido (RE 852.302 AgR, Rel. Min. Dias Toffoli, 2.ª Turma, j. 15-12-2015, *DJe* 29-2-2016).

É grande, portanto, a tendência de se aplicar regras de direito público a determinadas companhias estatais.

Além disso, em uma disposição parecida com as Agências Reguladoras, apesar da possibilidade de nomeação e exoneração a qualquer tempo, o dirigente da Empresa Estatal também não pode ser qualquer pessoa.

De acordo com o art. 17 da Lei n. 13.303/2016:

Art. 17. Os membros do Conselho de Administração e os indicados para os cargos de diretor, inclusive presidente, diretor-geral e diretor-presidente, serão escolhidos entre cidadãos de reputação ilibada e de notório conhecimento, devendo ser atendidos, alternativamente, um dos requisitos das alíneas "a", "b" e "c" do inciso I e, cumulativamente, os requisitos dos incisos II e III:

I – ter experiência profissional de, no mínimo:

a) 10 (dez) anos, no setor público ou privado, na área de atuação da empresa pública ou da sociedade de economia mista ou em área conexa àquela para a qual forem indicados em função de direção superior; ou

b) 4 (quatro) anos ocupando pelo menos um dos seguintes cargos:

1. cargo de direção ou de chefia superior em empresa de porte ou objeto social semelhante ao da empresa pública ou da sociedade de economia mista, entendendo-se como cargo de chefia superior aquele situado nos 2 (dois) níveis hierárquicos não estatutários mais altos da empresa;

2. cargo em comissão ou função de confiança equivalente a DAS-4 ou superior, no setor público;

3. cargo de docente ou de pesquisador em áreas de atuação da empresa pública ou da sociedade de economia mista;

c) 4 (quatro) anos de experiência como profissional liberal em atividade direta ou indiretamente vinculada à área de atuação da empresa pública ou sociedade de economia mista;

II – ter formação acadêmica compatível com o cargo para o qual foi indicado; e

III – não se enquadrar nas hipóteses de inelegibilidade previstas nas alíneas do inciso I do *caput* do art. 1.º da Lei Complementar n. 64, de 18 de maio de 1990 , com as alterações introduzidas pela Lei Complementar n. 135, de 4 de junho de 2010.

Além disso, o § 2.º do referido dispositivo estabeleceu ser vedada a indicação para o Conselho de Administração e para a Diretoria, dentre outras, das seguintes pessoas:

- de representante do órgão regulador ao qual a empresa pública ou a sociedade de economia mista está sujeita, de Ministro de Estado, de Secretário de Estado, de Secretário Municipal, de titular de cargo sem vínculo permanente com o serviço público, de natureza especial ou de direção e assessoramento superior na administração pública, de dirigente estatutário de partido político e de titular de mandato no Poder Legislativo de qualquer ente da federação, ainda que licenciados do cargo;

- de pessoa que atuou, nos últimos 36 (trinta e seis) meses, como participante de estrutura decisória de partido político ou em trabalho vinculado a organização, estruturação e realização de campanha eleitoral;
- de pessoa que exerça cargo em organização sindical.

Pretendendo nomear para o Conselho de Estatais alguns líderes políticos, um partido de apoio ao governo manejou ação direta de inconstitucionalidade contra o § 2.º supramencionado.

Inicialmente, fora concedida a medida liminar pelo ex-Ministro Ricardo Lewandowski, o que viabilizou as nomeações pretendidas. Quando o processo chegou ao Plenário, o Supremo Tribunal Federal revogou a liminar antes concedida e firmou a seguinte tese (ADI 7.331):

> São constitucionais as normas dos incisos I e II do § 2.º do art. 17 da Lei n. 13.303/2016, que impõem vedações à indicação de membros para o Conselho de Administração e para a diretoria de empresas estatais (CF, art. 173, § 1.º).

O Supremo, todavia, preservou as nomeações realizadas sob a proteção da medida liminar, consoante trecho a seguir destacado:

> Não se pode desconsiderar, contudo, que a medida cautelar monocraticamente deferida permaneceu em vigor por mais de um ano. Durante esse interregno, várias nomeações foram feitas, nos mais variados níveis federativos, de forma legítima – uma vez que ancorados na decisão cautelar. Portanto, é preciso atentar para as repercussões negativas que decorreriam de uma alteração abrupta em posições centrais na gestão de tais companhias, com impactos na continuidade da implementação de planejamentos e metas estabelecidos no início da jornada gerencial. (...) Acolhimento da proposta suscitada pelo Ministro Dias Toffoli, para preservação das nomeações realizadas sob a égide do comando liminar, autorizada a manutenção dos dirigentes nos cargos atualmente ocupados.

2.2.3 Fundações públicas

As fundações públicas poderão ser constituídas sob duas modalidades: direito público ou direito privado, a depender do que a lei criadora desses entes definir. Essencialmente, a diferença entre elas será a seguinte:

a) **Fundações Públicas de Direito Público**
   i) Criadas por lei específica sem a necessidade de posterior inscrição de seus atos constitutivos em qualquer órgão registral;
   ii) Demais características todas de direito público, devendo ser considerada, em essência, uma **autarquia.**

b) Fundações Públicas de Direito Privado

    i) Criadas com o registro de seus atos constitutivos nos cartórios de registro, após a edição de lei específica que **autoriza a criação;**

    ii) Possuem as demais características similares ao direito privado, apesar de sofrerem ingerências do poder público, a exemplo da fiscalização de suas contas pelos órgãos de controle.

Assim, as **Fundações Públicas de Direito Público** são criadas por lei específica sem a necessidade de posterior inscrição de seus atos constitutivos em qualquer órgão registral e as **Fundações Públicas de Direito Privado** são criadas com o registro de seus atos constitutivos nos cartórios de registro, após a edição de lei específica que **autoriza a criação.**

ENTIDADE	NATUREZA JURÍDICA	AQUISIÇÃO DE PERSONALIDADE JURÍDICA
Autarquia	Direito público	Vigência da lei criadora
Empresas públicas e Sociedades de economia mista	Direito privado	Registro do ato constitutivo
Fundações	Direito público	Vigência da lei criadora
	Direito privado	Registro do ato constitutivo

2.2.4 Consórcios públicos

Os consórcios públicos foram primeiramente previstos na Constituição Federal, graças à Emenda Constitucional n. 19/98, a qual modificou o art. 241 da CF:

> Art. 241. A União, os Estados, o Distrito Federal e os Municípios disciplinarão por meio de lei os consórcios públicos e os convênios de cooperação entre os entes federados, autorizando a gestão associada de serviços públicos, bem como a transferência total ou parcial de encargos, serviços, pessoal e bens essenciais à continuidade dos serviços transferidos.

Trata-se, no caso, de uma norma de eficácia limitada, já que cabe aos entes a elaboração de normas para possibilitar os consórcios públicos. Referida Lei é a de número 11.107/2005, que em seu art. 1.º já dispõe:

> Art. 1.º Esta Lei dispõe sobre normas gerais para a União, os Estados, o Distrito Federal e os Municípios **contratarem consórcios públicos para a realização de objetivos de interesse comum** e dá outras providências.

Assim, em uma definição mais direta: consórcio público é uma pessoa jurídica criada (por meio de contrato) por entes federados que se associam para o fim de obter sucesso em um objetivo de interesse comum. Os consórcios públicos, conforme a respectiva Lei, podem ter origem em duas modalidades:

a) Associação de direito público

O consórcio público adquirirá personalidade jurídica de direito público, no caso de constituir associação pública, mediante a vigência das leis de ratificação do protocolo de intenções. O consórcio público com personalidade jurídica de direito público integra a Administração indireta de todos os entes da Federação consorciados.

b) Pessoa jurídica de direito privado

O consórcio público adquirirá personalidade jurídica de direito privado, mediante o atendimento dos requisitos da legislação civil. Nesse caso, o consórcio público observará as normas de direito público no que concerne à realização de licitação, celebração de contratos, prestação de contas e admissão de pessoal, que será regido pela Consolidação das Leis do Trabalho – CLT.

Dentre as modalidades de consórcios públicos, traçam-se duas observações:

i) a União somente pode participar de consórcios públicos em que também façam parte todos os Estados em cujos territórios estejam situados os Municípios consorciados e;

ii) o consórcio público que tenha por objeto o serviço relacionado à saúde deverá seguir as diretrizes e normas que regulam o Sistema Único de Saúde (SUS).

Como necessário à sua formação, o consórcio público deverá desde seu início determinar qual o seu objetivo, qual sua razão de criação. Com isso, poderão utilizar os seguintes instrumentos:

- firmar convênios, contratos, acordos de qualquer natureza, receber auxílios, contribuições e subvenções sociais ou econômicas de outras entidades e órgãos do governo;
- nos termos do contrato de consórcio de direito público, promover desapropriações e instituir servidões nos termos de declaração de utilidade ou necessidade pública, ou interesse social, realizada pelo Poder Público; e
- ser contratado pela Administração direta ou indireta dos entes da Federação consorciados, dispensada a licitação.

Em relação ao custeio, necessário à perseguição de seus objetivos, os consórcios públicos poderão emitir documentos de cobrança e exercer atividades de arrecadação de tarifas e outros preços públicos pela prestação de serviços ou pelo uso ou outorga de uso de bens públicos por eles administrados ou, mediante autorização específica, pelo ente da Federação consorciado.

CAPÍTULO 3
PODERES E DEVERES DA ADMINISTRAÇÃO

1. NOÇÕES GERAIS

Os poderes administrativos são prerrogativas atribuídas aos agentes públicos para que eles possam, em suas atividades, alcançar a finalidade pública.

Tem, assim, nítido caráter finalístico, já que o seu exercício visa a defesa do interesse público, razão pela qual a doutrina fala que não se tratam apenas de poderes, mas sim de poderes-deveres ou deveres-poderes. Isto porque o administrador não pode renunciar ao seu exercício, nem destoar da finalidade pública que lhe é preordenada.

Esse conjunto de deveres peculiares e de prerrogativas especiais é decorrência do chamando regime-jurídico administrativo.

Quando os poderes-deveres são exercidos de modo abusivo pelo agente público, fala-se em **abuso de poder**, gênero do qual são espécies o **excesso de poder** e o **desvio de poder.**

O abuso de poder pode ocorrer tanto na forma comissiva (por ação) quanto na omissiva (por omissão), uma vez que, em ambas as hipóteses, é possível afrontar a lei e causar lesão a direito individual do administrado.

Hely Lopes Meirelles menciona, inclusive, que (2003):

> Se para o particular o poder de agir é uma faculdade, para o administrador público é uma obrigação de atuar, desde de que se apresente o ensejo de exercitá-la em benefício da comunidade.

Dessa forma, a inércia do administrador (omissão) configura-se como ilegal.

O *excesso de poder* ocorre quando o agente *extrapola a competência* que lhe foi atribuída pela lei. O *desvio de poder (ou desvio de finalidade)*, por sua vez, ocorre quando há um *descompasso entre a finalidade a que o ato serviu e a finalidade legal que por meio dele deveria ser alcançada.*

Para Celso Antônio Bandeira de Mello, trata-se de **vício objetivo**, pois *a intenção do agente (o móvel) é irrelevante para a configuração do desvio de finalidade.* Isto é, se o agente, equivocadamente, supuser que um determinado ato se prestaria a um determinado fim, nesse caso, não haverá intenção viciada, mas o ato será, ainda assim, viciado, por não manter relação adequada com a finalidade em vista da qual poderia ser praticado.

Apesar de, muitas vezes, ser mais fácil perceber o vício pela intenção do agente, não é ela que vicia o ato, mas sim o descompasso entre a finalidade legal e a finalidade exercida quando de sua prática.

Praticado o ato com abuso de poder, *em regra*, restará caracterizada a **nulidade** do ato administrativo. Admite-se, todavia, a **convalidação** do ato administrativo perpetrado mediante excesso de poder, *salvo se se tratar de competência em razão da matéria* ou de *competência exclusiva* (hipóteses nas quais o excesso de poder enseja a nulidade do ato).

A despeito de existirem algumas divergências em sua classificação, a doutrina divide os poderes administrativos em: poder vinculado, poder discricionário, poder hierárquico, poder disciplinar, poder regulamentar e poder de polícia.

Antes de analisarmos cada um deles e suas respectivas peculiaridades, vejamos os deveres que devem ser observados pelos agentes públicos.

2. DEVERES DOS AGENTES PÚBLICOS

2.1 Dever de agir

Os poderes conferidos à Administração para atingir o fim público são verdadeiros deveres, posto que irrenunciáveis.

Em virtude disso, a omissão do agente diante de situações que exigem sua atuação caracteriza abuso de poder.

2.2 Dever de eficiência

O princípio da eficiência deve reger toda a atuação dos agentes públicos, nos termos do art. 37, *caput*, da CF, implicando no dever correlato de eficiência.

Trata-se da exigência de que a atividade administrativa seja exercida com elevado padrão de qualidade, buscando não só a produtividade do servidor como também o aperfeiçoamento de toda a máquina administrativa. Fala-se, por isso, em Administração Pública Gerencial, em oposição ao modelo de Administração Pública Burocrática.

O modelo de Administração Pública Gerencial encontra fundamento nos princípios da confiança e da descentralização da decisão, caracterizando-se pelo deslocamento do foco da atuação para os resultados.

Visando a redução de custos e a atuação com eficiência e eficácia, são utilizadas técnicas mais flexíveis de gestão, sempre adaptadas às necessidades do setor público e com atuação descentralizada.

Contrapõe-se, assim, à ideologia do formalismo e do rigor técnico da burocracia tradicional (típicos do modelo de Administração Pública Burocrática), à avaliação sistemática, à recompensa pelo desempenho e à capacitação permanente, que já eram características da boa administração burocrática, acrescentam-se os princípios da orientação para o cidadão-cliente, do controle por resultados, e da competição administrada. São típicos desse modelo: delegação de poderes, descentralização e horizontalização de estruturas.

Em determinadas carreiras, o servidor ineficiente pode, inclusive, ser exonerado em decorrência de reprovação em avaliação de desempenho (exigida para a obtenção da estabilidade no serviço público).

O *New Public Management* é um conjunto de doutrinas administrativas, surgido na década 1970, que orientou as reformas realizadas na Administração Pública em nível mundial. Seu principal objetivo era que os princípios gerenciais utilizados nas empresas privadas fossem também aplicados no meio público.

Dentro desse novo paradigma de gestão pública, tido por Administração Pública Gerencial, ou Novo Gerencialismo, foram identificados três estágios: I) *managerialism* (ou gerencialismo puro); II) *consumerism* (ou gerencial com foco no consumidor) e III) *Public Service Orientation – PSO –* (ou gerencial orientado para o serviço público).

Vejamos suas características:

– *MANAGERIALISM* ou modelo Gerencial Puro: surgiu como resposta à crise fiscal do Estado, pautando-se na busca de eficiência, na redução de custos e no enxugamento da máquina administrativa. Passou-se a buscar, assim, um incremento da eficiência no setor público, com clara definição das responsabilidades, dos objetivos organizacionais, e maior consciência acerca do valor dos recursos públicos.

– *CONSUMERISM* ou modelo Gerencial com Foco no Consumidor: nesse segundo estágio, a ênfase passou para a efetividade e para a *qualidade*, sempre tendo por *foco o cliente-usuário*. Inseriram-se, nesse contexto, medidas que visavam tornar o Poder Público mais ágil e competitivo, tais como: descentralização administrativa, criação de opções de atendimento, incentivo à competição entre organizações públicas e adoção do modelo contratual na prestação dos serviços.

– *PUBLIC SERVICE ORIENTATION (PSO)* ou modelo Gerencial orientado para Serviço Público: a ênfase desse estágio é no *cidadão*, otimizando-se a *transparência*, ampliando-se a *participação política* e utilizando-se de conceitos como *accountability*, com vistas à realização da *equidade* e da justiça. Destaca-se, aqui, a busca pela equidade em seu sentido aristotélico, ou seja, a busca por um tratamento igual para os iguais e desigual para os desiguais.

2.3 Dever de probidade

Como decorrência dos princípios da moralidade e da impessoalidade (*vide* art. 37 da CF), o agente público deve atuar sempre com ética, honestidade, probidade e boa-fé.

A atuação contrária a este dever sujeita os infratores a sanções como suspensão dos direitos políticos, perda da função pública, indisponibilidade de bens e ressarcimento ao erário, cominadas em Ação Civil Pública por Improbidade Administrativa.

É o que dispõe a CF. Vejamos:

> Art. 37. (...)
>
> § 4.º Os atos de improbidade administrativa importarão a suspensão dos direitos políticos, a perda da função pública, a indisponibilidade dos bens e o ressarcimento ao erário, na forma e gradação previstas em lei, sem prejuízo da ação penal cabível.

Além da responsabilização no âmbito cível (improbidade administrativa), é possível ainda a repercussão do descumprimento desse dever nas esferas penais e administrativa, posto que independentes.

2.4 Dever de prestar contas

O dever de prestar contas é decorrência direta do princípio da indisponibilidade do interesse público e do princípio republicano, devendo ser observado não só pelos agentes públicos, como também por toda e qualquer pessoa responsável por bens e valores públicos.

Nesse contexto, a Lei n. 8.112/90 consignou que, no ato da posse, o servidor deve apresentar declaração de bens e valores que constituem seu patrimônio e declaração quanto ao exercício ou não de outro cargo, emprego ou função pública.

Ademais, nos termos do art. 13 da Lei de Improbidade Administrativa (com redação dada pela Lei n. 14.230/2021), a posse e o exercício de agente público ficam condicionados à *apresentação de declaração de imposto de renda e proventos de qualquer natureza*, que tenha sido apresentada à Secretaria Especial da Receita Federal do Brasil, a fim de ser arquivada no serviço de pessoal competente.

São formas, portanto, de aferir a evolução patrimonial do agente público, correlatas ao seu dever de prestar contas.

Passemos, agora, à análise de cada um dos poderes, com suas peculiaridades.

3. PODER VINCULADO

De início, incumbe destacar que parcela da doutrina aponta que a discricionariedade e a vinculação são poderes autônomos, todavia, esta classificação não é unânime. Rafael Oliveira (2021), por exemplo, compreende que são, em verdade, atributos de outros poderes ou competências da Administração.

No exercício do poder vinculado, o agente público é um mero executor da vontade legal, não havendo margem de discricionariedade (ou de liberdade) para a escolha da melhor forma de agir.

Esse poder é verificado nos casos em que *todos os elementos do ato administrativo a ser praticado estão taxativamente definidos em lei*.

Os atos vinculados são aqueles em que a administração pública não dispõe de margem para tomar uma determinada decisão, eis que a lei determina um único comportamento possível a ser obrigatoriamente adotado.

4. PODER DISCRICIONÁRIO

O poder discricionário, por sua vez, é a prerrogativa legal conferida à Administração Pública para a prática e revogação de atos discricionários, com base em sua *conveniência e oportunidade*, mas sempre dentro dos limites legais. Faculta-se, assim, ao administrador, escolher a melhor dentre as opções predefinidas pela lei para atender ao interesse público.

Isto é, dentro dos limites legalmente estabelecidos, o agente público pode ter margem de liberdade sobre a conveniência e a oportunidade do ato. Trata-se do chamado **mérito administrativo.**

A discricionariedade pode se manifestar, de acordo com a doutrina majoritária, quando a lei expressamente confere à Administração o poder para decidir acerca da conveniência e oportunidade do ato; ou quando a lei utiliza os chamados conceitos jurídicos indeterminados na descrição dos motivos que ensejam a prática do ato.

Imperioso salientar que há ampla possibilidade de controle judicial sobre o exercício do poder discricionário (quanto aos aspectos de legalidade), *exceto quanto ao mérito do ato administrativo propriamente dito (conveniência e oportunidade)* – **princípio da insindicabilidade do mérito administrativo.**

5. PODER HIERÁRQUICO

O poder hierárquico caracteriza-se pela existência de níveis de subordinação entre órgãos e agentes públicos de uma mesma pessoa jurídica, dele decorrendo a atribuição de ordenar, coordenar, controlar e corrigir a atividade administrativa. Pressupõe, assim, a distribuição e o escalonamento vertical de funções no interior da Administração Pública, conferindo à administração capacidade para se auto-organizar, distribuindo as funções dos seus órgãos e agentes.

É esse poder que permite à Administração estabelecer as relações organizacionais de sua hierarquia, distribuindo as funções de seus órgãos e agentes conforme o escalonamento hierárquico.

Esse poder manifesta-se também nas relações de *desconcentração*, porque há relação de subordinação entre os órgãos da Administração e a Administração central, o que não se replica com as relações travadas entre esta e os entes da Administração indireta, ainda que se evidencie o poder de tutela.

Decorrem do exercício do poder hierárquico uma série de prerrogativas do superior hierárquico em relação aos seus respectivos subordinados, tais quais a de dar ordens, fiscalizar, rever, delegar, avocar, bem como a de aplicar sanções (função disciplinar).

As prerrogativas da autoridade superior culminam no dever de obediência por parte dos subordinados, sendo que eventual desobediência ou insubordinação do agente público configura infração funcional, punível com a sanção disciplinar de demissão.

A prerrogativa de alteração de competências dar-se-á, nos limites estabelecidos pela lei, por meio da delegação e da avocação.

A *regra é a possibilidade de delegação*. Excepcionalmente, nos casos de decisão de recursos administrativos, de atos de caráter normativo e de matérias de competência exclusiva, não será admitida a delegação (art. 13 da Lei n. 9.784/99).

NÃO PODEM SER DELEGADOS: DE-NOR-EX
DEcisão de recursos administrativos
Atos NORmativos
Competência EXclusiva

Como as competências são irrenunciáveis, a delegação será sempre *parcial*, não podendo abranger todas as atribuições do cargo ou órgão, *haja ou não relação de subordinação hierárquica*.

O ato delegatório deve ser publicado no meio oficial (assim como sua revogação), com a menção expressa aos seus limites e prazo de duração (é dizer: deve ser temporário). A delegação pode ser feita contendo a ressalva de exercício da atribuição – nesse caso, além do exercício pelo delegado, o delegante permanece podendo exercer a atribuição delegada.

As decisões prolatadas por delegação devem fazer referência expressa desta qualidade e serão de responsabilidade de quem pratica o ato. Por esta razão, praticado o ato por autoridade, no exercício de competência delegada, contra ela cabe o mandado de segurança ou a medida judicial.

> **Súmula 510 do STF:** Praticado o ato por autoridade, no exercício de competência delegada, contra ela cabe o mandado de segurança ou a medida judicial.

No âmbito federal, a Lei n. 9.784/99 rege a matéria:

> Art. 11. A competência é irrenunciável e se exerce pelos órgãos administrativos a que foi atribuída como própria, salvo os casos de delegação e avocação legalmente admitidos.
> Art. 12. Um órgão administrativo e seu titular poderão, se não houver impedimento legal, delegar *parte* da sua competência a outros órgãos ou titulares, *ainda que*

> *estes não lhe sejam hierarquicamente subordinados,* quando for conveniente, em razão de circunstâncias de índole técnica, social, econômica, jurídica ou territorial.
>
> Parágrafo único. O disposto no *caput* deste artigo aplica-se à delegação de competência dos órgãos colegiados aos respectivos presidentes.
>
> **Art. 13. Não podem ser objeto de delegação:**
> **I – a edição de atos de caráter normativo;**
> **II – a decisão de recursos administrativos;**
> **III – as matérias de competência exclusiva do órgão ou autoridade.**
>
> **Art. 14. O ato de delegação e sua revogação deverão ser publicados no meio oficial.**
>
> § 1.º O ato de delegação especificará as matérias e poderes transferidos, os limites da atuação do delegado, a duração e os objetivos da delegação e o recurso cabível, podendo conter ressalva de exercício da atribuição delegada.
>
> **§ 2.º O ato de delegação é revogável a qualquer tempo pela autoridade delegante.**
>
> **§ 3.º As decisões adotadas por delegação devem mencionar explicitamente esta qualidade e considerar-se-ão editadas pelo delegado.**

Registre-se que somente podem ser delegados atos administrativos, não os atos políticos. Também não se admite a delegação de atribuições de um Poder a outro, salvo nos casos previstos expressamente na Constituição da República.

A avocação, por sua vez, é medida *excepcional*, devendo ser fundamentada em motivos relevantes e *pressupondo a existência de vínculo hierárquico*. Trata-se da possibilidade de o superior hierárquico chamar para si (avocar) a competência atribuída ao seu subordinado.

Tal qual a delegação, deve ser temporária, sendo-lhe conferida a devida publicidade.

> **Art. 15. Será permitida, em** *caráter excepcional* **e por** *motivos relevantes* **devidamente justificados, a** *avocação temporária* **de competência atribuída a órgão hierarquicamente inferior.**

Não existe a possibilidade de serem avocados atos exclusivos de inferior hierárquico.

■ Delegação	■ Avocação
☐ Independe de hierarquia	☐ Pressupõe hierarquia
☐ É a regra	☐ Somente em caráter excepcional
☐ Movimento centrífugo (distribui competência)	☐ Movimento centrípeto (concentra competência)
☐ Vertical (relação hierárquica) ou Horizontal (não há subordinação)	☐ Somente vertical

Do poder hierárquico decorre, ainda, o poder-dever de **autotutela**, que impõe à administração o dever de anular seus próprios atos, quando eivados de vício de legalidade, ou a possibilidade de revogá-los por motivo de conveniência ou oportunidade, respeitados os direitos adquiridos.

> **Súmula 346 do STF:** A Administração Pública pode declarar a nulidade dos seus próprios atos.
> **Súmula 473 do STF:** A Administração pode anular seus próprios atos, quando eivados de vícios que os tornam ilegais, porque deles não se originam direitos; ou revogá-los, por motivo de conveniência ou oportunidade, respeitados os direitos adquiridos, e ressalvada, em todos os casos, a apreciação judicial.

De acordo com a Lei n. 9.784/99, que regula *o processo administrativo federal, o direito da Administração de anular os atos administrativos de que decorram efeitos favoráveis para os destinatários decai em cinco anos, contados da data em que foram praticados, salvo comprovada má-fé*. O Supremo flexibiliza, ainda, o lustro decadencial caso o ato afronte diretamente a Constituição Federal (STF, Plenário, MS 26.860/DF, Rel. Min. Luiz Fux, j. 2-4-2014, Info 741).

Em que pese os Estados e os Municípios detenham a prerrogativa de fixar prazos específicos para o exercício da autotutela[1], o STF reputou **inconstitucional lei estadual que estabeleceu o prazo decadencial de 10 (dez) anos para anulação de atos administrativos reputados inválidos pela Administração Pública estadual** (STF, Plenário, ADI 6.019/SP, Rel. Min. Marco Aurélio, redator do acórdão Min. Roberto Barroso, j. 12-4-2021, Info 1012).

Registre-se que, para o Supremo, referido prazo não violou os princípios da razoabilidade e da proporcionalidade, nem o da segurança jurídica. A mácula da inconstitucionalidade material atine, em verdade, à **violação ao princípio da isonomia**, já que a maioria dos Estados-membros aplica o prazo quinquenal e inexistiam fundamentos a justificar o excepcional prazo decenal.

Se não houver lei estadual ou municipal fixando um prazo para o exercício da autotutela, será possível aplicar, por analogia integrativa, o prazo de 5 anos do art. 54 da Lei n. 9.784/99.

> **Súmula 633 do STJ:** A Lei n. 9.784/99, especialmente no que diz respeito ao prazo decadencial para a revisão de atos administrativos no âmbito da Administração Pública federal, pode ser aplicada, de forma subsidiária, aos estados e municípios, se inexistente norma local e específica que regule a matéria.

---

[1] A Constituição Federal assegura a competência dos Estados-membros para legislar sobre Direito Administrativo (art. 25, § 1.º, da CF). Os Municípios, a seu turno, podem legislar sobre assuntos de interesse local e suplementar a legislação federal e a estadual no que couber (art. 30, I e II, da CF).

No caso de efeitos patrimoniais contínuos, o prazo de decadência contar-se-á da percepção do primeiro pagamento.

Tratando-se de defeitos sanáveis, caso se evidencie não acarretar lesão ao interesse público nem prejuízo a terceiros, os atos poderão, nos termos da lei, ser convalidados pela própria Administração.

6. PODER DISCIPLINAR

O poder disciplinar é a prerrogativa conferida à Administração para investigar e punir internamente as infrações funcionais de seus servidores, bem como as infrações administrativas cometidas por particulares a ela ligados por algum *vínculo jurídico específico*.

Engloba, portanto, duas situações:

a) as relações travadas com os agentes públicos, qualquer que seja a natureza de seu vínculo (ex.: aplicação de sanção por meio de Processo Administrativo Disciplinar);

b) as relações travadas com particulares que se inserem em relações especiais com a Administração, mas que não são considerados agentes públicos (ex.: aplicação de multa contratual à empresa contratada pelo Poder Público).

Quando a Administração aplica uma sanção a um *agente público*, atua *imediatamente no uso do poder disciplinar e mediatamente no uso do poder hierárquico*. Na punição dos *particulares* (que, reiterem-se, vinculam-se à Administração por meio de uma relação jurídica especial), todavia, utiliza-se *somente do poder disciplinar, já que não há hierarquia*.

Imperioso salientar, ainda, que a aplicação de sanções deve garantir a observância do contraditório e da ampla defesa, com o regular processo administrativo.

Como bem assinala Rafael Oliveira (2021), é tradicional a afirmação de que o poder disciplinar é discricionário, tendo em vista a menor rigidez da legislação administrativa, cuja tipicidade é aberta, quando comparada à legislação penal, cuja tipicidade é cerrada.

A tipicidade administrativa, por ser menos rígida, permite que a autoridade administrativa determine a adequação da conduta ao Estatuto Funcional e escolha, motivadamente, a sanção que deve ser aplicada ao agente. No âmbito administrativo, como regra, não há uma correlação necessária entre infração e sanção, mas sim um rol de sanções aplicáveis.

Entretanto, a despeito de haver discricionariedade na escolha da sanção, nenhuma discricionariedade há quanto ao dever de punir quem comprovadamente tenha praticado uma infração disciplinar. Se verificada a infração, o agente é obrigado a punir. Diz-se, assim, que o agente está vinculado à hipótese-consequência da infração-punição.

Quanto à punição propriamente dita, há certo grau de discricionariedade sobre qual aplicar e em qual intensidade, razão pela qual o ato de aplicação da penalidade deverá sempre ser motivado.

Ante a discricionariedade inerente à escolha da sanção, admite-se o controle judicial desse ato. Não cabe, contudo, ao Judiciário substituir a sanção aplicada, mas apenas anulá-la, determinando que outra seja aplicada.

Registre-se, entretanto, que no caso específico da demissão de servidor público, inexiste discricionariedade quando da escolha da sanção. Isto porque a Lei n. 8.112/90, em seu art. 132, prevê as infrações disciplinares que geram a demissão do servidor público.

Art. 132. A demissão será aplicada nos seguintes casos:
I – crime contra a administração pública;
II – abandono de cargo;
III – inassiduidade habitual;
IV – improbidade administrativa;
V – incontinência pública e conduta escandalosa, na repartição;
VI – insubordinação grave em serviço;
VII – ofensa física, em serviço, a servidor ou a particular, salvo em legítima defesa própria ou de outrem;
VIII – aplicação irregular de dinheiros públicos;
IX – revelação de segredo do qual se apropriou em razão do cargo;
X – lesão aos cofres públicos e dilapidação do patrimônio nacional;
XI – corrupção;
XII – acumulação ilegal de cargos, empregos ou funções públicas.

Se a conduta praticada pelo servidor se amoldar a um dos incisos do art. 132, a autoridade administrativa tem o dever de aplicar a pena de demissão, não havendo discricionariedade para que se comine sanção diversa. Nesse sentido, é o teor da Súmula 650 do STJ:

Súmula 650 do STJ: A autoridade administrativa não dispõe de discricionariedade para aplicar ao servidor pena diversa de demissão quando caracterizadas as hipóteses previstas no art. 132 da Lei n. 8.112/90.

7. PODER REGULAMENTAR

Consiste na prerrogativa conferida exclusivamente ao **Chefe do Poder Executivo** de editar atos administrativos gerais e abstratos, ou gerais e concretos, para dar fiel execução à lei.

Não se confunde, nesse diapasão, segundo a doutrina majoritária, com o *poder normativo, que é a atribuição genérica conferida à Administração Pública para a edição de atos normativos secundários*. O poder normativo é mais amplo, incluindo todas as categorias de atos gerais, como regimentos, instruções, deliberações, resoluções e portarias.

Ao editar atos administrativos para regular o setor que está sob a sua área de fiscalização, por exemplo, uma agência reguladora exerce o poder normativo, pois está normatizando determinada atividade do mercado.

Por outro lado, o "poder regulamentar" está inserido dentro do poder normativo, sendo uma de suas espécies. Ao editar um decreto regulamentar para explicar o texto legal e garantir a sua fiel execução, nos termos do inciso IV do art. 84 da CF, o Presidente da República está exercendo o poder regulamentar, que é privativo dos chefes do Poder Executivo, sendo, portanto, indelegável.

Nos termos do art. 84, IV, da CF, a edição de decretos e regulamentos para fiel execução das leis é de competência exclusiva do Chefe do Executivo (Presidente da República, Governadores e Prefeitos).

Por encontrarem fundamento nas leis e, assim, serem **atos de caráter normativo secundário**, os decretos e regulamentos não podem criar obrigações aos particulares. Seu exercício somente pode dar-se *secundum legem*, ou seja, em conformidade com o conteúdo da lei e nos limites que esta impuser.

Isso não quer dizer, contudo, que não possam criar obrigações subsidiárias (acessórias) para viabilizar o cumprimento de uma obrigação legal.

Segundo José dos Santos Carvalho Filho (2017, 117):

> os atos formalizadores do poder regulamentar não podem criar direitos e obrigações, porque tal é vedado num dos postulados fundamentais que norteiam nosso sistema jurídico: "ninguém será obrigado a fazer ou deixar de fazer alguma coisa senão em virtude de lei" (art. 5.º, II, CF). É legítima, porém, a fixação de obrigações subsidiárias (ou derivadas) – diversas das obrigações primárias (ou originárias) contidas na lei – nas quais também se encontra imposição de certa conduta dirigida ao administrado.
>
> Constitui, no entanto, requisito de validade de tais obrigações sua necessária adequação às obrigações legais. Inobservado esse requisito, são inválidas as normas que as preveem e, em consequência, as próprias obrigações. (...) O que é vedado e claramente ilegal é a exigência de obrigações derivadas impertinentes ou desnecessárias em relação à obrigação legal; nesse caso, haveria vulneração direta ao princípio da proporcionalidade e ofensa indireta ao princípio da reserva legal, previsto, como vimos, no art. 5.º, II, da CF.

De acordo com a lição de Rafael Oliveira (2021), o poder regulamentar não se confunde com o poder regulatório. De um lado, o poder regulamentar possui as seguintes características:

- competência privativa do Chefe do Executivo (art. 84, IV, da CF);
- envolve a edição de normas gerais para o fiel cumprimento da lei;
- conteúdo político.

Por outro lado, o poder regulatório apresenta as seguintes características:

- competência atribuída às entidades administrativas, com destaque para as agências reguladoras (art. 174 da CF);
- engloba o exercício de atividades normativas, executivas e judicantes;
- conteúdo técnico.

Por sua clareza, importantes os seguintes ensinamentos de Geraldo Ataliba (1969) sobre o poder regulamentar:

Nos termos do art. 84, parágrafo único, da CF, o *Presidente da República pode delegar aos Ministros de Estado, ao Procurador-Geral da República e ao Advogado-Geral da União* a competência para dispor, mediante decreto, sobre:

i) *a organização e funcionamento da administração federal, quando não implicar aumento de despesa nem criação ou extinção de órgãos públicos;*

ii) *a extinção de funções ou cargos públicos, quando vagos.*

7.1 Regulamentação e regulação

Para José dos Santos Carvalho Filho (2017), as expressões "regulamentar" e "regular" não guardam sinonímia: aquela significa complementar, especificar, e pressupõe sempre que haja norma de hierarquia superior suscetível de complementação; esta, de sentido mais amplo, indica disciplinar, normatizar, e não exige que seu objetivo seja o de complementar outra norma.

Em consequência, pode haver função regulatória sem que seja regulamentadora. Assim, toda função regulamentadora se caracteriza como reguladora, mas o contrário não é válido: nem sempre a função reguladora terá objetivo regulamentar.

7.2 Regulamentos administrativos de execução e autônomos

Os atos regulamentares podem ser classificados nas seguintes espécies:

a) **Decretos (regulamentos) de execução ou regulamentares:** são regras jurídicas gerais, abstratas e impessoais, editadas em função de uma lei, para dar-lhe fiel execução e, portanto, dotadas de caráter normativo secundário. Por se tratar de matéria de competência exclusiva, não são passíveis de delegação. Sua função é "evidenciar e tornar explícito tudo aquilo que a lei encerra". Assim, não lhes cabe exorbitar os limites da lei, atuando sempre *secundum legem*. Saliente-se, ainda, que não há necessidade que o texto da lei preveja expressamente a necessidade de regulamentação. Ademais, como somente a matéria administrativa comporta regulamentação, é vedada a regulamentação de leis que não envolvam qualquer participação da Administração no cumprimento de suas normas, como as leis penais, processuais etc.

b) **Decretos (regulamentos) autônomos ou independentes:** *são atos normativos primários*, decorrentes da própria Constituição Federal, que expressamente concedeu ao Presidente a atribuição para inovar o direito por meio de ato próprio (art. 84, VI, da CF). As hipóteses de sua edição são *taxativas* e somente surgiram com a Emenda Constitucional n. 32/2001: dispor sobre a extinção de funções ou cargos públicos, quando vagos; bem como sobre a organização e funcionamento da Administração federal, quando não implicar em aumento de despesa nem criação ou extinção de órgãos públicos. Essas matérias são de competência privativa do Presidente, encontrando-se sob a chamada *reserva de Administração*, mas são passíveis de delegação aos Ministros, PGR e AGU, por expressa previsão constitucional.

A reserva de administração é um verdadeiro núcleo funcional da Administração "resistente" à lei, isto é, diz respeito àquelas matérias adstritas ao âmbito exclusivo da Administração Pública, não sendo lícita a ingerência do Poder Legislativo.

c) **Regulamento autorizado ou delegado:** é aquele que complementa disposições da lei em razão de expressa determinação, nela contida, para que o Poder Executivo assim o faça. Trata-se, portanto, de *ato administrativo secundário, infralegal, mas que inova o direito nas matérias a ele autorizadas*. Esse regulamento não pode ser utilizado nas matérias reservadas à lei, tampouco pode haver delegação legislativa em branco. A figura do regulamento autorizado ou delegado tem ganhado destaque no Direito Administrativo para ensejar a regulamentação mais detalhada e mais dinâmica de questões técnicas específicas e de alta complexidade.

O próprio legislador reconheceu a sua falibilidade, a sua incapacidade de enumerar exaustivamente os fatos, situações e circunstâncias cotidianas, especialmente ao levar em conta o ritmo frenético da modernidade. Assim, reservou à lei a missão de fixar os contornos básicos (o que, via de regra, é feito por meio do emprego de cláusulas gerais e de conceitos jurídicos indeterminados), cabendo ao Executivo a edição de normas técnicas específicas, afim de regulamentar a questão de maneira pormenorizada e mais ágil. Apesar de não existir referência aos regulamentos autorizados ou delegados na Constituição Federal, sua existência é admitida na doutrina e na jurisprudência.

Trata-se do fenômeno da *deslegalização* (ou *delegificação*), que significa a transferência de determinadas matérias do campo legislativo para o administrativo.

Se um ato regulamentar estiver em conflito com a lei, poderá apenas ser objeto de controle de legalidade (a inconstitucionalidade aqui seria apenas reflexa, razão pela qual incabível o controle concentrado).

Porém, se ofender diretamente a Constituição, sem que haja uma lei sendo regulamentada, ou seja, se for autônomo (ato normativo primário), sujeitar-se-á ao controle concentrado de constitucionalidade, desde que tenha caráter geral e abstrato. Nesse sentido:

> É cabível ADI contra decreto presidencial que, com fundamento no art. 84, VI, "*a*", da CF/88, extingue colegiados da Administração Pública federal. Isso porque se trata de decreto autônomo, que retira fundamento de validade diretamente da Constituição Federal e, portanto, é dotado de generalidade e abstração (STF, ADI 6.121 MC/DF, Rel. Min. Marco Aurélio, j. 12 e 13-6-2019, Info 944).

Imperioso salientar, ainda, que o Congresso pode, por meio de decreto legislativo, sustar diretamente os atos normativos do Poder Executivo que exorbitem do poder regulamentar, nos termos do art. 49, V, da CF.

7.3 Análise do art. 84 da CF quanto aos limites do poder regulamentar

A competência regulamentar privativa do Chefe do Poder Executivo encontra seu fundamento no art. 84, IV e VI, da CF, consistindo na atividade administrativa de caráter normativo, voltada a garantir a fiel execução da lei e a disciplinar a organização e o funcionamento da Administração federal.

O texto constitucional reconhece dois tipos de regulamentos: o de execução (inc. IV) e o de organização (inc. VI), havendo controvérsia na doutrina e na jurisprudência sobre a classificação desta última espécie como regulamento autônomo.

Os regulamentos são veiculados por meio de decretos, que devem ser referendados pelos Ministros competentes (art. 87, II) – referenda ministerial.

Em quaisquer casos, e por força dos princípios da separação de poderes e da legalidade (arts. 2.º, 5.º, e 37, *caput*), os regulamentos são atos normativos secundários, que *não podem inovar originariamente a ordem jurídica e, portanto, não podem criar, modificar ou extinguir direitos e obrigações.*

A competência para edição de atos normativos pode alcançar várias autoridades administrativas, não se limitando ao Chefe do Poder Executivo. Com efeito, as agências reguladoras e outros órgãos de caráter técnico costumam ter competência para editar atos normativos técnicos, por intermédio dos denominados regulamentos autorizados.

Assim, as entidades da Administração Indireta podem exercer, em algum aspecto, o poder normativo.

As agências reguladoras possuem competência regulatória dentro do seu setor de atuação, especialmente em se tratando de aspectos concernentes à discricionariedade técnica.

De acordo com a **Doutrina do Princípio Claro** (*Intelligible principle doctrine)* a delegação legislativa deve ter conteúdo determinado, preciso, definido, não podendo constituir um "cheque em branco" para a atuação legislativa do Presidente da República.

O Congresso legisla e a Administração executa as leis; para que o Poder Público as execute, as leis devem conter um princípio claro (*intelligible principle*) para guiar a Administração, já que, do contrário, a Administração estaria legislando por conta própria.

Imperioso ressaltar, ainda, que a Constituição Federal outorgou ao Congresso a competência para sustar os atos do Executivo que exorbitem os limites da delegação legislativa (art. 49, V, da CF), em nítida hipótese de controle externo dos poderes. Tal ato de sustação surtirá efeitos *ex nunc* (não retroativos), isto porque não se cuida de pronúncia de inconstitucionalidade, mas sim de sustação de eficácia.

8. PODERES DE POLÍCIA

8.1 Noções gerais

O poder de polícia é a prerrogativa discricionária conferida à Administração Pública de disciplinar, restringir ou condicionar o exercício de direitos pelos particulares em geral, com o objetivo de atender o interesse público. Constitui, assim, limitação à liberdade individual, mas que tem por fim assegurar esta própria liberdade, bem como os direitos essenciais do homem.

Seu conceito pode ser extraído do Código Tributário Nacional:

> Art. 78. **Considera-se poder de polícia atividade da administração pública que, limitando ou disciplinando direito, interesse ou liberdade, regula a prática de ato ou abstenção de fato, em razão de interesse público concernente à segurança, à higiene, à ordem, aos costumes, à disciplina da produção e do mercado, ao exercício de atividades econômicas dependentes de concessão ou autorização do Poder Público, à tranquilidade pública ou ao respeito à propriedade e aos direitos individuais ou coletivos.**
>
> Parágrafo único. Considera-se regular o exercício do poder de polícia quando desempenhado pelo órgão competente nos limites da lei aplicável, com observância do

> processo legal e, tratando-se de atividade que a lei tenha como discricionária, sem abuso ou desvio de poder.

Tal poder encontra razão no interesse social e fundamento na supremacia do Estado. Seu objeto é todo e qualquer bem, direito ou atividade individual que possa afetar a coletividade ou pôr em risco a segurança nacional.

Possui, assim, ampla extensão, isto é, onde houver interesse relevante da coletividade ou do próprio Estado haverá, correlatamente, igual poder de polícia administrativa para proteção desses interesses (regra, sem exceção).

Seu exercício, todavia, apesar de discricionário, não é ilimitado e irres-trito, encontrando limites no interesse social e nos direitos fundamentais do indivíduo.

A expressão "Poder de Polícia da Administração Pública" comporta dois sentidos, um amplo, outro estrito. Em **sentido amplo**, poder de polícia significa toda e qualquer ação restritiva do Estado em relação aos direitos individuais, englobando atos legislativos e executivos.

Em **sentido estrito**, é a prerrogativa de direito público que, calcada na lei, autoriza a Administração Pública a restringir o uso e o gozo da liberdade e da propriedade em favor do interesse da coletividade – diz respeito, portanto, ape-nas aos atos executivos.

O exercício de tal poder pode, ademais, ocorrer de modo **preventivo** ou **repressivo.** A edição de atos normativos, por exemplo, pode caracterizar a atua-ção de polícia administrativa preventiva ao impor limitações administrativas ao exercício dos direitos e de atividades individuais. A imposição de sanções (como a multa de trânsito), por sua vez, é exemplo do poder de polícia em sua forma repressiva.

A doutrina fala, ainda, em poder de polícia **originário** e poder de polícia **delegado.** Aquele é o exercido pela Administração Pública Direta, enquanto este, pela Administração Pública Indireta.

O que é o poder de polícia interfederativo?

Apesar de inexistir hierarquia entre os entes federativos, de acordo com Rafael Oliveira (2021, p. 330), deve ser admitido também o denominado "poder de polícia interfederativo", visto que deve haver respeito em relação ao exercício das competências previstas na Constituição para cada uma delas.

Não se trata, assim, de hierarquia, mas, sim, de submissão à repartição de competências cons-titucionais. Por essa razão, as pessoas federadas podem instituir e cobrar taxas umas das ou-tras, em virtude do exercício do poder de polícia, salvo isenções legais.

Exemplifica, ainda, o autor: são exemplos deste poder o fato de as repartições públicas esta-duais e federais deverem respeitar as normas municipais de zoneamento e de construção; as viaturas públicas deverem respeitar a legislação e as autoridades de trânsito, sujeitando-se à respectiva fiscalização e sanção; bem como a possibilidade de a polícia civil prender as autoridades vinculadas a outra pessoa federada que cometam ato ilícito.

Súmulas sobre o Poder de Polícia

Súmula Vinculante 38: É competente o Município para fixar o horário de funcionamento de estabelecimento comercial.

Súmula Vinculante 49: Ofende o princípio da livre concorrência lei municipal que impede a instalação de estabelecimentos comerciais do mesmo ramo em determinada área.

Súmula 19 do STJ: A fixação do horário bancário, para atendimento ao público, é da competência da União.

Súmula 312 do STJ: No processo administrativo para imposição de multa de trânsito, são necessárias as notificações da autuação e da aplicação da pena decorrente da infração.

Súmula 467 do STJ: Prescreve em cinco anos, contados do término do processo administrativo, a pretensão da Administração Pública de promover a execução da multa por infração ambiental.

8.2 Características

Tradicionalmente, diz-se que o fundamento do poder de polícia é a supremacia do interesse público, cuja atuação tem como fito a proteção e a promoção dos direitos fundamentais.

O poder de polícia incide sobre bens, direitos e atividades, manifestando-se por normas gerais e abstratas (ex.: norma que fala que na rua X é proibido estacionar) ou por atos individuais e concretos (ex.: licença, multa), com o fito de limitar a liberdade e a propriedade, mediante a criação de obrigações positivas ou negativas.

Trata-se, assim, de atividade restritiva, limitando a atuação particular e restringindo a esfera de interesses dos indivíduos. Resume-se, assim, em três atividades fundamentais: limitar, fiscalizar e sancionar.

A competência para o seu exercício é da pessoa federativa à qual a Constituição Federal conferiu o poder de regular a matéria, sendo, portanto, em regra, matéria de competência exclusiva daquele ente (princípio da predominância do interesse).

Pode haver, todavia, sistema de cooperação entre as esferas (ex.: fiscalização do trânsito), em nítida competência concorrente, caso a atividade seja de interesse simultâneo às três esferas da federação.

Como regra, é uma atividade de natureza **discricionária**, uma vez que atribuída margem de escolha ao administrador, que exercerá o poder de polícia (salvo em hipóteses como a licença, por exemplo) com base em critérios de **conveniência e oportunidade.**

Todos os particulares que se submetem à autoridade estatal estão sujeitos à atuação do poder de polícia, razão pela qual fala-se que esta é uma relação de **"supremacia geral"** do Estado perante os seus administrados.

Como mencionamos alhures, caso a relação seja de supremacia especial, a eventual aplicação de sanção dar-se-á com fulcro no poder disciplinar, não se confundindo com a atuação do poder de polícia.

Por ser dotado de caráter geral (atingir a todos, indistintamente), o poder de polícia não causa danos específicos a ensejar o recebimento de indenização.

Importante destacar, ainda, que a atuação do poder de polícia é bastante ampla, incidindo em áreas que vão desde a segurança e a salubridade (fiscalização sanitária em restaurante), até o decoro (restrições em relação ao traje em repartições públicas) e a estética (norma que restringe a altura de prédios).

8.2.1 Polícia administrativa *vs.* Polícia judiciária

A doutrina costuma dividir o poder de polícia em sentido amplo em duas espécies: polícia administrativa e polícia judiciária.

A polícia administrativa incide sobre bens, direitos ou atividades, enquanto a judiciária incide sobre os próprios indivíduos (aqueles a quem se atribui o ilícito penal).

A administrativa, por sua vez, se exaure em si mesma, ao passo que a judiciária tem caráter instrumental, sendo preparatória para a função jurisdicional penal.

Além disso, a polícia administrativa tem caráter preponderantemente preventivo, enquanto a judiciária é predominantemente repressiva.

O quadro abaixo demonstra com clareza as distinções:

■ Polícia Administrativa	■ Polícia Judiciária
□ Atua sobre BENS, DIREITOS ou ATIVIDADES	□ Atua sobre PESSOAS
□ É inerente e se difunde por toda a Administração	□ É privativa de órgãos especializados (Polícia Civil, Polícia Militar ou Polícia Federal)
□ Age predominantemente de forma preventiva, mas também pode atuar de maneira repressiva	□ Age predominantemente de maneira repressiva, mas pode atuar de maneira preventiva
□ Atua na área do ilícito administrativo	□ Atua no caso de ilícitos penais
□ Se exaure em si mesma	□ É instrumental – preparatória para o processo penal

8.2.2 Ciclos de polícia

O poder de polícia é dividido pela doutrina em quatro ciclos (momentos ou fases): a) ordem de polícia; b) consentimento de polícia; c) fiscalização; e d) sanção.

As fases da ordem e da fiscalização são as únicas que sempre existirão num ciclo de polícia. O consentimento depende da lei, enquanto a sanção depende de haver infração no caso concreto.

- **ORDEM DE POLÍCIA:** o poder de polícia tem, necessariamente, fundamento na lei. Esta fase diz respeito, portanto, ao estabelecimento das normas legais que estabelecem, de forma primária, as restrições e condições para o exercício das atividades privadas. São as leis e/ou os atos regulamentares que restringem ou condicionam os direitos e a liberdade das pessoas.
- **CONSENTIMENTO DE POLÍCIA:** o exercício de algumas atividades privadas pode ser condicionado ao consentimento prévio do Estado. A Constituição Federal consagra o princípio da livre iniciativa, podendo a lei, quando necessário, limitá-la.

  Nesse diapasão, o consentimento de polícia diz respeito à anuência do Estado para a realização de determinada atividade ou para a utilização de determinado bem pelo particular. Pode ocorrer por meio de *licença* (ato vinculado por meio do qual a Administração reconhece o direito do particular) ou de *autorização* (ato discricionário e precário por meio do qual a Administração, em juízo de conveniência e oportunidade, faculta o exercício de determinada atividade ou o uso de determinado bem pelo particular).
- **FISCALIZAÇÃO:** nessa fase, o Poder Público verifica o cumprimento, pelo particular, da ordem e do consentimento de polícia, a exemplo do que ocorre na fiscalização de trânsito e na fiscalização sanitária. Trata-se, portanto, da verificação por parte do Estado do cumprimento da lei pelo particular, que pode ocorrer de ofício ou por provocação de qualquer interessado. Em sendo constatadas irregularidades, o Poder Público aplica a respectiva sanção.
- **SANÇÃO:** é aplicação de uma punição pelo Estado ao particular que descumpre a ordem jurídica. Diz respeito, assim, à medida coercitiva aplicada ao particular que descumpre a ordem de polícia ou os limites impostos pelo consentimento de polícia (ex.: multa de trânsito, interdição de estabelecimento comercial). Saliente-se que as sanções de natureza administrativa, decorrentes do exercício do poder de polícia, somente encontram legitimidade quando o ato praticado pelo admi-

nistrado estiver previamente definido pela lei como infração administrativa. Nesse sentido:

ADMINISTRATIVO. IBAMA. IMPOSIÇÃO DE MULTA AMBIENTAL. FUNDAMENTAÇÃO. PORTARIA. VIOLAÇÃO DO PRINCÍPIO DA LEGALIDADE. 1. É vedado ao IBAMA instituir sanções sem expressa previsão legal. (...) restou determinada **a impossibilidade de aplicação pelo IBAMA de sanção prevista unicamente em portarias, por violação do Princípio da Legalidade** (STF, AgRg no REsp 1.164.140/MG, Rel. Min. Humberto Martins, Segunda Turma, j. 13-9-2011, *DJe* 21-9-2011).

Alterando o seu entendimento, o STF, em sede de repercussão geral, fixou a tese de que:

É constitucional a delegação do poder de polícia, por *meio de lei*, a *pessoas jurídicas de direito privado integrantes da Administração Pública indireta de capital social majoritariamente público* que prestem exclusivamente *serviço público de atuação própria do Estado e em regime não concorrencial* (STF, Plenário, RE 633.782/MG, Rel. Min. Luiz Fux, j. 23-10-2020, Repercussão Geral – Tema 532, Info 996).

Observe que a tese do Supremo não limita as fases/ciclos do poder de polícia que poderão ser delegadas. Assim, se em sua prova o questionamento for genérico, responda tal qual a tese fixada pelo STF.

Em provas discursivas e orais, todavia, recomenda-se aprofundar a discussão, já que a atividade legislativa é típica do Estado e, desta forma, a "ordem de polícia" não poderia ser delegada a pessoas jurídicas de direito privado.

Antes da fixação da referida tese, o **STJ** possuía entendimento no sentido de **admitir a delegação do exercício do poder de polícia a pessoas jurídicas de direito privado integrantes da Administração Indireta, mas apenas no tocante às fases de consentimento e de fiscalização.**

Determinado Estado atribuiu a uma sociedade de economia mista a tarefa de instalar radares nas vias públicas e multar os condutores que estivessem acima da velocidade permitida.

O STJ considerou que a atividade de multar (sanção de polícia) não poderia ter sido delegada para uma sociedade de economia mista porque se trata de pessoa jurídica de direito privado e a aplicação de sanções pecuniárias não pode ser delegada para particulares. Por outro lado, a atividade de instalar os radares é permitida porque se trata de fiscalização de polícia, etapa do poder de polícia passível de delegação (STJ, REsp 817.534/MG, Rel. Min. Mauro Campbell Marques, Segunda Turma, j. 10-11-2009, *DJe* 10-12-2009).

Ambos os tribunais, contudo, concordam que não pode ser delegado a entidades privadas não integrantes da Administração Pública formal.

Indiscutível é a possibilidade de delegação a particulares as atividades materiais meramente preparatórias ao exercício do poder de polícia, tal como a instalação de radares de velocidade, aceita tanto pelo STF quanto pelo STJ. Isto porque elas não estarão realizando a atividade fiscalizatória em si, mas apenas conferindo o instrumental para que o Estado, privativamente, o faça.

8.3 Atributos do poder de polícia

Os atributos do poder de polícia podem ser divididos em:

8.3.1 Autoexecutoriedade

Um dos atributos do poder de polícia é a autoexecutoriedade. Significa que a Administração Pública pode, com os seus próprios meios, executar seus atos e decisões, sem precisar de prévia autorização judicial.

A autoexecutoriedade não retira, contudo, da Administração a possibilidade de valer-se de decisão judicial que lhe assegure a providência fática que almeja, pois nem sempre as medidas tomadas pelo Poder Público no exercício do poder de polícia são suficientes.

> **A administração pública possui interesse de agir para tutelar em juízo atos em que ela poderia atuar com base em seu poder de polícia, em razão da inafastabilidade do controle jurisdicional** (STJ, REsp 1.651.622/SP, Rel. Min. Herman Benjamin, Segunda Turma, j. 28-3-2017. Jurisprudência em Teses, edição n. 82).

Trata-se, assim, de um poder autoexecutório, que não depende da intervenção de outros Poderes para se efetivar. A autoexecutoriedade só existe, todavia, se a *lei* expressamente o disser, *salvo em situações de urgência* na defesa do interessa público.

Um exemplo de ato derivado do poder de polícia que não goza de autoexecutoriedade é a cobrança de multa.

Assim, são requisitos para a autoexecutoriedade: previsão legal OU urgência (ex.: acabar com a passeata que está destruindo a cidade).

Ressalte-se que a autoexecutoriedade não dispensa formalismos: deve ser garantida a observância do contraditório e da ampla defesa.

De acordo com a doutrina, a autoexecutoriedade é dividida em dois momentos:

i) **Exigibilidade:** é o poder do administrador de exigir do cidadão o cumprimento de obrigações, recorrendo a *meios indiretos de persuasão* (por exemplo, por meio da cominação de multa);

ii) Executoriedade: é o poder conferido ao administrador de executar materialmente aquilo que impôs ao cidadão e este não cumpriu. Significa, assim, a possibilidade de a Administração promover por si mesma a conformação do comportamento do particular às injunções dela emanadas.

Na hipótese da sanção pecuniária falta a executoriedade, ou seja, o ato teve exigibilidade, mas não executoriedade.

8.3.2 Discricionariedade

O legislador outorgou uma parcela de liberdade outorgada pela lei ao administrador público para que ele, mediante critérios de oportunidade e conveniência, possa escolher a alternativa mais adequada à solução. Isto é: o administrador tem liberdade para escolher o melhor momento para a sua atuação ou mesmo para escolher uma dentre as várias sanções aplicáveis ao caso concreto.

Há que se destacar, todavia, como bem explica Celso Antônio Bandeira de Mello, que o poder de polícia pode se manifestar por meio de atos discricionários, como ocorre na autorização, mas também por meio de atos vinculados, como ocorre na licença.

8.3.3 Coercibilidade

Trata-se da possibilidade de impor obrigações a terceiros independentemente de sua concordância. Assim, os atos decorrentes do poder de polícia são obrigatórios e imperativos, uma vez que decorrentes do poder extroverso da Administração (poder de império).

Existem, no entanto, alguns atos despidos de coercibilidade, uma vez que dependem de provocação dos particulares, como é o caso das licenças e autorizações (consentimento de polícia).

Os atributos da autoexecutoriedade, da discricionariedade e da coercibilidade, contudo, não afastam a possibilidade de controle pelo Poder Judiciário da atuação do poder de polícia, especialmente quando seu exercício desbordar da legalidade.

Assim, o cidadão sempre poderá recorrer ao Judiciário para evitar ou reparar danos decorrentes do exercício ilegal ou abusivo do poder de polícia.

8.4 Limites e prescrição

O poder de polícia é limitado pela necessidade, isto é, o Poder Público só deve agir quando estritamente necessário ao interesse público e à coletividade; pela proporcionalidade, devendo haver uma relação ponderada entre o direito individual violado e o prejuízo a ser evitado (proporcionalidade dos meios aos fins); pela eficácia (medida deve ser adequada para impedir dano coletivo) e pelo devido processo legal, já que não se podem aplicar sanções administrativas sem a observância dessa garantia constitucional.

No que tange aos limites ao exercício do poder de polícia, de acordo com o STF, as guardas municipais, *desde que autorizadas por lei municipal*, têm competência para fiscalizar o trânsito, lavrar auto de infração de trânsito e impor multas.

Para o Supremo é constitucional a atribuição às guardas municipais do exercício de poder de polícia de trânsito, inclusive para a imposição de sanções administrativas legalmente previstas (ex.: multas de trânsito).

> **É constitucional a atribuição às guardas municipais do exercício de poder de polícia de trânsito, inclusive para imposição de sanções administrativas legalmente previstas** (STF, RE 658.570/MG, Rel. orig. Min. Marco Aurélio, red. p/ o acórdão Min. Roberto Barroso, j. 6-8-2015, Tese de Repercussão geral n. 472, Info 793).

Já a prescrição quanto às sanções de polícia será regulada segundo a legislação de cada ente. No âmbito federal o prazo é de 5 anos, com fundamento na Lei n. 9.873/99.

Caso não haja lei estadual ou municipal sobre o assunto, deverá ser aplicado o prazo prescricional de 5 anos por força, não da Lei n. 9.873/99, mas sim do art. 1.º do Decreto n. 20.910/32.

Isto porque as disposições contidas na Lei n. 9.873/99 não são aplicáveis às ações administrativas punitivas desenvolvidas por Estados e Municípios, tendo em vista que o seu art. 1.º é expresso ao limitar sua incidência ao plano federal. Assim, inexistindo legislação local específica, incide, no caso, o prazo prescricional previsto no art. 1.º do Decreto n. 20.910/32.

> A legislação de cada ente deverá prever o prazo prescricional da sanção de polícia. No âmbito federal o prazo é de 5 anos, com fundamento na Lei n. 9.873/99. **Caso não haja lei estadual ou municipal sobre o assunto, deverá ser aplicado o prazo prescricional de 5 anos por força, não da Lei n. 9.873/99, mas sim do art. 1.º do Decreto 20.910/32.** As disposições contidas na Lei n. 9.873/99 não são aplicáveis às ações administrativas punitivas desenvolvidas por Estados e Municípios, pois o seu art. 1.º é expresso ao limitar sua incidência ao plano federal. Assim, inexistindo legislação local específica, incide, no caso, o prazo prescricional previsto no art. 1.º do Decreto 20.910/32 (STJ, 2.ª Turma, AgInt no REsp 1.409.267/PR, Rel. Min. Assusete Magalhães, j. 16-3-2017).

Caso o fato objeto da ação punitiva da administração também constitua crime, ser-lhe-ão aplicáveis os prazos de prescrição previstos na lei penal.

Vejamos o que diz a Lei n. 9.873/99:

Art. 1.º Prescreve em cinco anos a ação punitiva da Administração Pública Federal, direta e indireta, no exercício do poder de polícia, objetivando apurar infração à legislação em vigor, contados da data da prática do ato ou, no caso de infração permanente ou continuada, do dia em que tiver cessado.

§ 1.º Incide a prescrição no procedimento administrativo paralisado por mais de três anos, pendente de julgamento ou despacho, cujos autos serão arquivados de ofício ou mediante requerimento da parte interessada, sem prejuízo da apuração da responsabilidade funcional decorrente da paralisação, se for o caso.

§ 2.º Quando o fato objeto da ação punitiva da Administração também constituir crime, a prescrição reger-se-á pelo prazo previsto na lei penal.

Art. 1.º-A. Constituído definitivamente o crédito não tributário, após o término regular do processo administrativo, prescreve em 5 (cinco) anos a ação de execução da administração pública federal relativa a crédito decorrente da aplicação de multa por infração à legislação em vigor.

Art. 2.º Interrompe-se a prescrição da ação punitiva:

I – pela notificação ou citação do indiciado ou acusado, inclusive por meio de edital;
II – por qualquer ato inequívoco, que importe apuração do fato;
III – pela decisão condenatória recorrível;
IV – por qualquer ato inequívoco que importe em manifestação expressa de tentativa de solução conciliatória no âmbito interno da administração pública federal.

Art. 2.º-A. Interrompe-se o prazo prescricional da ação executória:

I – pelo despacho do juiz que ordenar a citação em execução fiscal;
II – pelo protesto judicial;
III – por qualquer ato judicial que constitua em mora o devedor;
IV – por qualquer ato inequívoco, ainda que extrajudicial, que importe em reconhecimento do débito pelo devedor;
V – por qualquer ato inequívoco que importe em manifestação expressa de tentativa de solução conciliatória no âmbito interno da administração pública federal.

Art. 3.º Suspende-se a prescrição durante a vigência:

I – dos compromissos de cessação ou de desempenho, respectivamente, previstos nos arts. 53 e 58 da Lei n. 8.884, de 11 de junho de 1994;
II – (revogado).

Art. 4.º Ressalvadas as hipóteses de interrupção previstas no art. 2.º, para as infrações ocorridas há mais de três anos, contados do dia 1.º de julho de 1998, a prescrição operará em dois anos, a partir dessa data.

Assim, temos as seguintes constatações:

- Cada ente deverá prever o prazo prescricional da sanção de polícia;
- O prazo prescricional para a Administração Federal impor multas aos particulares em decorrência de seu poder de polícia é de 5 anos, contados da data do ato ou de sua cessação;
- Caso não haja lei estadual ou municipal sobre o assunto, deverá ser aplicado o prazo prescricional de 5 anos por força, não da Lei n. 9.873/99, mas sim do art. 1.º do Decreto n. 20.910/32;
- Se o ato também for um ilícito penal, o prazo prescricional será o penal;
- Iniciado o processo administrativo de constituição da multa, não há que se falar em prescrição intercorrente, SALVO se a Administração permanecer inerte - nesse caso, o prazo será de 3 anos;
- Findo o processo administrativo, a Fazenda deve intimar o administrado a pagar o débito no prazo determinado;
- Não sendo pago no prazo, a Fazenda pode extrair CDA e ajuizar ação de execução fiscal com base na Lei de Execução Fiscal;
- Ajuizada a execução fiscal, o que é possível desde o fim do prazo de pagamento (teoria da *actio nata*), é cabível a ocorrência da prescrição intercorrente, que será quinquenal. É o que dispõe também a Súmula 467 do STJ:

> Prescreve em cinco anos, contados do término do processo administrativo, a pretensão da Administração Pública de promover a execução da multa por infração ambiental.

Em síntese, concluído o processo administrativo fundado na ação punitiva para aplicação da multa, o ente público disporá de outros 5 anos para cobrança (5 anos para constituir + 5 anos para cobrar).

CAPÍTULO 4

ATOS ADMINISTRATIVOS

1. CONCEITO

Ato administrativo é a norma concreta, emanada do Estado, ou de quem esteja no exercício da função administrativa, que tem por finalidade criar, modificar, extinguir ou declarar relações jurídicas entre o Estado e o administrado, suscetível de ser contrastada pelo Poder Judiciário.

Para Hely Lopes Meirelles (2003), é "toda manifestação unilateral de vontade da Administração Pública que, agindo nessa qualidade, tenha por fim imediato adquirir, resguardar, transferir, modificar, extinguir e declarar direitos ou impor obrigações aos administrados ou a si própria".

Dos conceitos apresentados, conseguimos extrair algumas características:

- São **emanados do Estado ou de quem esteja investido das prerrogativas estatais** (incluindo-se aí os delegatários de serviços públicos, por exemplo). Em outras palavras, são manifestações expedidas no **exercício da função administrativa;**
- São exercidos no uso de prerrogativas públicas, sob o **regime de direito público;**
- São declarações jurídicas **unilaterais**, com vistas a produção de determinados efeitos jurídicos;
- Sujeitam-se a exame de legitimidade pelo Judiciário, dado o seu **caráter infralegal** (o ato administrativo só pode tratar de matéria previamente disciplinada em lei).

Importante destacar que a prática de atos administrativos não é privativa do Executivo. Todos os poderes exercem função administrativa, ainda que de forma atípica.

1.1 Distinções

- **Fatos administrativos:** são eventos materiais que podem repercutir no mundo jurídico. Normalmente, apresentam-se como consequência dos atos administrativos. Para José dos Santos Carvalho Filho, os fatos administrativos são eventos dinâmicos da administração. Ex.: raio que destrói bem público; apreensão de mercadorias; dispersão de manifestantes.

73

Distinguem-se dos atos administrativos porque independem da vontade e da participação dos agentes públicos, apesar de serem igualmente relevantes para o direito administrativo. Podem se configurar como consequências dos atos administrativos ou mesmo como consequência de eventos de caso fortuito ou força maior.

- **Processo administrativo:** é a sequência encadeada de atos instrumentais para obtenção da decisão administrativa. Segundo lição de Rafael Oliveira, o processo administrativo, com nítido caráter instrumental, tem por objetivo a produção do ato administrativo (a decisão).
- **Atos de governo:** são editados apenas pelo Executivo e pelo Legislativo, relacionando-se com o exercício da função política. Integram o Direito Constitucional. Ex.: sanção e veto de projetos de lei, declaração de guerra.
- **Ato da administração:** é todo e qualquer ato praticado pela Administração, seja ele regido pelo direito público, seja pelo direito privado (ex.: contrato de locação em que a administração figure como locatária). É, portanto, gênero, do qual o ato administrativo é espécie.

1.2 Silêncio administrativo

Sabemos que, no Direito Civil, o silêncio do particular representa, via de regra, consentimento tácito (art. 111 do CC) – por isso a máxima popular "quem cala, consente".

Essa premissa, todavia, não é válida para o Direito Administrativo. **O silêncio estatal não representa a manifestação de vontade da Administração, SALVO disposição legal em sentido contrário.**

Trata-se, assim, de mero fato administrativo.

O art. 48 da Lei n. 9.784/99 é taxativo ao determinar que "a Administração tem o dever de explicitamente emitir decisão nos processos administrativos e sobre solicitações ou reclamações, em matéria de sua competência".

Um exemplo de produção de efeitos pelo silêncio administrativo é o art. 26, § 3.º, da Lei n. 9.478/97, a qual preconiza que, decorrido o prazo de 180 dias sem que haja manifestação da Agência Nacional do Petróleo acerca dos planos e projetos apresentados, eles considerar-se-ão automaticamente aprovados. Nesse caso, resta configurado um verdadeiro ato administrativo.

> **Mas e se a Administração for omissa na prática de determinado ato? O que fazer?**

Uma vez constatada a omissão ilegítima da Administração, face à ausência de manifestação no prazo legalmente fixado (ou, em não havendo prazo em lei, por prazo razoável), exsurge para o interessado o direito de petição, seja na via administrativa, seja na via judicial.

Ressalte-se, contudo, que a mora administrativa não permite que o Judiciário substitua a Administração na prática do ato, sob pena de violação do princípio da separação de poderes (art. 2.º da CF). Nesse caso, o juiz apenas fixará prazo para que o administrador manifeste a sua vontade, cominando-lhe sanções, como a multa diária.

2. REGIME JURÍDICO – ATRIBUTOS

Como vimos, os atos administrativos são manifestações expedidas no exercício da função administrativa e, como tais, são decorrentes do princípio da supremacia e da indisponibilidade do interesse público sobre o privado.

Em virtude disso, gozam de um regime jurídico específico, marcado pela presença dos atributos da presunção de legitimidade e de veracidade, da autoexecutoriedade e da imperatividade (trata-se da posição majoritária que será aqui estudada).

Há quem fale, ainda, em outros dois requisitos, quais sejam: exigibilidade e tipicidade (esta última entendida como a obrigatoriedade de a Administração só poder praticar os atos previstos na legislação).

2.1 Presunção de legitimidade e de veracidade

Presume-se que os atos administrativos foram editados em **conformidade com o ordenamento jurídico** (presunção de legitimidade), bem como que **as informações nele contidas são verdadeiras** (presunção de veracidade). A depender das circunstâncias, o segundo atributo pode subsistir, mas ser afastado o primeiro, por defeitos do ato administrativo.

Trata-se de presunção relativa (*juris tantum*), admitindo prova em contrário. O ônus de provar a ilegitimidade, entretanto, é do particular.

De acordo com Rafael Oliveira (2021, p. 361), a presunção de legitimidade de veracidade é justificada por várias razões, como por exemplo a sujeição dos agentes públicos ao princípio da legalidade, a necessidade de cumprimento de determinadas formalidades para edição de atos administrativos, a celeridade exigida para o cumprimento da função administrativa, além da própria inviabilidade de exercício desta função (e, por conseguinte, de atendimento do interesse público) se houvesse a necessidade de a Administração provar a regularidade de cada ato.

Tal presunção autoriza a imediata execução do ato administrativo (autoexecutoriedade), mesmo que eivado de vícios ou defeitos (SALVO se o ato for *manifestamente* ilegal). Isto porque, enquanto não declarada a invalidade, o ato produz efeitos normalmente.

2.2 Imperatividade

O ato administrativo tem o condão de criar unilateralmente obrigações aos particulares, independentemente de seu consentimento, tendo em vista que praticados com base no poder de império (ou poder extroverso) da Administração.

Fala-se também em coercibilidade.

Esse atributo, contudo, não está presente em todos os atos administrativos. Nos atos negociais (permissões, licenças e autorizações), bem como nos atos enunciativos (pareces, certidões etc.), não há que se falar em qualquer conduta positiva e/ou negativa a ser imposta aos particulares.

Os atos enunciativos, conforme veremos mais detalhadamente a seguir, se limitam a declarar o modo de ser de determinada relação jurídica, ou o modo de proceder na realização de determinado ato administrativo, normalmente produzindo efeitos dentro da Administração.

Os negociais, por sua vez, resultam da conjugação do interesse público com o interesse particular.

2.3 Autoexecutoriedade

A autoexecutoriedade significa que o ato administrativo, tão logo praticado, pode ser imediatamente executado e seu objeto imediatamente alcançado. Em outras palavras: a Administração pode executar diretamente sua vontade, inclusive com uso moderado da força, independentemente de manifestação do Poder Judiciário.

Tem como fundamento jurídico a necessidade de salvaguardar com rapidez e eficiência o interesse público, o que não ocorreria se a cada momento tivesse que submeter suas decisões ao crivo do Judiciário.

São exemplos: demolição de obras clandestinas, fechamento de restaurante pela vigilância sanitária, requisição de bens.

A doutrina subdivide a autoexecutoriedade em:

- **Executoriedade:** a própria Administração concretiza o ato, usando de meios diretos (força) para implementar a vontade estatal (ex.: demolição de obras). Só existirá se houver expressa previsão legal ou em face de situação de emergência, de urgência ou de perigo público.
- **Exigibilidade:** o administrado é compelido a fazer valer a vontade estatal por meios indiretos (ex.: multas).

Há, contudo, atos administrativos despidos de autoexecutoriedade, a exemplo da cobrança de multas e da desapropriação.

3. ELEMENTOS E REQUISITOS

A lei não prevê, expressamente, quais são os elementos do ato administrativo e seus conceitos, os quais são extraídos da leitura *a contrario sensu* do art. 2.º da Lei n. 4.717/65 (Lei de Ação Popular):

> Art. 2.º São nulos os atos lesivos ao patrimônio das entidades mencionadas no artigo anterior, nos casos de:
> *a)* incompetência;
> *b)* vício de forma;
> *c)* ilegalidade do objeto;
> *d)* inexistência dos motivos;
> *e)* desvio de finalidade.
> Parágrafo único. Para a conceituação dos casos de nulidade observar-se-ão as seguintes normas:
> *a)* a incompetência fica caracterizada quando o ato não se incluir nas atribuições legais do agente que o praticou;
> *b)* o vício de forma consiste na omissão ou na observância incompleta ou irregular de formalidades indispensáveis à existência ou seriedade do ato;
> *c)* a ilegalidade do objeto ocorre quando o resultado do ato importa em violação de lei, regulamento ou outro ato normativo;
> *d)* a inexistência dos motivos se verifica quando a matéria de fato ou de direito, em que se fundamenta o ato, é materialmente inexistente ou juridicamente inadequada ao resultado obtido;
> *e)* o desvio de finalidade se verifica quando o agente pratica o ato visando a fim diverso daquele previsto, explícita ou implicitamente, na regra de competência.

Dessa forma, são elementos do ato administrativo:
(mnemônico: CO-FI-FO-MO-OB)

- **CO**mpetência
- **Fi**nalidade   **SEMPRE VINCULADOS**
- **Fo**rma

- **Mo**tivo   **PODEM SER DISCRICIONÁRIOS**
- **Ob**jeto

3.1 Competência

Competência é o poder atribuído ao agente da Administração para o desempenho de suas funções (MAZZA, 2022, p. 488). Trata-se de requisito vinculado.

Assim, o ato deve ser praticado por agente público competente, isto é, aquele à quem a lei conferiu a atribuição de praticar o ato.

A competência caracteriza-se por ser:

- Fixada em lei (não podendo ser presumida);
- Improrrogável (o seu não exercício não implica na transferência para outro agente);
- Irrenunciável (a Administração não pode abrir mão de sua competência);
- Obrigatória (o agente público tem o dever de exercer suas atribuições e, assim, realizar o interesse público);
- Imprescritível (não se extingue, exceto pela lei);
- Delegável (como regra).

3.1.1 Delegação

Vejamos o que diz a Lei n. 9.784/99:

Art. 11. A competência é **irrenunciável** e se exerce pelos órgãos administrativos a que foi atribuída como própria, *salvo os casos de delegação e avocação legalmente admitidos*.

Art. 12. Um órgão administrativo e seu titular poderão, se não houver impedimento legal, **delegar** *parte* da sua competência a outros órgãos ou titulares, *ainda que estes não lhe sejam hierarquicamente subordinados, quando for conveniente*, em razão de circunstâncias de índole técnica, social, econômica, jurídica ou territorial.

Parágrafo único. O disposto no *caput* deste artigo aplica-se à delegação de competência dos órgãos colegiados aos respectivos presidentes.

A regra, conforme o exposto, é a possibilidade de delegação da competência.

Destaque-se que tal delegação deve ser apenas parcial, sob pena de configurar verdadeira renúncia.

Não se exige, ademais, qualquer vinculação hierárquica. É dizer: um órgão pode delegar parte de sua competência para outro de mesmo nível hierárquico, por exemplo.

O ato de delegação e sua revogação deverão ser publicados no meio oficial, especificando as matérias e poderes transferidos, os limites da atuação do delegado, a *duração* e os objetivos da delegação e o recurso cabível, podendo conter ressalva de exercício da atribuição delegada.

É possível a sua revogação a qualquer tempo pela autoridade delegante.

De acordo com a Lei (art. 14, § 3.º), "as decisões adotadas por delegação devem mencionar explicitamente esta qualidade e considerar-se-ão editadas pelo delegado". Em virtude disso, se impugnado o ato via mandado de segurança, a autoridade coatora a figurar no polo passivo do *writ* deverá ser o agente delegado.

Nesses termos, o entendimento sumulado pelo STF:

> **Súmula 510 do STF:** Praticado o ato por autoridade, no exercício de competência delegada, contra ela cabe o mandado de segurança ou a medida judicial.

A lei prevê, contudo, atos que não podem ser delegados: **DE**cisão de recursos administrativos, atos de caráter **NOR**mativo e matérias de competência **EX**clusiva do órgão ou autoridade *(mnemônico: DENOREX)*.

> **Art. 13.** Não podem ser objeto de delegação:
> I – a edição de atos de caráter normativo;
> II – a decisão de *recursos* administrativos;
> III – as matérias de competência exclusiva do órgão ou autoridade.

Imperioso destacar ainda que a Constituição, em seu art. 84, parágrafo único, preconiza que o Presidente da República poderá delegar algumas de suas atribuições (incisos VI, XII e XXV, primeira parte, do mesmo artigo) aos Ministros de Estado, ao Procurador-Geral da República ou ao Advogado-Geral da União.

3.1.2 Avocação

Avocar significa "chamar para si". A avocação, portanto, ocorre quando a autoridade superior chama para si a competência que foi atribuída pela lei ao seu subordinado, temporariamente, em caráter excepcional e por motivos relevantes devidamente justificados.

Ao contrário da delegação, que é regra, a avocação é EXCEPCIONAL.

Diferencia-se daquela, ainda, por pressupor o vínculo hierárquico.

> **Art. 15.** Será permitida, em **caráter excepcional** e por **motivos relevantes devidamente justificados**, a avocação **temporária** de competência atribuída a *órgão hierarquicamente inferior.*

Destaque-se, por fim, que não é possível avocar competência exclusiva do subordinado.

3.1.3 Vícios de competência

Quando a competência é exercida exorbitando os limites estabelecidos em lei, o agente público incorre no vício de **excesso de poder** (espécie do gênero abuso de poder, ao lado do desvio de finalidade).

O excesso de poder, assim, ocorre quando o agente administrativo, apesar de inicialmente competente para a prática do ato, vai além das suas atribuições legais, praticando outros atos que não são de sua esfera.

A depender da hipótese, é possível que o agente efetivamente competente para a prática do ato convalide-o, tornando desnecessária a declaração de nulidade.

- Vício quanto à matéria ou em se tratando de competência exclusiva: ATO NULO.
- Vício quanto à pessoa: pode ser convalidado.

A doutrina aponta, ainda, a possibilidade de vício de incompetência por:

- **Usurpação de função pública:** ocorre quando ato privativo da Administração é praticado por particular que *não* é agente público. Trata-se de causa de inexistência do ato administrativo que, inclusive, é tipificada como crime pelo art. 328 do CP.
- **Funcionário de fato:** a função administrativa é exercida por indivíduo que, apesar de investido no serviço público, o foi irregularmente, havendo algum vício na sua investidura. Aplica-se, aqui, a *teoria da aparência*, caso o funcionário tenha agido de boa-fé, sendo hipótese de anulabilidade dos atos praticados com eficácia *ex nunc*, havendo, ainda, possibilidade de convalidação. Comprovada a má-fé, os atos são nulos *(ex tunc)*.

3.2 Finalidade

A finalidade é elemento **vinculado** do ato administrativo que diz respeito ao atendimento do interesse público. Diz-se vinculado porque toda e qualquer atuação administrativa deve ter como fim o atendimento dos interesses da coletividade.

Nesses termos, há que se distinguir a finalidade ("fim mediato"), que é o interesse público, do objeto ("fim imediato"), este, sim, discricionário, pois diz respeito ao próprio conteúdo do ato.

Ex.: desapropriação para construção de um hospital – fim mediato é o interesse público; fim imediato é a própria construção do hospital.

Se for praticado visando interesse distinto do interesse público (atendendo interesses privados), o ato será **nulo** por **desvio de finalidade** (também chamando de desvio de poder – espécie do gênero abuso de poder). Trata-se de clara violação aos princípios da moralidade e da impessoalidade (art. 37 da CF).

Destaque-se que, a despeito de haver posições em sentido contrário, prevalece que o desvio de finalidade é um **vício objetivo**, consistindo no distanciamento entre o exercício da competência e a finalidade legal. Nesses termos, é

IRRELEVANTE a intenção deliberada do agente de ofender a finalidade do interesse público para que ocorra o desvio de poder.

3.3 Forma

A forma, que também é requisito vinculado dos atos administrativos, é o modo de exteriorização da vontade administrativa, abrangendo também os procedimentos prévios exigidos para tal desiderato.

Sabemos que no direito civil vige o princípio da liberdade das formas (art. 107 do CC), em virtude da autonomia que é conferida aos particulares.

No direito administrativo, contudo, vigora o **princípio da solenidade das formas**. Como o fim mediato dos atos é o interesse público, o seu atendimento deve observar maiores formalidades, tais como a **forma escrita** obrigatória.

A solenidade, nesses termos, funciona como garantia para o administrado, que, além de gozar de maior segurança jurídica, ainda pode fiscalizar a atuação administrativa.

Sempre que a lei exigir expressamente determinada forma para a validade do ato, eventual inobservância da forma prescrita acarretará a nulidade do ato praticado.

Desde que por lei, a solenidade pode ser atenuada. Em virtude disso, a doutrina fala em "formalismo moderado". É o que acontece com o art. 22 da Lei n. 9.784/99:

> Art. 22. Os atos do processo administrativo não dependem de forma determinada senão quando a lei expressamente a exigir.

Destaque-se, ainda, que, excepcionalmente, admite-se a prática de atos administrativos gestuais, verbais, ou mesmo expedidos visualmente por máquinas, a exemplo dos semáforos ou dos guardas de trânsito.

Em regra, os vícios de forma são passíveis de convalidação, ou seja, são defeitos sanáveis que podem ser corrigidos.

3.3.1 Motivação

Imperioso destacar, ainda, que a **motivação (exteriorização dos motivos do ato administrativo), quando prevista por lei como obrigatória, integra a forma do ato administrativo.** Isto porque a forma "*ato com motivação expressa*" é essencial à sua validade.

Via de regra, a motivação deve ser concomitante à prática do ato, integrando-o. Excepcionalmente, contudo, o STJ já admitiu a motivação posterior, mesmo que em sede judicial. Vejamos:

> O ato de remoção de servidor público por interesse da Administração Pública deve ser motivado. Caso não o seja, haverá nulidade. No entanto, é possível que o vício da ausência de motivação seja corrigido em momento posterior à edição dos atos administrativos impugnados. Assim, se a autoridade removeu o servidor sem motivação, mas ela, ao prestar as informações no mandado de segurança, trouxe aos autos os motivos que justificaram a remoção, o vício que existia foi corrigido (STJ, AgRg no RMS 40.427/DF, j. 3-9-2013, Info 529).

De acordo com o art. 50 da Lei n. 9.784/99, devem ser expressamente motivados os atos que:

I – neguem, limitem ou afetem direitos ou interesses;
II – imponham ou agravem deveres, encargos ou sanções;
III – decidam processos administrativos de concurso ou seleção pública;
IV – dispensem ou declarem a inexigibilidade de processo licitatório;
V – decidam recursos administrativos;
VI – decorram de reexame de ofício;
VII – deixem de aplicar jurisprudência firmada sobre a questão ou discrepem de pareceres, laudos, propostas e relatórios oficiais;
VIII – importem anulação, revogação, suspensão ou convalidação de ato administrativo.

A motivação deve ser explícita, clara e congruente, podendo consistir em declaração de concordância com fundamentos de anteriores pareceres, informações, decisões ou propostas, que, nesse caso, serão parte integrante do ato. Trata-se da chamada "motivação aliunde".

Na solução de vários assuntos da mesma natureza, ademais, pode ser utilizado meio mecânico que reproduza os fundamentos das decisões, desde que não prejudique direito ou garantia dos interessados.

Nessas hipóteses, a ausência de motivação acarreta a nulidade do ato por vício de forma.

TEORIA DOS MOTIVOS DETERMINANTES

Segundo a "teoria dos motivos determinantes", *os motivos que determinaram a vontade do agente, ou seja, os fatos que serviram de suporte à sua decisão, integram a validade do ato administrativo, de forma que, uma vez enunciados pelo agente os motivos que o fundam, ainda quando a lei não haja expressamente imposto a obrigação de enunciá-los, o ato administrativo editado no exercício de competência discricionária só será válido se tais motivos realmente ocorreram e o justificavam.*

Os motivos se tornam, portanto, determinantes para a validade do ato.

Em outras palavras: uma vez realizada a motivação, ela passa a integrar o ato administrativo, ou seja, caso os motivos apresentados sejam viciados, o ato será ilegal, de acordo com a teoria dos motivos determinantes. Ex.: (OLIVERA, 2021, p. 356) hipótese em que a exoneração de agente ocupante de cargo em comissão, que inicialmente seria livre (*ad nutum*), vem acompanhada de motivação. Nesse caso, o ato de exoneração só será válido se as razões expostas tiverem efetivamente ocorrido.

FIQUE ATENTO! Essa teoria se aplica tanto aos atos vinculados quanto aos discricionários.

3.4 Motivo

Motivo é a situação de fato (pressuposto fático) ou de direito (pressuposto jurídico) que autoriza a prática do ato. Trata-se de elemento **discricionário**, pois o agente público detém certa margem de liberdade na sua escolha.

Nos atos vinculados, o motivo será sempre explícito. Nos atos discricionários, por sua vez, o motivo pode ser implícito.

- **Motivo *vs.* motivação:** a motivação é a exteriorização dos motivos do ato administrativo, isto é, a explicação escrita das razões que levaram à prática do ato. *Integra a forma* do ato administrativo.
- **Motivo *vs.* móvel de motivação:** é a vontade subjetiva do agente, ou seja, é a real intenção do agente público quando da prática do ato administrativo.

De acordo com a doutrina, os vícios no elemento motivo podem ser das seguintes espécies:

- **Motivo inexistente:** o pressuposto de fato apontado como ensejador do ato administrativo simplesmente não existe, tornando-o viciado por inexistência material do motivo. Lembre-se da teoria dos motivos determinantes, acima exposta: se os motivos explicitados na motivação forem inexistentes, o ato será nulo. Ex.: agente público é exonerado por abandono do cargo, todavia, fica provado que ele nunca faltou.
- **Motivo ilegítimo:** diz-se também motivo juridicamente inadequado. Ocorre quando a Administração realiza um enquadramento inadequado do fato à norma. Aqui, o *fato existe, mas não se enquadra na norma foi utilizada pelo agente público como autorizadora do ato.* Há, pois, incongruência entre o fato e a norma. Ex.: agente de trânsito aplica multa ao motorista por este dirigir sem camisa. O fato realmente ocorreu, todavia, não enseja a aplicação de multa, uma vez que o Código de Trânsito Brasileiro não prevê tal hipótese.

3.5 Objeto

Objeto é o conteúdo, isto é, a decisão contida no ato administrativo. É o efeito jurídico e material que será produzido pelo ato administrativo (OLIVEIRA, 2021, p. 357).

> O objeto do ato administrativo deve ser **lícito** (em conformidade com o ordenamento jurídico), **possível** (realizável concretamente) e **moral** (de acordo com padrões éticos e morais).

A licitude do objeto para o direito administrativo, contudo, não se confunde com a licitude prevista no direito civil. Isto porque nesse caso, pode-se fazer tudo o que a lei não proíbe (legalidade em sentido amplo); naquele, contudo, deve-se fazer apenas o que a lei menciona (legalidade em sentido estrito).

Vícios no objeto são sempre insanáveis, acarretando a nulidade do ato.

3.6 Mérito administrativo

O motivo e o objeto do ato administrativo integram o que a doutrina chama de "mérito". Trata-se da liberdade conferida ao administrador no exercício de atos administrativos discricionários.

4. ATOS VINCULADOS

Nos atos vinculados, não há margem de discricionariedade para a atuação do agente público. O legislador descreve, na norma jurídica, todos os elementos que deverão ser observados quando da prática do ato, razão pela qual diz-se que a atuação é vinculada.

Exemplo clássico citado pela doutrina é a expedição de licença para dirigir ou para o exercício de determinada profissão, bem como a aposentadoria compulsória. Preenchidos os requisitos legais, a realização dos referidos atos administrativos é medida que se impõe, não havendo espaço para discussão de conveniência ou de oportunidade.

Registre-se que, como não há qualquer margem de escolha, incabível falar em revogação de atos vinculados.

5. ATOS DISCRICIONÁRIOS

Em determinadas hipóteses, o legislador autoriza, expressa ou implicitamente, a realização de opções pelo agente, segundo critérios de conveniência e de oportunidade.

Um ato é, pois, discricionário nos casos em que a Administração tem o poder de adotar uma ou outra solução, segundo critérios de oportunidade, de conveniência, de justiça e de equidade, próprios da autoridade, porque não definidos pelo legislador, que deixa certa margem de liberdade de decisão diante do caso concreto.

No caso dos atos administrativos, os elementos competência, finalidade e forma são vinculados, somente havendo margem de discricionariedade na escolha do motivo e do objeto (que, juntos, integram o mérito), como vimos alhures.

Discricionariedade, porém, não pode significar arbitrariedade, de modo que o exame da conveniência e da oportunidade deve observar os princípios constitucionais que regem a Administração Pública, em especial os princípios da *impessoalidade*, *moralidade*, *publicidade* e *eficiência* (art. 37, *caput*, da CF).

Constatando-se que não mais subsiste a conveniência ou a oportunidade do ato, poderá a Administração revogá-lo, respeitados os direitos adquiridos, nos termos do art. 53 da Lei n. 9.784/99.

6. VÍCIOS DOS ATOS ADMINISTRATIVOS

Ao longo do texto acima, vimos os vícios em cada elemento do ato administrativo.

Agora, vejamos as consequências práticas que advêm de eventual vício no ato administrativo.

6.1 Convalidação

Também chamada de **sanatória**, está prevista no art. 55 da Lei n. 9.784/99:

> Art. 55. Em decisão na qual se evidencie não acarretarem lesão ao interesse público nem prejuízo a terceiros, os atos que apresentarem defeitos sanáveis poderão ser convalidados pela própria Administração.

São, portanto, requisitos para a convalidação:

- Não acarretar lesão ao interesse público nem prejuízo a terceiros;
- Vício ser sanável.

Diante do termo "poderão", a doutrina discute se a convalidação seria um ato discricionário ou um ato vinculado. *Isto é, diante de um vício sanável, a Administração é obrigada a convalidar?*

Para parcela da doutrina, a despeito da faculdade apresentada pelo artigo, trata-se de ato vinculado. Para a outra parcela, o artigo é claro ao instituir apenas a possibilidade, ficando à critério da Administração decidir pela convalidação ou pela anulação.

Destaque-se que, nos termos do art. 50, VIII, do mesmo diploma, os atos que importem convalidação de ato administrativo deverão ser sempre motivados, com indicação dos fatos e dos fundamentos jurídicos.

Autorizam a convalidação os vícios de competência, de forma e de procedimento, quando não vulnerarem a finalidade do ato ou quando se tratar de falta de ato de particular sanada posteriormente com expressa projeção retroativa.

De acordo com a doutrina, a convalidação pode se dar por meio de:

- **Ratificação:** é realizada pela própria autoridade da qual emanou o ato viciado. Distingue-se da confirmação, pois esta é realizada por outra autoridade, que não aquela que proferiu o ato viciado;
- **Reforma:** ocorre por meio da eliminação da parcela ilegal do ato, mantendo-se, ao mesmo tempo, a parte que não estava viciada;
- **Conversão:** nesse caso, tal qual na reforma, mantém-se a parte válida do ato, suprimindo apenas a parcela ilegal. Aqui, entretanto, há o acréscimo de novo excerto revestido de validade;
- **Revalidação:** a Administração renova, com efeitos retroativos (*ex tunc*), a validade do ato.

6.2 Anulação

A anulação é medida que se impõe quando constatada ilegalidade na prática do ato. Trata-se de decorrência do poder-dever de autotutela da Administração, aplicável tanto aos atos administrativos vinculados quanto aos discricionários.

Além desse controle interno, admite-se a anulação do ato pelo Poder Judiciário.

> **Súmula 473 do STF:** A Administração pode anular seus próprios atos, quando eivados de vícios que os tornem ilegais, porque deles não se originam direitos; ou revogá-los, por motivo de conveniência ou oportunidade, respeitados os direitos adquiridos, e ressalvada, em todos os casos, a apreciação judicial.
>
> **Súmula 346 do STF:** A Administração Pública pode declarar a nulidade dos seus próprios atos.

Apesar de as súmulas do STF falarem que a Administração *pode* anular, não há discricionariedade. Trata-se de ato vinculado, de tal modo que a declaração de nulidade é obrigatória.

Destaque-se, contudo, que, nos termos do art. 54 da Lei n. 9.784/99, o direito da Administração de anular os atos administrativos de que decorram efeitos favoráveis para os destinatários decai em cinco anos, contados da data em que foram praticados, salvo comprovada má-fé.

Trata-se de hipótese em que o legislador, em detrimento da legalidade, prestigiou a segurança jurídica.

Para o STF, esse prazo decadencial também não se aplica na hipótese de o ato afrontar diretamente a Constituição da República.

> Art. 54. O direito da Administração de anular os atos administrativos de que decorram efeitos favoráveis para os destinatários decai em cinco anos, contados da data em que foram praticados, salvo comprovada má-fé.
>
> § 1.º No caso de efeitos patrimoniais contínuos, o prazo de decadência contar-se-á da percepção do primeiro pagamento.
>
> § 2.º Considera-se exercício do direito de anular qualquer medida de autoridade administrativa que importe impugnação à validade do ato.

Para o STJ, esse prazo decadencial de 5 anos também é aplicado nos âmbitos estadual e municipal, caso não haja lei sobre o assunto:

> Súmula 633 do STJ: A Lei n. 9.784/1999, especialmente no que diz respeito ao prazo decadencial para a revisão de atos administrativos no âmbito da Administração Pública federal, pode ser aplicada, de forma subsidiária, aos estados e municípios, se inexistente norma local e específica que regule a matéria.

Em que pese os Estados e os Municípios detenham a prerrogativa de fixar prazos específicos para o exercício da autotutela[1], o STF reputou **inconstitucional lei estadual que estabeleceu o prazo decadencial de 10 (dez) anos para anulação de atos administrativos reputados inválidos pela Administração Pública estadual** (STF, Plenário, ADI 6.019/SP, Rel. Min. Marco Aurélio, redator do acórdão Min. Roberto Barroso, j. 12-4-2021, Info 1012).

Registre-se que, para o Supremo, referido prazo não violou os princípios da razoabilidade e da proporcionalidade, nem o da segurança jurídica. A mácula da inconstitucionalidade material atine, em verdade, à *violação ao princípio da isonomia,* já que a maioria dos Estados-membros aplica o prazo quinquenal e inexistiam fundamentos a justificar o excepcional prazo decenal.

Destaque-se ademais, em que pese os seus característicos efeitos *ex tunc* (retroativos), a anulação de um ato administrativo pode, excepcionalmente, não acarretar efeitos retroativos plenos.

Exemplo disso é a previsão constante do art. 148, § 2.º, da Lei n. 14.133/2021 (nova Lei de Licitações), que consagra que, constatada irregularidade no procedimento licitatório ou na execução contratual, caso não seja possível o saneamento, a declaração de nulidade do contrato somente será adotada na hipótese em que se revelar medida de interesse público e poderá ter eficácia puramente prospectiva (não retroativa, portanto).

---

[1] A Constituição Federal assegura a competência dos Estados-membros para legislar sobre Direito Administrativo (art. 25, § 1.º, da CF). Os Municípios, a seu turno, podem legislar sobre assuntos de interesse local e suplementar a legislação federal e a estadual no que couber (art. 30, I e II, da CF).

Art. 148. A declaração de nulidade do contrato administrativo requererá análise prévia do interesse público envolvido, na forma do art. 147 desta Lei, e *operará retroativamente*, impedindo os efeitos jurídicos que o contrato deveria produzir ordinariamente e desconstituindo os já produzidos.

§ 1.º Caso não seja possível o retorno à situação fática anterior, a nulidade será resolvida pela indenização por perdas e danos, sem prejuízo da apuração de responsabilidade e aplicação das penalidades cabíveis.

§ 2.º *Ao declarar a nulidade do contrato*, a autoridade, com vistas à continuidade da atividade administrativa, **poderá decidir que ela só tenha eficácia em momento futuro**, suficiente para efetuar nova contratação, por prazo de até 6 (seis) meses, prorrogável uma única vez.

6.3 Revogação

A revogação, por sua vez, ocorre quando o ato não se mostra mais conveniente ou oportuno para a Administração. Somente pode ocorrer em relação aos atos discricionários.

Para tanto, a Administração deve apresentar os seus motivos devidamente externados, com indicação dos fatos e dos fundamentos jurídicos.

Trata-se de prerrogativa exclusiva da Administração. Em outras palavras: o Judiciário não pode revogar atos administrativos nem imiscuir-se na análise dos critérios de conveniência e de oportunidade (mérito administrativo), salvo hipótese de ilegalidade.

A desproporcionalidade acarreta a ilegalidade e a nulidade do ato, abrindo espaço para o controle judicial.

> Não há confundir a análise do mérito administrativo, que é *de exclusividade da Administração* por exigir juízo de valor acerca da conveniência e oportunidade do ato, com o exame de eventual ofensa ao princípio da proporcionalidade, que acarreta na ilegalidade e nulidade do ato e, portanto, é passível de ser examinada pelo Poder Judiciário (STJ, REsp 876.514/MS, j. 19-10-2010).

Como o ato era plenamente válido, a revogação somente produz efeitos para o futuro (*ex nunc*).

NÃO PODEM SER REVOGADOS:

- Atos cujos efeitos já foram exauridos (atos consumados);
- Atos de gestão;
- Atos vinculados;
- Atos que geraram direitos adquiridos;
- Atos meramente enunciativos;
- Atos que integram um procedimento.

7. FORMAS DE EXTINÇÃO

Além das hipóteses de vícios nos atos administrativos, os atos administrativos também podem ser extintos por:

- **Extinção natural:** cumprimento normal de seus efeitos;
- **Extinção objetiva:** desaparecimento do objeto do ato;
- **Extinção subjetiva:** desaparecimento do sujeito que se beneficiava do ato;
- **Caducidade:** ocorre quando uma legislação superveniente impede a manutenção da situação anteriormente consentida pelo Poder Público. Nova norma contraria aquela que respaldava a prática do ato, impondo a sua extinção;
- **Cassação:** ocorre quando não mais subsistem os pressupostos legais exigidos para a prática do ato;
- **Contraposição:** ocorre quando um ato é contrário a outro anteriormente praticado, extinguindo seus efeitos (ex.: ato de exoneração implica a extinção do ato de nomeação por contraposição);
- **Desfazimento volitivo:** decorrente da vontade administrativa, abrange a revogação, a anulação e a cassação.

8. PRINCIPAIS CLASSIFICAÇÕES

Ressaltamos, de início, que inexiste consenso na doutrina acerca da classificação dos atos administrativos. Apresentaremos aqui as mais cobradas.

8.1 Quanto à formação

- **Atos simples:** editados a partir da vontade de um único órgão.
- **Atos complexos:** resultam da conjugação de manifestações de vontades autônomas de órgãos diversos. Nesses termos, a segunda manifestação de vontade é *elemento de existência* do ato (ex.: aprovação de tratado internacional; investidura de ministro do STF).
- **Atos compostos:** formados pela manifestação de dois órgãos, todavia, um deles define o conteúdo do ato e o outro apenas verifica a sua legitimidade. De acordo com MAZZA (2022, p. 507), são praticados por um único órgão, mas que dependem da verificação, visto, aprovação, anuência, homologação ou "de acordo" por parte de outro, como *condição de exequibilidade* (ex.: Aposentadoria – de acordo com o STF, o controle de legalidade exercido pelo TCU sobre os atos de concessão inicial de aposentadoria, reforma e pensão, para fins de registro, se dá sobre o ato já praticado pela autoridade administrativa

competente, razão pela qual a aposentadoria se qualifica como ato administrativo composto).

8.2 Quanto aos destinatários

- **Atos individuais ou concretos:** destinatários individualizados e determinados (ex.: decreto que declara a utilidade pública de imóvel para fins de desapropriação).

Dada a produção de efeitos concretos, impugnação por meio de recursos administrativos ou pela via judicial (ex.: via mandado de segurança).

São passíveis de revogação, DESDE QUE não tenham gerado direito adquirido para seu destinatário.

- **Atos gerais ou normativos:** dirigidos à coletividade de modo geral, alcançando todos que se encontrem na mesma situação abstrata prevista na sua edição (ex.: lei que institui limitação administrativa).

Como não se dirigem a pessoas determinadas, dada a supremacia do interesse público sobre o privado, não podem ser impugnados judicialmente diretamente pela pessoa lesada. Não são ademais, impugnáveis via recurso administrativo, gozando de revogabilidade incondicionada.

8.3 Quanto ao alcance

- **Atos internos:** produzem efeitos dentro da Administração.
- **Atos externos:** produzem efeitos perante terceiros.

8.4 Quanto ao objeto

- **Atos de império:** praticados pela Administração no gozo de seu poder extroverso, atuando em posição de superioridade em relação ao particular, regidos predominantemente pelo direito público.
- **Atos de gestão:** aqui, a Administração atua em posição de igualdade com o particular e, portanto, são regidos predominantemente pelo regime de direito privado.

8.5 Quanto aos efeitos

- **Atos declaratórios ou enunciativos:** apenas declaram a existência ou o modo de ser de uma determinada relação jurídica ou direito (ex.: licença para construir).
- **Atos constitutivos:** criam, modificam ou extinguem direitos (ex.: anulação de ato administrativo).

8.6 Quanto ao objeto

- **Ato-regra:** é o ato administrativo que possui caráter geral e abstrato e, como tal, é aplicável a sujeitos indeterminados.
- **Ato-condição:** segundo OLIVEIRA (2018, p. 365), é o ato que investe o indivíduo em situação jurídica preexistente, submetendo-o à aplicação de certas regras jurídicas (ex.: nomeação de servidor público).
- **Ato subjetivo:** é o ato concreto que cria obrigações ou direitos subjetivos em relações jurídicas especiais (ex.: contratos de trabalho dos empregados públicos).

8.7 Quanto à validade

- **Ato válido:** editado em conformidade com a ordem jurídica, isto é, é aquele que observou, em sua formação, todos os requisitos legais. Imperioso lembrar que os atos administrativos se presumem válidos (atributo da presunção de legitimidade e de veracidade). É possível, entretanto, que o ato, apesar de válido, seja ineficaz por pender condição ou termo.
- **Ato nulo:** eivado de vício insanável e, como tal, não pode ser convalidado nem produzir efeitos válidos entre as partes. Apesar disso, é possível que sejam preservados os efeitos já produzidos pelos terceiros de boa-fé, como regra.
- **Ato inexistente:** é o praticado pelo agente usurpador de função pública.

8.8 Espécies de atos

De acordo com a classificação de Rafael Oliveira, são espécies de atos:

- **Atos normativos:** comandos gerais e abstratos objetivando a fiel execução da lei. Podem ser veiculados por meio de decretos, regulamentos, regimentos, resoluções, portarias de conteúdo genérico e deliberações, dentre outros.
- **Atos ordinatórios:** editados no exercício do poder hierárquico com o objetivo de regulamentar as relações internas da Administração Pública. São as instruções, circulares, avisos, portarias, ordens de serviço, ofícios e despachos.
- **Atos negociais (ou de consentimento):** editados a pedido do particular, viabilizando o exercício de determinada atividade ou a utilização de bens públicos. São as licenças, permissões, autorizações e admissões.

- **Atos enunciativos:** expressam opiniões ou certificam fatos na seara administrativa. São os pareceres, certidões, atestados e o apostilamento.

- **Atos administrativos de controle (ou de verificação):** são aqueles que controlam a legalidade e o mérito dos atos já editados. Ex.: homologação, aprovação e visto.

- **Atos punitivos (ou sancionatórios):** restringem direitos ou interesses dos administrados que atuam em desconformidade com a ordem jurídica. Ex.: sanções de polícia e sanções disciplinares ou funcionais.

CAPÍTULO 5
BENS PÚBLICOS

1. CONSIDERAÇÕES INICIAIS

O Código Civil superou quaisquer discussões eventualmente existentes quanto à definição de bem público. Segundo o seu art. 98:

> Art. 98. São públicos os bens do domínio nacional pertencentes às pessoas jurídicas de direito público interno; todos os outros são particulares, seja qual for a pessoa a que pertencerem.

Apenas podem ser formalmente considerados como bens públicos os bens de propriedade das pessoas jurídicas de direito público: União, Estados, Municípios e respectivas autarquias e fundações.

Assim, os bens das sociedades de economia mista não podem ser considerados bens públicos, em que pese sujeitos à tomada de contas especial pelo TCU. Também não são considerados bens públicos os bens das demais pessoas jurídicas de direito privado integrantes da administração pública.

A temática será abordada com maior profundidade nesta obra, já que a jurisprudência tem reconhecido a aplicabilidade do regime jurídico de direito público atinente aos bens públicos e aos bens afetados a serviços públicos, ainda que titularizados por pessoas jurídicas de direito privado.

Por ora, fiquemos com o conceito trazido pelo Código Civil.

São pessoas jurídicas de direito público:

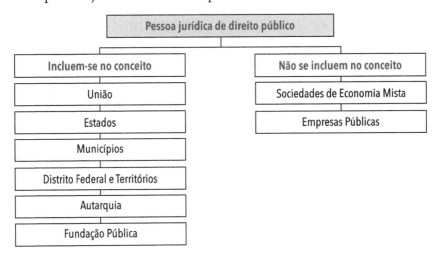

Qualquer que seja sua utilização, os bens dessas entidades – corpóreos, incorpóreos, móveis, imóveis – estão sujeitos ao regime jurídico dos bens públicos e, portanto, gozam das seguintes características:

- **Imprescritibilidade:** os bens públicos são insuscetíveis de aquisição mediante usucapião (prescrição aquisitiva de direito). Trata-se de interpretação literal do disposto no art. 102 do Código Civil:

> Art. 102. Os bens públicos não estão sujeitos a usucapião.

- **Impenhorabilidade:** os bens públicos não se sujeitam ao regime de penhora, eis que a satisfação de créditos da Fazenda Pública deve ser feita por meio do regime de precatórios.
- **Não onerabilidade:** os bens públicos não podem ser gravados como garantia de créditos em favor de terceiros. São espécies de direitos reais de garantia sobre coisa alheia: o penhor, a anticrese e a hipoteca.
- **Inalienabilidade (relativa):** os bens públicos que se encontram destinados a uma finalidade pública específica (afetados) não podem ser objeto de alienação, consoante será visto adiante.

FIQUE ATENTO!

Os bens públicos não podem ser adquiridos por usucapião. Não há exceções!

Trata-se de disposição expressa tanto no Código Civil como em alguns trechos da Constituição Federal. Vejamos:

> Art. 183. Aquele que possuir como sua área urbana de até duzentos e cinquenta metros quadrados, por cinco anos, ininterruptamente e sem oposição, utilizando-a para sua moradia ou de sua família, adquirir-lhe-á o domínio, desde que não seja proprietário de outro imóvel urbano ou rural. (...)
>
> *§ 3.º Os imóveis públicos não serão adquiridos por usucapião.*
>
> Art. 191. Aquele que, não sendo proprietário de imóvel rural ou urbano, possua como seu, por cinco anos ininterruptos, sem oposição, área de terra, em zona rural, não superior a cinquenta hectares, tornando-a produtiva por seu trabalho ou de sua família, tendo nela sua moradia, adquirir-lhe-á a propriedade.
>
> *Parágrafo único. Os imóveis públicos não serão adquiridos por usucapião.*

Já o Código Civil, conforme visto, estabelece que:

> Art. 102. Os bens públicos não estão sujeitos a usucapião.

O STF editou, ainda, a Súmula 340 que consagra o entendimento segundo o qual até mesmo os bens dominicais, que são desafetados, sem finalidade pública alguma a eles atrelada (consoante será explicado adiante) são imprescritíveis. Vejamos o enunciado da súmula:

Súmula 340 do STF: Desde a vigência do Código Civil, os bens dominicais, como os demais bens públicos, não podem ser adquiridos por usucapião.

Referida súmula encontra-se perfeitamente válida em nosso ordenamento jurídico tendo em vista os artigos da Constituição Federal e o artigo do Código Civil acima elencados.

A doutrina entende que os bens de pessoas administrativas de direito privado que estejam sendo diretamente empregados na prestação de um serviço público passam a revestir características próprias do regime de bens públicos – especialmente a impenhorabilidade e a proibição de que sejam onerados (gravados) – enquanto permanecerem com essa utilização. O mesmo raciocínio se aplica às concessionárias e permissionárias de serviços públicos.

Essa sujeição das regras do regime público, entretanto, decorre do princípio da continuidade dos serviços públicos e não de alguma característica formal ou da natureza do bem em si considerado, eis que não se pode transmudar o bem da pessoa jurídica de direito privado em bem público. Nesse sentido:

4. No que tange à questão da impenhorabilidade dos bens afetados ao serviço público, o julgado recorrido não diverge da orientação do STJ, segundo a qual são impenhoráveis os bens de sociedade de economia mista prestadora de serviço público, desde que destinados à prestação do serviço ou que o ato constritivo possa comprometer a execução da atividade de interesse público (cf. AgRg no Resp 1.070.735/RS, Rel. Min. Mauro Campbell Marques, Segunda Turma, j. 18-11-2008; AgRg no REsp 1.075.160/AL, Rel. Min. Benedito Gonçalves, Primeira Turma, j. 10-11-2009; REsp 521.047/SP, Rel. Min. Luiz Fux, Primeira Turma, j. 20-11-2003).

O STJ entende, portanto, que bens de empresa concessionária de serviço público podem ser penhorados, contudo o serviço público não poderá ser afetado.

Já especificamente com relação aos conselhos profissionais, estes possuem personalidade jurídica de direito público que exercem poder disciplinar sobre os integrantes da categoria profissional, além de possuírem autonomia administrativa e financeira.

A Administração Pública descentralizou seu poder de fiscalização para esses entes que, por terem personalidade jurídica de direito público, seus bens são formalmente considerados bens públicos. Nesse sentido:

> ADMINISTRATIVO. RECURSO EXTRAORDINÁRIO. CONSELHO DE FISCALIZAÇÃO PRO-
> FISSIONAL. EXIGÊNCIA DE CONCURSO PÚBLICO. ART. 37, II, DA CF. NATUREZA JURÍDI-
> CA. AUTARQUIA. FISCALIZAÇÃO. ATIVIDADE TÍPICA DE ESTADO. 1. Os conselhos de fis-
> calização profissional, posto autarquias criadas por lei e ostentando personalidade
> jurídica de direito público, exercendo atividade tipicamente pública, qual seja, a fis-
> calização do exercício profissional, submetem-se às regras encartadas no artigo 37,
> inciso II, da CB/88, quando da contratação de servidores. **2. Os conselhos de fiscali-
> zação profissional têm natureza jurídica de autarquias, consoante decidido no
> MS 22.643, ocasião na qual restou consignado que: (i) estas entidades são
> criadas por lei, tendo personalidade jurídica de direito público com autonomia
> administrativa e financeira; (ii) exercem a atividade de fiscalização de exercício
> profissional que, como decorre do disposto nos artigos 5.º, XIII, 21, XXIV, é
> atividade tipicamente pública; (iii) têm o dever de prestar contas ao Tribunal
> de Contas da União.** (...) (RE 539.224, Rel. Min. Luiz Fux, Primeira Turma, j. 22-5-
> 2012, *DJe* 18-6-2012).

Contudo, apesar de os conselhos profissionais possuírem personalidade jurídica de direito público, bem como autonomia administrativa e financeira. O STF já decidiu que eles não estão sujeitos ao regime de precatórios. Nesse sentido:

> EXECUÇÃO – CONSELHOS – ÓRGÃOS DE FISCALIZAÇÃO – DÉBITOS – DECISÃO JUDI-
> CIAL. A execução de débito de Conselho de Fiscalização não se submete ao sistema
> de precatório (RE 938.837, Rel. Min. Edson Fachin, Rel. p/ Acórdão: Min. Marco Auré-
> lio, Tribunal Pleno, j. 19-4-2017, *DJe* 25-9-2017).

Quanto às anuidades dos Conselhos Profissionais, o Superior Tribunal de Justiça entendeu que, para que o crédito referente às anuidades seja considerado corretamente constituído e possa ser objeto de **execução fiscal**, é necessário que o profissional devedor tenha sido notificado formalmente para o pagamento ou que todas as instâncias administrativas tenham sido esgotadas, caso ele tenha recorrido da dívida.

A anuidade de conselhos profissionais é considerada uma contribuição de natureza tributária, sujeita a **lançamento de ofício**. Esse tipo de lançamento implica que a obrigação tributária é constituída pela administração pública, sem a necessidade de iniciativa do contribuinte, mas o **devido processo legal** exige que o devedor seja formalmente informado da dívida e tenha a oportunidade de **contestar** ou **pagar** antes que se proceda à execução judicial do débito.

Na prática, o conselho profissional deve comprovar que notificou regular-mente o devedor para que este pudesse quitar a dívida ou apresentar defesa no âmbito administrativo. Sem essa comprovação, o título executivo (Certidão de Dívida Ativa – CDA) não terá validade, pois não goza da presunção de certeza e liquidez que normalmente é conferida à CDA.

Nesse sentido:

> **Súmula 673 do STJ:** A comprovação da regular notificação do executado para o pagamento da dívida de anuidade de conselhos de classe ou, em caso de recurso, o esgotamento das instâncias administrativas são requisitos indispensáveis à constituição e execução do crédito.

1.1 Classificação dos bens públicos

A classificação dos bens públicos está prevista no art. 99 do Código Civil:

> Art. 99. São bens públicos:
> I – os de **uso comum do povo**, tais como rios, mares, estradas, ruas e praças;
> II – os de **uso especial**, tais como edifícios ou terrenos destinados a serviço ou estabelecimento da administração federal, estadual, territorial ou municipal, inclusive os de suas autarquias;
> III – **os dominicais**, que constituem o patrimônio das pessoas jurídicas de direito público, como objeto de direito pessoal, ou real, de cada uma dessas entidades.
> Parágrafo único. Não dispondo a lei em contrário, consideram-se dominicais os bens pertencentes às pessoas jurídicas de direito público a que se tenha dado estrutura de direito privado.

São os bens públicos classificados, portanto, quanto à sua destinação em:

- **Bens de uso comum do povo:** são aqueles destinados à utilização geral pelos indivíduos, que podem ser utilizados por todos em igualdade de condições, de forma gratuita ou remunerada. Ex.: ruas, praças, mares e rios.

Vale ressaltar que referidos bens, em que pese destinados à utilização universal pela população, poderão ser utilizados privativamente por particulares por meio dos institutos da concessão, da permissão e da autorização de bens públicos.

- **Bens de uso especial:** são aqueles destinados à execução de serviços administrativos e dos serviços públicos em geral. São os bens das pessoas jurídicas de direito público utilizados para a prestação de serviços públicos (em sentido amplo). Ex.: escolas públicas, hospitais públicos, prédios de repartições públicas.

- **Bens dominicais:** são os bens públicos que não possuem uma destinação pública definida, que podem ser utilizados pelo Estado para fazer renda. Ex.: terras devolutas, prédios públicos desativados e móveis inservíveis.

Os bens públicos dominicais, que são exatamente aqueles que não se encontram destinados a uma finalidade pública específica (portanto desafetados), podem ser objeto de alienação, obedecidos os requisitos legais.

Ressalte-se que, ainda que os bens não possuam afetação pública, como é o caso dos bens dominicais, subsiste a característica da impenhorabilidade, inviabilizando a sua aquisição por usucapião.

1.2 Alienação de bens públicos

De acordo com o art. 100 do Código Civil:

> Art. 100. Os bens públicos de uso comum do povo e os de uso especial são inalienáveis, enquanto conservarem a sua qualificação, na forma que a lei determinar.

Assim, os bens de uso comum do povo e de uso especial seriam inalienáveis, salvo se perderem tal condição transmudando-se para bens dominicais. Estes, nos termos do art. 101 do Código Civil, podem ser alienados, observadas as exigências da lei:

> Art. 101. Os bens públicos dominicais podem ser alienados, observadas as exigências da lei.

Os bens dominicais, como já comentado, são aqueles bens do Estado que são desafetados, não possuem uma destinação pública específica e que podem ser utilizados pela Administração Pública para fazer renda (função patrimonial ou financeira).

É possível inferir, portanto, que tais bens são bens patrimoniais disponíveis, diante da sua natureza patrimonial e da não afetação a determinada finalidade pública. Tais bens podem sim ser alienados, respeitando as condições legais.

> E quais os requisitos legais para alienação de um bem dominical?

De acordo com o art. 76 da Lei n. 14.133/2021, os requisitos legais para alienação de bens públicos são:

- Demonstração do interesse público;
- Prévia avaliação;

- Licitação na modalidade **leilão** (há, contudo, previsão legal de hipóteses em que a licitação é dispensada, a exemplo da dação em pagamento e da venda a outro órgão ou entidade da Administração Pública de qualquer esfera de governo);
- E, em caso de bens *imóveis*, prévia autorização legislativa.

Quanto ao tema, é de suma importância destacar que, sob a égide da Lei n. 8.666/93, a alienação de bens *imóveis* deveria ser realizada por meio de licitação na modalidade concorrência. Para os bens móveis, todavia, a Lei não previa modalidade licitatória específica.

Como se vê, a **nova Lei de Licitações unificou o tema, dispondo que a alienação, sejam os bens móveis ou imóveis, será realizada por meio de leilão.**

1.3 Afetação *vs.* desafetação

A afetação e a desafetação são fatos administrativos dinâmicos que indicam a alteração das finalidades do bem público. Também podem ser denominados de consagração ou desconsagração.

Importante estudar o instituto da afetação, eis que possui consequência direta na inalienabilidade do bem público. Os bens públicos afetados (que possuem uma destinação específica) não podem, enquanto permanecerem nesta situação, ser alienados.

Assim, os **bens de uso comum** do povo e os **bens de uso especial** não são suscetíveis de alienação enquanto assim estiverem destinados. Por outro lado, acaso ocorra a sua desafetação, tais bens serão considerados **bens dominicais** e poderão ser alienados, por não estarem afetados a um fim público.

Apesar da afetação ser possível pela simples destinação do bem, pelo uso, a desafetação não é admitida pela doutrina pelo simples fato do não uso. Uma praça, por exemplo, ainda que não seja utilizada por longo período de tempo, não deixará de ser bem de uso comum do povo. Em outras palavras: o não uso não implica a desafetação.

Para **Celso Antônio Bandeira de Mello** (2010) em virtude de o instituto da desafetação retirar a proteção do bem público quanto a indisponibilidade e inalienabilidade, tornando-o mais vulnerável às ingerências administrativas, seria necessária uma maior cautela para que esse bem fosse desafetado.

Para o autor em caso de desafetação de um:

- **Bem de uso comum do povo:** seria necessária uma lei ou um ato do Executivo *previamente autorizado por lei;*
- **Bem de uso especial:** trata-se de *situação mais amena*, sendo necessária uma lei ou um ato do Poder Executivo.

O tema, entretanto, não é pacífico pela doutrina, havendo quem reconheça ser possível a afetação e a desafetação por meio de lei, de ato administrativo e, até mesmo, de fato jurídico (ex.: demolição).

Ressalte-se que o fato de os bens públicos estarem desafetados não interfere nas suas características de impenhorabilidade e imprescritibilidade. Tais bens continuam sendo impenhoráveis e não passíveis de usucapião.

Em muitas questões de concursos, as bancas procuram confundir o candidato quanto ao tema bens públicos. Basicamente se discute a natureza jurídica dos bens das sociedades de economia mista e das empresas públicas.

Estas, a princípio, devem ser consideradas entes privados nos termos do art. 173 da CF:

> Art. 173. Ressalvados os casos previstos nesta Constituição, a exploração direta de atividade econômica pelo Estado só será permitida quando necessária aos imperativos da segurança nacional ou a relevante interesse coletivo, conforme definidos em lei.
>
> § 1.º A lei estabelecerá o estatuto jurídico da empresa pública, da sociedade de economia mista e de suas subsidiárias que explorem atividade econômica de produção ou comercialização de bens ou de prestação de serviços, dispondo sobre:
> (...)
> II – *a sujeição ao regime jurídico próprio das empresas privadas*, inclusive quanto aos direitos e obrigações civis, comerciais, trabalhistas e tributários;

Assim, se privados os bens das empresas estatais, a eles não se aplica o regime jurídico relativo aos bens públicos. Encontramos, inclusive, julgado no Supremo Tribunal Federal nesse sentido:

> CONSTITUCIONAL. ATO DO TCU QUE DETERMINA TOMADA DE CONTAS ESPECIAL DE EMPREGADO DO BANCO DO BRASIL – DISTRIBUIDORA DE TÍTULOS E VALORES MOBILIÁRIOS S.A., SUBSIDIÁRIA DO BANCO DO BRASIL, PARA APURAÇÃO DE "PREJUÍZO CAUSADO EM DECORRÊNCIA DE OPERAÇÕES REALIZADAS NO MERCADO FUTURO DE ÍNDICES BOVESPA". ALEGADA INCOMPATIBILIDADE DESSE PROCEDIMENTO COM O REGIME JURÍDICO DA CLT, REGIME AO QUAL ESTÃO SUBMETIDOS OS EMPREGADOS DO BANCO. O PREJUÍZO AO ERÁRIO SERIA INDIRETO, ATINGINDO PRIMEIRO OS ACIONISTAS. O TCU NÃO TEM COMPETÊNCIA PARA JULGAR AS CONTAS DOS ADMINISTRADORES DE ENTIDADES DE DIREITO PRIVADO. *A PARTICIPAÇÃO MAJORITÁRIA DO ESTADO NA COMPOSIÇÃO DO CAPITAL NÃO TRANSMUDA SEUS BENS EM PÚBLICOS.* OS BENS E VALORES QUESTIONADOS NÃO SÃO OS DA ADMINISTRAÇÃO PÚBLICA, MAS OS GERIDOS CONSIDERANDO-SE A ATIVIDADE BANCÁRIA POR DEPÓSITOS DE TERCEIROS E ADMINISTRADOS PELO BANCO COMERCIALMENTE. ATIVIDADE TIPICAMENTE PRIVADA, DESENVOLVIDA POR ENTIDADE CUJO CONTROLE

ACIONÁRIO É DA UNIÃO. AUSÊNCIA DE LEGITIMIDADE AO IMPETRADO PARA EXIGIR INSTAURAÇÃO DE TOMADA DE CONTAS ESPECIAL AO IMPETRANTE. MANDADO DE SEGURANÇA DEFERIDO (MS 23.875, Rel. Min. Carlos Velloso, Rel. p/ Acórdão: Min. Nelson Jobim, Tribunal Pleno, j. 7-3-2003, *DJ* 30-4-2004).

FIQUE ATENTO!

Como mencionado alhures, tem sido recorrente encontrarmos no Supremo Tribunal Federal decisões que aplicam a determinados prestadores de serviço público a impenhorabilidade de seus bens enquanto afetados à prestação destes, por força do princípio da continuidade dos serviços públicos.

Nesse sentido:

O recorrente foi denunciado perante a Justiça comum estadual pela prática de receptação dolosa de uma balança de precisão furtada da Empresa de Correios e Telégrafos (ECT). (...) Primeiro, note-se que as empresas estatais (empresas públicas e sociedades de economia mista) são dotadas de personalidade jurídica de direito privado, mas possuem regime híbrido, a depender da finalidade da estatal: se presta serviço público ou explora a atividade econômica, predominará o regime público ou o privado. **É certo que a ECT é empresa pública, pessoa jurídica de direito privado, prestadora de serviço postal, que, conforme o art. 21, X, da CF/1988, é de natureza pública e essencial, encontrando-se aquela empresa, por isso, sob o domínio do regime público.** Ela é mantida pela União e seus bens pertencem a essa mantenedora, consubstanciam propriedade pública e estão integrados à prestação de serviço público. **Daí que eles são insusceptíveis de qualquer constrição que afete a continuidade, regularidade e qualidade da prestação do serviço.** Nesse contexto, vê-se que é plenamente justificada a tutela a bens, serviços e interesses da União diante do furto de bem pertencente à ECT, razão pela qual se atraiu a competência da Justiça Federal (art. 109, IV, da CF/1988), vista a conexão entre o furto (principal) e a receptação em questão (acessório). Também se acha albergada nessa tutela a incidência da referida majorante, não se podendo falar que foi dada, no caso, uma interpretação extensiva desfavorável ao conceito de bens da União. (...) Precedentes citados do STF: AgRg no RE 393.032-MG, *DJe* 18/12/2009; RE 398.630-SP, *DJ* 17/9/2004, e QO na ACO 765-RJ, *DJe* 4/9/2009 (REsp 894.730/RS, Rel. originária Min. Laurita Vaz, Rel. para acórdão Min. Arnaldo Esteves Lima, j. 17-6-2010).

Além disso, encontramos na jurisprudência do Supremo Tribunal Federal uma tendência a se aplicar algumas prerrogativas de direito público às empresas estatais que prestam serviços públicos *em regime não concorrencial*.

Apenas para se ter uma ideia, tanto o Superior Tribunal de Justiça quanto o Supremo Tribunal Federal entenderam que a Empresa Brasileira de Correios e Telégrafos (ECT), em que pese ser constituída sob a forma de empresa pública, **está abrangida dentro do conceito de Fazenda Pública.**

É que, por prestar de forma exclusiva serviço público de competência da União (art. 21, X, da CF), não desempenha a ECT atividade econômica, segundo entenderam os julgadores. Assim, os Correios estariam incluídos no conceito de Fazenda Pública, gozando de todos os benefícios e prerrogativas processuais inerentes, conforme sedimentou o STF:

> 2. *O Pleno do Supremo Tribunal Federal declarou,* quando do julgamento do RE 220.906, Relator o Ministro MAURÍCIO CORRÊA, *DJ* 14.11.2002, à vista do disposto no artigo 6.º do Decreto-lei n. 509/69, *que a Empresa Brasileira de Correios e Telégrafos é "pessoa jurídica equiparada à Fazenda Pública, que explora serviço de competência da União".(CF, artigo 21, X)* (STF, ACO 765/RJ, Rel. Min. Marco Aurélio, j. 1.º-6-2005,Tribunal Pleno, *DJe* 7-11-2008).

Ainda é cedo para se afirmar que toda e qualquer empresa estatal que preste serviço público em regime não concorrencial deve ser considerada como ente integrante da Fazenda Pública e, portanto, ter seus bens submetidos a tal regime jurídico. Contudo, é cada vez mais comum o deferimento de benefícios aplicáveis apenas às pessoas jurídicas de direito público também a empresas estatais.

A título de exemplo, analisando o caso concreto referente à Companhia de Águas do Estado de Alagoas, o Supremo Tribunal Federal entendeu ser possível a sujeição das execuções desta ao regime de precatórios. Em decisão divulgada no Informativo 812, o STF entendeu que às sociedades de economia mista prestadoras de serviço público próprio do Estado e de natureza não concorrencial devem ser aplicadas o regime de precatórios. Nesse sentido:

> Agravo regimental no recurso extraordinário. Constitucional. Sociedade de economia mista. Regime de precatório. Possibilidade. Prestação de serviço público próprio do Estado. Natureza não concorrencial. Precedentes. *1. A jurisprudência da Suprema Corte é no sentido da aplicabilidade do regime de precatório às sociedades de economia mista prestadoras de serviço público próprio do Estado e de natureza não concorrencial.* 2. A CASAL, sociedade de economia mista prestadora de serviços de abastecimento de água e saneamento no Estado do Alagoas, presta serviço público primário e em regime de exclusividade, o qual corresponde à própria atuação do estado, haja vista não visar à obtenção de lucro e deter capital social majoritariamente estatal. Precedentes. 3. Agravo regimental não provido (RE 852.302 AgR, Rel. Min. Dias Toffoli, Segunda Turma, j. 15-12-2015, *DJe* 29-2-2016).

O STJ possui entendimento no mesmo sentido, exposto na Jurisprudência em teses, edição n. 124:

> 1) Os bens integrantes do acervo patrimonial de sociedades de economia mista sujeitos a uma destinação pública equiparam-se a bens públicos, sendo, portanto, insuscetíveis de serem adquiridos por meio de usucapião.

Assim, se um bem de uma sociedade de economia mista estiver afetado a um serviço público, este não poderá ser adquirido por usucapião. Nesse sentido:

> CIVIL E PROCESSUAL CIVIL. RECURSO ESPECIAL. AÇÃO DE USUCAPIÃO EXTRAORDINÁRIA. NEGATIVA DE PRESTAÇÃO JURISDICIONAL. CERCEAMENTO DO DIREITO DE DEFESA. INEXISTÊNCIA. IMÓVEL PERTENCENTE À SOCIEDADE DE ECONOMIA MISTA. BEM DESTINADO À PRESTAÇÃO DE SERVIÇO PÚBLICO ESSENCIAL. IMÓVEL PÚBLICO. IMPOSSIBILIDADE DE USUCAPIÃO. (...)
> 8. Conforme entendimento do STJ, os bens integrantes do acervo patrimonial de sociedade de economia mista ou empresa pública não podem ser objeto de usucapião quando sujeitos à destinação pública.
> 9. A concepção de "destinação pública", apta a afastar a possibilidade de usucapião de bens das empresas estatais, tem recebido interpretação abrangente por parte do STJ, de forma a abarcar, inclusive, imóveis momentaneamente inutilizados, mas com demonstrado potencial de afetação a uma finalidade pública.
> 10. Hipótese em que o Tribunal de origem afastou o reconhecimento da usucapião, de modo a concluir que o imóvel discutido nos autos: i) pertence a sociedade de economia mista com atuação em mercado não concorrencial; ii) está afetado a serviço público essencial (saneamento básico), e; iii) está ocupado irregular e ilicitamente pelos recorrentes.
> 11. Recurso parcialmente conhecido e, nessa extensão, desprovido (REsp 2.173.088/DF, Rel. Min. Nancy Andrighi, 3.ª Turma, j. 8-10-2024, *DJe* 11-10-2024).

1.4 Principais bens públicos em espécie

A Constituição Federal prevê em seu art. 20 bens de titularidade da União e em seu art. 26 bens de titularidade dos Estados. Este tema costuma ser cobrado em provas com a "letra fria" da norma.

Vamos ao texto da Constituição quanto aos bens da ***União:***

Art. 20. São bens da *União*:

I - os que atualmente lhe pertencem e os que lhe vierem a ser atribuídos;
II - **as terras devolutas** *indispensáveis à defesa das fronteiras, das fortificações e construções militares, das vias federais de comunicação e à preservação ambiental,* definidas em lei;
III - os lagos, rios e quaisquer correntes de água *em terrenos de seu domínio, ou que banhem mais de um Estado, sirvam de limites com outros países, ou se estendam a território estrangeiro ou dele provenham,* bem como os terrenos marginais e as praias fluviais;
IV - as ilhas fluviais e lacustres nas zonas limítrofes com outros países; as praias marítimas; as ilhas oceânicas e as costeiras, excluídas, destas, as que contenham a sede de Municípios, exceto aquelas áreas afetadas ao serviço público e a unidade ambiental federal, e as referidas no art. 26, II;
V - os recursos naturais da plataforma continental e da zona econômica exclusiva;
VI - o mar territorial;
VII - **os terrenos de marinha** e seus acrescidos;
VIII - os potenciais de energia hidráulica;
IX - os **recursos minerais,** inclusive os do subsolo;
X - as cavidades naturais subterrâneas e os *sítios arqueológicos* e pré-históricos;
XI - as terras tradicionalmente ocupadas pelos índios.

§ 1.º É assegurada, nos termos da lei, à União, aos Estados, ao Distrito Federal e aos Municípios a participação no resultado da exploração de petróleo ou gás natural, de recursos hídricos para fins de geração de energia elétrica e de outros recursos minerais no respectivo território, plataforma continental, mar territorial ou zona econômica exclusiva, ou compensação financeira por essa exploração.
§ 2.º A faixa de até cento e cinquenta quilômetros de largura, ao longo das fronteiras terrestres, designada como faixa de fronteira, é considerada fundamental para defesa do território nacional, e sua ocupação e utilização serão reguladas em lei.

Quanto ao texto, destaque-se:

- As terras devolutas pertencem, em regra, aos Estados. Apenas serão titularizadas pela União aquelas reputadas *indispensáveis* à defesa das fronteiras, das fortificações e construções militares, das vias federais de comunicação e à preservação ambiental são bens da União.

Não há, ademais, previsão de terras devolutas de propriedade dos Municípios.

Súmula 477 do STF: As concessões de terras devolutas situadas na faixa de fronteira, feitas pelos estados, autorizam, apenas, o uso, permanecendo o domínio com a União, ainda que se mantenha inerte ou tolerante, em relação aos possuidores.

- Os terrenos de Marinha são bens dominicais que pertencem à União por questões de segurança nacional. Exatamente por isto, o STJ pacificou que:

> **Súmula 496 do STJ:** Os registros de propriedade particular de imóveis situados em terrenos de marinha não são oponíveis à União.

- As terras tradicionalmente ocupadas pelos índios são bens da União e, assim como os parques nacionais possuem destinação específica, sendo considerados **bens de uso especial.**

Observe que, diferente do regime jurídico dos quilombolas, aos quais é reconhecida a propriedade definitiva de suas terras (art. 68 do ADCT), aos indígenas somente é reconhecido a posse permanente e o **usufruto exclusivo** das terras por eles ocupadas. A propriedade, como vimos, pertence à União.

Cabe, ainda, aos indígenas, a teor do art. 231 da CF, o usufruto exclusivo das riquezas do solo, dos rios e dos lagos nelas existentes, sendo da competência *exclusiva do Congresso Nacional* autorizar, em terras indígenas, a exploração e o aproveitamento de recursos hídricos e a pesquisa e lavra de riquezas minerais.

Uma vez demarcadas pela União, tais propriedades são consideradas inalienáveis e indisponíveis e os direitos sobre elas, imprescritíveis.

São nulos e extintos, não produzindo efeitos jurídicos, quaisquer atos que tenham por objeto a ocupação, o domínio e a posse das terras indígenas, ou a exploração das riquezas naturais do solo, dos rios e dos lagos nelas existentes, *ressalvado relevante interesse público da União, segundo o que dispuser **lei complementar***, são **nulos e extintos, não produzindo efeitos jurídicos**.

A nulidade e a extinção não geram, por força da própria Constituição Federal, direito a indenização ou a ações contra a União, salvo, na forma da lei, quanto às benfeitorias derivadas da ocupação de boa-fé.

Quanto aos *Estados:*

> Art. 26. Incluem-se entre os bens dos *Estados*:
> I – as águas superficiais ou subterrâneas, fluentes, emergentes e em depósito, ressalvadas, neste caso, na forma da lei, as decorrentes de obras da União;
> II – as áreas, nas ilhas oceânicas e costeiras, que estiverem no seu domínio, excluídas aquelas sob domínio da União, Municípios ou terceiros;
> III – as ilhas fluviais e lacustres não pertencentes à União;
> **IV – as terras devolutas não compreendidas entre as da União.**

Destacamos que as águas públicas pertencem aos Estados-membros, exceto se estiverem em terrenos da União, se banharem mais de um Estado, se fizerem limites com outros países ou se estenderem a território estrangeiro ou dele provierem (hipóteses em que pertencerão à União).

Observe que a Constituição Federal não arrola os bens de titularidade dos Municípios, tal qual fez com os Estados e com a União.

2. UTILIZAÇÃO DE BENS PÚBLICOS POR PARTICULARES

A Administração pode outorgar a determinados particulares o uso privativo dos bens públicos, independente da categoria a que pertençam. Para Marcelo Alexandrino e Vicente Paulo (2018, p. 1.045):

> Essa outorga, que exige sempre um instrumento formal, está sujeita ao juízo de oportunidade e conveniência exclusivo da própria administração e pode ser feita mediante remuneração pelo particular, ou não.

Trata-se de interpretação do art. 103 do Código Civil:

> Art. 103. O uso comum dos bens públicos pode ser *gratuito* ou *retribuído*, conforme for estabelecido legalmente pela entidade a cuja administração pertencerem.

Os principais instrumentos utilizados pela Administração são: autorização, permissão e concessão de bens públicos. Vejamos cada um deles.

2.1 Autorização de uso de bem público

Segundo José dos Santos Carvalho Filho (2016, p. 1.214):

> Autorização de uso é o ato administrativo pelo qual o Poder Público consente que determinado indivíduo utilize bem público de modo privativo, atendendo primordialmente a seu próprio interesse.

Trata-se de ato **discricionário** e **precário** em que a Administração consente que o particular utilize um bem público segundo seu interesse (**predominância do interesse privado**). O ato **não exige prévia licitação** e pode ser revogável a qualquer tempo, sem necessidade de indenização.

São, pois, características da *autorização* de uso de bem público:

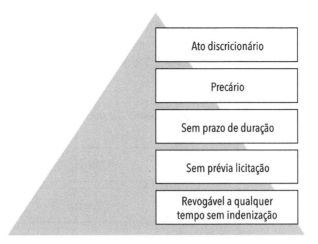

A principal característica da autorização é o predomínio do interesse do particular, cabendo-lhe – segundo seu interesse – utilizar ou não o bem autorizado.

Exemplo: **Fechamento de uma rua para organização de uma festa** pela associação de moradores de um bairro residencial.

2.2 Permissão de uso de bem público

Segundo Fernanda Marinela (2017, p. 909):

> A permissão de uso de bem público é um ato administrativo unilateral, discricionário e precário, em que a Administração autoriza que certa pessoa utilize privativamente um bem público, atendendo ao mesmo tempo aos interesses público e privado.

Trata-se de ato ainda **discricionário** e **precário**, mas que possui segurança maior que a autorização de uso. Contudo, também poderá ser revogável a qualquer tempo sem a necessidade de indenização ao particular.

Quanto à prévia necessidade de licitação, Carvalho Filho estabelece ser necessária (2017, p. 1.217):

> sempre que for possível e houver mais de um interessado na utilização do bem, evitando-se favorecimentos ou preterições ilegítimas. Em alguns casos especiais, porém, a licitação será inexigível, como, por exemplo, a permissão de uso de calçada em frente a um bar, restaurante ou sorveteria.

Assim, embora sejam atos administrativos, a doutrina entende pela necessidade de prévia licitação para as permissões de uso de bem público. A origem de tal pensamento está no art. 31 da Lei n. 9.074/95 (ALEXANDRINO, 2017, p. 1.046):

> Art. 31. Nas *licitações* para concessão e *permissão* de serviços públicos ou *uso de bem público*, os autores ou responsáveis economicamente pelos projetos básico ou executivo podem participar, direta ou indiretamente, da licitação ou da execução de obras ou serviços.

São, pois, características da ***permissão*** de uso de bem público:

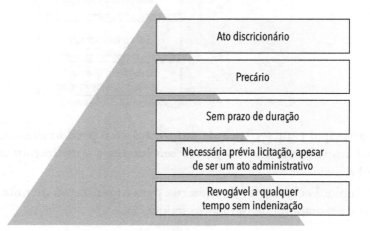

Exemplo de utilização de permissão de uso de bem público é a instalação de banca de jornais em uma praça pública.

> **Quais são as diferenças entre a autorização e a permissão de uso de bem público?**

As diferenças básicas existentes entre a autorização e a permissão de uso de bem público são (ALEXANDRINO, 2017, p. 1.046):

- Na permissão, é mais relevante o interesse público, enquanto na autorização ele é secundário;
- Na permissão, o uso do bem com a destinação para a qual foi permitido é obrigatória. Na autorização o uso é facultativo, a critério do particular;
- A permissão deve, regra geral, ser precedida de licitação; a autorização nunca é precedida de licitação.

2.3 Concessão de uso de bem público

Enquanto as autorizações e permissões são ATOS administrativos unilaterais, a concessão de uso de bem público é um CONTRATO administrativo bilateral.

Trata-se de (CARVALHO FILHO, 2017, p. 1.218):

> Contrato administrativo pelo qual o Poder Público confere a pessoa determinada o uso privativo de bem público, independente do maior ou menor interesse público da pessoa concedente.

Utiliza-se a concessão em contratos de maior vulto, onde o particular faz significativos investimentos e assume obrigações perante terceiros e encargos financeiros elevados que não se justificariam, salvo pela possibilidade de utilização de bem público por prolongado prazo e com segurança na utilização.

Tratando-se de contrato administrativo é absolutamente necessária a realização de prévia **licitação**, razão pela qual o **ato não é precário.** Cabível, portanto o **direito a indenização** ao particular em caso de rescisão antecipada se a causa não for a ele imputável.

Segundo Vicente Paulo e Marcelo Alexandrino (2018, p. 1.047):

> sendo contrato, a concessão incontroversamente deve ser precedida de licitação (salvo se presente alguma hipótese de dispensa ou inexigibilidade), não é precária, é sempre outorgada por prazo determinado e só admite rescisão (e não revogação) nas hipóteses previstas em lei. Ademais, a extinção antes do prazo enseja indenização ao particular, quando não decorra de causa a ele imputável.

A depender da remuneração pela utilização do bem público, a concessão de uso poderá ser **gratuita** ou **remunerada.**

Assim, são características da ***concessão*** de uso de bem público:

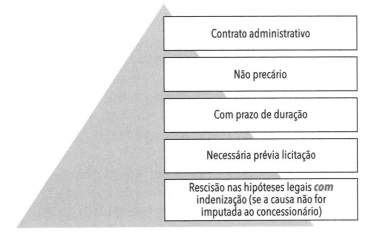

2.4 Concessão de direito real de uso

A concessão de direito real de uso constitui um direito de natureza real. Não se trata, portanto, de um mero direito pessoal e consiste em um contrato que confere ao particular um **direito real resolúvel por prazo certo ou indeterminado, de forma remunerada ou gratuita** (ALEXANDRINO, 2018, p. 1.049).

Segundo José dos Santos Carvalho Filho (2017, p. 1.221):

> Concessão de direito real de uso é o contrato administrativo pelo qual o Poder Público confere ao particular o direito real resolúvel de uso de terreno público ou sobre o espaço aéreo que o recobre, para os fins que, prévia e determinantemente, o justificaram.

Está prevista no Decreto-lei n. 271/67 e é, portanto, exclusiva para a União:

Art. 7.º É instituída a concessão de uso de terrenos públicos ou particulares remunerada ou gratuita, por tempo certo ou indeterminado, como direito real resolúvel, para fins específicos de regularização fundiária de interesse social, urbanização, industrialização, edificação, cultivo da terra, aproveitamento sustentável das várzeas, preservação das comunidades tradicionais e seus meios de subsistência ou outras modalidades de interesse social em áreas urbanas.

§ 1.º A concessão de uso poderá ser contratada, por instrumento público ou particular, ou por simples termo administrativo, e será inscrita e cancelada em livro especial.

§ 2.º Desde a inscrição da concessão de uso, o concessionário fruirá plenamente do terreno para os fins estabelecidos no contrato e responderá por todos os encargos civis, administrativos e tributários que venham a incidir sobre o imóvel e suas rendas.

§ 3.º Resolve-se a concessão antes de seu termo, desde que o concessionário dê ao imóvel destinação diversa da estabelecida no contrato ou termo, ou descumpra cláusula resolutória do ajuste, perdendo, neste caso, as benfeitorias de qualquer natureza.

§ 4.º A concessão de uso, salvo disposição contratual em contrário, transfere-se por ato *inter vivos*, ou por sucessão legítima ou testamentária, como os demais direitos reais sobre coisas alheias, registrando-se a transferência.

§ 5.º Para efeito de aplicação do disposto no *caput* deste artigo, deverá ser observada a anuência prévia:

I – do Ministério da Defesa e dos Comandos da Marinha, do Exército ou da Aeronáutica, quando se tratar de imóveis que estejam sob sua administração; e

II – do Gabinete de Segurança Institucional da Presidência de República, observados os termos do inciso III do § 1.º do art. 91 da Constituição Federal.

Como se trata de um direito real e não pessoal, a CDRU **transfere-se por ato *inter vivos* ou por sucessão legítima ou testamentária**, como os demais direitos reais sobre coisas alheias, registrando-se a transferência (ALEXANDRINO, 2018, p. 1.049).

A Lei n. 14.133/2021 prevê hipóteses específicas em que dispensada a licitação para a concessão do direito real de uso, vejamos:

> Art. 76. A alienação de bens da Administração Pública, subordinada à existência de interesse público devidamente justificado, será precedida de avaliação e obedecerá às seguintes normas:
>
> I - tratando-se de **bens imóveis**, inclusive os pertencentes às autarquias e às fundações, exigirá autorização legislativa e *dependerá de licitação na modalidade leilão, dispensada a realização de licitação* nos casos de: (...)
>
> f) alienação gratuita ou onerosa, aforamento, **concessão de direito real de uso**, locação e permissão de uso de bens imóveis residenciais construídos, destinados ou efetivamente usados em programas de habitação ou de regularização fundiária de interesse social desenvolvidos por órgão ou entidade da Administração Pública;
>
> g) alienação gratuita ou onerosa, aforamento, **concessão de direito real de uso**, locação e permissão de uso de bens imóveis comerciais de âmbito local, com área de até 250 m² (duzentos e cinquenta metros quadrados) e destinados a programas de regularização fundiária de interesse social desenvolvidos por órgão ou entidade da Administração Pública;
>
> h) alienação e **concessão de direito real de uso**, gratuita ou onerosa, de terras públicas rurais da União e do Instituto Nacional de Colonização e Reforma Agrária (Incra) onde incidam ocupações até o limite de que trata o § 1.º do art. 6.º da Lei n. 11.952, de 25 de junho de 2009, para fins de regularização fundiária, atendidos os requisitos legais;
>
> (...)
>
> § 3.º A Administração poderá conceder título de propriedade ou de direito real de uso de imóvel, admitida a dispensa de licitação, quando o uso destinar-se a:
>
> I - outro órgão ou entidade da Administração Pública, qualquer que seja a localização do imóvel;
>
> II - pessoa natural que, nos termos de lei, regulamento ou ato normativo do órgão competente, haja implementado os requisitos mínimos de cultura, de ocupação mansa e pacífica e de exploração direta sobre área rural, observado o limite de que trata o § 1.º do art. 6.º da Lei n. 11.952, de 25 de junho de 2009.

De forma similar, a Lei n. 8.666/93 (antiga Lei de Licitações) determinava a licitação na modalidade concorrência, tendo como critério de julgamento o maior lance ou oferta, caso se trate de concessão onerosa, sendo dispensadas em casos específicos (art. 17).

> Art. 23. (...)
>
> § 3.º A concorrência é a modalidade de licitação cabível, qualquer que seja o valor de seu objeto, tanto na compra ou alienação de bens imóveis, ressalvado o disposto no art. 19, como nas concessões de direito real de uso e nas licitações internacionais, admitindo-se neste último caso, observados os limites deste artigo, a tomada de preços, quando o órgão ou entidade dispuser de cadastro internacional de fornecedores ou o convite, quando não houver fornecedor do bem ou serviço no País.
>
> Art. 17. (...)
>
> I – (...)
>
> *i)* alienação e concessão de direito real de uso, gratuita ou onerosa, de terras públicas rurais da União na Amazônia Legal onde incidam ocupações até o limite de 15 (quinze) módulos fiscais ou 1.500ha (mil e quinhentos hectares), para fins de regularização fundiária, atendidos os requisitos legais; Concessão de Uso Especial para Fins de Moradia – Estatuto da Cidade.

O Estatuto da Cidade (Lei n. 10.257/2001) previu a utilização de concessão de uso especial para fins de moradia como forma de regularizar a propriedade urbana nos Municípios.

> Art. 4.º Para os fins desta Lei, serão utilizados, entre outros instrumentos: (...)
>
> V – institutos jurídicos e políticos: (...)
>
> *h)* concessão de uso especial para fins de moradia;

Trata-se de dispositivo já previsto no art. 183 da Constituição Federal. Contudo, os dispositivos relativos ao tema do Estatuto das Cidades foram vetados, sendo hoje a matéria regulada pela Medida Provisória n. 2.220/2001 com as recentes alterações da Lei n. 13.465/2017.

De acordo com o art. 183 da Constituição Federal, a usucapião pró-moradia é devida em favor de quem possuir como sua por cinco anos ininterruptos e sem oposição, área urbana de até 250m². Todavia, o possuidor não pode ser proprietário de outro imóvel urbano ou rural e deve utilizar o referido bem para sua moradia ou de sua família.

> Art. 183. Aquele que possuir como sua área urbana de até duzentos e cinquenta metros quadrados, por cinco anos, ininterruptamente e sem oposição, utilizando-a para sua moradia ou de sua família, adquirir-lhe-á o domínio, desde que não seja proprietário de outro imóvel urbano ou rural.
>
> § 1.º O título de domínio e a concessão de uso serão conferidos ao homem ou à mulher, ou a ambos, independentemente do estado civil.
>
> § 2.º Esse direito não será reconhecido ao mesmo possuidor mais de uma vez.

Tal direito não se aplica, naturalmente, aos imóveis públicos, nos termos do § 3.º:

§ 3.º Os imóveis públicos não serão adquiridos por usucapião.

Mas, professor, se a questão da regularização fundiária é tão importante, o que fazer quando pessoas ocupam imóveis públicos?

O legislador não ficou omisso quanto à realidade social brasileira que inclui a existência de diversas ocupações irregulares, inclusive, em imóveis públicos. Ora, se a Constituição Federal veda a aquisição destes imóveis por usucapião, como proceder à regularização fundiária?

A Medida Provisória n. 2.220/2001 (alterada quanto às datas pela MP n. 759/2016, convertida na Lei n. 13.465/2017) criou o instituto denominado de Concessão de Uso Especial para fins de moradia.

Segundo o art. 1.º:

Art. 1.º Aquele que, até 22 de dezembro de 2016, possuiu como seu, por cinco anos, ininterruptamente e sem oposição, até duzentos e cinquenta metros quadrados de imóvel público situado em área com características e finalidade urbana, e que o utilize para sua moradia ou de sua família, tem o direito à concessão de uso especial para fins de moradia em relação ao bem objeto da posse, desde que não seja proprietário ou concessionário, a qualquer título, de outro imóvel urbano ou rural.

§ 1.º A concessão de uso especial para fins de moradia será conferida de forma gratuita ao homem ou à mulher, ou a ambos, independentemente do estado civil.

§ 2.º O direito de que trata este artigo não será reconhecido ao mesmo concessionário mais de uma vez.

§ 3.º Para os efeitos deste artigo, o herdeiro legítimo continua, de pleno direito, na posse de seu antecessor, desde que já resida no imóvel por ocasião da abertura da sucessão.

Assim, a pessoa que detiver – até 22 de dezembro de 2016 – a posse mansa, pacífica e ininterrupta de **imóvel público urbano** de até duzentos e cinquenta metros quadrados por cinco anos e que o utilize para sua moradia ou de sua família, terá o direito à concessão de uso especial para sua moradia.

Contudo, não poderá tal pessoa ser concessionário ou proprietário a qualquer título de outro imóvel urbano ou rural.

Percebam que os requisitos para a concessão de uso especial para fins urbanísticos são bem parecidos com os requisitos da usucapião pró-moradia e tem cabimento exatamente em razão de os imóveis públicos não poderem ser adquiridos por usucapião.

Referida concessão será gratuita e não será reconhecida ao mesmo cessionário por mais de uma vez. Além disso, o herdeiro legítimo do posseiro, desde que resida no imóvel por ocasião da abertura da sucessão, poderá continuar de pleno direito na posse de seu antecessor.

E se a posse no imóvel público for uma ocupação coletiva de várias famílias?

A Medida Provisória também previu esta situação e estabeleceu a possibilidade da concessão de uso especial para fins urbanísticos coletiva. Ainda que os imóveis tenham mais de duzentos e cinquenta metros quadrados, se a ocupação for coletiva e não for possível identificar a individualização dos terrenos, será possível a concessão para fins urbanísticos de forma coletiva.

> Art. 2.º Nos imóveis de que trata o art. 1.º, com mais de duzentos e cinquenta metros quadrados, ocupados até 22 de dezembro de 2016, por população de baixa renda para sua moradia, por cinco anos, ininterruptamente e sem oposição, *onde não for possível identificar os terrenos ocupados por possuidor, a concessão de uso especial para fins de moradia será conferida de forma coletiva*, desde que os possuidores não sejam proprietários ou concessionários, a qualquer título, de outro imóvel urbano ou rural.

Igualmente o limite temporal estabelecido foi o dia 22 de dezembro de 2016 e o § 1.º ainda estabeleceu a possibilidade de somar a posse do atual possuidor com a de seu antecessor:

> § 1.º O possuidor pode, para o fim de contar o prazo exigido por este artigo, acrescentar sua posse à de seu antecessor, contanto que ambas sejam contínuas.

E como fica o cálculo da parcela de cada possuidor?

De acordo com os §§ 2.º e 3.º do art. 2.º, a cada possuidor será atribuída uma fração ideal, independentemente do tamanho da área que efetivamente ocupa, a não ser que haja um acordo escrito entre os ocupantes onde se discrimina frações ideais diferenciadas.

Contudo, a fração ideal de cada possuidor não poderá ser superior a duzentos e cinquenta metros quadrados.

> § 2.º Na concessão de uso especial de que trata este artigo, será atribuída igual fração ideal de terreno a cada possuidor, independentemente da dimensão do terreno que cada um ocupe, salvo hipótese de acordo escrito entre os ocupantes, estabelecendo frações ideais diferenciadas.

§ 3.º A fração ideal atribuída a cada possuidor não poderá ser superior a duzentos e cinquenta metros quadrados.

Por fim, tais direitos dos arts. 1.º e 2.º também serão garantidos aos ocupantes regularmente inscritos de imóveis públicos com até duzentos e cinquenta metros quadrados e que estejam situados em área urbana, quanto a imóveis da União, Estados, Distrito Federal e Municípios (art. 3.º).

E se o imóvel ocupado pelas famílias estiver localizado em uma área de risco?

Nesse caso, caberá ao Poder Público garantir o direito à concessão de uso especial para fins urbanísticos em local diverso:

Art. 4.º No caso de a ocupação acarretar risco à vida ou à saúde dos ocupantes, o Poder Público garantirá ao possuidor o exercício do direito de que tratam os arts. 1.º e 2.º em outro local.

Além disso, poderá o Poder Público também escolher local diverso quando o imóvel ocupado for (art. 5.º):

I – de uso comum do povo;
II – destinado a projeto de urbanização;
III – de interesse da defesa nacional, da preservação ambiental e da proteção dos ecossistemas naturais;
IV – reservado à construção de represas e obras congêneres; ou
V – situado em via de comunicação.

Qual é o procedimento para se obter o título de concessão?

O título de concessão poderá ser obtido pela via administrativa perante o órgão competente da Administração Pública que terá o prazo de doze meses para decidir o pedido, a contar da data de seu protocolo.

E, se o imóvel for pertencente ao Estado ou à União, caberá ao interessado instruir o pedido com certidão municipal que ateste a localização do imóvel em área urbana e a sua destinação para moradia do ocupante ou de sua família.

Acaso recusado o pedido administrativo ou ainda em caso de omissão do Poder Público, será cabível a via judicial para regularizar a propriedade. Assim sendo, a concessão de uso especial para fins de moradia será declarada pelo juiz mediante sentença.

Destaque-se a questão do registro:

> § 4.º O título conferido por via administrativa ou por sentença judicial servirá para efeito de *registro* no cartório de registro de imóveis.

> **Reconhecido o direito à concessão de uso especial para fins urbanísticos, poderá o concessionário transferir seu direito?**

Sim. Esta é a disposição expressa do art. 7.º da MP n. 2.220/2001:

> Art. 7.º O direito de concessão de uso especial para fins de moradia é transferível por ato *inter vivos* ou *causa mortis*.

> **Como funciona a extinção do direito à concessão?**

O direito à concessão de uso especial para fins de moradia extingue-se em caso de o concessionário dar ao imóvel destinação diversa da moradia para si ou de sua família. Além disso, o direito também será extinto acaso o concessionário venha a adquirir a propriedade ou a concessão de outro imóvel urbano ou rural.

A extinção de tal direito será averbada no correspondente cartório de registro de imóveis, por meio de declaração do Poder Público concedente.

2.5 Autorização de uso na Medida Provisória n. 2.220/2001

Por fim, destacamos os arts. 9.º e 10 da Medida Provisória em epígrafe que estabelecem a autorização de uso em caso de imóveis comerciais e as definições do Conselho Nacional de Desenvolvimento Urbano.

De acordo com o art. 9.º:

> Art. 9.º É facultado ao Poder Público competente conceder *autorização de uso* àquele que, até 22 de dezembro de 2016, possuiu como seu, por cinco anos, ininterruptamente e sem oposição, até duzentos e cinquenta metros quadrados de *imóvel público* situado em área características e finalidade urbana *para fins comerciais*.

Perceba, que esta autorização – ato mais precário que a concessão – ocorre quanto aos imóveis públicos que possuam fins comerciais (e não de moradia) e será conferida de forma gratuita.

O prazo do possuidor pode ser acrescido ao de seus antecessores, para fins de contagem dos cinco anos e a poderá ser concedida em terreno diverso acaso ocorram algumas das hipóteses dos arts. 4.º e 5.º (área de risco ou áreas de interesse público).

Rememorando:

Art. 4.º No caso de a ocupação acarretar risco à vida ou à saúde dos ocupantes, o Poder Público garantirá ao possuidor o exercício do direito de que tratam os arts. 1.º e 2.º em outro local.

Art. 5.º É facultado ao Poder Público assegurar o exercício do direito de que tratam os arts. 1.º e 2.º em outro local na hipótese de ocupação de imóvel:

I – de uso comum do povo;

II – destinado a projeto de urbanização;

III – de interesse da defesa nacional, da preservação ambiental e da proteção dos ecossistemas naturais;

IV – reservado à construção de represas e obras congêneres; ou

V – situado em via de comunicação.

A Medida Provisória n. 2.220/2001 também criou o Conselho Nacional de Desenvolvimento Urbano, órgão consultivo e deliberativo, integrante da Presidência da República, com as seguintes atribuições:

I – propor diretrizes, instrumentos, normas e prioridades da política nacional de desenvolvimento urbano;

II – acompanhar e avaliar a implementação da política nacional de desenvolvimento urbano, em especial as políticas de habitação, de saneamento básico e de transportes urbanos, e recomendar as providências necessárias ao cumprimento de seus objetivos;

III – propor a edição de normas gerais de direito urbanístico e manifestar-se sobre propostas de alteração da legislação pertinente ao desenvolvimento urbano;

IV – emitir orientações e recomendações sobre a aplicação da Lei n. 10.257, de 10 de julho de 2001, e dos demais atos normativos relacionados ao desenvolvimento urbano;

V – promover a cooperação entre os governos da União, dos Estados, do Distrito Federal e dos Municípios e a sociedade civil na formulação e execução da política nacional de desenvolvimento urbano; e

VI – elaborar o regimento interno.

Cabe-nos, por segurança, conhecer a estrutura do CNDU disposta nos arts. 11 e seguintes da referida Medida:

Art. 11. O CNDU é composto por seu Presidente, pelo Plenário e por uma Secretaria-Executiva, cujas atribuições serão definidas em decreto.

Parágrafo único. O CNDU poderá instituir comitês técnicos de assessoramento, na forma do regimento interno.

Art. 12. O Presidente da República disporá sobre a estrutura do CNDU, a composição do seu Plenário e a designação dos membros e suplentes do Conselho e dos seus comitês técnicos.

Art. 13. A participação no CNDU e nos comitês técnicos não será remunerada.

Art. 14. As funções de membro do CNDU e dos comitês técnicos serão consideradas prestação de relevante interesse público e a ausência ao trabalho delas decorrente será abonada e computada como jornada efetiva de trabalho, para todos os efeitos legais.

2.6 Cessão de uso

A cessão de uso é (MARINELA, 2017, p. 911):

a utilização especial em que o Poder Público permite, de forma gratuita, o uso de bem público por órgão da mesma pessoa ou de pessoa diversa, com o propósito de desenvolver atividades benéficas para a coletividade, com fundamento na cooperação entre as entidades públicas e privadas.

Para José dos Santos Carvalho Filho (2018), a grande diferença entre esta cessão e as demais formas de utilização dos bens públicos até agora vistas, fundamenta-se no benefício coletivo decorrente da atividade desempenhada pelo cessionário.

O mais comum é que a Administração ceda bens entre órgãos da mesma pessoa (Secretaria de Justiça cede prédio para a Secretaria de Administração do mesmo Estado), mas pode ocorrer a cessão entre órgãos de entidades públicas diversas ou para pessoas privadas que desempenhem finalidades não lucrativas (2015, p. 1.228).

3. BENFEITORIA EM BEM PÚBLICO IRREGULARMENTE OCUPADO

De acordo com o art. 1.219 do Código Civil, o ***possuidor*** de boa-fé tem direito à indenização das benfeitorias necessárias e úteis, restando consolidado o entendimento pelo STJ que tal direito de retenção abrange também as acessões (construções e plantações) nas mesmas circunstâncias.

Art. 1.219. O possuidor de boa-fé tem direito à indenização das benfeitorias necessárias e úteis, bem como, quanto às voluptuárias, se não lhe forem pagas, a levantá-las, quando o puder sem detrimento da coisa, e poderá exercer o direito de retenção pelo valor das benfeitorias necessárias e úteis.

Ocorre que, para o STJ, nos casos em que o **bem público** foi ocupado irregularmente, a pessoa não tem direito de ser indenizada pelas acessões feitas, assim como não tem direito à retenção pelas benfeitorias realizadas, **mesmo que fique provado que a pessoa estava de boa-fé.**

É que a ocupação irregular de bem público não pode ser classificada como posse, mas mera detenção, possuindo, portanto, natureza precária.

O art. 1.196 do Código Civil define o possuidor.

> Art. 1.196. Considera-se possuidor todo aquele que tem de fato o exercício, pleno ou não de algum dos poderes inerentes à propriedade.

Contudo, o particular jamais exerce poderes de propriedade sobre o imóvel público porque o imóvel público não pode ser usucapido.

O particular, portanto, não poderá ser considerado possuidor de área pública, mas sim mero detentor. A mera detenção é um instituto jurídico de natureza precária e que é mais restrito que a posse. Assim, não se confere ao mero detentor os mesmos direitos do possuidor.

A doutrina e a jurisprudência entendem que a posse privada do bem público não se harmoniza com os princípios da indisponibilidade e da supremacia do interesse público.

Assim é a posição pacífica do STJ:

> (...) 2. Posse é o direito reconhecido a quem se comporta como proprietário. Posse e propriedade, portanto, são institutos que caminham juntos, não havendo de se reconhecer a posse a quem, por proibição legal, não possa ser proprietário ou não possa gozar de qualquer dos poderes inerentes à propriedade.
> 3. A ocupação de área pública, quando irregular, não pode ser reconhecida como posse, mas como mera detenção.
> 4. Se o direito de retenção ou de indenização pelas acessões realizadas depende da configuração da posse, não se pode, ante a consideração da inexistência desta, admitir o surgimento daqueles direitos, do que resulta na inexistência do dever de se indenizar as benfeitorias úteis e necessárias. (...) (STJ, 2.ª Turma, REsp 863.939/RJ, Rel. Min. Eliana Calmon, j. 4-11-2008).

Ademais, eventual inércia ou omissão da Administração não tem o efeito de afastar ou distorcer a aplicação da lei. O imóvel público é indisponível, de modo que eventual omissão dos governos implica responsabilidade de seus agentes, nunca vantagem de indivíduos às custas da coletividade.

Por fim, não se pode afirmar que tal ato configurará enriquecimento sem causa da Administração, eis que esta provavelmente terá um custo para demolir a construção feita ou, no máximo, regularizá-la para adequá-la à legislação vigente, dada a provável inutilidade do imóvel, sendo incoerente tal afirmação.

Nesse sentido, o STJ aprovou a Súmula 619:

> **Súmula 619 do STJ:** A ocupação indevida de bem público configura mera detenção de natureza precária, insuscetível de retenção ou indenização por acessões e benfeitorias.

Há, inclusive, Enunciado da I Jornada de Direito Administrativo do CJF/STJ dispondo que:

> o administrador público está autorizado por lei a valer-se do **desforço imediato sem necessidade de autorização judicial**, solicitando, se necessário, força policial, contanto que o faça **preventivamente ou logo após** a invasão ou ocupação de imóvel público de uso especial, comum ou dominical, e não vá além do indispensável à manutenção ou restituição da posse (art. 37 da Constituição Federal; art. 1.210, § 1.º, do Código Civil; art. 79, § 2.º, do Decreto-lei n. 9.760/1946; e art. 11 da Lei n. 9.636/1998).

FIQUE ATENTO!

Como a ocupação irregular de bens públicos não configura posse, mas mera detenção, de natureza precária, não poderá o particular usar de ações possessórias frente ao Poder Público.

Situação diversa, todavia, ocorre quando o **particular quer usar da defesa possessória em face de outro particular**, visando defender a sua ocupação.

Nesse caso, de acordo com o STJ, o particular terá direito, em tese, à proteção possessória. Afigura-se, portanto, *possível o manejo de interditos possessórios em litígio entre particulares sobre bem público dominical, pois entre ambos a disputa será relativa à posse* (STJ, 4.ª Turma, REsp 1.296.964/DF, Rel. Min. Luis Felipe Salomão, j. 18-10-2016, Info 594).

Quanto ao tema, merece destaque, ainda, o fato de ser "**cabível o oferecimento de oposição pelo ente público, alegando-se incidentalmente o domínio de bem imóvel como meio de demonstração da posse**" (EREsp 1.134.446/MT, Rel. Min. Benedito Gonçalves, Corte Especial, j. 21-3-2018, *DJ*e 4-4-2018, Info 623).

Referido entendimento mostra-se relevante porque o Código de Processo Civi, em seu art. 557, veda, tanto ao autor quanto ao réu, na pendência de ação possessória a propositura de ação de reconhecimento do domínio, exceto se a pretensão for deduzida em face de terceira pessoa.

Para o STJ, referida vedação não se aplica ao Poder Público, sob pena de a Administração Pública ficar sem ter como defender sua propriedade, violando a garantia constitucional de acesso à justiça (art. 5.º, XXXV, da CF).

Nesse diapasão, não se poderia conceber que o Poder Público, sendo titular do bem público, possa ser impedido de postular em juízo a observância do seu direito simplesmente pelo fato de que particulares se anteciparam e estão discutindo entre eles a posse.

CAPÍTULO 6

AGENTES PÚBLICOS

1. CONCEITO E CLASSIFICAÇÕES

O termo "agente público" é bastante amplo, englobando todo indivíduo que, a qualquer título, exerce uma função pública, de maneira definitiva ou transitória, remunerada ou gratuita, definitiva ou temporária, com vínculo político ou jurídico.

Alguns dispositivos em nosso ordenamento jurídico estabelecem o conceito de agentes públicos, demonstrando a sua abrangência. Vejamos:

> Art. 73, § 1.º, da Lei n. 9.504/97 – Reputa-se agente público, para os efeitos deste artigo, quem exerce, ainda que transitoriamente ou sem remuneração, por eleição, nomeação, designação, contratação ou qualquer outra forma de investidura ou vínculo, mandato, cargo, emprego ou função nos órgãos ou entidades da administração pública direta, indireta, ou fundacional.
>
> Art. 2.º da Lei n. 8.429/92 – Para os efeitos desta Lei, consideram-se agente público o agente político, o servidor público e todo aquele que exerce, ainda que transitoriamente ou sem remuneração, por eleição, nomeação, designação, contratação ou qualquer outra forma de investidura ou vínculo, mandato, cargo, emprego ou função nas entidades referidas no art. 1.º desta Lei.
>
> Art. 327 do Código Penal – Considera-se funcionário público, para os efeitos penais, quem, embora transitoriamente ou sem remuneração, exerce cargo, emprego ou função pública.

Considera-se agente público, portanto, toda a pessoa física investida no exercício da função pública.

Há inúmeras classificações diferentes na doutrina para os agentes públicos. Para fins didáticos, adotaremos a classificação proposta por Hely Lopes Meirelles que classifica os agentes públicos em: agentes políticos, agentes administrativos, agentes honoríficos, agentes delegados e agentes credenciados, que, por sua vez, se subdividem em subespécies ou subcategorias.

1.1 Agentes políticos

São agentes integrantes dos mais altos escalões do Poder Público, normalmente investidos por eleição, com competência derivada da própria Constituição (razão pela qual não se sujeitam às regras comuns aplicáveis aos servidores públicos em geral).

São incumbidos da execução das diretrizes traçadas pelo Poder Público, devendo traçar estratégias para que o Estado atinja os fins propostos. Possuem normas específicas para sua escolha, investidura, conduta e processos por crimes funcionais e de responsabilidade, que lhes são privativos.

Há quem estenda a classificação dos agentes políticos a todos os membros dos órgãos independentes. Assim, esta classificação englobaria não só os Chefes do Executivo (Presidente da República, Governadores e Prefeitos), seus auxiliares imediatos (Ministros e Secretários) e os membros do Poder Legislativo (Senadores, Deputados e Vereadores), como também os membros do Poder Judiciário (Ministros dos Tribunais e Magistrados em geral); os membros do Ministério Público (Procuradores da República e da Justiça e Promotores).

Além disso, nesta classificação seriam incluídos também os membros dos Tribunais de Contas (Ministros e Conselheiros); os representantes diplomáticos e demais autoridades que atuem com independência funcional no desempenho de atribuições governamentais, judiciais ou quase judiciais, estranhas ao quadro do serviço público.

1.2 Agentes administrativos

São aqueles que exercem com subordinação (e, portanto, sujeitos à hierarquia funcional) uma atividade pública de natureza profissional e remunerada, de caráter não eventual. Estão englobados, nesta categoria, os servidores públicos civis, militares, estatutários, celetistas e temporários.

Nessa categoria, Hely Lopes Meirelles inclui também os dirigentes de entidades paraestatais (não os seus empregados), como representantes da Administração indireta do Estado, os quais, nomeados ou eleitos, passam a ter vinculação funcional com órgãos públicos da Administração direta, controladores da entidade.

1.3 Agentes honoríficos

São cidadãos requisitados, designados ou nomeados para, transitoriamente, prestar determinados serviços ao Estado, em razão de sua condição cívica, de sua notória capacidade profissional ou de sua honorabilidade, mas sem qualquer vínculo empregatício ou estatutário e, normalmente, sem renumeração.

Ex.: jurado no Tribunal do Júri e mesário eleitoral (trata-se de serviços que constituem o chamado *múnus público*, ou serviços públicos relevantes).

Apesar de não serem funcionários públicos propriamente ditos, como exercem momentaneamente uma função pública, enquanto a desempenharem estarão sujeitos à hierarquia e à disciplina do órgão a que estão servindo, podendo receber, em contrapartida de sua atuação, benefícios colaterais, como um dia de folga.

1.4 Agentes delegados

São particulares incumbidos da execução de determinada atividade, obra ou serviço público, realizando-a em nome próprio, por sua conta e risco, mas segundo as normas do Estado e sob a permanente fiscalização do delegante.

Não são servidores públicos, nem agentes honoríficos, nem representantes do Estado; constituindo uma categoria à parte de particulares colaboradores do Poder Público.

De acordo com Hely Lopes Meirelles, enquadram-se nessa categoria os concessionários e permissionários de obras e serviços públicos, os serventuários de ofícios ou cartórios não estatizados, os leiloeiros, os tradutores e intérpretes públicos, bem como as demais pessoas que recebem delegação para a prática de alguma atividade estatal ou serviço de interesse coletivo.

1.5 Agentes credenciados

São os que recebem a incumbência da Administração para representá-la em determinado ato ou praticar certa atividade específica, mediante remuneração do Poder Público credenciante.

Mas, afinal, quem é o "agente de fato"?

Reputa-se **"agente de fato"** (ou **agente putativo**) o indivíduo cuja investidura é permeada por alguma irregularidade ou pela existência de algum impedimento legal para a prática do ato.

Aparentemente, contudo, sua investidura é regular e legal. Assim, em virtude da **"teoria da aparência"**, e em nome da **boa-fé do administrado**, bem como da própria **presunção de legalidade dos atos administrativos** reputam-se válidos os atos por ele praticados.

Ainda que invalidada sua investidura, não ficará obrigado a repor aos cofres públicos as verbas percebidas até então. Isto porque, como efetivamente trabalhou para o Poder Público, se lhe fosse exigida a devolução dos vencimentos auferidos haveria um enriquecimento sem causa do Estado.

> **CUIDADO!**
>
> O agente de fato não se confunde com o agente usurpador.
>
> A diferença entre ambos reside no fato de que, aquele, cumpre as suas funções com aparência e presunção de investidura legítima. Este, a seu turno, sequer goza de investidura. Inexiste qualquer ato a lhe conferir a função pública.

A usurpação de função pública, aliás, é crime tipificado pelo Código Penal:

> **Usurpação de função pública**
> Art. 328. Usurpar o exercício de função pública:
> Pena – detenção, de três meses a dois anos, e multa.
> Parágrafo único. Se do fato o agente aufere vantagem:
> Pena – reclusão, de dois a cinco anos, e multa.

2. REGIME CONSTITUCIONAL

2.1 Regimes jurídicos funcionais

A Constituição da República prevê dois regimes de contratação para o serviço público: o celetista, ou de emprego público, seguindo a lógica do Direito do Trabalho e as disposições da CLT; e o estatutário, ou de cargo público, pautado no Estatuto Funcional do Servidor Público.

2.1.1 Regime estatutário

De início, registre-se que não há uma lei única para os servidores estatutários. Cada ente federativo possui autonomia para disciplinar o regime de seus respectivos servidores (pluralidade normativa). No âmbito federal, o Estatuto Funcional está disciplinado na Lei n. 8.112/90.

O regime estatutário é característico das pessoas jurídicas de direito público e de seus órgãos, dizendo respeito às normas jurídicas que regem os servidores públicos estatutários ocupantes de cargos públicos.

Não há contrato de trabalho entre o estatutário e a Administração, mas sim um **vínculo legal, firmado por meio do termo de posse.** Ao ser nomeado e empossado, assume o vínculo e sujeita-se ao Estatuto Funcional da carreira. Trata-se de uma relação própria de direito público.

Como não se trata de vínculo contratual, é possível a alteração unilateral no regime aplicável aos ocupantes de cargos públicos (diante da predominância do interesse público).

A jurisprudência do STF é pacífica e reiterada no sentido de que *os servidores públicos não têm direito adquirido à imutabilidade de regime jurídico.* Assim, a garantia prevista no art. 5.º, XXXVI, da Constituição não os protege contra leis que modifiquem as condições que regem a relação jurídica que estabelecem com a administração pública, desde que não haja redução de seus vencimentos ou subsídios.

Em síntese: não há direito adquirido a regime jurídico, todavia, deverá ser assegurada, a irredutibilidade de vencimentos (STF, RE 688.672), de modo a preservar o valor nominal recebido pelo servidor público.

> Os princípios constitucionais da segurança jurídica e da proteção ao direito adquirido não garantem aos servidores potencialmente afetados por alterações legislativas o direito à manutenção do regime anterior, desde que não haja ofensa à garantia da irredutibilidade de vencimentos (STF, Plenário, ADI 4.461/AC, j. 11-11-2019).

Em comparação com o regime celetista (que veremos a seguir), o regime estatutário se mostra mais vantajoso e protetivo.

O principal aspecto dessa proteção é a garantia da estabilidade, adquirida pelo ocupante de cargo público após **três anos de efetivo exercício (estágio probatório),** assegurando-lhe a *impossibilidade de perda do cargo, a não ser nas hipóteses constitucionalmente previstas, tais como: sentença transitada em julgado; processo administrativo disciplinar e avaliação periódica de desempenho.*

Mister salientar que, além dessas hipóteses, o servidor estável também poderá perder o cargo quando da necessidade de redução de despesas com pessoal, observado o disposto no art. 169, § 4.º, da CF.

A estabilidade será estudada com maior profundidade nos próximos tópicos deste capítulo.

Alguns servidores estatutários, contudo, gozam de **vitaliciedade** (garantia mais ampla que a estabilidade), adquirida após **dois anos de efetivo exercício:** são os *magistrados, os membros do Ministério Público e dos Tribunais de Contas.* Nesse caso, a *perda do cargo somente ocorrerá por sentença judicial transitada em julgado.*

A Constituição Federal assegura aos servidores ocupantes de cargo público os direitos que especifica no § 3.º de seu art. 39 e autoriza a lei estabelecer requisitos diferenciados de admissão quando a natureza do cargo o exigir. Ex.: remuneração do trabalho noturno superior à do diurno; remuneração do serviço extraordinário superior, no mínimo, em 50% à do normal; gozo de férias anuais remuneradas com, pelo menos, 1/3 a mais do que o salário normal.

A competência para processar e julgar os servidores estatutários é da Justiça Comum (federal ou estadual, a depender do ente a que se vinculem).

2.1.2 Regime celetista

O outro regime constitucional previsto para o serviço público é o celetista, aplicável aos empregados públicos, que **ingressam nos empregos públicos mediante concurso.**

> **Súmula 231 do TCU:** a exigência de concurso público para admissão de pessoal se estende a toda a Administração Indireta, nela compreendidas as Autarquias, as Fundações instituídas e mantidas pelo Poder Público, as Sociedades de Economia Mista, as Empresas Públicas e, ainda, as demais entidades controladas direta ou indiretamente pela União, mesmo que visem a objetivos estritamente econômicos, em regime de competitividade com a iniciativa privada.

Seu vínculo com a Administração é **contratual**, estando **regidos pelas disposições da Consolidação das Leis do Trabalho (CLT)** – por este motivo, são ditos celetistas.

Registre-se que, por se tratarem de agentes públicos, apesar de regidos pela CLT, devem observância aos princípios e regras constitucionais estabelecidos para os agentes públicos em geral (como por exemplo a **necessidade de realização de concurso público, vedação à acumulação de cargos, empregos e funções, bem como a submissão ao teto remuneratório**).

É o regime próprio das entidades públicas de direito privado, quais sejam, empresas públicas, sociedades de economia mista, fundações estatais de direito privado e consórcios públicos de direito privado.

Como bem alerta MAZZA (2022, p. 1.089), é possível encontrar também empregados públicos em pessoas jurídicas de direito público contratados *antes da Constituição Federal de 1988*, quando não havia tanta restrição ao uso do regime de emprego.

Como dissemos, trata-se de regime menos protetivo, não gozando os empregados públicos de estabilidade. Isso não quer dizer, contudo, que eles possam ser dispensados imotivadamente. Para o Supremo Tribunal Federal, conforme veremos em tópico específico, *apesar de não gozarem de estabilidade, em atenção aos princípios da impessoalidade e da isonomia, a dispensa de empregado de empresas públicas e sociedades de economia mista que prestam serviços públicos deve ser motivada.*

Vê-se, portanto, que o regime celetista dos empregados públicos não é exclusivamente privado, sofrendo grande influência dos princípios e regras de Direito Administrativo.

Após a posse, os empregados públicos ficam sujeitos ao **período de experiência de 90 dias,** a teor do art. 445, parágrafo único, da CLT, não havendo que se falar em estágio probatório.

Ao contrário do regime estatutário, vigora, aqui, a unicidade normativa, já que a União detém competência privativa para legislar sobre direito do trabalho, nos termos do art. 22, I, da CF. A competência para o processo e julgamento dos empregados públicos, por sua vez, é da Justiça do Trabalho.

Os servidores temporários, por sua vez, se submetem a regime próprio, igualmente contratual, com pluralidade legislativa.

2.1.3 Regime Jurídico Único

Em sua redação originária, o art. 39 da CF exigia que a União, os Estados, o Distrito Federal e os Municípios instituíssem Regime Jurídico Único (RJU) para seus servidores da administração direta, das autarquias e das fundações públicas.

Cada ente federativo deveria optar por um único regime funcional, a ser aplicado a todos os seus agentes públicos – seja o regime estatutário (pautado no Estatuto dos Servidores Públicos, que, em âmbito federal, é a Lei n. 8.112/90), seja o regime celetista (pautado no Direito do Trabalho e nas regras da CLT).

Todavia, com a EC n. 19/98, a redação do art. 39 foi alterada, acabando com a exigência do RJU. Assim, a partir de 1998, tornou-se possível a coexistência, em um mesmo ente, dos dois regimes jurídicos (estatutário e celetista).

O **STF** inicialmente deferiu medida cautelar para suspender as mudanças da EC n. 19/98 na ADI 2.135. Contudo, após vários anos em que a cautelar permaneceu vigente, em 2024, o STF **validou** a **EC n. 19/98**, que flexibilizou o regime de contratação de servidores públicos no Brasil.

A decisão confirmou a constitucionalidade da emenda, que modificou o **art. 39 da CF** e permitiu que os entes federativos passassem a contratar servidores não apenas pelo regime estatutário (Regime Jurídico Único – RJU), mas também pelo regime celetista (CLT).

A validação, como afirmado, foi precedida por um longo processo judicial **(ADI 2.135)**, movida por partidos políticos que questionaram a regularidade da aprovação e os impactos da emenda.

No texto original do **art. 39 da CF**, com redação dada pela **EC n. 18, de 1998**, era estabelecido que:

> Art. 39. A União, os Estados, o Distrito Federal e os Municípios instituirão, no âmbito de sua competência, **regime jurídico único** e planos de carreira para os servidores da administração pública direta, das autarquias e das fundações públicas.

Após a aprovação da EC n. 19/98, o artigo foi alterado para:

> Art. 39. A União, os Estados, o Distrito Federal e os Municípios instituirão conselho de política de administração e remuneração de pessoal, integrado por servidores designados pelos respectivos Poderes.

A seguir, vamos detalhar o caminho percorrido pela ADI 2.135, destacando os argumentos dos ministros, decisões parciais e a decisão final que confirma a validade da emenda. Com a flexibilização validada, o regime celetista torna-se uma alternativa constitucional para a administração pública.

Fundamentação e motivos da ADI 2.135

A ADI 2.135 foi ajuizada por partidos como o **Partido dos Trabalhadores (PT)**, o **Partido Democrático Trabalhista (PDT)**, o **Partido Comunista do Brasil (PCdoB)** e o **Partido Socialista Brasileiro (PSB)**, que questionaram a EC n. 19/98. Eles argumentaram que a alteração do art. 39 permitia uma flexibilização inconstitucional do regime de contratação, promovendo a contratação de servidores públicos sob a CLT, em vez do Regime Jurídico Único (RJU), que até então era obrigatório para os entes federativos.

Alegação de inconstitucionalidade formal

Os partidos sustentaram que a EC n. 19/98 violava formalidades constitucionais previstas no **art. 60 da CF**, que exige aprovação em **dois turnos de votação por 3/5 dos votos** de cada casa legislativa (Câmara dos Deputados e Senado Federal). Argumentaram que o texto sofreu alterações entre o primeiro e o segundo turno, incluindo uma mudança que transferiu o conteúdo de um parágrafo para o *caput* do art. 39. Tal alteração, segundo eles, invalidava a regularidade do processo legislativo.

Alegação de inconstitucionalidade material

Além disso, os partidos argumentaram que a flexibilização do regime jurídico feria a estabilidade dos servidores e desrespeitava garantias constitucionais. O RJU, instituído pela redação anterior do art. 39, assegurava direitos específicos aos servidores, como estabilidade após o estágio probatório e planos de carreira unificados. Para os requerentes, a introdução do regime celetista fragilizava essas garantias, promovendo uma insegurança jurídica prejudicial à estrutura do serviço público.

Fase inicial: pedido de liminar e suspensão do dispositivo

Logo após o ajuizamento da ADI 2.135, os partidos solicitaram uma **medida cautelar** para suspender a aplicação do art. 39, alterado pela EC n. 19/98. Em **2007**, o STF concedeu a liminar, suspendendo a eficácia da nova redação e determinando o restabelecimento do Regime Jurídico Único. Essa decisão teve

efeitos *ex nunc*, ou seja, aplicáveis a partir da data de concessão, e permaneceu válida até a decisão final do mérito.

Com a suspensão cautelar, o Regime Jurídico Único foi temporariamente restabelecido, garantindo que, enquanto a ADI não fosse julgada, os servidores públicos continuassem a ser contratados exclusivamente pelo RJU. Essa medida provisória visava proporcionar segurança jurídica, evitando mudanças abruptas na estrutura do serviço público.

Argumentos dos Ministros e desenvolvimento dos votos

Voto da relatora Ministra Cármen Lúcia

Em **2020**, a relatora, Ministra **Cármen Lúcia**, apresentou voto pela **inconstitucionalidade da EC n. 19/98**. Segundo ela, o processo legislativo da emenda desrespeitou as formalidades constitucionais, pois o texto aprovado em segundo turno foi alterado em relação ao primeiro turno, violando as exigências do art. 60 da CF. Cármen Lúcia argumentou que o deslocamento do conteúdo do parágrafo para o *caput* do art. 39 comprometia a integridade do processo legislativo e invalidava a aprovação da emenda.

Voto divergente do Ministro Gilmar Mendes

Em **2021**, o Ministro **Gilmar Mendes** apresentou voto divergente, defendendo a **constitucionalidade da emenda**.

Mendes sustentou que a alteração entre os turnos foi meramente redacional e que não houve modificação no conteúdo essencial da proposta. Segundo ele, o Judiciário deve respeitar a autonomia do Legislativo para realizar ajustes formais, intervindo apenas em casos de inconstitucionalidade flagrante. Esse entendimento foi apoiado por outros ministros, que concordaram que a mudança no texto não comprometia a regularidade do processo.

Pedido de vista e decisão final

Após o voto divergente de Mendes, o Ministro **Nunes Marques** pediu vistas dos autos, adiando o julgamento.

Em **novembro de 2024**, o STF retomou a análise e, por maioria, decidiu validar a EC n. 19/98, reconhecendo que o ajuste redacional entre os turnos de votação era meramente formal e não afetava o conteúdo da emenda. Com essa decisão, o STF autorizou a flexibilização do Regime Jurídico Único, permitindo que entes federativos optem pelo regime celetista para novos servidores.

Efeitos da decisão e implicações práticas

A decisão final do STF confirmou que a EC n. 19/98 teria **efeitos *ex nunc***, aplicáveis apenas a novas contratações. Servidores que ingressaram antes do julgamento mantêm seu regime jurídico, enquanto que os novos poderão ser contratados pelo regime celetista, a critério de cada ente federativo.

Portanto, a decisão gerou os seguintes impactos:

Flexibilidade administrativa: a administração pública passa a contar com a flexibilidade para contratar servidores pela CLT, adaptando o regime de contratação às suas necessidades.

Preservação de direitos adquiridos: a decisão garante que servidores contratados pelo RJU não sejam afetados, preservando a segurança jurídica.

Autonomia do Legislativo e limitação da intervenção judicial: o STF reafirma que ajustes redacionais podem ser realizados pelo Legislativo sem comprometer a constitucionalidade, desde que não alterem o conteúdo essencial da emenda.

A validação da EC n. 19/98 pelo STF representa um marco na administração pública brasileira, autorizando a contratação de servidores pelo regime celetista e flexibilizando o regime de contratação no setor público.

2.2 Cargos, empregos, funções

A Constituição Federal utiliza em diversas normas as expressões cargo, emprego e função para designar realidades diversas, porém que existem paralelamente na Administração.

Fernanda Marinela (2017) sintetiza os conceitos da seguinte forma:

- **Cargo público:** seria a mais simples e indivisível unidade de competência a ser expressa por um agente público, para o exercício da função pública (integra a organização funcional da Administração Pública dentro das pessoas jurídicas de direito público);

Seu conceito encontra amparo legal, no art. 3.º da Lei n. 8.112/90:

> Art. 3.º Cargo público é o conjunto de atribuições e responsabilidades previstas na estrutura organizacional que devem ser cometidas a um servidor.
> Parágrafo único. Os cargos públicos, acessíveis a todos os brasileiros, são criados por lei, com denominação própria e vencimento pago pelos cofres públicos, para provimento em caráter efetivo ou em comissão.

- **Função Pública:** seria o conjunto de atribuições e responsabilidades de um servidor, ou seja, as tarefas efetivamente desenvolvidas por ele;
- **Emprego Público:** é a relação funcional de trabalho que conta com um conjunto de atribuições e responsabilidades, com regime Celetista (CLT) – Empregado público que trabalha nas pessoas jurídicas de direito privado;

- **Carreira:** conjunto e organização de cargos de forma hierarquizada (agrupamento de classes da mesma profissão);
- **Classe:** agrupamento de cargos de mesma profissão, com idênticas funções, atribuições, responsabilidades e vencimentos;
- **Quadro:** conjunto de carreiras e quadros isolados que compõem a estrutura de um determinado órgão.

De acordo com Rafael Oliveira (2021), considera-se cargo público o local situado na organização interna da Administração Direta e das entidades administrativas de direito público, provido por servidor estatutário, com denominação, direitos, deveres e sistemas de remuneração previstos em lei.

Por sua vez, o emprego público é o vínculo contratual estabelecido entre os servidores celetistas e as entidades administrativas de direito privado.

Já a função pública é o conjunto de atribuições conferidas aos agentes públicos pela lei. Nesses termos, todos os ocupantes de cargos ou de empregos públicos exercem funções administrativas.

Isso não quer dizer que as funções administrativas sejam de exclusividade dos servidores públicos estatutários e celetistas. Como vimos, excepcionalmente, é possível que a função pública seja exercida independentemente da investidura em cargos ou empregos, a exemplo dos agentes honoríficos (jurados do Tribunal do Júri e mesários eleitorais).

Nos termos do art. 48, X, da CF, **a criação, transformação e extinção de cargos, empregos e funções deve ocorrer, via de regra, por meio de lei.**

A exceção fica por conta do disposto no art. 84, VI, da CF, que admite**, via decreto, a extinção de cargos públicos *vagos*, bem como a transformação de cargos, sem aumento de despesa.**

Quanto à acessibilidade aos cargos, empregos e funções, dispõe a Carta Magna serem eles acessíveis aos brasileiros que preencham os requisitos estabelecidos em lei, assim como aos estrangeiros, na forma da lei. Vejamos:

> Art. 37. (...)
> I – os cargos, empregos e funções públicas são acessíveis **aos brasileiros que preencham os requisitos estabelecidos em lei**, assim como **aos estrangeiros, na forma da lei;**

A Constituição, em sua redação original, não previa a possibilidade de acesso de estrangeiros a cargos públicos, a qual somente foi inserida com a Emenda Constitucional n. 19, norma de eficácia limitada, segundo o STF.

> O Supremo Tribunal Federal fixou entendimento no sentido de que o artigo 37, I, da Constituição do Brasil [redação após a EC n. 19/98], consubstancia, **relativamente**

ao acesso aos cargos públicos por estrangeiros, preceito constitucional dotado de eficácia limitada, dependendo de regulamentação para produzir efeitos, sendo assim, não autoaplicável (RE 544.655-AgR).

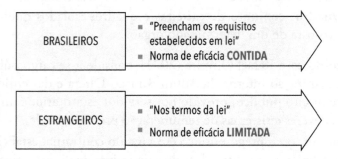

2.2.1 Requisitos para o acesso a cargos ou empregos públicos

Inicialmente, é necessário ressaltar que o estabelecimento de exigências ou condições para o acesso a cargos ou empregos públicos deve ser feito por lei formal. Assim, exigências contidas somente nos editais de concursos não são consideradas válidas.

É o entendimento do STF:

AGRAVO REGIMENTAL EM RECURSO EXTRAORDINÁRIO. CONSTITUCIONAL. ADMINISTRATIVO. CONCURSO PÚBLICO. POLICIAL MILITAR. ALTURA MÍNIMA. PREVISÃO LEGAL. INEXISTÊNCIA. Concurso público. Policial militar. **Exigência de altura mínima. Previsão legal. Inexistência. Edital de concurso. Restrição. Impossibilidade. Somente lei formal pode impor condições para o preenchimento de cargos, empregos ou funções públicas** (STF, RE 400.754).

Não basta, contudo, apenas a previsão legal. Os requisitos, exigências ou condições estabelecidos devem, obrigatoriamente, se mostrar necessários, razoáveis e compatíveis com o desempenho da função pública correspondente, sob pena de inconstitucionalidade.

O STF já considerou constitucional, por exemplo, a fixação de idade mínima e máxima para o ingresso no cargo de policial militar do Distrito Federal. Outras discriminações como sexo, altura etc. também podem ser consideradas legítimas, desde que razoável e proporcional em relação à natureza e à complexidade do cargo.

Quanto às restrições por tatuagem, o STF fixou a tese de repercussão geral de que **"editais de concurso público não podem estabelecer restrição a pessoas com tatuagem, salvo situações excepcionais, em razão de conteúdo que viole valores constitucionais"**.

Em seu voto, o Ministro Fux assinalou que tatuagens que prejudiquem a disciplina e a boa ordem, sejam extremistas, racistas, preconceituosas ou que atentem contra a instituição devem ser coibidas. Observou, por exemplo, que um policial não pode ostentar sinais corporais que signifiquem apologias ao crime ou exaltem organizações criminosas.

Entretanto, não pode ter seu ingresso na corporação impedido apenas porque optou por manifestar-se por meio de pigmentação definitiva no corpo.

Do mesmo modo, **não é legítima a cláusula de edital de concurso que restrinja a participação de candidato pelo simples fato de responder a inquérito ou a ação penal,** *salvo se essa restrição for instituída por lei e se mostrar constitucionalmente adequada* (STF, Plenário, RE 560.900/DF, Rel. Min. Roberto Barroso, j. 5 e 6-2-2020, Repercussão Geral – Tema 22, Info 965).

O STJ, inclusive, já determinou a reintegração de candidato eliminado de concurso policial que havia sido eliminado do certame por ter figurado em processo criminal há 8 anos em virtude do uso de drogas (processo criminal arquivado em razão da extinção da punibilidade).

De acordo com o relator do recurso, Min. Og Fernandes:

Impedir que o recorrente prossiga no certame público para ingresso nas fileiras da Polícia Militar do Distrito Federal, além de revelar uma postura contraditória da própria administração pública – que reputa como inidôneo um candidato que já é integrante dos quadros do serviço público distrital –, **acaba por lhe aplicar uma sanção de caráter perpétuo, dado o grande lastro temporal entre o fato tido como desabonador e o momento da investigação social** (STJ, 2.ª Turma, AREsp 1.806.617/DF, Rel. Min. Og Fernandes, j. 1.º-6-2021, Info 699).

Em uma linha de raciocínio parecida, o Supremo Tribunal Federal estabeleceu ser inconstitucional norma estadual que impede a participação de militares estaduais afastados pela prática de falta grave de prestarem concurso público para a Administração Direta ou Indireta Estadual, sem qualquer delimitação de prazo. Trata-se de sanção de caráter perpétuo, conforme definido na ementa (ADI 2.893, 17-6-2024, Info 1.141):

A norma que nega a policial militar afastado por conta do cometimento de falta grave a possibilidade de um dia retornar aos quadros da Administração Pública direta ou indireta estadual, transpondo ao direito administrativo sancionador, mediante as necessárias adaptações, princípios e garantias próprias do direito penal, introduz previsão de penalidade administrativa de caráter perpétuo, o que é inadmissível à luz do art. 5.º, XLVII, "b", da Constituição Federal.

Vale registrar, ainda, que o candidato que possua qualificação superior à exigida para o cargo, no edital, poderá concorrer no certame. É o caso, por exemplo, de um concurso público em que a lei da carreira e o edital exijam "ensino médio profissionalizante na área, ou ensino médio completo com curso técnico na área" e o candidato possua diploma de nível superior na mesma área profissional.

À luz de uma análise econômica do direito, bem como do princípio da eficiência da Administração Pública, infere-se que a aceitação de titulação superior à exigida traz efeitos benéficos para o serviço público e, consequentemente, para a sociedade brasileira.

Vejamos a tese fixada pelo STJ:

> **O candidato aprovado em concurso público pode assumir cargo que, segundo o edital, exige título de Ensino Médio profissionalizante ou completo com curso técnico em área específica, caso não seja portador desse título mas detenha diploma de nível superior na mesma área profissional** (STJ, 1.ª Seção, REsp 1.888.049/CE, Rel. Min. Og Fernandes, j. 22-9-2021, Recurso Repetitivo – Tema 1094, Info 710).

Além disso, segundo Márcio André Lopes Cavalcante, em concursos públicos, para determinar se um candidato tem direito a participar das vagas reservadas a pessoas negras, o critério deve basear-se nas características físicas visíveis, como a cor da pele e traços faciais, em vez da sua herança genética ou ascendência.

Nesse sentido:

> (...) 2. **O entendimento desta Corte Superior é firme no sentido de que o critério de orientação para a confirmação do direito à concorrência especial há de fundar-se no fenótipo e não meramente no genótipo, na ancestralidade do candidato** (AgInt nos EDcl no RMS 69.978/BA, Rel. Min. Paulo Sérgio Domingues, 1.ª Turma, j. 23-10-2023, *DJe* 25-10-2023, Info 14 – Edição Especial).

> **Mas, professor, é possível um concurso público com percentual mínimo de cargos destinados a mulheres?**

Sim.

Inclusive, o Supremo Tribunal Federal analisou um caso em que lei do Estado do Amazonas previa um percentual mínimo de 10% (dez por cento) das vagas previstas no concurso para pessoas do sexo feminino.

Nesse caso, a Corte Suprema validou a norma e a interpretou no sentido de que as mulheres devem concorrer a todas as vagas e não apenas ao percentual criado. É dizer: no caso concreto, **no mínimo**, 10% (dez por cento) das vagas deveriam ser destinadas às mulheres, sendo certo que estas concorrem a todas as vagas do certame, por ser esta uma política afirmativa.

> Ação Direta de Inconstitucionalidade conhecida e julgada procedente para conferir interpretação conforme à Constituição ao art. 2.º, § 2.º, da Lei n. 3.498, de 19 de abril

de 2010, do Estado do Amazonas, na redação que lhe foi conferida pela Lei estadual n. 5.671, de 8 de novembro de 2021, a fim de se afastar qualquer exegese que admita restrição à participação de candidatas do sexo feminino nos concursos públicos para combatentes da corporação militar, **sendo-lhes assegurado o direito de concorrer à totalidade das vagas oferecidas nos certames, para além da reserva de 10% (dez por cento) de vagas exclusivas, estabelecida pelo dispositivo que deve ser reconhecido como política de ação afirmativa** (ADI 7.492, Rel. Cristiano Zanin, Tribunal Pleno, j. 14-2-2024, *DJe*-s/n, Divulg. 5-4-2024, Public. 8-4-2024).

Posteriormente, o Supremo Tribunal Federal pacificou que a reserva legal de percentual de vagas a ser preenchido exclusivamente por mulheres, em concursos públicos da área de segurança pública estadual, **não pode ser interpretada como autorização para impedir que elas possam concorrer à totalidade das vagas oferecidas**.

Assim:

CONSTITUCIONAL E ADMINISTRATIVO. ART. 1.º, § 1.º, DA LEI N. 7.823/2014, DO ESTADO DE SERGIPE. LIMITAÇÃO DE CANDIDATAS DO GÊNERO FEMININO EM CONCURSOS PÚBLICOS NA ÁREA DE SEGURANÇA PÚBLICA. AUSÊNCIA DE JUSTIFICATIVA. OFENSA À IGUALDADE DE GÊNERO. **1. As legislações que restringem a ampla participação de candidatas do sexo feminino, sem previsão legal e legitimamente justificadas, caracterizam afronta à igualdade de gênero**. 2. A norma impugnada possibilita a exclusão da participação de mulheres na concorrência pelo total das vagas oferecidas nos concursos públicos para as carreiras da área de segurança pública do Estado de Sergipe. 3. As legislações que restringem a ampla participação de candidatas do sexo feminino em concursos públicos caracterizam afrontam o princípio da igualdade (CF, art. 5.º). Precedentes específicos desta Suprema Corte. 4. A lei não poderá estabelecer critérios de distinção entre homens e mulheres para acesso a cargos, empregos ou funções públicas, inclusive os da área de segurança pública, exceto quando a natureza do cargo assim o exigir, diante da real e efetiva necessidade. 5. A participação feminina na formação do efetivo das áreas de segurança pública deve ser incentivada mediante ações afirmativa. 6. A norma impugnada confere espaço interpretativo que permite restrição ao acesso de candidatas do sexo feminino à totalidade das vagas ofertadas, sem qualquer justificativa real e tecnicamente demonstrada. **É vedada a interpretação que legitime a imposição de qualquer limitação à participação de candidatas do sexo feminino nos certames da área de segurança pública estadual**. 7. Ação Direta julgada procedente para conferir interpretação conforme à Constituição, a fim de afastar qualquer exegese que admita restrição à participação de candidatas do sexo feminino. Modulação de efeitos (ADI 7.480, Rel. Alexandre de Moraes, Tribunal Pleno, j. 13-5-2024, *DJe*-s/n, Divulg. 17-5-2024, Public. 20-5-2024).

> **E quanto às restrições nos concursos para beneficiar candidatos do Estado onde se realiza o certame? Seriam possíveis?**

Não.

Esse é um tema polêmico e que passa por discussões em diversos entes, eis que os concursos públicos estão com abrangência cada vez mais nacional. O acesso à informação e a facilidade da disseminação das notícias relativas aos concursos e bancas examinadoras permitem que candidatos do Brasil todo realizem certames, ainda que locais.

Tal situação acaba gerando uma natural renúncia dos candidatos quando tomam posse no cargo, eis que também são aprovados em certames mais próximos ao seu local de interesse.

Assim, o Estado da Paraíba editou lei que previa um percentual de bônus na nota de classificação para candidatos a cargos de segurança pública que fossem naturais residentes do seu território.

O Supremo Tribunal Federal reconheceu a inconstitucionalidade de tal norma, pois o critério não se justifica em razão do princípio da isonomia:

> AÇÃO DIRETA DE INCONSTITUCIONALIDADE. CONCURSO PÚBLICO. BÔNUS DE 10% NA NOTA AOS CANDIDATOS PARAIBANOS RESIDENTES NA PARAÍBA. LEI ESTADUAL N. 12.753/23 – PB. DISCRIMINAÇÃO ARBITRÁRIA. VIOLAÇÃO AOS PRINCÍPIOS DA IMPESSOALIDADE E DA ISONOMIA. OFENSA AOS ARTS. 5.º, 19, II E 37, II, DA CONSTITUIÇÃO FEDERAL. INCONSTITUCIONALIDADE DECLARADA. AÇÃO DIRETA JULGADA PROCEDENTE. 2. **Discriminação em razão da origem. Critério espacial que não se justifica como discrímen na busca à garantia do fortalecimento da identidade regional no que concerne aos certames da área de segurança pública estadual. 3. Os princípios da administração pública da isonomia e da vedação à desigualdade entre brasileiros são corolários da igualdade perante a lei, vedadas distinções de qualquer natureza ou preferências que ofendam àqueles que preencham os requisitos legais para a investidura em cargo ou emprego público.** 4. A imposição legal de critérios de distinção entre os candidatos é admitida tão somente quando acompanhada da devida justificativa em razão de interesse público e/ou em decorrência da natureza e das atribuições do cargo ou emprego a ser preenchido. 5. Ação direta de inconstitucionalidade julgada procedente para declarar a inconstitucionalidade da Lei 12.753/2023, do Estado da Paraíba (ADI 7.458, Rel. Gilmar Mendes, Tribunal Pleno, j. 12-12-2023, *DJe*-s/n, Divulg. 8-1-2024, Public. 9-1-2024, Info 1120).

2.2.2 Formas de provimento dos cargos públicos

Provimento é o ato administrativo constitutivo apto a promover o ingresso no cargo público, ou seja, é o ato administrativo de preenchimento dos cargos públicos vagos (OLIVEIRA, 2021, p.746).

O provimento pode ser de caráter **efetivo** – quando destinado a preencher o cargo público de forma permanente, uma vez que assegurada a estabilidade ou vitaliciedade ao ocupante; ou em **comissão** – quando destinado a preencher cargos em comissão, cuja nomeação e exoneração é livre ao administrador.

Pode, ainda, ser **originário** – quando é iniciada nova relação estatutária ou, em outras palavras, quando o indivíduo não possui relação anterior com o cargo para o qual foi inserido. Ou pode ser **derivado** – diz respeito ao servidor que já possui vínculo com cargos da mesma entidade (ex.: promoção).

O provimento derivado, a seu turno, poderá ocorrer de três maneiras:

PROVIMENTO	VERTICAL: promoção e ascensão
	HORIZONTAL: readaptação, reintegração, reversão
	REINGRESSO

De acordo com o art. 8.º da Lei n. 8.112/90, são formas de provimento:

- **NOMEAÇÃO:** é a única forma de provimento originário, dependendo de prévia aprovação em concurso público de provas ou de provas e títulos, nos termos da Constituição, para os cargos efetivos e vitalícios (ressalvadas as exceções constitucionais). Para os cargos em comissão, não há necessidade de aprovação em concurso. Nos termos da Súmula 16 do STF: "Funcionário nomeado por concurso tem direito à posse".
- **PROMOÇÃO:** é o deslocamento do servidor de cargo de classe inferior para outro de classe superior, dentro de uma mesma carreira. Trata-se da chamada progressão funcional.
- **READAPTAÇÃO:** é o provimento derivado do servidor para cargo com atribuições e responsabilidades compatíveis com a limitação que houver sofrido em sua capacidade física ou mental, verificada por perícia médica.

ATENÇÃO!

A Emenda Constitucional n. 103/2019 inseriu previsão expressa da readaptação no texto constitucional. Vejamos:

Art. 37. (...)

§ 13. O servidor público titular de cargo efetivo poderá ser readaptado para exercício de cargo cujas atribuições e responsabilidades sejam compatíveis com a limitação que tenha sofrido em sua capacidade física ou mental, enquanto permanecer nesta condição, desde que possua a habilitação e o nível de escolaridade exigidos para o cargo de destino, mantida a remuneração do cargo de origem.

- **REVERSÃO:** é o retorno à atividade do servidor aposentado por invalidez, quando junta médica oficial declarar insubsistentes os motivos da aposentadoria; ou quando declarada a ilegalidade do ato de concessão de aposentadoria.
- **APROVEITAMENTO:** é o retorno à atividade de servidor em disponibilidade, obrigatoriamente em cargo de atribuições e vencimentos compatíveis com o anteriormente ocupado. Se o cargo houver sido extinto, o servidor estável permanecerá em disponibilidade, com remuneração.
- **REINTEGRAÇÃO:** é a reinvestidura do servidor estável no cargo anteriormente ocupado, ou no cargo resultante de sua transformação, quando invalidada a sua demissão por decisão administrativa ou judicial, com ressarcimento de todas as vantagens. Na hipótese de o cargo ter sido extinto, o servidor ficará em disponibilidade. Encontrando-se provido o cargo, o seu eventual ocupante será reconduzido ao cargo de origem, sem direito à indenização ou aproveitado em outro cargo, ou, ainda, posto em disponibilidade.
- **RECONDUÇÃO:** é o retorno do servidor estável ao cargo anteriormente ocupado e decorrerá de: inabilitação em estágio probatório relativo a outro cargo; ou reintegração do anterior ocupante. Encontrando-se provido o cargo de origem o servidor será aproveitado em outro.

A Lei previa, ainda, o provimento mediante transferência e ascensão (ou transposição), todavia, estas formas de provimento derivado foram declaradas inconstitucionais pelo STF, sob o fundamento de que permitiam a investidura do servidor em cargo público sem prévia aprovação em concurso.

Nesses termos, a Súmula Vinculante 43:

> **Súmula Vinculante 43:** É inconstitucional toda modalidade de provimento que propicie ao servidor investir-se, sem prévia aprovação em concurso público destinado ao seu provimento, em cargo que não integra a carreira na qual anteriormente investido.

A transferência dizia respeito à passagem do servidor estável de cargo efetivo para outro de igual denominação, pertencente a quadro de pessoal diverso, de órgão ou instituição do mesmo Poder (ex.: servidor do Piauí sendo transferido para o mesmo cargo no Ceará).

Na ascensão, por sua vez, o servidor deixava o cargo de classe mais elevada de uma carreira para ingressar em cargo da classe inicial de carreira diversa.

2.3 Investidura

A investidura em cargo ou emprego público depende de prévia aprovação em concurso público, o qual pode ser de provas ou de provas e títulos, a depender da natureza e da complexidade do cargo ou emprego.

A realização de concurso público é um imperativo dos princípios constitucionais estabelecidos para a Administração Pública: legalidade, impessoalidade, moralidade, publicidade e eficiência. Visa, assim, evitar que as contratações sejam feitas com base em preferências pessoais ou em interesses ilegítimos que destoem do interesse público, assegurando, ainda, o princípio da isonomia.

A realização de concurso público é decorrência do princípio republicano (República = Coisa Pública), o qual preconiza que o interesse público é que não haja privilégios na contratação de servidores mas que todos tenham iguais oportunidades.

Visando pôr termo a práticas de nepotismo e protecionismo que não atendiam ao interesse público, e, assim, consagrar a isonomia no processo de seleção de pessoal para a Administração, o legislador constituinte estabeleceu a regra do concurso público, pautada em critérios objetivos e isonômicos.

> Art. 37. (...)
>
> I – a investidura em cargo ou emprego público depende de aprovação prévia em concurso público de provas ou de provas e títulos, de acordo com a natureza e a complexidade do cargo ou emprego, na forma prevista em lei, **ressalvadas as nomeações para cargo em comissão declarado em lei de livre nomeação e exoneração;**

Excepcionalmente, admite a Constituição a investidura em cargo ou emprego público sem concurso. São os casos de:

- **cargos em comissão;**
- **funções de confiança;**
- **contratações temporárias** (nos termos do art. 37, IX, da CF, o ingresso dar-se-á mediante processo seletivo simplificado);
- **contratação de agentes comunitários de saúde e de combate a endemias** (conforme dispõe o art. 198, § 4.º, da CF, serão admitidos por meio de processo seletivo público, de acordo com a natureza e

complexidade de suas atribuições e requisitos específicos para sua atuação);

- **magistrados que ingressam nos Tribunais pelo quinto constitucional;**
- **agentes políticos.**

No âmbito federal, a Lei n. 8.112/90, que estabelece o regime jurídico a ser observado pela administração direta, autarquias e fundações públicas da União para o provimento de cargos públicos (regime estatutário), temos as seguintes regras no que tange à exigência de concurso público:

> Art. 10. A nomeação para cargo de carreira ou cargo isolado de provimento efetivo depende de prévia habilitação em concurso público de provas ou de provas e títulos, obedecidos a ordem de classificação e o prazo de sua validade.
>
> Parágrafo único. Os demais requisitos para o ingresso e o desenvolvimento do servidor na carreira, mediante promoção, serão estabelecidos pela lei que fixar as diretrizes do sistema de carreira na Administração Pública Federal e seus regulamentos.
>
> Art. 11. O concurso será de provas ou de provas e títulos, podendo ser realizado em duas etapas, conforme dispuserem a lei e o regulamento do respectivo plano de carreira, condicionada a inscrição do candidato ao pagamento do valor fixado no edital, quando indispensável ao seu custeio, e ressalvadas as hipóteses de isenção nele expressamente previstas.

De acordo com a Constituição, o concurso público terá prazo de validade de *até* dois anos, prorrogável uma vez, por igual período. Ou seja, se o prazo inicial previsto para o concurso foi de 1 ano, será prorrogável por mais 1 ano.

Esse prazo é contado apenas a **partir da data de homologação do concurso.**

> III - o prazo de validade do concurso público será de até dois anos, prorrogável uma vez, por igual período;
> IV - durante o prazo improrrogável previsto no edital de convocação, aquele aprovado em concurso público de provas ou de provas e títulos será convocado com prioridade sobre novos concursados para assumir cargo ou emprego, na carreira;

O STJ já assentou sua jurisprudência no sentido de que o prazo decadencial de 120 dias para impetração de mandado de segurança para a impugnação da ausência de nomeação tem início com a expiração do prazo de validade do certame, pois é nesse momento que se consolida a lesão:

> OMISSÃO DA ADMINISTRAÇÃO EM NOMEAR CANDIDATO DENTRO DA VALIDADE DO CERTAME. PRAZO DECADENCIAL PARA IMPETRAÇÃO DO MANDADO DE SEGURANÇA. DATA DA EXPIRAÇÃO DA VALIDADE DO CERTAME (...) **Esta Corte orienta-se no sentido de que o prazo decadencial para se impetrar Mandado de Segurança contra omissão da Administração em nomear candidato aprovado em concurso público é a data de expiração da validade do certame** (AgInt no RMS 36.033/MA, Rel. Min. Regina Helena Costa, Primeira Turma, j. 14-3-2017, *DJe* 22-3-2017).

Caso o interessado opte pelas vias ordinárias, o prazo de prescrição incidente para o direito de ação contra quaisquer atos *relativos a concursos federais* não será o de 5 anos previsto pelo art. 1.º do Decreto n. 20.910/32, mas tão só de 1 ano, face a existência de lei especial a reger a matéria, a Lei n. 7.144/83:

> **Art. 1.º Prescreve em 1 (um) ano, a contar da data em que for publicada a homologação do resultado final, o direito de ação contra quaisquer atos relativos a concursos para provimento de cargos e empregos na Administração Federal Direta e nas Autarquias Federais.**

2.3.1 Vedação ao nepotismo

Como vimos, o princípio do concurso público visa impedir a prática do nepotismo, consistente na nomeação de cônjuge, companheiro ou parente em linha reta, colateral ou por afinidade, até o terceiro grau, inclusive, da autoridade nomeante ou de servidor da mesma pessoa jurídica investido em cargo de direção, chefia ou assessoramento, para o exercício de cargo em comissão ou de confiança ou, ainda, de função gratificada na administração pública direta e indireta em qualquer dos poderes da União, dos Estados, do Distrito Federal e dos Municípios, compreendido o ajuste mediante designações recíprocas, tida por violadora da Constituição, nos termos da Súmula Vinculante 13.

> **Súmula Vinculante 13:** A nomeação de cônjuge, companheiro ou parente em linha reta, colateral ou por afinidade, até o terceiro grau, inclusive, da autoridade nomeante ou de servidor da mesma pessoa jurídica investido em cargo de direção, chefia ou assessoramento, para o exercício de cargo em comissão ou de confiança ou, ainda, de função gratificada na administração pública direta e indireta em qualquer dos poderes da União, dos Estados, do Distrito Federal e dos Municípios, compreendido o ajuste mediante designações recíprocas, viola a Constituição Federal.

A vedação ao nepotismo decorre diretamente do art. 37, *caput*, da CF, em especial dos princípios da impessoalidade e da moralidade, os quais informam sobremaneira a conduta retilínea e ética a ser exigida da Administração

Pública nacional. Como decorre diretamente do texto constitucional, **o nepotismo não exige a edição de lei formal proibindo sua prática** (STF, Rcl 6.702/PR-MC-Ag).

O nepotismo é vedado em qualquer dos Poderes (Executivo, Legislativo e Judiciário), independentemente de previsão expressa em diploma legislativo. Por essa razão, entende o STF que:

> **Leis que tratam dos casos de vedação a nepotismo não são de iniciativa exclusiva do Chefe do Poder Executivo** (Tese de Repercussão Geral definida no RE 570.392, Rel. Min. Cármen Lúcia, j. 11-12-2014, *DJe* 19-2-2015, Tema 29).

Saliente-se que **a vedação ao nepotismo, contudo, não alcança servidores de provimento efetivo** (STF, ADI 524/ES):

> Evidente que **se devem retirar da incidência da norma os servidores admitidos mediante concurso público, ocupantes de cargo de provimento efetivo. A norma antinepotismo deve incidir sobre cargos de provimento em comissão, as funções gratificadas e os cargos de direção e assessoramento** (Trecho do Voto do Min. Celso de Mello no julgamento da ADI 524/ES).

O STF tem afastado, ainda, a aplicação da Súmula Vinculante 13 a cargos públicos de natureza política, como são os cargos de Secretário Estadual e Municipal.

> A nomeação do cônjuge de prefeito para o cargo de Secretário Municipal, por se tratar de cargo público de natureza política, por si só, não caracteriza ato de improbidade administrativa (STF, 2.ª Turma, Rcl 22.339 AgR/SP, Rel. Min. Edson Fachin, red. p/ o ac. Min. Gilmar Mendes, j. 4-9-2018 (Info 914).

Excepcionalmente, mesmo em caso de cargos políticos, será possível considerar a nomeação indevida nas hipóteses de: *nepotismo cruzado; fraude à lei; e inequívoca falta de razoabilidade da indicação*, **por manifesta ausência de qualificação técnica ou por inidoneidade moral do nomeado.**

A doutrina, de um modo geral, repele o enquadramento dos Conselheiros dos Tribunais de Contas na categoria de agentes políticos, os quais, como regra, estão fora do alcance da Súmula Vinculante 13, salvo nas exceções acima assinaladas, quais sejam, as hipóteses de nepotismo cruzado ou de fraude à lei (Rcl 6702 MC-AgR, Rel. Min. Ricardo Lewandowski, Tribunal Pleno, j. 4-3-2009).

É inconstitucional, ademais, de acordo com o Supremo, lei estadual que excepcione a vedação da prática do nepotismo, permitindo que sejam nomeados para cargos em comissão ou funções gratificadas até dois parentes das autoridades estaduais, além do cônjuge do Governador.

"Ação direta de inconstitucionalidade. Parágrafo único do art. 1.º da Lei n. 13.145/1997 do Estado de Goiás. **Criação de exceções ao óbice da prática de atos de nepotismo. Vício material. Ofensa aos princípios da impessoalidade, da eficiência, da igualdade e da moralidade. Procedência da ação. (...) em decorrência direta da aplicação dos princípios da impessoalidade, da eficiência, da igualdade e da moralidade, a cláusula vedadora da prática de nepotismo no seio da Administração Pública, ou de qualquer dos Poderes da República, tem incidência verticalizada e imediata, independentemente de previsão expressa em diploma legislativo. 3. A previsão impugnada, ao permitir (excepcionar), relativamente a cargos em comissão ou funções gratificadas, a nomeação, a admissão ou a permanência de até dois parentes das autoridades mencionadas no *caput* do art. 1.º da Lei estadual n. 13.145/1997 e do cônjuge do chefe do Poder Executivo, além de subverter o intuito moralizador inicial da norma, ofende irremediavelmente a Constituição Federal**" (STF, ADI 3.745/GO).

CARGOS POLÍTICOS	
Regra Geral	Não se aplica a vedação ao nepotismo (Súmula Vinculante 13)
Exceções	Aplica-se a Súmula Vinculante 13 nas hipóteses de: ■ Nepotismo cruzado; ■ Fraude à lei; e ■ Inequívoca falta de razoabilidade da indicação, por manifesta ausência de qualificação técnica ou inidoneidade moral do nomeado.

2.3.2 Exame psicotécnico

Tanto para o STF quanto para o STJ, o exame psicotécnico só pode ser exigido se houver previsão legal, devendo, necessariamente, ser realizado tendo por base critérios objetivos e de reconhecido caráter científico, com a correlata publicidade nos resultados e possibilidade de interposição de recurso.

Exame psicotécnico. Necessidade de previsão legal e editalícia. (...) O Tribunal, no julgamento do AI n. 758.533/MG, Relator o Ministro Gilmar Mendes, **assentou ser possível a exigência de teste psicotécnico como condição de ingresso no serviço público, desde que: i) haja previsão no edital regulamentador do certame e em lei; ii) que referido exame seja realizado mediante critérios objetivos e iii) que se confira publicidade aos resultados da avaliação, a fim de viabilizar sua eventual impugnação** (STF, ARE 939.826 AgR, Rel. Min. Dias Toffoli, Segunda Turma, j. 26-5-2017, *DJe* 20-6-2017).

É o que dispõe as Súmulas:

> **Súmula Vinculante 44:** Só por lei se pode sujeitar a exame psicotécnico a habilitação de candidato a cargo público.
> **Súmula 686 do STF:** Só por lei se pode sujeitar a exame psicotécnico a habilitação de candidato a cargo público.

2.3.3 Teste de aptidão física

Segundo a jurisprudência do STF, os candidatos em concurso público não têm direito à prova de segunda chamada nos testes de aptidão física em razão de circunstâncias pessoais, ainda que de caráter fisiológico ou de força maior, salvo contrária disposição editalícia (RE 630.733).

A remarcação da prova violaria o princípio da isonomia, além de onerar sobremaneira a Administração, a qual ficaria à mercê de situações adversas para colocar fim ao certame.

No caso da candidata gestante e da candidata lactante, contudo, a situação é diversa.

Após oscilar sobre o tema, os Tribunais Superiores pacificaram o entendimento no sentido de que *MESMO QUE O EDITAL PROÍBA EXPRESSAMENTE*, a gestante terá direito à remarcação do teste.

> **É constitucional a remarcação do teste de aptidão física de candidata que esteja grávida à época de sua realização, independentemente da previsão expressa em edital do concurso público** (Tese de Repercussão Geral firmada pelo STF no RE 1.058.333/PR, em 21-11-2018).

O STJ, por sua vez, usando dos mesmos fundamentos do STF, concedeu o direito à remarcação de curso de formação para a candidata lactante (que esteja amamentando), independente de previsão editalícia.

> **É constitucional a remarcação de curso de formação para o cargo de agente penitenciário feminino de candidata que esteja lactante à época de sua realização, independentemente da previsão expressa em edital do concurso público** (STJ, RMS 52.662/MG, j. 26-3-2019, Info 645).

De acordo com os Tribunais, há outros valores constitucionalmente protegidos (saúde, maternidade, família e planejamento familiar), de forma que a condição de gestante ou de lactante goza de proteção constitucional reforçada.

A gravidez não pode causar prejuízos às candidatas, sob pena de ferir os princípios da isonomia e da razoabilidade. Nem é razoável ou proporcional exigir que a candidata realize esforço na fase gestacional.

Quanto aos candidatos com deficiência, o STF entende ser **inconstitucional a submissão genérica de candidatos com e sem deficiência aos mesmos critérios em provas físicas, sem a demonstração da sua necessidade para o exercício da função pública** (STF, Plenário, ADI 6.476/DF, Rel. Min. Roberto Barroso, j. 3-9-2021, Info 1028).

É, ademais, **inconstitucional a interpretação que exclui o direito de candidatos com deficiência à adaptação razoável em provas físicas de concursos públicos.**

Vale lembrar que a Constituição Federal assegurou proteção às pessoas com deficiência, a qual é reforçada e corroborada pela *Convenção de Nova York* (Convenção Internacional sobre os Direitos das Pessoas com Deficiência), *incorporada ao ordenamento jurídico pátrio com o* status *de emenda constitucional.*

Nos termos do artigo 2 da Convenção, "adaptação razoável" diz respeito às modificações e os ajustes necessários e adequados que não acarretem ônus desproporcional ou indevido, quando requeridos em cada caso, a fim de assegurar que as pessoas com deficiência possam gozar ou exercer, em igualdade de oportunidades com as demais pessoas, todos os direitos humanos e liberdades fundamentais.

Excluir o direito dos candidatos com deficiência à adaptação razoável em provas físicas de concursos públicos implica, portanto, *discriminação indireta*, rechaçada pelo ordenamento jurídico pátrio.

A discriminação pode ser direta ou indireta: a discriminação direta assume um dos critérios de diferenciação vistos acima para gerar desvantagem de modo desigual e injusto; a discriminação indireta adota critério aparentemente neutro, mas que implica em desvantagem maior para os que pertencem a determinado grupo. (...)

A discriminação indireta é mais sutil: consiste na adoção de critério aparentemente neutro (e, então, justificável), mas que, na situação analisada, possui impacto negativo desproporcional em relação a determinado segmento vulnerável. A discriminação indireta levou à consolidação da teoria do impacto desproporcional, pela qual é vedada toda e qualquer conduta (inclusive legislativa) que, ainda que não possua intenção de discriminação, gere, na prática, efeitos negativos sobre determinados grupos ou indivíduos (RAMOS, André de Carvalho. *Curso de direitos humanos.* 8. ed. São Paulo: Saraiva, 2021).

2.3.4 Sistema de cotas raciais

A Lei n. 12.990/2014 estabeleceu a reserva de 20% (vinte por cento) das vagas para concursos públicos de cargos efetivos e empregos públicos no âmbito da administração direta e indireta federal para negros. Tal determinação teria validade de 10 (dez) anos, a contar da publicação da referida norma.

Logo, em junho de 2024, não mais seria válida tal determinação.

O Supremo Tribunal Federal, então, após o manejo de ação direta de inconstitucionalidade que alegava a ausência da efetiva implementação da política afirmativa de inclusão social, deu interpretação conforme à Constituição Federal para reconhecer que o prazo de 10 (dez) anos previsto em lei seja visto como marco temporal para avaliação da eficácia da ação afirmativa, determinação de prorrogação e/ou realinhamento e, caso atingido seu objetivo, previsão de medidas para seu encerramento.

Afastou-se, portanto, a interpretação que extinga abruptamente as cotas raciais previstas na Lei n. 12.990/2014. Ou seja, tais cotas permanecerão sendo observadas até que se conclua o processo legislativo de competência do Congresso Nacional e, subsequentemente, do Poder Executivo.

Havendo essa conclusão, prevalecerá a nova deliberação do Poder Legislativo, sendo reavaliado o conteúdo da decisão cautelar proferida pelo Supremo Tribunal Federal (ADI 7.654 MC-Ref).

2.3.5 Cláusula de barreira

Alguns concursos preveem a chamada "cláusula de barreira", norma editalícia que prevê a eliminação dos candidatos que, apesarem de terem obtido nota mínima suficiente para aprovação, não ficaram classificados entre os melhores candidatos correspondentes a um percentual do número de vagas oferecidas (ex.: editais que preveem que só passarão para a etapa seguinte os 300 candidatos com maior nota, respeitados os empates na última colocação).

Para o STF, é constitucional a regra denominada "cláusula de barreira", inserida em edital de concurso público, que limita o número de candidatos participantes de cada fase da disputa, com o intuito de selecionar apenas os concorrentes mais bem classificados para prosseguir no certame (RE 635.739/AL, Rel. Min. Gilmar Mendes, j. 19-2-2014).

2.3.6 Contratação irregular: consequências da não realização de concurso público

Como vimos, as contratações devem observar a regra da realização do concurso público. A não realização do certame para as hipóteses em que a Constituição Federal prevê a sua obrigatoriedade, além de constituir, em tese, ato de improbidade administrativa, tem como consequência lógica a declaração de nulidade do vínculo, com a consequente retirada imediata da pessoa dos quadros da Administração, eis que nunca aperfeiçoada relação jurídica funcional entre os sujeitos.

A declaração de nulidade do ato produz efeitos *ex tunc*, ou seja, retroativos. Todavia, é assegurado ao contratado irregular o direito ao recebimento dos salários referentes ao período trabalhado (sob pena de enriquecimento ilícito da Administração), bem como direito ao levantamento dos depósitos efetuados no FGTS.

> É nula a contratação de pessoal pela Administração Pública sem a observância de prévia aprovação em concurso público, razão pela qual não gera quaisquer efeitos jurídicos válidos em relação aos empregados eventualmente contratados, *ressalvados os direitos à percepção dos salários referentes ao período trabalhado e, nos termos do art. 19-A da Lei n. 8.036/1990, ao levantamento dos depósitos efetuados no Fundo de Garantia do Tempo de Serviço – FGTS* (RE 705.140/RS, Plenário, Rel. Min. Teori Zavascki, j. 28-8-2014).

2.3.7 Aprovação em concurso e direito à nomeação

De início, é preciso distinguir duas situações:

- Candidato aprovado **dentro** do número de vagas previstas no edital: possui o **direito subjetivo** de ser nomeado e empossado dentro do período de validade do certame.
- Candidato aprovado **fora** do número de vagas previstas no edital: não há direito subjetivo, mas mera **expectativa de direito.**

A aprovação de um candidato **dentro do número de vagas previstas no edital** do concurso público, faz exsurgir **o direito subjetivo de ser nomeado e empossado dentro do período de validade do certame** (STF, RE 598.099/MS). A Administração, todavia, será livre para escolher o momento da nomeação, segundo critérios de conveniência e oportunidade, desde que respeitado o prazo de validade do certame.

Há, entretanto, situações *excepcionalíssimas* nas quais, ainda que aprovado dentro das vagas, o candidato não será nomeado.

> Quer dizer que, mesmo aprovado(a) dentro das vagas, ainda corro o risco de não ser nomeado(a)?

Infelizmente, sim.

No julgamento do RE 598.099, o STF consignou que existem algumas situações **excepcionalíssimas** nas quais o candidato não será nomeado mesmo tendo sido aprovado dentro do número de vagas.

Quando se afirma que a Administração Pública tem a obrigação de nomear os aprovados dentro do número de vagas previsto no edital, deve-se levar em consideração a possibilidade de situações excepcionalíssimas que justifiquem soluções diferenciadas, devidamente motivadas de acordo com o interesse público.

Não se pode ignorar que determinadas situações excepcionais podem exigir a recusa da Administração Pública de nomear novos servidores.

Para justificar o excepcionalíssimo não cumprimento do dever de nomeação por parte da Administração Pública, é necessário que a situação justificadora seja dotada das seguintes características:

a) **Superveniência:** os eventuais fatos ensejadores de uma situação excepcional devem ser necessariamente posteriores à publicação do edital do certame público;

b) **Imprevisibilidade:** a situação deve ser determinada por circunstâncias extraordinárias, imprevisíveis à época da publicação do edital;

c) **Gravidade:** os acontecimentos extraordinários e imprevisíveis devem ser extremamente graves, implicando onerosidade excessiva, dificuldade ou mesmo impossibilidade de cumprimento efetivo das regras do edital;

d) **Necessidade:** a solução drástica e excepcional de não cumprimento do dever de nomeação deve ser extremamente necessária, de forma que a Administração somente pode adotar tal medida quando absolutamente não existirem outros meios menos gravosos para lidar com a situação excepcional e imprevisível.

De toda forma, a recusa de nomear candidato aprovado dentro do número de vagas deve ser **devidamente motivada** e, dessa forma, **passível de controle pelo Poder Judiciário** (STF, Plenário, RE 598.099, Rel. Min. Gilmar Mendes, j. 10-8-2011).

A pandemia da Covid-19 é uma dessas situações excepcionalíssimas? **N-Á-O!**

Para o STJ, a recusa à nomeação dos candidatos aprovados dentro do número de vagas deve ser a última das alternativas, somente sendo adotada quando realmente já não houver outra saída para a Administração Pública. A alegação de pandemia, de crise econômica ou mesmo o atingimento do limite prudencial para despesas de pessoal *não* são "situações excepcionalíssimas" a afastar o direito subjetivo à nomeação.

Para a recusa à nomeação de aprovados dentro do número de vagas em concurso público devem ficar comprovadas as situações excepcionais elencadas pelo Supremo Tribunal Federal no RE 598.099/MS, não sendo suficiente a alegação de estado das coisas pandemia, crise econômica, limite prudencial atingido para despesas com pessoal, tampouco o alerta da Corte de Contas acerca do chamado limite prudencial (STJ, 1.ª Turma, RMS 66.316/SP, Rel. Min. Manoel Erhardt, Desembargador convocado do TRF da 5.ª Região, j. 19-10-2021 (Info 715).

A situação do candidato aprovado fora das vagas previstas no edital, como vimos, é diferente. Nesse caso, a aprovação não confere, por si só, o direito subjetivo à nomeação, mas apenas expectativa de direito. Apenas com a nomeação exsurge tal direito, nos termos do entendimento sumulado pelo STF:

> **Súmula 16 do STF:** Funcionário nomeado por concurso tem direito à posse.

Há hipóteses, contudo, como a de inobservância pela Administração da ordem de classificação, que transmudam a expectativa de direito para direito subjetivo. Isto porque, ao convocar um candidato com classificação inferior, a Administração demonstrou, inequivocamente, a necessidade de contratação de pessoal.

> **Súmula 15 do STF:** Dentro do prazo de validade do concurso, o candidato aprovado tem o direito à nomeação, quando o cargo for preenchido sem a observância da classificação.

ATENÇÃO!

Não configura preterição ilegal e arbitrária, nem enseja, portanto, direito a provimento em cargo público em favor de candidato aprovado em cadastro de reserva, a contratação temporária de terceiros determinada por decisão judicial.

É dizer, se houve determinação judicial para que o Município fizesse contratação temporária em razão da Covid-19, não se pode dizer que isso configure preterição ilegal de pessoa aprovada no concurso para o mesmo cargo, sendo que o certame era para cadastro de reserva (STJ, 2.ª Turma, RMS 65.757/RJ, Rel. Min. Mauro Campbell Marques, j. 4-5-2021, Info 695).

Por cristalina, vejamos a seguinte Tese de Repercussão Geral (RE 837.311 – Tema 784) fixada pelo STF quanto ao tema:

> **O surgimento de novas vagas ou a abertura de novo concurso para o mesmo cargo, durante o prazo de validade do certame anterior, não gera automaticamente o direito à nomeação dos candidatos aprovados fora das vagas previstas no edital, ressalvadas as hipóteses de preterição arbitrária e imotivada por parte da administração,** caracterizada por comportamento tácito ou expresso do Poder Público capaz de revelar a **inequívoca necessidade de nomeação do aprovado durante o período de validade do certame,** a ser demonstrada de forma cabal pelo candidato.
>
> Assim, o direito subjetivo à nomeação do candidato aprovado em concurso público exsurge nas seguintes hipóteses:
>
> I – *Quando a aprovação ocorrer dentro do número de vagas dentro do edital;*

> II – *Quando houver preterição na nomeação por não observância da ordem de classificação;*
>
> III – *Quando surgirem novas vagas, ou for aberto novo concurso durante a validade do certame anterior, e ocorrer a preterição de candidatos de forma arbitrária e imotivada por parte da administração nos termos acima.*

O tão só surgimento de novas vagas ou a abertura de novo concurso para o mesmo cargo, durante o prazo de validade do certame anterior, portanto, não gera automaticamente o direito à nomeação dos candidatos aprovados *fora das vagas* previstas no edital.

O STJ, por meio de sua 1.ª Seção, pacificou o tema consignando que o candidato aprovado em concurso público fora do número de vagas tem direito subjetivo à nomeação caso surjam novas vagas durante o prazo de validade do certame, haja manifestação inequívoca da administração sobre a necessidade de seu provimento e não tenha restrição orçamentária (MS 22.813/DF, j. 13-6-2018, Info 630).

Em síntese:

Surgimento de novas vagas
+
necessidade do provimento
+
inexistência de restrição orçamentária
=
direito subjetivo à nomeação

Ressalte-se, ainda, que a preterição do candidato precisa ocorrer **na vigência do certame**. O Supremo Tribunal Federal, no âmbito do RE 766.304, Rel. Min. Marco Aurélio, Redator do acórdão Min. Edson Fachin, julgamento em 2-5-2024, fixou a seguinte tese de repercussão geral:

> A ação judicial visando ao reconhecimento do direito à nomeação de candidato aprovado fora das vagas previstas no edital (cadastro de reserva) deve ter por causa de pedir preterição ocorrida na vigência do certame.

Quanto aos candidatos aprovados dentro do número de vagas, vale lembrar, já há direito subjetivo. Todavia, a violação ao seu direito só será configurada se, expirado o prazo de validade do certame, não for nomeado.

Como vimos, aliás, o STJ já assentou sua jurisprudência no sentido de que o prazo decadencial de 120 dias para impetração de Mandado de Segurança para a impugnação da ausência de nomeação tem início apenas com a expiração do prazo de validade do certame, momento no qual resta configurada a lesão.

Para os candidatos aprovados fora das vagas previstas no edital, o direito subjetivo somente surgirá caso seja inobservada a ordem de classificação (nos termos da Súmula 15 do STF, que acabamos de ver); ou quando surgirem novas vagas, ou for aberto novo concurso durante a validade do certame anterior, e ocorrer a preterição de candidatos de forma arbitrária e imotivada por parte da administração; ou quando surgirem novas vagas, for comprovada a necessidade do provimento e inexistirem restrições orçamentárias.

Para o STJ, a abertura de novo concurso, enquanto ainda vigente a validade do certame anterior, confere direito líquido e certo a eventuais candidatos cuja classificação seja alcançada pela divulgação das novas vagas, já que é patente a necessidade do serviço.

Registre-se, ainda, que se o candidato, imediatamente anterior na ordem de classificação, for convocado e desistir, o candidato imediatamente posterior tem direito subjetivo à nomeação (ex.: se o concurso só previa 3 vagas e o 3.º colocado foi convocado, mas desistiu, o 4.º colocado, mesmo estando fora das vagas inicialmente previstas, terá direito à nomeação).

Na hipótese de o concurso não prever vagas, apenas Cadastro de Reserva, ainda que o candidato seja o primeiro colocado do referido cadastro, não terá direito à nomeação, devendo ser demonstrada a necessidade ante o surgimento da vaga:

> A orientação atual do STJ é de que o direito à nomeação de candidato aprovado em cadastro de reserva, ainda que na primeira colocação, pressupõe demonstração da presença de necessidade administrativa pelo surgimento de vaga para o cargo, durante o prazo de validade do certame (STF, AgInt no RMS 49.678/MG, Rel. Min. Herman Benjamin, Segunda Turma, *DJe* 9-9-2016).

Se o candidato tomar posse por força de decisão judicial precária (liminar), não é possível a aplicação da teoria do fato consumado ante a superveniência de sua revogação ou modificação.

A posse ou o exercício em cargo público por força de decisão judicial de caráter provisório não implica a manutenção, em definitivo, do candidato que não atende a exigência de prévia aprovação em concurso público (art. 37, II, da CF), valor constitucional que prepondera sobre o interesse individual do candidato, que não pode invocar, na hipótese, o princípio da proteção da confiança legítima, pois conhece a precariedade da medida judicial.

Nesses termos:

> Não é compatível com o regime constitucional de acesso aos cargos públicos a manutenção no cargo, sob fundamento de fato consumado, de candidato não aprovado que nele tomou posse em decorrência de execução provisória de medida liminar ou outro provimento judicial de natureza precária, supervenientemente revogado ou modificado (Tese de Repercussão Geral – Tema 476. STF, RE 608482).

> De acordo com a Teoria do Fato Consumado, as situações jurídicas consolidadas pelo decurso do tempo, amparadas por decisão judicial, não devem ser desconstituídas, em razão do princípio da segurança jurídica e da estabilidade das relações sociais.
>
> Deste modo, se uma decisão judicial precária autorizou determinada situação jurídica e, após um longo período de tempo, constatou-se que tal solução era equivocada, ainda assim não deve ser desconstituída, em prol da segurança jurídica. É uma espécie de convalidação da situação, a princípio, equivocada, pelo decurso do tempo.

Mister salientar, todavia, que, em casos excepcionalíssimos, o STJ já admitiu a aplicação da teoria do fato consumado, por reconhecer que a restauração da estrita legalidade ocasionaria mais danos sociais que a manutenção da situação consolidada pelo decurso do tempo.

O *distinguishing* se deu porque o indivíduo já exercia o cargo por mais de 20 anos, tendo havido a solidificação de situações fáticas ocasionada em razão do excessivo decurso de tempo entre a liminar concedida e os dias atuais, de maneira que, a reversão desse quadro implicaria inexoravelmente em danos desnecessários e irreparáveis ao servidor (STJ, 1.ª Turma, AREsp 883.574/MS, Rel. Min. Napoleão Nunes Maia Filho, j. 20-2-2020, Info 666).

Ademais, os candidatos aprovados em concurso público não têm direito a indenização por danos materiais em razão de alegada demora na nomeação, efetivada apenas após o trânsito em julgado de decisão judicial que reconheceu o direito à investidura.

> Na hipótese de posse em cargo público determinada por decisão judicial, o servidor não faz jus a indenização, sob fundamento de que deveria ter sido investido em momento anterior, salvo situação de arbitrariedade flagrante (Tese de Repercussão Geral – Tema 671. STF, RE 724.347).

Essa nomeação tardia não gera, ademais, direito às promoções ou progressões funcionais que o candidato alcançaria se a nomeação tivesse ocorrido na época correta.

2.3.8 Controle judicial do concurso público

Não compete ao Poder Judiciário, no controle de legalidade, substituir banca examinadora para avaliar respostas dadas pelos candidatos e notas a elas atribuídas. Excepcionalmente, é permitido ao Judiciário juízo de compatibilidade do conteúdo das questões do concurso com o previsto no edital do certame.

> O Poder Judiciário é incompetente para, substituindo-se à banca examinadora de concurso público, reexaminar o conteúdo das questões formuladas e os critérios de correção das provas, consoante pacificado na jurisprudência do STF. (...) ressalvadas as hipóteses em que restar configurado, tal como *in casu*, o erro grosseiro no gabarito apresentado, porquanto caracterizada a ilegalidade do ato praticado pela administração pública (STF, MS 30.859).

Naturalmente, a análise da flagrante ilegalidade vai depender do caso concreto, mas podemos citar o exemplo de uma questão exigida no certame, cujo conteúdo não estava previsto no edital (STJ, AgInt no RMS 68.912/PR). Contudo, pacificou-se que a banca examinadora deve atribuir os pontos ao candidato que – em prova discursiva – respondeu ao item de acordo com a jurisprudência consolidada em precedente obrigatório do Superior Tribunal de Justiça (STJ, RMS 73.285/RS).

> **E se a anulação da questão proposta pelo candidato redundar na sua classificação e exclusão de um terceiro que, até então, estava melhor classificado?**

Nesse caso, o STJ entendeu que os candidatos aprovados que eventualmente seriam prejudicados pela decisão favorável ao candidato deveriam ser incluídos no polo passivo da lide como litisconsórcios necessários, eis que a alteração na classificação do autor afetaria diretamente os outros candidatos (REsp 1.831.507/AL).

Além disso, a competência para julgar ações contra concurso público realizado por órgãos e entidades da Administração Pública será da **Justiça Comum (estadual ou federal)**, ainda que a contratação seja de empregados celetistas.

> Compete à Justiça Comum processar e julgar controvérsias relacionadas à fase pré--contratual de seleção e de admissão de pessoal e eventual nulidade do certame em face da Administração Pública, direta e indireta, nas hipóteses em que adotado o regime celetista de contratação de pessoas, salvo quando a sentença de mérito tiver sido proferida antes de 6 de junho de 2018, situação em que, até o trânsito em julgado e a sua execução, a competência continuará a ser da Justiça do Trabalho (STF,

> Plenário, RE 960.429, ED-segundos, Rel. Min. Gilmar Mendes, j. 15-12-2020, Repercussão Geral – Tema 992).

Vale registrar, ainda, que, segundo o STF, o **Estado responde subsidiariamente por danos materiais causados a candidatos em concurso público organizado por pessoa jurídica de direito privado (art. 37, § 6.º, da CF), quando os exames são cancelados por indícios de fraude** (Plenário, RE 662.405, Rel. Luiz Fux, j. 29-6-2020, Repercussão Geral, Tema 512, Info 986).

Por fim, a convocação fracionada de aprovados em concurso público para o provimento das vagas previstas no edital não pode implicar restrição da preferência na escolha da lotação segundo a ordem de classificação (STJ, RMS 71.656/RO).

2.3.9 Desvio de função do servidor público

O desvio de função é a hipótese na qual o servidor exerce atividades estranhas àquelas afetas a seu cargo. Quando isso ocorrer, pacífico é o entendimento jurisprudencial no sentido de que não há direito ao reenquadramento funcional.

Há, contudo, direito a perceber a diferença entre sua remuneração e a do cargo que realmente é exercido, a fim de evitar o enriquecimento ilícito da Administração.

O entendimento foi, inclusive, sumulado pelo STJ:

> **Súmula 378 do STJ:** Reconhecido o desvio de função, o servidor faz jus às diferenças salariais decorrentes.

2.3.10 Posse e exercício

A posse dar-se-á, no prazo de trinta dias contados da publicação do ato de provimento, pela assinatura do respectivo termo, no qual deverão constar as atribuições, os deveres, as responsabilidades e os direitos inerentes ao cargo ocupado, que não poderão ser alterados unilateralmente, por qualquer das partes, ressalvados os atos de ofício previstos em lei.

A posse poderá ocorrer mediante procuração específica.

No ato da posse, o servidor apresentará declaração de bens e valores que constituem seu patrimônio e declaração quanto ao exercício ou não de outro cargo, emprego ou função pública.

O exercício, por sua vez, é o efetivo desempenho das atribuições do cargo público ou da função de confiança. É de quinze dias o prazo para o servidor empossado em cargo público entrar em exercício, contados da data da posse.

2.3.11 Lei Geral dos Concursos Públicos

No dia **9 de setembro de 2024**, foi sancionada a Lei n. 14.965/2024, conhecida como a nova Lei dos Concursos Públicos, diploma legal que pretende modernizar e padronizar as normas relativas aos certames, especialmente no âmbito federal. Aprovada após 20 anos de tramitação, a lei busca promover maior segurança jurídica, reduzir a "judicialização" e simplificar os processos seletivos, com o objetivo de garantir maior transparência e isonomia nos concursos públicos.

A falta de regulamentação clara muitas vezes resultava em incertezas para candidatos e gestores, tornando a unificação das normas uma medida necessária para assegurar a aplicação dos princípios constitucionais da administração pública, previstos no art. 37 da Constituição Federal.

Embora a vigência plena da lei esteja prevista para 1.º de janeiro de 2028, sua aplicação pode ser antecipada em situações específicas, mediante autorização. Destacaremos as principais inovações trazidas pela Lei n. 14.965/2024.

2.3.11.1 Modalidades de avaliação

Tradicionalmente, os concursos públicos baseavam-se apenas em provas objetivas, dissertativas e, em alguns casos, provas orais e avaliação de títulos. A nova lei, no entanto, introduz uma abordagem mais ampla e integrada, dividindo a avaliação dos candidatos em três categorias distintas:

> » **Conhecimentos:** referem-se às provas objetivas, dissertativas ou orais, que têm como foco medir o domínio teórico do candidato sobre as matérias relacionadas ao cargo.
>
> » **Habilidades:** testam a aptidão prática do candidato em executar tarefas compatíveis com as funções do cargo, como simulações de atividades e elaboração de documentos.
>
> » **Competências:** avaliam aspectos psicológicos e comportamentais, incluindo avaliações psicológicas e exames de higidez mental, que são essenciais para funções que exigem alta responsabilidade e interação social.

Trata-se de previsão do art. 2.º, § 1.º, complementada pelo § 2.º do art. 9.º, segundo os quais cada modalidade possui sua própria função:

Art. 2.º O concurso público tem por objetivo a seleção isonômica de candidatos fundamentalmente por meio da avaliação dos conhecimentos, das habilidades e, nos casos em que couber, das competências necessários ao desempenho com eficiência das atribuições do cargo ou emprego público, assegurada, nos termos do edital do concurso e da legislação, a promoção da diversidade no setor público.

§ 1.º Para os fins desta Lei, considera-se:

I – conhecimentos: domínio de matérias ou conteúdos relacionados às atribuições do cargo ou emprego público;

II – habilidades: aptidão para execução prática de atividades compatíveis com as atribuições do cargo ou emprego público;

III – competências: aspectos inter-relacionais vinculados às atribuições do cargo ou emprego público.

Art. 9.º (...)

§ 2.º Sem prejuízo de outros tipos de prova previstos no edital, são formas válidas de avaliação:

I – de conhecimentos: provas escritas, objetivas ou dissertativas, e provas orais, que cubram conteúdos gerais ou específicos;

II – de habilidades: elaboração de documentos e simulação de tarefas próprias do cargo ou emprego público, bem como testes físicos compatíveis com suas atividades;

III – de competências: avaliação psicológica, exame de higidez mental ou teste psicotécnico, conduzido por profissional habilitado nos termos da regulamentação específica.

§ 3.º O edital indicará de modo claro, para cada tipo de prova, se a avaliação será de conhecimentos, habilidades ou competências, facultada a combinação de tais avaliações em uma mesma prova ou etapa.

A inovação legislativa existe ao se incorporar explicitamente as avaliações de habilidades e competências como partes fundamentais dos processos seletivos. Ela busca uma abordagem mais abrangente para selecionar candidatos, ao prever que as provas não devem se limitar apenas ao conhecimento técnico, mas também incluir a aptidão prática e aspectos inter-relacionais e psicológicos.

Tais avaliações adicionais têm como objetivo garantir que os futuros servidores públicos não apenas possuam o conhecimento necessário, mas também as habilidades práticas e competências pessoais para exercerem suas funções de maneira eficaz e equilibrada.

A lei, no entanto, não estabelece uma hierarquia ou diferenciação clara entre o peso dessas três modalidades de avaliação, mantendo-se neutra quanto à importância relativa de cada uma, deixando a decisão sobre a distribuição de pesos para cada modalidade a cargo dos editais de concursos específicos. Isso permite maior flexibilidade para que os órgãos públicos ajustem as exigências conforme a natureza do cargo a ser preenchido.

Assim, ainda que o **conhecimento** continue sendo parte central da avaliação, a legislação reconhece a importância de um perfil mais completo para os servidores públicos, abrindo caminho para uma seleção mais holística, que considere não só o conhecimento técnico, mas também a capacidade prática e a adequação psicológica e comportamental do candidato.

2.3.11.2 Implementação de cursos de formação

A **implementação de cursos de formação** como etapa obrigatória ou facultativa nos concursos públicos já era uma prática conhecida em determinadas carreiras, especialmente aquelas que demandam maior especialização técnica, como a área fiscal e a segurança pública. No entanto, a **Lei n. 14.965/2024** reforça e sistematiza essa exigência, estabelecendo diretrizes claras para sua aplicação, conforme a natureza e as especificidades do cargo em disputa.

De acordo com o **art. 11**, a realização de cursos ou programas de formação pode ser de caráter **eliminatório**, **classificatório** ou uma combinação de ambos. Durante essa etapa, os candidatos serão introduzidos às atividades do órgão ou ente, e avaliados em seu desempenho prático. Trata-se, portanto, de etapa do certame especialmente relevante para garantir que os candidatos aprovados estejam devidamente preparados para lidar com as exigências práticas e operacionais do cargo público.

A lei define que os cursos de formação incluem:

> » Instrução quanto à missão institucional, às competências e ao funcionamento do órgão ou ente público;
>
> » Treinamento prático, voltado para atividades e rotinas próprias do cargo ou emprego público.

Segundo o **§ 2.º** do art. 11, o treinamento pode ser realizado por meio de diversas dinâmicas de ensino, como aulas, cursos, palestras, tanto **presenciais** quanto **à distância**, sendo garantido que as avaliações sejam feitas de maneira imparcial, com base em provas que respeitem a impessoalidade.

Já o **§ 3.º** limita o escopo do treinamento prático, vedando que os candidatos exerçam competências decisórias durante o curso de formação, o que significa que não poderão tomar decisões que imponham deveres ou condicionem direitos, resguardando o caráter pedagógico dessa fase.

Outro aspecto importante é o **§ 4.º**, que prevê a eliminação do concurso de candidatos que não formalizarem sua matrícula no curso dentro do prazo estabelecido ou que não cumprirem pelo menos 85% da carga horária total. Isso reforça o caráter obrigatório e eliminatório dessa fase, quando previsto no edital.

Por fim, o **§ 5.º** determina que a duração dos cursos ou programas de formação será estabelecida em regulamento ou no edital do concurso, sendo proporcional às necessidades do cargo e aos objetivos de treinamento. Assim, essa etapa é ajustada conforme a natureza e complexidade das atribuições que o futuro servidor público deverá desempenhar.

2.3.11.3 A possibilidade de provas *online*

Uma das disposições mais controversas da **Lei n. 14.965/2024** é a introdução da possibilidade de realização de provas de concursos públicos de forma *online*. Conforme previsto no art. 8.º, o concurso público poderá ser realizado total ou parcialmente à distância, por meio de plataformas eletrônicas, desde que o ambiente virtual seja seguro e controlado, e que haja garantia de igualdade de acesso às ferramentas e dispositivos necessários.

> Art. 8.º O concurso poderá ser realizado total ou parcialmente à distância, de forma *online* ou por plataforma eletrônica com acesso individual seguro e em ambiente controlado, desde que garantida a igualdade de acesso às ferramentas e aos dispositivos do ambiente virtual.
> Parágrafo único. A aplicação do disposto neste artigo depende de regulamentação, que poderá ser geral para o ente da Federação ou específica de cada órgão ou entidade, com consulta pública prévia obrigatória, observados os padrões de segurança da informação previstos em lei.

Essa inovação, por um lado, visa modernizar os processos seletivos, tornando-os mais acessíveis e adaptáveis às novas tecnologias. A possibilidade de realizar provas à distância pode beneficiar candidatos que moram em regiões mais remotas, reduzindo custos com deslocamento e facilitando a participação de um maior número de pessoas.

No entanto, a medida também gera uma série de preocupações. A principal delas está relacionada à **segurança** do processo. Embora o parágrafo único do referido dispositivo determine que a aplicação das provas *online* dependa de regulamentação específica, com consulta pública prévia e observância de padrões de segurança da informação, muitos especialistas apontam que a transição para esse formato exige um rigoroso controle tecnológico para evitar fraudes, garantir a identidade dos candidatos e proteger a integridade dos dados.

Outro ponto crítico é a **igualdade de acesso** às ferramentas necessárias para a realização das provas *online*. Em um país com grande disparidade socioeconômica, muitos candidatos podem não ter acesso a equipamentos adequados, internet de qualidade ou ambientes silenciosos e controlados para realizar as provas. Isso pode criar barreiras adicionais para candidatos de classes sociais mais baixas ou de regiões com infraestrutura tecnológica precária, comprometendo a isonomia dos certames.

2.3.11.4 Exigências mínimas para os editais e promoção da transparência

A lei trouxe uma série de exigências mínimas para os editais de concursos públicos, estabelecendo diretrizes claras que visam garantir maior transparência e isonomia nos processos seletivos. Tais exigências não só padronizam a forma como os concursos são organizados, mas também asseguram que todos os aspectos relevantes do certame sejam divulgados de maneira clara e acessível.

Assim, o edital do concurso público deverá conter, no mínimo, informações detalhadas sobre a quantidade e a denominação dos cargos ou empregos públicos a serem providos, as atribuições de cada cargo, os conhecimentos, habilidades e competências necessários, além de outras exigências relevantes para o desempenho das funções públicas. Isso garante que os candidatos tenham acesso a todas as informações pertinentes para sua preparação, aumentando a clareza do processo.

Entre as informações obrigatórias nos editais, destacam-se:

> » A descrição dos cargos e suas respectivas atribuições, bem como os conhecimentos, habilidades e competências correlatos;
>
> » A identificação do ato que autorizou o concurso e as legislações pertinentes à criação e regulamentação dos cargos;
>
> » As etapas do concurso e os tipos de provas (objetivas, dissertativas, práticas, entre outras), com seus critérios de avaliação;
>
> » Informações sobre a reserva de vagas para pessoas com deficiência e ações afirmativas, assegurando que os princípios da diversidade e inclusão sejam respeitados;
>
> » O valor da taxa de inscrição, as condições para sua isenção e as formas de interposição de recursos ao longo do processo.

As medidas elencadas buscam não apenas garantir a transparência em todas as fases do concurso, mas também evitar que os certames sejam conduzidos de forma obscura ou com pouca clareza para os participantes. A publicidade das informações nos editais assegura a igualdade de oportunidades para todos os candidatos e evita discriminações injustificadas.

Além disso, a lei prevê que o planejamento e a execução do concurso podem ser realizados por uma comissão organizadora interna do órgão ou por uma entidade especializada, responsável por planejar todas as etapas do concurso, definir os critérios de avaliação, supervisionar a execução das provas e publicar os editais e comunicados.

Outro ponto central para a promoção da transparência é a exigência de que as reuniões da comissão organizadora sejam registradas em atas, que devem ser mantidas disponíveis para conhecimento geral, exceto quando informações sensíveis possam comprometer a integridade do certame. Essas atas estarão acessíveis ao público após a divulgação dos resultados, assegurando que todo o processo seja auditável e transparente.

Por fim, a lei também impõe uma exigência de justificativa expressa para a autorização de abertura de novos concursos públicos, que deve incluir a evolução do quadro de pessoal nos últimos cinco anos e uma estimativa das necessidades futuras, além de demonstrar que não há concurso anterior válido com candidatos aprovados e não nomeados. Tal medida evita a realização de concursos desnecessários e garante o uso racional dos recursos públicos, conforme os princípios da Lei de Responsabilidade Fiscal.

2.3.11.5 Hipóteses de não aplicação da Lei n. 14.965/2024

Conforme expressa previsão legal, a Lei n. 14.965/2024 **não se aplica** aos seguintes concursos públicos:

> » Concursos da Magistratura e Ministério Público: estão fora do alcance da lei os concursos para os cargos previstos no art. 93, no § 3.º do art. 129 e no § 1.º do art. 134 da Constituição Federal. Isso significa que a seleção de juízes, promotores e defensores públicos não é regida por esta lei, mas sim por normas específicas que tratam das respectivas carreiras.

> » Forças Armadas: o inciso X do § 3.º do art. 142 da Constituição Federal estabelece que os concursos para provimento de cargos nas Forças Armadas seguem regulamentos próprios. Assim, o ingresso nas carreiras militares, como o Exército, a Marinha e a Aeronáutica, também está fora do escopo da Lei n. 14.965/2024.

> » Empresas públicas e sociedades de economia mista não dependentes: a lei não se aplica a concursos públicos realizados por empresas públicas e sociedades de economia mista que não recebem recursos da União, dos Estados, do Distrito Federal ou dos Municípios para o pagamento de despesas de pessoal ou de custeio em geral. Ou seja, quando uma entidade pública exerce atividades de natureza econômica e não depende de financiamento governamental, como acontece em alguns casos com empresas como a Petrobras ou o Banco do Brasil, essa lei não rege seus processos seletivos.

Embora a norma estabeleça diretrizes gerais para concursos públicos, é possível sua aplicação de forma **subsidiária** aos certames que buscam prover cargos no âmbito da Advocacia Pública e em outras carreiras específicas, conforme previsto no § 2.º do art. 1.º. Esses concursos são regidos por normas específicas, mas, onde houver compatibilidade, as disposições da nova lei podem ser aplicadas de maneira complementar, ampliando sua abrangência sem conflitar com regras já estabelecidas pela Constituição ou outras legislações específicas.

O § 4.º do art. 1.º faculta, ainda, a aplicação parcial da lei em situações excepcionais, como em processos seletivos relacionados ao provimento de cargos para funções temporárias ou vagas em autarquias, fundações públicas e empresas públicas que exerçam atividades de interesse público, mesmo quando o concurso não esteja sujeito estritamente às disposições do inciso II do art. 37 da Constituição. Ou seja, é possível aplicar algumas disposições da Lei n. 14.965/2024, dependendo da autorização específica que regulamenta o certame.

2.4 Cargos em comissão e funções de confiança

> Art. 37. (...)
> V – as funções de confiança, exercidas exclusivamente por servidores ocupantes de cargo efetivo, e os cargos em comissão, a serem preenchidos por servidores de carreira nos casos, condições e percentuais mínimos previstos em lei, destinam-se apenas às atribuições de direção, chefia e assessoramento;

As funções de confiança e os cargos em comissão destinam-se apenas às atribuições de direção, chefia e assessoramento.

Todos os cargos, inclusive os de confiança, possuem várias funções. A recíproca, porém, não é verdadeira: nem todas as funções estão inseridas num cargo específico, como é o caso das funções de confiança.

As funções de confiança são exercidas exclusivamente por servidores ocupantes de cargo efetivo (servidores estatutários), enquanto os cargos em comissão podem ser ocupados por qualquer pessoa, integrante ou não dos quadros da Administração, cabendo à legislação ordinária estabelecer os casos, condições e percentuais mínimos de cargos comissionados destinados aos servidores estatutários.

O cargo em comissão é de livre nomeação e exoneração (*ad nutum*) pela autoridade competente, estando excluídos da regra do concurso público. É dizer: os comissionados podem ser exonerados dos cargos imotivadamente, sem necessidade de processo administrativo, ou mesmo de ampla defesa ou contraditório.

Apesar de não ser necessário explicitar os motivos da exoneração, se a autoridade o fizer, ficará vinculada à sua veracidade. É o que preconiza a **teoria dos motivos determinantes**, segundo a qual, se a autoridade competente apresentar um motivo comprovadamente falso ou inexistente para a exoneração, o desligamento será nulo.

A liberdade para nomeação, ademais, não é absoluta: devem ser respeitados os princípios administrativos, especialmente no que concerne à Súmula Vinculante 13, que veda o nepotismo.

É possível que a lei limite a liberdade do administrador na nomeação e exoneração de determinados agentes públicos para cargos em comissão. É o caso dos dirigentes de agências reguladoras, cargos para os quais a lei de regência exige que a nomeação seja aprovada pelo Senado (art. 5.º da Lei n. 9.986/2000), elencando requisitos a serem preenchidos pelos interessados, tais como experiência profissional e formação acadêmica compatível com o cargo.

A exoneração, por sua vez, somente ocorrerá (dentro do prazo de 5 anos do mandato) em caso de condenação transitada em julgado ou de condenação em processo administrativo disciplinar ou por infringência das restrições que lhe são impostas pela lei (art. 9.º da Lei n. 9.986/2000).

A previsão de criação de cargos em comissão, contudo, não pode servir como forma de burlar a acessibilidade dos cargos públicos mediante concurso.

A criação de tais cargos pressupõe o vínculo de confiança que explica o regime de livre nomeação e exoneração que os caracteriza, não podendo ser contornada pela criação arbitrária de cargos comissionados para o exercício de funções que não pressuponham tal relação de confiança.

Não se pode admitir, ainda que, a título de preenchimento provisório de vaga ou substituição do titular do cargo (que deve ser de provimento efetivo, mediante concurso público), sejam livremente nomeados servidores ou mesmo terceiros estranhos à Administração, com exercício por tempo indeterminado.

2.5 Direito de associação sindical

A Constituição Federal assegura ao servidor público civil o direito à livre associação sindical. A menção a servidor público CIVIL é de suma importância, pois aos militares é vedada a sindicalização, bem como o exercício do direito de greve (art. 142, § 3.º, IV, da CF).

VI – É garantido ao **servidor público civil** o direito à livre associação sindical;

Os sindicatos de servidores civis, contudo, estão limitados pelos princípios administrativos explícitos e implícitos, sendo-lhes vedado, por exemplo, alterar a remuneração de seus filiados por meio de convenção coletiva, face ao princípio da legalidade. É este o teor da Súmula 679 do STF: "A fixação de vencimentos dos servidores públicos não pode ser objeto de convenção coletiva".

No âmbito federal, a Lei n. 8.112/90 (art. 240) assegura o direito à livre associação sindical e os seguintes direitos, entre outros, dela decorrentes: a) de ser representado pelo sindicato, inclusive como substituto processual; b) de inamovibilidade do dirigente sindical, até um ano após o final do mandato, exceto se a pedido; c) de descontar em folha, sem ônus para a entidade sindical a que for filiado, o valor das mensalidades e contribuições definidas em assembleia geral da categoria.

Prevê, ainda, o Estatuto Federal (art. 92), o direito à licença sem remuneração para o Desempenho de Mandato Classista, com duração igual à do mandato, podendo ser renovada, no caso de reeleição.

Vale registrar que, a teor da Súmula 222 do STJ, **"compete à Justiça Comum processar e julgar as ações relativas à contribuição sindical prevista no art. 578 da CLT".** O STJ (CC 147.784/PR), entretanto, depois do que o STF decidiu no RE 1.089.282/AM, Tema 994 ("Compete à Justiça comum processar e julgar demandas em que se discute o recolhimento e o repasse de contribuição sindical de servidores públicos regidos pelo regime estatutário"), teve que conferir nova interpretação a esse enunciado. O que prevalece atualmente é o seguinte:

a) Compete à **Justiça Comum** julgar as ações em que se discute a contribuição sindical de **servidor público estatutário.**

b) Compete à **Justiça do Trabalho** julgar as ações em que se discute a contribuição sindical de **empregado celetista** (seja ele servidor público ou trabalhador da iniciativa privada).

2.6 Direito de greve

> Art. 37. (...)
>
> VII – o direito de greve será exercido nos termos e nos limites definidos em lei específica;

É assegurado, ainda, aos servidores públicos, o direito de greve, o qual será exercido nos termos e nos limites definidos em lei específica.

De acordo com Rafael Oliveira, os empregados públicos das empresas estatais submetem-se ao disposto no art. 9.º da CF, que regulamenta o direito de greve dos trabalhadores em geral, podendo exercer o direito de greve segundo o disposto na Lei n. 7.783/89. Isto porque o art. 173, § 1.º, II, da CF preconiza que as empresas estatais serão submetidas, no que couber, ao regime jurídico próprio das empresas privadas, inclusive quanto aos direitos e obrigações trabalhistas. O mesmo vale para os empregados públicos (celetistas) das fundações estatais de direito privado.

Assim, a norma do art. 37, VII, da CF diz respeito apenas aos servidores públicos das pessoas jurídicas de direito público.

Como não foi promulgada, até o presente momento, a lei específica a que alude o artigo, o STF (MI 708) entendeu pela possibilidade de aplicação analógica aos servidores públicos referidos das leis que regulamentam a greve para os trabalhadores da iniciativa privada (Lei n. 7.701/88 e Lei n. 7.783/89), com as adaptações necessárias.

> Aplicabilidade aos servidores públicos civis da Lei n. 7.783/1989, sem prejuízo de que, diante do caso concreto e mediante solicitação de entidade ou órgão legítimo, seja facultado ao juízo competente a fixação de regime de greve mais severo, em razão de tratarem de "serviços ou atividades essenciais" (Lei n. 7.783/1989, arts. 9.º a 11). (...) Mandado de injunção conhecido e, no mérito, deferido para, nos termos acima especificados, determinar a aplicação das Leis ns. 7.701/1988 e 7.783/1989 aos conflitos e às ações judiciais que envolvam a interpretação do direito de greve dos servidores públicos civis (STF, MI 708, Rel. Min. Gilmar Mendes, j. 25-10-2007).

O direito de greve, contudo, não pode ser exercido arbitrariamente. Segundo Márcio André Lopes Cavalcante, são **requisitos para a deflagração de uma greve no serviço público:**

a) tentativa de negociação prévia, direta e pacífica;

b) frustração ou impossibilidade de negociação ou de se estabelecer uma agenda comum;

c) deflagração após decisão assemblear;

d) comunicação aos interessados, no caso, ao ente da Administração Pública a que a categoria se encontre vinculada e à população, com antecedência mínima de 72 horas (uma vez que todo serviço público é atividade essencial);

e) adesão ao movimento por meios pacíficos; e

f) a garantia de que continuarão sendo prestados os serviços indispensáveis ao atendimento das necessidades dos administrados (usuários ou destinatários dos serviços) e à sociedade.

Segundo o STF, como regra, a Administração Pública **DEVE** efetuar o desconto dos dias de paralisação decorrentes do exercício do direito de greve pelos servidores públicos, não sendo necessária a instauração de processo administrativo para tanto.

Todavia, se a greve tiver sido provocada por conduta ilícita do Poder Público, os descontos serão indevidos.

> **A administração pública deve proceder ao desconto dos dias de paralisação decorrentes do exercício do direito de greve pelos servidores públicos,** em vir-

tude da suspensão do vínculo funcional que dela decorre, **permitida a compensação em caso de acordo. O desconto será, contudo, incabível se ficar demonstrado que a greve foi provocada por conduta ilícita do Poder Público** (Tese de Repercussão Geral – Tema 531. STF, RE 693.456/RJ).

Os grevistas poderão negociar com a Administração sobre a possiblidade de compensação dos dias e horas paradas ou mesmo sobre o parcelamento dos descontos, entretanto, a Administração não é obrigada a aceitar, estando o acordo de compensação ou parcelamento sujeito à discricionariedade do Administrador.

Não se mostra razoável, contudo, que o desconto dos dias parados e não compensados seja feito em uma parcela única sobre a remuneração do servidor público, dada a natureza alimentar da referida verba.

O art. 46 da Lei n. 8.112/90 (que foi aplicado pelo STJ também para os servidores estaduais), aliás, prevê a hipótese de parcelamento a pedido do interessado, sendo que o valor de cada parcela não poderá ser inferior a dez por cento da remuneração, provento ou pensão.

É pacífica a jurisprudência desta Corte Superior no sentido de que é lícito o desconto dos dias não trabalhados em decorrência de movimento paredista. (...) Prescinde de prévio processo administrativo o desconto realizado no salário de servidores públicos referente a dias não trabalhados em decorrência de greve. (...) Falta razoabilidade e é *contra legem* normativo administrativo que impede o parcelamento em conformidade com a lei, por aplicação analógica do art. 46, *caput* e § 1.º, da Lei n. 8.112/90, a pedido do interessado, dos valores a serem restituídos à Administração Pública relativos ao desconto dos dias parados em razão do movimento paredista (STJ, RMS 49.339/SP).

Entendeu ainda o STF ser *constitucional* decreto estadual que regulamentava as consequências e providências a serem adotadas no caso de deflagração de greve. Para a relatora, Min. Cármem Lúcia, "o decreto está tratando fundamentalmente das consequências administrativas e da atuação da administração pública em termos de tratamento a ser dado quanto aos serviços públicos, que não podem ficar parados, por isso a contratação de servidores temporários prevista no decreto".

A ministra também afastou a alegação de que a norma estadual teria desrespeitado competência privativa da União por legislar sobre Direito do Trabalho. "O decreto não cuida do direito de greve do servidor e não regulamenta o seu exercício", frisou. "Estão incluídas nele apenas questões relativas à administração pública, não de natureza trabalhista".

> Trata-se de decreto autônomo que disciplina as consequências – estritamente administrativas – do ato de greve dos servidores públicos e as providências a serem adotadas pelos agentes públicos no sentido de dar continuidade aos serviços públicos. **A norma impugnada apenas prevê a instauração de processo administrativo para se apurar a participação do servidor na greve e as condições em que ela se deu, bem como o não pagamento dos dias de paralisação, o que está em consonância com a orientação fixada pelo STF no julgamento do MI 708. É possível a contratação temporária excepcional (art. 37, IX, da CF/88) prevista no decreto porque o Poder Público tem o dever constitucional de prestar serviços essenciais que não podem ser interrompidos, e que a contratação, no caso, é limitada ao período de duração da greve e apenas para garantir a continuidade dos serviços** (STF, ADI 1.306/BA, Rel. Min. Cármen Lúcia, j. 13-6-2017, Info 906).

Além disso, para o Superior Tribunal de Justiça, a Administração Pública deve instaurar processo administrativo com direito ao contraditório e à ampla defesa ao servidor público grevista para averiguar e apurar os dias não trabalhados para, posteriormente, efetuar os respectivos descontos:

> ADMINISTRATIVO. SERVIDOR PÚBLICO FEDERAL. GREVE. LEGALIDADE. DESCONTO DOS DIAS NÃO TRABALHADOS. POSSIBILIDADE.
>
> I – O Supremo Tribunal Federal no julgamento do RE 693.456/RJ, sob o regime da repercussão geral firmou a tese no sentido de que "a administração pública deve proceder ao desconto dos dias de paralisação decorrentes do exercício do direito de greve pelos servidores públicos, em virtude da suspensão do vínculo funcional que dela decorre, permitida a compensação em caso de acordo. O desconto será, contudo, incabível se ficar demonstrado que a greve foi provocada por conduta ilícita do Poder Público".
>
> II – **A impossibilidade de obtenção dos registros acerca dos dias não trabalhados ou das horas compensadas não pode tornar-se um óbice para reconhecer o direito da parte autora em descontar os dias não trabalhados pelos servidores públicos em decorrência da suspensão temporária do contrato de trabalho. Até porque o referido desconto somente será implantado após prévio procedimento administrativo em que será assegurado ao servidor o exercício do contraditório e da ampla defesa.** (...) (Pet 12.329/DF, Rel. Min. Francisco Falcão, 1.ª Seção, j. 27-9-2023, *DJe* 2-10-2023, Info 789).

Já a competência para decidir se a greve realizada por servidor público da Administração Pública direta, autarquias e fundações é ou não abusiva é da Justiça Comum (estadual ou federal), mesmo que o vínculo do servidor com a Administração Pública seja regido pela CLT, ou seja, ainda que se trate de empregado público. É irrelevante, portanto, o fato de se tratar de greve de servidores celetistas ou estatutários.

> A justiça comum, federal ou estadual, é competente para julgar a abusividade de greve de servidores públicos celetistas da Administração pública direta, autarquias e fundações públicas (STF, RE 846.854/SP, Rel. orig. Min. Luiz Fux, red. p/ o ac. Min. Alexandre de Moraes, j. 1.º-8-2017, Repercussão Geral – Info 871).

Registre-se que **a greve não é um direito de todos os servidores públicos. A Constituição Federal proíbe expressamente que os Policiais Militares, Bombeiros Militares e militares das Forças Armadas façam greve** (art. 142, § 3.º, IV c/c art. 42, § 1.º).

Apesar de os dispositivos mencionados não fazerem alusão aos policiais civis, o STF entendeu que a vedação constitucional a eles se estende. Para o Supremo, aliás, nenhum servidor público que trabalhe diretamente na área da segurança pública pode grevar:

> **O exercício do direito de greve, sob qualquer forma ou modalidade, é vedado aos policiais civis e a todos os servidores públicos que atuem diretamente na área de segurança pública. É obrigatória a participação do Poder Público em mediação instaurada pelos órgãos classistas das carreiras de segurança pública, nos termos do art. 165 do CPC, para vocalização dos interesses da categoria** (STF, ARE 654.432/GO, Rel. orig. Min. Edson Fachin, red. p/ o ac. Min. Alexandre de Moraes, j. 5-4-2017, Repercussão geral – Info 860).

2.7 Pessoas com deficiência

A Constituição assegura aos portadores de deficiência o direito de acesso aos cargos públicos, devendo a lei fixar o percentual dos cargos e empregos públicos que lhe serão reservados.

> VIII – a lei reservará percentual dos cargos e empregos públicos para as pessoas portadoras de deficiência e definirá os critérios de sua admissão;

No âmbito federal, os percentuais estão definidos pelo art. 37 do Decreto n. 3.298/99 e pelo art. 5.º, § 2.º, da Lei n. 8.112/90. Preconizam tais diplomas que deverão ser reservadas no mínimo 5% das vagas até o limite de 20%.

Reserva de vagas para as pessoas portadoras de deficiência (ÂMBITO FEDERAL)	• NO MÍNIMO, 5% DAS VAGAS • ATÉ 20%

De acordo com o STF, ainda que o percentual resulte em número inferior a um, a fração deve ser arredondada:

> A exigência constitucional de reserva de vagas para portadores de deficiência em concurso público se impõe ainda que o percentual legalmente previsto seja inferior a um, hipótese em que a fração deve ser arredondada. Entendimento que garante a eficácia do art. 37, VIII, da CF, que, caso contrário, restaria violado (STF, RE 227.299, Rel. Min. Ilmar Galvão, j. 14-6-2000).

No mesmo sentido, **a aplicação do percentual de reserva de vagas para candidatos com deficiência que resulta em número fracionário enseja o seu arredondamento para o inteiro imediatamente superior** (STJ, AREsp 2.397.514/SP, Rel. Min. Mauro Campbell Marques, 2.ª Turma, j. 21-11-2023, *DJe* 24-11-2023, Info 796).

Caso o concurso tenha poucas vagas, 2, por exemplo, não há que se falar em reserva, de acordo com o STF, já que o limite máximo, que tem base legal, seria desobedecido. Sendo desprovida de razoabilidade a reserva de 50% das vagas do certame.

No que tange à temática, entendeu o STF que:

> é constitucional norma de Constituição Estadual que preveja que "o Estado e os Municípios reservarão vagas em seus respectivos quadros de pessoal para serem preenchidas por pessoas portadoras de deficiência". Apesar de, em tese, a Constituição Estadual não poder dispor sobre servidores municipais, sob pena de afronta à autonomia municipal, neste caso não há inconstitucionalidade, considerando que se trata de mera repetição de norma da CF/88 (art. 37, VIII) (STF, ADI 825/AP, Rel. Min. Alexandre de Moraes, j. 25-10-2018, Info 921).

2.7.1 Readaptação

Quando o servidor em exercício sofrer alguma limitação em sua capacidade física ou mental, poderá ser readaptado para exercício de cargo cujas atribuições e responsabilidades sejam compatíveis com a restrição que sofre.

Trata-se de forma de provimento derivado do servidor, verificada por meio de perícia médica, exigindo-se que o servidor possua habilitação e o nível de escolaridade exigidos para o cargo de destino, mantida a remuneração do cargo de origem.

> Art. 37. (...)
>
> § 13. O servidor público titular de cargo efetivo poderá ser readaptado para exercício de cargo cujas atribuições e responsabilidades sejam compatíveis com a limitação

que tenha sofrido em sua capacidade física ou mental, enquanto permanecer nesta condição, desde que possua a habilitação e o nível de escolaridade exigidos para o cargo de destino, mantida a remuneração do cargo de origem.

2.8 Contratação por tempo determinado

A Constituição prevê a possibilidade de contratação temporária para atender os casos de excepcional interesse público. Trata-se de norma constitucional de eficácia limitada, dependendo, portanto, de lei para produzir todos os seus efeitos, a ser elaborada por cada um dos entes federados.

IX – a lei estabelecerá os casos de contratação por tempo determinado para atender a necessidade temporária de excepcional interesse público;

A lei de cada ente irá prever as regras sobre essa contratação, isto é, as hipóteses em que ela ocorre, seu prazo de duração, os direitos e os deveres dos servidores, suas atribuições e responsabilidades. Não poderá, entretanto, prever hipóteses abrangentes e genéricas de contratações temporárias sem concurso público.

Além disso, essa lei deverá especificar a contingência fática que caracteriza a situação de emergência, sob pena de ser inconstitucional por ofensa ao concurso público (STF, RE 658.026/MG, Rel. Min. Dias Toffoli, j. 9-4-2014).

Quanto aos efeitos jurídicos do contrato temporário firmado em desconformidade com o art. 37, IX, da CF, entende o Supremo que o referido contrato não gera quaisquer efeitos jurídicos válidos, havendo apenas direito à percepção dos salários referentes ao período trabalhado e ao levantamento dos depósitos efetuados no Fundo de Garantia do Tempo de Serviço – FGTS.

A contratação por tempo determinado para atendimento de necessidade temporária de excepcional interesse público realizada em desconformidade com os preceitos do art. 37, IX, da Constituição Federal não gera quaisquer efeitos jurídicos válidos em relação aos servidores contratados, com exceção do direito à percepção dos salários referentes ao período trabalhado e, nos termos do art. 19-A da Lei n. 8.036/1990, ao levantamento dos depósitos efetuados no Fundo de Garantia do Tempo de Serviço – FGTS (STF, RE 765.320/MG, Rel. Min. Teori Zavascki, j. 15-9-2016, Tese de Repercussão Geral 916).

Para o Supremo, o que deve ser temporária é a necessidade, e não a natureza da atividade para a qual se contrata, sendo pacífico o entendimento no sentido de não permitir contratação temporária de servidores para a execução de serviços meramente burocráticos.

A mera prorrogação do prazo de contratação de servidor temporário, aliás, não é capaz de transmudar o vínculo administrativo que este mantinha com o Estado em relação de natureza trabalhista. Sendo que, se tiver ocorrido concurso público, os concursados têm preferência na nomeação em detrimento de pessoas contratadas temporariamente.

Como se trata de vínculo de natureza temporária, a rescisão unilateral e prematura do contrato de trabalho temporário, firmado com o Poder Público, longe de configurar ato arbitrário, caracteriza ato discricionário, podendo ser rescindido sempre que perecer o interesse público na contratação, estrito à conveniência e à oportunidade na sua permanência.

Em âmbito federal, a Lei n. 8.745/93 regulamenta a contratação temporária, somente aplicável às pessoas jurídicas de direito público (não se aplica, deste modo, aos Estados, Distrito Federal, Municípios, nem às empresas públicas e sociedades de economia mista federais).

Imperioso salientar que a contratação temporária prescinde da realização de concurso público. Entretanto, nos termos do art. 3.º da Lei n. 8.745/93, deve ser realizado processo seletivo simplificado, dispensado apenas nas hipóteses de calamidade pública, de emergência ambiental e de emergências em saúde pública.

2.9 Remuneração

O sistema remuneratório se subdivide em três categorias distintas: remuneração, subsídio e salário.

O primeiro é composto por uma parte fixa (vencimento ou vencimento-base) e por outra parte variável (vantagens pecuniárias, as quais variam de acordo com as peculiaridades da função exercida pelo servidor e das respectivas circunstâncias fáticas), constituindo, tradicionalmente, a forma de remuneração dos servidores públicos estatutários.

De acordo com os arts. 40 e 41 da Lei n. 8.112/90, vencimento é a retribuição pecuniária pelo exercício de cargo público, com valor fixado em lei, enquanto remuneração é o vencimento do cargo efetivo, acrescido das vantagens pecuniárias permanentes estabelecidas em lei. Assim:

REMUNERAÇÃO (ou vencimentos) = VENCIMENTO + VANTAGENS PECUNIÁRIAS

De acordo com a Súmula Vinculante 15 do STF, as vantagens incidirão sobre o vencimento do cargo, e não sobre outras vantagens eventualmente pagas ao servidor. A remuneração do servidor, como se vê da Súmula Vinculante 16, deve ser superior ao salário mínimo, o que não quer dizer que o vencimento-base o seja.

> **Súmula Vinculante 15:** O cálculo de gratificações e outras vantagens do servidor público não incide sobre o abono utilizado para se atingir o salário mínimo.
>
> **Súmula Vinculante 16:** Os artigos 7.º, IV, e 39, § 3.º (redação da EC 19/98), da Constituição, referem-se ao total da remuneração percebida pelo servidor público.

O vencimento, acrescido das vantagens pecuniárias permanentes, é irredutível, não podendo ser objeto de arresto, sequestro ou penhora, salvo exceções legais (ex.: pagamento de pensão alimentícia).

O sistema de subsídios, por sua vez, veda a percepção de vantagens pecuniárias, sendo composto por uma parcela única. Apesar disso, há hipóteses em que parcelas variáveis são somadas a esta parcela fixa.

É o caso, por exemplo dos **Vereadores, que, segundo o STF, mesmo recebendo sua remuneração por meio de subsídio (parcela única),** *podem* **ter direito ao pagamento de terço de férias e de décimo terceiro salário** – o que não constitui uma obrigação, mas sim uma opção que depende do legislador infraconstitucional no âmbito municipal. Em outras palavras, o pagamento de tais verbas, apesar de constitucional, só será devido se estiver previsto em lei municipal.

> O art. 39, § 4.º, da Constituição Federal não é incompatível com o pagamento de terço de férias e décimo terceiro salário. O regime de subsídio é incompatível com outras parcelas remuneratórias de natureza mensal, o que não é o caso do décimo terceiro salário e do terço constitucional de férias, pagos a todos os trabalhadores e servidores com periodicidade anual (STF, Rcl 32.483 AgR/SP, Rel. Min. Roberto Barroso, j. 3-9-2019, Info 950).

De acordo com a Constituição Federal, o sistema de subsídios será obrigatório para: os membros de Poder (Executivo, Legislativo e Judiciário), os detentores de mandato eletivo, os Ministros de Estado e os Secretários Estaduais e Municipais, os membros do Ministério Público, os integrantes da AGU, Procuradores do Estado e do Distrito Federal, defensores públicos, ministros dos Tribunais de Contas da União e servidores públicos policiais (integrantes da PF, PRF, PC e polícia ferroviária federal). Ainda que obrigatório, depende da edição de lei.

Para os demais agentes públicos, trata-se de sistema facultativo, a depender de lei específica e da organização dos servidores em carreira.

O salário, por sua vez, é a contraprestação pecuniária paga aos empregados públicos sujeitos ao regime celetista.

Para a fixação ou a alteração da remuneração dos servidores públicos, a Constituição Federal prevê a necessidade de lei específica – cuja iniciativa dependerá do cargo a que se refira. Incabível a fixação de vencimentos dos servidores públicos em convenção coletiva (Súmula 679 do STF).

O inciso X do art. 37 da CF prevê que os servidores públicos têm direito à revisão geral anual da remuneração, sempre na mesma data e sem distinção de índices.

> Art. 37. (...)
>
> X – a **remuneração** dos servidores públicos e o **subsídio** de que trata o § 4.º do art. 39 somente poderão ser fixados ou alterados por *lei específica*, observada a iniciativa privativa em cada caso, assegurada revisão geral anual, sempre na mesma data e sem distinção de índices;

Registre-se, de início, que o reajuste não pode ser vinculado a índices federais de correção monetária:

> **Súmula Vinculante 42:** É inconstitucional a vinculação do reajuste de vencimentos de servidores estaduais ou municipais a índices federais de correção monetária.

Não cabe, ademais, ao Poder Judiciário, que não tem função legislativa, aumentar vencimentos dos servidores públicos sob o fundamento de isonomia (Súmula Vinculante 37).

De acordo com Marcelo Alexandrino e Vicente Paulo (2018, p. 635), o objetivo da revisão geral anual a que alude o inciso X do art. 37, ao menos teoricamente, é recompor o poder de compra da remuneração do servidor, corroído em variável medida pela inflação. Não se trata, contudo, de aumento real da remuneração ou do subsídio, mas apenas de um aumento nominal – por isso chamado, às vezes, "aumento impróprio".

O que o dispositivo exige é que, anualmente, seja feita uma avaliação, a qual não necessariamente resultará na concessão de aumento. O Poder Executivo, aliás, sequer fica vinculado ao índice de inflação, podendo, caso assim deseje, estabelecer o aumento nominal em percentual inferior à inflação.

Não há que se falar, ainda, em direito subjetivo a indenização pelo não encaminhamento de projeto de lei de revisão anual dos vencimentos dos servidores públicos. A interpretação a ser dada ao mencionado artigo, de acordo com o STF, é a de que o chefe do Poder Executivo tem o dever de se pronunciar, de forma fundamentada, anualmente, sobre a conveniência e a possibilidade de reajuste anual do funcionalismo elencando as razões pelas quais não propôs a revisão.

> **O não encaminhamento de projeto de lei de revisão anual dos vencimentos dos servidores públicos, previsto no inciso X do art. 37 da CF/88, não gera di-**

reito subjetivo a indenização. **Deve o Poder Executivo, no entanto, se pronunciar, de forma fundamentada, acerca das razões pelas quais não propôs a revisão** (STF, RE 565.089 /SP, Rel. orig. Min. Marco Aurélio, red. p/ o ac. Min. Roberto
Barroso, j. 25-9-2019, Tese de Repercussão Geral – Tema 19, Info 953).

Ao lado da revisão geral anual, pode haver, ainda, a concessão de reajustes
salariais setoriais com o fim de corrigir eventuais distorções remuneratórias, sem
que haja violação ao princípio constitucional da isonomia.

É possível a concessão de reajustes setoriais de vencimentos com a finalidade de
corrigir desvirtuamentos salariais verificados no serviço público, sem que isso impli-
que violação dos princípios da isonomia e da revisão geral anual (STF, ARE 1.101.936
AgR, Rel. Min. Dias Toffoli, j. 20-4-2018).

2.9.1 Teto remuneratório

A Constituição estabelece um limite máximo para a remuneração dos
agentes públicos, denominado de teto remuneratório, aplicável independentemente do tipo de vínculo: celetista, estatutário, comissionado, temporário ou
político.

XI – a remuneração e o subsídio dos ocupantes de cargos, funções e empregos públicos da administração direta, autárquica e fundacional, dos membros de qualquer
dos Poderes da União, dos Estados, do Distrito Federal e dos Municípios, dos detentores de mandato eletivo e dos demais agentes políticos e os proventos, pensões ou
outra espécie remuneratória, percebidos cumulativamente ou não, incluídas as vantagens pessoais ou de qualquer outra natureza, **não poderão exceder** o subsídio
mensal, em espécie, dos Ministros do Supremo Tribunal Federal, aplicando-se como
limite, nos Municípios, o subsídio do Prefeito, e nos Estados e no Distrito Federal, o
subsídio mensal do Governador no âmbito do Poder Executivo, o subsídio dos Deputados Estaduais e Distritais no âmbito do Poder Legislativo e o subsídio dos Desembargadores do Tribunal de Justiça, limitado a noventa inteiros e vinte e cinco centési-
mos por cento do subsídio mensal, em espécie, dos Ministros do Supremo Tribunal
Federal, no âmbito do Poder Judiciário, aplicável este limite aos membros do Ministério Público, aos Procuradores e aos Defensores Públicos;

Como regra, abrange todas as espécies remuneratórias e todas o valor percebido pelo agente público, incluídas as vantagens pessoais.

Não se submetem, contudo, ao teto as seguintes verbas: a) parcelas de caráter indenizatório previstas em lei (art. 37, § 11, da CF); b) verbas que corres-
pondam aos direitos sociais previstos no art. 7.º c/c o art. 39, § 3.º, da CF (1/3

de férias, 13.º salário, dentre outras); c) quantias recebidas pelo servidor a título de abono de permanência em serviço (art. 40, § 19, da CF); d) remuneração em caso de acumulação legítima de cargos públicos (isto porque, como veremos, o teto incide sobre cada remuneração, isoladamente considerada).

> Art. 37. (...)
>
> § 11. Não serão computadas, para efeito dos limites remuneratórios de que trata o inciso XI do *caput* deste artigo, as parcelas de caráter indenizatório previstas em lei.

O teto remuneratório geral, aplicável a todos os poderes de todas as esferas federativas, é o subsídio percebido pelos Ministros do STF.

As Constituições estaduais e leis orgânicas podem fixar subtetos (ou tetos parciais) para os respectivos Estados/Distrito Federal e Municípios, os quais também deverão respeitar o teto geral.

> Art. 37. (...)
>
> § 12. Para os fins do disposto no inciso XI do *caput* deste artigo, **fica facultado aos Estados e ao Distrito Federal fixar, em seu âmbito, mediante emenda às respectivas Constituições e Lei Orgânica,** como limite único, o subsídio mensal dos Desembargadores do respectivo Tribunal de Justiça, limitado a noventa inteiros e vinte e cinco centésimos por cento do subsídio mensal dos Ministros do Supremo Tribunal Federal, não se aplicando o disposto neste parágrafo aos subsídios dos Deputados Estaduais e Distritais e dos Vereadores.

Nos Municípios, o teto é o subsídio do Prefeito; nos Estados e Distrito Federal, há distinções entre os poderes, sendo o subsídio do Governador o teto para o Executivo, o dos Deputados para o Legislativo e o dos desembargadores do TJ para o Judiciário (isso não quer dizer que tais subsídios serão necessariamente menores do que o dos Ministros do STF, pois governadores e prefeitos poderão ter subsídios iguais aos dos ministros do Supremo).

Os vencimentos pagos aos agentes do Legislativo e do Judiciário, contudo, não poderão ser superiores àqueles pagos aos do Executivo.

> XII - os vencimentos dos cargos do Poder Legislativo e do Poder Judiciário não poderão ser superiores aos pagos pelo Poder Executivo;

Por se tratarem de funções essenciais à justiça, o constituinte decidiu que os membros do Ministério Público, da Defensoria e da Procuradoria, para fins de teto remuneratório, não deveriam estar submetidos aos limites impostos aos servidores do Poder Executivo, mas sim ao teto imposto ao Judiciário.

Assim, todos os procuradores, ainda que vinculados ao Poder Executivo ou a autarquias, se submetem ao subteto de Desembargadores do TJ (STF, RE 558.258). Em recente informativo, o STF decidiu, ainda, que a expressão "procuradores", compreende também os procuradores municipais:

> A expressão "Procuradores", contida na parte final do inciso XI do art. 37 da CF/88, compreende os procuradores municipais, uma vez que estes se inserem nas funções essenciais à Justiça, estando, portanto, submetidos ao teto de 90,25% (noventa inteiros e vinte e cinco centésimos por cento) do subsídio mensal, em espécie, dos ministros do STF (STF, RE 663.696/MG, Rel. Min. Luiz Fux, j. 28-2-2019, Info 932).

O salário dos empregados públicos das empresas públicas e das sociedades de economia mista, assim como os de suas subsidiárias, somente deverá observar o teto caso recebam recursos dos entes (União, Estados, Distrito Federal ou Municípios) para pagamento de despesas com pessoal ou de custeio em geral (art. 37, § 9.º).

> Art. 37. (...)
> § 9.º O disposto no inciso XI APLICA-SE às EMPRESAS PÚBLICAS e às SOCIEDADES DE ECONOMIA MISTA, e SUAS SUBSIDIÁRIAS, que RECEBEREM recursos da União, dos Estados, do Distrito Federal ou dos Municípios para pagamento de despesas de pessoal ou de custeio em geral.

O referido dispositivo, portanto, admite uma hipótese de inaplicabilidade do teto remuneratório: é o caso das empresas estatais autossuficientes, nos termos cunhados por Alexandre Mazza (2022, p. 563).

É vedada, ademais, a vinculação ou equiparação de quaisquer espécies remuneratórias para o efeito de remuneração de pessoal do serviço público – isto significa dizer que não é possível que o legislador ordinário estabeleça mecanismos de alteração automática da remuneração dos servidores públicos, os chamados "gatilhos salariais". Também são vedados reajustes automáticos.

> Art. 37. (...)
> XIII – é vedada a vinculação ou equiparação de quaisquer espécies remuneratórias para o efeito de remuneração de pessoal do serviço público;
> XIV – acréscimos pecuniários percebidos por servidor público não serão computados nem acumulados para fins de concessão de acréscimos ulteriores;

O inciso XIV consagra a vedação ao "efeito repique" ou ao fenômeno chamado "repicão" (incidência de adicional sobre adicional anterior da mesma natureza). Assim, os acrescimentos pecuniários recebidos pelo servidor não serão computados nem acumulados para fins de acréscimos ulteriores.

As vantagens pecuniárias, portanto, não incidem "em cascata", de forma cumulativa, umas sobre outras.

Não há proibição de concessão de mais de uma vantagem sob o mesmo fundamento, desde que calculadas de forma singela sobre o vencimento básico.

O art. 37, XV, da CF consagra o direito à irredutibilidade do subsídio e dos vencimentos dos ocupantes de cargos e empregos públicos. Para o STF, quando o mencionado dispositivo fala em "cargo", pretende abranger tanto os cargos efetivos, quanto os comissionados.

> XV – o subsídio e os vencimentos dos ocupantes de cargos e empregos públicos são irredutíveis, ressalvado o disposto nos incisos XI e XIV deste artigo e nos arts. 39, § 4.º, 150, II, 153, III, e 153, § 2.º, I;

O STF decidiu, em sede de repercussão geral, que o teto estabelecido pela EC n. 41/2003 é de eficácia imediata e todas as verbas de natureza remuneratória recebidas pelos servidores públicos da União, dos Estados, do Distrito Federal e dos Municípios, não violando o princípio da irredutibilidade da remuneração/proventos, nem a garantia do direito adquirido e ao ato jurídico perfeito.

2.10 Remuneração e aposentadoria do servidor público

2.10.1 Remuneração

Em primeiro lugar, é importante definir o que seria "**remuneração**", a doutrina traz o seguinte conceito:

> Remuneração é o montante percebido pelo servidor público a título de vencimentos e de vantagens pecuniárias. É, portanto, o somatório das várias parcelas pecuniárias a que faz jus, em decorrência de sua situação funcional (CARVALHO FILHO, 2018, p. 851).

Por sua vez, a remuneração básica consiste na importância que o servidor recebe em decorrência do seu cargo ou emprego, podendo ou não, ser acrescida de gratificações ou outras parcelas.

Outro conceito que aparece bastante em provas é o "vencimento", que segundo o Prof. José dos Santos Carvalho Filho seria:

> Vencimento é a retribuição pecuniária que o servidor percebe pelo exercício de seu cargo, conforme a correta conceituação prevista no estatuto funcional federal (art. 40, Lei n. 8.112/1990). Emprega-se, ainda, no mesmo sentido vencimento-base ou

vencimento-padrão. Essa retribuição se relaciona diretamente com o cargo ocupado pelo servidor: todo cargo tem seu vencimento previamente estipulado (FILHO, 2018, p. 852).

Regra importante, é a da irredutibilidade dos salários dos servidores públicos, que como brilhantemente explica o Prof. Carvalho Filho:

Quanto ao valor mínimo de retribuição, a vigente Constituição oferece aos servidores públicos a mesma garantia atribuída aos empregados em geral: nenhuma remuneração pode ser inferior ao salário mínimo (art. 7.º, IV c/c art. 39, § 3.º, CF). Para o valor mínimo, considera-se o total da remuneração, e não o vencimento do cargo em si: assim, pode este ser inferior àquele valor, mas se lhe acrescerá parcela pecuniária (abono) para ser alcançada a remuneração mínima. Portanto, salário mínimo para o servidor indica a sua remuneração mínima (FILHO, 2018, p. 853).

Continuando com o tema da irredutibilidade, temos que esta garantia esta constitucionalmente prevista no inciso XV do art. 37:

XV – o **subsídio e os vencimentos** dos ocupantes de cargos e empregos públicos **são** irredutíveis, ressalvado o disposto nos incisos XI e XIV deste artigo e nos arts. 39, § 4.º, 150, II, 153, III, e 153, § 2.º, I;

Importante saber que a irredutibilidade dos subsídios e vencimentos dos servidores públicos náo é uma prerrogativa, mas apenas uma garantia de caráter geral.

O Prof. José dos Santos Carvalho Filho traz uma importante reflexão sobre o sentido da irredutibilidade, vejamos (2017):

O sentido da irredutibilidade, porém, não é absoluto. Protege-se o servidor apenas contra a redução direta de seus vencimentos, isto é, contra a lei ou qualquer outro ato que pretenda atribuir ao cargo ou à função decorrente de emprego público importância inferior à que já estava fixada ou fora contratada anteriormente.

Contudo, os Tribunais já se pacificaram no sentido de que não há proteção contra a redução indireta, assim considerada aquela em que:

(1) o vencimento não acompanha *pari passu* o índice inflacionário; ou

(2) o vencimento nominal sofre redução em virtude da incidência de impostos. Nessa linha, aliás, o art. 37, XV, da CF ressalva expressamente os arts. 150, II, 153, III, e 153, § 2.º, I, que retratam, respectivamente, o princípio da igualdade dos contribuintes, a incidência do imposto sobre a renda e proventos de qualquer natureza e os critérios da generalidade, universalidade e progressividade, inerentes ao referido tributo.

Relevantes, ainda, as lições do Prof. Carvalho Filho:

> Protege-se o servidor apenas contra a redução direta de seus vencimentos, isto é, contra a lei ou qualquer outro ato que pretenda atribuir ao cargo ou à função decorrente de emprego público importância inferior à que já estava fixada ou fora contratada anteriormente.

2.10.2 Regime previdenciário do servidor público

A aposentadoria é um direito que a Constituição garante ao servidor público de receber determinada remuneração quando estiver inativo, após a ocorrência de fato jurídico-administrativo previamente estabelecido.

O ato que formaliza a aposentadoria sofre controle externo do Tribunal de Contas e controle interno como prerrogativa do autocontrole da Administração Pública.

O principal efeito é que, ocorrendo a aposentadoria, extingue-se a relação estatutária e o cargo passa a ficar vago.

Existem dois grandes regimes de previdência, o próprio e o geral.

Os servidores públicos titulares de cargos efetivos estão acobertados pelo regime jurídico próprio ou RPPS, elencado no art. 40 da Constituição Federal que passamos a transcrever (aqui a leitura deverá ser bem atenta devido a extensão do artigo):

Art. 40. O regime próprio de previdência social dos servidores titulares de cargos efetivos terá **caráter contributivo e solidário, mediante contribuição** do respectivo ente federativo, de servidores ativos, **de aposentados e de pensionistas**, observados critérios que preservem o equilíbrio financeiro e atuarial.

§ 1.º O servidor abrangido por regime próprio de previdência social será aposentado:

I – **por incapacidade permanente para o trabalho**, no cargo em que estiver investido, quando insuscetível de readaptação, hipótese em que será obrigatória a realização de avaliações periódicas para verificação da continuidade das condições que ensejaram a concessão da aposentadoria, na forma de lei do respectivo ente federativo;

II – **compulsoriamente**, com proventos proporcionais ao tempo de contribuição, aos 70 (setenta) anos de idade, ou aos 75 (setenta e cinco) anos de idade, na forma de lei complementar;

III – no âmbito da União, aos **62 (sessenta e dois) anos de idade, se mulher, e aos 65 (sessenta e cinco) anos de idade, se homem**, e, no âmbito dos Estados, do Distrito Federal e dos Municípios, na idade mínima estabelecida mediante emenda às respectivas Constituições e Leis Orgânicas, observados o tempo de contribuição e os demais requisitos estabelecidos em lei complementar do respectivo ente federativo.

§ 2.º Os proventos de aposentadoria não poderão ser inferiores ao valor mínimo a que se refere o § 2.º do art. 201 ou superiores ao limite máximo estabelecido para o Regime Geral de Previdência Social, observado o disposto nos §§ 14 a 16.

§ 3.º As regras para cálculo de proventos de aposentadoria serão disciplinadas em lei do respectivo ente federativo.

§ 4.º É **vedada a adoção de requisitos ou critérios diferenciados** para concessão de benefícios **em regime próprio** de previdência social, ressalvado o disposto nos §§ 4.º-A, 4.º-B, 4.º-C e 5.º.

§ 4.º-A Poderão ser estabelecidos por *lei complementar* do respectivo ente federativo idade e tempo de contribuição diferenciados para aposentadoria de servidores com deficiência, previamente submetidos a avaliação biopsicossocial realizada por equipe multiprofissional e interdisciplinar.

§ 4.º-B Poderão ser estabelecidos por *lei complementar* do respectivo ente federativo idade e tempo de contribuição diferenciados para aposentadoria de ocupantes do cargo de agente penitenciário, de agente socioeducativo ou de policial dos órgãos de que tratam o inciso IV do *caput* do art. 51, o inciso XIII do *caput* do art. 52 e os incisos I a IV do *caput* do art. 144.

§ 4.º-C Poderão ser estabelecidos por *lei complementar* do respectivo ente federativo idade e tempo de contribuição diferenciados para aposentadoria de servidores cujas atividades sejam exercidas com efetiva exposição a agentes químicos, físicos e biológicos prejudiciais à saúde, ou associação desses agentes, vedada a caracterização por categoria profissional ou ocupação.

§ 5.º Os ocupantes do cargo de **professor** terão **idade mínima reduzida em 5 (cinco) anos** em relação às idades decorrentes da aplicação do disposto no inciso III do § 1.º, desde que comprovem tempo de efetivo exercício das funções de magistério na **educação infantil e no ensino fundamental e médio** fixado em *lei complementar* do respectivo ente federativo.

§ 6.º *Ressalvadas as aposentadorias decorrentes dos cargos acumuláveis* na forma desta Constituição, é **vedada a percepção de mais de uma aposentadoria** à conta de regime próprio de previdência social, aplicando-se outras vedações, regras e condições para a acumulação de benefícios previdenciários estabelecidas no Regime Geral de Previdência Social.

§ 7.º Observado o disposto no § 2.º do art. 201, quando se tratar da única fonte de renda formal auferida pelo dependente, o benefício de pensão por morte será concedido nos termos de lei do respectivo ente federativo, a qual tratará de forma diferenciada a hipótese de morte dos servidores de que trata o § 4.º-B decorrente de agressão sofrida no exercício ou em razão da função.

§ 8.º É assegurado o **reajustamento** dos benefícios para preservar-lhes, em caráter permanente, o **valor real**, conforme critérios estabelecidos em lei.

§ 9.º O tempo de contribuição federal, estadual, distrital ou municipal será contado para fins de aposentadoria, observado o disposto nos §§ 9.º e 9.º-A do art. 201, e o tempo de serviço correspondente será contado para fins de disponibilidade.

§ 10. **A lei não poderá estabelecer qualquer forma de contagem de tempo de contribuição fictício.**

§ 11. Aplica-se o limite fixado no art. 37, XI, à soma total dos proventos de inatividade, inclusive quando decorrentes da acumulação de cargos ou empregos públicos, bem como de outras atividades sujeitas a contribuição para o regime geral de previdência social, e ao montante resultante da adição de proventos de inatividade com remuneração de cargo acumulável na forma desta Constituição, cargo em comissão declarado em lei de livre nomeação e exoneração, e de cargo eletivo.

§ 12. Além do disposto neste artigo, serão observados, em regime próprio de previdência social, no que couber, os requisitos e critérios fixados para o Regime Geral de Previdência Social.

§ 13. Aplica-se ao agente público ocupante, exclusivamente, de cargo em *comissão* declarado em lei de livre nomeação e exoneração, de outro cargo *temporário*, inclusive *mandato eletivo,* ou de emprego público, o Regime *Geral* de Previdência Social.

§ 14. A União, os Estados, o Distrito Federal e os Municípios instituirão, por lei de iniciativa do respectivo Poder Executivo, regime de previdência complementar para servidores públicos ocupantes de cargo efetivo, observado o limite máximo dos benefícios do Regime Geral de Previdência Social para o valor das aposentadorias e das pensões em regime próprio de previdência social, ressalvado o disposto no § 16.

§ 15. O regime de previdência complementar de que trata o § 14 oferecerá plano de benefícios somente na modalidade contribuição definida, observará o disposto no art. 202 e será efetivado por intermédio de entidade fechada de previdência complementar ou de entidade aberta de previdência complementar.

§ 16. Somente mediante sua prévia e expressa opção, o disposto nos §§ 14 e 15 poderá ser aplicado ao servidor que tiver ingressado no serviço público até a data da publicação do ato de instituição do correspondente regime de previdência complementar.

§ 17. Todos os valores de remuneração considerados para o cálculo do benefício previsto no § 3.º serão devidamente atualizados, na forma da lei.

§ 18. Incidirá contribuição sobre os proventos de aposentadorias e pensões concedidas pelo regime de que trata este artigo que superem o limite máximo estabelecido para os benefícios do regime geral de previdência social de que trata o art. 201, com percentual igual ao estabelecido para os servidores titulares de cargos efetivos.

§ 19. Observados critérios a serem estabelecidos em lei do respectivo ente federativo, o servidor titular de cargo efetivo que tenha completado as exigências para a aposentadoria voluntária e que opte por permanecer em atividade poderá fazer jus a um abono de permanência equivalente, no máximo, ao valor da sua contribuição previdenciária, até completar a idade para aposentadoria compulsória.

§ 20. É **vedada a existência de mais de um regime próprio de previdência social** e de mais de um órgão ou entidade gestora desse regime em cada ente federativo, abrangidos todos os poderes, órgãos e entidades autárquicas e fundacionais, que serão responsáveis pelo seu financiamento, observados os critérios, os parâmetros e a natureza jurídica definidos na lei complementar de que trata o § 22.

§ 21. (*Revogado*).

§ 22. Vedada a instituição de novos regimes próprios de previdência social, lei complementar federal estabelecerá, para os que já existam, normas gerais de organização, de funcionamento e de responsabilidade em sua gestão, dispondo, entre outros aspectos, sobre:

I – requisitos para sua extinção e consequente migração para o Regime Geral de Previdência Social;

II – modelo de arrecadação, de aplicação e de utilização dos recursos;

III – fiscalização pela União e controle externo e social;

IV – definição de equilíbrio financeiro e atuarial;

V – condições para instituição do fundo com finalidade previdenciária de que trata o art. 249 e para vinculação a ele dos recursos provenientes de contribuições e dos bens, direitos e ativos de qualquer natureza;

VI – mecanismos de equacionamento do déficit atuarial;

VII – estruturação do órgão ou entidade gestora do regime, observados os princípios relacionados com governança, controle interno e transparência;

VIII – condições e hipóteses para responsabilização daqueles que desempenhem atribuições relacionadas, direta ou indiretamente, com a gestão do regime;

IX – condições para adesão a consórcio público;

X – parâmetros para apuração da base de cálculo e definição de alíquota de contribuições ordinárias e extraordinárias.

2.11 Acumulação de cargos

Como regra, a Constituição Federal veda a acumulação remunerada de cargos, empregos e funções públicos.

Excepcionalmente, contudo, é possível acumular, desde que haja compatibilidade de horários, nas seguintes hipóteses: dois cargos de professor; um cargo de professor com outro técnico ou científico ou de dois cargos ou empregos privativos de profissionais de saúde, com profissões regulamentadas. Trata-se de **rol taxativo.**

> XVI – É vedada a **acumulação remunerada** de cargos públicos, **exceto**, quando houver **compatibilidade de horários**, observado em qualquer caso o disposto no inciso XI:
> *a)* a de dois cargos de professor;
> *b)* a de um cargo de professor com outro técnico ou científico;
> *c)* a de dois cargos ou empregos privativos de profissionais de saúde, com profissões regulamentadas.

Não há possibilidade, como se vê da redação do artigo, de acumulação de três fontes remuneratórias.

Tratando-se de servidores federais, a Lei n. 8.112/90 prevê que a acumulação de cargos, ainda que lícita, fica condicionada à comprovação da compatibilidade de horários. A acumulação ilícita, aliás, sujeita o servidor à penalidade de demissão (art. 132, XII, da lei), aplicável via Procedimento Administrativo Disciplinar Sumário.

Apesar de a Lei n. 8.112/90 ser aplicável aos servidores da União, das autarquias e das fundações públicas federais, ela prevê expressamente que a vedação de acumular cargos, empregos e funções estende-se às entidades da Administração Pública indireta dos Estados, Distrito Federal, Territórios e Municípios.

Apesar de ser exigida a compatibilidade de horários, a acumulação de cargos públicos de profissionais da área de saúde, prevista no art. 37, XVI, da CF, não se sujeita ao limite de 60 horas semanais, pois inexiste tal requisito na Constituição Federal.

> A acumulação de cargos públicos de profissionais da área de saúde, prevista no art. 37, XVI, da CF/88, não se sujeita ao limite de 60 horas semanais previsto em norma infraconstitucional, pois inexiste tal requisito na Constituição Federal. O único requisito estabelecido para a acumulação é a compatibilidade de horários no exercício das funções, cujo cumprimento deverá ser aferido pela administração pública (STF, RE 1.176.440/DF, Rel. Min. Alexandre de Moraes, j. 9-4-2019, Info 937).

O mesmo entendimento é adotado pelo STJ (*vide* REsp 1.767.955/RJ, Rel. Min. Og Fernandes, j. 27-3-2019, Info 646).

> A discussão sobre o tema girava em torno do Parecer da AGU n. GQ – 145/98 que dispunha que, mesmo que existisse compatibilidade de horários, se a jornada semanal ficasse acima de 60 horas, a acumulação não seria permitida, considerando que o servidor estaria cansado, atrapalhando o seu desempenho funcional, em detrimento do princípio constitucional da eficiência.
>
> Esse parecer, contudo, foi revogado em abril de 2019.

A proibição de acumular estende-se a empregos e funções e abrange autarquias, fundações, empresas públicas, sociedades de economia mista, suas subsidiárias, bem como sociedades controladas direta ou indiretamente pelo Poder Público.

> XVII – a PROIBIÇÃO DE ACUMULAR ESTENDE-SE a empregos e funções e ABRANGE autarquias, fundações, empresas públicas, sociedades de economia mista, suas subsidiárias, e sociedades controladas, direta ou indiretamente, pelo poder público;

Além dos casos elencados nesse artigo, Rafael Oliveira (2018, p. 752) destaca outras hipóteses em que a acumulação remunerada lícita é permitida:

- Art. 38, III, da CF: servidor pode acumular o seu cargo, emprego ou função com o mandato de Vereador, desde que haja compatibilidade de horários;
- Art. 95, parágrafo único, I, da CF: apesar de, em regra, ser proibido aos juízes exercer, ainda que em disponibilidade, outro cargo ou função, permite o exercício de uma função de magistério, cumulativamente à magistratura;
- Art. 128, § 5.º, da CF: de maneira similar, a despeito de ser vedado aos Membros do Ministério Público o exercício, ainda que em disponibilidade, de qualquer outra função pública, admite uma de magistério;
- Em relação aos militares, a CF (art. 142, § 3.º, II e III, da CF) veda a acumulação com cargos e empregos civis, ressalvada a hipótese prevista no art. 37, XVI, *c*, da CF, que permite a acumulação do cargo de médico militar com outro emprego privativo de profissionais da saúde, com profissões regulamentadas.

Nos casos autorizados, constitucionalmente, de acumulação de cargos, empregos e funções, o teto remuneratório é aplicável em relação a cada um deles, isoladamente, e não ao somatório dos ganhos do agente público.

> TETO CONSTITUCIONAL – ACUMULAÇÃO DE CARGOS – ALCANCE. Nas situações jurídicas em que a Constituição Federal autoriza a acumulação de cargos, o teto remuneratório é considerado em relação à remuneração de cada um deles, e não ao somatório do que recebido (STF, RE 612.975/MT).

As vedações à acumulação de cargos aplicáveis quando da atividade, também se aplicam na inatividade. Isto é, só será possível cumular o recebimento de proventos de aposentadoria nas hipóteses constitucionalmente autorizadas para a acumulação remunerada (art. 40, § 10). Vejamos:

§ 10. É vedada a percepção simultânea de proventos de aposentadoria decorrentes do art. 40 ou dos arts. 42 e 142 com a remuneração de cargo, emprego ou função pública, ressalvados os cargos acumuláveis na forma desta Constituição, os cargos eletivos e os cargos em comissão declarados em lei de livre nomeação e exoneração.

2.11.1 Acumulação de cargo e mandato

Dispõe, ainda, o art. 38 da CF sobre as hipóteses de acumulação de cargo e mandato. Vejamos:

Art. 38. Ao servidor público da administração direta, autárquica e fundacional, no exercício de mandato eletivo, aplicam-se as seguintes disposições:
I – tratando-se de mandato eletivo federal, estadual ou distrital, ficará afastado de seu cargo, emprego ou função;
II – investido no mandato de Prefeito, será afastado do cargo, emprego ou função, sendo-lhe facultado optar pela sua remuneração;
III – investido no mandato de Vereador, havendo compatibilidade de horários, perceberá as vantagens de seu cargo, emprego ou função, sem prejuízo da remuneração do cargo eletivo, e, não havendo compatibilidade, será aplicada a norma do inciso anterior;
IV – em qualquer caso que exija o afastamento para o exercício de mandato eletivo, seu tempo de serviço será contado para todos os efeitos legais, exceto para promoção por merecimento;
V – na hipótese de ser segurado de regime próprio de previdência social, permanecerá filiado a esse regime, no ente federativo de origem.

Percebe-se, assim, que a única hipótese de acumulação de função pública e mandato eletivo, é no caso de mandato de Vereador. Essa possibilidade, todavia, não é irrestrita: deve haver compatibilidade de horários.

2.12 Administração tributária e servidores fiscais

A Administração Fazendária e seus servidores fiscais terão, dentro de suas áreas de competência e jurisdição, precedência sobre os demais setores administrativos, na forma da lei.

A Constituição Federal, aliás, apesar de vedar a vinculação de receita de impostos a órgãos, fundos ou despesas, autoriza a sua vinculação à Administração Tributária (art. 167, IV).

Como as atividades da Administração Tributária são definidas como exclusivas de Estado (ou essenciais ao funcionamento do Estado), aos seus servidores serão aplicadas as disposições do art. 247 da CF, o qual preconiza que tais servidores deverão ser estatutários, com o estabelecimento de critérios e garantias especiais para a perda do cargo pelo servidor público estável que, em decorrência das atribuições de seu cargo efetivo, desenvolva atividades exclusivas de Estado.

Importante salientar, ainda, que os entes deverão atuar de forma integrada, inclusive compartilhando cadastros de contribuintes e informações fiscais (protegidas por sigilo fiscal), nos termos do art. 37, XXII.

> Art. 37. (...)
> XXII – as administrações tributárias da União, dos Estados, do Distrito Federal e dos Municípios, atividades essenciais ao funcionamento do Estado, exercidas por servidores de carreiras específicas, terão recursos prioritários para a realização de suas atividades e atuarão de forma integrada, inclusive com o compartilhamento de cadastros e de informações fiscais, na forma da lei ou convênio.

2.13 Responsabilidade do servidor no âmbito constitucional

2.13.1 Improbidade administrativa

Segundo o art. 37, §§ 4.º e 5.º, da CF:

> § 4.º Os ATOS DE IMPROBIDADE ADMINISTRATIVA IMPORTARÃO a Suspensão dos direitos políticos, a Perda da função pública, a Indisponibilidade dos bens e o Ressarcimento ao erário, na forma e gradação previstas em lei, sem prejuízo da Ação penal cabível.
> § 5.º A lei ESTABELECERÁ os prazos de prescrição para ilícitos praticados por qualquer agente, servidor ou não, que CAUSEM prejuízos ao erário, RESSALVADAS as respectivas AÇÕES DE RESSARCIMENTO.

DICA

Quem comete ato de improbidade administrativa é enviado para PARIS:

P erda da função pública

A ção penal cabível

R essarcimento ao erário

I ndisponibilidade dos bens

S uspensão dos direitos políticos

Esse assunto será aprofundado no capítulo de Improbidade Administrativa desta obra.

2.13.2 Ação regressiva

Além disso, o § 6.º do art. 37 da CF estabelece que:

> § 6.º As pessoas jurídicas de DIREITO PÚBLICO e as de DIREITO PRIVADO prestadoras de serviços públicos RESPONDERÃO pelos danos que seus agentes, NESSA QUALIDADE, causarem a terceiros, ASSEGURADO o direito de regresso contra o responsável nos casos de dolo ou culpa.

Abordaremos, nesse tópico, apenas o conteúdo pertinente ao direito de regresso do Estado contra o responsável, nos casos de dolo ou culpa dos agentes públicos.

Para maiores discussões acerca da responsabilidade civil do Estado, sugerimos a leitura do capítulo específico desta obra.

O princípio da imputação volitiva, base da Teoria do Órgão (de *Otto Gierke*), é um princípio do direito administrativo que estabelece que as ações cometidas pelos agentes e servidores públicos são atribuídas a pessoa jurídica a que ele esteja ligado.

Como é sabido, o Estado responde OBJETIVAMENTE pelos danos que seus agentes, nessa qualidade, causarem a terceiros. Assim, para que um indivíduo (usuário ou não de serviço público) seja indenizado pelos danos causados por agente público, ele não precisará discutir sobre dolo ou culpa.

De acordo com o STF, o dispositivo em comento consagra a **Teoria da Dupla Garantia**: a primeira, garantia em favor do particular lesado, já que poderá ajuizar ação indenizatória diretamente contra o Estado, que goza de maiores recursos, sem precisar provar que o agente público agiu com dolo ou culpa; e a segunda, em favor do servidor estatal, que somente será responsabilizado perante a pessoa jurídica a cujo quadro funcional se vincular.

RECURSO EXTRAORDINÁRIO. ADMINISTRATIVO. RESPONSABILIDADE OBJETIVA DO ESTADO: § 6.º DO ART. 37 DA MAGNA CARTA. ILEGITIMIDADE PASSIVA *AD CAUSAM*. AGENTE PÚBLICO (EX-PREFEITO). PRÁTICA DE ATO PRÓPRIO DA FUNÇÃO. DECRETO DE INTERVENÇÃO. O § 6.º do art. 37 da Magna Carta autoriza a proposição de que somente as pessoas jurídicas de direito público, ou as pessoas jurídicas de direito privado que prestem serviços públicos, é que poderão responder, objetivamente, pela reparação de danos a terceiros. Isso por ato ou omissão dos respectivos agentes, agindo estes na qualidade de agentes públicos, e não como pessoas comuns. Esse mesmo dispositivo constitucional consagra, ainda, *dupla garantia: uma, em favor do particular, possibilitando-lhe ação indenizatória contra a pessoa jurídica de direito público, ou de direito privado que preste serviço público, dado que bem maior, praticamente certa, a possibilidade de pagamento do dano objetivamente sofrido. Outra garantia, no entanto, em prol do servidor estatal, que somente responde administrativa e civilmente perante a pessoa jurídica a cujo quadro funcional se vincular* (STF, RE 327.9041).

Para o STF, portanto, a vítima só poderá acionar a pessoa jurídica à qual o agente causador do dano se vincula, não se admitindo a ação indenizatória *per saltum* diretamente contra o causador do dano.

A teor do disposto no art. 37, § 6.º, da CF/88, a ação por danos causados por agente público deve ser ajuizada contra o Estado ou a pessoa jurídica de direito privado prestadora de serviço público, sendo parte ilegítima para a ação o autor do ato, assegurado o direito de regresso contra o responsável nos casos de dolo ou culpa (STF, RE 1.027.633/SP, Rel. Min. Marco Aurélio, j. 14-8-2019, Repercussão Geral, Info 947).

2.14 Estabilidade

A estabilidade é garantia reconhecida ao servidor público estatutário, ocupante de cargo efetivo, de que só perderá o cargo em virtude de sentença judicial transitada em julgado, de processo administrativo ou de procedimento de avaliação periódica de desempenho.

Para tanto, a Constituição Federal exige dois requisitos: três anos de efetivo exercício da função e a aprovação em avaliação especial de desempenho por comissão constituída para essa finalidade.

A omissão da Administração na realização da avaliação especial, contudo, não pode prejudicar o servidor. O STF (MS 24.543/DF – Info 317), inclusive, reconheceu a estabilidade de servidor após o triênio exigido, mesmo sem a submissão ao referido exame.

Art. 41. São estáveis após três anos de efetivo exercício os servidores nomeados para cargo de provimento efetivo em virtude de concurso público.

§ 1.º O servidor público estável só perderá o cargo:

I – em virtude de sentença judicial transitada em julgado;

II – mediante processo administrativo em que lhe seja assegurada ampla defesa;

III – mediante procedimento de avaliação periódica de desempenho, na forma de lei complementar, assegurada ampla defesa.

(...)

§ 4.º Como condição para a aquisição da estabilidade, é obrigatória a avaliação especial de desempenho por comissão instituída para essa finalidade.

A estabilidade, aliás, é adquirida no serviço público e não no cargo. Assim, uma vez promovido para cargo mais elevado da mesma carreira, o servidor não precisará passar por novo estágio probatório.

Entendimento diverso, contudo, será aplicado se o servidor for investido em novo cargo:

A estabilidade é adquirida no serviço público, em razão do provimento em um determinado cargo público, após a aprovação no estágio probatório. Não obstante, sempre que o servidor entrar em exercício em um novo cargo público, mediante aprovação em concurso público, deverá ser submetido ao respectivo estágio probatório, não havendo impedimento de que o servidor estável seja "reprovado" em estágio probatório relativo a outro cargo público para o qual foi posteriormente aprovado em concurso (STJ, RMS 20.934/SP).

HIPÓTESES NAS QUAIS O SERVIDOR PÚBLICO ESTÁVEL PODERÁ PERDER O CARGO	**PROCESSO JUDICIAL:** em virtude de sentença judicial transitada em julgado.
	PROCESSO ADMINISTRATIVO: mediante processo administrativo em que lhe seja assegurada ampla defesa.
	INSUFICIÊNCIA DE DESEMPENHO: mediante procedimento de avaliação periódica de desempenho, na forma de lei complementar, assegurada ampla defesa.
	EXCESSO DE GASTO ORÇAMENTÁRIO COM DESPESA DE PESSOAL: na hipótese do art. 169, § 4.º, da CF, para cumprir o limite de gastos previstos em lei complementar, desde que as medidas de "redução em pelo menos vinte por cento das despesas com cargos em comissão e funções de confiança" e de "exoneração dos servidores não estáveis" não tenham sido suficientes. Neste caso, devem ser observados critérios de impessoalidade: a) menor tempo de serviço público; b) maior remuneração e c) menor idade.
	REQUISITOS ESPECÍFICOS PARA AGENTES COMUNITÁRIOS DE SAÚDE OU DE COMBATE ÀS ENDEMIAS: na hipótese do art. 198, § 6.º, da CF, que preconiza que o servidor que exercer funções equivalentes às de agente comunitário de saúde ou de agente de combate às endemias poderá perder o cargo em caso de descumprimento dos requisitos específicos, fixados em lei, para seu exercício.

De acordo com o STF, esta norma não alcança os empregados públicos. Isto é, os empregados públicos não têm direito à estabilidade prevista no art. 41 da CF.

Isso não quer dizer, contudo, que possam ser dispensados arbitrariamente. Para o Supremo, **apesar de não gozarem de estabilidade, em atenção aos princípios da impessoalidade e da isonomia, a dispensa de empregado de empresas públicas e sociedades de economia mista *que prestam serviços públicos* deve ser motivada.** Vejamos o julgado:

> Empresa Brasileira de Correios e Telégrafos (ECT). Demissão imotivada de seus empregados. Impossibilidade. Necessidade de motivação da dispensa. (...) **Os empregados públicos não fazem jus à estabilidade prevista no art. 41 da CF, salvo aqueles admitidos em período anterior ao advento da EC 19/1998. (...) Em atenção, no entanto, aos princípios da impessoalidade e isonomia, que regem a admissão por concurso público,** *a dispensa do empregado de empresas públicas e sociedades de economia mista que prestam serviços públicos deve ser motivada,* **assegurando-se, assim, que tais princípios, observados no momento daquela admissão, sejam também respeitados por ocasião da dispensa.** A motivação do ato de dispensa, assim, visa a resguardar o empregado de uma possível quebra do postulado da impessoalidade por parte do agente estatal investido do poder de demitir (STF, RE 589.998, Rel. Min. Ricardo Lewandowski, j. 20-3-2013, Tema de Repercussão Geral 131).

A motivação do ato de demissão do empregado público precisa ser a justa causa da legislação trabalhista?

Não.

Ao apreciar o tema, o Supremo Tribunal Federal entendeu que as empresas públicas e as sociedades de economia mista, sejam elas prestadoras de serviço público ou exploradoras de atividade econômica, ainda que em regime concorrencial, têm o dever jurídico de motivar, em ato formal, a demissão de seus empregados concursados, não se exigindo processo administrativo.

Tal motivação deve consistir em fundamento razoável, não se exigindo, porém, que se enquadre nas hipóteses de justa causa da legislação trabalhista (STF, Plenário, RE 688.267/CE, Rel. Min. Alexandre de Moraes, Red. do acórdão Min. Luís Roberto Barroso, j. 28-2-2024 (Repercussão Geral – Tema 1.022), Info 1126).

Além disso, os ocupantes de cargo em comissão também não possuem estabilidade. Isto porque o provimento de tais cargos é de livre nomeação e exoneração, pautados na transitoriedade desses cargos e liberdade dos administrados.

Durante o prazo de 3 anos (denominado de estágio probatório), o servidor não está protegido contra a extinção do cargo (Súmula 22 do STF: O estágio probatório não protege o funcionário contra a extinção do cargo). Assim, se o cargo for extinto, o servidor será exonerado.

Caso já seja estável, a extinção do cargo implicará na sua colocação em disponibilidade, com remuneração proporcional ao tempo de serviço, até seu adequado aproveitamento em outro cargo.

> § 3.º Extinto o cargo ou declarada a sua desnecessidade, o servidor estável ficará em disponibilidade, com remuneração proporcional ao tempo de serviço, até seu adequado aproveitamento em outro cargo.

Na hipótese de ser invalidada a demissão do servidor estável por sentença judicial, ele será reintegrado.

> § 2.º Invalidada por sentença judicial a demissão do servidor estável, será ele reintegrado, e o eventual ocupante da vaga, se estável, reconduzido ao cargo de origem, sem direito a indenização, aproveitado em outro cargo ou posto em disponibilidade com remuneração proporcional ao tempo de serviço.

2.15 Vitaliciedade

Alguns servidores públicos gozam de garantia mais forte que aquela conferida pela estabilidade, qual seja, a vitaliciedade. Somente perderão seu cargo por sentença judicial transitada em julgado ou em virtude de aposentadoria compulsória (nos termos da Súmula 36 do STF).

É o caso dos magistrados (art. 95 da CF), membros do Ministério Público (art. 128, § 5.º, da CF), que adquirem a vitaliciedade após dois anos de efetivo exercício, e dos Ministros e Conselheiros dos Tribunais de Contas (art. 73, § 3.º, da CF).

Esta é uma garantia excepcional, conferida pelo constituinte com o fim de assegurar maior independência por estes agentes no exercício de sua função, tendo em vista a importância de suas prerrogativas e responsabilidades. Não poderá, portanto, ser estendida a outros agentes por meio de lei.

CAPÍTULO 7

REGIME DISCIPLINAR DO SERVIDOR PÚBLICO

1. OS DEVERES DOS SERVIDORES PÚBLICOS

Além das disposições constitucionais aplicáveis (arts. 37 a 41 da CF), a lei de cada ente irá prever as regras sobre os direitos e deveres dos servidores, atribuições, responsabilidades, dentre outros. No âmbito federal, a Lei n. 8.112/90 institui o Regime Jurídico dos Servidores Públicos Civis da União, das autarquias, inclusive as em regime especial, e das fundações públicas federais.

O servidor público, no exercício de suas funções, deve observar um plexo de deveres relacionados, basicamente, com os princípios constitucionais que regem a Administração Pública – legalidade, impessoalidade, moralidade, publicidade e eficiência (art. 37, *caput,* da CF).

Os deveres envolvem, por exemplo, a lealdade à instituição que servir, a obediência às normas legais e regulamentares, a assiduidade e pontualidade, bem como o atendimento com presteza, só para citar alguns.

A leitura da lei, nesse ponto, é suficiente. Vejamos:

Art. 116. São deveres do servidor:

I – exercer com zelo e dedicação as atribuições do cargo;

II – ser leal às instituições a que servir;

III – observar as normas legais e regulamentares;

IV – cumprir as ordens superiores, exceto quando manifestamente ilegais;

V – atender com presteza:

a) ao público em geral, prestando as informações requeridas, ressalvadas as protegidas por sigilo;

b) à expedição de certidões requeridas para defesa de direito ou esclarecimento de situações de interesse pessoal;

c) às requisições para a defesa da Fazenda Pública.

VI – levar as irregularidades de que tiver ciência em razão do cargo ao conhecimento da autoridade superior ou, quando houver suspeita de envolvimento desta, ao conhecimento de outra autoridade competente para apuração;

VII – zelar pela economia do material e a conservação do patrimônio público;

VIII – guardar sigilo sobre assunto da repartição;

IX – manter conduta compatível com a moralidade administrativa;

X – ser assíduo e pontual ao serviço;

> XI – tratar com urbanidade as pessoas;
> XII – representar contra ilegalidade, omissão ou abuso de poder.
>
> Parágrafo único. A representação de que trata o inciso XII será encaminhada pela via hierárquica e apreciada pela autoridade superior àquela contra a qual é formulada, assegurando-se ao representando ampla defesa.

A inobservância de quaisquer dos deveres ou das proibições pelo funcionário público constitui infração funcional penalizada com **advertência** ou outra penalidade mais grave, conforme veremos adiante.

2. AS PROIBIÇÕES

Além dos deveres que lhe são impostos, a lei estabelece também uma série de proibições aos servidores públicos.

Proíbe-se, dentre outras condutas, descumprir ordens de superiores hierárquicos e regulamentos; estimular o desacordo no ambiente de trabalho; praticar política partidária no ambiente de trabalho; aproveitar-se do serviço público para fins pessoais; contratar familiares até segundo grau, cônjuge ou companheiro, ou defender os interesses deles perante a Administração Pública.

Proíbe-se também praticar atividade empresarial, exceto se estiver em licença não remunerada para fins pessoais (e observado eventual conflito de interesses) ou se for participar de conselho administrativo ou fiscal de empresa estatal federal, ou participar de sociedade cooperativa que presta serviço a seus membros.

Vejamos o que diz a lei:

> Art. 117. Ao servidor é proibido:
>
> I – ausentar-se do serviço durante o expediente, sem prévia autorização do chefe imediato;
> II – retirar, sem prévia anuência da autoridade competente, qualquer documento ou objeto da repartição;
> III – recusar fé a documentos públicos;
> IV – opor resistência injustificada ao andamento de documento e processo ou execução de serviço;
> V – **promover manifestação de apreço ou desapreço no recinto da repartição;**
> VI – cometer a pessoa estranha à repartição, fora dos casos previstos em lei, o desempenho de atribuição que seja de sua responsabilidade ou de seu subordinado;
> VII – coagir ou aliciar subordinados no sentido de filiarem-se a associação profissional ou sindical, ou a partido político;
> VIII – manter sob sua chefia imediata, em cargo ou função de confiança, cônjuge, companheiro ou parente até o segundo grau civil;

IX – valer-se do cargo para lograr proveito pessoal ou de outrem, em detrimento da dignidade da função pública;

X – **participar de gerência ou administração de sociedade privada, personificada ou não personificada, exercer o comércio,** *exceto na qualidade de acionista, cotista ou comanditário;*

XI – atuar, como procurador ou intermediário, junto a repartições públicas, salvo quando se tratar de benefícios previdenciários ou assistenciais de parentes até o segundo grau, e de cônjuge ou companheiro;

XII – receber propina, comissão, presente ou vantagem de qualquer espécie, em razão de suas atribuições;

XIII – **aceitar comissão, emprego ou pensão de estado estrangeiro;**

XIV – praticar usura sob qualquer de suas formas;

XV – proceder de forma desidiosa;

XVI – utilizar pessoal ou recursos materiais da repartição em serviços ou atividades particulares;

XVII – cometer a outro servidor atribuições estranhas ao cargo que ocupa, exceto em situações de emergência e transitórias;

XVIII – exercer quaisquer atividades que sejam incompatíveis com o exercício do cargo ou função e com o horário de trabalho;

XIX – recusar-se a atualizar seus dados cadastrais quando solicitado.

Parágrafo único. A vedação de que trata o inciso X do *caput* deste artigo não se aplica nos seguintes casos:

I – participação nos conselhos de administração e fiscal de empresas ou entidades em que a União detenha, direta ou indiretamente, participação no capital social ou em sociedade cooperativa constituída para prestar serviços a seus membros; e

II – gozo de licença para o trato de interesses particulares, na forma do art. 91 desta Lei, observada a legislação sobre conflito de interesses.

3. A ACUMULAÇÃO DE CARGOS PÚBLICOS

A Constituição Federal (art. 37, XVI) veda a acumulação remunerada de cargos públicos, exceto, quando houver compatibilidade de horários: a) a de dois cargos de professor; b) a de um cargo de professor com outro técnico ou científico; c) a de dois cargos privativos de médico; c) a de dois cargos ou empregos privativos de profissionais de saúde, com profissões regulamentadas.

Essa proibição estende-se a cargos, empregos e funções em autarquias, fundações públicas, empresas públicas, sociedades de economia mista da União, do Distrito Federal, dos Estados, dos Territórios e dos Municípios.

As disposições da Lei n. 8.112/90 não destoam do regime constitucional. Em seu art. 118, a Lei reforça que a acumulação de cargos, ainda que lícita, fica condicionada à comprovação da compatibilidade de horários. E considera acumulação proibida a percepção de vencimento de cargo ou emprego público efetivo com proventos da inatividade, salvo quando os cargos de que decorram essas remunerações forem acumuláveis na atividade.

De acordo com o art. 120, o servidor vinculado ao regime desta Lei, que acumular licitamente dois cargos efetivos, quando investido em cargo de provimento em comissão, ficará afastado de ambos os cargos efetivos, salvo na hipótese em que houver compatibilidade de horário e local com o exercício de um deles, declarada pelas autoridades máximas dos órgãos ou entidades envolvidos.

Quanto ao acúmulo de cargos em comissão, a regra geral, estabelecida pela Lei, é pela impossibilidade de acumulação, salvo a hipótese de o servidor ocupante de cargo em comissão ou de natureza especial ser nomeado para ter exercício, interinamente, em outro cargo de confiança, sem prejuízo das atribuições do que atualmente ocupa, hipótese em que deverá optar pela remuneração de um deles durante o período da interinidade.

> Art. 119. O servidor não poderá exercer mais de um cargo em comissão, exceto no caso previsto no parágrafo único do art. 9.º, nem ser remunerado pela participação em órgão de deliberação coletiva.
>
> Parágrafo único. O disposto neste artigo não se aplica à remuneração devida pela participação em conselhos de administração e fiscal das empresas públicas e sociedades de economia mista, suas subsidiárias e controladas, bem como quaisquer empresas ou entidades em que a União, direta ou indiretamente, detenha participação no capital social, observado o que, a respeito, dispuser legislação específica.

Na hipótese de acumulação ilícita, poderá ser aplicada a pena de demissão ao servidor (art. 132, XII, da Lei), após a instauração de processo administrativo disciplinar, assegurado o contraditório e a ampla defesa.

Detectada a qualquer tempo a acumulação ilegal de cargos, empregos ou funções públicas, o servidor deverá ser notificado, por intermédio de sua chefia imediata, para apresentar opção no prazo improrrogável de dez dias, contados da data da ciência e, na hipótese de omissão, adotará procedimento sumário para a sua apuração e regularização imediata, cujo processo administrativo disciplinar será analisado adiante.

4. A RESPONSABILIDADE DO SERVIDOR PÚBLICO

Se o servidor público cometer alguma irregularidade no exercício de suas funções (ou em decorrência delas), pode ser responsabilizado civil, penal ou administrativamente. As sanções decorrentes destas esferas são independentes entre si e, por este motivo, poderão cumular-se.

O STJ, em inúmeros julgados (a exemplo do MS 18.090/DF, veiculado no Informativo 523), reconhece o **princípio da independência das instâncias**, o qual também está consagrado no art. 125 da Lei n. 8.112/90.

Essa independência, todavia, apesar de ser a regra geral, não é absoluta.

Há hipóteses em que o exercício irregular das funções representa, ao mesmo tempo, um ilícito administrativo e um ilícito penal, por exemplo. Nesses casos, se o servidor, no processo penal, for absolvido com fundamento na inexistência do fato ou na negativa de autoria, não será possível a sua responsabilização na esfera administrativa.

Isto é, se no processo criminal o juiz constatar que o fato não ocorreu ou que, apesar de ter ocorrido, não foi cometido pelo acusado, a responsabilidade administrativa também será afastada.

> Art. 125. As sanções civis, penais e administrativas *poderão cumular-se*, sendo *independentes* entre si.
> Art. 126. A *responsabilidade administrativa* do servidor *será afastada* no caso de *absolvição criminal* que *negue a existência do fato ou sua autoria*.

Se a absolvição ocorrer por qualquer outro motivo, como por exemplo, por insuficiência de provas, pela extinção da punibilidade ou pela ausência de culpabilidade, esta decisão não influenciará na responsabilidade administrativa. A autoridade competente, portanto, poderá, mesmo assim, apurar a infração cometida e aplicar a sanção correspondente.

> O servidor pode ser absolvido criminalmente e, ainda assim, ser condenado na esfera administrativa!

De acordo com o STJ, a independência das esferas justifica, ainda, o fato de a instauração de ação penal não paralisar, nem suspender o curso do processo administrativo. Bastante elucidativo o julgado. Vejamos:

> Não deve ser paralisado o curso de processo administrativo disciplinar apenas em função de ajuizamento de ação penal destinada a apurar criminalmente os mesmos fatos investigados administrativamente. As *esferas administrativa* e *penal são independentes*, não havendo falar em suspensão do processo administrativo durante o trâmite do processo penal. Ademais, é perfeitamente possível que determinados fatos constituam infrações administrativas, mas não ilícitos penais, permitindo a aplicação de penalidade ao servidor pela Administração, sem que haja

a correspondente aplicação de penalidade na esfera criminal. Vale destacar que é **possível a repercussão do resultado do processo penal na esfera administrativa no caso de absolvição criminal que negue a existência do fato ou sua autoria**, devendo ser revista a pena administrativa porventura aplicada antes do término do processo penal (STJ, MS 18.090/DF, Info 523).

Registre-se, ainda, que, nos termos da **Súmula 18 do STF, "pela falta residual, não compreendida na absolvição pelo juízo criminal, é admissível a punição administrativa do servidor público"**.

Pode ser que, em determinado caso, o servidor seja absolvido pelo ilícito penal, mas subsista uma falta administrativa distinta, o chamado "resquício administrativo" ou "falta residual".

Assim, se a absolvição pelo juízo criminal não compreender a falta residual, será admissível a sua punição.

O princípio da independência das instâncias também lastreia o entendimento do STJ de que se a conduta do servidor público também configurar improbidade administrativa, independente de eventual propositura de ação por improbidade administrativa, não há óbice para que a autoridade administrativa apure a falta disciplinar.

É este o teor da Súmula 651 do STJ:

> **Súmula 651 do STJ: Compete à autoridade administrativa aplicar a servidor público a pena de demissão em razão da prática de improbidade administrativa, *independentemente de prévia condenação,* por autoridade judicial, à perda da função pública.**

5. A RESPONSABILIDADE ADMINISTRATIVA DO SERVIDOR

A responsabilidade administrativa do servidor público, no âmbito federal, é regulamentada pela Lei n. 8.112/90. Os Estados e Municípios gozam de autonomia para legislar sobre a matéria, nos termos do art. 18 da CF.

Trata-se, nas palavras de José dos Santos Carvalho Filho (2019, p. 1370), do **princípio da disciplina reguladora difusa**, "isso porque suas regras, a tramitação, a competência, os prazos e as sanções se encontram nos estatutos funcionais das diversas pessoas federativas".

Analisaremos, a partir de agora, a disciplina federal, muitas vezes repetida pelas diferentes entidades da federação em seus estatutos. Todavia, registramos o alerta para que o leitor atente sempre para as possíveis distinções aplicadas à carreira pretendida.

5.1 Sindicância administrativa

Para a apuração da responsabilidade administrativa, a autoridade dispõe de dois institutos: a Sindicância Administrativa e o Processo Administrativo Disciplinar (art. 143).

A Sindicância Administrativa, *a priori*, é um procedimento inquisitório, de caráter investigativo, que se assemelha ao inquérito policial no âmbito penal. Trata-se, assim, de uma forma preliminar de a Administração colher provas e informações sobre o fato, com o fito de, posteriormente, instaurar o Processo Administrativo Disciplinar para a aplicação da sanção pertinente.

Como procedimento inquisitório e investigativo que é, torna-se desnecessária a observância dos princípios constitucionais do contraditório e da ampla defesa, sendo dotado, ainda, de caráter de prescindibilidade.

Em outras palavras: a sindicância de caráter investigativo não é etapa preliminar do PAD! Se o administrador acreditar que já possui elementos suficientes, ele pode instaurar diretamente o PAD, sem a necessidade de realização da sindicância investigativa.

Se houver alguma irregularidade na sindicância, com a posterior instauração de processo administrativo disciplinar válido, aquela irregularidade é considerada sanada (STJ, RMS 37.871/SC). Os vícios ocorridos na sindicância investigativa, portanto, não contaminam posterior processo administrativo disciplinar.

> **Havendo a instauração do devido processo administrativo disciplinar, resta superado o exame de eventuais irregularidades ocorridas durante a sindicância** (STJ, MS 9.668/DF. No mesmo sentido: AgRg no REsp 982.984/DF e RMS 12.827/ MG).

Além da possibilidade de instauração do PAD, da sindicância poderá resultar, ainda, o arquivamento do processo ou a aplicação da penalidade de advertência ou suspensão de até 30 dias.

> Art. 145. Da sindicância poderá resultar:
>
> I – arquivamento do processo;
>
> II – *aplicação de penalidade de advertência ou suspensão de até 30 (trinta) dias;*
>
> III – instauração de processo disciplinar.
>
> Parágrafo único. O prazo para conclusão da sindicância *não excederá 30 (trinta) dias, podendo ser prorrogado por igual período,* a critério da autoridade superior.

Na hipótese do inciso II, temos a sindicância de caráter punitivo, que, por ensejar a aplicação de sanção, deverá observar os princípios do contraditório e da ampla defesa.

A sindicância deverá ser concluída em até trinta dias, prazo este prorrogável por igual período, a critério da autoridade superior.

Sempre que o ilícito praticado pelo servidor foi mais grave, ensejando a imposição de penalidade de suspensão por mais de 30 (trinta) dias, de demissão, cassação de aposentadoria ou disponibilidade, ou destituição de cargo em comissão, será obrigatória a instauração de processo disciplinar (*vide* art. 146).

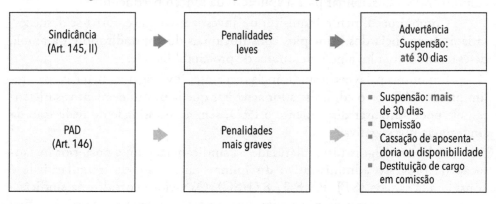

5.2 Processo Administrativo Disciplinar (PAD)

O processo disciplinar é o instrumento destinado a apurar responsabilidade de servidor por infração praticada no exercício de suas atribuições ou que tenha relação com as atribuições do cargo em que se encontre investido.

De acordo com o STJ, **é legal a instauração de procedimento disciplinar, julgamento e sanção, nos moldes da Lei n. 8.112/90, em face de servidor público que pratica atos ilícitos na gestão de fundação privada de apoio à instituição federal de ensino superior.**

No julgado (MS 21.669/DF, veiculado no Informativo 613), o Tribunal registrou a **"ausência de necessidade de que a conduta do servidor tida por ímproba esteja necessariamente vinculada com o exercício do cargo público"**, especialmente quando a conduta envolver o desvio de recursos públicos oriundo de órgão ou entidade pública, o que contraria os princípios basilares da Administração Pública.

Assim, os atos praticados por servidor público que assumiu cargo de gestão em fundação de natureza privada podem ser apurados e punidos no âmbito do Estatuto Federal.

O PAD é subdividido, pela própria Lei n. 8.112/90 (art. 151), em três fases:

I – **instauração**, com a publicação do ato que constituir a comissão;
II – **inquérito administrativo**, que compreende instrução, defesa e relatório;
III – **julgamento**.

Passemos à análise, agora, de cada uma destas etapas, com as suas peculiaridades.

5.2.1 Instauração

A instauração pode ocorrer de ofício, pela própria autoridade administrativa, no gozo de seu poder-dever de autotutela, ou mediante provocação.

Súmula 346 do STF: A Administração Pública pode declarar a nulidade dos seus próprios atos.
Súmula 473 do STF: A Administração pode anular seus próprios atos, quando eivados de vícios que os tornam ilegais, porque deles não se originam direitos; ou revogá-los, por motivo de conveniência ou oportunidade, respeitados os direitos adquiridos, e ressalvada, em todos os casos, a apreciação judicial.

Aliás, tendo ciência da irregularidade no serviço público, a autoridade é **obrigada** a promover sua apuração imediata, mediante sindicância ou processo administrativo disciplinar, assegurada ao acusado ampla defesa (art. 143 da Lei n. 8.112/90).

Uma leitura da letra fria e crua da lei, contudo, pode levar o estudante a uma interpretação equivocada. **É preciso ter cuidado com a redação do art. 144 da Lei n. 8.112/90:**

Art. 144. As denúncias sobre irregularidades serão objeto de apuração, desde que contenham a identificação e o endereço do denunciante e sejam formuladas por escrito, confirmada a autenticidade.

Por muito tempo, esse artigo gerou intensos debates, sendo utilizado como argumento para invalidar os processos administrativos iniciados com base em denúncia anônima. Isto porque o artigo é literal ao exigir que a denúncia contenha a identificação do denunciante, além de a própria Constituição Federal vedar o anonimato (art. 5.º, IV). Por essa razão, houve quem defendesse que a denúncia anônima era proibida.

O STJ, contudo, não concordou com essa tese. Isso porque a vedação ao anonimato não é absoluta, devendo ser ponderada com a necessidade de observância, pela Administração Pública, dos princípios elencados no art. 37 da CF (legalidade, impessoalidade e moralidade), além do próprio dever de autotutela a que está submetido o administrador.

Nesse contexto, foi publicada a Súmula 611, que assim dispõe:

> **Súmula 611 do STJ:** *Desde que devidamente motivada e com amparo em investigação ou sindicância,* é permitida a instauração de processo administrativo disciplinar com base em *denúncia anônima,* em face do poder-dever de autotutela imposto à Administração.

ATENÇÃO PARA OS SINÔNIMOS!
DENÚNCIA ANÔNIMA = DENÚNCIA APÓCRIFA = DENÚNCIA INQUALIFICADA

Assim, a instauração de processo administrativo disciplinar com base em denúncia anônima é perfeitamente possível, desde que a autoridade competente tenha, anteriormente, averiguado a veracidade das informações em investigação ou sindicância (plausibilidade da denúncia).

A Lei prevê, em seu art. 147, a possibilidade de **afastamento preventivo** do servidor, medida cautelar destinada a evitar que ele influencie na apuração da irregularidade cometida. O afastamento poderá ocorrer por determinação da autoridade instauradora do processo disciplinar, pelo prazo de 60 dias (prorrogável por igual período), sem prejuízo da remuneração.

> **Art. 147.** Como medida cautelar e a fim de que o servidor não venha a influir na apuração da irregularidade, a autoridade instauradora do processo disciplinar poderá determinar o seu afastamento do exercício do cargo, pelo prazo de *até 60 (sessenta) dias, sem prejuízo da remuneração.*
> Parágrafo único. O afastamento poderá ser *prorrogado por igual prazo,* findo o qual cessarão os seus efeitos, ainda que não concluído o processo.

O instrumento por essência utilizado para a instauração do PAD é a portaria, a qual se destina a conferir publicidade à constituição da Comissão Processante. Nela, constarão os nomes dos três servidores estáveis que irão formar a comissão que conduzirá o processo disciplinar com independência e imparcialidade.

Para o STF, a **estabilidade prevista no art. 149 da Lei n. 8.112/90 deve ser no cargo público,** não bastando, portanto, que o membro da comissão goze de estabilidade no serviço público. Não haverá, entretanto, nulidade do PAD se, no caso concreto, a Administração Pública, ao perceber o vício formal, substituiu o servidor em estágio probatório por outro estável, sem aproveitar qualquer ato decisório do servidor substituído. Isso porque, nesta hipótese, não terá havido qualquer prejuízo concreto à defesa (STF, 2.ª Turma, RMS 32.357/DF, Rel. Min. Cármen Lúcia, j. 17-3-2020, Info 970).

> Art. 149. O processo disciplinar será conduzido por comissão composta de **três servidores** *estáveis* designados pela autoridade competente, observado o disposto no § 3.º do art. 143, que indicará, dentre eles, o seu **presidente, que deverá ser ocupante de** *cargo efetivo superior ou de mesmo nível, ou ter nível de escolaridade igual ou superior ao do indiciado.*
>
> § 1.º A Comissão terá como secretário servidor designado pelo seu presidente, podendo a indicação recair em um de seus membros.
>
> § 2.º **Não poderá participar de comissão de sindicância ou de inquérito, cônjuge, companheiro ou parente do acusado, consanguíneo ou afim, em linha reta ou colateral,** *até o terceiro grau.*

De acordo com o Superior Tribunal de Justiça, **a portaria de instauração do Processo Administrativo Disciplinar dispensa a descrição minuciosa da imputação**, exigida tão somente após a instrução do feito, na fase de indiciamento, o que é capaz de viabilizar o exercício do contraditório e da ampla defesa. Nesse sentido:

> **Súmula 641 do STJ:** A portaria de instauração do processo administrativo disciplinar prescinde da exposição detalhada dos fatos a serem apurados.

Além disso, para o Superior Tribunal de Justiça, a alteração da capitulação legal da conduta do servidor, por si só, não enseja a nulidade do processo administrativo disciplinar, conforme disciplinado pela Súmula 672.

O ponto central dessa súmula é a possibilidade de alteração da **capitulação legal** (qualificação jurídica) dos atos praticados pelo servidor ao longo do processo, sem que isso resulte na nulidade do procedimento.

Para o STJ, a defesa do servidor é direcionada aos **fatos** a ele atribuídos e não necessariamente à capitulação jurídica imputada. Isso significa que o servidor deve se defender das ações ou omissões que lhe são imputadas e não das normas legais sob as quais esses atos estão enquadrados. Mesmo que a classificação legal dos fatos mude durante o curso do PAD, isso não afeta a sua validade, desde que o servidor tenha sido informado dos **fatos detalhados** e tenha tido a **oportunidade de se defender** de maneira adequada.

Nesse sentido:

> **Súmula 672 do STJ:** A alteração da capitulação legal da conduta do servidor, por si só, não enseja a nulidade do processo administrativo disciplinar.

5.2.2 Inquérito administrativo

A segunda fase, do inquérito administrativo, compreende a instrução, a defesa e o relatório.

Aqui, serão colhidas as provas, devendo ser assegurada ao acusado a observância dos princípios do contraditório e ampla defesa, para que possa defender-se da acusação que lhe é feita. Esta defesa contudo, não precisa ser realizada por advogado.

Caso o acusado assim o deseje, poderá ser acompanhado por seu causídico, todavia, não há qualquer nulidade caso prefira apresentar, ele próprio, sua peça defensiva.

É o que se vê do teor da Súmula Vinculante 5:

> **Súmula Vinculante 5: A falta de defesa técnica por advogado no processo administrativo disciplinar não ofende a Constituição.**

CUIDADO PARA NÃO CONFUNDIR!

Essa Súmula se refere ao típico processo administrativo disciplinar, isto é, aquele realizado pela Administração Pública para a aplicação de sanções aos seus servidores, em uma relação de sujeição especial, com fundamento no Poder Disciplinar.

No âmbito do direito penal e processual penal, contudo, há o processo administrativo para a apuração de infrações cometidas no âmbito da execução penal, no sistema penitenciário.

Neste, é OBRIGATÓRIA a defesa técnica, não se aplicando a Súmula Vinculante 5.

Havendo sindicância investigativa, os autos desta integrarão o processo disciplinar, como peça informativa da instrução. Ressalte-se que, **se o relatório da sindicância concluir que a infração também está capitulada como ilícito penal, a autoridade competente deverá encaminhar cópia dos autos ao Ministério Público, independentemente da imediata instauração do processo disciplinar.**

Na fase do inquérito, a comissão promoverá a tomada de depoimentos, acareações, investigações e diligências cabíveis, objetivando a coleta de prova, recorrendo, quando necessário, a técnicos e peritos, de modo a permitir a completa elucidação dos fatos.

Ao servidor, é assegurado o direito de acompanhar o processo pessoalmente ou por intermédio de procurador, arrolar e reinquirir testemunhas, produzir provas e contraprovas e formular quesitos, quando se tratar de prova pericial. Os pedidos considerados impertinentes, meramente protelatórios ou de nenhum interesse para o esclarecimento dos fatos poderão ser denegados pela comissão.

Questão interessante no âmbito do PAD diz respeito à utilização de prova emprestada, oriunda de inquérito policial ou civil ou de processo jurisdicional (cível ou penal). Por sua clareza, vejamos a Súmula 591 do STJ:

> **Súmula 591 do STJ:** É *permitida a "prova emprestada"* no processo administrativo disciplinar, *desde que* devidamente *autorizada pelo juízo competente* e respeitados o *contraditório* e a *ampla defesa.*

Conforme lição do Prof. Márcio André Lopes Cavalcante (2018, p. 88), os fundamentos que justificam a aceitação da prova emprestada são os princípios da economia processual e da busca da verdade possível, uma vez que nem sempre será possível produzir a prova novamente, sendo esta recebida no novo processo com a natureza de prova documental, independentemente da natureza que tinha no processo de origem.

Ainda que a prova emprestada seja acobertada pela cláusula de reserva de jurisdição, tal qual a prova oriunda de interceptação telefônica, se a interceptação tiver sido feita com autorização do juízo criminal e com observância das demais exigências contidas na Lei n. 9.296/96, será admitida no PAD (STJ, MS 14.140/DF).

O STF também possui entendimento no mesmo sentido:

> A prova colhida mediante autorização judicial e para fins de investigação ou processo criminal pode ser utilizada para instruir procedimento administrativo punitivo. Assim, **é possível que as provas provenientes de interceptações telefônicas autorizadas judicialmente em processo criminal sejam emprestadas para o processo administrativo disciplinar** (STF, 1.ª Turma, RMS 28774/DF, Rel. orig. Min. Marco Aurélio, red. p/ o acórdão Min. Roberto Barroso, j. 9-8-2016, Info 834).

Após a colheita de provas, será formulada a indiciação do servidor, com a respectiva tipificação da infração disciplinar, especificando-se os fatos a imputados, e das respectivas provas.

O indiciado será, assim, citado por mandado expedido pelo presidente da comissão para apresentar defesa escrita, no prazo de 10 (dez) dias, assegurando-se vista do processo na repartição. Havendo dois ou mais indiciados, o prazo será comum e de 20 (vinte) dias. Estes prazos poderão ser prorrogados pelo dobro, na hipótese de haverem diligências reputadas indispensáveis.

Tal qual no processo penal, no âmbito do PAD também vige o princípio segundo o qual o acusado defende-se dos fatos apresentados e não da tipificação que lhe é imputada. Assim, a alteração da capitulação legal imputada não enseja qualquer nulidade. É este o entendimento do STJ:

> **O indiciado se defende dos fatos que lhe são imputados e não de sua classificação legal, de sorte que a posterior alteração da capitulação legal da conduta,**

> não tem o condão de inquinar de nulidade o Processo Administrativo Disciplinar; a descrição dos fatos ocorridos, desde que feita de modo a viabilizar a defesa do acusado, afasta a alegação de ofensa ao princípio da ampla defesa (STJ, MS 19.726/DF).

Apresentada e apreciada a defesa, a comissão elaborará relatório minucioso e conclusivo quando à inocência ou à responsabilidade do servidor. Logo em seguida, o processo disciplinar, com o relatório da comissão, será remetido à autoridade que determinou a sua instauração, para julgamento.

Não é obrigatória, aliás, a intimação do interessado para apresentar alegações finais após o relatório final de processo administrativo disciplinar. Isso porque não existe previsão legal nesse sentido (STJ, RMS 33.701/SC; MS 13.498/DF; MS 18.090/DF; MS 22.750/DF – Info 784).

Nos termos do art. 152 da Lei n. 8.112/90, o **prazo para a conclusão do processo disciplinar não excederá 60 (sessenta) dias**, contados da data de publicação do ato que constituir a comissão, admitida a sua prorrogação por igual prazo, quando as circunstâncias o exigirem.

Assim, a autoridade dispõe de 120 (cento e vinte) dias, no máximo, para concluir o PAD.

Eventual extrapolação desse prazo, todavia, não representa, por si só, nulidade. Isto porque o PAD, de acordo com o STJ, é regido pelo princípio do *pas de nullité sans grief*, o qual preceitua que a nulidade de determinado ato somente será declarada se comprovado o efetivo prejuízo.

É este o entendimento consagrado na Súmula 592 do STJ:

> Súmula 592 do STJ: O excesso de prazo para a conclusão do processo administrativo disciplinar só causa nulidade se houver demonstração de prejuízo à defesa.

No mesmo sentido:

> A prorrogação do processo administrativo disciplinar, por si, não pode ser reconhecida como causa apta a ensejar nulidade, porque não demonstrado o prejuízo consequente dessa prorrogação. Nos termos da jurisprudência do STJ, não há nulidade no processo administrativo disciplinar a ser declarada quando não acarreta prejuízos (AgInt no RMS 69.803/CE, Rel. Min. Mauro Campbell Marques, 2.ª Turma, j. 9-5-2023, *DJe* 22-5-2023, Info 775).

De acordo, ainda, com a Lei:

> Art. 169. Verificada a ocorrência de vício insanável, a *autoridade que determinou a instauração do processo ou outra de hierarquia superior declarará a sua nulidade, total ou parcial,* e ordenará, no mesmo ato, a constituição de outra comissão para instauração de novo processo.
>
> § 1.º O julgamento fora do prazo legal não implica nulidade do processo.

5.2.3 Decisão

No prazo de 20 (vinte) dias, contados do recebimento do processo, a autoridade julgadora proferirá a sua decisão, podendo acatar ou não o relatório da comissão. Vale dizer: o relatório é apenas opinativo, não vinculando a tomada de decisão.

Quando o relatório da comissão contrariar as provas dos autos, a autoridade julgadora poderá, motivadamente, agravar a penalidade proposta, abrandá-la ou isentar o servidor de responsabilidade.

Registre-se que o prazo para a tomada de decisão é tido como **prazo impróprio,** isto porque o julgamento fora do prazo legal não implica nulidade do processo (art. 169, § 1.º, da Lei n. 8.112/90). É o que diz a Súmula 592 do STJ que se aplica tanto no âmbito federal, como estadual ou municipal.

> Súmula 592 do STJ: O excesso de prazo para a conclusão do processo administrativo disciplinar só causa nulidade se houver demonstração de prejuízo à defesa.

Tanto o STF quanto o STJ entendem que o excesso de prazo para a conclusão do PAD não gera, por si só, qualquer nulidade no feito, sendo imperiosa a comprovação de prejuízo à defesa do servidor.

Diferentemente do sistema penal, no qual há a previsão da conduta típica com a cominação da penalidade específica para aquele comportamento, no âmbito administrativo há certa discricionariedade na imposição da sanção.

A lei prevê um rol de condutas que ensejarão a aplicação de sanções, bem como o rol de sanções que poderão ser aplicadas, todavia, não correlaciona umas às outras, concedendo à autoridade julgadora certo grau de discricionariedade para a escolha da sanção.

Não há discricionariedade, como vimos, quanto à obrigatoriedade de aplicação de sanção, em face do poder-dever de autotutela que rege a Administração. A conveniência e a oportunidade, portanto, dizem respeito apenas à escolha da sanção aplicável, dentre as elencadas pela Lei (*ressalvadas as hipóteses apenadas com demissão*).

Para o STJ, "*a autoridade administrativa não dispõe de discricionariedade para aplicar ao servidor pena diversa de demissão quando caracterizadas as hipóteses previstas no art. 132 da Lei n. 8.112/90*" (Súmula 650). O mesmo entendimento vale para a pena de cassação de aposentadoria.

> Art. 127. São penalidades disciplinares:
>
> I - advertência;
>
> II - suspensão;
>
> III - demissão;
>
> IV - cassação de aposentadoria ou disponibilidade;
>
> V - destituição de cargo em comissão;
>
> VI - destituição de função comissionada.
>
> Art. 128. Na aplicação das penalidades serão consideradas a *natureza* e a *gravidade da infração cometida*, os *danos que dela provierem para o serviço público*, as *circunstâncias agravantes ou atenuantes* e os *antecedentes funcionais*.
>
> Parágrafo único. O ato de imposição da penalidade mencionará sempre o fundamento legal e a causa da sanção disciplinar.

A discricionariedade na escolha da sanção aplicável não se confunde, contudo, com arbitrariedade. O ato de imposição da penalidade deve mencionar sempre o fundamento legal e a causa da sanção disciplinar, considerando a natureza e a gravidade da infração cometida, os danos que dela provierem para o serviço público, as circunstâncias agravantes ou atenuantes e os antecedentes funcionais.

Não incide, ademais, no processo disciplinar, o princípio da insignificância, aplicável à seara penal. O valor do dano causado ou do proveito auferido apenas é relevante para fins de escolha da sanção aplicável, nos moldes do art. 128, sendo incapaz de afastar a punição (STJ, MS 18.090).

A advertência será aplicada por escrito, nos casos de violação de proibição constante do art. 117, I a VIII e XIX, e de inobservância de dever funcional previsto em lei, regulamentação ou norma interna, que não justifique imposição de penalidade mais grave.

> Art. 117. Ao servidor é proibido:
>
> I - ausentar-se do serviço durante o expediente, sem prévia autorização do chefe imediato;
>
> II - retirar, sem prévia anuência da autoridade competente, qualquer documento ou objeto da repartição;
>
> III - recusar fé a documentos públicos;
>
> IV - opor resistência injustificada ao andamento de documento e processo ou execução de serviço;

V – promover manifestação de apreço ou desapreço no recinto da repartição;
VI – cometer a pessoa estranha à repartição, fora dos casos previstos em lei, o desempenho de atribuição que seja de sua responsabilidade ou de seu subordinado;
VII – coagir ou aliciar subordinados no sentido de filiarem-se a associação profissional ou sindical, ou a partido político;
VIII – manter sob sua chefia imediata, em cargo ou função de confiança, cônjuge, companheiro ou parente até o segundo grau civil;
(...)
XIX – recusar-se a atualizar seus dados cadastrais quando solicitado.

A suspensão, por sua vez, será aplicada em caso de reincidência das faltas punidas com advertência e de violação das demais proibições que não tipifiquem infração sujeita a penalidade de demissão, não podendo exceder de 90 (noventa) dias. Trata-se, assim, de pena, de certa forma, subsidiária. Não sendo cabível demissão, aplicar-se-á a penalidade de suspensão.

Quando houver conveniência para o serviço, a penalidade de suspensão poderá ser convertida em multa, na **base de 50% por dia de vencimento ou remuneração**, ficando o **servidor obrigado a permanecer em serviço**.

A demissão é aplicável nas hipóteses de infrações mais graves, elencadas no art. 132. Vejamos:

Art. 132. A demissão será aplicada nos seguintes casos:
I – crime contra a administração pública;
II – abandono de cargo;
III – inassiduidade *habitual*;
IV – improbidade administrativa;
V – incontinência pública e conduta escandalosa, na repartição;
VI – insubordinação *grave* em serviço;
VII – ofensa física, em serviço, a servidor ou a particular, *salvo em legítima defesa própria ou de outrem*;
VIII – aplicação irregular de dinheiros públicos;
IX – revelação de segredo do qual se apropriou em razão do cargo;
X – lesão aos cofres públicos e dilapidação do patrimônio nacional;
XI – corrupção;
XII – acumulação ilegal de cargos, empregos ou funções públicas;
XIII – transgressão dos incisos IX a XVI do art. 117.

Como mencionado, se o servidor praticou conduta que se amolda às hipóteses *taxativas* de demissão, arroladas no art. 132 da Lei n. 8.112/90, o administrador não tem qualquer margem de discricionariedade na aplicação da pena, sendo imperiosa a punição com demissão. Trata-se, portanto, de ato plenamente vinculado.

> **Súmula 650 do STJ:** A autoridade administrativa não dispõe de discricionariedade para aplicar ao servidor pena diversa de demissão quando caracterizadas as hipóteses previstas no art. 132 da Lei n. 8.112/90.

Na aplicação das penalidades serão consideradas **a natureza e a gravidade da infração cometida, os danos que dela provierem para o serviço público, as circunstâncias agravantes ou atenuantes e os antecedentes funcionais.**

De acordo com o STJ, para que a Administração considere, na dosimetria da sanção, que os "antecedentes funcionais" do servidor são negativos, é necessária condenação anterior na ficha funcional do servidor ou, no mínimo, anotação de fato que o desabone (STJ, 1.ª Seção, MS 22.606/DF, Rel. Min. Gurgel de Faria, j. 10-11-2021, Info 718).

O PAD federal ocorre somente numa instância, não há duplo grau, **podendo a penalidade ser aplicada de imediato, ante a prerrogativa da autoexecutoriedade administrativa e pela ausência de previsão de recurso com efeito suspensivo** (art. 109 da Lei n. 8.112/90).

O que pode ser feito é o pedido de revisão, a qualquer tempo, a pedido ou de ofício, caso surjam fatos novos que justifiquem a alteração da decisão anterior, em benefício do réu.

> **Art. 174.** O processo disciplinar poderá ser *revisto,* a qualquer tempo, a pedido ou de ofício, quando se aduzirem *fatos novos* ou circunstâncias suscetíveis de justificar a *inocência* do punido ou a *inadequação da penalidade* aplicada.

A simples alegação de injustiça da penalidade, contudo, não constitui fundamento para a revisão, que requer elementos novos, ainda não apreciados no processo originário. Isso representaria verdadeiro rejulgamento, *bis in idem*, vedado pela Súmula 19 do STF:

> **Súmula 19 do STF:** É inadmissível segunda punição de servidor público, baseada no mesmo processo em que se fundou a primeira.

Da revisão do processo não poderá resultar agravamento da penalidade imposta a servidor público após o encerramento do respectivo processo disciplinar, ainda que a sanção anteriormente aplicada não esteja em conformidade com a lei ou com a orientação normativa interna (vedação à reforma *in pejus*).

> **Mas, professor, pode o Poder Judiciário rever as sanções aplicadas ao servidor público no PAD?**

A princípio, sim.

Contudo, o controle jurisdicional deve se limitar ao exame de regularidade e legalidade do procedimento, sem adentrar no mérito do ato administrativo. O STJ (AgInt no MS 20.515/DF), contudo, admite o exame da proporcionalidade e da razoabilidade da penalidade imposta ao servidor, porquanto se encontra relacionada com a própria legalidade do ato administrativo.

Nesse sentido:

> **Súmula 665 do STJ:** O controle jurisdicional do processo administrativo disciplinar restringe-se ao exame da regularidade do procedimento e da legalidade do ato, à luz dos princípios do contraditório, da ampla defesa e do devido processo legal, não sendo possível incursão no mérito administrativo, ressalvadas as hipóteses de flagrante ilegalidade, teratologia ou manifesta desproporcionalidade da sanção aplicada.

Assim, o que não se admite é que o magistrado substitua a autoridade competente e aplique outra penalidade.

O mesmo entendimento é adotado pelo STF, por exemplo:

> **Embora as sanções administrativas disciplinares aplicáveis ao Servidor Público sejam legalmente fixadas em razão da própria infração – e não entre um mínimo e máximo de pena, como ocorre na seara criminal – não está a Administração isenta da demonstração da proporcionalidade da medida (adequação entre a infração e a sanção), eis que deverá observar os parâmetros do art. 128 da Lei n. 8.112/90 (natureza e gravidade da infração, danos dela decorrentes e suportados pelo Serviço Público, circunstâncias agravantes e atenuantes e ainda os antecedentes funcionais) (STF, MS 13.791/DF).**

5.2.4 PAD Sumário

A Lei prevê, em seu art. 133, a possibilidade de realização de um processo administrativo disciplinar com rito mais célere para a hipótese de acumulação ilegal de cargos, empregos ou funções públicas.

Nesse caso, o servidor será notificado para apresentar opção no prazo improrrogável de dez dias, contatos da data da ciência. Na hipótese de omissão, será adotado o procedimento sumário para sua apuração e regularização imediata, o qual se desenvolverá nas seguintes fases:

> I – instauração, com a publicação do ato que constituir a comissão, a ser composta por *dois* servidores estáveis, e simultaneamente indicar a autoria e a materialidade da transgressão objeto da apuração.
> II – instrução sumária, que compreende indiciação, defesa e relatório;
> III – julgamento.

Nesse procedimento simplificado, a decisão deverá ser tomada no prazo de cinco dias (no PAD ordinário, este prazo é de 20 dias).

Até o último dia de prazo para sua defesa, o servidor poderá fazer a opção pelo cargo que deseja permanecer, hipótese na qual restará configurada a sua boa-fé, convertendo-se o feito automaticamente em pedido de exoneração do outro cargo.

Caso contrário, ser-lhe-á aplicada a pena de demissão, destituição ou cassação de aposentadoria ou disponibilidade em relação aos cargos, empregos ou funções públicas em regime de acumulação ilegal.

A lei prevê, ainda, como outras hipóteses que levam ao processo sumário: o abandono de cargo público ou a inassiduidade habitual (*vide* art. 140).

> Art. 138. Configura abandono de cargo a ausência intencional do servidor ao serviço por *mais de trinta dias consecutivos*.
>
> Art. 139. Entende-se por **inassiduidade habitual** a falta ao serviço, **sem causa justificada**, por *sessenta dias, interpoladamente, durante o período de doze meses*.

5.2.5 A prescrição no PAD

A Lei cuidou, ainda, de prever os prazos prescricionais aplicáveis à ação disciplinar, separando-os de acordo com a sanção cabível.

> Art. 142. A ação disciplinar prescreverá:
>
> I – em *5 (cinco) anos*, quanto às infrações puníveis com *demissão, cassação de aposentadoria ou disponibilidade e destituição de cargo em comissão*;
>
> II – em *2 (dois) anos*, quanto à *suspensão*;
>
> III – em *180 (cento e oitenta) dias*, quanto à *advertência*.

O prazo de prescrição começa a correr da data em que o fato se tornou conhecido. Não basta, contudo, que qualquer autoridade tenha conhecimento do fato. É preciso que a irregularidade praticada pelo servidor chegue ao conhecimento da **autoridade competente para instaurar o PAD** (STJ, MS 20.615/DF).

Isto é, o termo inicial da prescrição é a data do conhecimento do fato pela autoridade competente para instaurar o Processo Administrativo Disciplinar (PAD) e não a ciência de qualquer autoridade da Administração Pública.

Importante destacar, ademais, que o mero recebimento de ofício no protocolo do órgão não pode ser considerado, segundo o STJ (AgInt. Nos EDcl no MS 23.582/DF), como conhecimento da autoridade competente para fins de instauração do PAD. O prazo prescricional somente tem início no dia em que a autoridade competente efetivamente recebe a "denúncia" contra o servidor.

Quando a infração disciplinar corresponder a conduta que também é capitulada como crime, serão aplicados os prazos previstos na lei penal (ou seja, os prazos delineados no art. 109 do CP).

> § 2.º Os prazos de prescrição previstos na lei penal aplicam-se às infrações disciplinares capituladas também como crime.

A aplicação do prazo prescricional previsto na lei penal às infrações disciplinares também capituladas como crime **independe** da apuração criminal da conduta do servidor. Não se exige, assim, que o fato esteja sendo apurado na esfera penal, isto é, que tenha sido oferecida denúncia ou que exista inquérito policial instaurado.

Se a infração disciplinar cometida for, em tese, também crime, deve ser aplicado o prazo prescricional previsto na legislação penal *independentemente de qualquer outra exigência* (STJ, MS 20.857/DF, Info 651).

Com a consumação da prescrição, ocorre a extinção da punibilidade. Logo, se a Administração demorar muito tempo, ela perderá o direito de punir o servidor. O prazo prescricional, entretanto, é interrompido pela abertura de sindicância ou pela instauração de processo disciplinar (primeiro ato de instauração válido).

> Art. 142. (...)
> § 3.º A abertura de sindicância ou a instauração de processo disciplinar interrompe a prescrição, até a decisão final proferida por autoridade competente.
> § 4.º Interrompido o curso da prescrição, o prazo começará a correr a partir do dia em que cessar a interrupção.

Como vimos, a lei não prevê expressamente a partir de que momento o prazo pode voltar a correr, razão pela qual o STJ sumulou, recentemente, o entendimento no sentido de que, decorridos 140 dias após a interrupção o prazo volta a correr por inteiro.

> Súmula 635 do STJ: Os prazos prescricionais previstos no artigo 142 da Lei n. 8.112/1990 iniciam-se na data em que a *autoridade competente para a abertura do procedimento administrativo* toma conhecimento do fato, *interrompem-se com o primeiro ato de instauração válido* – sindicância de caráter punitivo ou processo disciplinar – *e voltam a fluir por inteiro, após decorridos 140 dias desde a interrupção.*

O prazo de 140 dias é, em verdade, o prazo máximo fixado pela lei para conclusão e julgamento do PAD a partir de sua instauração (interpretando-se os arts. 152 e 167 temos que: o PAD deverá ser concluído em 60 dias, prorrogáveis por igual período, devendo a decisão ser proferida em 20 dias. Assim: 60 + 60 + 20 = 140 dias).

Bastante elucidatória, ainda, a lição do Prof. Márcio André Lopes Cavalcante (2018):

> – a instauração de sindicância de caráter punitivo ou a instauração do processo administrativo disciplinar interrompem o prazo prescricional. Isso porque demonstram que o Poder Público não está mais inerte e tomou as providências necessárias;
>
> – ocorre que a lei prevê prazos para que esse procedimento seja concluído;
>
> – se esses prazos são ultrapassados, significa dizer que o Poder Público voltou a ficar inerte e, então, neste caso, deve o prazo prescricional recomeçar por inteiro.

5.2.6 Competência administrativa para aplicar as sanções

A competência administrativa para aplicar sanções decorrentes de infrações disciplinares é fixada de acordo com o **critério temporal**, isto é, a competência para a promoção da sindicância e do PAD é firmada no momento da infração, sendo irrelevantes eventuais modificações posteriores.

É esse o entendimento do STJ. Vejamos:

> *a redistribuição do servidor não desloca a competência disciplinar anterior,* a qual se estabelece justamente com base no **critério temporal**, ou seja, ocorrendo a transgressão, fixa-se a competência da autoridade responsável pela apuração dos ilícitos, **independentemente de eventuais modificações de lotação dentro da estrutura da Administração Pública**, pois *A PROMOÇÃO DA SINDICÂNCIA E DO PAD CABE AO ÓRGÃO OU ENTIDADE PÚBLICA AO QUAL O SERVIDOR ENCONTRA-SE VINCULADO NO MOMENTO DA INFRAÇÃO, ainda que a notícia da falta tenha chegado ao conhecimento do ente público somente após a remoção do servidor* (STJ, AgRg no MS 15.603/DF).

O Estatuto Federal cuidou de elencar as autoridades competentes para aplicação das penalidades disciplinares, assim dispondo:

> Art. 141. As penalidades disciplinares serão aplicadas:
>
> I – pelo **Presidente da República**, pelos **Presidentes das Casas do Poder Legislativo e dos Tribunais Federais e pelo Procurador-Geral da República**, quando se tratar de demissão e cassação de aposentadoria ou disponibilidade de servidor vinculado ao respectivo Poder, órgão, ou entidade;

II – pelas **autoridades administrativas de hierarquia imediatamente inferior àquelas mencionadas no inciso anterior** quando se tratar de **suspensão superior a 30 (trinta) dias**;

III – pelo **chefe da repartição e outras autoridades na forma dos respectivos regimentos ou regulamentos**, nos casos de **advertência ou de suspensão de até 30 (trinta) dias**;

IV – pela **autoridade que houver feito a nomeação**, quando se tratar de destituição de cargo em **comissão**.

» Se a penalidade for de demissão, cassação de aposentadoria ou disponibilidade, deverá ser aplicada pela autoridade máxima do respectivo Poder, órgão ou entidade a que se encontra vinculado (Presidente da República, Presidentes das Casas do Poder Legislativo e dos Tribunais Federais e Procurador-Geral da República).

» Se for de suspensão superior a 30 dias, será aplicada pelas autoridades administrativas de hierarquia imediatamente inferior àquelas.

» Se for de advertência ou suspensão de até 30 dias (aplicáveis por meio de sindicância), serão aplicadas pelo chefe da repartição ou por outras autoridades, na forma dos respectivos regimentos e regulamentos.

» Se for hipótese de destituição de cargo em comissão, pela autoridade que houver feito a nomeação.

Apesar de o art. 141, I, fazer alusão somente ao Presidente da República para demitir, cassar aposentadoria ou colocar em disponibilidade servidor público vinculado ao Poder Executivo federal, é pacífico o entendimento de que tal atribuição pode ser delegada a Ministro de Estado (STF, AI 722.590), nos termos do art. 84, VI e XXV, e parágrafo único, da CF.

Para finalizar, uma curiosidade:

A instauração de processo disciplinar contra servidor efetivo cedido deve dar-se, *preferencialmente*, no órgão em que tenha sido praticada a suposta irregularidade, mas o julgamento e a eventual aplicação de sanção, quando findo o prazo de cessão e já tendo o servidor retornado ao órgão de origem, só podem ocorrer no órgão ao qual o servidor público federal efetivo estiver vinculado (STJ, MS 21991/DF, Info 598).

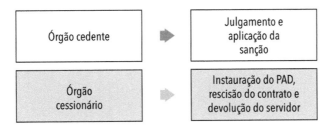

CAPÍTULO 8

RESPONSABILIDADE CIVIL DO ESTADO

1. CONSIDERAÇÕES INICIAIS

A responsabilidade civil, ou também denominada de responsabilidade extracontratual, decorre do direito civil e representa a obrigação de reparar um dano patrimonial, moral ou estético causado ou possibilitado por um fato humano.

No Direito Civil, a obrigação de indenizar surge com a presença dos seguintes **elementos:**

- Ato lesivo, culposo ou doloso, de um agente;
- Ocorrência de um dano patrimonial, moral ou estético;
- Nexo causal entre o dano e a conduta.

Adota-se a **Teoria da causalidade direta e imediata**, que dispõe que ninguém poderá ser responsabilizado por um dano ao qual não tenha dado causa, sendo causa o evento que produziu direta e imediatamente o dano. Assim, da conduta, deve decorrer efetivamente o prejuízo, para que nasça a obrigação de indenizar.

No entanto, a responsabilidade civil do Estado é disciplinada por normas de direito público, fundamentadas especialmente na supremacia e indisponibilidade do interesse público, de maneira que seria impossível transportar completamente as regras do direito civil, essencialmente privado, para o direito administrativo. Por exemplo, no direito privado, a responsabilidade exige sempre a ocorrência de um ato ilícito, já no direito administrativo ela pode decorrer de atos ou comportamentos lícitos, mas que causem a pessoas determinadas ônus maior do que o imposto aos demais membros da coletividade.

Ademais, três pontos merecem esclarecimento. Inicialmente, repise-se que se trata aqui de responsabilidade extracontratual, ficando, então, excluída a responsabilidade contratual, que se rege por princípios próprios, estudados quando abordamos os contratos administrativos.

Também deve-se deixar claro que não se confunde a responsabilidade civil com a responsabilidade penal e administrativa. Essas três searas de responsabilização são, em regra, independentes entre si, de maneira que as sanções que delas decorrem podem ser aplicadas conjuntamente ou separadamente, a depender do caso concreto.

Por fim, sabe-se que há três funções em que se divide o poder do Estado: administrativa, jurisdicional e legislativa. Em geral, o estudo mais detido envolve a responsabilidade resultante de comportamentos típicos da Administração Pública, pois, quanto aos Poderes Legislativo e Judiciário, no exercício das suas funções típicas, a responsabilidade somente incidirá em casos excepcionais.

De qualquer modo, seja qual for o poder envolvido, fala-se em "Estado" porque é ele a pessoa jurídica, detentora de capacidade. A capacidade jurídica pertence ao Estado e às pessoas jurídicas públicas ou privadas que o representam no exercício de parcela de atribuições estatais.

Esclarecidas essas questões, vamos prosseguir com o conteúdo.

2. CONCEITO

A responsabilidade civil do Estado, regida por normas e princípios de direito público, caracteriza-se, portanto, como a obrigação da administração pública, ou dos prestadores de serviços públicos, de indenizar os danos que seus agentes, sejam eles servidores, empregados ou prepostos, atuando nessa qualidade, causem a terceiros.

Maria Sylvia Di Pietro (2018, p. 888), conceitua:

> Pode-se, portanto, dizer que a responsabilidade extracontratual do Estado corresponde à obrigação de reparar danos causados a terceiros em decorrência de comportamentos comissivos ou omissivos, materiais ou jurídicos, lícitos ou ilícitos, imputáveis aos agentes públicos.

3. EVOLUÇÃO HISTÓRICA NO DIREITO BRASILEIRO

Na seara pública, deve-se observar o **Princípio da repartição igualitária dos ônus e encargos sociais.** As atividades administrativas são desempenhadas no interesse de toda a sociedade, logo, para o particular que tenha sofrido algum dano decorrente dessas atividades, dano esse não infligido a todos os membros da coletividade, é justo que seja por ele indenizado. No entanto, nem sempre foi esse o pensamento que vigorou.

O tema da responsabilidade civil do Estado muito evoluiu dentro do estudo do direito público, evolução essa marcada pela busca crescente da proteção do indivíduo e da limitação da atuação estatal. Vejamos:

- **Teoria da Irresponsabilidade do Estado:** era a teoria adotada nos regimes absolutistas, em que não era possível ao Estado imprimir dano aos seus súditos, pois o Estado era o próprio rei e ele não errava. Os agentes públicos, como representantes do rei, não tinham qualquer responsabilidade por seus atos.

Essa teoria nunca foi acolhida pelo direito brasileiro. Ainda que não existissem normas legais expressas, os tribunais e doutrinadores sempre repudiaram essa orientação. As Constituições de 1824 e 1891 não continham disposição que previsse a responsabilidade do Estado, prevendo somente a responsabilidade do funcionário em decorrência de abuso ou omissão praticados no exercício de suas funções. Porém, nessa época havia leis ordinárias prevendo a responsabilidade do Estado, acolhida pela jurisprudência como sendo solidária com a dos funcionários, como, por exemplo, os danos causados por estrada de ferro, por colocação de linhas telegráficas, pelos serviços de correio.

- **Teoria da Responsabilidade Civil com Culpa Comum do Estado:** presente no liberalismo clássico, refletida pelo individualismo, essa teoria equiparava o Estado ao indivíduo. O Estado tinha o dever de indenizar da mesma forma que os particulares quando causavam algum dano, ou seja, apenas se tivesse atuado com dolo ou culpa.
- **Teoria da Culpa Administrativa ou Culpa Anônima:** representa a transição da doutrina subjetiva da culpa civil para a responsabilidade objetiva adotada hoje como regra. Segundo ela, o dever do Estado de indenizar o dano sofrido pelo particular somente existe se comprovado que houve uma falha na prestação do serviço (*faute de service* na doutrina francesa). Essa falha se dá quando há: inexistência, mau funcionamento, ou retardamento do serviço; e caberia ao particular demonstrar sua ocorrência e o nexo de causalidade entre o dano e a falha do Estado. É classificada como uma **responsabilidade subjetiva**, e adotada como regra, para parcela da doutrina, nas hipóteses de danos causados por omissão da Administração Pública.
- **Teoria do Risco Administrativo:** a atuação estatal que causa prejuízos ao indivíduo gera para a Administração Pública a obrigação de indenizar, independentemente da existência de fato do serviço ou de culpa. Há, porém, a possibilidade de o Estado alegar na sua defesa a presença de excludentes (caso fortuito, força maior, culpa exclusiva da vítima), mas é dele o ônus de comprová-las. É a regra no ordenamento jurídico brasileiro, consagrando a **responsabilidade objetiva** do Estado, no art. 37, § 6.º, da CF:

> Art. 37. A administração pública direta e indireta de qualquer dos Poderes da União, dos Estados, do Distrito Federal e dos Municípios obedecerá aos princípios de legalidade, impessoalidade, moralidade, publicidade e eficiência e, também, ao seguinte: (...)
>
> § 6.º As pessoas jurídicas de direito público e as de direito privado prestadoras de serviços públicos responderão pelos danos que seus agentes, nessa qualidade, causarem a terceiros, assegurado o direito de regresso contra o responsável nos casos de dolo ou culpa.

- **Teoria do Risco Integral:** adota a **responsabilidade objetiva, sem possibilitar nenhuma hipótese de exclusão de responsabilidade do Estado**. Segundo a teoria, para que surja obrigação de indenizar do Estado, basta a existência do evento danoso e do nexo causal, sem a possibilidade de que este alegue excludentes de sua reponsabilidade.

Para a doutrina, ela se aplica às hipóteses de danos causados por acidentes nucleares (art. 21, XXIII, *d*, da CF).

> Art. 21. Compete à União: (...)
>
> XXIII – explorar os serviços e instalações nucleares de qualquer natureza e exercer monopólio estatal sobre a pesquisa, a lavra, o enriquecimento e reprocessamento, a industrialização e o comércio de minérios nucleares e seus derivados, atendidos os seguintes princípios e condições: (...)
>
> *d)* a responsabilidade civil por danos nucleares independe da existência de culpa.

O STJ adota referida teoria também nos casos de danos ambientais:

> A responsabilidade por dano ambiental é objetiva e pautada no risco integral, não se admitindo a aplicação de excludentes de responsabilidade. Conforme a previsão do art. 14, § 1.º, da Lei n. 6.938/81, recepcionado pelo art. 225, §§ 2.º e 3.º, da CF, **a responsabilidade por dano ambiental, fundamentada na teoria do risco integral, pressupor a existência de uma atividade que implique riscos para a saúde e para o meio ambiente, impondo-se ao empreendedor a obrigação de prevenir tais riscos (princípio da prevenção) e de internalizá-los em seu processo produtivo (princípio do poluidor pagador).** Pressupõe, ainda, o risco do dano e o nexo de causalidade entre a atividade e o resultado, efetivo ou potencial, não cabendo invocar a aplicação de excludentes de responsabilidade (Informativo 507).

Vale salientar que essa evolução deu-se no sentido de maior proteção aos direitos dos administrados, passando da irresponsabilidade total até uma hipótese de responsabilidade integral do Estado.

Contudo, no atual ordenamento, convivem harmonicamente a Teoria do Risco Administrativo, que é a regra para os casos de atos comissivos da Administração Pública, a Teoria da Culpa Administrativa, que vem sendo aplicada aos casos de atos omissivos, e a Teoria do Risco Integral, aplicável em situações envolvendo danos ambientais e danos nucleares, por exemplo.

Logo, o que definirá a aplicação de cada uma dessas três posições, todas atuais, será a situação apresentada no caso concreto.

3.1 Responsabilidade objetiva fundada na modalidade risco administrativo

3.1.1 Responsabilidade civil objetiva: art. 37, § 6.º, da CF

A Constituição Federal de 1988 estabelece, em seu art. 37, § 6.º:

> Art. 37. A administração pública direta e indireta de qualquer dos Poderes da União, dos Estados, do Distrito Federal e dos Municípios obedecerá aos princípios de legalidade, impessoalidade, moralidade, publicidade e eficiência e, também, ao seguinte:
> (...)
> § 6.º As pessoas jurídicas de direito público e as de direito privado prestadoras de serviços públicos responderão pelos danos que seus agentes, nessa qualidade, causarem a terceiros, assegurado o direito de regresso contra o responsável nos casos de dolo ou culpa.

Com isso, fica evidente a opção do legislador constituinte em atribuir ao Estado a responsabilidade civil objetiva, na modalidade risco administrativo, pelos danos causados a terceiros em decorrência da atuação de seus agentes, quando atuarem nessa qualidade.

3.1.2 Fundamento da responsabilidade objetiva fundada na teoria do risco administrativo

Como já citado, a opção pela regra geral da responsabilidade civil objetiva fundamentada pela Teoria do Risco Administrativo se dá em razão do **princípio da repartição igualitária dos ônus e encargos sociais.**

O Poder Público assume prerrogativas especiais e deveres diversos em relação aos administrados, os quais possuem riscos de danos inerentes. Em razão dos benefícios gerados à coletividade pelo desenvolvimento das atividades administrativas, os eventuais danos ocasionados a determinados indivíduos devem ser suportados, do mesmo modo, pela coletividade.

A reparação dos danos é efetivada pelo Estado com os recursos públicos, oriundos das obrigações tributárias e não tributárias suportadas pelos cidadãos. Logo, a coletividade beneficiada com a atividade administrativa, também possui o ônus de ressarcir aqueles que sofreram danos em razão dessa mesma atividade.

3.1.3 Sujeito ativo do evento danoso

O dispositivo constitucional também é claro no que se refere às pessoas que estão abrangidas pela regra da responsabilidade civil objetiva da Administração Pública, quais sejam as "pessoas jurídicas de direito público e as de direito privado prestadoras de serviços públicos".

Por **"pessoas jurídicas de direito público"**, entende-se a Administração Pública direta, autarquias e fundações de direito público, independentemente da atividade que exerçam. Já por **pessoas jurídicas de "direito privado prestadoras de serviços públicos"**, entende-se as empresas públicas e as sociedades de economia mista prestadoras de serviço público, as fundações públicas com personalidade jurídica de direito privado que prestam serviços públicos, e as pessoas privadas, não integrantes da Administração Pública, delegatárias de serviços públicos, ou seja, as concessionárias, permissionárias e detentoras de autorização de serviços públicos.

Em primeiro lugar, saliente-se que nas **Parcerias Público-Privadas** a responsabilidade civil deve considerar as modalidades de parcerias, bem como seus respectivos objetos.

As **PPPs patrocinadas** objetivam a prestação de serviços públicos, e, por isso, a responsabilidade da parceria privada, da concessionária, será objetiva, na forma do art. 37, § 6.º, da CF.

Por seu turno, as **PPPs administrativas** podem envolver a prestação de serviços públicos, sendo a responsabilidade objetiva, ou a prestação de serviços administrativos, de serviços privados prestados ao Estado, hipótese em que a responsabilidade será subjetiva, em regra, com base no art. 927 do Código Civil, sendo inaplicável o art. 37, § 6.º, da CF.

> Art. 927. Aquele que, por ato ilícito (arts. 186 e 187), causar dano a outrem, fica obrigado a repará-lo.

Com relação às entidades integrantes do Terceiro Setor, como Sistema "S", "OS" e "OSCIP's", não há consenso na doutrina sobre a incidência do art. 37, § 6.º, da CF. Destacam-se três posições:

- Primeira corrente: responsabilidade objetiva, visto que tais entidades possuem vínculos jurídicos com o Poder Público e as atividades que elas desempenham se enquadram no conceito amplo de serviço público.
- Segunda corrente: a responsabilidade dos Serviços Sociais Autônomos é objetiva, pois as atividades que elas desempenham se enquadram no conceito amplo de serviço público. Já em relação às OS e OSCIP's, muito embora existam vínculos jurídicos, formalizados por meio do contrato de gestão e termo de parceria, e da natureza social da atividade, a responsabilidade seria subjetiva em razão da "parceria desinteressada".
- Terceira corrente: responsabilidade subjetiva das entidades do Terceiro Setor que não prestam serviços públicos propriamente ditos, não sendo alcançadas pelo art. 37, § 6.º, da CF.

Necessário esclarecer ainda que as empresas públicas e sociedades de economia mista exploradoras de atividade econômica em sentido estrito não são alcançadas por esse preceito. Elas respondem pelos danos que seus agentes causarem seguindo as mesmas regras aplicáveis às pessoas jurídicas de direito privado em geral.

Se as estatais não possuírem bens suficientes para pagar as suas dívidas, haverá, então, responsabilidade subsidiária do respectivo Ente federado.

A doutrina diverge a respeito da aplicabilidade dessa regra. Alguns autores apontam que apenas existirá a responsabilidade subsidiária do Estado em relação às estatais de serviços públicos, não se aplicando às estatais econômicas, em razão do art. 173, § 1.º, II, da CF.

> Art. 173. Ressalvados os casos previstos nesta Constituição, a exploração direta de atividade econômica pelo Estado só será permitida quando necessária aos imperativos da segurança nacional ou a relevante interesse coletivo, conforme definidos em lei.
>
> § 1.º A lei estabelecerá o estatuto jurídico da empresa pública, da sociedade de economia mista e de suas subsidiárias que explorem atividade econômica de produção ou comercialização de bens ou de prestação de serviços, dispondo sobre: (...)
>
> II – a sujeição ao regime jurídico próprio das empresas privadas, inclusive quanto aos direitos e obrigações civis, comerciais, trabalhistas e tributários;

Segundo parcela da doutrina, caso a responsabilidade subsidiária alcançasse as empresas estatais exploradoras de atividade econômica, isso configuraria uma garantia maior para os credores da estatal, colocando-a em desigualdade com as empresas concorrentes da iniciativa privada.

Lado outro, os que entendem que existe responsabilidade subsidiária do Estado por danos causados por estatais econômicas e de serviços públicos argumentam que ambas são entidades integrantes da Administração indireta e, portanto, sujeitas ao controle estatal.

De todo modo, é fundamental fixar:

3.1.4 Agentes públicos

O termo "agentes" utilizado pelo dispositivo em comento deve ser compreendido amplamente, não se restringindo aos servidores estatutários. Devem ser incluídos também os empregados das entidades de direito privado prestadoras de serviços públicos, sejam elas integrantes da Administração Pública, como as empresas públicas, ou não, como os integrantes das delegatárias.

Todavia, é imprescindível é averiguar se, no momento do evento danoso, o agente estava **atuando na condição de agente público**, ou seja, no desempenho de atividades próprias da sua função pública, ou a pretexto de exercê-la.

Nesse ponto, não interessa se essa atuação foi lícita ou ilícita. Repise-se: somente deve ser analisada a qualidade de agente público quando da sua atuação, se essa condição foi determinante para a prática do ato.

Por essa razão, é necessário que haja um vínculo efetivo entre o agente e a pessoa jurídica que responderá pelo dano gerado por ele, ainda que esse vínculo esteja contaminado por algum vício, como se dá na hipótese do chamado "funcionário de fato".

No entanto, ressalva Marcelo Alexandrino e Vicente de Paulo (2018, p. 941):

> Um dano ocasionado por atuação de alguém que não tenha vínculo algum com a administração pública, nem mesmo um vínculo eivado de nulidade – a exemplo de um usurpador de função –, não acarreta a incidência do art. 37, § 6.º, da Constituição Federal. Afinal, nessas situações, não ocorre a imputação, significa dizer, a atuação dessa pessoa cujo vínculo com o poder público é inexistente não será imputada ao Estado, não será considerada uma atuação da própria administração pública.

Do mesmo modo, não haverá responsabilidade objetiva do Estado nas situações em que o agente causador do dano atue em uma função não relacionada à sua condição de agente público.

Exemplificando tal situação, cita-se o caso julgado pelo STF, em que a Corte entendeu não haver obrigação do Poder Público de indenizar vítima de disparo de arma de fogo utilizada por policial durante o período de folga, apesar da arma utilizada pertencer à corporação. A Suprema Corte considerou, nesse caso, que o dano foi praticado por policial fora do exercício de suas funções públicas.

Nesse sentido:

> CONSTITUCIONAL. ADMINISTRATIVO. RECURSO EXTRAORDINÁRIO. RESPONSABILIDADE CIVIL DO ESTADO. LESÃO CORPORAL. DISPARO DE ARMA DE FOGO PERTENCENTE À CORPORAÇÃO. POLICIAL MILITAR EM PERÍODO DE FOLGA. Caso em que o policial autor do disparo não se encontrava na qualidade de agente público. Nessa contextura, não há falar de responsabilidade civil do Estado. Recurso extraordinário conhecido e provido (RE 363.423/SP, Rel. Min. Ayres Britto, Primeira Turma, *DJe* 14-3-2008).

Saliente-se que, apesar da responsabilidade civil do Estado ser de ordem objetiva, a **responsabilidade do agente público será de natureza subjetiva**, com base na parte final do art. 37, § 6.º, da CF.

Segundo o dispositivo constitucional, o agente somente será responsabilizado caso seja comprovado que ele atuou com dolo ou culpa.

Logo, a sua responsabilidade é subjetiva, na modalidade culpa comum, e o ônus da prova da culpa do agente é da pessoa jurídica em nome da qual ele atuou e que já foi condenada a indenizar o particular que sofreu o dano. Assim, a pessoa jurídica deverá ajuizar ação contra o seu agente visando obter o ressarcimento do montante que foi condenada a indenizar.

Esclarecendo: a responsabilidade da pessoa jurídica pela qual o agente atua será objetiva, contudo, a responsabilidade do agente público será subjetiva, devendo o Estado, caso seja condenado a reparar o dano sofrido pelo particular, comprovar a culpa do servidor público que agiu em seu nome a fim de obter o ressarcimento aos cofres públicos. Isso em razão da Teoria da Dupla Garantia, a qual será vista mais adiante.

3.1.5 Sujeito passivo do evento danoso

Já, em relação à **vítima** do evento danoso, não merece relevância diferenciar se ela é ou não usuária do serviço público prestado, sendo suficiente que o dano seja causado pelo sujeito na qualidade de prestador de serviços públicos.

Isso porque a Constituição Federal não fez qualquer distinção a respeito da qualificação do sujeito passivo do dano, não exigindo que o particular lesionado seja usuário direito do serviço público prestado. Por essa razão, o STF consolidou entendimento, com repercussão geral reconhecida, no sentido de que há responsabilidade civil objetiva das empresas que prestam serviços públicos ainda que em relação aos prejuízos que sua atuação cause a terceiros não usuários do serviço. Vejamos:

CONSTITUCIONAL. RESPONSABILIDADE DO ESTADO. ART. 37, § 6.º, DA CONSTITUIÇÃO. PESSOAS JURÍDICAS DE DIREITO PRIVADO PRESTADORAS DE SERVIÇO PÚBLICO. CONCESSIONÁRIO OU PERMISSIONÁRIO DO SERVIÇO DE TRANSPORTE COLETIVO. RESPONSABILIDADE OBJETIVA EM RELAÇÃO A TERCEIROS NÃO USUÁRIOS DO SERVIÇO. RECURSO DESPROVIDO. I – **A responsabilidade civil das pessoas jurídicas de direito privado prestadoras de serviço público é objetiva relativamente a terceiros usuários e não usuários do serviço, segundo decorre do art. 37, § 6.º, da Constituição Federal.** II – A inequívoca presença do nexo de causalidade entre o ato administrativo e o dano causado ao terceiro não usuário do serviço público, é condição suficiente para estabelecer a responsabilidade objetiva da pessoa jurídica de direito privado. III - Recurso extraordinário desprovido (RE 591.874/MS, Rel. Min. Ricardo Lewandowski, j. 26-8-2009).

Em resumo, o art. 37, § 6.º, da CF apresenta duas regras: a da responsabilidade objetiva do Estado e a da responsabilidade subjetiva do agente público.

A responsabilidade objetiva exige:

- que o ato lesivo seja praticado por agente de pessoa jurídica de direito público ou pessoa jurídica de direito privado prestadora de serviço público, como as empresas públicas, sociedades de economia mista, fundações governamentais de direito privado, cartórios extrajudiciais;
- que as entidades de direito privado prestem serviço público, excluindo as entidades da administração indireta que executem atividade econômica de natureza privada;

- que seja causado dano a particulares, usuários ou não do serviço, sendo suficiente que a lesão seja ocasionada em decorrência da prestação de serviço público;
- que o dano seja causado por agente das aludidas pessoas jurídicas, o que abrange todas as categorias, de agentes políticos, administrativos ou particulares em colaboração com a Administração, sem interessar o título sob o qual prestam o serviço;
- que o agente, ao causar o dano, aja nessa qualidade, não bastando a qualidade de agente público, pois, ainda que o seja, não acarretará a responsabilidade estatal se, ao causar o dano, não estiver agindo no exercício de suas funções.

3.2 Elementos da responsabilidade

A configuração da responsabilidade objetiva do Estado pressupõe três elementos: fato administrativo, ou seja, a conduta comissiva ou omissiva atribuída ao Poder Público, dano, e nexo causal entre conduta e dano.

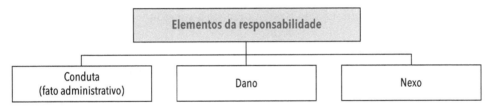

3.2.1 Conduta

O Estado apenas será responsabilizado pela atuação ou omissão de seus agentes públicos. Desse modo, é **necessário demonstrar que o dano tem relação direta com o exercício da função pública ou a omissão relevante dos agentes públicos.**

Ademais, lembre-se que não apenas a conduta administrativa ilícita, mas também a conduta lícita causadora de danos desproporcionais, acarreta a responsabilidade do Estado.

3.2.2 Dano

O dano causador da responsabilização pode ser dividido em material ou patrimonial, e moral ou extrapatrimonial.

O **dano material ou patrimonial** corresponde à lesão ao patrimônio da vítima, avaliado economicamente, e divide-se em duas espécies: dano emergente, caracterizado pela diminuição efetiva e imediata do patrimônio da vítima; e lucro cessante, que representa a diminuição potencial do patrimônio.

Por seu turno, o **dano moral ou extrapatrimonial** consubstancia-se na lesão aos bens personalíssimos, como a honra, a imagem e a reputação da vítima.

Ressalte-se que esses danos podem ser reconhecidos cumulativamente, consoante Súmula 37 do STJ.

> **Súmula 37 do STJ:** São cumuláveis as indenizações por dano material e dano moral oriundos do mesmo fato.

Igualmente é admitida a cumulação das indenizações por danos estéticos e morais desde que os valores possam ser apurados e quantificados de maneira autônoma, de acordo com a Súmula 387 do STJ.

> **Súmula 387 do STJ:** É lícita a cumulação das indenizações de dano estético e dano moral.

Além disso, o dano moral pode ser suportado por pessoas físicas e por pessoas jurídicas, visto que, nesse último caso, poderá haver lesão à sua honra objetiva, ou seja, à reputação da pessoa perante a sociedade, conforme assevera a Súmula 227 do STJ.

> **Súmula 227 do STJ:** A pessoa jurídica pode sofrer dano moral.

O STJ tem também posição entendendo pela inconstitucionalidade da tarifação legal da indenização por danos morais, os quais devem ser fixados em cada caso concreto, a partir da análise da efetiva extensão do dano gerado à vítima. Assim determina a Súmula 281 do STJ:

> **Súmula 281 do STJ:** A indenização por dano moral não está sujeita à tarifação prevista na Lei de Imprensa.

3.2.3 Nexo causal

Por fim, deve estar presente o nexo causal, representado pela relação de causa e efeito entre a conduta estatal e o dano suportado pela vítima.

Cumpre esclarecer, nesse ponto, algumas teorias que procuram explicar o nexo causal, notadamente nos casos envolvendo causalidades múltiplas ou concausas. Entre elas, destacam-se:

- **Teoria da equivalência das condições, equivalência dos antecedentes ou *conditio sine qua non*:** formulada por Von Buri, segundo essa teoria, todos os antecedentes que contribuírem de algum modo para o resultado são equivalentes e considerados causas do dano. Essa contribuição seria determinada a partir da eliminação hipotética, de modo que, eliminando a causa, seria afastada a ocorrência do resultado. Todavia, essa posição sofreu críticas por permitir o regresso infinito do nexo de causalidade, possibilitando insegurança jurídica e injustiça.

- **Teoria da causalidade adequada:** foi elaborada por Ludwig von Bar e desenvolvida por Johannes von Kries. Segundo ela, a causa do evento danoso é aquela que, em abstrato, seja a mais adequada para a produção do dano, devendo ser considerado como causa do dano somente o antecedente com maior probabilidade hipotética de o ter causado. É justamente esse mero juízo de probabilidade, e não de certeza, que fez com que essa teoria sofresse críticas.

- **Teoria da causalidade direta e imediata ou teoria da interrupção do nexo causal:** como já citado, por essa posição, os antecedentes do resultado não se equivalem e apenas o evento que se vincular direta e imediatamente com o dano será considerado causa necessária do dano. Em que pese ela restringir o nexo causal, dificultando a responsabilização nos casos de danos indiretos ou remotos, sofrendo críticas por isso, a teoria da causalidade direta e imediata foi adotada no art. 403 do Código Civil de 2002.

> Art. 403. Ainda que a inexecução resulte de dolo do devedor, as perdas e danos só incluem os prejuízos efetivos e os lucros cessantes por efeito dela direto e imediato, sem prejuízo do disposto na lei processual.

3.2.4 Excludentes do nexo de causalidade

Segundo a teoria adotada pelo art. 37, § 6.º, da CF, teoria do risco administrativo, a Administração Pública pode se defender nas ações indenizatórias por meio do rompimento do nexo de causalidade, demonstrando que o dano causado ao particular não foi gerado por ação ou omissão administrativa.

As causas excludentes decorrem do texto constitucional que consagra a responsabilidade civil do Estado apenas pelos danos causados por seus agentes públicos, excluindo as hipóteses em que os danos são imputados à própria vítima, ao terceiro e aos eventos da natureza.

Nesses casos, não há ato ou fato administrativo que tenha causado o dano à vítima, de modo que o Estado não pode ser responsabilizado por eventos imprevisíveis ou previsíveis, mas de consequências inevitáveis.

Desse modo, excluem o nexo causal:

- **fato exclusivo da vítima:** o dano é causado por fato exclusivo da própria vítima, há uma autolesão. Em regra, é o que ocorre no caso de suicídio de detento no interior de uma penitenciária.

- **fato de terceiro:** o dano é causado por fato de terceiro que não possui vínculo jurídico com o Estado. Em razão dessa excludente as concessionárias de serviços públicos de transporte não são, em regra, responsáveis por danos ocasionados por roubo no interior de seus veículos.

- **caso fortuito ou força maior:** são os eventos naturais ou humanos imprevisíveis que, por si sós, causam danos às pessoas. Portanto, a Administração Pública, regra geral, não pode ser responsabilizada por inundação causada por chuva torrencial imprevisível.

Em todas essas situações, destaca-se que é possível haver exceções. Casos em que, sendo comprovado o nexo de causalidade entre o evento danoso e a atuação pública, restará configurado o dever de indenizar.

Ademais, é certo que os fatos impostos exclusivamente à vítima, ao terceiro ou à natureza não geram a responsabilidade do Estado e são qualificados como causas excludentes do nexo de causalidade.

Todavia, comprovada a contribuição da ação ou omissão estatal para consumação do dano, mesmo que haja participação da vítima, do terceiro ou de evento natural, a Administração Pública será responsabilizada.

Nessas hipóteses, existem causas concorrentes para o evento lesivo, devendo o Estado responder na medida da sua contribuição para o dano, nos termos do art. 945 do Código Civil.

> Art. 945. Se a vítima tiver concorrido culposamente para o evento danoso, a sua indenização será fixada tendo-se em conta a gravidade de sua culpa em confronto com a do autor do dano.

Em suma, as causas excludentes rompem o nexo de causalidade e afastam a responsabilidade do Estado, já as causas atenuantes, ou seja, a concorrência de causas, somente reduzem o valor da indenização a ser suportada pelo Estado.

Igualmente, não se deve confundir as excludentes de responsabilidade civil do Estado com as excludentes da ilicitude penal. Elas aplicam-se a searas completamente diversas.

Ademais, segundo orientação jurisprudencial do Superior Tribunal de Justiça, essas excludentes, do mesmo modo que as matérias civil e penal, são independentes:

> A Administração Pública pode responder civilmente pelos danos causados por seus agentes, ainda que estes estejam aparados por causa excludente de ilicitude penal (STJ, Jurisprudência em Teses, Edição 61).

3.3 A responsabilidade por ação e por omissão

Vale repisar: a teoria adotada pelo ordenamento brasileiro, como regra, para definir a responsabilidade civil do Estado é a **Teoria do Risco Administrativo,** que aplica a **responsabilidade do tipo objetiva** na hipótese de dano causado direta e imediatamente por uma atuação, uma **conduta comissiva,** de seus agentes, e encontra fundamento constitucional no art. 37, § 6.º, da CF.

Todavia, segundo as lições de Celso Antônio Bandeira de Mello, esse dispositivo constitucional, não pode ser aplicado para os casos de **danos ocasionados por omissão** da Administração Pública, cuja indenização, se cabível, será regulada pela **Teoria da Culpa Administrativa ou Culpa Anônima.**

Isso porque, quando se trata de uma omissão, o particular deve demonstrar o nexo causal entre o dano e a falta de serviço do Estado, ou seja, que a atuação estatal regular, normal, ordinária, teria evitado o prejuízo por ele sofrido, o que configuraria a tese da Culpa Administrativa ou Culpa Anônima.

Nas palavras de José Cretella Júnior (1970, v. 8:210):

> a omissão configura a culpa *in omittendo* ou *in vigilando*. São casos de inércia, casos de não atos. Se cruza os braços ou se não vigia, quando deveria agir, o agente público omite-se, empenhando a responsabilidade do Estado por inércia ou incúria do agente. Devendo agir, não agiu. Nem como o *bonus pater familiae*, nem como *bonus administrator*. Foi negligente. Às vezes imprudente ou até imperito. Negligente, se a solércia o dominou; imprudente, se confiou na sorte; imperito, se não previu a possibilidade de concretização do evento. Em todos os casos, culpa, ligada à ideia de inação, física ou mental.

Não há na Constituição Federal fundamento expresso acerca da responsabilidade civil do Estado por omissão, como há no caso das condutas comissivas, o que ocasiona divergências doutrinárias. Há três correntes que merecem destaque:

- Primeira posição: responsabilidade objetiva, pois o art. 37, § 6.º, da CF não faz distinção entre condutas comissivas ou omissivas. É a adotada por Hely Lopes Meirelles.

- Segunda posição: responsabilidade subjetiva, com presunção de culpa do Poder Público (presunção *juris tantum* ou relativa), tendo em vista que o Estado, na omissão, não é o causador do dano, mas atua de forma ilícita (com culpa) quando descumpre o dever legal de impedir a ocorrência do dano. Posição seguida por Celso Antônio Bandeira de Mello e Maria Sylvia Zanella Di Pietro.
- Terceira posição: nos casos de omissão genérica, relacionadas ao descumprimento do dever genérico de ação, a responsabilidade é subjetiva. Por outro lado, nas hipóteses de omissão específica, quando o Estado descumpre o dever jurídico específico, a responsabilidade é objetiva. Nesse sentido: Sergio Cavalieri Filho.

Nesse cenário, reforça Maria Sylvia Di Pietro (2018, p. 843) a explicar a adoção da regra da responsabilidade subjetiva do Estado em casos de atos omissivos:

> No caso de omissão do Poder Público os danos em regra não são causados por agentes públicos. São causados por fatos da natureza ou fatos de terceiros. Mas poderiam ter sido evitados ou minorados se o Estado, tendo o dever de agir, se omitiu. Isto significa dizer que, para a responsabilidade decorrente de omissão, tem que haver o dever de agir por parte do Estado e a possibilidade de agir para evitar o dano. A lição supratranscrita, de José Cretella Júnior, é incontestável. A culpa está embutida na ideia de omissão. Não há como falar em responsabilidade objetiva em caso de inércia do agente público que tinha o dever de agir e não agiu, sem que para isso houvesse uma razão aceitável. (...).

Ainda segundo a autora, enquanto no caso de atos comissivos a responsabilidade incide nas hipóteses de atos lícitos ou ilícitos, a omissão tem que ser ilícita para acarretar a responsabilidade do Estado. Por essa razão, ela adota a tese da responsabilidade subjetiva nos casos de omissão do Poder Público, juntamente com Celso Antônio Bandeira de Mello (2008:996), entendendo que, nessa hipótese, existe uma presunção de culpa do Poder Público.

A vítima do evento danoso não precisa provar que existiu a culpa ou dolo. Ao Estado é que cabe demonstrar que agiu com diligência, que utilizou os meios adequados e disponíveis e que, se não agiu, é porque a sua atuação estaria acima do que seria razoável exigir; se fizer essa demonstração, não incidirá a responsabilidade.

Verifica-se assim que, para a doutrina tradicional, **a responsabilidade do Estado por omissão é subjetiva,** de forma que o pagamento da indenização pressupõe a comprovação de dolo ou culpa por parte do Estado.

Nesse sentido, é também a **posição do STJ:**

> PROCESSUAL CIVIL E ADMINISTRATIVO. AGRAVO INTERNO NO AGRAVO EM RECURSO ESPECIAL. **RESPONSABILIDADE CIVIL** DO ESTADO. ATO OMISSIVO. **RESPONSABILI-DADE SUBJETIVA**. INEXISTÊNCIA DE NEXO CAUSAL E CULPA DA ADMINISTRAÇÃO. REVISÃO. IMPOSSIBILIDADE. SÚMULA 7/STJ. 1. A jurisprudência do STJ é firme no sentido de que a **responsabilidade civil** do Estado **por condutas omissivas** é subjetiva, sendo necessário, dessa forma, comprovar a negligência na atuação estatal, o dano e o nexo causal entre ambos (AgInt no AREsp 1.249.851/SP, Rel. Min. Benedito Gonçalves, j. 20-9-2018).

Todavia, nos últimos anos, observa-se que há uma tendência no sentido de que a responsabilidade civil nos casos de omissão do Estado é também objetiva. Isso porque o art. 37, § 6.º, da CF determina a responsabilidade objetiva do Estado sem fazer distinção se a conduta é comissiva ou omissiva, de maneira que não cabe ao intérprete estabelecer distinções onde o texto constitucional não o fez. Se a Constituição Federal previu a responsabilidade objetiva do Estado, não pode o intérprete dizer que essa regra não vale para os casos de omissão.

Dessa forma, **a responsabilidade objetiva do Estado englobaria tanto os atos comissivos como os omissivos, desde que demonstrado o nexo causal entre o dano e a omissão específica do Poder Público.**

Assim já decidiu o **STF:**

> (...) A jurisprudência da Corte firmou-se no sentido de que as pessoas jurídicas de direito público respondem objetivamente pelos danos que causarem a terceiros, com fundamento no art. 37, § 6.º, da Constituição Federal, tanto por atos comissivos quanto por atos omissivos, desde que demonstrado o nexo causal entre o dano e a omissão do Poder Público. (...) (STF, 2.ª Turma, ARE 897.890 AgR, Rel. Min. Dias Toffoli, j. 22-9-2015).

Do mesmo modo, de acordo com o atual entendimento do STF acerca da matéria, o dever de indenizar os danos resultantes de omissão estatal **submete-se à teoria objetiva, quando constatada a inobservância de dever legal específico de agir para impedir a ocorrência do resultado danoso.**

O entendimento do STF é no sentido de que quando a Administração Pública tem o dever jurídico de garantir a integridade das pessoas ou coisas que estejam sob sua proteção direta, ela responderá objetivamente, com base no art. 37, § 6.º, da CF, mesmo que tais danos não decorram de um ato concreto seu. Nesse caso, o Estado responderá por uma omissão específica, pois deixou de cumprir seu dever específico, visto que se encontrava em uma posição de garante. Dessa forma, por exemplo, o Estado não é responsável pelos crimes ocorridos em seu território. No entanto, se o Estado é notificado sobre a ocorrência de crimes constantes em determinado local e continua omisso, haverá responsabilidade.

Outro exemplo em que haverá responsabilidade objetiva, em razão de uma omissão específica é no caso de morte de detento. O STF fixou a seguinte tese de repercussão geral:

> Em caso de inobservância de seu dever específico de proteção previsto no art. 5.º, inciso XLIX, da CF/88, o Estado é responsável pela morte de detento (STF, Plenário, RE 841.526/RS, Rel. Min. Luiz Fux, j. 30-3-2016, Repercussão Geral).

Merece leitura a ementa do julgado:

> RECURSO EXTRAORDINÁRIO. REPERCUSSÃO GERAL. RESPONSABILIDADE CIVIL DO ESTADO POR MORTE DE DETENTO. ARTIGOS 5.º, XLIX, E 37, § 6.º, DA CONSTITUIÇÃO FEDERAL.
> 1. A responsabilidade civil estatal, segundo a Constituição Federal de 1988, em seu artigo 37, § 6.º, subsume-se à teoria do risco administrativo, tanto para as condutas estatais comissivas quanto para as omissivas, posto rejeitada a teoria do risco integral.
> 2. A omissão do Estado reclama nexo de causalidade em relação ao dano sofrido pela vítima nos casos em que o Poder Público ostenta o dever legal e a efetiva possibilidade de agir para impedir o resultado danoso.
> 3. É dever do Estado e direito subjetivo do preso que a execução da pena se dê de forma humanizada, garantindo-se os direitos fundamentais do detento, e o de ter preservada a sua incolumidade física e moral (artigo 5.º, inciso XLIX, da Constituição Federal).
> 4. O dever constitucional de proteção ao detento somente se considera violado quando possível a atuação estatal no sentido de garantir os seus direitos fundamentais, pressuposto inafastável para a configuração da responsabilidade civil objetiva estatal, na forma do artigo 37, § 6.º, da Constituição Federal.
> 5. *Ad impossibilia nemo tenetur*, por isso que nos casos em que não é possível ao Estado agir para evitar a morte do detento (que ocorreria mesmo que o preso estivesse em liberdade), rompe-se o nexo de causalidade, afastando-se a responsabilidade do Poder Público, sob pena de adotar-se *contra legem* e a *opinio doctorum* a teoria do risco integral, ao arrepio do texto constitucional.
> 6. A morte do detento pode ocorrer por várias causas, como, *v. g.*, homicídio, suicídio, acidente ou morte natural, sendo que nem sempre será possível ao Estado evitá-la, por mais que adote as precauções exigíveis.
> 7. A responsabilidade civil estatal resta conjurada nas hipóteses em que o Poder Público comprova causa impeditiva da sua atuação protetiva do detento, rompendo o nexo de causalidade da sua omissão com o resultado danoso.
> 8. Repercussão geral constitucional que assenta a tese de que: **em caso de inobservância do seu dever específico de proteção previsto no artigo 5.º, inciso XLIX, da Constituição Federal, o Estado é responsável pela morte do detento.** (...) (STF, Plenário, RE 841.526, Rel. Min. Luiz Fux, j. 30-3-2016).

Consoante essa orientação, a regra geral é que o Estado responda objetivamente no caso de morte de detento por suicídio. No entanto, somente haverá a responsabilização do Poder Público se restar comprovado, no caso concreto, que o Estado não cumpriu seu dever específico de proteção previsto no art. 5.º, XLIX, da CF.

Como se adota a teoria do risco administrativo, o Estado poderá provar alguma causa excludente de responsabilidade, como culpa exclusiva da vítima, caso fortuito ou força maior. Logo, nem sempre que houver um suicídio, haverá responsabilidade civil do Poder Público.

É também essa a posição do STJ em recente julgado:

> 2. A decisão monocrática deu provimento ao apelo nobre para reconhecer a responsabilidade civil do ente estatal pelo suicídio de detento em estabelecimento prisional, sob o argumento de que esta Corte Superior possui jurisprudência consolidada no sentido de que seria aplicável a teoria da responsabilização objetiva ao caso.
> 3. O acórdão da repercussão geral é claro ao afirmar que a responsabilização objetiva do Estado em caso de morte de detento somente ocorre quando houver inobservância do dever específico de proteção previsto no art. 5.º, inciso XLIX, da Constituição Federal.
> 4. O Tribunal de origem decidiu de forma fundamentada pela improcedência da pretensão recursal, uma vez que não se conseguiu comprovar que a morte do detento foi decorrente da omissão do Estado que não poderia montar vigilância a fim de impedir que ceifasse sua própria vida, atitude que só a ele competia.
> 5. Tendo o acórdão recorrido consignado expressamente que ficou comprovada causa impeditiva da atuação estatal protetiva do detento, rompeu-se o nexo de causalidade entre a suposta omissão do Poder Público e o resultado danoso. Com efeito, o Tribunal de origem assentou que ocorreu a comprovação de suicídio do detento, ficando escorreita a decisão que afastou a responsabilidade civil do Estado de Santa Catarina.
> 6. Em juízo de retratação, nos termos do art. 1.030, inciso II, do CPC/2015, nego provimento ao recurso especial (STJ, 2.ª Turma, REsp 1.305.259/SC, Rel. Min. Mauro Campbell Marques, j. 8-2-2018).

De acordo com o Ministro Luiz Fux, se restar comprovado que o detento já vinha apresentando indícios de que poderia agir assim, então, neste caso, o Estado deverá ser condenado a indenizar seus familiares. Isso porque o evento era previsível e o Poder Público deveria ter adotado medidas para evitar que acontecesse. Por outro lado, se o preso nunca havia demonstrado anteriormente que poderia praticar esta conduta de forma que o suicídio foi um ato completamente repentino e imprevisível, neste caso o Estado não será responsabilizado porque não houve qualquer omissão atribuível ao Poder Público.

Entendeu ainda o STF que **o Estado deve indenizar preso que se encontre em situação degradante**. Considerando que é dever do Estado, imposto pelo sistema normativo, manter em seus presídios os padrões mínimos de humanidade previstos no ordenamento jurídico, é de sua responsabilidade, nos termos do art. 37, § 6.º, da Constituição, a obrigação de ressarcir os danos, inclusive morais, comprovadamente causados aos detentos em decorrência da falta ou insuficiência das condições legais de encarceramento.

Assim decidiu o STF:

O dever de ressarcir danos, inclusive morais, efetivamente causados por ato de agentes estatais ou pela inadequação dos serviços públicos decorre diretamente do art. 37, § 6.º, da Constituição, disposição normativa autoaplicável. Ocorrendo o dano e estabelecido o nexo causal com a atuação da Administração ou de seus agentes, nasce a responsabilidade civil do Estado.
3. "Princípio da reserva do possível". Inaplicabilidade. O Estado é responsável pela guarda e segurança das pessoas submetidas a encarceramento, enquanto permanecerem detidas. É seu dever mantê-las em condições carcerárias com mínimos padrões de humanidade estabelecidos em lei, bem como, se for o caso, ressarcir danos que daí decorrerem.
4. A violação a direitos fundamentais causadora de danos pessoais a detentos em estabelecimentos carcerários não pode ser simplesmente relevada ao argumento de que a indenização não tem alcance para eliminar o grave problema prisional globalmente considerado, que depende da definição e da implantação de políticas públicas específicas, providências de atribuição legislativa e administrativa, não de provimentos judiciais. Esse argumento, se admitido, acabaria por justificar a perpetuação da desumana situação que se constata em presídios como o de que trata a presente demanda.
5. A garantia mínima de segurança pessoal, física e psíquica, dos detentos, constitui dever estatal que possui amplo lastro não apenas no ordenamento nacional (Constituição Federal, art. 5.º, XLVII, "e"; XLVIII; XLIX; Lei n. 7.210/84 (LEP), arts. 10; 11; 12; 40; 85; 87; 88; Lei n. 9.455/97 – crime de tortura; Lei n. 12.847/13 – Sistema Nacional de Prevenção e Combate à Tortura), como, também, em fontes normativas internacionais adotadas pelo Brasil (Pacto Internacional de Direitos Civis e Políticos das Nações Unidas, de 1966, arts. 2; 7; 10; e 14; Convenção Americana de Direitos Humanos, de 1969, arts. 5.º; 11; 25; Princípios e Boas Práticas para a Proteção de Pessoas Privadas de Liberdade nas Américas – Resolução 01/08, aprovada em 13 de março de 2008, pela Comissão Interamericana de Direitos Humanos; Convenção da ONU contra Tortura e Outros Tratamentos ou Penas Cruéis, Desumanos ou Degradantes, de 1984; e Regras Mínimas para o Tratamento de Prisioneiros – adotadas no 1.º Congresso das Nações Unidas para a Prevenção ao Crime e Tratamento de Delinquentes, de 1955).

6. Aplicação analógica do art. 126 da Lei de Execuções Penais. Remição da pena como indenização. Impossibilidade. A reparação dos danos deve ocorrer em pecúnia, não em redução da pena. Maioria.

7. Fixada a tese: "**Considerando que é dever do Estado, imposto pelo sistema normativo, manter em seus presídios os padrões mínimos de humanidade previstos no ordenamento jurídico, é de sua responsabilidade, nos termos do art. 37, § 6.º, da Constituição, a obrigação de ressarcir os danos, inclusive morais, comprovadamente causados aos detentos em decorrência da falta ou insuficiência das condições legais de encarceramento**". (...) (STF, RE 58.0252, Rel. Min. Teori Zavascki, Rel. p/ Acórdão: Min. Gilmar Mendes, Tribunal Pleno, j. 16-2-2017, *DJe* 11-9-2017).

Com relação a atos omissivos das pessoas jurídicas prestadoras de serviços públicos, o STF também já se posicionou no sentido de que essas pessoas possuem responsabilidade civil em razão de dano decorrente de crime de furto praticado em suas dependências, nos termos do art. 37, § 6.º, da CF.

O Supremo reconheceu a responsabilidade civil da prestadora de serviço público, ao considerar que houve omissão no dever de vigilância e falha na prestação e organização do serviço.

RESPONSABILIDADE CIVIL – SERVIÇO PÚBLICO – FURTO – POSTO DE PESAGEM – VEÍCULO. A teor do disposto no artigo 37, § 6.º, da Constituição Federal, há responsabilidade civil de pessoa jurídica prestadora de serviço público em razão de dano decorrente de crime de furto praticado em posto de pesagem, considerada a omissão no dever de vigilância e falha na prestação e organização do serviço (RE 598.356, Rel. Min. Marco Aurélio, Primeira Turma, j. 8-5-2018).

Lado outro, já entendeu o STJ que a concessionária de rodovia não responde por roubo e sequestro ocorridos nas dependências de estabelecimento por ela mantido para a utilização de usuários.

Para o STJ, a segurança que a concessionária deve fornecer aos usuários diz respeito ao bom estado de conservação e sinalização da rodovia. Não tem, contudo, como a concessionária garantir segurança privada ao longo da estrada, mesmo que seja em postos de pedágio ou de atendimento ao usuário.

O roubo com emprego de arma de fogo é considerado um fato de terceiro equiparável a força maior, que exclui o dever de indenizar. Trata-se de fato inevitável e irresistível e, assim, gera uma impossibilidade absoluta de não ocorrência do dano.

Vejamos a ementa:

RECURSO ESPECIAL. RESPONSABILIDADE CIVIL. EMPRESA CONCESSIONÁRIA DE RO-
DOVIA. ROUBO E SEQUESTRO OCORRIDOS EM DEPENDÊNCIA DE SUPORTE AO
USUÁRIO, MANTIDO PELA CONCESSIONÁRIA. FORTUITO EXTERNO. EXCLUDENTE DE
RESPONSABILIDADE. (...)
2. O propósito recursal consiste em definir se a concessionária de rodovia deve ser
responsabilizada por roubo e sequestro ocorridos nas dependências de estabelecimento por ela mantido para a utilização de usuários (Serviço de Atendimento ao
Usuário).
3. "A inequívoca presença do nexo de causalidade entre o ato administrativo e o dano
causado ao terceiro não usuário do serviço público, é condição suficiente para estabelecer a responsabilidade objetiva da pessoa jurídica de direito privado" (STF. RE
591874, Repercussão Geral).
4. O fato de terceiro pode romper o nexo de causalidade, exceto nas circunstâncias
que guardar conexidade com as atividades desenvolvidas pela concessionária de
serviço público.
5. Na hipótese dos autos, é impossível afirmar que a ocorrência do dano sofrido pelos recorridos guarda conexidade com as atividades desenvolvidas pela recorrente.
6. A ocorrência de roubo e sequestro, com emprego de arma de fogo, é evento capaz
e suficiente para romper com a existência de nexo causal, afastando-se, assim, a responsabilidade da recorrente. 7. Recurso especial provido (REsp 1.749.941/PR, Rel.
Min. Nancy Andrighi, Terceira Turma, j. 4-12-2018, *DJe* 7-12-2018).

Esclarecendo:

RESPONSABILIDADE CIVIL DA CONCESSIONÁRIA DE SERVIÇOS PÚBLICOS POR FURTO E ROUBO	
Segundo o STF	Pessoa jurídica de direito privado prestadora de serviço público possui responsabilidade civil em razão de dano decorrente de crime de furto praticado em suas dependências, nos termos do art. 37, § 6.º, da CF.
Segundo o STJ	Concessionária de rodovia não responde por roubo e sequestro ocorridos nas dependências de estabelecimento por ela mantido para a utilização de usuários.

Destaque-se, ainda, julgado em que o Superior Tribunal de Justiça definiu
que, em caso de rodovias concedidas, a concessionária tem responsabilidade objetiva pelos danos causados por acidentes envolvendo animais domésticos. Essa
responsabilidade não depende de dolo ou culpa ou da identificação do dono do
animal ou da fiscalização pública.

Para o STJ:

As concessionárias de rodovias respondem, independentemente da existência de
culpa, pelos danos oriundos de acidentes causados pela presença de animais do-

mésticos nas pistas de rolamento, aplicando-se as regras do Código de Defesa do Consumidor e da Lei das Concessões (REsp 1.908.738/SP, Tema 1.122, Info 822).

Em resumo, consoante posição doutrinária tradicional, a responsabilidade civil do Estado por atos omissivos será subjetiva, baseada na Teoria da Culpa Administrativa. No entanto, para o STF, caso a omissão seja específica do dever de agir da Administração Pública, a responsabilidade será objetiva, seguindo a norma do art. 37, § 6.º, da CF.

Por fim, quanto ao dano nuclear, cabe dizer que a Constituição da República determina expressamente que a responsabilidade civil da União, no caso de dano nuclear, "independe da existência de culpa", nos termos do art. 21, XXIII, *d*.

> Art. 21. Compete à União: (...)
>
> XXIII – explorar os serviços e instalações nucleares de qualquer natureza e exercer monopólio estatal sobre a pesquisa, a lavra, o enriquecimento e reprocessamento, a industrialização e o comércio de minérios nucleares e seus derivados, atendidos os seguintes princípios e condições: (...)
>
> *d)* a responsabilidade civil por danos nucleares independe da existência de culpa;

Para doutrina majoritária, esse dispositivo consagra a responsabilidade civil objetiva da Administração Pública em decorrência de danos nucleares, baseada na Teoria do Risco Integral.

Marcelo Alexandrino e Vicente de Paulo explicam (2018, p. 929):

> Não nos parece razoável considerar que esse dispositivo constitucional represente meramente um reforço específico (e inócuo) do § 6.º do art. 37 o qual, de forma ampla, atribui responsabilidade objetiva ao poder público pelos prejuízos que seus agentes causem a terceiros. Pensamos que, em relação ao dano nuclear, o constituinte pretendeu estabelecer que a responsabilidade civil do poder público será sempre objetiva, inclusive nos casos de omissão estatal, específica ou genérica. Alertamos que o assunto é controverso. Alguns autores simplesmente não fazem distinção entre a responsabilidade civil estatal por dano nuclear e as demais hipóteses de responsabilidade extracontratual do poder público. E outros entendem que a Constituição teria adotado, no caso do dano nuclear, a teoria do risco integral, isto é, a responsabilidade do Estado seria objetiva e não estaria sujeita a quaisquer excludentes.

3.4 Responsabilidade por atos legislativos

Também não há absoluto consenso quanto a incidência ou não de responsabilidade civil do Estado em decorrência de atos e omissões do Poder Legislativo e do Poder Regulamentar.

Contudo, entende-se que, **em regra, a atuação legislativa não acarreta responsabilidade civil do Estado**, uma vez que a própria existência do Estado pressupõe o exercício da função legislativa com a criação de direitos e obrigações para os indivíduos. Assim, a atuação geral e abstrata das normas jurídicas afasta, em princípio, a configuração de danos individualizados, configurando-se como principal óbice à responsabilidade estatal.

O Poder Legislativo, no exercício da sua função típica, atua acobertado pela própria soberania estatal, sujeitando-se apenas às limitações impostas pela Constituição. Logo, desde que aja em estrita conformidade com os mandamentos constitucionais, elaborando normas gerais e abstratas, o Estado não pode ser responsabilizado por sua função legislativa.

Nesse sentido, entendeu o STJ que a União não tem o dever de indenizar indústrias nacionais prejudicadas com a redução das alíquotas do imposto de importação. Não se verifica o dever do Estado de indenizar eventuais prejuízos financeiros do setor privado decorrentes da alteração de política econômico-tributária no caso de o ente público não ter se comprometido, formal e previamente, por meio de determinado planejamento específico.

Uma portaria, com finalidade extrafiscal, que possibilita a alteração das alíquotas do imposto de importação decorre do próprio ordenamento jurídico, não havendo que se falar em quebra do princípio da confiança.

O impacto econômico-financeiro sobre a produção e a comercialização de mercadorias pelas sociedades empresárias causado pela alteração da alíquota de tributos decorre do risco da atividade próprio da álea econômica de cada ramo produtivo, não havendo direito subjetivo da indústria quanto à manutenção da alíquota do imposto de importação.

Assim decidiu o STJ:

> ADMINISTRATIVO. RESPONSABILIDADE CIVIL DO ESTADO. IMPOSTO DE IMPORTAÇÃO. ALTERAÇÃO DE ALÍQUOTAS. DIVERGÊNCIA JURISPRUDENCIAL. DEMONSTRAÇÃO. AUSÊNCIA. INDÚSTRIA NACIONAL. IMPACTO ECONÔMICO-FINANCEIRO. RISCO DA ATIVIDADE. DIREITO À MANUTENÇÃO DO *STATUS QUO ANTE*. INEXISTÊNCIA.
> (...)
> **2. Não se verifica o dever do Estado de indenizar eventuais prejuízos financeiros do setor privado decorrentes da alteração de política econômico-tributária, no caso de o ente público não ter se comprometido, formal e previamente, por meio de determinado planejamento específico.** (...)
> 4. O impacto econômico-financeiro sobre a produção e a comercialização de mercadorias pelas sociedades empresárias causado pela alteração da alíquota de tributos **decorre do risco da atividade próprio da álea econômica** de cada ramo produtivo.
> 5. Inexistência de direito subjetivo da recorrente, quanto à manutenção da alíquota do imposto de importação (*status quo ante*), apto a ensejar o dever de indenizar. (...)

(REsp 1.492.832/DF, Rel. Min. Gurgel De Faria, Primeira Turma, j. 4-9-2018, *DJe* 1.º-10-2018).

No entanto, doutrina e jurisprudência reconhecem que a responsabilidade do Estado legislador pode surgir em três situações excepcionais:

- lei de efeitos concretos;
- leis inconstitucionais;
- omissão legislativa.

3.4.1 Lei de efeitos concretos

A **lei de efeitos concretos** é uma lei em sentido formal, visto que sua produção pelo Poder Legislativo observa o processo de criação de normas jurídicas, porém é um ato administrativo em sentido material, em virtude dos efeitos individualizados.

Como o fundamento da irresponsabilidade estatal é o caráter genérico e abstrato das leis, deve ser reconhecida a possibilidade de responsabilidade civil quando as leis não possuem essas características, pois do mesmo modo que ocorre com os atos administrativos individuais, a lei de efeitos concretos pode acarretar prejuízos às pessoas determinadas, gerando, com isso, responsabilidade civil do Estado.

3.4.2 Leis inconstitucionais

Nas **leis inconstitucionais,** o legislador extrapola os limites formais e/ou materiais estabelecidos pelo texto constitucional, configurando ato ilícito.

É necessário comprovar o dano concreto surgido com a aplicação da norma inconstitucional. Comprovado o prejuízo individualizado pela incidência da lei inconstitucional, o Ente federado respectivo deverá ser responsabilizado. Assim, a legitimidade passiva na ação indenizatória será do Ente político responsável pela lei inconstitucional, e não da Casa Legislativa, já que esta é órgão estatal que não possui personalidade jurídica.

A responsabilidade apenas poderá ser suscitada quando a lei for declarada inconstitucional pelo Poder Judiciário. Isso porque as leis nascem com presunção de constitucionalidade. Além disso, não é suficiente a declaração de inconstitucionalidade para configuração da responsabilidade, sendo imprescindível a comprovação do dano concreto pela incidência da lei inconstitucional.

Cabe dizer ainda que a modulação de efeitos da decisão que declara a inconstitucionalidade da lei, prevista no art. 27 da Lei n. 9.868/99, também é capaz de consequências na responsabilidade estatal. É possível que, caso sejam atribuídos efeitos *ex nunc*, não retroativos, ou prospectivos à declaração de inconstitucionalidade, não haveria que se falar em responsabilidade do Estado, visto que os efeitos causados pela respectiva lei foram considerados lícitos pelo Judiciário.

3.4.3 Omissão legislativa

Por fim, é possível haver responsabilidade legislativa do Estado em caso de **omissão legislativa,** quando configurada a mora legislativa desproporcional.

Nas situações em que a própria Constituição determina um prazo para o exercício do dever de legislar, o descumprimento desse prazo, independentemente de decisão judicial anterior, é capaz, por si só, para caracterização da mora legislativa inconstitucional e consequente responsabilidade estatal.

Nas demais hipóteses, não havendo prazo predeterminado para o exercício do dever de legislar por parte do Poder Legislativo, é necessária a caracterização da mora legislativa por decisão proferida em sede de mandado de injunção ou ação direta de inconstitucionalidade por omissão. A partir dessa decisão judicial que reconhece a omissão legislativa, o Poder Público é formalmente constituído em mora, sendo admissível a configuração de sua responsabilidade.

O Supremo Tribunal Federal, ao julgar procedente uma ADI por omissão, intimará o Poder competente para a adoção das providências necessárias e, caso este seja um órgão administrativo, deverá fazê-lo em trinta dias, na forma do art. 103, § 2.º, da CF. Transcorrido esse prazo ou ausente a providência legislativa dentro de prazo razoável, os lesados poderão pleitear a responsabilidade civil do respectivo Ente federado. O mesmo ocorre no âmbito do mandado de injunção, em que os respectivos impetrantes podem requerer a responsabilização do Estado.

3.5 Responsabilidade por atos jurisdicionais

Do mesmo modo que ocorre com os atos legislativos, **a atividade jurisdicional não implica responsabilidade civil do Estado, salvo as hipóteses expressamente previstas no ordenamento jurídico.**

A irresponsabilidade do Poder Público pelos atos jurisdicionais é fundamentada especialmente na recorribilidade das decisões judiciais, na soberania, e na independência do magistrado.

O Poder Judiciário é dotado de mecanismos específicos para correção de erros cometidos na prestação jurisdicional, especialmente os recursos e as ações autônomas de impugnação, de maneira que, caracterizado o erro de procedimento ou o erro de julgamento por parte do juiz, o interessado deve se valer dos instrumentos jurídicos próprios à correção do problema.

Além disso, a função jurisdicional também reflete um exercício da soberania estatal. Por fim, caso a regra seja a responsabilização do Estado, a independência do magistrado poderia ser maculada, gerando receio à função judicante.

Porém, essas justificativas para irresponsabilidade do Estado-Juiz não podem ser consideradas absolutamente no atual ordenamento jurídico, que tem ampliado as hipóteses de responsabilidade. Assim, é possível haver responsabilidade do Estado por atos judiciais, em três situações:

- erro judiciário;
- prisão além do tempo fixado na sentença;
- demora na prestação jurisdicional.

Isso em razão do previsto no art. 5.º, LXXV e LXXVIII, da CF:

Art. 5.º (...)
LXXV – o Estado indenizará o condenado por erro judiciário, assim como o que ficar preso além do tempo fixado na sentença; (...)
LXXVIII – a todos, no âmbito judicial e administrativo, são assegurados a razoável duração do processo e os meios que garantam a celeridade de sua tramitação.

3.5.1 Erro judiciário

É possível que haja responsabilidade do Estado por **erro judiciário,** se este for substancial e inescusável.

Segundo posição do STF, o erro judiciário acarreta a responsabilidade civil objetiva do Estado. Vejamos:

ERRO JUDICIÁRIO. RESPONSABILIDADE CIVIL OBJETIVA DO ESTADO. DIREITO À INDENIZAÇÃO POR DANOS MORAIS DECORRENTES DE CONDENAÇÃO DESCONSTITUÍDA EM REVISÃO CRIMINAL E DE PRISÃO PREVENTIVA. CF, ART. 5.º, LXXV. C.PR. PENAL, ART. 630.
1. O direito à indenização da vítima de erro judiciário e daquela presa além do tempo devido, previsto no art. 5.º, LXXV, da Constituição, já era previsto no art. 630 do C. Pr.

> Penal, com a exceção do caso de ação penal privada e só uma hipótese de exoneração, quando para a condenação tivesse contribuído o próprio réu.
>
> 2. A regra constitucional não veio para aditar pressupostos subjetivos à regra geral da responsabilidade fundada no risco administrativo, conforme o art. 37, § 6.º, da Lei Fundamental: a partir do entendimento consolidado de que a regra geral é a irresponsabilidade civil do Estado por atos de jurisdição, estabelece que, naqueles casos, a indenização é uma garantia individual e, manifestamente, não a submete à exigência de dolo ou culpa do magistrado.
>
> 3. O art. 5.º, LXXV, da Constituição: é uma garantia, um mínimo, que nem impede a lei, nem impede eventuais construções doutrinárias que venham a reconhecer a responsabilidade do Estado em hipóteses que não a de erro judiciário *stricto sensu*, mas de evidente falta objetiva do serviço público da Justiça (STF, RE 505.393/PE, Rel. Sepúlveda Pertence, j. 26-6-2007, Primeira Turma).

Há divergência doutrinária com relação à amplitude dessa responsabilidade, ou seja, se ela se restringe ao erro judiciário na esfera penal ou se é possível também na hipótese de erro judiciário no processo civil.

Para uma primeira corrente, apoiada por José dos Santos Carvalho Filho, a responsabilidade restringe-se ao erro judiciário oriundo da jurisdição penal, não havendo que se falar em responsabilidade por erros na jurisdição cível, visto que o art. 5.º, LXXV, da CF, ao consagrar a responsabilidade por erro judiciário e prisão além do tempo fixado na sentença, teria abarcado a previsão contida no art. 630 do CPP reforçando, com *status* de direito fundamental, a garantia de responsabilidade no âmbito da jurisdição penal, não alcançando referida garantia ao âmbito da jurisdição civil.

Um segundo entendimento aponta que a responsabilidade estatal abrange a jurisdição penal e a civil, pois o art. 5.º, LXXV, da CF não fez qualquer distinção. Nesse sentido é o entendimento de Sergio Cavalieri Filho, e predominante na doutrina.

De qualquer forma, para que se configure a responsabilização do Estado, exige-se, além da comprovação do erro judiciário, a desconstituição da coisa julgada, por meio da ação rescisória ou da revisão criminal. Com base no princípio da segurança jurídica, é inadmissível que a decisão judicial responsabilizadora do Estado conflite com a sentença anterior submetida aos efeitos da coisa julgada, pois, se há coisa julgada, não há erro judiciário.

3.5.2 Prisão além do tempo fixado na sentença

A **prisão além do tempo fixado na sentença** também pode caracterizar a responsabilidade civil do Estado.

O desrespeito ao prazo prisional pode decorrer da atividade jurisdicional, caso em que a responsabilidade surge da má prestação jurisdicional e a prisão além do tempo fixado na sentença configura uma espécie de erro judiciário objetivo ou qualificado, aplicando-se o art. 5.º, LXXV, da CF.

Pode decorrer ainda da atividade prestada pelo Executivo no tocante à administração penitenciária, situação em que o erro foi cometido pela administração penitenciária a cargo do Poder Executivo, em que a responsabilidade seria fundamentada também pelo art. 37, § 6.º, da CF.

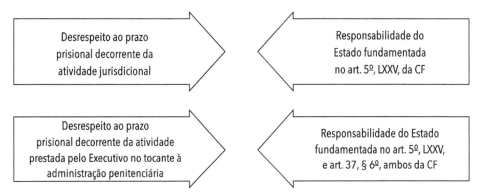

3.5.3 Demora na prestação jurisdicional

A **demora na prestação jurisdicional** pode ocasionar a responsabilidade do Estado, em razão da violação do direito fundamental à razoável duração do processo disposto no art. 5.º, LXXVIII, da CF.

O atraso desarrazoado no processo judicial caracteriza omissão desproporcional e, eventualmente, negativa da prestação jurisdicional. É, na verdade, hipótese de erro judiciário praticado por omissão, de modo que, em razão da falta do serviço ou culpa anônima, o Estado deverá ser responsabilizado.

Todavia, vale ressaltar que o simples descumprimento de determinado prazo processual pelo juiz não autoriza, por si só, a responsabilidade do Estado.

Além da violação do prazo processual ou da demora desproporcional, é imprescindível a demonstração de dano desproporcional ao interessado, o que deve ser analisado em cada caso concreto.

Nesse sentido, já decidiu o STJ que a demora injustificada da Administração em analisar o pedido de aposentadoria do servidor público gera o dever de indenizá-lo, considerando que, por causa disso, ele foi obrigado a continuar exercendo suas funções por mais tempo do que o necessário. Vejamos:

> A demora injustificada da Administração em analisar o pedido de aposentadoria gera o dever de indenizar o servidor, que foi obrigado a continuar exercendo suas funções de maneira compulsória. (...) No caso, a Administração concedeu a aposen-

> tadoria pleiteada somente 03 (três) anos, 03 (três) meses e 09 (nove) dias após o protocolo do pedido, configurando manifesta demora injustificada a respaldar o dever de indenizar. 3. Agravo interno não provido (AgInt no AREsp 483.398/PR, Rel. Min. Benedito Gonçalves, Primeira Turma, j. 11-10-2016, *DJe* 25-10-2016).

Por fim, cumpre esclarecer que a responsabilização do Estado por atos jurisdicionais, se dá no exercício da função típica judicial, pois no que se refere aos atos administrativos editados no exercício da função atípica do Poder Judiciário, a responsabilidade civil se dará na forma do art. 37, § 6.º, da CF.

3.5.4 Responsabilização pessoal dos agentes públicos por atos jurisdicionais

No que se refere ao **magistrado**, é certo que responsabilidade pessoal dos agentes públicos em geral é subjetiva e impõe a demonstração de dolo ou culpa, na forma da parte final do art. 37, § 6.º, da CF.

Contudo, os juízes submetem-se ao tratamento especial estabelecido no art. 143 do CPC, que prevê apenas a possibilidade de responsabilidade pessoal, em ação regressiva, em caso de dolo ou fraude; e na recusa, omissão ou retardamento, sem justo motivo, de providência que deva ordenar de ofício ou a requerimento da parte.

> Art. 143. O juiz responderá, civil e regressivamente, por perdas e danos quando:
> I – no exercício de suas funções, proceder com dolo ou fraude;
> II – recusar, omitir ou retardar, sem justo motivo, providência que deva ordenar de ofício ou a requerimento da parte.
> Parágrafo único. As hipóteses previstas no inciso II somente serão verificadas depois que a parte requerer ao juiz que determine a providência e o requerimento não for apreciado no prazo de 10 (dez) dias.

Por sua vez, a responsabilidade pessoal do **membro do Ministério Público** é disposta no art. 181 do CPC.

> Art. 181. O membro do Ministério Público será civil e regressivamente responsável quando agir com dolo ou fraude no exercício de suas funções.

A responsabilidade pessoal dos **advogados públicos** é prevista no art. 184 do CPC.

> Art. 184. O membro da Advocacia Pública será civil e regressivamente responsável quando agir com dolo ou fraude no exercício de suas funções.

Tais dispositivos não afastam a responsabilidade objetiva da pessoa jurídica a que forem vinculados, prevista no art. 37, § 6.º, da Constituição, mas somente reforçam a norma que já decorre do dispositivo constitucional: como agentes públicos, respondem em ação regressiva, quando agirem com dolo ou fraude. Isto é, sua responsabilidade é subjetiva.

Vale acrescentar, com relação ao **parecerista**, que, conforme entendimento do STF, não é possível a responsabilização solidária do servidor que edita um parecer jurídico de natureza meramente opinativa com o administrador público que pratica o ato baseado na opinião constante do parecer.

O autor do parecer apenas será responsabilizado na hipótese de erro grave, inescusável, ou se comprova a sua ação ou omissão culposa.

Nesse sentido, decidiu o STF:

CONSTITUCIONAL. ADMINISTRATIVO. CONTROLE EXTERNO. AUDITORIA PELO TCU. RESPONSABILIDADE DE PROCURADOR DE AUTARQUIA POR EMISSÃO DE PARECER TÉCNICO-JURÍDICO DE NATUREZA OPINATIVA. SEGURANÇA DEFERIDA.
I. Repercussões da natureza jurídico-administrativa do parecer jurídico: (i) quando a consulta é facultativa, a autoridade não se vincula ao parecer proferido, sendo que seu poder de decisão não se altera pela manifestação do órgão consultivo; (ii) quando a consulta é obrigatória, a autoridade administrativa se vincula a emitir o ato tal como submetido à consultoria, com parecer favorável ou contrário, e se pretender praticar ato de forma diversa da apresentada à consultoria, deverá submetê-lo a novo parecer; (iii) quando a lei estabelece a obrigação de decidir à luz de parecer vinculante, essa manifestação de teor jurídica deixa de ser meramente opinativa e o administrador não poderá decidir senão nos termos da conclusão do parecer ou, então, não decidir.
II. No caso de que cuidam os autos, o parecer emitido pelo impetrante não tinha caráter vinculante. Sua aprovação pelo superior hierárquico não desvirtua sua natureza opinativa, nem o torna parte de ato administrativo posterior do qual possa eventualmente decorrer dano ao erário, mas apenas incorpora sua fundamentação ao ato.

III. Controle externo: É lícito concluir que é abusiva a responsabilização do pare-cerista à luz de uma alargada relação de causalidade entre seu parecer e o ato administrativo do qual tenha resultado dano ao erário. Salvo demonstração de culpa ou erro grosseiro, submetida às instâncias administrativo-disciplinares ou jurisdicionais próprias, não cabe a responsabilização do advogado público pelo conteúdo de seu parecer de natureza meramente opinativa (MS 24.631/DF, Rel. Min. Joaquim Barbosa, 9-8-2007).

Do mesmo modo, dispõe o art. 28 da LINDB sobre a responsabilidade pelas opiniões técnicas:

Art. 28. O agente público responderá pessoalmente por suas decisões ou opiniões técnicas em caso de dolo ou erro grosseiro.

3.6 Responsabilidade civil do Estado, dos notários e registradores

Os serviços notariais e de registro são exercidos em caráter privado por delegação do Poder Público, nos termos do art. 236 da CF, e Lei n. 8.935/94.

Art. 236. Os serviços notariais e de registro são exercidos em caráter privado, por de-legação do Poder Público.
§ 1.º Lei regulará as atividades, disciplinará a responsabilidade civil e criminal dos notários, dos oficiais de registro e de seus prepostos, e definirá a fiscalização de seus atos pelo Poder Judiciário.
§ 2.º Lei federal estabelecerá normas gerais para fixação de emolumentos relativos aos atos praticados pelos serviços notariais e de registro.
§ 3.º O ingresso na atividade notarial e de registro depende de concurso público de provas e títulos, não se permitindo que qualquer serventia fique vaga, sem abertura de concurso de provimento ou de remoção, por mais de seis meses.

O ingresso na atividade notarial e de registro depende de concurso públi-co, conforme art. 236, § 3.º, da CF.

Em razão da dificuldade no enquadramento dos notários e registrado-res na regra do art. 37, § 6.º, da CF, e na caracterização como agentes públi-cos ou delegatários de atividades públicas, pessoas de direito privado que prestam serviços públicos, havia certo dissenso doutrinário sobre a responsa-bilidade dos notários e registradores, bem como do Estado, pelos danos cau-sados a terceiros.

O STF, todavia, pacificou o tema, consignando, em sede de repercussão geral que **"o Estado responde, objetivamente, pelos atos dos tabeliães e regis-tradores oficiais que, no exercício de suas funções, causem dano a terceiros, assentado o dever de regresso contra o responsável, nos casos de dolo ou culpa, sob pena de improbidade administrativa"** (STF, Plenário, RE 842.846/RJ, Rel. Min. Luiz Fux, j. 27-2-2019, Repercussão Geral, Info 932).

Ademais, a Lei n. 13.286/2016 alterou o art. 22 da Lei n. 8.935/94, prevendo que a responsabilidade civil dos notários e registradores é subjetiva.

> Art. 22. Os notários e oficiais de registro são civilmente responsáveis por todos os prejuízos que causarem a terceiros, por culpa ou dolo, pessoalmente, pelos substitutos que designarem ou escreventes que autorizarem, assegurado o direito de regresso.
> Parágrafo único. Prescreve em três anos a pretensão de reparação civil, contado o prazo da data de lavratura do ato registral ou notarial.

Decidiu o STF que esse preceito é constitucional, pois o art. 236, § 1.º, da CF é uma norma de eficácia limitada na qual o constituinte outorgou competência para o legislador infraconstitucional definir qual seria o regime de responsabilidade dos notários e registradores.

Portanto, a responsabilidade civil dos notários e registradores não precisa ser, necessariamente, objetiva, de acordo com o art. 37, § 6.º, da CF, considerando que o constituinte facultou ao legislador a opção de estipular regra diversa. Em outras palavras, a própria Constituição Federal retirou o assento constitucional da regulação da responsabilidade civil e criminal dos notários, relegando-a à autoridade legislativa.

A disciplina conferida à matéria pelo legislador consagra a responsabilidade civil subjetiva dos notários e oficiais de registro. Portanto, não compete ao STF fazer interpretação analógica e extensiva, a fim de equiparar o regime jurídico da responsabilidade civil de notários ao das pessoas jurídicas de direito privado prestadoras de serviços públicos.

Além disso, o art. 37, § 6.º, da CF se refere a "pessoas jurídicas" prestadoras de serviços públicos, enquanto notários e tabeliães respondem civilmente como "pessoas naturais" delegatárias de serviço público, nos termos do referido dispositivo legal.

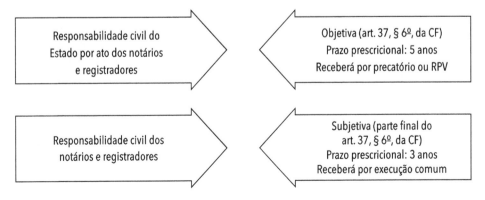

3.7 Responsabilidade civil do Estado por danos causados por obras públicas

As obras públicas podem ser executadas diretamente por agentes públicos do Estado, hipótese em que o Estado responde objetivamente pelos danos causados a terceiros, na forma do art. 37, § 6.º, da CF, ou por empresa contratada, em geral, por meio de licitação. Nesse último caso, a doutrina diverge sobre a responsabilidade civil do Estado.

Uma primeira corrente defende que o Estado responde diretamente pelos danos causados por empresas por ele contratadas, visto que a obra pública, em última análise, é de sua responsabilidade e a empresa privada, seria considerada uma espécie de "agente público". É como entende, por exemplo, Sergio Cavalieri Filho.

Para uma segunda corrente, deve ser feita a distinção entre dano causado pelo simples fato da obra e danos oriundos da má execução da obra. Caso o dano seja causado pelo simples fato da obra, o Estado responde diretamente e de maneira objetiva, inexistindo responsabilidade da empreiteira.

Já se surgirem danos causados pela má execução da obra, a empreiteira responde primariamente e de maneira subjetiva, havendo, no entanto, responsabilidade subsidiária do Estado. É como entendem Hely Lopes Meirelles e José dos Santos Carvalho Filho.

Explicam Marcelo Alexandrino e Vicente de Paulo (2018, p. 933):

> Diz-se que o dano foi causado pelo só fato da obra quando ele decorre da própria natureza da obra, ou foi causado por um fato imprevisível ou inevitável ocorrido na execução da obra, sem que tenha havido culpa de alguém. São os danos causados pela obra em si mesma, pela sua localização, extensão ou duração, sem qualquer irregularidade na sua execução. Nessa hipótese, sendo uma obra pública um empreendimento que, em tese, beneficia toda a sociedade, não deve um particular, ou um grupo restrito de pessoas, sofrer um ônus extraordinário em decorrência de sua execução, não suportado pelos outros indivíduos da coletividade. Por isso, a fim de repartir igualmente o ônus decorrente dos prejuízos advindos da realização da obra, a própria administração pública deve responder objetivamente pelos danos causados independentemente da ocorrência de culpa de sua parte, e mesmo que a obra esteja sendo executada por um particular para tanto contratado.

Já se a obra pública gerar danos a particulares em decorrência de má execução, essas irregularidades devem ser imputadas a quem esteja realizando a obra.

Caso a obra esteja sendo realizada pela própria Administração, haverá uma situação ordinária de responsabilidade civil, baseada no art. 37, § 6.º, da CF, respondendo o Estado objetivamente.

Entretanto, se a obra estiver sendo realizada por um particular contratado pela Administração Pública, será ele, executor da obra, quem responderá civilmente pelo dano, perante a pessoa prejudicada. Nesse caso, sua responsabilidade à luz da Lei n. 8.666/93 é subjetiva, ou seja, o executor somente responderia em caso de atuação com dolo ou culpa, conforme previsão do art. 70 da Lei n. 8.666/93:

> Art. 70. O contratado é responsável pelos danos causados diretamente à Administração ou a terceiros, decorrentes de sua culpa ou dolo na execução do contrato, não excluindo ou reduzindo essa responsabilidade a fiscalização ou o acompanhamento pelo órgão interessado.

A Lei n. 14.133/2021 (nova Lei de Licitações), vai além, sequer prevendo dolo ou culpa na execução do contrato. Vejamos:

> Art. 120. O contratado será responsável pelos danos causados diretamente à Administração ou a terceiros em razão da execução do contrato, e não excluirá nem reduzirá essa responsabilidade a fiscalização ou o acompanhamento pelo contratante.

Como visto, o art. 70 da Lei n. 8.666/93 citava "danos decorrentes de culpa ou dolo do contratado", o que foi suprimido no art. 120 da Lei n. 14.133/2021. No entanto, a doutrina entende que isso **não altera a regra da responsabilidade civil subjetiva** do contratado.

Ademais, para a doutrina, o mencionado artigo trata da responsabilidade **por fatos decorrentes da obra**, a qual não se confunde com a responsabilidade pelo só fato da obra. Nesse caso, o dano é oriundo da própria natureza da obra ou de um fato imprevisível ou inevitável, sem que tenha ocorrido qualquer irregularidade na sua execução.

Conforme asseveram Marcelo Alexandrino e Vicente Paulo (2018, p. 640), "na hipótese de o dano ser causado **pelo só fato da obra**, há responsabilidade civil **objetiva** da Administração Pública, na modalidade risco administrativo, independentemente de quem esteja executando a obra".

Quanto aos encargos trabalhistas, previdenciários, fiscais e comerciais, resultantes da execução do contrato, eles também são de responsabilidade do contratado (art. 71 da Lei n. 8.666/93 e art. 121 da Lei n. 14.133/2021).

Exclusivamente em relação às **contratações de serviços contínuos com regime de dedicação exclusiva de mão de obra**, a nova Lei de Licitações dispõe, no art. 121, § 2.º, que **a Administração responderá solidariamente pelos encargos previdenciários e subsidiariamente pelos encargos trabalhistas se comprovada falha na fiscalização** do cumprimento das obrigações do contratado.

> **ATENÇÃO!**
> Observe que o art. 71, § 2.°, da Lei n. 8.666/93 já previa essa responsabilidade solidária pelos encargos previdenciários, porém, no caso da responsabilidade subsidiária da Administração pelos encargos trabalhistas, limitada aos casos de comprovada falha na fiscalização do cumprimento das obrigações do contratado, nota-se que a Lei n. 14.133/2021 realizou verdadeira incorporação legislativa da tese consagrada no STF.

Tanto é que o art. 121, § 3.°, da nova Lei de Licitações reforça a necessidade de exigência de medidas que a Administração pode tomar para assegurar o cumprimento de obrigações trabalhistas pelo contratado.

3.8 Responsabilidade civil por danos ambientais

A responsabilidade ambiental está prevista constitucionalmente no art. 225, § 3.°, da CF, que assevera:

> Art. 225. Todos têm direito ao meio ambiente ecologicamente equilibrado, bem de uso comum do povo e essencial à sadia qualidade de vida, impondo-se ao Poder Público e à coletividade o dever de defendê-lo e preservá-lo para as presentes e futuras gerações. (...)
>
> § 3.° As condutas e atividades consideradas lesivas ao meio ambiente sujeitarão os infratores, pessoas físicas ou jurídicas, a sanções penais e administrativas, independentemente da obrigação de reparar os danos causados.

Portanto, o poluidor será responsável por danos ambientais, seja contra o meio ambiente natural, seja contra o cultural, ou artificial. Ademais, a responsabilidade ambiental aplica-se assim às pessoas físicas ou jurídicas, e poderá se dar nas três esferas, civil, penal, e administrativa, de forma independente.

O art. 14, § 1.°, da Lei n. 6.938/81, que dispõe sobre a Política Nacional do Meio Ambiente, tendo como objetivo a preservação, melhoria e recuperação da qualidade ambiental, contempla genericamente a responsabilidade civil por danos ambientais.

> Art. 14. Sem prejuízo das penalidades definidas pela legislação federal, estadual e municipal, o não cumprimento das medidas necessárias à preservação ou correção dos inconvenientes e danos causados pela degradação da qualidade ambiental sujeitará os transgressores: (...)
>
> § 1.° Sem obstar a aplicação das penalidades previstas neste artigo, é o poluidor obrigado, independentemente da existência de culpa, a indenizar ou reparar os danos causados ao meio ambiente e a terceiros, afetados por sua atividade. O Ministé-

> rio Público da União e dos Estados terá legitimidade para propor ação de responsabilidade civil e criminal, por danos causados ao meio ambiente.

Dessa forma, já em 1981 foi instituído um sistema de **responsabilidade civil ambiental objetiva**, que independe da comprovação de culpa pelo poluidor, bastando a conduta, seja ela omissiva ou comissiva, o dano ambiental e o nexo causal entre eles para surgir o dever de reparação.

Segundo entendimento consolidado do STJ, aplica-se a **Teoria do Risco Integral** à responsabilidade civil por danos ambientais, em que não se admite a exclusão de culpa por caso fortuito, força maior ou fato de terceiro. Além disso, a Corte admite a condenação em reparação por danos materiais e danos morais.

> Para fins do art. 543-C do Código de Processo Civil: a) a responsabilidade por dano ambiental é objetiva, informada pela teoria do risco integral, sendo o nexo de causalidade o fator aglutinante que permite que o risco se integre na unidade do ato, sendo descabida a invocação, pela empresa responsável pelo dano ambiental, de excludentes de responsabilidade civil para afastar sua obrigação de indenizar; b) em decorrência do acidente, a empresa deve recompor os danos materiais e morais causados e c) na fixação da indenização por danos morais, recomendável que o arbitramento seja feito caso a caso e com moderação, proporcionalmente ao grau de culpa, ao nível socioeconômico do autor, e, ainda, ao porte da empresa, orientando-se o juiz pelos critérios sugeridos pela doutrina e jurisprudência, com razoabilidade, valendo-se de sua experiência e bom senso, atento à realidade da vida e às peculiaridades de cada caso, de modo que, de um lado, não haja enriquecimento sem causa de quem recebe a indenização e, de outro, haja efetiva compensação pelos danos morais experimentados por aquele que fora lesado (REsp 1.374.284/MG, Rel. Min. Luis Felipe Salomão, Segunda Seção, j. 27-8-2014, *DJe* 5-9-2014).

De suma importância destacar, todavia, que **a Administração Pública somente poderá ser responsabilizada de forma subsidiária**, após a demonstração da absoluta impossibilidade ou incapacidade de cumprimento da medida pelos demais réus, diretamente causadores dos danos, e, ainda, sem prejuízo de ação regressiva contra os agentes públicos ou particulares responsáveis.

É este o teor da recente Súmula 652 do STJ:

> **Súmula 652 do STJ:** A responsabilidade civil da Administração Pública por danos ao meio ambiente, decorrente de sua omissão no dever de fiscalização, é de caráter solidário, mas de *execução subsidiária*.

3.9 Responsabilidade civil por danos causados a profissional de imprensa

Em sede de repercussão geral (Tema 1055), o Supremo Tribunal Federal fixou a seguinte tese:

> É objetiva a Responsabilidade Civil do Estado em relação a profissional da imprensa ferido por agentes policiais durante cobertura jornalística, em manifestações em que haja tumulto ou conflitos entre policiais e manifestantes. Cabe a excludente da responsabilidade da culpa exclusiva da vítima, nas hipóteses em que o profissional de imprensa descumprir ostensiva e clara advertência sobre acesso a áreas delimitadas, em que haja grave risco à sua integridade física (STF, Plenário, RE 1.209.429/SP, Rel. Min. Marco Aurélio, redator do acórdão Min. Alexandre de Moraes, j. 10-6-2021, Repercussão Geral – Tema 1055, Info 1021).

A responsabilidade civil do Estado, como vimos, não é absoluta.

Assim, se o jornalista houver descumprido ostensiva e clara advertência quanto ao acesso a áreas definidas como de grave risco à sua integridade física, poderá ser aplicada a excludente da responsabilidade por culpa exclusiva da vítima, rompendo o nexo de causalidade e afastando, portanto, o dever de indenizar.

3.10 Responsabilidade por atos praticados por presos foragidos

O Supremo Tribunal Federal tem entendido, como vimos, que a responsabilidade civil do Estado decorrente de atos omissivos é **objetiva.** Assim sendo e considerando o dever estatal de vigilância dos presos sob sua custódia, exsurgiu a discussão quanto à responsabilidade por atos praticados por indivíduos foragidos do sistema prisional.

Nesse caso, o Supremo entendeu que somente haverá dever de indenizar se demonstrado o **nexo causal direto entre a fuga e a conduta praticada.**

Desse modo, se decorrido longo intervalo de tempo entre a fuga e o novo fato típico, por exemplo, a responsabilidade não poderá ser imputada à Administração Pública. O surgimento de causas supervenientes independentes, de igual maneira, também implica rompimento do nexo causal.

Ora, o princípio da responsabilidade objetiva não é absoluto. O Estado poderá eximir-se do dever de indenizar caso prove alguma excludente (caso fortuito ou força maior, culpa exclusiva da vítima e culpa de terceiro).

Pelo exposto, foi fixada a seguinte tese:

Nos termos do artigo 37, § 6.º, da Constituição Federal, não se caracteriza a responsabilidade civil objetiva do Estado por danos decorrentes de crime praticado por pessoa foragida do sistema prisional, **quando não demonstrado o nexo causal direto entre o momento da fuga e a conduta praticada** (STF, Plenário, RE 608.880, Rel. Min. Marco Aurélio, Rel. p/ Acórdão Alexandre de Moraes, j. 8-9-2020, Repercussão Geral – Tema 362, Info 993).

3.11 Responsabilidade por bala perdida

A vítima de bala perdida em razão de uma operação policial, teoricamente falando, se enquadraria na hipótese de caso fortuito ou, ainda, culpa de terceiro. A grande dificuldade na pacificação do tema existia, principalmente, quando não era possível identificar a origem do disparo.

Contudo, o Supremo Tribunal Federal apreciou o tema e definiu ser dever do Estado, em decorrência da sua responsabilidade civil objetiva, demonstrar e provar a exclusão do nexo causal entre ato e dano, por ser este presumido (ARE 1.282.159, Info 1089).

E, quando o tema foi afetado ao Plenário, fixou-se a seguinte tese de repercussão geral:

Tema 1.237 – Responsabilidade estatal por morte de vítima de disparo de arma de fogo durante operações policiais ou militares em comunidade, em razão da perícia que determina a origem do disparo ser inconclusiva.
(i) O Estado é responsável, na esfera cível, por morte ou ferimento decorrente de operações de segurança pública, nos termos da Teoria do Risco Administrativo;
(ii) É ônus probatório do ente federativo demonstrar eventuais excludentes de responsabilidade civil;
(iii) A perícia inconclusiva sobre a origem de disparo fatal durante operações policiais e militares não é suficiente, por si só, para afastar a responsabilidade civil do Estado, por constituir elemento indiciário (ARE 1.385.315, Rel. Min Edson Fachin, j. 11-4-2024).

4. REPARAÇÃO DO DANO

O dano suportado pelo particular poderá ser reparado pelo Estado na esfera administrativa, caso haja acordo entre as partes, ou por meio de ação judicial de indenização.

Na hipótese de ação judicial, o terceiro que sofreu a lesão causada pela atuação de um agente público deverá intentar a ação de indenização em face da Administração Pública, e não contra o agente que, nessa qualidade, produziu o dano.

O Supremo Tribunal Federal havia decidido, por volta de 1980, que a pessoa que sofreu a lesão teria a faculdade de mover a ação de indenização simultaneamente contra a pessoa jurídica e o respectivo agente público, em uma verdadeira hipótese de litisconsórcio passivo facultativo.

Após a vigência da Constituição Federal de 1988, o STF passou a entender que a pessoa a quem o dano foi infligido não pode ajuizar a ação indenizatória, diretamente, contra o agente público.

Em outras palavras, segundo a jurisprudência do STF, a ação de reparação movida pelo terceiro que sofreu a lesão tem que ser ajuizada somente contra a pessoa jurídica sujeita a regra constitucional de responsabilidade civil objetiva. Se essa pessoa jurídica for condenada, terá, então, ação regressiva contra o seu agente que, atuando nessa qualidade, causou o dano, sendo imprescindível a prova de que ele agiu com dolo ou culpa.

Recentemente o STF reafirmou esse entendimento, fixando a seguinte tese sob a sistemática da repercussão geral:

> A teor do disposto no art. 37, § 6.º, da Constituição Federal, a ação por danos causados por agente público deve ser ajuizada contra o Estado ou a pessoa jurídica de direito privado prestadora de serviço público, sendo parte ilegítima para a ação o autor do ato, assegurado o direito de regresso contra o responsável nos casos de dolo ou culpa (STF, Plenário, RE 1.027.633/SP, Rel. Min. Marco Aurélio, j. 14-8-2019).

Em que pese os Ministros não terem mencionado isso expressamente, a posição acima exposta ficou conhecida no meio jurídico como **"Teoria da Dupla Garantia"**. Essa expressão foi cunhada pelo então Min. Carlos Ayres Britto, no RE 327.904:

> O § 6.º do artigo 37 da Magna Carta autoriza a proposição de que somente as pessoas jurídicas de direito público, ou as pessoas jurídicas de direito privado que prestem serviços públicos, é que poderão responder, objetivamente, pela reparação de danos a terceiros. Isto por ato ou omissão dos respectivos agentes, agindo estes na qualidade de agentes públicos, e não como pessoas comuns.
> Esse mesmo dispositivo constitucional consagra, ainda, dupla garantia: uma, em favor do particular, possibilitando-lhe ação indenizatória contra a pessoa jurídica de direito público, ou de direito privado que preste serviço público, dado que bem maior, praticamente certa, a possibilidade de pagamento do dano objetivamente sofrido. Outra garantia, no entanto, em prol do servidor estatal, que somente responde administrativa e civilmente perante a pessoa jurídica a cujo quadro funcional se vincular (STF, 1.ª Turma, RE 327.904, Rel. Min. Carlos Britto, j. 15-8-2006).

Por essa razão, o Supremo Tribunal Federal também não admite que, na ação de indenização movida pelo particular, a administração promova a **denunciação da lide** a seus agentes. Até mesmo porque, estabelece o art. 125, II, do CPC:

> Art. 125. É admissível a denunciação da lide, promovida por qualquer das partes: (...)
>
> II – àquele que estiver obrigado, por lei ou pelo contrato, a indenizar, em ação regressiva, o prejuízo de quem for vencido no processo.

Assim, caso fosse cabível a denunciação da lide pela Administração, esta denunciaria a lide o seu servidor cuja atuação ocasionou o dano, de maneira que o dolo ou a culpa do agente público seriam discutidos na própria ação movida pelo particular, e não em uma ação autônoma, regressiva, devendo este comprovar o dolo ou a culpa do servidor, em flagrante desarrazoabilidade.

O STJ também fixou tese de jurisprudência, no Enunciado 18 da EDIÇÃO N. 61: RESPONSABILIDADE CIVIL DO ESTADO:

> 18) Nas ações de responsabilidade civil do Estado, é desnecessária a denunciação da lide ao suposto agente público causador do ato lesivo.

Desse modo, na ação judicial de indenização, o particular prejudicado apenas deve demonstrar a existência de uma relação direta de causa e consequência ente o fato lesivo e o dano, e o valor patrimonial deste. Isso porque a responsabilidade da Administração é objetiva, sendo exigível somente a configuração do nexo causal direto e do dano.

Em seguida, caberá à Administração, a fim de eximir-se da obrigação de indenizar, provar, se for ocaso, que a vítima concorreu com dolo ou culpa para o evento lesivo. Se não conseguir provar, responderá integralmente pelo dano, devendo indenizar o particular; se comprovar que a culpa total foi do particular, ficará eximida da obrigação de reparar; se comprovar que houve culpa recíproca, a obrigação será atenuada proporcionalmente, sem prejuízo de eventual ação regressiva em face do agente público causador do dano.

Com relação ao valor da indenização, este deve alcançar tudo o que a vítima efetivamente perdeu e o que gastou para ressarcir-se do prejuízo, além do que deixou de ganhar em consequência direta do ato lesivo praticado pelo agente.

É possível ainda, quando for o caso, que a vítima seja indenizada pelos danos moral e estético, inclusive, cumulativamente, nos termos da Súmula 387 do STJ.

> **Súmula 387 do STJ:** É lícita a cumulação das indenizações de dano estético e dano moral.

Especialmente, com relação ao dano moral, o STJ fixou a seguinte tese, no Enunciado 1 da EDIÇÃO N. 61: RESPONSABILIDADE CIVIL DO ESTADO:

> 1) Os danos morais decorrentes da responsabilidade civil do Estado somente podem ser revistos em sede de recurso especial quando o valor arbitrado é exorbitante ou irrisório, afrontando os princípios da proporcionalidade e da razoabilidade.

Vale ressaltar que é de **cinco anos o prazo de prescrição da ação de reparação**. Isto é, o particular prejudicado possui o prazo prescricional de 5 anos para ingressar com ação judicial em face da pessoa jurídica, a fim de obter a indenização dos danos causados pela atuação dos agentes dela.

Esse prazo é aplicável às ações ajuizadas contra pessoas jurídicas de direito público e das pessoas jurídicas de direito privado prestadoras de serviços públicos, conforme disposto no art. 1.º-C da Lei n. 9.494/97, a qual disciplina a aplicação da tutela antecipada contra a Fazenda Pública.

> Art. 1.º-C. Prescreverá em cinco anos o direito de obter indenização dos danos causados por agentes de pessoas jurídicas de direito público e de pessoas jurídicas de direito privado prestadoras de serviços públicos.

Segundo entendeu o STF, essa fixação do prazo prescricional de 5 anos para os pedidos de indenização por danos causados por agentes de pessoas jurídicas de direito público e de pessoas jurídicas de direito privado prestadoras de serviços públicos, constante do art. 1.º-C da Lei n. 9.494/97, é constitucional.

Para a Corte, esse preceito apenas reproduz o que já era previsto no art. 1.º do Decreto n. 20.910/32.

A inovação foi somente incluir, entre os destinatários da norma, as pessoas jurídicas de direito privado prestadoras de serviço público, atribuindo-lhes o mesmo regime prescricional das pessoas jurídicas de direito público.

Tal equiparação se justifica em razão da previsão constitucional do art. 37, § 6.º, que expressamente equipara essas entidades às pessoas de direito público relativamente ao regime de responsabilidade civil pelos atos praticados por seus agentes.

Ressalte-se que, em razão da previsão específica do art. 1.º-C da Lei n. 9.494/97, o prazo prescricional para ações de indenização contra a Fazenda Pública e contra as pessoas jurídicas de direito privado prestadoras de serviços públicos é de 5 anos, não se aplicando o prazo de 3 anos previsto no art. 206, § 3.º, V, do Código Civil.

Vejamos a ementa:

> CONSTITUCIONAL. LEGITIMIDADE DAS NORMAS ESTABELECENDO PRAZO DE TRINTA DIAS PARA EMBARGOS À EXECUÇÃO CONTRA A FAZENDA PÚBLICA (ART. 1.º-B DA Lei n. 9.494/97) E PRAZO PRESCRICIONAL DE CINCO ANOS PARA AÇÕES DE INDENIZA-ÇÃO CONTRA PESSOAS DE DIREITO PÚBLICO E PRESTADORAS DE SERVIÇOS PÚBLI-COS (ART. 1.º-C DA Lei n. 9.494/97). LEGITIMIDADE DA NORMA PROCESSUAL QUE INSTITUI HIPÓTESE DE INEXIGIBILIDADE DE TÍTULO EXECUTIVO JUDICIAL EIVADO DE INCONSTITUCIONALIDADE QUALIFICADA (ART. 741, PARÁGRAFO ÚNICO E ART. 475-L, § 1.º DO CPC/73; ART. 525, § 1.º, III E §§ 12 E 14 E ART. 535, III, § 5.º DO CPC/15). 1. É constitucional a norma decorrente do art. 1.º-B da Lei n. 9.494/97, que fixa em trinta dias o prazo para a propositura de embargos à execução de título judicial contra a Fazenda Pública. 2. É constitucional a norma decorrente do art. 1.º-C da Lei n. 9.494/97, que fixa em cinco anos o prazo prescricional para as ações de indenização por danos causados por agentes de pessoas jurídicas de direito público e de pessoas jurídicas de direito privado prestadoras de serviços públicos, reproduzindo a regra já estabelecida, para a União, os Estados e os Municípios, no art. 1.º do Decreto 20.910/32. 3. São constitucionais as disposições normativas do parágrafo único do art. 741 do CPC, do § 1.º do art. 475-L, ambos do CPC/73, bem como os correspondentes dispositivos do CPC/15, o art. 525, § 1.º, III e §§ 12 e 14, o art. 535, § 5.º. São dispositivos que, buscando harmonizar a garantia da coisa julgada com o primado da Constituição, vieram agregar ao sistema processual brasileiro um mecanismo com eficácia rescisória de sentenças revestidas de vício de inconstitucionalidade qualificado, assim caracterizado nas hipóteses em que (a) a sentença exequenda esteja fundada em norma reconhecidamente inconstitucional – seja por aplicar norma inconstitucional, seja por aplicar norma em situação ou com um sentido inconstitucionais; ou (b) a sentença exequenda tenha deixado de aplicar norma reconhecidamente constitucional; e (c) desde que, em qualquer dos casos, o reconhecimento dessa constitucionalidade ou a inconstitucionalidade tenha decorrido de julgamento do STF realizado em data anterior ao trânsito em julgado da sentença exequenda. 4. Ação julgada improcedente (ADI 2.418, Rel. Min. Teori Zavascki, Tribunal Pleno, j. 4-5-2016, *DJe* 17-11-2016).

Também já decidiu o STJ que é de 5 anos o prazo prescricional para que a vítima de um acidente de trânsito proponha ação de indenização contra concessionária de serviço público de transporte coletivo. O fundamento legal para esse prazo está no art. 1.º-C da Lei n. 9.494/97 e também no art. 27 do CDC.

> RESPONSABILIDADE CIVIL. CONCESSIONÁRIA DE SERVIÇO PÚBLICO PRESTADORA DE SERVIÇO DE TRANSPORTE. PRAZO PRESCRICIONAL. REVISÃO DA JURISPRUDÊNCIA. ART. 1.º-C DA LEI N. 9.494/97. PRINCÍPIO DA ESPECIALIDADE. ART. 97 DA CONSTITUI-

ÇÃO FEDERAL E SÚMULA VINCULANTE N. 10/STF. PRESCRIÇÃO QUINQUENAL. 1. O prazo de prescrição das ações indenizatórias movidas em desfavor de pessoa jurídica de direito privado prestadora de serviços públicos de transporte é quinquenal, consoante o disposto no art. 1.º-C da Lei n. 9.494/97. 2. Entendimento consagrado a partir da aplicação da regra da especialidade do disposto no art. 97 da Constituição Federal, que prevê a cláusula de reserva de plenário, bem como da Súmula Vinculante n. 10 do STF, que vedam ao julgador negar a aplicação de norma que não foi declarada inconstitucional. 3. Recurso especial provido (REsp 1.277.724/PR, Rel. Min. João Otávio De Noronha, Terceira Turma, j. 26-5-2015, *DJe* 10-6-2015).

Situação diferente, mas que cabe ressaltar, é a de o Estado sofrer algum prejuízo por ato praticado por particular. Nesse caso, a prescrição para a Fazenda Pública será quinquenal, em aplicação do art. 1.º do Decreto 20.910/32.

Art. 1.º As dívidas passivas da União, dos Estados e dos Municípios, bem assim todo e qualquer direito ou ação contra a Fazenda federal, estadual ou municipal, seja qual for a sua natureza, prescrevem em cinco anos contados da data do ato ou fato do qual se originarem.

Assim, quando o particular pratica um ato ilícito, resultando em prejuízo para o Estado, este terá cinco anos para ajuizar ação de cobrança em face do particular que gerou o dano.

Conforme o STJ:

A jurisprudência desta Corte Superior firmou-se no sentido de que a prescrição contra a Fazenda Pública é quinquenal, mesmo em ações indenizatórias, uma vez que é regida pelo Decreto 20.910/32, tendo como termo inicial a data do ato ou fato do qual originou a lesão ao patrimônio material ou imaterial (AgRg no REsp 1.221.455/RJ, Rel. Min. Napoleão Nunes Maia Filho, Primeira Turma, *DJe* 14-9-2015).

ATENÇÃO!

A prescritibilidade é a regra no ordenamento jurídico pátrio e, justamente por isso, o STF reputou, como mencionado, constitucional a fixação do prazo prescricional quinquenal para os pedidos de indenização por danos causados por agentes de pessoas jurídicas de direito público e de pessoas jurídicas de direito privado prestadoras de serviços públicos, constante do art. 1.º-C da Lei n. 9.494/97.

Para o STJ, todavia, referido prazo não se aplica às ações de indenização por danos morais e materiais decorrentes de perseguição, tortura e prisão, por motivos políticos, ocorridas durante o regime militar. Considerando que tais ações envolvem a concretização da própria dignidade da pessoa humana, o STJ afirma que, excepcionalmente, ainda que não haja previsão expressa, referidos pleitos são **imprescritíveis**. Vejamos:

> **Súmula 647 do STJ:** São imprescritíveis as ações indenizatórias por danos morais e materiais decorrentes de atos de perseguição política com violação de direitos fundamentais ocorridos durante o regime militar.

5. AÇÃO REGRESSIVA

Como visto, a Administração Pública ou a delegatária de serviços públicos, depois de condenada a indenizar o dano causado por seu agente a particulares, possui o direito de ingressar com ação regressiva contra esse agente, caso demonstre que houve dolo ou culpa na atuação dele.

É inadmissível que a Administração simplesmente desconte da remuneração do seu servidor, automaticamente, e sem o consentimento dele, o montante o qual ela foi obrigada a indenizar, visto que isso representaria uma enorme afronta às garantias fundamentais do contraditório e da ampla defesa.

Para que a pessoa jurídica intente ação contra seu agente, ela deverá comprovar que foi condenada judicialmente a indenizar o particular que sofreu a lesão, uma vez que o direito de regresso dela nasce com o trânsito em julgado da decisão condenatória da ação de indenização.

Além disso, vale lembrar que a responsabilidade civil da Administração perante o terceiro que sofreu o dano é objetiva, na modalidade risco administrativo, ao passo que a responsabilidade do agente público que causou o dano perante à administração é subjetiva, na modalidade culpa comum, ou seja, depende da demonstração de dolo ou culpa.

A ação regressiva poderá ser intentada ainda que tenha sido alterado ou extinto o vínculo entre o agente e a Administração Pública. É possível, inclusive, a responsabilização do agente que já tenha pedido exoneração, esteja aposentado, encontre-se em disponibilidade.

Ademais, a obrigação de ressarcir o Estado ou a delegatária de serviços públicos em ação de regresso é transmissível aos sucessores do agente público, visto que representa uma ação de natureza civil.

Desse modo, após a morte do agente, os seus sucessores serem chamados a responder pelo valor que a Administração Pública ou a delegatária foi condenada a pagar na ação de indenização, desde que observado o limite do valor do patrimônio transferido na sucessão, na forma do art. 5.º, XLV, da CF.

No que se refere à prescrição da ação regressiva, o art. 37, § 5.º, da CF estabelece:

> Art. 37. (...)
>
> § 5.º A lei estabelecerá os prazos de prescrição para ilícitos praticados por qualquer agente, servidor ou não, que causem prejuízos ao erário, ressalvadas as respectivas ações de ressarcimento.

Segundo decidiu o STF, com repercussão geral, a parte final do art. 37, § 5.º, da CF não pode ser interpretada como uma regra de imprescritibilidade aplicável a ações de ressarcimento ao erário relativas a prejuízos ocasionados por todo e qualquer ilícito.

A Suprema Corte estabeleceu que as ações judiciais de ressarcimento de prejuízos ao erário causados por ilícitos civis comuns, que não se enquadrem como atos de improbidade administrativa, estão sujeitas a prescrição.

Portanto, entendeu o STF que é **prescritível a ação de reparação de danos à Fazenda Pública decorrente de ilícito civil.**

Assim, se o Poder Público sofreu um dano ao erário decorrente de um ilícito civil e deseja ser ressarcido, ele deverá ajuizar a ação no prazo prescricional previsto em lei.

Nesse sentido:

> CONSTITUCIONAL E CIVIL. RESSARCIMENTO AO ERÁRIO. IMPRESCRITIBILIDADE. SENTIDO E ALCANCE DO ART. 37, § 5.º, DA CONSTITUIÇÃO. 1. É prescritível a ação de reparação de danos à Fazenda Pública decorrente de ilícito civil. 2. Recurso extraordinário a que se nega provimento (RE 669.069, Rel. Min. Teori Zavascki, Tribunal Pleno, j. 3-2-2016, *DJe* 28-4-2016).

A prescritibilidade é a regra no ordenamento jurídico brasileiro. Isto é, em regra, as pretensões indenizatórias estão sujeitas a prazos de prescrição. Para que uma pretensão seja imprescritível, é indispensável que haja previsão expressa neste sentido.

O art. 37, § 5.º, da CF deve ser lido em conjunto com o § 4.º, de forma que ele, em princípio, se refere apenas aos casos de improbidade administrativa. Se fosse realizada uma interpretação ampla da ressalva final contida no § 5.º, isso faria com que toda e qualquer ação de ressarcimento movida pela Fazenda Pública fosse imprescritível, o que seria desproporcional.

Desse modo, a ressalva contida na parte final do art. 37, § 5.º, da CF deve ser interpretada de forma estrita e não se aplica para danos causados ao Poder Público por força de ilícitos civis.

Tratando-se, todavia, de **ato *doloso*[1] de improbidade administrativa**, o STF entendeu que o ressarcimento ao erário será imprescritível. É possível, inclusive, o prosseguimento da demanda para pleitear o ressarcimento do dano ao erário, ainda que sejam declaradas prescritas as demais sanções previstas no art. 12 da Lei n. 8.429/92 (STJ, 1.ª Seção, REsp 1.899.455/AC, Rel. Min. Assusete Magalhães, j. 22-9-2021, Recurso Repetitivo – Tema 1089, Info 710).

> São imprescritíveis as ações de ressarcimento ao erário fundadas na prática de ato doloso tipificado na Lei de Improbidade Administrativa (STF, Plenário, RE 852.475/SP, Rel. orig. Min. Alexandre de Moraes, Rel. para acórdão Min. Edson Fachin, j. 8-8-2018, Info 910).

6. RESPONSABILIDADE ADMINISTRATIVA, CIVIL E PENAL DO SERVIDOR

É possível a cumulação das responsabilidades civil, administrativa e penal do agente público decorrente de ato danoso por ele praticado. Isto é, um mesmo ato lesivo de um agente público que infrinja, simultaneamente, normas pertinentes aos direitos civil, administrativo e penal poderá ocasionar a sua responsabilização cumulativa nas três esferas.

Além de cumulativas, as responsabilidades administrativa, civil e penal do agente, em geral, são independentes.

É como determina o art. 125 da Lei n. 8.112/90, quanto aos servidores estatutários federais:

> Art. 125. As sanções civis, penais e administrativas poderão cumular-se, sendo independentes entre si.

Todavia, se esse fato imputado ao agente também tiver repercussão na esfera penal, excepciona-se a regra de independência das esferas de responsabilidade, pois o julgamento, na esfera penal, de conduta imputada a um servidor público pode resultar em condenação criminal do servidor, absolvição pela inexistência do fato ou pela negativa de autoria, e ainda absolvição por ausência de tipicidade ou de culpabilidade penal, por insuficiência de provas, ou por outro motivo.

Caso o servidor seja **condenado criminalmente**, transitada em julgado essa condenação, haverá interferência direta nas searas administrativa e civil, ge-

---

[1] Com as alterações promovidas pela Lei n. 14.230/2021 na Lei n. 8.429/92, não mais existem atos culposos de improbidade, antes previstos no art. 10. Assim, a distinção ora feita pelo STF perdeu sentido.

rando o reconhecimento automático da responsabilidade do agente, por esse fato, nessas outras duas esferas.

Isto porque, no ilícito penal, há a presunção de que a condenação foi fundamentada em uma quantidade maior e mais robusta de elementos probatórios, maior ainda do que aquela que seria suficiente para a responsabilização nas esferas civil e administrativa.

Por isso também entende-se que na hipótese do agente ser absolvido, em relação ao mesmo fato, nas esferas administrativa e civil, a superveniência da sentença penal condenatória acarretaria a desconstituição da decisão administrativa e possibilitaria a rescisão da sentença cível.

E ainda o que fundamenta a absolvição penal baseada na **negativa de autoria ou inexistência do fato** também interfere nos âmbitos administrativo e civil. Se a justiça criminal, a qual se impõe uma apreciação de provas mais abrangente e minuciosa, decide que não foi o agente o autor do fato a ele imputado, ou que nem mesmo ocorreu o fato a ele aventado, não há como comprovar o contrário nas outras esferas.

Dessa forma, caso um o servidor seja demitido por um fato que também foi discutido na seara penal, a sentença absolutória penal fundamentada na negativa de autoria ou a inexistência do fato ocasionará a sua reintegração, uma vez que restará indubitavelmente comprovado, na esfera penal, que não foi ele o autor do fato que gerou a demissão, ou que esse fato nem mesmo existiu.

Por fim, e pelo mesmo motivo, a **mera insuficiência de provas, ausência de tipicidade ou de culpabilidade penal, ou ainda outro motivo**. Como o ilícito penal é mais grave, necessitando-se de mais elementos para sua configuração, não é suficiente para afastar a condenação nas outras esferas a simples razão de não ficar conclusivamente demonstrada a responsabilidade penal do agente, ou de sua culpabilidade não chegar ao ponto de acarretar a condenação penal.

Além disso, é admissível que um determinado fato, ou uma conduta, não configure crime ou contravenção, porém configure infração administrativa, ou cause dano a alguém, caracterizando um ilícito civil. Em outras palavras, é possível que um mesmo fato, ou uma mesma conduta, não caracterize qualquer crime ou contravenção penal, mas configure uma infração administrativa, ou um ilícito civil. Nesses casos, a absolvição criminal não impede a responsabilização administrativa e civil.

Afirma a Súmula 18 do STF:

> **Súmula 18 do STF:** Pela falta residual, não compreendida na absolvição pelo juízo criminal, é admissível a punição administrativa do servidor público.

O termo "falta residual" refere-se justamente à situação do fato que não chega a gerar condenação na órbita penal, mas configura ilícito administrativo ou civil, ensejando a responsabilização do agente nessas esferas.

No tocante às **provas**, diz a Súmula 591 do STJ:

> **Súmula 591 do STJ:** É permitida a "prova emprestada" no processo administrativo disciplinar, desde que devidamente autorizada pelo juízo competente e respeitados o contraditório e a ampla defesa.

Assim, é possível a utilização, em processo administrativo disciplinar, de prova emprestada validamente produzida em processo criminal, independentemente do trânsito em julgado da sentença penal condenatória. Isso porque, em regra, o resultado da sentença proferida no processo criminal não repercute na instância administrativa, tendo em vista a independência existente entre as instâncias.

O STF também decidiu no mesmo sentido afirmando que:

> A prova colhida mediante autorização judicial e para fins de investigação ou processo criminal pode ser utilizada para instruir procedimento administrativo punitivo. Assim, é possível que as provas provenientes de interceptações telefônicas autorizadas judicialmente em processo criminal sejam emprestadas para o processo administrativo disciplinar (STF, 1.ª Turma, RMS 28.774/DF, Rel. orig. Min. Marco Aurélio, red. p/ o acórdão Min. Roberto Barroso, j. 9-8-2016).

Já em relação à **prescrição**, cabe lembrar que o STJ decidiu que, se tiver sido ajuizada ação penal contra os autores do crime, o termo inicial da prescrição da ação de indenização por danos morais será o trânsito em julgado da sentença penal. Contudo, se o inquérito policial tiver sido arquivado, não sendo ajuizada ação penal, o termo inicial da prescrição da ação de indenização é a data do arquivamento do inquérito policial.

Vejamos:

> PROCESSUAL CIVIL. ADMINISTRATIVO. RESPONSABILIDADE CIVIL DO ESTADO. PRESO CUSTODIADO PELA POLÍCIA FEDERAL. TORTURA SEGUIDA DE MORTE. AUSÊNCIA DE OMISSÃO NO ACÓRDÃO. INDENIZAÇÃO. DANOS MORAIS E MATERIAIS CONFIGURADOS. PRESCRIÇÃO. NÃO OCORRÊNCIA. JUROS MORATÓRIOS. TERMO INICIAL. EVENTO DANOSO. DIVERGÊNCIA JURISPRUDENCIAL NÃO CONHECIDA. 1. Não há omissão, contradição, obscuridade ou erro material a ser sanado no acórdão regional, que se encontra suficientemente fundamentado e em consonância com a jurisprudência desta Corte. 2. O Tribunal de origem afastou a alegada prescrição. Primeiro, ao proceder à análise do contexto fático- probatório dos autos e concluir pela demora do Estado na conclusão

do inquérito policial; segundo, por decidir que, nos termos da Jurisprudência desta Corte, o termo *a quo* da prescrição da ação indenizatória, nos casos em que não chegou a ser ajuizada ação penal, é a data do arquivamento do inquérito policial. 3. O Superior Tribunal de Justiça firmou entendimento no sentido de que o termo *a quo* da prescrição da ação indenizatória, nos casos em que não chegou a ser ajuizada ação penal, é a data do arquivamento do inquérito policial. Prescrição afastada na hipótese em comento. 4. Quanto aos juros de mora e à divergência jurisprudencial suscitada, não merece conhecimento o recurso, porquanto o Tribunal *a quo* decidiu de acordo com jurisprudência desta Corte, no sentido de que os juros moratórios, em caso de responsabilidade extracontratual, devem incidir a partir da data do evento danoso, nos termos da Súmula 54/STJ. Recurso especial improvido (REsp 1.443.038/MS, Rel. Min. Humberto Martins, Segunda Turma, j. 12-2-2015, *DJe* 19-2-2015).

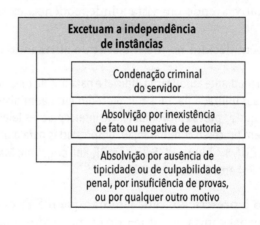

CAPÍTULO 9

LICITAÇÕES (LEI N. 14.133/2021)

1. CONSIDERAÇÕES INICIAIS

A Lei n. 14.133/2021 foi publicada em 1.º de abril de 2021 e estabelece normas gerais de licitação e contratação para as Administrações Públicas diretas, autárquicas e fundacionais da União, dos Estados, do Distrito Federal e dos Municípios.

Apesar de ser nova a legislação, muitos temas da Lei n. 8.666/93 foram nela repetidos. Além disso, muitos entendimentos doutrinários e jurisprudenciais foram positivados na Lei n. 14.133/2021, de modo que o diploma passa a prever expressamente posições já bem conhecidas.

> **Mas, afinal, o que é uma Licitação?**

A licitação é:

- **procedimento administrativo obrigatório**, destinado à seleção da melhor proposta dentre aqueles interessados em contratar com a Administração Pública;
- com finalidade de **realizar a melhor contratação possível para a Administração Pública**, ou seja, busca a melhor proposta, estimulando a competitividade e oferecendo iguais condições a todos;
- respeitando os imperativos da **isonomia, impessoalidade, moralidade e indisponibilidade do interesse público.**

Segundo ensina José dos Santos Carvalho Filho (2017), licitação é:

> o procedimento administrativo vinculado por meio do qual os entes da Administração Pública e aqueles por ela controlados selecionam a melhor proposta entre as oferecidas pelos vários interessados, com dois objetivos – a celebração de contrato, ou a obtenção do melhor trabalho técnico, artístico ou científico.

Por sua vez, para Maria Sylvia Di Pietro (2018), corresponde ao:

> procedimento administrativo pelo qual um ente público, no exercício da função administrativa, abre a todos os interessados, que se sujeitem às condições fixadas no instrumento convocatório, a possibilidade de formularem propostas dentre as quais selecionará e aceitará a mais conveniente para a celebração de contrato.

LICITAÇÃO	procedimento (série de atos administrativos para se chegar ao objetivo desejado);
	administrativo;
	obrigatório para as entidades governamentais;
	mediante convocação dos interessados;
	promovendo uma competição;
	buscando bens ou serviços, assim como locar ou alienar bens públicos;
	visando celebrar contrato administrativo;
	com quem oferecer a melhor proposta.

Quando se afirma que a licitação é um **procedimento administrativo, quer-se dizer que se trata de** uma série de atos continuados da Administração e dos interessados, para chegar em um objetivo desejado, quais sejam, os esculpidos no *art. 11 da Lei n. 14.133/2021*:

Art. 11. O processo licitatório tem por objetivos:

I – assegurar a seleção da proposta apta a gerar o resultado de contratação mais vantajoso para a Administração Pública, inclusive no que se refere ao ciclo de vida do objeto;

II – assegurar tratamento isonômico entre os licitantes, bem como a justa competição;

III – evitar contratações com sobrepreço ou com preços manifestamente inexequíveis e superfaturamento na execução dos contratos;

IV – incentivar a inovação e o desenvolvimento nacional sustentável.

Parágrafo único. A alta administração do órgão ou entidade é responsável pela governança das contratações e deve implementar processos e estruturas, inclusive de gestão de riscos e controles internos, para avaliar, direcionar e monitorar os processos licitatórios e os respectivos contratos, com o intuito de alcançar os objetivos estabelecidos no *caput* deste artigo, promover um ambiente íntegro e confiável, assegurar o alinhamento das contratações ao planejamento estratégico e às leis orçamentárias e promover eficiência, efetividade e eficácia em suas contratações.

A licitação nada mais é que um procedimento administrativo com o objetivo de fazer a Administração Pública contratar a *melhor proposta*, observando o princípio da isonomia, selecionando a proposta que melhor atenda ao interesse púbico.

A proposta mais vantajosa é sempre a mais barata?

Não necessariamente! A nova lei de licitações fala em **critérios de julgamento**, por meio dos quais a Administração Pública decidirá qual é a melhor proposta.

2. LEGISLAÇÃO

As principais fontes constitucionais da licitação são o art. 22, XXVII, da CF, o art. 37, XXI, da CF e o art. 173, § 1.º, III, da CF.

No âmbito infraconstitucional, diversas leis trataram do procedimento licitatório, como a Lei n. 8.666/93 (normas gerais de licitações e contratos administrativos), a Lei n. 10.520/2002 (Pregão), a Lei n. 12.462/2011 (Regime Diferenciado de Contratações Públicas – RDC), a Lei n. 13.303/2016 (Lei das Estatais) etc. Atualmente, a matéria é regulada pela Lei n. 14.133/2021 (nova Lei de Licitações). Vejamos.

2.1 Disciplina normativa constitucional

O art. 22, XXVII, da Constituição Federal estabelece a competência para legislar sobre normas gerais de licitação e contratação, sendo esta, privativa da União.

> Art. 22. Compete **privativamente** à União legislar sobre: (...)
> XXVII – **normas gerais de licitação e contratação**, em todas as modalidades, para as administrações públicas diretas, autárquicas e fundacionais da União, Estados, Distrito Federal e Municípios, obedecido o disposto no art. 37, XXI, e para as empresas públicas e sociedades de economia mista, nos termos do art. 173, § 1.º, III;

Assim, as normas gerais sobre licitações serão editadas pela União, sendo de **observância obrigatória** pelos demais entes federados. Já os Estados, o Distrito Federal e os Municípios possuem competência legislativa supletiva, **desde que as normas editadas não sejam contrárias aos preceitos da norma geral.**

Em síntese:

UNIÃO	UNIÃO/ESTADOS/DF/MUNICÍPIOS
Compete criar normas de caráter geral (nacionais) sobre licitações, aplicáveis a todos os entes federados.	Todos os entes federados podem criar normas específicas sobre licitações, com o objetivo de atender às peculiaridades sociais e econômicas da região, sempre respeitando as normas gerais.

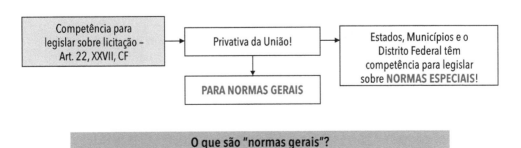

O que são "normas gerais"?

De forma simplificada, podemos dizer que as normas gerais são aquelas que possuem um grau de abstração que regulam a matéria como um todo, de forma genérica, sem adentrar nas especificidades e peculiaridades de cada região.

A título de exemplo, o **art. 5.º da nova Lei de Licitações** traz princípios norteadores das licitações e contratações públicas, os quais devem ser observados por todos os entes federados.

Tais normas gerais, entretanto, nunca poderão interferir na autonomia federativa, em respeito ao art. 18 da CF.

> Art. 18. A organização político-administrativa da República Federativa do Brasil compreende a União, os Estados, o Distrito Federal e os Municípios, *todos autônomos*, nos termos desta Constituição.

O STF, ao analisar a Lei n. 8.666/93 consagrou que a referida lei goza de caráter híbrido, mesclando normas de caráter geral e outras de caráter especial, cuja aplicabilidade é restrita ao âmbito federal.

> A Lei n. 8.666/93 regula o procedimento licitatório de forma geral, mas segundo afirmou o STF na **ADI 927 MC/RS de 1993**, esta lei possui natureza "**híbrida**", visto que de um lado é nacional quando estabelece normas gerais e do outro é lei federal, quando trata de normas específicas aplicáveis apenas à União.

Ressalte-se que o mesmo entendimento deve ser dado à natureza jurídica da Lei n. 14.133/2021, qual seja, é norma de natureza híbrida.

❙ Obrigatoriedade da Licitação ❙

O art. 37, XXI, da Constituição Federal estabelece o **princípio da obrigatoriedade da licitação**, com exceção dos casos previstos em lei.

> Art. 37. A administração pública direta e indireta de qualquer dos Poderes da União, dos Estados, do Distrito Federal e dos Municípios obedecerá aos **princípios de legalidade, impessoalidade, moralidade, publicidade e eficiência** e, também, ao seguinte: (...)
>
> XXI – ressalvados os casos especificados na legislação, as obras, serviços, compras e alienações serão contratados mediante processo de licitação pública que assegure igualdade de condições a todos os concorrentes, com cláusulas que estabeleçam obrigações de pagamento, mantidas as condições efetivas da proposta, nos termos da lei, o qual somente permitirá as exigências de qualificação técnica e econômica indispensáveis à garantia do cumprimento das obrigações.

A Administração Pública **não poderá** deixar de utilizar o procedimento licitatório antes da celebração de um contrato, a não ser em casos específicos previstos na legislação (hipóteses de dispensa e inexigibilidade).

Para finalizar a abordagem constitucional do tema, mister trazer à baila o art. 173, § 1.º, III, da CF, que preconiza que incumbe ao legislador a atribuição de elaborar o Estatuto próprio das empresas estatais econômicas, o qual conterá regras próprias de licitações e contratos.

Art. 173. Ressalvados os casos previstos nesta Constituição, a exploração direta de atividade econômica pelo Estado só será permitida quando necessária aos imperativos da segurança nacional ou a relevante interesse coletivo, conforme definidos em lei.

§ 1.º A lei estabelecerá o estatuto jurídico da empresa pública, da sociedade de economia mista e de suas subsidiárias que explorem atividade econômica de produção ou comercialização de bens ou de prestação de serviços, dispondo sobre: (...)

III – licitação e contratação de obras, serviços, compras e alienações, observados os princípios da administração pública;

2.2 Regime de transição da Lei n. 14.133/2021 e nova disciplina normativa infraconstitucional

Como visto, o art. 22, XXVII, da CF consagra a competência privativa da União para legislar sobre normas gerais de licitação.

Em obediência a esse dispositivo, a União editou a Lei n. 8.666/93, a qual estabelece as normas gerais de licitações e contratos administrativos. Em seguida, a Lei n. 10.520/2002 instituiu a modalidade de licitação denominada pregão, para aquisição de bens e serviços comuns, e dá outras providências, e a Lei n. 12.462/2011 instituiu o Regime Diferenciado de Contratações Públicas – RDC.

Posteriormente, **em 1.º de abril de 2021, entrou em vigor a Lei n. 14.133/2021 – nova Lei de Licitações e Contratos**. De acordo com o art. 189 da Lei n. 14.133/2021, nas situações que se referiam os diplomas supracitados, agora, devem ser aplicadas as normas da nova lei. Vejamos:

Art. 189. Aplica-se esta Lei às hipóteses previstas na legislação que façam referência expressa à Lei n. 8.666, de 21 de junho de 1993, à Lei n. 10.520, de 17 de julho de 2002, e aos arts. 1.º a 47-A da Lei n. 12.462, de 4 de agosto de 2011.

Esse dispositivo se justifica porque as referidas leis (antiga Lei de Licitações, Lei do Pregão e Lei do RDC) foram revogadas pelo art. 193 da Lei n. 14.133/2021. Essa revogação, entretanto, não produziu efeitos imediatamente.

Durante um determinado período estabelecido pela própria Lei n. 14.133/2021 e posteriormente prorrogado pela Medida Provisória n. 1.167, de 31 de março de 2023, o administrador teria a faculdade de ainda utilizar os diplomas mencionados.

Situação diversa, todavia, ocorreu com os **dispositivos da Lei n. 8.666/93 relativos aos crimes e às penas (dos arts. 89 a 108), revogados imediatamente na data de publicação da Lei n. 14.133/2021.**

Como mencionado, os demais dispositivos da Lei n. 8.666/93, assim como a Lei n. 10.520/2002 (Pregão), e os arts. 1.º a 47-A da Lei n. 12.462/2011 (RDC), permaneceriam em vigor por ainda 2 (dois) anos após a publicação da Lei n. 14.133/2021.

Significa dizer que até abril de 2023 todos os administradores municipais poderiam optar por licitar ou contratar diretamente pelas normas antigas ou pela nova lei. E, após o prazo fatal de 1.º-4-2023, necessariamente os gestores precisariam licitar apenas pela nova Lei n. 14.133/2021.

Tal fato gerou enormes queixas por parte dos prefeitos municipais ao governo federal, o que culminou com a edição da Medida Provisória n. 1.167, de 31 de março de 2023.

Em linhas gerais, aqueles municípios que ainda não estavam preparados para a aplicação das normas da Lei n. 14.133/2021 ganharam um fôlego: a revogação das leis anteriores e a necessidade de aplicação imediata da nova lei teve sua data alterada de 1.º-4-2023 (dois anos após a publicação da Lei n. 14.133/2021) para 30-12-2023.

Eis a nova redação do art. 193, após a edição da Medida Provisória n. 1.167/2023:

> Art. 193. Revogam-se:
> I – os arts. 89 a 108 da Lei n. 8.666, de 21 de junho de 1993, na data de publicação desta Lei;
> II – em 30 de dezembro de 2023:
> a) a Lei n. 8.666, de 1993;
> b) a Lei n. 10.520, de 2002; e
> c) os art. 1.º a art. 47-A da Lei n. 12.462, de 2011.

Ademais, a MP n. 1.167/2023 alterou também a redação do art. 191 da Lei 14.133/2021:

> Art. 191. Até o decurso do prazo de que trata o inciso II do *caput* do art. 193, a Administração poderá optar por licitar ou contratar diretamente de acordo com esta Lei ou de acordo com as leis citadas no referido inciso, desde que:
> I – a publicação do edital ou do ato autorizativo da contratação direta ocorra até 29 de dezembro de 2023; e

II – a opção escolhida seja expressamente indicada no edital ou no ato autorizativo da contratação direta.

§ 1.º Na hipótese do *caput*, se a Administração optar por licitar de acordo com as leis citadas no inciso II do *caput* do art. 193, o respectivo contrato será regido pelas regras nelas previstas durante toda a sua vigência.

§ 2.º É vedada a aplicação combinada desta Lei com as citadas no inciso II do *caput* do art. 193.

Desse modo, até o dia 30-12-2023, foi possível que **a Administração Pública escolhesse, discricionariamente, entre a aplicação da nova Lei de Licitações ou das Leis n. 8.666/93, 10.520/2002 e 12.462/2011**. Ressalte-se que o respectivo edital ou ato autorizativo da contratação direta precisava ocorrer até **29 de dezembro de 2023**.

E, uma vez optando por uma das normas, a opção escolhida precisaria estar expressamente indicada no edital de licitação ou no ato autorizativo da contratação direta, sendo certo que o respectivo contrato será regido pelas regras previstas na lei escolhida durante toda a sua vigência, inclusive quanto a eventuais aditivos.

Além disso, o administrador não poderia optar por mesclar o que há de melhor em cada lei, sendo vedada a aplicação combinada da Lei n. 14.133/2021 com as normas antigas de licitação citadas no inciso II do art. 193 da nova Lei.

Por fim, dispõem os arts. 190 e 192 da nova Lei:

Art. 190. O contrato cujo instrumento tenha sido assinado antes da entrada em vigor desta Lei continuará a ser regido de acordo com as regras previstas na legislação revogada.

Art. 192. O contrato relativo a imóvel do patrimônio da União ou de suas autarquias e fundações continuará regido pela legislação pertinente, aplicada esta Lei subsidiariamente.

O legislador buscou estabelecer um *regime de transição* para que os gestores públicos entendam melhor o novo regime licitatório, qualifiquem seus servidores e promovam, aos poucos, as adequações necessárias para concretizar as normas da Lei n. 14.133/2021.

Atualmente, apenas a Lei n. 14.133/2021 está em vigor, não mais podendo o administrador público utilizar as normas revogadas no final de 2023.

ATENÇÃO!

É expressamente vedado ao administrador mesclar os dispositivos da legislação tradicional com os inseridos na nova Lei de Licitações, criando uma *lex tertia*.

> **Estabelecidas estas premissas, resta saber... quem tem o dever de licitar?**

O art. 1.º da Lei n. 8.666/93 estabelecia que a obrigação de licitar estendia-se a todos os entes federados, bem como os fundos especiais, as autarquias, as fundações públicas, as empresas estatais e as entidades controladas direta ou indiretamente pelos respectivos entes.

Além disso, tanto o Poder Legislativo, como o Tribunal de Contas e o Poder Judiciário também seriam obrigados a licitar, conforme art. 117 da Lei n. 8.666/93.

Vale lembrar ainda que, com o advento da Lei n. 13.303/2016, a lei de licitações **não se aplica de forma integral às empresas estatais** (sociedades de economia mista e empresas públicas), passando este diploma (lei das estatais) a reger as contratações públicas no âmbito destas entidades.

Tal qual a legislação anterior, **a nova Lei de Licitações não incide sobre as empresas públicas, sociedades de economia mista e suas subsidiárias regidas pela Lei n. 13.303/2016** (Lei das Estatais), ressalvado o disposto no seu art. 178 que trata dos crimes em licitações e contratos administrativos. É o que dispõe o art. 1.º, § 1.º, da nova Lei.

> Art. 1.º (...)
> § 1.º Não são abrangidas por esta Lei as empresas públicas, as sociedades de economia mista e as suas subsidiárias, regidas pela Lei n. 13.303, de 30 de junho de 2016, ressalvado o disposto no art. 178 desta Lei.

Contudo, devem licitar as pessoas descritas no art. 1.º da Lei n. 14.133/2021, a saber:

> Art. 1.º Esta Lei estabelece normas gerais de licitação e contratação para as Administrações Públicas diretas, autárquicas e fundacionais da União, dos Estados, do Distrito Federal e dos Municípios, e abrange:
> I – os órgãos dos Poderes Legislativo e Judiciário da União, dos Estados e do Distrito Federal e os órgãos do Poder Legislativo dos Municípios, quando no desempenho de função administrativa;
> II – os fundos especiais e as demais entidades controladas direta ou indiretamente pela Administração Pública.

O novo diploma prevê, ainda, regras peculiares para licitações e contratações realizadas em repartições públicas localizadas no exterior, licitações e contratações com recursos oriundos de agência oficial de cooperação estrangeira ou de organismo financeiro de que o Brasil seja parte, e contratações relativas à gestão, direta e indireta, das reservas internacionais do País.

Nesse sentido:

Art. 1.º (...)

§ 2.º As contratações realizadas no âmbito das **repartições públicas sediadas no exterior** obedecerão às peculiaridades locais e aos princípios básicos estabelecidos nesta Lei, na forma de regulamentação específica a ser editada por ministro de Estado.

§ 3.º Nas licitações e contratações que envolvam **recursos provenientes de empréstimo ou doação oriundos de agência oficial de cooperação estrangeira ou de organismo financeiro de que o Brasil seja parte**, podem ser admitidas:

I – condições decorrentes de acordos internacionais aprovados pelo Congresso Nacional e ratificados pelo Presidente da República;

II – condições peculiares à seleção e à contratação constantes de normas e procedimentos das agências ou dos organismos, desde que:

a) sejam exigidas para a obtenção do empréstimo ou doação;

b) não conflitem com os princípios constitucionais em vigor;

c) sejam indicadas no respectivo contrato de empréstimo ou doação e tenham sido objeto de parecer favorável do órgão jurídico do contratante do financiamento previamente à celebração do referido contrato;

d) (*vetado*).

§ 4.º A documentação encaminhada ao Senado Federal para autorização do empréstimo de que trata o § 3.º deste artigo deverá fazer referência às condições contratuais que incidam na hipótese do referido parágrafo.

§ 5.º As contratações relativas à gestão, direta e indireta, das reservas internacionais do País, inclusive as de serviços conexos ou acessórios a essa atividade, serão disciplinadas em ato normativo próprio do Banco Central do Brasil, assegurada a observância dos princípios estabelecidos no *caput* do art. 37 da Constituição Federal.

Lado outro, **a nova Lei de Licitações não incidirá** nos contratos que tenham por objeto operação de crédito, interno ou externo, e gestão de dívida pública, incluídas as contratações de agente financeiro e a concessão de garantia relacionadas a esses contratos, bem como nas contratações sujeitas a normas previstas em legislação própria.

Por fim, dispõe o art. 4.º da Lei n. 14.133/2021 que se aplicam às licitações e contratos as **disposições constantes dos arts. 42 a 49 da Lei Complementar n. 123/2006** (Estatuto das Microempresas – MEs e empresa de pequeno porte – EPPs), com algumas exceções. Vejamos:

Art. 4.º Aplicam-se às licitações e contratos disciplinados por esta Lei as disposições constantes dos arts. 42 a 49 da Lei Complementar n. 123, de 14 de dezembro de 2006.

§ 1.º As disposições a que se refere o *caput* deste artigo não são aplicadas:

I – no caso de licitação para aquisição de bens ou contratação de serviços em geral, ao item cujo valor estimado for superior à receita bruta máxima admitida para fins de enquadramento como empresa de pequeno porte;

II – no caso de contratação de obras e serviços de engenharia, às licitações cujo valor estimado for superior à receita bruta máxima admitida para fins de enquadramento como empresa de pequeno porte.

§ 2.º A obtenção de benefícios a que se refere o *caput* deste artigo fica limitada às microempresas e às empresas de pequeno porte que, no ano-calendário de realização da licitação, ainda não tenham celebrado contratos com a Administração Pública cujos valores somados extrapolem a receita bruta máxima admitida para fins de enquadramento como empresa de pequeno porte, devendo o órgão ou entidade exigir do licitante declaração de observância desse limite na licitação.

§ 3.º Nas contratações com prazo de vigência superior a 1 (um) ano, será considerado o valor anual do contrato na aplicação dos limites previstos nos §§ 1.º e 2.º deste artigo.

2.3 Definições positivadas na Lei n. 14.133/2021

A nova Lei de Licitações positivou diversos conceitos já conhecidos e estudados na doutrina e jurisprudência dos Tribunais Superiores e Tribunais de Contas, em seu art. 6.º.

Não há outro modo de explanar e compreender o tema que não pela leitura atenta de todos os institutos e definições. Por isso, compilamos todo o dispositivo, com destaque para os mais relevantes.

Art. 6.º Para os fins desta Lei, consideram-se:

I – órgão: unidade de atuação integrante da estrutura da Administração Pública;

II – entidade: unidade de atuação dotada de personalidade jurídica;

III – **Administração Pública**: administração direta e indireta da União, dos Estados, do Distrito Federal e dos Municípios, inclusive as entidades com personalidade jurídica de direito privado sob controle do poder público e as fundações por ele instituídas ou mantidas;

IV – Administração: órgão ou entidade por meio do qual a Administração Pública atua;

V – **agente público**: indivíduo que, em virtude de eleição, nomeação, designação, contratação ou qualquer outra forma de investidura ou vínculo, exerce mandato, cargo, emprego ou função em pessoa jurídica integrante da Administração Pública;

VI – autoridade: agente público dotado de poder de decisão;

VII – contratante: pessoa jurídica integrante da Administração Pública responsável pela contratação;

VIII – contratado: pessoa física ou jurídica, ou consórcio de pessoas jurídicas, signatária de contrato com a Administração;

IX – **licitante**: pessoa física ou jurídica, ou consórcio de pessoas jurídicas, que participa ou manifesta a intenção de participar de processo licitatório, sendo-lhe equiparável, para os fins desta Lei, o fornecedor ou o prestador de serviço que, em atendimento à solicitação da Administração, oferece proposta;

X – compra: aquisição remunerada de bens para fornecimento de uma só vez ou parceladamente, considerada imediata aquela com prazo de entrega de até 30 (trinta) dias da ordem de fornecimento;

XI – serviço: atividade ou conjunto de atividades destinadas a obter determinada utilidade, intelectual ou material, de interesse da Administração;

XII – obra: toda atividade estabelecida, por força de lei, como privativa das profissões de arquiteto e engenheiro que implica intervenção no meio ambiente por meio de um conjunto harmônico de ações que, agregadas, formam um todo que inova o espaço físico da natureza ou acarreta alteração substancial das características originais de bem imóvel;

XIII – bens e serviços comuns: aqueles cujos padrões de desempenho e qualidade podem ser objetivamente definidos pelo edital, por meio de especificações usuais de mercado;

XIV – bens e serviços especiais: aqueles que, por sua alta heterogeneidade ou complexidade, não podem ser descritos na forma do inciso XIII do *caput* deste artigo, exigida justificativa prévia do contratante;

XV – serviços e fornecimentos contínuos: serviços contratados e compras realizadas pela Administração Pública para a manutenção da atividade administrativa, decorrentes de necessidades permanentes ou prolongadas;

XVI – serviços contínuos com regime de dedicação exclusiva de mão de obra: aqueles cujo modelo de execução contratual exige, entre outros requisitos, que:

a) os empregados do contratado fiquem à disposição nas dependências do contratante para a prestação dos serviços;

b) o contratado não compartilhe os recursos humanos e materiais disponíveis de uma contratação para execução simultânea de outros contratos;

c) o contratado possibilite a fiscalização pelo contratante quanto à distribuição, controle e supervisão dos recursos humanos alocados aos seus contratos;

XVII – serviços não contínuos ou contratados por escopo: aqueles que impõem ao contratado o dever de realizar a prestação de um serviço específico em período predeterminado, podendo ser prorrogado, desde que justificadamente, pelo prazo necessário à conclusão do objeto;

XVIII – **serviços técnicos especializados de natureza predominantemente intelectual**: aqueles realizados em trabalhos relativos a:

a) estudos técnicos, planejamentos, projetos básicos e projetos executivos;

b) pareceres, perícias e avaliações em geral;

c) assessorias e consultorias técnicas e auditorias financeiras e tributárias;

d) fiscalização, supervisão e gerenciamento de obras e serviços;

e) patrocínio ou defesa de causas judiciais e administrativas;

f) treinamento e aperfeiçoamento de pessoal;

g) restauração de obras de arte e de bens de valor histórico;

h) controles de qualidade e tecnológico, análises, testes e ensaios de campo e laboratoriais, instrumentação e monitoramento de parâmetros específicos de obras e do meio ambiente e demais serviços de engenharia que se enquadrem na definição deste inciso;

XIX – **notória especialização**: qualidade de profissional ou de empresa cujo conceito, no campo de sua especialidade, decorrente de desempenho anterior, estudos, experiência, publicações, organização, aparelhamento, equipe técnica ou outros requisitos relacionados com suas atividades, permite inferir que o seu trabalho é essencial e reconhecidamente adequado à plena satisfação do objeto do contrato;

XX – **estudo técnico preliminar**: documento constitutivo da primeira etapa do planejamento de uma contratação que caracteriza o interesse público envolvido e a sua melhor solução e dá base ao anteprojeto, ao termo de referência ou ao projeto básico a serem elaborados caso se conclua pela viabilidade da contratação;

XXI – serviço de engenharia: toda atividade ou conjunto de atividades destinadas a obter determinada utilidade, intelectual ou material, de interesse para a Administração e que, não enquadradas no conceito de obra a que se refere o inciso XII do *caput* deste artigo, são estabelecidas, por força de lei, como privativas das profissões de arquiteto e engenheiro ou de técnicos especializados, que compreendem:

a) serviço comum de engenharia: todo serviço de engenharia que tem por objeto ações, objetivamente padronizáveis em termos de desempenho e qualidade, de manutenção, de adequação e de adaptação de bens móveis e imóveis, com preservação das características originais dos bens;

b) serviço especial de engenharia: aquele que, por sua alta heterogeneidade ou complexidade, não pode se enquadrar na definição constante da alínea *a* deste inciso;

XXII – **obras, serviços e fornecimentos de grande vulto**: aqueles cujo valor estimado supera R$ 200.000.000,00 (duzentos milhões de reais);

[valor atualizado pelo Decreto n. 11.871, de 29 de dezembro de 2023: R$ 239.624.058,14 (duzentos e trinta e nove milhões seiscentos e vinte e quatro mil cinquenta e oito reais e catorze centavos)]

XXIII – termo de referência: documento necessário para a contratação de bens e serviços, que deve conter os seguintes parâmetros e elementos descritivos:

a) definição do objeto, incluídos sua natureza, os quantitativos, o prazo do contrato e, se for o caso, a possibilidade de sua prorrogação;

b) fundamentação da contratação, que consiste na referência aos estudos técnicos preliminares correspondentes ou, quando não for possível divulgar esses estudos, no extrato das partes que não contiverem informações sigilosas;

c) descrição da solução como um todo, considerado todo o ciclo de vida do objeto;

d) requisitos da contratação;

e) modelo de execução do objeto, que consiste na definição de como o contrato deverá produzir os resultados pretendidos desde o seu início até o seu encerramento;

f) modelo de gestão do contrato, que descreve como a execução do objeto será acompanhada e fiscalizada pelo órgão ou entidade;

g) critérios de medição e de pagamento;

h) forma e critérios de seleção do fornecedor;

i) estimativas do valor da contratação, acompanhadas dos preços unitários referenciais, das memórias de cálculo e dos documentos que lhe dão suporte, com os parâmetros utilizados para a obtenção dos preços e para os respectivos cálculos, que devem constar de documento separado e classificado;

j) adequação orçamentária;

XXIV – **anteprojeto**: peça técnica com todos os subsídios necessários à elaboração do projeto básico, que deve conter, no mínimo, os seguintes elementos:

a) demonstração e justificativa do programa de necessidades, avaliação de demanda do público-alvo, motivação técnico-econômico-social do empreendimento, visão global dos investimentos e definições relacionadas ao nível de serviço desejado;

b) condições de solidez, de segurança e de durabilidade;

c) prazo de entrega;

d) estética do projeto arquitetônico, traçado geométrico e/ou projeto da área de influência, quando cabível;

e) parâmetros de adequação ao interesse público, de economia na utilização, de facilidade na execução, de impacto ambiental e de acessibilidade;

f) proposta de concepção da obra ou do serviço de engenharia;

g) projetos anteriores ou estudos preliminares que embasaram a concepção proposta;

h) levantamento topográfico e cadastral;

i) pareceres de sondagem;

j) memorial descritivo dos elementos da edificação, dos componentes construtivos e dos materiais de construção, de forma a estabelecer padrões mínimos para a contratação;

XXV – **projeto básico**: conjunto de elementos necessários e suficientes, com nível de precisão adequado para definir e dimensionar a obra ou o serviço, ou o complexo de obras ou de serviços objeto da licitação, elaborado com base nas indicações dos estudos técnicos preliminares, que assegure a viabilidade técnica e o adequado tratamento do impacto ambiental do empreendimento e que possibilite a avaliação do custo da obra e a definição dos métodos e do prazo de execução, devendo conter os seguintes elementos:

a) levantamentos topográficos e cadastrais, sondagens e ensaios geotécnicos, ensaios e análises laboratoriais, estudos socioambientais e demais dados e levantamentos necessários para execução da solução escolhida;

b) soluções técnicas globais e localizadas, suficientemente detalhadas, de forma a evitar, por ocasião da elaboração do projeto executivo e da realização das obras e montagem, a necessidade de reformulações ou variantes quanto à qualidade, ao preço e ao prazo inicialmente definidos;

c) identificação dos tipos de serviços a executar e dos materiais e equipamentos a incorporar à obra, bem como das suas especificações, de modo a assegurar os melhores resultados para o empreendimento e a segurança executiva na utilização do objeto, para os fins a que se destina, considerados os riscos e os perigos identificáveis, sem frustrar o caráter competitivo para a sua execução;

d) informações que possibilitem o estudo e a definição de métodos construtivos, de instalações provisórias e de condições organizacionais para a obra, sem frustrar o caráter competitivo para a sua execução;

e) subsídios para montagem do plano de licitação e gestão da obra, compreendidos a sua programação, a estratégia de suprimentos, as normas de fiscalização e outros dados necessários em cada caso;

f) orçamento detalhado do custo global da obra, fundamentado em quantitativos de serviços e fornecimentos propriamente avaliados, obrigatório exclusivamente para os regimes de execução previstos nos incisos I, II, III, IV e VII do *caput* do art. 46 desta Lei;

XXVI - **projeto executivo**: conjunto de elementos necessários e suficientes à execução completa da obra, com o detalhamento das soluções previstas no projeto básico, a identificação de serviços, de materiais e de equipamentos a serem incorporados à obra, bem como suas especificações técnicas, de acordo com as normas técnicas pertinentes;

XXVII - **matriz de riscos**: cláusula contratual definidora de riscos e de responsabilidades entre as partes e caracterizadora do equilíbrio econômico-financeiro inicial do contrato, em termos de ônus financeiro decorrente de eventos supervenientes à contratação, contendo, no mínimo, as seguintes informações:

a) listagem de possíveis eventos supervenientes à assinatura do contrato que possam causar impacto em seu equilíbrio econômico-financeiro e previsão de eventual necessidade de prolação de termo aditivo por ocasião de sua ocorrência;

b) no caso de obrigações de resultado, estabelecimento das frações do objeto com relação às quais haverá liberdade para os contratados inovarem em soluções metodológicas ou tecnológicas, em termos de modificação das soluções previamente delineadas no anteprojeto ou no projeto básico;

c) no caso de obrigações de meio, estabelecimento preciso das frações do objeto com relação às quais não haverá liberdade para os contratados inovarem em soluções metodológicas ou tecnológicas, devendo haver obrigação de aderência entre a execução e a solução predefinida no anteprojeto ou no projeto básico, consideradas as características do regime de execução no caso de obras e serviços de engenharia;

XXVIII - empreitada por preço unitário: contratação da execução da obra ou do serviço por preço certo de unidades determinadas;

XXIX - empreitada por preço global: contratação da execução da obra ou do serviço por preço certo e total;

XXX – empreitada integral: contratação de empreendimento em sua integralidade, compreendida a totalidade das etapas de obras, serviços e instalações necessárias, sob inteira responsabilidade do contratado até sua entrega ao contratante em condições de entrada em operação, com características adequadas às finalidades para as quais foi contratado e atendidos os requisitos técnicos e legais para sua utilização com segurança estrutural e operacional;

XXXI – contratação por tarefa: regime de contratação de mão de obra para pequenos trabalhos por preço certo, com ou sem fornecimento de materiais;

XXXII – **contratação integrada**: regime de contratação de obras e serviços de engenharia em que o contratado é responsável por elaborar e desenvolver os *projetos básico* e *executivo*, executar obras e serviços de engenharia, fornecer bens ou prestar serviços especiais e realizar montagem, teste, pré-operação e as demais operações necessárias e suficientes para a entrega final do objeto;

XXXIII – **contratação semi-integrada**: regime de contratação de obras e serviços de engenharia em que o contratado é responsável por elaborar e desenvolver o *projeto executivo*, executar obras e serviços de engenharia, fornecer bens ou prestar serviços especiais e realizar montagem, teste, pré-operação e as demais operações necessárias e suficientes para a entrega final do objeto;

XXXIV – fornecimento e prestação de serviço associado: regime de contratação em que, além do fornecimento do objeto, o contratado responsabiliza-se por sua operação, manutenção ou ambas, por tempo determinado;

XXXV – **licitação internacional**: licitação *processada em território nacional na qual é admitida a participação de licitantes estrangeiros*, com a possibilidade de cotação de preços em moeda estrangeira, ou licitação na qual o objeto *contratual pode ou deve ser executado no todo ou em parte em território estrangeiro*;

XXXVI – serviço nacional: serviço prestado em território nacional, nas condições estabelecidas pelo Poder Executivo federal;

XXXVII – produto manufaturado nacional: produto manufaturado produzido no território nacional de acordo com o processo produtivo básico ou com as regras de origem estabelecidas pelo Poder Executivo federal;

XXXVIII – **concorrência**: modalidade de licitação para contratação de bens e serviços especiais e de obras e serviços comuns e especiais de engenharia, cujo critério de julgamento poderá ser:

a) menor preço;

b) melhor técnica ou conteúdo artístico;

c) técnica e preço;

d) maior retorno econômico;

e) maior desconto;

XXXIX – **concurso**: modalidade de licitação para escolha de trabalho técnico, científico ou artístico, cujo critério de julgamento será o de melhor técnica ou conteúdo artístico, e para concessão de prêmio ou remuneração ao vencedor;

XL – **leilão**: modalidade de licitação para alienação de bens imóveis ou de bens móveis inservíveis ou legalmente apreendidos a quem oferecer o maior lance;

XLI – **pregão**: modalidade de licitação obrigatória para aquisição de bens e serviços comuns, cujo critério de julgamento poderá ser o de menor preço ou o de maior desconto;

XLII – **diálogo competitivo**: modalidade de licitação para contratação de obras, serviços e compras em que a Administração Pública realiza diálogos com licitantes previamente selecionados mediante critérios objetivos, com o intuito de desenvolver uma ou mais alternativas capazes de atender às suas necessidades, devendo os licitantes apresentar proposta final após o encerramento dos diálogos;

XLIII – **credenciamento**: processo administrativo de chamamento público em que a Administração Pública convoca interessados em prestar serviços ou fornecer bens para que, preenchidos os requisitos necessários, se credenciem no órgão ou na entidade para executar o objeto quando convocados;

XLIV – **pré-qualificação**: procedimento seletivo prévio à licitação, convocado por meio de edital, destinado à análise das condições de habilitação, total ou parcial, dos interessados ou do objeto;

XLV – **sistema de registro de preços**: conjunto de procedimentos para realização, mediante contratação direta ou licitação nas modalidades pregão ou concorrência, de registro formal de preços relativos a prestação de serviços, a obras e a aquisição e locação de bens para contratações futuras;

XLVI – **ata de registro de preços**: documento vinculativo e obrigacional, com característica de compromisso para futura contratação, no qual são registrados o objeto, os preços, os fornecedores, os órgãos participantes e as condições a serem praticadas, conforme as disposições contidas no edital da licitação, no aviso ou instrumento de contratação direta e nas propostas apresentadas;

XLVII – órgão ou entidade gerenciadora: órgão ou entidade da Administração Pública responsável pela condução do conjunto de procedimentos para registro de preços e pelo gerenciamento da ata de registro de preços dele decorrente;

XLVIII – órgão ou entidade participante: órgão ou entidade da Administração Pública que participa dos procedimentos iniciais da contratação para registro de preços e integra a ata de registro de preços;

XLIX – órgão ou entidade não participante: órgão ou entidade da Administração Pública que não participa dos procedimentos iniciais da licitação para registro de preços e não integra a ata de registro de preços;

L – comissão de contratação: conjunto de agentes públicos indicados pela Administração, em caráter permanente ou especial, com a função de receber, examinar e julgar documentos relativos às licitações e aos procedimentos auxiliares;

LI – catálogo eletrônico de padronização de compras, serviços e obras: sistema informatizado, de gerenciamento centralizado e com indicação de preços, destinado a permitir a padronização de itens a serem adquiridos pela Administração Pública e que estarão disponíveis para a licitação;

LII – sítio eletrônico oficial: sítio da internet, certificado digitalmente por autoridade certificadora, no qual o ente federativo divulga de forma centralizada as informações e os serviços de governo digital dos seus órgãos e entidades;

LIII – contrato de eficiência: contrato cujo objeto é a prestação de serviços, que pode incluir a realização de obras e o fornecimento de bens, com o objetivo de proporcionar economia ao contratante, na forma de redução de despesas correntes, remunerado o contratado com base em percentual da economia gerada;

LIV – seguro-garantia: seguro que garante o fiel cumprimento das obrigações assumidas pelo contratado;

LV – produtos para pesquisa e desenvolvimento: bens, insumos, serviços e obras necessários para atividade de pesquisa científica e tecnológica, desenvolvimento de tecnologia ou inovação tecnológica, discriminados em projeto de pesquisa;

LVI – **sobrepreço**: *preço orçado para licitação ou contratado em valor expressivamente superior aos preços referenciais de mercado*, seja de apenas 1 (um) item, se a licitação ou a contratação for por preços unitários de serviço, seja do valor global do objeto, se a licitação ou a contratação for por tarefa, empreitada por preço global ou empreitada integral, semi-integrada ou integrada;

LVII – **superfaturamento**: *dano provocado ao patrimônio da Administração, caracterizado, entre outras situações*, por:

a) medição de quantidades superiores às efetivamente executadas ou fornecidas;

b) deficiência na execução de obras e de serviços de engenharia que resulte em diminuição da sua qualidade, vida útil ou segurança;

c) alterações no orçamento de obras e de serviços de engenharia que causem desequilíbrio econômico-financeiro do contrato em favor do contratado;

d) outras alterações de cláusulas financeiras que gerem recebimentos contratuais antecipados, distorção do cronograma físico-financeiro, prorrogação injustificada do prazo contratual com custos adicionais para a Administração ou reajuste irregular de preços;

LVIII – **reajustamento em sentido estrito**: forma de manutenção do equilíbrio econômico-financeiro de contrato consistente na *aplicação do índice de correção monetária previsto no contrato,* que deve retratar a variação efetiva do custo de produção, admitida a adoção de índices específicos ou setoriais;

LIX – **repactuação**: forma de manutenção do equilíbrio econômico-financeiro de contrato utilizada para *serviços contínuos com regime de dedicação exclusiva de mão de obra ou predominância de mão de obra, por meio da análise da variação dos custos contratuais*, devendo estar prevista no edital com data vinculada à apresentação das propostas, para os custos decorrentes do mercado, e com data vinculada ao acordo, à convenção coletiva ou ao dissídio coletivo ao qual o orçamento esteja vinculado, para os custos decorrentes da mão de obra;

LX – agente de contratação: pessoa designada pela autoridade competente, entre servidores efetivos ou empregados públicos dos quadros permanentes da Administração Pública, para tomar decisões, acompanhar o trâmite da licitação, dar impulso ao procedimento licitatório e executar quaisquer outras atividades necessárias ao bom andamento do certame até a homologação.

3. PRINCÍPIOS DA LICITAÇÃO

3.1 Considerações iniciais

Os princípios que regem o direito administrativo, previstos no art. 37, *caput*, da Constituição Federal aplicam-se integralmente à matéria ora estudada. Assim, a legalidade, impessoalidade, publicidade e eficiência já, independentemente de previsão legal, seriam aplicadas de forma automática ao procedimento licitatório.

Além disso, já eram previstos expressamente no art. 3.º da Lei n. 8.666/93 alguns princípios específicos bem como alguns princípios implícitos e que foram reproduzidos pelo novo texto legislativo.

O art. 3.º da Lei n. 8.666/93 enumerava os seguintes princípios da licitação: legalidade, impessoalidade, moralidade, igualdade, publicidade, probidade administrativa, vinculação ao instrumento convocatório e julgamento objetivo.

Por sua vez, o art. 5.º da nova Lei de Licitações apresenta:

Art. 5.º Na aplicação desta Lei, serão observados os princípios da **legalidade, da impessoalidade, da moralidade, da publicidade, da eficiência, do interesse público, da probidade administrativa, da igualdade, do planejamento, da transparência, da eficácia, da** *segregação de funções*, **da motivação, da vinculação ao edital, do julgamento objetivo, da segurança jurídica, da razoabilidade, da competitividade, da proporcionalidade, da celeridade, da economicidade e do desenvolvimento nacional sustentável**, assim como as disposições do Decreto-lei n. 4.657, de 4 de setembro de 1942 (Lei de Introdução às Normas do Direito Brasileiro).

Observa-se que o rol de princípios foi ampliado pelo novo diploma legal, o que nem se fazia necessário, pois, tal como a Lei n. 8.666/93, trata-se de **rol meramente exemplificativo** e não afasta outros princípios aplicáveis à Administração Pública, como o princípio do formalismo moderado que, apesar de não constar expressamente do art. 5.º, deve ser observado nas licitações e contratações públicas, conforme demonstra o art. 12, III, da nova Lei de Licitações.

> Art. 12. No processo licitatório, observar-se-á o seguinte: (...)
>
> III – o desatendimento de exigências meramente formais que não comprometam a aferição da qualificação do licitante ou a compreensão do conteúdo de sua proposta não importará seu afastamento da licitação ou a invalidação do processo;

3.2 Princípio da legalidade

O princípio da legalidade é básico na atividade administrativa e significa que o administrador não poderá fugir do que a lei determina, consubstanciando-se em garantia contra os abusos de conduta e os desvios de finalidade do gestor público.

No que concerne à licitação, deve o administrador observar as regras que a lei impôs para o procedimento licitatório, com uma aplicação efetiva do devido processo legal. Deve, portanto, o administrador público escolher o tipo e a modalidade licitatória prevista em lei para cada procedimento, segundo os padrões esculpidos na norma legal.

Naturalmente, a contratação direta, sem a realização da licitação, apenas poderá ocorrer dentro do rol previsto na norma legal.

3.3 Princípios da moralidade e da impessoalidade

O princípio da moralidade exige a observância da ética e da moralidade na atuação do administrador público. Trata-se de princípio que na opinião do professor José dos Santos Carvalho Filho (2017, p. 242) guarda íntima relação com o princípio da impessoalidade e com o princípio da legalidade.

A Administração não poderá valer-se de condutas imorais ou que se desviem da conduta ética exigida e, naturalmente, se uma conduta for imoral, deve ser invalidada e extirpada do ordenamento jurídico.

Da mesma forma, quando a Administração Pública deparar-se com pessoas que se encontram na mesma situação jurídica não poderá tratá-las de forma diferenciada. Em essência, a Administração Pública não deverá atuar de forma pessoal, privando certos indivíduos de direitos em detrimento de outros que dela discordam.

Trata-se de garantia contra os abusos do Estado objetivando-se uma atuação estatal objetiva e desprovida de qualquer viés particular. Assim, ainda que legal o ato, este poderá ser anulado se violar a moralidade, consoante entendimento de Marçal Justen Filho (2019, p. 87 e 88):

> Na licitação, a conduta moralmente reprovável acarreta a nulidade do ato ou do procedimento. Existindo imoralidade, afasta-se a aparência do cumprimento à lei ou ato convocatório. A conduta do administrador público deve atentar para o disposto na regra legal e nas condições do ato convocatório. Isso é necessário, mas não suficiente, para a validade dos atos.

3.4 Princípios da publicidade e da transparência

O princípio da publicidade é consagrado constitucionalmente no art. 37 da Constituição Federal e deve ser observado em qualquer atuação administrativa, inclusive nas licitações e nas contratações públicas, conforme art. 5.º da Lei n. 14.133/2021.

De acordo com o princípio da publicidade, o procedimento licitatório deve ter ampla divulgação. Sem esta publicização dos atos, o procedimento licitatório não poderá ter continuidade.

A ampla divulgação objetiva permitir uma competição entre vários interessados no objeto licitado, referindo-se à universidade de participação, bem como a uma ampla forma de controle dos atos administrativos pelos mais variados atores da sociedade.

A publicidade é, pois, a regra nas licitações, conforme preconiza o *caput* do art. 13 da Lei n. 14.133/2021.

Ressalte-se que a previsão do art. 24 do novel diploma legislativo, a qual prevê a possibilidade de orçamento sigiloso, em nada agride o princípio em epígrafe, uma vez que se trata de importante mecanismo em busca da proposta mais vantajosa, evitando o chamado *"efeito âncora"*, com a elevação dos preços das propostas ao mais próximo possível do valor máximo admitido pelo órgão licitante.

> Art. 24. *Desde que justificado*, o orçamento estimado da contratação poderá ter caráter sigiloso, e, nesse caso:
>
> I – o sigilo não prevalecerá para os órgãos de controle interno e externo;
>
> II – o orçamento **será tornado público apenas e imediatamente após a fase de julgamento de propostas**, sem prejuízo da divulgação do detalhamento dos quantitativos e das demais informações necessárias para a elaboração das propostas.
>
> Parágrafo único. Na hipótese de licitação em que for adotado o critério de julgamento por maior desconto, o preço estimado ou o máximo aceitável constará do edital da licitação.

Além disso, referido sigilo não é aplicado aos órgãos de controle, bem como será tornado público imediatamente após o julgamento das propostas, o que revela o seu caráter vantajoso para a busca do interesse público.

No mesmo sentido, tem-se o art. 13 que ressalva o diferimento da publicização de determinados atos no procedimento licitatório.

> Art. 13. Os atos praticados no processo licitatório são públicos, ressalvadas as hipóteses de informações cujo sigilo seja imprescindível à segurança da sociedade e do Estado, na forma da lei.

> Parágrafo único. A publicidade será **diferida**:
> I – quanto ao conteúdo das propostas, até a respectiva abertura;
> II – quanto ao orçamento da Administração, nos termos do art. 24 desta Lei.

Corolário do princípio da publicidade, o princípio da transparência diz respeito ao dever de divulgação oficial dos atos administrativos, como forma de consagrar o livre acesso dos indivíduos a informações de seu interesse e de impor transparência na atuação administrativa, permitindo maior controle de seu exercício, buscando promover o art. 5.º, XXXIII, e art.37, § 3.º, II, ambos da CF:

> Art. 5.º Todos são iguais perante a lei, sem distinção de qualquer natureza, garantindo-se aos brasileiros e aos estrangeiros residentes no País a inviolabilidade do direito à vida, à liberdade, à igualdade, à segurança e à propriedade, nos termos seguintes: (...)
> XXXIII – todos têm direito a receber dos órgãos públicos informações de seu interesse particular, ou de interesse coletivo ou geral, que serão prestadas no prazo da lei, sob pena de responsabilidade, ressalvadas aquelas cujo sigilo seja imprescindível à segurança da sociedade e do Estado;
> Art. 37. (...)
> § 3.º A lei disciplinará as formas de participação do usuário na administração pública direta e indireta, regulando especialmente:
> (...)
> II – o acesso dos usuários a registros administrativos e a informações sobre atos de governo, observado o disposto no art. 5.º, X e XXXIII;

Referido princípio, aliás, encontra-se materializado com a criação do **Portal Nacional de Contratações Públicas (PNCP)** – art. 174 da nova Lei de Licitações.

Esse portal representa o sítio eletrônico oficial que tem por objetivo divulgar de forma centralizada e obrigatória os atos exigidos pela Lei de Licitações, garantindo o acesso à informação e cumprindo as exigências da Lei de Acesso à Informação.

O PNCP visa, nesse contexto, assegurar maior transparência e racionalidade nas informações divulgadas pelo Poder Público, servindo como importante instrumento de acesso aos dados das licitações e das contratações públicas, o que facilita o exercício do controle social e institucional.

3.5 Princípios da eficiência, da celeridade e da economicidade

Acrescido ao corpo da Constituição Federal pela EC n. 19/98, de inspiração neoliberal, cuja finalidade foi instituir o modelo de governança consensual

(Administração Pública Gerencial, em detrimento do modelo burocrático em vigor), o princípio da eficiência buscou melhorar a atuação administrativa.

Até então, vigorava um modelo de administração burocrática, cuja autoridade era baseada na legalidade e nas relações hierarquizadas de subordinação entre órgãos e agentes. A ênfase, aqui, era nos processos e ritos, em uma administração claramente burocrática, como o próprio nome já sugere.

No modelo gerencial, são incorporados preceitos da iniciativa privada à função administrativa, com ênfase na obtenção de resultados e na qualidade na gestão pública, em detrimento de processos e ritos, além do estímulo à participação popular, da ampla transparência e da imparcialidade na efetivação do bem comum.

Essa mesma lógica aplica-se aos princípios da eficácia, entendido como a aptidão para a produção dos resultados esperados de determinada ação estatal e o princípio da economicidade, segundo o qual deve o administrador buscar a melhor solução possível ao custo mais baixo para a administração pública.

Em resumo, seguindo a lógica da nova fase da Administração Pública Gerencial, os atos dos administradores devem obedecer também ao princípio do planejamento, evitando-se atos praticados com afogadilho e prejudiciais aos cofres públicos.

Apesar do art. 5.º da nova Lei de Licitações enumerar expressamente os três princípios, pode-se entender que a celeridade e a economicidade estão inseridas no princípio constitucional da eficiência, consagrado no art. 37 da CF.

De todo modo, o legislador infraconstitucional demonstrou preocupação com a eficiência em diversas passagens da nova Lei de Licitações. Por exemplo, o art. 144 da Lei n. 14.133/2021, determina:

> Art. 144. Na contratação de obras, fornecimentos e serviços, inclusive de engenharia, poderá ser estabelecida *remuneração variável vinculada ao desempenho do contratado*, com base em metas, padrões de qualidade, critérios de sustentabilidade ambiental e prazos de entrega definidos no edital de licitação e no contrato.
>
> § 1.º O pagamento poderá ser ajustado em base percentual sobre o valor economizado em determinada despesa, quando o objeto do contrato visar à implantação de processo de racionalização, hipótese em que as despesas correrão à conta dos mesmos créditos orçamentários, na forma de regulamentação específica.
>
> § 2.º A utilização de remuneração variável será motivada e respeitará o limite orçamentário fixado pela Administração para a contratação.

Além disso, cite-se ainda a possibilidade de previsão no instrumento convocatório que contemple **matriz de alocação eficiente de riscos** que deverá estabelecer a responsabilidade que cabe a cada parte contratante, bem como mecanismos que afastem a ocorrência do sinistro e que mitiguem os efeitos deste, caso ocorra durante a execução contratual, na forma do art. 22 da nova Lei de Licitações.

3.6 Princípio do interesse público

Entendido como um princípio constitucional implícito, o interesse público desdobra-se na supremacia do interesse público sobre o privado e na indisponibilidade do interesse público.

A supremacia do interesse público sobre o privado é também chamada de princípio da finalidade pública e significa que os interesses da coletividade são mais importantes que os dos indivíduos isoladamente considerados, razão pela qual a Administração encontra-se em posição de superioridade em relação aos particulares e goza de um regime jurídico especial.

Já a indisponibilidade do interesse público preconiza que os agentes públicos são meros representantes do interesse da coletividade e, como tais, devem atuar de acordo com os parâmetros estabelecidos na legislação (e não balizados por sua vontade pessoal).

3.7 Princípio da probidade administrativa

A probidade é o gênero que possui como uma de suas espécies a moralidade administrativa, pelo menos ao levarmos em consideração a Lei n. 8.429/92. Já Marçal Justen Filho (2019, p. 87) entende exatamente no sentido oposto, onde a moralidade abarcaria a probidade. Fato é que a probidade representa aquilo que é honesto, que atua de boa-fé, que é digno de honra e tanto moralidade como probidade são princípios de conteúdo inespecífico que não poderão ser explicados de modo exaustivo, é o que dita este princípio.

O administrador não poderá atuar na licitação de forma a tolher a confiança posta pelos participantes no procedimento licitatório, não poderá corromper aquilo que pretende: alcançar a proposta mais vantajosa.

A jurisprudência do STJ possui vários exemplos onde o princípio da moralidade, bem como a defesa da probidade administrativa, são utilizados para fundamentar a anulação de um determinado procedimento licitatório:

> PROCESSUAL CIVIL E ADMINISTRATIVO. AGRAVO REGIMENTAL. ILEGALIDADE. MORALIDADE ADMINISTRATIVA. AÇÃO POPULAR: CABIMENTO.
> 1. A jurisprudência desta Corte é pacífica no sentido de que é cabível a ação civil pública na defesa da moralidade administrativa, ainda que inexista dano material ao patrimônio público.
> 2. Agravo regimental improvido (AgRg no REsp 774.932/GO, Rel. Min. Eliana Calmon, Segunda Turma, j. 13-3-2007, *DJ* 22-3-2007, p. 325).

3.8 Princípio da igualdade ou isonomia

O princípio da igualdade ou isonomia está previsto no próprio art. 37 da Constituição Federal que em seu inciso XXI prevê a necessidade de o procedimento licitatório assegurar igualdade de condições entre todos os concorrentes.

Relaciona-se com os princípios da impessoalidade e da competitividade. Por ele, a Administração deve dispensar tratamento igualitário (igualdade material) aos licitantes, sendo certo que as restrições à participação de interessados no certame acarretam a diminuição da competição.

A Administração Pública, portanto, deverá abster-se de oferecer a um determinado concorrente uma vantagem que não seja capaz de beneficiar os demais, em uma forte relação com o princípio da impessoalidade. Necessário, assim, que seja dado tratamento isonômico e impessoal aos concorrentes do certame licitatório.

Exemplo disto está no art. 9.º, I e II, da nova Lei:

> Art. 9.º É vedado ao agente público designado para atuar na área de licitações e contratos, ressalvados os casos previstos em lei:
> I – admitir, prever, incluir ou tolerar, nos atos que praticar, situações que:
> *a)* comprometam, restrinjam ou frustrem o caráter competitivo do processo licitatório, inclusive nos casos de participação de sociedades cooperativas;
> *b)* **estabeleçam preferências ou distinções em razão da naturalidade, da sede ou do domicílio dos licitantes;**
> *c)* sejam impertinentes ou irrelevantes para o objeto específico do contrato;
> II – **estabelecer tratamento diferenciado** de natureza comercial, legal, trabalhista, previdenciária ou qualquer outra entre empresas brasileiras e estrangeiras, inclusive no que se refere a moeda, modalidade e local de pagamento, mesmo quando envolvido financiamento de agência internacional;

Ainda sobre o tema, o Supremo Tribunal Federal apreciou questão onde se discutia a constitucionalidade ou não de norma estadual que avaliava a proposta mais vantajosa no procedimento licitatório segundo a carga tributária do Estado-membro contratante.

A lei do Estado do Rio Grande do Norte cuja constitucionalidade fora questionada dispunha que o licitante que tivesse uma carga tributária mais elevada teria uma vantagem no procedimento licitatório em relação àqueles com carga tributária mais reduzida. Para o Supremo, esta exigência é flagrantemente inconstitucional por desrespeitar o princípio da isonomia e criar distinção injustificada entre os licitantes.

> AÇÃO DIRETA DE INCONSTITUCIONALIDADE. (...) 1. É inconstitucional o preceito, segundo o qual, na análise de licitações, serão considerados, para averiguação da proposta mais vantajosa, entre outros itens os valores relativos aos impostos pagos à Fazenda Pública daquele Estado-membro. Afronta ao princípio da isonomia, igualdade entre todos quantos pretendam acesso às contratações da Administração. 2. A Constituição do Brasil proíbe a distinção entre brasileiros. A concessão de vantagem ao licitante que suporta maior carga tributária no âmbito estadual é incoerente com o preceito constitucional desse inciso III do artigo 19. (...) (ADI 3.070, Rel. Min. Eros Grau, Tribunal Pleno, j. 29-11-2007, *DJe* 19-12-2007).

Mister salientar, por fim, que o princípio da igualdade não impede que a própria lei estabeleça preferências para determinados licitantes. Isso porque a igualdade deve ser compreendida em sentido aristotélico, de modo a tratar os iguais de forma igual e os desiguais, de forma desigual, na medida de sua desigualdade. É o que ocorre, por exemplo, com a vantagem prevista no art. 4.º, do novo diploma legal, relativa a micro e pequenas empresas.

> Art. 4.º Aplicam-se às licitações e contratos disciplinados por esta Lei as disposições constantes dos arts. 42 a 49 da Lei Complementar n. 123, de 14 de dezembro de 2006.
> § 1.º As disposições a que se refere o *caput* deste artigo não são aplicadas:
> I – no caso de licitação para aquisição de bens ou contratação de serviços em geral, ao item cujo valor estimado for superior à receita bruta máxima admitida para fins de enquadramento como empresa de pequeno porte;
> II – no caso de contratação de obras e serviços de engenharia, às licitações cujo valor estimado for superior à receita bruta máxima admitida para fins de enquadramento como empresa de pequeno porte.
> § 2.º A obtenção de benefícios a que se refere o *caput* deste artigo fica limitada às microempresas e às empresas de pequeno porte que, no ano-calendário de realização da licitação, ainda não tenham celebrado contratos com a Administração Pública cujos valores somados extrapolem a receita bruta máxima admitida para fins de enquadramento como empresa de pequeno porte, devendo o órgão ou entidade exigir do licitante declaração de observância desse limite na licitação.
> § 3.º Nas contratações com prazo de vigência superior a 1 (um) ano, será considerado o valor anual do contrato na aplicação dos limites previstos nos §§ 1.º e 2.º deste artigo.

> **Lei Complementar n. 123/2006.**
> Art. 44. Nas licitações será assegurada, como critério de desempate, preferência de contratação para as microempresas e empresas de pequeno porte.
> § 1.º Entende-se por empate aquelas situações em que as propostas apresentadas pelas microempresas e empresas de pequeno porte sejam iguais ou até 10% (dez por cento) superiores à proposta mais bem classificada.

> § 2.º Na modalidade de pregão, o intervalo percentual estabelecido no § 1.º deste artigo será de até 5% (cinco por cento) superior ao melhor preço.

Trata-se, em verdade, de mecanismo que busca dirimir desigualdades materialmente existentes estabelecendo um tratamento desigual a partes flagrantemente desiguais em uma tentativa de promover a igualdade, concretizando, também, o princípio do desenvolvimento nacional sustentável, aplicável aos procedimentos licitatórios.

Segundo lição de Marçal Justen Filho (2019), a discriminação é juridicamente válida quando presentes quatro elementos:

a) existência de diferenças efetivas e reais nas próprias situações de fato que serão reguladas pelo Direito;

b) compatibilidade dos critérios de diferenciação com a ordem jurídica;

c) adequação entre os critérios de diferenciação e a finalidade da diferenciação;

d) proporcionalidade entre o tratamento discriminatório e os valores jurídicos consagrados pelo ordenamento jurídico.

Outro mecanismo de discriminação positiva adotado pela lei (art. 26) foi a possibilidade de que no processo de licitação seja estabelecida **margem de preferência** para:

> I – bens manufaturados e serviços nacionais que atendam a normas técnicas brasileiras (a depender de regulamentação em decisão fundamentada do Poder Executivo federal, se inexistente regulamentação, a preferência será ilegal, de acordo com o TCU);
> II – bens reciclados, recicláveis ou biodegradáveis, conforme regulamento.

Desde que haja reciprocidade com o País prevista em acordo internacional aprovado pelo Congresso Nacional e ratificado pelo Presidente da República, a margem de preferência poderá ser estendida a bens manufaturados e serviços originários de Estados Partes do Mercado Comum do Sul (Mercosul).

Como regra, a margem de preferência poderá ser de **até 10%** (dez por cento) sobre o preço dos bens e serviços que não se enquadrem no disposto nos itens I ou II elencados acima. É o que Justen Filho denomina de "**margem de preferência normal**".

Segundo o autor, existe uma margem de preferência mais elevada em favor dos produtos manufaturados e serviços nacionais que, além de produzir os benefícios acima referidos, sejam resultantes de desenvolvimento e inovação tecnológica realizados no País, consagrada no § 2.º do art. 26. É o que ele denomina de "**margem de preferência reforçada**" (JUSTEN FILHO, 2019). Neste caso, o percentual preferencial poderá ser de **até 20%** (vinte por cento).

Os Estados, o Distrito Federal e os Municípios poderão estabelecer margem de preferência de até 10% (dez por cento) para bens manufaturados nacionais produzidos no Estado em que estejam situados ou, conforme o caso, no Distrito Federal.

Se o Município tiver até 50.000 (cinquenta mil) habitantes também poderá estabelecer margem de preferência de até 10% (dez por cento) para empresas neles sediadas.

ATENÇÃO!

A margem de preferência deve observar limites e, por disposição expressa do § 5.º, não se aplica aos bens manufaturados nacionais e aos serviços nacionais se a capacidade de produção desses bens ou de prestação desses serviços no País for inferior à quantidade a ser adquirida ou contratada; ou aos quantitativos fixados em razão do parcelamento do objeto, quando for o caso.

Ressalte-se que (JUSTEN FILHO, 2014, p. 120):

em contratações de grande porte, especialmente em setores muito específicos, pode fazer-se necessário à satisfação dos interesses nacionais condicionar a contratação à adoção pelo particular de contrapartidas determinadas. Isso envolve, usualmente, a transferência de tecnologia para produção ou manutenção dos bens adquiridos. Mas também compreende prestações de cunho econômico.

Nesse sentido, é a disposição do § 6.º, a facultar que a Administração exija do contratado, mediante justificativa prévia, medidas de compensação comercial, industrial ou tecnológica ou acesso a condições vantajosas de financiamento, cumulativamente ou não, na forma estabelecida pelo Poder Executivo federal.

Benefícios dessa ordem, como consectário lógico dos princípios da publicidade e da transparência, deverão ser divulgados, em sítio eletrônico oficial, a cada exercício financeiro, com a relação de empresas favorecidas em decorrência da margem de preferência e com indicação do volume de recursos destinados a cada uma delas (art. 27).

A publicação desta relação é importante instrumento de controle da atividade administrativa, cuja infração configura violação aos deveres funcionais e comportará punição ao responsável.

3.9 Princípio da competitividade

Esse princípio guarda relação com o princípio da igualdade. Significa que para atender ao objetivo de buscar a proposta mais vantajosa, não poderá o administrador adotar medidas ou estabelecer condições ou regras que comprometam, restrinjam ou frustrem o caráter competitivo do processo licitatório.

Sem uma ampla concorrência, inexiste melhor proposta.

Trata-se de princípio destinado a possibilitar a disputa e o confronto entre os licitantes, estimulando a melhor contratação possível para a Administração Pública e, consoante Carvalho Filho (2017, p. 245), já estava implícito no anterior diploma normativo, especificamente no art. 3.º, § 1.º, I, da Lei n. 8.666/93.

Na nova Lei, encontra-se positivado no art. 9.º, I, *a*:

> Art. 9.º É vedado ao agente público designado para atuar na área de licitações e contratos, ressalvados os casos previstos em lei:
> I – admitir, prever, incluir ou tolerar, nos atos que praticar, situações que:
> *a)* comprometam, restrinjam ou frustrem o **caráter competitivo do processo licitatório**, inclusive nos casos de participação de sociedades cooperativas;

A violação da competitividade é tão gravosa ao interesse público que, observados os requisitos legais, poderá caracterizar crime.

É dizer: se, dolosamente, o agente público frustrar ou fraudar o caráter competitivo da licitação, com o intuito de obter vantagem, incorrerá no tipo penal do art. 337-F do Código Penal.

> **Frustração do caráter competitivo de licitação**
> Art. 337-F. Frustrar ou fraudar, com o intuito de obter para si ou para outrem vantagem decorrente da adjudicação do objeto da licitação, o caráter competitivo do processo licitatório:
> Pena – reclusão, de 4 (quatro) anos a 8 (oito) anos, e multa.

3.10 Princípio da vinculação ao edital

No procedimento licitatório, o edital é "lei entre as partes" e se consubstancia em uma garantia tanto para o administrador como para o participante de uma previsibilidade e transparência do procedimento. As regras traçadas para o procedimento devem ser cumpridas por todos, sob pena de correção na via administrativa ou judicial.

Assim, o princípio da vinculação ao edital exige que as regras do procedimento sejam devidamente postas antes do início do certame, sendo certo que tanto a Administração Pública como os licitantes a elas se submetem. Nesse sentido:

> Art. 25. O edital deverá conter o objeto da licitação e as regras relativas à convocação, ao julgamento, à habilitação, aos recursos e às penalidades da licitação, à fiscalização e à gestão do contrato, à entrega do objeto e às condições de pagamento.

Representa, neste diapasão, um viés de aplicação específica do princípio da legalidade, motivo pelo qual a não observância das regras fixadas no instrumento convocatório acarretará a ilegalidade do certame.

O edital é a lei interna da licitação que deve ser respeitada pelo Poder Público e pelos licitantes. Por isso, deve conter todas as informações imprescindíveis a regular participação dos interessados no certame.

Vale destacar que, uma vez publicado o edital, é sim possível a alteração posterior de seu conteúdo. Afinal, a Administração Pública poderá rever seus próprios atos, conforme pacificado pela Súmula 473 do STF.

Verificada, portanto, eventual irregularidade no edital, poderá a Administração Pública rever o seu conteúdo e proceder à retificação.

Contudo, esta revisão das cláusulas do edital importará a invalidação do certame com a renovação de todos os prazos da competição, sendo certo que estas alterações não poderão ocorrer no curso da licitação quanto aos critérios e exigências fixados. Nesse sentido:

> Consoante dispõe o art. 41 da Lei n. 8.666/93, a Administração encontra-se estritamente vinculada ao edital de licitação, não podendo descumprir as normas e condições dele constantes. É o instrumento convocatório que dá validade aos atos administrativos praticados no curso da licitação, de modo que o descumprimento às suas regras deverá ser reprimido. Não pode a Administração ignorar tais regras sob o argumento de que seriam viciadas ou inadequadas. Caso assim entenda, deverá refazer o edital, com o reinício do procedimento licitatório, jamais ignorá-las. (...) (STJ, MS 13.005/DF, Rel. Ministra DENISE ARRUDA, PRIMEIRA SEÇÃO, j. 10-10-2007, *DJe* 17-11-2008).

3.11 Princípio do julgamento objetivo

O princípio do julgamento objetivo está ligado diretamente ao princípio da vinculação ao instrumento convocatório e visa garantir aos participantes um procedimento impessoal, desprovido de qualquer tipo de favorecimento.

As propostas apresentadas pelos licitantes devem ser julgadas objetivamente, pautando-se por critérios objetivos especificamente indicados na legislação, para evitar gostos pessoais ou quaisquer tipos de favorecimento, assim como não contrariar também o princípio da isonomia. Ora, se houver no edital a previsão de critério menor preço para a seleção da proposta mais vantajosa, não poderá o administrador selecionar a melhor proposta a partir do critério melhor técnica.

O art. 33 da Lei n. 14.133/2021 enumera os critérios de julgamento:

> Art. 33. O julgamento das propostas será realizado de acordo com os seguintes critérios:

I – menor preço;
II – maior desconto;
III – melhor técnica ou conteúdo artístico;
IV – técnica e preço;
V – maior lance, no caso de leilão;
VI – maior retorno econômico.

3.12 Princípio do procedimento formal ou formalismo moderado

A licitação corresponde a um procedimento, o qual deve ser formal e observar fielmente as normas contidas na legislação. Porém, não é necessário um excesso de formalismo, mas, sim, formalismo moderado.

Isso porque deve-se ter em mente que a licitação possui uma finalidade específica: celebração do contrato com o licitante que apresentou a melhor proposta. Assim, a lei permite flexibilizar algumas regras para não colocar em risco a isonomia, com o intuito de garantir maior competitividade.

O art. 12 da Lei n. 14.133/2021 relativiza formalidades desnecessárias com o planejamento das contratações públicas, destacando-se, por exemplo, os seus incisos III, IV e V, a saber:

Art. 12. No processo licitatório, observar-se-á o seguinte: (...)
III – o desatendimento de exigências meramente formais que não comprometam a aferição da qualificação do licitante ou a compreensão do conteúdo de sua proposta não importará seu afastamento da licitação ou a invalidação do processo;
IV – a prova de autenticidade de cópia de documento público ou particular poderá ser feita perante agente da Administração, mediante apresentação de original ou de declaração de autenticidade por advogado, sob sua responsabilidade pessoal;
V – o reconhecimento de firma somente será exigido quando houver dúvida de autenticidade, salvo imposição legal;

3.13 Princípio do planejamento

O planejamento representa, antes de um princípio positivado, um dever da Administração Pública que decorre do princípio da eficiência.

Ao longo de todo o texto da nova Lei de Licitações pode-se observar a preocupação do legislador com o planejamento das licitações e das contratações públicas. Destaca-se, por exemplo, o art. 12, VII, o qual demonstra a importância do planejamento para racionalização das contratações públicas, permitindo que os órgãos competentes de cada ente federado, na forma dos respectivos regulamentos, elaborem plano de contratações anual, com o objetivo de garantir o alinhamento com o seu planejamento estratégico, bem como subsidiar a elaboração das respectivas leis orçamentárias.

Destaca-se também o instituto do **estudo técnico preliminar**, que representa o documento constitutivo da primeira etapa do planejamento de uma contratação que caracteriza o interesse público envolvido e a sua melhor solução e dá base ao anteprojeto, ao termo de referência ou ao projeto básico a serem elaborados caso se conclua pela viabilidade da contratação, conforme art. 6.º, XX, da nova Lei de Licitações.

3.14 Princípio do desenvolvimento nacional sustentável

O desenvolvimento nacional sustentável já era apontando como um dos objetivos da licitação, segundo art. 3.º da Lei n. 8.666/93. No novel diploma, a teor dos arts. 5.º e 11, além de ser um objetivo, constitui também um princípio da licitação.

A licitação, portanto, não deve ser usada apenas para buscar a proposta mais vantajosa, existindo hipóteses em que o instituto poderá ser utilizado como instrumento para o atendimento de outras finalidades públicas, refletindo no desenvolvimento de determinadas políticas igualmente valoradas pela Constituição Federal.

O desenvolvimento nacional sustentável engloba, além do crescimento econômico, a conjugação de muitos fatores que materializam liberdades substanciais, como o aumento da qualidade de vida dos cidadãos, o incremento da liberdade política, a promoção da inovação tecnológica e o aumento da adequação/funcionalidade das instituições.

A própria Lei n. 14.133/2021 instituiu regras visando a concretude do princípio. O art. 26 da nova Lei admite a fixação de margem de preferência a partir de critérios relacionados ao desenvolvimento sustentável. Vejamos:

> Art. 26. No processo de licitação, poderá ser estabelecida margem de preferência para:
> I - bens manufaturados e serviços nacionais que atendam a normas técnicas brasileiras;
> II - bens reciclados, recicláveis ou biodegradáveis, conforme regulamento.
> § 1.º A margem de preferência de que trata o *caput* deste artigo:
> I - será definida em decisão fundamentada do Poder Executivo federal, no caso do inciso I do *caput* deste artigo;
> II - poderá ser de até 10% (dez por cento) sobre o preço dos bens e serviços que não se enquadrem no disposto nos incisos I ou II do *caput* deste artigo;
> III - poderá ser estendida a bens manufaturados e serviços originários de Estados Partes do Mercado Comum do Sul (Mercosul), desde que haja reciprocidade com o

País prevista em acordo internacional aprovado pelo Congresso Nacional e ratificado pelo Presidente da República.

Igualmente, quanto ao desempate entre licitantes, o art. 60 da nova Lei de Licitações prevê:

Art. 60. Em caso de empate entre duas ou mais propostas, serão utilizados os seguintes critérios de desempate, nesta ordem:

I – disputa final, hipótese em que os licitantes empatados poderão apresentar nova proposta em ato contínuo à classificação;

II – avaliação do desempenho contratual prévio dos licitantes, para a qual deverão preferencialmente ser utilizados registros cadastrais para efeito de atesto de cumprimento de obrigações previstos nesta Lei;

III – **desenvolvimento pelo licitante de ações de equidade entre homens e mulheres no ambiente de trabalho, conforme regulamento;**

IV – **desenvolvimento pelo licitante de programa de integridade, conforme orientações dos órgãos de controle.**

§ 1.º Em igualdade de condições, se não houver desempate, será assegurada preferência, sucessivamente, aos bens e serviços produzidos ou prestados por:

I – empresas estabelecidas no território do Estado ou do Distrito Federal do órgão ou entidade da Administração Pública estadual ou distrital licitante ou, no caso de licitação realizada por órgão ou entidade de Município, no território do Estado em que este se localize;

II – empresas brasileiras;

III – empresas que invistam em pesquisa e no desenvolvimento de tecnologia no País;

IV – empresas que comprovem a prática de mitigação, nos termos da Lei n. 12.187, de 29 de dezembro de 2009.

Posteriormente, na forma do art. 60, § 1.º, da nova Lei de Licitações, em igualdade de condições, não havendo desempate, será assegurada preferência, sucessivamente, aos bens e serviços:

a) produzidos ou prestados por empresas estabelecidas no território do Estado ou do Distrito Federal do órgão ou entidade da Administração Pública estadual ou distrital licitante ou, no caso de licitação realizada por órgão ou entidade de Município, no território do Estado em que este se localize;

b) produzidos ou prestados por empresas brasileiras;

c) produzidos ou prestados por empresas que invistam em pesquisa e no desenvolvimento de tecnologia no País;

d) empresas que comprovem a prática de mitigação, nos termos da Lei n. 12.187/2009 que trata da Política Nacional sobre Mudança do Clima – PNMC.

3.15 Princípio da segregação de funções

O princípio da segregação de funções representa a distribuição e a especialização de funções entre os agentes públicos que atuam nos processos de licitação e de contratação pública, a fim de garantir maior especialização no exercício das respectivas funções e de diminuir os riscos de conflitos de interesses dos agentes públicos. Trata-se de princípio que possui relação com os princípios da eficiência e da moralidade.

Nessa perspectiva, o art. 7.º, §§ 1.º e 2.º, da Lei n. 14.133/2021 proíbe a designação do mesmo agente público e dos órgãos de assessoramento jurídico e de controle interno da Administração para atuação simultânea em funções mais suscetíveis a riscos, de modo a reduzir a possibilidade de ocultação de erros e de ocorrência de fraudes na respectiva contratação. Desse modo, caso um servidor atue como pregoeiro ou agente de contratação, ele não deve ser indicado como fiscal do futuro contrato.

4. OBJETO DA LICITAÇÃO

O objeto da licitação corresponde ao conteúdo do futuro contrato a ser celebrado pela Administração Pública com o licitante vencedor do certame. Segundo classificação dada por José dos Santos Carvalho Filho (2017), o objeto da licitação se dividiria em dois, quais sejam:

1) O objeto **imediato**: que seria a seleção da proposta que melhor atenda os objetivos e interesses da administração; e

2) O objeto **mediato:** que seria a obtenção de alguma obra, serviço, realizar alguma compra, alienação, locação ou prestação de serviço público, a serem produzidas por certo particular por meio de uma contratação formal.

O procedimento, portanto, possui caráter instrumental e se destina à realização da melhor contratação pela Administração. Exatamente por isto, o objeto do contrato deve ser muito bem delineado pelo gestor público no instrumento convocatório garantindo, assim, o julgamento objetivo das propostas.

A Constituição Federal prevê, em seu art. 37, XXI:

> Art. 37. A administração pública direta e indireta de qualquer dos Poderes da União, dos Estados, do Distrito Federal e dos Municípios obedecerá aos princípios de legalidade, impessoalidade, moralidade, publicidade e eficiência e, também, ao seguinte:

> (...)
>
> XXI – ressalvados os casos especificados na legislação, **as obras, serviços, compras e alienações serão contratados mediante processo de licitação pública** que assegure igualdade de condições a todos os concorrentes, com cláusulas que estabeleçam obrigações de pagamento, mantidas as condições efetivas da proposta, nos termos da lei, o qual somente permitirá as exigências de qualificação técnica e econômica indispensáveis à garantia do cumprimento das obrigações.

O art. 2.º da Lei n. 8.666/93 afirmava, de forma genérica, a aplicabilidade da norma a licitações e contratações envolvendo obras, serviços, inclusive de publicidade, compras, alienações, concessões, permissões e locações da Administração Pública.

O novo diploma legislativo, a seu turno, procura ser bastante específico, estremando de dúvidas casos em que a aplicação da lei ficava em uma zona limítrofe, a exemplo da aplicação ou não do procedimento licitatório às locações de bens imóveis.

Nesse contexto, em relação aos **objetos das contratações**, o art. 2.º da nova Lei de Licitações dispõe:

> Art. 2.º Esta Lei aplica-se a:
>
> I – alienação e concessão de direito real de uso de bens;
>
> II – compra, inclusive por encomenda;
>
> III – locação;
>
> IV – concessão e permissão de uso de bens públicos;
>
> V – prestação de serviços, inclusive os técnico-profissionais especializados;
>
> VI – obras e serviços de arquitetura e engenharia;
>
> VII – contratações de tecnologia da informação e de comunicação.

Trata-se também de rol exemplificativo, pois o art. 37, XXI, da CF obriga a realização de licitação para todo e qualquer contrato administrativo, independentemente do objeto, salvo as hipóteses de contratação direta.

Vale registrar, ademais, que os arts. 40 a 51 da nova Lei de Licitações estabelecem o regime jurídico das compras, serviços, inclusive de engenharia, obras e locação de imóveis, cabendo ao art. 76 fixar o regime jurídico das alienações de bens da Administração Pública. Referidos temas serão abordados com maior profundidade no momento oportuno.

5. CONTRATAÇÃO DIRETA

5.1 Pressupostos para a licitação

A realização da licitação exige a presença de três pressupostos. São eles:

a) Pressuposto lógico

O pressuposto lógico da licitação exige a **pluralidade de objetos e de ofertantes**. Assim, para que a competição seja deflagrada, necessário que o objeto de interesse da Administração possua mais de um fornecedor e que o produto ou serviço não seja exclusivo.

Por outro lado, acaso a Administração deseje adquirir um determinado bem que possua natureza singular, torna-se inviável a competição, não sendo possível a realização do procedimento licitatório.

Como exemplo, podemos imaginar a hipótese da aquisição de uma determinada obra de arte, um determinado quadro de um determinado artista nacional para compor o acervo de um museu.

b) Pressuposto fático

O pressuposto fático do procedimento licitatório diz respeito à **presença de interessados** no certame. A ausência de interessados em participar da competição tornará a competição inviável na prática.

Exemplo disso seria uma licitação para contratar um determinado serviço, mas os valores ofertados pelo Poder Público estão abaixo do valor de mercado.

c) Pressuposto jurídico

A licitação não é um fim em si mesmo. Trata-se de procedimento destinado a atingir um determinado **interesse público:** a contratação pela Administração Pública da melhor proposta. Assim, o procedimento licitatório não pode ser utilizado para prejudicar o interesse coletivo.

Um bom exemplo é a possibilidade de empresas estatais que exercem atividade econômica realizarem contratações relativas ao seu objeto social sem necessidade de licitação.

Essas empresas foram criadas para desenvolver alguma atividade econômica em regime de concorrência com outras empresas no mercado. Exigir a realização de procedimento licitatório (por natureza lento e burocrático) para toda e qualquer contratação de uma empresa estatal seria prejudicial à própria atividade econômica desenvolvida.

Ausente quaisquer dos pressupostos acima, inviável será a licitação.

5.2 Contratação direta como exceção constitucional à licitação

Como visto, o art. 37, XXI, da CF, ao mesmo tempo em que determina a obrigatoriedade do procedimento licitatório para contratação com a Administração Pública, também relativiza essa regra, afirmando que "ressalvados os casos especificados na legislação, as obras, serviços, compras e alienações serão contratados mediante processo de licitação pública".

Existem, portanto, hipóteses em que a própria lei estabelece a possibilidade ou a necessidade de a eventual contratação pela Administração Pública ser feita sem a realização de um procedimento licitatório. Contudo, a desnecessidade de licitação não significa que o procedimento será informal ou que o administrador poderá contratar qualquer pessoa e por qualquer preço.

Mesmo na contratação direta, será necessário que o administrador público instaure um processo administrativo formal instruído com as justificativas para a contratação direta, a razão de escolha daquele determinado fornecedor, além da justificativa do preço que deverá ser compatível com os preços praticados no mercado.

É imprescindível, ainda, a comprovação de que o contratado preenche os requisitos de habilitação e qualificação mínima necessária e, se for o caso, a contratação deve estar lastreada em parecer jurídico e em pareceres técnicos que demonstrem o atendimento dos requisitos exigidos.

A nova Lei de Licitações, em obediência ao preceito constitucional, destinou capítulo próprio para tratar da contratação direta (Capítulo VIII, da Lei n. 14.133/2021), nele incluindo regras sobre o processo de contratação direta, mais bem detalhadas do que as contidas no art. 26 da Lei n. 8.666/93.

São três as hipóteses de contratação direta: a licitação inexigível, a dispensável e a dispensada.

Na licitação inexigível, a competição resta inviável por faltar um dos pressupostos da licitação (a seguir explicados), enquanto na licitação dispensável o administrador até poderia realizar o procedimento licitatório, mas a própria lei prevê uma faculdade para a escolha pela contratação direta. Na dispensada, a seu turno, em que pese possível a realização da licitação, a lei não deixa espaço para a discricionariedade do administrador, impondo a contratação direta.

Como bem explica José dos Santos Carvalho Filho (2017, p. 248), "na dispensa, a licitação é materialmente possível, mas em regra inconveniente; na inexigibilidade, é inviável a própria competição".

5.3 Processo de contratação direta

De acordo com o art. 72 da Lei n. 14.133/2021, o processo de contratação direta compreende os **casos de inexigibilidade e de dispensa de licitação**, e deve ser instruído com os seguintes documentos:

a) documento de formalização de demanda, estudo técnico preliminar, análise de riscos, termo de referência e, se for o caso, projeto básico ou projeto executivo;

b) estimativa de despesa, que deverá ser calculada na forma estabelecida no art. 23;

c) parecer jurídico e pareceres técnicos, se for o caso, demonstrando o atendimento aos requisitos exigidos;

d) demonstração da compatibilidade da previsão de recursos orçamentários com o compromisso a ser assumido;

e) comprovação de que o contratado preenche os requisitos de qualificação mínima necessária;

f) razão de escolha do contratado;

g) justificativa de preço; e

h) autorização da autoridade competente.

O ato que autoriza a contratação direta ou o extrato decorrente do contrato deve ser publicado na imprensa oficial e mantido no respectivo sítio eletrônico oficial.

Adiante, o art. 73 aponta que na hipótese de **contratação direta indevida ocorrida com dolo, fraude ou erro grosseiro**, o contratado e o agente público responsável **responderão *solidariamente*** pelo dano causado ao erário, sem prejuízo de outras sanções legais cabíveis.

Constatado o dolo, os responsáveis poderão incorrer, ainda no tipo do art. 337-E do Código Penal. Vejamos o tipo penal:

> **Contratação direta ilegal**
> Art. 337-E. Admitir, possibilitar ou dar causa à contratação direta fora das hipóteses previstas em lei:
> Pena – reclusão, de 4 (quatro) a 8 (oito) anos, e multa.

A doutrina já indica que essas exigências contidas nos arts. 72 e 73 da nova Lei de Licitações, devem ser aplicadas não somente para os casos de dispensa e inexigibilidade, como também para os casos de dispensa previstas no art. 76, I e II, da nova Lei, atinentes à alienação de bens da Administração Pública.

Vejamos agora os casos de dispensa e inexigibilidade, constantes da nova Lei.

5.4 Inexigibilidade de licitação

A inexigibilidade é a situação onde a Administração Pública deve deixar de licitar em decorrência da inexistência do pressuposto básico e essencial inerente à toda licitação: a concorrência.

O art. 25 da Lei n. 8.666/93 elencava as hipóteses em que o administrador não fará licitações, em razão da **inviabilidade de competição.**

> Art. 25. É **inexigível** a licitação quando houver inviabilidade de competição, em especial:
> I – para aquisição de materiais, equipamentos, ou gêneros que só possam ser fornecidos por produtor, empresa ou representante comercial exclusivo, vedada a

preferência de marca, devendo a comprovação de exclusividade ser feita através de atestado fornecido pelo órgão de registro do comércio do local em que se realizaria a licitação ou a obra ou o serviço, pelo Sindicato, Federação ou Confederação Patronal, ou, ainda, pelas entidades equivalentes;

II – para a contratação de **serviços técnicos** enumerados no **art.** 13 desta Lei, de natureza singular, com profissionais ou empresas de *notória especialização,* vedada a inexigibilidade para serviços de publicidade e divulgação;

III – para contratação de profissional de qualquer setor artístico, diretamente ou através de empresário exclusivo, desde que consagrado pela crítica especializada ou pela opinião pública.

Mas o que seria notória especialização?

§ 1.º Considera-se de **notória especialização** o profissional ou empresa cujo conceito no campo de sua especialidade, decorrente de desempenho anterior, estudos, experiências, publicações, organização, aparelhamento, equipe técnica, ou de outros requisitos relacionados com suas atividades, permita inferir que o seu trabalho é essencial e indiscutivelmente o mais adequado à plena satisfação do objeto do contrato.

Os serviços técnicos profissionais previstos na lei e capazes de gerar a inexigibilidade de licitação estavam previstos no art. 13:

Art. 13. Para os fins desta Lei, **consideram-se serviços técnicos profissionais especializados os trabalhos relativos** a:

I – estudos técnicos, planejamentos e projetos básicos ou executivos;

II – pareceres, perícias e avaliações em geral;

III – assessorias ou consultorias técnicas e auditorias financeiras ou tributárias;

IV – fiscalização, supervisão ou gerenciamento de obras ou serviços;

V – patrocínio ou defesa de causas judiciais ou administrativas;

VI – treinamento e aperfeiçoamento de pessoal;

VII – restauração de obras de arte e bens de valor histórico.

A nova Lei de Licitações, por sua vez, não apresentou grandes novidades em relação aos arts. 13 e 25 da Lei n. 8.666/93, mantendo, inclusive, a natureza exemplificativa das situações de inexigibilidade ao utilizar a expressão "em especial", que também era utilizada pelo art. 25 da Lei n. 8.666/93.

É fundamental a leitura atenta do art. 74 da Lei n. 14.133/2021:

Art. 74. **É inexigível a licitação** quando inviável a competição, em especial nos casos de:

I – aquisição de materiais, de equipamentos ou de gêneros ou contratação de serviços que só possam ser fornecidos por **produtor, empresa** ou **representante comercial exclusivos;**

II – contratação de **profissional do setor artístico**, diretamente ou por meio de empresário exclusivo, desde que consagrado pela crítica especializada ou pela opinião pública;

III – contratação dos seguintes **serviços técnicos especializados de natureza predominantemente intelectual** com profissionais ou empresas de notória especialização, vedada a inexigibilidade para serviços de publicidade e divulgação:

a) estudos técnicos, planejamentos, projetos básicos ou projetos executivos;

b) pareceres, perícias e avaliações em geral;

c) assessorias ou consultorias técnicas e auditorias financeiras ou tributárias;

d) fiscalização, supervisão ou gerenciamento de obras ou serviços;

e) patrocínio ou defesa de causas judiciais ou administrativas;

f) treinamento e aperfeiçoamento de pessoal;

g) restauração de obras de arte e de bens de valor histórico;

h) controles de qualidade e tecnológico, análises, testes e ensaios de campo e laboratoriais, instrumentação e monitoramento de parâmetros específicos de obras e do meio ambiente e demais serviços de engenharia que se enquadrem no disposto neste inciso;

IV – objetos que devam ou possam ser contratados por meio de **credenciamento**;

V – **aquisição ou locação de imóvel** cujas características de instalações e de localização tornem necessária sua escolha.

Assim, com o novo diploma legal, temos **cinco** hipóteses de inexigibilidade:

- **Fornecedor exclusivo:** a comprovação da exclusividade do fornecedor, prevista no art. 74, I, da nova Lei de Licitações, será realizada mediante atestado de exclusividade, contrato de exclusividade, declaração do fabricante ou outro documento idôneo capaz de comprovar que o objeto é fornecido ou prestado por produtor, empresa ou representante comercial exclusivos, *vedada a preferência por marca específica*; (art. 74, § 1.º, da nova Lei de Licitações).

- **Profissional do setor artístico**, **diretamente ou por meio de empresário exclusivo:** considera-se empresário exclusivo a pessoa física ou jurídica que possua contrato, declaração, carta ou outro documento que ateste a exclusividade permanente e contínua de representação, no País ou em Estado específico, do profissional do setor artístico, afastada a possibilidade de contratação direta por inexigibilidade por meio de empresário com representação restrita a evento ou local específico (art. 74, § 2.º, da nova Lei de Licitações).

- **Serviços técnicos especializados, de natureza singular, com profissionais ou empresas de notória especialização, indicados no rol legal:** considera-se de notória especialização o profissional ou a empresa cujo conceito no campo de sua especialidade, decorrente de desempenho anterior, estudos, experiência, publicações, organização, aparelhamento, equipe técnica ou outros requisitos relacionados com suas atividades, permita inferir que o seu trabalho é essencial e reconhecidamente adequado à plena satisfação do objeto do contrato (art. 74, § 3.º, da nova Lei de Licitações); nesse caso, é vedada a subcontratação de empresas ou a atuação de profissionais distintos daqueles que tenham justificado a inexigibilidade (art. 74, § 4.º, da nova Lei de Licitações).

- **Objetos que devam ou possam ser contratados por meio de credenciamento:** credenciamento é processo administrativo de chamamento público em que a Administração Pública convoca interessados em prestar serviços ou fornecer bens para que, preenchidos os requisitos necessários, se credenciem no órgão ou na entidade para executar o objeto quando convocados (art. 6.º, XLIII, da nova Lei de Licitações).
- **Aquisição ou locação de imóvel cujas características de instalações e de localização tornem necessária sua escolha:** segundo o art. 74, § 5.º, da nova Lei de Licitações, devem ser observados os seguintes requisitos:

> I – avaliação prévia do bem, do seu estado de conservação, dos custos de adaptações, quando imprescindíveis às necessidades de utilização, e do prazo de amortização dos investimentos;
> II – certificação da inexistência de imóveis públicos vagos e disponíveis que atendam ao objeto;
> III – justificativas que demonstrem a singularidade do imóvel a ser comprado ou locado pela Administração e que evidenciem vantagem para ela.

Destaque-se que o credenciamento já era considerado pela doutrina e pelo STJ como um caso de inexigibilidade de licitação implicitamente previsto no *caput* do art. 25 da Lei n. 8.666/93, o que reforçava o caráter exemplificativo dos seus incisos. Portanto, a Lei n. 14.133/2021 apenas o incluiu expressamente no rol de inexigibilidade de licitação.

Pelo sistema de credenciamento, todos os potenciais interessados que preencherem as condições previamente estipuladas por regulamento do Poder Público para o exercício de determinada atividade serão credenciados e poderão prestar os serviços. Observa-se que não há competição entre interessados, mas, sim, a disponibilização universal do serviço para todos os interessados que preencherem as exigências estabelecidas.

Por fim, deve-se ter especial atenção com **a aquisição ou locação de imóvel cujas características de instalações e de localização tornem necessá-**

ria sua escolha, pois essa era prevista como hipótese de dispensa de licitação pelo art. 24, X, da Lei n. 8.666/93. Contudo, a doutrina entendia que se tratava de inexigibilidade de licitação, o que foi acatado pelo legislador na edição da nova Lei.

5.5 Licitação dispensável

O art. 75 da nova Lei de Licitações enumera o rol de casos de dispensa de licitação, mantendo, em boa parte, as hipóteses de dispensa anteriormente previstas no art. 24 da Lei n. 8.666/93. Porém, também alterou e excluiu alguns casos elencados na legislação anterior, bem como incluiu novas hipóteses.

É necessária a compreensão geral das possibilidades de dispensa, além de uma atenção redobrada com as novas hipóteses. **Destacamos os itens mais relevantes, mas é imprescindível a leitura de todo o dispositivo.**

Art. 75. É dispensável a licitação:

I – para contratação que envolva **valores inferiores a R$ 100.000,00** (cem mil reais), no caso de **obras e serviços de engenharia ou de serviços de manutenção de veículos automotores**;

[valor atualizado pelo Decreto n. 11.871, de 29 de dezembro de 2023: R$ 119.812,02 (cento e dezenove mil oitocentos e doze reais e dois centavos)]

II – para contratação que envolva **valores inferiores a R$ 50.000,00** (cinquenta mil reais), no caso de **outros serviços e compras**;

[valor atualizado pelo Decreto n. 11.871, de 29 de dezembro de 2023: R$ 59.906,02 (cinquenta e nove mil e seis reais e dois centavos)]

III – **para contratação que mantenha todas as condições definidas em edital de licitação realizada há menos de 1 (um) ano, quando se verificar que naquela licitação:**

a) **não surgiram licitantes interessados ou não foram apresentadas propostas válidas;**

b) **as propostas apresentadas consignaram preços manifestamente superiores aos praticados no mercado ou incompatíveis com os fixados pelos órgãos oficiais competentes;**

IV – para contratação que tenha por objeto:

a) bens, componentes ou peças de origem nacional ou estrangeira necessários à manutenção de equipamentos, a serem adquiridos do fornecedor original desses equipamentos durante o período de garantia técnica, quando essa condição de exclusividade for indispensável para a vigência da garantia;

b) bens, serviços, alienações ou obras, nos termos de acordo internacional específico aprovado pelo Congresso Nacional, quando as condições ofertadas forem manifestamente vantajosas para a Administração;

c) produtos para pesquisa e desenvolvimento, limitada a contratação, no caso de obras e serviços de engenharia, ao valor de R$ 300.000,00 (trezentos mil reais); [valor atualizado pelo Decreto n. 11.871, de 29 de dezembro de 2023: R$ 359.436,08 (trezentos e cinquenta e nove mil quatrocentos e trinta e seis reais e oito centavos)]

d) transferência de tecnologia ou licenciamento de direito de uso ou de exploração de criação protegida, nas contratações realizadas por instituição científica, tecnológica e de inovação (ICT) pública ou por agência de fomento, desde que demonstrada vantagem para a Administração;

e) **hortifrutigranjeiros, pães e outros gêneros perecíveis**, no período necessário para a realização dos processos licitatórios correspondentes, hipótese em que a contratação será realizada diretamente **com base no preço do dia**;

f) bens ou serviços produzidos ou prestados no País que envolvam, cumulativamente, alta complexidade tecnológica e defesa nacional;

g) materiais de uso das Forças Armadas, com exceção de materiais de uso pessoal e administrativo, quando houver necessidade de manter a padronização requerida pela estrutura de apoio logístico dos meios navais, aéreos e terrestres, mediante autorização por ato do comandante da força militar;

h) bens e serviços para atendimento dos contingentes militares das forças singulares brasileiras empregadas em operações de paz no exterior, hipótese em que a contratação deverá ser justificada quanto ao preço e à escolha do fornecedor ou executante e ratificada pelo comandante da força militar;

i) abastecimento ou suprimento de efetivos militares em estada eventual de curta duração em portos, aeroportos ou localidades diferentes de suas sedes, por motivo de movimentação operacional ou de adestramento;

j) coleta, processamento e comercialização de resíduos sólidos urbanos recicláveis ou reutilizáveis, em áreas com sistema de coleta seletiva de lixo, realizados por associações ou cooperativas formadas exclusivamente de pessoas físicas de baixa renda reconhecidas pelo poder público como catadores de materiais recicláveis, com o uso de equipamentos compatíveis com as normas técnicas, ambientais e de saúde pública;

k) **aquisição ou restauração de obras de arte e objetos históricos, de autenticidade certificada**, desde que inerente às finalidades do órgão ou com elas compatível;

l) serviços especializados ou aquisição ou locação de equipamentos destinados ao rastreamento e à obtenção de provas previstas nos incisos II e V do *caput* do art. 3.º da Lei n. 12.850, de 2 de agosto de 2013, quando houver necessidade justificada de manutenção de sigilo sobre a investigação;

m) **aquisição de medicamentos destinados exclusivamente ao tratamento de doenças raras definidas pelo Ministério da Saúde**;

V – para contratação com vistas ao cumprimento do disposto nos arts. 3.º, 3.º-A, 4.º, 5.º e 20 da Lei n. 10.973, de 2 de dezembro de 2004, observados os princípios gerais de contratação constantes da referida Lei;

VI – para contratação que possa acarretar comprometimento da segurança nacional, nos casos estabelecidos pelo Ministro de Estado da Defesa, mediante demanda dos comandos das Forças Armadas ou dos demais ministérios;

VII – nos casos de guerra, estado de defesa, estado de sítio, intervenção federal ou de grave perturbação da ordem;

VIII – nos casos de emergência ou de calamidade pública, quando caracterizada urgência de atendimento de situação que possa ocasionar prejuízo ou comprometer a continuidade dos serviços públicos ou a segurança de pessoas, obras, serviços, equipamentos e outros bens, públicos ou particulares, e somente para aquisição dos bens necessários ao atendimento da situação emergencial ou calamitosa e para as parcelas de obras e serviços que possam ser concluídas no prazo máximo de 1 (um) ano, contado da data de ocorrência da emergência ou da calamidade, vedadas a prorrogação dos respectivos contratos e a recontratação de empresa já contratada com base no disposto neste inciso;

IX – para a aquisição, por pessoa jurídica de direito público interno, de bens produzidos ou serviços prestados por órgão ou entidade que integrem a Administração Pública e que tenham sido criados para esse fim específico, desde que o preço contratado seja compatível com o praticado no mercado;

X – quando a União tiver que intervir no domínio econômico para regular preços ou normalizar o abastecimento;

XI – para celebração de contrato de programa com ente federativo ou com entidade de sua Administração Pública indireta que envolva prestação de serviços públicos de forma associada nos termos autorizados em contrato de consórcio público ou em convênio de cooperação;

XII – para contratação em que houver transferência de tecnologia de produtos estratégicos para o Sistema Único de Saúde (SUS), conforme elencados em ato da direção nacional do SUS, inclusive por ocasião da aquisição desses produtos durante as etapas de absorção tecnológica, e em valores compatíveis com aqueles definidos no instrumento firmado para a transferência de tecnologia;

XIII – para contratação de profissionais para compor a comissão de avaliação de critérios de técnica, quando se tratar de profissional técnico de notória especialização;

XIV – para contratação de associação de pessoas com deficiência, sem fins lucrativos e de comprovada idoneidade, por órgão ou entidade da Administração Pública, para a prestação de serviços, desde que o preço contratado seja compatível com o praticado no mercado e os serviços contratados sejam prestados exclusivamente por pessoas com deficiência;

XV – para contratação de instituição brasileira que tenha por finalidade estatutária apoiar, captar e executar atividades de ensino, pesquisa, extensão, desenvolvimento institucional, científico e tecnológico e estímulo à inovação, inclusive para gerir administrativa e financeiramente essas atividades, ou para contratação de instituição dedicada à recuperação social da pessoa presa, desde que o contratado tenha inquestionável reputação ética e profissional e não tenha fins lucrativos;

XVI – para aquisição, por pessoa jurídica de direito público interno, de insumos estratégicos para a saúde produzidos por fundação que, regimental ou estatutariamente, tenha por finalidade apoiar órgão da Administração Pública direta, sua autarquia ou fundação em projetos de ensino, pesquisa, extensão, desenvolvimento institucional, científico e tecnológico e de estímulo à inovação, inclusive na gestão administrativa e financeira necessária à execução desses projetos, ou em parcerias que envolvam transferência de tecnologia de produtos estratégicos para o SUS, nos termos do inciso XII do *caput* deste artigo, e que tenha sido criada para esse fim específico em data anterior à entrada em vigor desta Lei, desde que o preço contratado seja compatível com o praticado no mercado.

Inicialmente, com relação aos valores previstos nos incisos I e II, para fins de sua aferição, o § 1.º do art. 75 determina que deverão ser observados o *somatório* do que for despendido no exercício financeiro pela respectiva unidade gestora e o somatório da despesa realizada com objetos de mesma natureza, entendidos como tais aqueles relativos a contratações no mesmo ramo de atividade.

Tal regra **não se aplica às contratações de até R$ 9.584,97 (nove mil quinhentos e oitenta e quatro reais e noventa e sete centavos) de serviços de manutenção de veículos automotores** de propriedade do órgão ou entidade contratante, incluído o fornecimento de peças. Tal previsão encontra-se no art. 75, § 7.º, da Lei n. 14.133/2021 e teve o valor atualizado pelo Decreto n. 11.871, de 29 de dezembro de 2023.

Quando se tratar de compras, obras e serviços contratados por **consórcio público ou por autarquia ou fundação qualificadas como agências executivas** na forma da lei, esses **valores serão *duplicados*.**

Apesar de ser dispensável a licitação, o § 3.º do art. 75 afirma que as contratações de que tratam os incisos I e II serão **preferencialmente precedidas de divulgação de aviso em sítio eletrônico oficial,** pelo prazo mínimo de 3 (três) dias úteis, com a especificação do objeto pretendido e com a manifestação de interesse da Administração em obter propostas adicionais de eventuais interessados, devendo ser selecionada a proposta mais vantajosa. Ademais, serão **preferencialmente pagas por meio de cartão de pagamento**, cujo extrato deverá ser divulgado e mantido à disposição do público no Portal Nacional de Contratações Públicas (PNCP).

A dispensa para contratação que tenha por objeto produtos para pesquisa e desenvolvimento, limitada a contratação, no caso de obras e serviços de engenharia, ao valor de R$ 359.436,08 (trezentos e cinquenta e nove mil quatrocentos e trinta e seis reais e oito centavos), quando aplicada a obras e serviços de engenharia, seguirá procedimentos especiais instituídos em regulamentação específica. Tal previsão encontra-se no art. 75, *caput*, IV, *c*, e teve o valor atualizado pelo Decreto n. 11.871, de 29 de dezembro de 2023.

Ao disciplinar sobre a hipótese do inciso VIII, o art. 75, § 6.º, prevê que **considera-se emergencial** a contratação por dispensa com objetivo de **manter a continuidade do serviço público**, e deverão ser observados os valores praticados pelo mercado na forma do art. 23 da Lei e adotadas as providências necessárias para a conclusão do processo licitatório, **sem prejuízo de apuração de responsabilidade dos agentes públicos que deram causa à situação emergencial**.

Destaca-se ainda acerca de tal caso que a legislação anterior estabelecia o prazo máximo de 6 (seis) meses para contratação, e a nova Lei amplia o prazo para 1 (um) ano, vedada a prorrogação para além do prazo máximo nas duas normas. Também, diferentemente da legislação anterior, a Lei n. 14.133/2021 proíbe a recontratação de empresa já contratada emergencialmente, com fundamento no referido dispositivo legal.

Observa-se, assim, que algumas hipóteses de licitação dispensável da Lei n. 8.666/93 não foram mantidas pelo art. 75 da nova Lei de Licitações. São eles: incisos X, XI, XVI, XXII, XXIII, XXIV, XXX, XXXIII e XXXV, do art. 24, da Lei n. 8.666/93.

Além disso, duas situações antes tratadas como dispensa de licitação receberam novo tratamento. Primeiro, como dito, o art. 24, X, da Lei n. 8.666/93 estabelecia a dispensa para a compra ou locação de imóvel destinado ao atendimento das finalidades precípuas da Administração, o que passou a ser caso de inexigibilidade de licitação, segundo o art. 74, V, da nova Lei de Licitações.

Em segundo lugar, o art. 24, XI, da Lei n. 8.666/93 permitia a dispensa de licitação na contratação de remanescente de obra, serviço ou fornecimento, em consequência de rescisão contratual, desde que atendida a ordem de classificação da licitação anterior e aceitas as mesmas condições oferecidas pelo licitante vencedor, inclusive quanto ao preço, devidamente corrigido. Porém, isso não configurava bem uma hipótese de contratação direta, uma vez que a licitação foi realizada, mas sim, de inadimplemento contratual.

Diante disso, a Lei n. 14.133/2021 passou a disciplinar o tema quando tratou da formalização dos contratos administrativos. Pelo seu art. 90, § 7.º, será facultada à Administração a convocação dos demais licitantes classificados para a contratação de remanescente de obra, de serviço ou de fornecimento em consequência de rescisão contratual, observados os critérios estabelecidos nos §§ 2.º e 4.º do referido artigo.

5.6 Licitação dispensada

A licitação dispensada é prevista para os casos de alienação de bens imóveis e móveis da Administração indicados no art. 76, I e II, da Lei n. 14.133/2021, respectivamente, assemelhando-se às situações descritas nos incisos I e II do art. 17 da Lei n. 8.666/93.

Estas são hipóteses taxativas, uma vez que, quando houver viabilidade de licitação, a regra constitucional é a licitação, "ressalvados os casos especificados na legislação", na forma do art. 37, XXI, da CF.

Mas qual é a diferença entre licitação inexigível, dispensável e dispensada?

Como estudado, na **inexigibilidade**, o administrador se depara com hipóteses nas quais a licitação é impossível, por lhe faltar o pressuposto lógico, a competição. São as situações elencadas no art. 74 da Lei n. 14.133/2021.

Na **licitação dispensável**, a Administração Pública poderá licitar ou dispensar o procedimento, agindo segundo uma margem discricionária com um juízo de conveniência e oportunidade. Aqui, temos as hipóteses do art. 75 da Lei n. 14.133/2021.

Finalmente, **licitação dispensada** é aquela em que a própria Lei determina que o administrador não a realize. Inexiste margem discricionária: o administrador não pode licitar. São os casos descritos no art. 76, I e II, da Lei n. 14.133/2021.

Desse modo, a licitação dispensada é aquela em que não há discricionariedade, pois o próprio legislador dispensou ("dispensa legal") a licitação, inexistindo liberdade para o administrador decidir de maneira diversa.

Assim enumera o art. 76, I e II, da nova Lei de Licitações:

Art. 76. A alienação de bens da Administração Pública, subordinada à existência de interesse público devidamente justificado, será precedida de avaliação e obedecerá às seguintes normas:

I – tratando-se de **bens imóveis**, inclusive os pertencentes às autarquias e às fundações, **exigirá autorização legislativa e dependerá de licitação na modalidade leilão, dispensada a realização de licitação** nos casos de:

a) dação em pagamento;

b) doação, permitida exclusivamente para outro órgão ou entidade da Administração Pública, de qualquer esfera de governo, ressalvado o disposto nas alíneas f, g e h deste inciso;

c) permuta por outros imóveis que atendam aos requisitos relacionados às finalidades precípuas da Administração, desde que a diferença apurada não ultrapasse a metade do valor do imóvel que será ofertado pela União, segundo avaliação prévia, e ocorra a torna de valores, sempre que for o caso;

d) investidura;

e) venda a outro órgão ou entidade da Administração Pública de qualquer esfera de governo;

f) alienação gratuita ou onerosa, aforamento, concessão de direito real de uso, locação e permissão de uso de bens imóveis residenciais construídos, destinados ou efetivamente usados em programas de habitação ou de regularização fundiária de interesse social desenvolvidos por órgão ou entidade da Administração Pública;

g) alienação gratuita ou onerosa, aforamento, concessão de direito real de uso, locação e permissão de uso de bens imóveis comerciais de âmbito local, com área de até 250 m² (duzentos e cinquenta metros quadrados) e destinados a programas de regularização fundiária de interesse social desenvolvidos por órgão ou entidade da Administração Pública;

h) alienação e concessão de direito real de uso, gratuita ou onerosa, de terras públicas rurais da União e do Instituto Nacional de Colonização e Reforma Agrária (Incra) onde incidam ocupações até o limite de que trata o § 1.º do art. 6.º da Lei n. 11.952, de 25 de junho de 2009, para fins de regularização fundiária, atendidos os requisitos legais;

i) legitimação de posse de que trata o art. 29 da Lei n. 6.383, de 7 de dezembro de 1976, mediante iniciativa e deliberação dos órgãos da Administração Pública competentes;

j) legitimação fundiária e legitimação de posse de que trata a Lei n. 13.465, de 11 de julho de 2017;

II – tratando-se de **bens móveis**, dependerá de **licitação na modalidade leilão, dispensada a realização de licitação** nos casos de:

a) doação, permitida exclusivamente para fins e uso de interesse social, após avaliação de oportunidade e conveniência socioeconômica em relação à escolha de outra forma de alienação;

b) permuta, permitida exclusivamente entre órgãos ou entidades da Administração Pública;

c) venda de ações, que poderão ser negociadas em bolsa, observada a legislação específica;

d) venda de títulos, observada a legislação pertinente;

e) venda de bens produzidos ou comercializados por entidades da Administração Pública, em virtude de suas finalidades;

f) venda de materiais e equipamentos sem utilização previsível por quem deles dispõe para outros órgãos ou entidades da Administração Pública.

Cumpre observar que os arts. 17, I e II, e 22, § 5.º, da Lei n. 8.666/93 estabeleciam na legislação revogada, como regra geral, a utilização da concorrência para alienação de bens imóveis e do leilão dos bens móveis, aceitando, excepcionalmente, a utilização do leilão para alienação de bens imóveis, cuja aquisição haja derivado de procedimentos judiciais ou de dação em pagamento, na forma do art. 19, III, da Lei n. 8.666/93.

Todavia, com o advento da nova Lei de Licitações, o **leilão poderá ser utilizado para alienação de bens imóveis e móveis**, nos termos do art. 76, I e II, da Lei n. 14.133/2021.

6. MODALIDADES DE LICITAÇÃO

A Administração deverá adotar certos procedimentos e formalidades em cada licitação, adotando a modalidade que melhor se adeque ao interesse público. Cinco eram as modalidades elencadas na Lei n. 8.666/93, especificamente no art. 22, quais sejam:

a) Concorrência;

b) Tomada de preço;

c) Convite;

d) Concurso;

e) Leilão.

Além dessas modalidades, outras três estavam previstas em leis esparsas:

a) Pregão (Lei n. 10.520/2002);

b) Consulta (Lei n. 9.472/97);

c) RDC (Lei n. 12.462/2011).

Por sua vez, o art. 28 da nova Lei de Licitações dispõe:

> Art. 28. São modalidades de licitação:
> I – pregão;
> II – concorrência;
> III – concurso;
> IV – leilão;
> V – diálogo competitivo.
> § 1.º Além das modalidades referidas no *caput* deste artigo, a Administração pode servir-se dos procedimentos auxiliares previstos no art. 78 desta Lei.
> § 2.º É vedada a criação de outras modalidades de licitação ou, ainda, a combinação daquelas referidas no *caput* deste artigo.

Observe que a **nova Lei extinguiu as modalidades "tomada de preços" e "convite"**, ao tempo em que **criou nova modalidade de licitação: o "diálogo competitivo"**.

Com isso, a Lei n. 14.133/2021 não mais adota o critério do valor estimado da contratação para escolha entre a concorrência, tomada de preços e o convite nos termos do art. 23, I e II, da Lei n. 8.666/93.

A definição da modalidade de licitação a ser utilizada pela Administração Pública dependerá agora do objeto a ser contratado.

O concurso, o leilão e o pregão já não possuíam relação com o valor da contratação. Igualmente, o diálogo competitivo não possui vinculação com o vulto do contrato, mas sim com outros parâmetros, como às inovações tecnológicas e complexidade técnica.

Ademais, o art. 28, § 2.º, da nova Lei de Licitações, assim como o art. 22, § 8.º, da Lei n. 8.666/93, **veda expressamente que a Administração crie outras modalidades de licitação ou combine as modalidades existentes.**

> Na nova Lei de Licitações, a definição da modalidade de licitação a ser utilizada pela Administração Pública dependerá do objeto a ser contratado.

6.1 Pregão

O pregão era disciplinado pela Lei n. 10.520/2002 para aquisição de bens e serviços comuns, independentemente do valor estimado do futuro contrato.

Cumpre recordar que a Lei n. 10.520/2002, juntamente com a Lei n. 8.666/93 e os arts. 1.º a 47-A da Lei n. 12.462/2011 foram revogados em 30 de dezembro de 2023, conforme expressa previsão do art. 193, II, *b*, da Lei n. 14.133/2021, com a redação dada pela Medida Provisória n. 1.167/2023, passando essa norma a regular integralmente a matéria.

Nos termos do art. 6.º, XLI, o pregão é a **modalidade de licitação obrigatória** para aquisição de **bens e serviços comuns**, cujo critério de julgamento poderá ser o de **menor preço ou o de maior desconto.**

Bens e serviços comuns, são aqueles cujos padrões de desempenho e qualidade podem ser objetivamente definidos pelo edital, por meio de especificações usuais de mercado.

Verifica-se que o conceito de "bem ou serviço comum" apresenta as seguintes características:

a) disponibilidade no mercado: o objeto é encontrado facilmente;

b) padronização: predeterminação, de modo objetivo e uniforme, da qualidade e dos atributos essenciais do bem ou do serviço; e

c) casuísmo moderado: a qualidade "comum" deve ser verificada em cada caso concreto, e não em termos abstratos.

Portanto, não existe um rol taxativo do que seja bens e serviços comuns. De toda sorte, algumas atividades com certeza não se incluem no rol. Por exemplo, é certo que o pregão não se aplica à delegação de serviços públicos, pois tais serviços não são caracterizados como "comuns".

No tocante aos serviços de engenharia, o pregão somente pode ser empregado para contratação de serviços de engenharia, que possam ser qualificados como "comuns", isto é, todo serviço de engenharia que tenha por objeto ações, objetivamente padronizáveis em termos de desempenho e qualidade, de manutenção, de adequação e de adaptação de bens móveis e imóveis, com preservação das características originais dos bens.

Não se aplica o pregão às contratações de serviços técnicos especializados de natureza predominantemente intelectual e de obras e serviços de engenharia que não se enquadrem nos termos ora expostos.

De acordo com o art. 29 da Lei n. 14.133/2021, o pregão, que seguirá o rito previsto no art. 17, será adotado sempre que **o objeto possuir padrões de desempenho e qualidade que possam ser objetivamente definidos pelo edital,** por meio de especificações usuais de mercado.

Ponto que merece destaque diz respeito à obrigatoriedade da adoção do pregão.

Sob a vigência da Lei do Pregão, a adoção desta modalidade de licitação para aquisição de bens e serviços comuns era discricionária, já que que o art. 1.º da Lei n. 10.520/2002 estabelecia que o pregão poderia ser adotado nesses casos. Cuidava-se, pois, de atuação discricionária do administrador, que poderia escolher outra modalidade de licitação.

Com a nova Lei, a adoção do pregão é obrigatória, inexistindo margem de conveniência e oportunidade por parte do administrador quanto à sua adoção.

Sua utilização, ademais, **independe do valor estimado do futuro contrato.**

Eventual complexidade técnica ou a natureza intelectual do bem ou serviço, de igual modo, não impedem a aplicação do pregão se o mercado possui definições usualmente praticadas em relação ao objeto da licitação.

Nesse sentido, o teor do Enunciado 26 da I Jornada de Direito Administrativo do Conselho da Justiça Federal/STJ, que trata expressamente do pregão (anteriormente regulado pela Lei n. 10.520/2002):

> A Lei n. 10.520/2002 define o bem ou serviço comum com base em critérios eminentemente mercadológicos, de modo que a complexidade técnica ou a natureza intelectual do bem ou serviço não impedem a aplicação do pregão se o mercado possui definições usualmente praticadas em relação ao objeto da licitação.

Em licitação na modalidade pregão, o agente responsável pela condução do certame será designado **pregoeiro.**

6.2 Concorrência

Segundo a redação do art. 22, § 1.º, da Lei n. 8.666/93, a concorrência seria a modalidade de licitação entre quaisquer interessados que, na fase inicial de habilitação preliminar, comprovem possuir os requisitos mínimos de qualificação exigidos no edital para execução de seu objeto. Na disciplina da Lei n. 8.666/93, esta modalidade era a mais formal, pois sua exigência, em regra, deveria recair sobre contratos de grande porte econômico, ou ainda para as alienações.

Na nova Lei de Licitações, a concorrência também seguirá o rito do art. 17 e será **adotada para os casos em que não for possível a utilização do pregão.**

Esse rito procedimental do art. 17, que passa a ser a regra na nova Lei, positiva a tendência de realização da fase de julgamento antes da etapa de habilitação, o que já era previsto na Lei do Pregão (Lei n. 10.520/2002).

Assim, os procedimentos da concorrência e do pregão são muito similares e essas modalidades serão diferenciadas, basicamente, pelo objeto a ser contratado e pelo critério de julgamento utilizado na licitação.

Sobre os critérios de julgamento utilizados na concorrência, estabelece o art. 6.º, XXXVIII, da Lei n. 14.133/2021:

> Art. 6.º (...)
> XXXVIII – concorrência: modalidade de licitação para contratação de bens e serviços especiais e de obras e serviços comuns e especiais de engenharia, cujo critério de julgamento poderá ser:
> *a)* menor preço;
> *b)* melhor técnica ou conteúdo artístico;
> *c)* técnica e preço;
> *d)* maior retorno econômico;
> *e)* maior desconto;

As características mais marcantes da concorrência são: o **formalismo mais acentuado**, motivo pelo qual se exige uma fase inicial de habilitação preliminar, na qual são aferidas as condições de cada participante; e a **publicidade mais ampla**, refletida na necessidade de participação de todos quantos estiverem interessados na contratação.

6.3 Concurso

Segundo a redação do revogado art. 22, § 4.º, da Lei n. 8.666/93, o concurso era conceituado como a modalidade de licitação entre quaisquer interessados para escolha de trabalho técnico, científico ou artístico, mediante a instituição de prêmios ou remuneração aos vencedores, conforme critérios constantes de edital publicado na imprensa oficial com antecedência mínima de 45 (quarenta e cinco) dias.

Já o art. 6.º, XXXIX, da nova Lei de Licitações, afirma que o concurso é a **modalidade de licitação para escolha de trabalho técnico, científico ou artístico, cujo critério de julgamento será o de *melhor técnica ou conteúdo artístico*, e concessão de prêmio ou remuneração ao vencedor.**

Não se pode confundir essa modalidade de licitação com o concurso público para contratação de agentes públicos, pois a licitação mediante concurso visa a contratação do trabalho, e não o provimento de cargos ou empregos públicos na Administração.

A Administração não pretende contratar com ninguém, mas apenas selecionar um projeto de cunho intelectual e a seu autor conceder um prêmio ou determinada remuneração, os quais só poderão ser pagos se o autor do projeto ceder à Administração os direitos patrimoniais a ele relativos e a ela permitir a utilização, consoante estabelecer o regulamento ou o ajuste.

Sobre a modalidade, prevê o art. 30 da Lei n. 14.133/2021:

> Art. 30. O concurso observará as regras e condições previstas em edital, que indicará:
> I - a qualificação exigida dos participantes;
> II - as diretrizes e formas de apresentação do trabalho;
> III - as condições de realização e o prêmio ou remuneração a ser concedida ao vencedor.
>
> Parágrafo único. Nos concursos destinados à elaboração de projeto, o vencedor deverá ceder à Administração Pública, nos termos do art. 93 desta Lei, todos os direitos patrimoniais relativos ao projeto e autorizar sua execução conforme juízo de conveniência e oportunidade das autoridades competentes.

Em síntese, destacam-se como principais características do concurso:

i)   Não depende do valor estimado do contrato;

ii) Permite a participação de todos os eventuais interessados;

iii) Regras definidas por regulamento que deverá indicar: a qualificação exigida dos participantes, as diretrizes e a forma de apresentação do trabalho e as condições de realização do concurso e os prêmios a serem concedidos;

iv) Dispensa, no todo ou em parte, da apresentação de alguns documentos de habilitação;

v)   Julgamento realizado por uma banca designada para esse fim, composta de, no mínimo, 3 (três) membros, que poderão ser:

a) servidores efetivos ou empregados públicos pertencentes aos quadros permanentes da Administração Pública;

b) profissionais contratados por conhecimento técnico, experiência ou renome na avaliação dos quesitos especificados em edital, desde que seus trabalhos sejam supervisionados por profissionais designados conforme o disposto no art. 7.º desta Lei (art. 37, § 1.º).

vi) O prazo mínimo para apresentação de propostas e lances, contados a partir da data de divulgação do edital de licitação é de **35 dias úteis** (art. 54, IV);

vii) O julgamento, a ser realizado mediante o critério de melhor técnica ou conteúdo artístico, considerará exclusivamente as propostas técnicas ou artísticas apresentadas pelos licitantes, e o edital deverá definir o prêmio ou a remuneração que será atribuída aos vencedores (art. 35);

viii) Nas contratações de projetos ou de serviços técnicos especializados, inclusive daqueles que contemplem o desenvolvimento de programas e aplicações de internet para computadores, máquinas, equipamentos e dispositivos de tratamento e de comunicação da informação (*software*) e a respectiva documentação técnica associada, o **autor deverá ceder todos os direitos patrimoniais a eles relativos para a Administração Pública**, hipótese em que poderão ser livremente utilizados e alterados por ela em outras ocasiões, sem necessidade de nova autorização de seu autor (art. 92).

6.4 Leilão

Para a revogada redação do § 5.º do art. 22 da Lei n. 8.666/93, o leilão seria a modalidade de licitação entre quaisquer interessados para a venda de bens móveis inservíveis para a Administração ou de produtos legalmente apreendidos ou penhorados, ou para a alienação de bens imóveis prevista no art. 19, a quem oferecer o maior lance, igual ou superior ao valor da avaliação.

Na disciplina da nova Lei, o art. 6.º, XL, afirma que o leilão é a modalidade de licitação para **alienação de bens imóveis ou de bens móveis inservíveis ou legalmente apreendidos a quem oferecer o *maior lance.***

Trata-se de modalidade peculiar de licitação, haja vista dispensar registro cadastral prévio e fase de habilitação.

O bem deve ser avaliado previamente para definir o valor mínimo de arrematação, em razão do **princípio da preservação patrimonial dos bens públicos**, sagrando-se vencedor aquele que oferecer o maior lance, igual ou superior ao valor da avaliação. Tratando-se de imóveis, além da avaliação prévia exige-se, ainda, autorização legislativa, conforme dispõe o art. 75, I.

Vale lembrar que os arts. 17, I e II, e 22, § 5.º, da Lei n. 8.666/93 estabeleciam, como regra, a utilização da concorrência para alienação de bens imóveis e do leilão dos bens móveis, admitindo, de forma excepcional, a utilização do leilão para alienação de bens imóveis, cuja aquisição haja derivado de procedimentos judiciais ou de dação em pagamento, segundo o art. 19, III, da Lei n. 8.666/93.

Sob a regência da Lei n. 14.133/2021, entretanto, não mais subsiste essa distinção. O leilão será a modalidade de licitação utilizada para a alienação de bens móveis ou imóveis.

Com o novo diploma legal, o leilão poderá ser utilizado para alienação de bens imóveis e móveis.

Observe-se, apenas, que quanto aos imóveis continua sendo necessária, como mencionado, a autorização legislativa.

Se a alienação for de bens imóveis da Administração Pública cuja aquisição tenha sido derivada de **procedimentos judiciais** ou de **dação em pagamento**, é **dispensada a autorização legislativa**, exigindo-se apenas avaliação prévia e licitação na modalidade leilão.

A nova Lei de Licitações estabeleceu, ainda, regras mais detalhadas para realização do leilão, em seu art. 31. Vejamos:

Art. 31. O leilão poderá ser cometido a leiloeiro oficial ou a servidor designado pela autoridade competente da Administração, e regulamento deverá dispor sobre seus procedimentos operacionais.

§ 1.º Se optar pela realização de leilão por intermédio de leiloeiro oficial, a Administração deverá selecioná-lo mediante credenciamento ou licitação na modalidade pregão e adotar o critério de julgamento de maior desconto para as comissões a serem cobradas, utilizados como parâmetro máximo os percentuais definidos na lei que regula a referida profissão e observados os valores dos bens a serem leiloados.

§ 2.º O leilão será precedido da divulgação do edital em sítio eletrônico oficial, que conterá:

I – a descrição do bem, com suas características, e, no caso de imóvel, sua situação e suas divisas, com remissão à matrícula e aos registros;

II – o valor pelo qual o bem foi avaliado, o preço mínimo pelo qual poderá ser alienado, as condições de pagamento e, se for o caso, a comissão do leiloeiro designado;

III – a indicação do lugar onde estiverem os móveis, os veículos e os semoventes;

IV – o sítio da internet e o período em que ocorrerá o leilão, salvo se excepcionalmente for realizado sob a forma presencial por comprovada inviabilidade técnica ou desvantagem para a Administração, hipótese em que serão indicados o local, o dia e a hora de sua realização;

V – a especificação de eventuais ônus, gravames ou pendências existentes sobre os bens a serem leiloados.

§ 3.º Além da divulgação no sítio eletrônico oficial, o edital do leilão será afixado em local de ampla circulação de pessoas na sede da Administração e poderá, ainda, ser divulgado por outros meios necessários para ampliar a publicidade e a competitividade da licitação.

§ 4.º O leilão não exigirá registro cadastral prévio, *não terá fase de habilitação* e deverá ser homologado assim que concluída a fase de lances, superada a fase recursal e efetivado o pagamento pelo licitante vencedor, na forma definida no edital.

O certame deve possuir ampla divulgação, em observância ao princípio da publicidade.

O leilão pode ser cometido a **leiloeiro oficial ou a servidor designado pela Administração** e deverá ser realizado, preferencialmente, sob a forma eletrônica, salvo comprovada inviabilidade técnica ou desvantagem para a Administração.

Assim que concluída a fase de lances, superada a fase recursal e efetivado o pagamento pelo licitante vencedor, na forma definida no edital, deverá ser homologado o leilão.

Imperioso salientar que nas hipóteses elencadas no **art. 75, I e II** (cuja leitura remetemos o leitor), a **licitação poderá ser dispensada.**

Para o STJ, a exigência do credenciamento para leiloeiros oficiais deve ser feita apenas nos certames regidos pela Lei n. 14.133/2021:

> III – O art. 31, *caput* e § 1.º, da Lei n. 14.133/2021 faculta à Administração a designação de servidor para conduzir o procedimento licitatório na modalidade leilão, ou, ainda, a delegação da atividade a leiloeiro oficial, cuja seleção, nesse último caso, deve ocorrer, obrigatoriamente, mediante credenciamento ou pregão entre os auxiliares do comércio que preencham os requisitos do Decreto n. 21.981/1932, sem, no entanto, estabelecer juízo de precedência condicionada entre ambos os institutos, cabendo à autoridade competente eleger o instrumento adequado, com supedâneo em critérios de conveniência e oportunidade.
>
> IV – Embora o art. 79, parágrafo único, I, da Lei n. 14.133/2021 imponha a manutenção pública de edital de credenciamento em sítio eletrônico, de modo a permitir ao cadastramento permanente de novos interessados – obstando, por conseguinte, a fixação prévia de balizas temporais limitando o acesso de novos postulantes –, especificamente quanto à contratação de leiloeiros oficiais, tal normatividade somente incide quando presente prova cabal da opção administrativa por essa modalidade de seleção pública na vigência da Nova Lei de Licitações e Contratações Administrativas, porquanto ausente igual obrigação nas disposições constantes da Lei n. 8.666/1993 (RMS 68.504/SC, Rel. Min. Regina Helena Costa, 1.ª Turma, j. 10-10-2023, *DJe* 16-10-2023, Info 792).

6.5 Diálogo competitivo

Também de forma inovadora, a lei consagrou a modalidade de licitação do **diálogo competitivo**, de inspiração europeia.

Trata-se da modalidade de licitação para **contratação de obras, serviços e compras em que a Administração Pública realiza diálogos com licitantes previamente selecionados mediante critérios objetivos com o intuito de de-**

senvolver uma ou mais alternativas capazes de atender às suas necessidades, devendo os licitantes apresentar proposta final após o encerramento do diálogo, nos termos do art. 6.º, XLII, da nova Lei.

Em março de 2004, a União Europeia, visando otimizar os processos dos contratos públicos, por meio da Diretiva 2004/18/CE, consagrou o instituto do diálogo concorrencial, conceituado pelo documento (art. 1.º, 11, *c*) nos seguintes termos:

> Diálogo concorrencial é o procedimento em que qualquer operador econômico pode solicitar participar e em que a entidade adjudicante conduz um diálogo com os candidatos admitidos nesse procedimento, tendo em vista desenvolver uma ou várias soluções aptas a responder às suas necessidades e com base na qual, ou nas quais, os candidatos selecionados serão convidados a apresentar uma proposta.

A adoção do procedimento do diálogo concorrencial (ou competitivo) pelo legislador pátrio, por certo, adveio da inspiração europeia e da necessidade de superação do um modelo burocratizado e extremamente formalista das licitações, que acabava por trazer mais custos à Administração, além de afastar eventuais interessados com propostas mais vantajosas.

A nova modalidade de licitação implica a criação de um ambiente dialógico no qual os concorrentes, previamente selecionados mediante critérios objetivos, discutem e debatem amplamente as condições contratuais sob a intermediação do Poder Público.

Nesses debates, os licitantes vão desenvolver uma ou mais alternativas capazes de atender às necessidades da Administração Pública para, ao final do diálogo, apresentar uma proposta final de solução.

Fortalece-se, assim, o objetivo de selecionar a proposta mais vantajosa para a Administração (*vide* art. 11, I), capaz de atender efetivamente as necessidades administrativas, em clara valorização do princípio da eficiência, expressamente consagrado no art. 5.º.

Ressalte-se, por oportuno, que a nova modalidade de licitação é reservada apenas para projetos de alta complexidade, cujas contratações envolvam:

a) inovação tecnológica ou técnica;

b) soluções que dependem de adaptação das opções disponíveis no mercado; ou, ainda,

c) especificações que não podem ser definidas de forma suficiente pela Administração, observados os requisitos cumulativos consagrados no art. 32.

Exige-se, ainda, que a Administração verifique a necessidade de definir e identificar os meios e as alternativas que possam satisfazer suas necessidades, com destaque para: a solução técnica mais adequada; os requisitos técnicos aptos a concretizar a solução já definida; e a estrutura jurídica ou financeira do contrato.

Imprescindível, por fim, a consideração de que os modos de disputa aberto e fechado não permitam a apreciação adequada das variações entre propostas.

a) objeto que envolva as seguintes condições:	**b)** quando houver a necessidade de definir e identificar os meios e as alternativas que possam vir a satisfazer suas necessidades, com destaque para os seguintes aspectos:
a.1) inovação tecnológica ou técnica; **a.2)** o órgão ou a entidade não possa ter sua necessidade satisfeita sem a adaptação de soluções disponíveis no mercado; e **a.3)** especificações técnicas não possam ser definidas com precisão suficiente pela Administração;	**b.1)** a solução técnica mais adequada; **b.2)** os requisitos técnicos aptos a concretizar a solução já definida; e **b.3)** a estrutura jurídica ou financeira do contrato.

O diálogo competitivo deverá observar a seguintes regras dispostas no art. 32, § 1.º, da nova Lei de Licitações:

§ 1.º Na modalidade diálogo competitivo, serão observadas as seguintes disposições:

I – a Administração apresentará, por ocasião da divulgação do edital em sítio eletrônico oficial, suas necessidades e as exigências já definidas e **estabelecerá prazo mínimo de 25 (vinte e cinco) dias úteis para manifestação de interesse na participação da licitação;**

II – os critérios empregados para pré-seleção dos licitantes deverão ser previstos em edital, e serão admitidos todos os interessados que preencherem os requisitos objetivos estabelecidos;

III – a divulgação de informações de modo discriminatório que possa implicar vantagem para algum licitante será vedada;

IV – a **Administração não poderá revelar a outros licitantes as soluções propostas ou as informações sigilosas comunicadas por um licitante sem o seu consentimento;**

V – a fase de diálogo poderá ser mantida até que a Administração, em decisão fundamentada, identifique a solução ou as soluções que atendam às suas necessidades;

VI – as reuniões com os licitantes pré-selecionados serão registradas em ata e gravadas mediante utilização de recursos tecnológicos de áudio e vídeo;

VII – o **edital poderá prever a realização de fases sucessivas,** caso em que cada fase poderá restringir as soluções ou as propostas a serem discutidas;

VIII – a Administração deverá, ao declarar que o diálogo foi concluído, juntar aos autos do processo licitatório os registros e as gravações da fase de diálogo, iniciar a fase competitiva com a divulgação de edital contendo a especificação da solução que atenda às suas necessidades e os critérios objetivos a serem utilizados para seleção

> da proposta mais vantajosa e abrir prazo, não inferior a 60 (sessenta) dias úteis, para todos os licitantes pré-selecionados na forma do inciso II deste parágrafo apresentarem suas propostas, que deverão conter os elementos necessários para a realização do projeto;
> IX - a Administração poderá solicitar esclarecimentos ou ajustes às propostas apresentadas, desde que não impliquem discriminação nem distorçam a concorrência entre as propostas;
> X - a Administração definirá a proposta vencedora de acordo com **critérios divulgados no início da fase competitiva**, assegurada a contratação mais vantajosa como resultado;
> XI - o diálogo competitivo será conduzido por comissão de contratação composta de *pelo menos 3 (três)* servidores efetivos ou empregados públicos pertencentes aos quadros permanentes da Administração, admitida a contratação de profissionais para assessoramento técnico da comissão;

O procedimento licitatório realizado na modalidade de diálogo competitivo deverá ser conduzido por **comissão de contratação** composta de pelo menos 3 (três) servidores efetivos ou empregados públicos pertencentes aos quadros permanentes da Administração, fugindo à regra geral que consagra a atuação de agente de contratação (*vide* art. 8.º). Neste caso, também é admitida a contratação de profissionais para assessoramento técnico da comissão, que assinarão termo de confidencialidade e abster-se-ão de atividades que possam configurar conflito de interesses.

O procedimento seguirá, em síntese, o seguinte esquema:

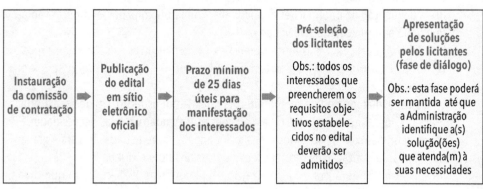

Observações: a Administração não poderá revelar a outros licitantes as soluções propostas ou as informações sigilosas comunicadas por um licitante sem o seu consentimento. O edital poderá prever, ademais, a realização de fases sucessivas, caso em que cada fase poderá restringir as soluções ou as propostas a serem discutidas.

Com o fim do diálogo, a Administração deverá juntar aos autos do processo licitatório os registros e as gravações da fase de diálogo, dando início, em seguida, à fase competitiva:

FASE COMPETITIVA:

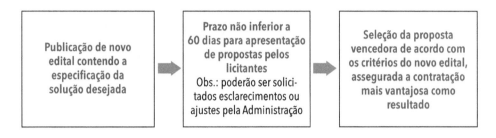

Mas, professor, e o RDC?

O **Regime Diferenciado de Contratação – RDC** surgiu em 2011 por meio da Lei n. 12.462 com o objetivo de acelerar as obras de infraestrutura relacionada aos eventos que aconteceriam no Brasil, como a Copa do Mundo em 2014, a Copa das Confederações em 2013 e os Jogos Olímpicos em 2016. Posteriormente, este regime fora ampliado para abarcar outras obras e serviços de engenharia, como as do Sistema Único de Saúde (SUS) e do Programa de Aceleração de Crescimento (PAC).

Tal regime fora considerado constitucional quando analisado pelo Supremo Tribunal Federal, que estipulou:

> É constitucional a Lei n. 12.462/2011, que instituiu o Regime Diferenciado de Contratações Públicas (RDC), aplicável, exclusivamente, às licitações e contratos necessários à realização, entre outros, dos Jogos Olímpicos e Paraolímpicos de 2016, bem como da Copa das Confederações FIFA de 2013 e da Copa do Mundo FIFA de 2014 (STF, Plenário, ADI 4.645/DF e ADI 4.655/DF, Rel. Min. Luiz Fux, j. 12-9-2023, Info 1107).

Contudo, assim como a Lei n. 8.666/93 e a Lei n. 10.520/2002 (Pregão), os arts. 1.º a 47-A da Lei n. 12.462/2011 (RDC) foram revogados em 30 de dezembro de 2023, conforme expressa previsão do art. 193, II, *c*, da Lei n. 14.133/2021, com a redação dada pela Medida Provisória n. 1.167/2023. Assim, tal regime foi revogado e não mais existe no ordenamento.

E o Sistema de Registro de Preços?

Na Lei n. 8.666/93, **o Sistema de Preços não era uma modalidade de licitação, mas sim um** procedimento administrativo por meio do qual a Administração Pública seleciona as propostas mais vantajosas, mediante concorrência ou pregão, que ficarão registradas perante a autoridade estatal para futuras e eventuais contratações.

Além desse instrumento, a Lei n. 14.133/2021 criou novos procedimentos para auxiliar nas licitações e contratações. Vejamos melhor cada um deles.

7. PROCEDIMENTOS AUXILIARES NA NOVA LEI DE LICITAÇÕES

A consagração de instrumentos auxiliares das contratações públicas não é novidade no ordenamento jurídico pátrio.

A pré-qualificação, o cadastramento, o sistema de registro de preços e o catálogo eletrônico de padronização já eram previstos como procedimentos auxiliares das licitações no âmbito do Regime Diferenciado de Contratações Públicas (RDC), a teor do art. 29 da Lei n. 12.462/2011.

A nova Lei, todavia, consagra, de modo definitivo e genérico, como aplicáveis às licitações e contratações públicas, os seguintes procedimentos auxiliares: **credenciamento, pré-qualificação**, **procedimento de manifestação de interesse**, **sistema de registro de preços** e **registro cadastral**.

Os procedimentos auxiliares não são institutos satisfativos ou autônomos, não constituem um fim em si mesmo. São, ao revés, um **meio** destinado a melhorar a dinâmica ou a reduzir a complexidade do procedimento licitatório.

Tais instrumentos jurídicos visam, neste diapasão, a prestar assistência ao administrador público que quer adquirir serviços ou produtos com maior celeridade e eficiência, sem deixar de obedecer a critérios claros e objetivos reclamados pelos certames licitatórios, necessariamente estabelecidos em regulamento.

Não se vinculam, pois, a um procedimento licitatório específico, servindo, em verdade, a um número indeterminado de contratações. Amplia-se, assim, a competitividade, ao tempo em que se induz a uma redução dos custos dos certames, evitando-se a repetição de atos administrativos desnecessários.

Destaque-se, todavia, que os procedimentos auxiliares devem ser aplicados com cautela, com a escolha do instrumento adequado à persecução dos fins desejados pela Administração na concretização do interesse público e a estrita observância do regramento legal.

Devem ser evitados certos riscos, a exemplo da perda de atualidade dos dados fornecidos, da perda da economia de escala e da inadequação de sua utilização em certos certames licitatórios.

O art. 78 da Lei n. 14.133/2021 aponta os seguintes procedimentos auxiliares das licitações e das contratações:

a) credenciamento;

b) pré-qualificação;

c) procedimento de manifestação de interesse;

d) sistema de registro de preços; e

e) registro cadastral.

Os critérios, claros e objetivos, dos procedimentos auxiliares serão definidos em regulamento.

Na pré-qualificação e no procedimento de manifestação de interesse, o julgamento segue o mesmo procedimento das licitações, segundo o art. 78, § 2.º, da Lei.

7.1 Credenciamento

Durante a vigência da Lei n. 8.666/93, tanto a doutrina quanto o TCU e o STJ tratavam o credenciamento como hipótese de inexigibilidade de licitação, albergada pelo art. 25 da referida Lei, cujo rol era tido como meramente exemplificativo.

Para TORRES (2019, p. 348), o credenciamento é uma hipótese de inexigibilidade de licitação na qual "a Administração aceita como colaborador todos aqueles que, atendendo as motivadas exigências públicas, manifestem interesse em firmar contrato ou acordo administrativo". Fala-se que é uma hipótese de inexigibilidade porque não haverá disputa entre os interessados, já que a Administração tem por objetivo dispor da maior rede possível de prestadores de serviços. Todos os interessados que preencherem os requisitos constantes do edital serão credenciados e estarão aptos para a contratação.

No mesmo sentido, é a lição de Rafael Oliveira (2021, p. 476):

> O credenciamento é uma hipótese de inexigibilidade de licitação que tem por fundamento o *caput* do art. 25 da Lei n. 8.666/1993. O sistema de credenciamento permite a seleção de potenciais interessados para posterior contratação, quando houver interesse na prestação do serviço pelo maior número possível de pessoas. (...) Não há, portanto, competição entre interessados para a escolha de um único vencedor, mas, sim, a disponibilização universal do serviço para todos os interessados que preencherem as exigências previamente estabelecidas pelo Poder Público.

Com base nesse entendimento, o STJ, inclusive, chegou a decidir pela ilegalidade do estabelecimento de critérios de classificação para a escolha de licitantes em credenciamento. Vejamos:

> (...) o *Credenciamento constitui hipótese de inexigibilidade de licitação não prevista no rol exemplificativo do art. 25 da Lei n. 8.666/93*, amplamente reconhecida pela doutrina especializada e pela jurisprudência do Tribunal de Contas da União, que

pressupõe inviável a competição entre os credenciados. 11. Para a Corte de Contas, a ausência de expressa previsão legal do credenciamento dentre os casos de inexigibilidade de licitação previstos na Lei n. 8.666/1993 não impede que a Administração lance mão de tal procedimento e efetue a contratação direta entre diversos fornecedores previamente cadastrados que satisfaçam os requisitos estabelecidos pela Administração (Acórdão 768/2013), respeitando-se requisitos como: i) contratação de todos os que tiverem interesse e que satisfaçam as condições fixadas pela Administração, não havendo relação de exclusão; ii) garantia de igualdade de condições entre todos os interessados hábeis a contratar com a Administração, pelo preço por ela definido; iii) demonstração inequívoca de que as necessidades da Administração somente poderão ser atendidas dessa forma (Acórdão 2504/2017). 12. Especificamente sobre a hipótese vertida nos presentes autos, o Tribunal de Contas reputa ser "ilegal o estabelecimento de critérios de classificação para a escolha de escritórios de advocacia por entidade da Administração em credenciamento" (Acórdão 408/2012 e Acórdão 141/2013). 13. *Sendo o credenciamento modalidade de licitação inexigível em que há inviabilidade de competição e admite a possibilidade de contratação de todos os interessados em oferecer o mesmo tipo de serviço à Administração Pública, os critérios de pontuação exigidos no edital para desclassificar a contratação de credenciado já habilitado mostra-se contrário ao entendimento doutrinário e jurisprudencial acima esposado e prestigiado no aresto recorrido* (STJ, 1.ª Turma, REsp 1.747.636/PR, Rel. Min. Gurgel de Faria, j. 3-12-2021, Info 662).

Sob a ótica da nova Lei, todavia, a perspectiva é outra.

O credenciamento não é mais visto como hipótese de inexigibilidade de licitação (contratação direta), mas, sim, como um *procedimento auxiliar* necessário para contratações diretas ulteriores.

Conforme definição constante do inciso XLIII do art. 6.º, o credenciamento é o:

> processo administrativo de chamamento público em que a Administração Pública convoca interessados em prestar serviços ou fornecer bens para que, preenchidos os requisitos necessários, credenciem-se no órgão ou na entidade para executar o objeto quando convocados.

Como se vê, o credenciamento não é uma forma de contratação propriamente dita. É, em verdade, um procedimento que **precede** a efetiva contratação. O licitante que obtém o credenciamento ainda não foi, portanto, contratado.

Marçal Justen Filho (2019) explica que o credenciamento é ato administrativo **unilateral** pelo qual a Administração declara que o requerente preenche os requisitos para ser contratado e assegura a possibilidade de sua contratação, observadas as condições estabelecidas no edital. A contratação, por sua vez, é ato jurídico bilateral, que somente se aperfeiçoa em momento posterior ao credenciamento.

O art. 74, IV, da Lei em comento, aliás, é claro ao consignar que é inexigível a licitação quando inviável a competição, em especial nos casos de objetos que *devam ou possam* ser contratados por meio de credenciamento.

O cadastro para credenciamento de novos interessados deve estar permanentemente aberto, ainda que seja possível que a Administração estabeleça critérios temporais para realização das contratações concretas.

Se, antes, o credenciamento era restrito à prestação de serviços, a nova Lei ampliou o seu escopo, permitindo a utilização deste procedimento auxiliar também para o fornecimento de bens.

O credenciamento poderá, desta forma, ser usado nas seguintes hipóteses de contratação:

i) **paralela e não excludente:** caso em que é viável e vantajosa para a Administração a realização de contratações simultâneas em condições padronizadas.

É a hipótese de existirem vários prestadores de serviços ou vários bens aptos a satisfazer o interesse da Administração. Para evitar a oscilação de preços, o Poder Público estabelece o edital, fixando o valor da contratação e divulga para que eventuais interessados que preencham os requisitos estabelecidos se cadastrem.

Nesse caso, quando o objeto não permitir a contratação imediata e simultânea de todos os credenciados, deverão ser adotados critérios objetivos de distribuição da demanda.

Pode-se citar como exemplo o credenciamento de advogados para prestar serviços jurídicos que não apresentam singularidade. Estabelecidos os requisitos mínimos, admite-se o credenciamento de todos os interessados e, depois, numa ordem cronológica (critério objetivo), seriam distribuídos os processos aos advogados interessados.

ii) **com seleção a critério de terceiros:** caso em que a seleção do contratado está a cargo do beneficiário direto da prestação.

Enquadra-se nesse tipo de credenciamento o fornecimento de serviços de saúde, como consultas e exames. Credenciados os profissionais e determinados os serviços fornecidos, a lista fica disponível aos usuários (servidores do órgão contratante, por exemplo) para que, posteriormente, escolham o serviço e o profissional de seu interesse. Prestado o serviço, o profissional pleiteará à Administração a remuneração pelo valor predeterminado.

iii)em mercados fluidos: caso em que a flutuação constante do valor da prestação e das condições de contratação inviabiliza a seleção de agente por meio de processo de licitação.

Os mercados fluidos são aqueles que possuem uma oscilação dentro do ano em seu preço, normalmente, pela variação na safra.

Como não é possível, nesta modalidade de credenciamento, a definição exata do valor da contratação (requisito imprescindível aos editais de contratação paralela e não excludente e de contratação com seleção a critério do usuário), face à dinamicidade dos preços, a lei impõe que a Administração deverá registrar as cotações de mercado vigentes no momento da contratação.

Exemplo de credenciamento em mercados fluidos é a compra de passagens aéreas, eis que não é possível à Administração predeterminar o preço de compra, sujeitando-se às oscilações do mercado.

Em relação ao procedimento, determina o art. 79, parágrafo único, da Lei n. 14.133/2021:

> Art. 79. (...)
>
> Parágrafo único. Os procedimentos de credenciamento serão definidos em regulamento, observadas as seguintes regras:
>
> I – a Administração deverá divulgar e manter à disposição do público, em sítio eletrônico oficial, **edital de chamamento de interessados**, de modo a permitir o cadastramento permanente de novos interessados;
>
> II – na hipótese do inciso I do *caput* deste artigo, quando o objeto não permitir a contratação imediata e simultânea de todos os credenciados, deverão ser adotados critérios objetivos de distribuição da demanda;
>
> III – o edital de chamamento de interessados deverá prever as **condições padronizadas de contratação** e, nas hipóteses dos incisos I e II do *caput* deste artigo, deverá definir o valor da contratação;
>
> IV – na hipótese do inciso III do *caput* deste artigo, a Administração deverá registrar as cotações de mercado vigentes no momento da contratação;
>
> V – **não será permitido o cometimento a terceiros do objeto contratado sem autorização expressa da Administração**;
>
> VI – será admitida a **denúncia por qualquer das partes** nos prazos fixados no edital.

7.2 Pré-qualificação

A pré-qualificação é o procedimento seletivo prévio à licitação, convocado por meio de edital, destinado à análise das condições de habilitação, total ou parcial, dos interessados ou do objeto (*vide* art. 6.º, XLIV, do novo diploma de licitações).

Ela já era prevista como procedimento auxiliar das licitações no âmbito do RDC (Regime Diferenciado de Contratações, disciplinado pela Lei n. 12.462/2011) e na própria Lei n. 8.666/93 (art. 114), mas, neste caso, a sua utilização era restrita às concorrências quando o objeto da licitação recomendar análise mais detida da qualificação técnica dos interessados.

O objetivo deste procedimento auxiliar é antecipar a verificação dos requisitos exigidos pela Administração referentes à qualificação do licitante ou do seu produto, de modo a conferir agilidade à futura contratação, eis que antecipada uma das fases da licitação.

A pré-qualificação não se confunde com a etapa de habilitação. Em verdade, busca identificar interessados em uma futura competição.

De acordo com o art. 80 da nova Lei de Licitações, representa um procedimento técnico-administrativo que tem por objetivo selecionar previamente:

a) licitantes que reúnam condições de habilitação para participar de futura licitação ou de licitação vinculada a programas de obras ou de serviços objetivamente definidos; e

b) bens que atendam às exigências técnicas ou de qualidade estabelecidas pela Administração.

Dissocia-se, nesse contexto, a qualificação técnica (fase da habilitação) do restante do procedimento, de modo **total ou parcial.** É dizer: a pré-qualificação poderá abranger alguns ou todos os requisitos técnicos ou de habilitação necessários à contratação, assegurada, em qualquer hipótese, a igualdade de condições entre os concorrentes.

Exsurge daí a grande vantagem da sua utilização da pré-qualificação: a eliminação de discussões acerca da idoneidade dos licitantes, o que acabaria postergando o procedimento licitatório por muito mais tempo. Como as condições de habilitação técnica já foram exaustivamente investigadas em procedimento prévio, discussões desta natureza não tem mais pertinência. Evitam-se conflitos que poderiam prejudicar o curso da licitação e elimina-se o risco de contratação de empresas inidôneas (JUSTEN FILHO, 2019, p. 1551).

É possível (e, diga-se, de passagem, recomendado), inclusive, restringir a posterior licitação aos licitantes ou bens pré-qualificados, nos termos do § 10. Ora, admitir a participação de concorrentes que não tenham sido pré-qualificados implica o esvaziamento do próprio instituto, já que serão repetidos atos já praticados e inexistirá qualquer vantagem para que os licitantes participem deste procedimento prévio.

Não há, observe-se, contratação imediata. O que a Administração faz é apenas verificar quais bens ou licitantes estão tecnicamente aptos a satisfazer suas necessidades para, futuramente, quando desejar contratar, contatá-los.

A pré-qualificação apenas é admissível para selecionar licitantes que reúnam condições de habilitação para participar de futura licitação ou de licitação vinculada a **programas de obras ou de serviços objetivamente definidos**; ou para selecionar **bens que atendam às exigências técnicas ou de qualidade estabelecidas pela Administração** (comumente chamada de padronização de bens).

Esse procedimento prévio pode ser realizado em grupos ou segmentos, segundo as especialidades dos fornecedores, a fim de viabilizar a comparação entre os licitantes ou bens.

Na pré-qualificação, quando **aberta a licitantes**, poderão ser dispensados os documentos que já constarem do registro cadastral, já quando **aberta a bens**, poderá ser exigida a comprovação de qualidade.

O procedimento de pré-qualificação ficará permanentemente aberto para a inscrição de interessados, nos termos do art. 80, § 2.º, da nova Lei de Licitações.

Quanto ao prazo, **a validade da pré-qualificação é de, no máximo, um ano**, podendo ser **atualizada a qualquer tempo**, sendo certo que **a validade não poderá ser superior ao prazo de validade dos documentos apresentados pelos interessados**, conforme art. 80, § 8.º, da Lei n. 14.133/2021.

Ademais, a licitação que se seguir ao procedimento da pré-qualificação poderá ser restrita a licitantes pré-qualificados.

Sob a égide da Lei n. 8.666/93, este procedimento era restrito aos procedimentos licitatórios realizados sob a modalidade da concorrência. Atualmente, todavia, inexistem restrições.

Em virtude disso, deverão constar do edital as informações mínimas necessárias para definição do objeto; bem como a modalidade, a forma da futura licitação e os critérios de julgamento.

Tal qual no credenciamento, o procedimento de pré-qualificação ficará permanentemente aberto para a inscrição de interessados. O resultado deste procedimento será a elaboração de um catálogo público de bens e serviços, com validade máxima de um ano.

7.3 Procedimento de Manifestação de Interesse (PMI)

O PMI não é bem uma criação da Lei n. 14.133/2021, pois ele já era permitido pelo art. 21 da Lei n. 8.987/95, aplicável às PPP's, na forma do art. 3.º, *caput* e § 1.º, da Lei n. 11.079/2004. Do mesmo modo, o PMI pode ser utilizado no âmbito das empresas estatais, conforme art. 31, § 4.º, da Lei n. 13.303/2016.

Segundo Rafael Sérgio de Oliveira (2020):

> embora já exista no Brasil, o Procedimento de Manifestação de Interesse (PMI) vigora em solo pátrio de modo limitado. Sua relevância se deve ao fato de que umas das maiores dificuldades da Administração Pública nas licitações é suprir a carência de informação acerca das soluções, práticas e preços existentes no mercado. No intuito de suprir essa assimetria de informação, o ordenamento jurídico de diversos países tem colocado à disposição das autoridades contratantes uma espécie de procedimento prévio à publicação do certame, cujo objeto é a coleta de informações acerca das soluções oferecidas pelo mercado para as necessidades públicas.

Na nova Lei de Licitações, o art. 81 autoriza que a **Administração solicite à iniciativa privada, mediante procedimento aberto de manifestação de interesse (PMI), a ser iniciado com a publicação de edital de chamamento público, a propositura e a realização de estudos, investigações, levantamentos e projetos de soluções inovadoras que contribuam com questões de relevância pública,** na forma de regulamento.

Assim, a partir da nova Lei de Licitações, **a utilização do PMI será admitida para todas as espécies de contratação pública.**

Por meio desse procedimento auxiliar, a Administração Pública estabelece uma relação colaborativa com a iniciativa privada, possibilitando ao Poder Público a obtenção de contribuições da expertise privada, tanto no que diz respeito a apresentação de estudos de viabilidade e projetos técnicos, quanto na descoberta de novas ideias ou soluções para a resolução de problemas ou situações do cotidiano estatal (LOUBAK, 2020).

O estreitamento do diálogo com o setor privado possibilita a obtenção de várias visões e alternativas para um mesmo projeto, conferindo maior eficiência para a contratação pública, além de permitir ao setor privado modelar a contratação de acordo com os padrões de produtividade e de eficiência já experimentados no mercado.

Mediante a realização do Procedimento de Manifestação de Interesse, a ser iniciado com a publicação de edital de chamamento público, a Administração poderá solicitar à iniciativa privada a propositura e a realização de estudos, investigações, levantamentos e projetos de soluções inovadoras que contribuam com questões de relevância pública, na forma de regulamento.

A nova Lei ainda esclarece que a realização do PMI:

a) **não atribui ao realizador direito de preferência no processo licitatório;**

b) **não obriga o Poder Público a realizar licitação;**

c) **não implica, por si só, direito a ressarcimento de valores envolvidos em sua elaboração;**

d) **somente será remunerada pelo vencedor da licitação**, não sendo possível, em nenhuma hipótese, a cobrança de valores do Poder Público.

À similitude dos demais procedimentos auxiliares, não há garantia de licitação. Sequer será atribuído direito de preferência no processo licitatório ao interessado que elaborou os estudos, investigações, levantamentos e projetos.

A elaboração, aliás, não implica, por si só, direito de ressarcimento, a menos que seja efetivamente utilizada na licitação, caso em que será remunerada somente pelo vencedor, vedada, em qualquer hipótese, a cobrança de valores do Poder Público.

Se, ao revés, a própria Administração tiver realizado os estudos, investigações, levantamentos e projetos vinculados à contratação e de utilidade para a licitação, o vencedor da licitação deverá ressarcir os dispêndios correspondentes, conforme especificado no edital.

Evidente, nesse diapasão, a economia que o uso do PMI traz para a Administração Pública, já que quem desembolsará os recursos será a empresa vencedora da licitação.

Para aceitação dos produtos e serviços, a Administração deverá elaborar parecer fundamentado demonstrando que o produto ou serviço entregue é adequado e suficiente à compreensão do objeto, que as premissas adotadas foram compatíveis com as reais necessidades do órgão e que a metodologia proposta é a que propicia maior economia e vantajosidade dentre as demais possíveis, segundo art. 81, § 3.º, da nova Lei de Licitações.

Por fim, afirma o art. 81, § 4.º, da Lei n. 14.133/2021 que o **PMI poderá ser restrito a *startups***. O dispositivo ainda as conceitua como os microempreendedores individuais, as microempresas e as empresas de pequeno porte, de natureza emergente e com grande potencial, que se dediquem à pesquisa, desenvolvimento e implementação de novos produtos ou serviços baseados em soluções tecnológicas inovadoras que possam causar alto impacto, exigindo-se, na seleção definitiva da inovação, validação prévia fundamentada em métricas objetivas, de modo a demonstrar o atendimento das necessidades da Administração.

7.4 Sistema de Registro de Preços

O Sistema de Registro de Preços (SRP), nos dizeres da própria Lei (art. 6.º, XLV), é o "conjunto de procedimentos para realização, mediante contratação direta ou licitação nas modalidades pregão ou concorrência, de registro formal de preços relativos a prestação de serviços, a obras e a aquisição e locação de bens para contratações futuras".

Como já visto, o Sistema de Registro de Preços não se trata de uma modalidade de licitação, mas sim de um procedimento administrativo, o qual já possuía previsão no art. 15, II, da Lei n. 8.666/93, sendo também utilizado no Regime Diferenciado de Contratações Públicas, consoante o art. 32, § 2.º, da Lei n. 12.462/2011, e na Lei das Estatais, conforme art. 66 da Lei n. 13.303/2016.

Verifica-se que o objeto do SRP foi ampliado, podendo ser utilizado para serviços, inclusive de engenharia, obras, aquisição e locação de bens.

Trata-se de procedimento auxiliar das licitações e contratações, instrumento que facilita a atuação da Administração em relação a futuras contratações, um **mecanismo de registro formal de preços para contratações futuras.**

A sua finalidade é racionalizar as contratações e efetivar o princípio da economicidade, na medida em que a Administração realiza uma única licitação para registrar os preços e realizar, futura e discricionariamente, na medida de sua necessidade, as contratações, em vez de promover nova licitação a cada aquisição de produtos e serviços.

O sistema em comento funciona da seguinte forma: o ente público tem uma estimativa de aquisição para determinado período e elabora um edital com base nessa estimativa. Ao final do procedimento, a empresa vencedora assina a Ata, assumindo o compromisso de manter o preço ofertado pelo período de duração estabelecido (que, como regra, será de **um ano**, admitida **prorrogação por igual período**, desde que comprovado o preço vantajoso).

O ponto fundamental é que a **Administração não é obrigada a contratar**, podendo fazê-lo somente quando quiser e na quantidade que quiser, claro, observados os quantitativos máximos licitados e o prazo da validade da Ata de Registro de Preços. Como não é obrigada a contratar, também não necessitará realizar uma reserva orçamentária.

Nesse sentido, é o teor do art. 82 desta Lei, que dispõe que "a existência de preços registrados implicará compromisso de fornecimento nas condições estabelecidas, mas não obrigará a Administração a contratar, facultada a realização de licitação específica para a aquisição pretendida, desde que devidamente motivada".

Justamente por isso, constarão do edital de licitação para registro de preços, dentre outros, as especificidades do objeto, inclusive a quantidade máxima de cada item que poderá ser adquirida; bem como a quantidade mínima a ser cotada de unidades de bens ou, no caso de serviços, de unidades de medida.

Se, de um lado, a Administração não é obrigada a contratar, de outro, o licitante assume a obrigação de manter os preços registrados e de cumprir com a proposta apresentada. Por esta razão, eventual alteração dos preços deverá observar rigidamente as condições estabelecidas no edital.

A utilização deste sistema imprime rapidez às contratações, modernizando e desburocratizando os processos de compra, além de economizar recursos. Além disso, permite à Administração Pública a regulação de estoques, evitando utilização de espaços para armazenamento e, até mesmo, evitando o perecimento e a deterioração dos produtos adquiridos.

Para o fornecedor também há vantagens: o sistema de registro de preços evita as despesas de participação em várias licitações, além de gerar uma expectativa de fornecimento de uma quantidade média periódica, o que também afasta a necessidade de manutenção de um grande volume de produtos em estoque.

Acerca do edital para registro de preços, dispõe o art. 82 da nova Lei de Licitações:

Art. 82. O edital de licitação para registro de preços observará as regras gerais desta Lei e deverá dispor sobre:

I – as especificidades da licitação e de seu objeto, inclusive a quantidade máxima de cada item que poderá ser adquirida;

II – a quantidade mínima a ser cotada de unidades de bens ou, no caso de serviços, de unidades de medida;

III – a possibilidade de prever preços diferentes:

a) quando o objeto for realizado ou entregue em locais diferentes;

b) em razão da forma e do local de acondicionamento;

c) quando admitida cotação variável em razão do tamanho do lote;

d) por outros motivos justificados no processo;

IV – a possibilidade de o licitante oferecer ou não proposta em quantitativo inferior ao máximo previsto no edital, obrigando-se nos limites dela;

V – o critério de julgamento da licitação, que será o de menor preço ou o de maior desconto sobre tabela de preços praticada no mercado;

VI – as condições para alteração de preços registrados;

VII – o registro de mais de um fornecedor ou prestador de serviço, desde que aceitem cotar o objeto em preço igual ao do licitante vencedor, assegurada a preferência de contratação de acordo com a ordem de classificação;

VIII – a vedação à participação do órgão ou entidade em mais de uma ata de registro de preços com o mesmo objeto no prazo de validade daquela de que já tiver participado, salvo na ocorrência de ata que tenha registrado quantitativo inferior ao máximo previsto no edital;

IX – as hipóteses de cancelamento da ata de registro de preços e suas consequências.

O SRP poderá ser utilizado tanto nas modalidades de licitação do **pregão** e da **concorrência**, realizadas sob o critério de julgamento do **menor preço** ou o do **maior desconto** sobre tabela de preços praticada no mercado; quanto nas hipóteses de **inexigibilidade** e de **dispensa** de licitação para a aquisição de bens ou para a contratação de serviços por mais de um órgão ou entidade, na forma de regulamento.

Imperioso salientar que as regras inerentes às respectivas modalidades devem ser observadas. Assim, o Sistema de Registro de Preços só poderá ser utilizado no pregão se o bem a ser adquirido for considerado "comum", a teor dos arts. 6.º, XLI, e 29 desta Lei.

A utilização do SRP pelo Poder Público se mostra adequada, por exemplo, quando há necessidade de contratações frequentes do bem ou serviço; ou mesmo quando, pela natureza do objeto, não é possível definir previamente o quantitativo a ser demandado; e, ainda, quando se mostra mais adequada a aquisição de forma parcelada.

O critério de julgamento de **menor preço por grupo de itens ou lote** somente poderá ser adotado quando for demonstrada a **inviabilidade de se promover a adjudicação por item** e evidenciada a sua **vantajosidade técnica e econômica**, devendo ser indicado no edital o critério de aceitabilidade de preços unitários máximos, na forma do art. 82, § 1.º, da nova Lei de Licitações.

A nova Lei autoriza o **registro de preços com indicação limitada a unidades de contratação**, sem indicação do total a ser adquirido, apenas nas seguintes situações:

a) quando for a primeira licitação para o objeto e o órgão ou a entidade não tiver registro de demandas anteriores;

b) no caso de alimento perecível; e

c) no caso em que o serviço esteja integrado ao fornecimento de bens.

Nesses casos, será obrigatória a indicação do valor máximo da despesa e **é vedada a participação de outro órgão ou entidade na ata** (art. 82, § 4.º, da nova Lei de Licitações).

A nova Lei de Licitações permite também que o SRP seja usado para a contratação de bens e serviços, inclusive de obras e serviços de engenharia, observando as seguintes condições:

a) realização prévia de ampla pesquisa de mercado;

b) seleção de acordo com os procedimentos previstos em regulamento;

c) desenvolvimento obrigatório de rotina de controle;

d) atualização periódica dos preços registrados;

e) definição do período de validade do registro de preços; e

f) inclusão, em ata de registro de preços, do licitante que aceitar cotar os bens ou os serviços com preços iguais aos do licitante vencedor na sequência de classificação do certame e do licitante que mantiver sua proposta original.

O SRP **poderá ainda ser utilizado nas hipóteses de inexigibilidade e de dispensa de licitação** para a aquisição de bens ou para a contratação de serviços por mais de um órgão ou entidade, nos termos do art. 82, § 6.º, da Lei n. 14.133/2021.

Hipótese interessante ocorre quando o objeto se destina a mais de um órgão ou entidade da Administração, ou a programas de governo. A possibilidade de existência de **múltiplos contratantes**, consagrada no art. 82, § 6.º, é traço marcante desse procedimento auxiliar: a lei faculta que, na forma de regulamento, a aquisição de bens ou a contratação de serviços seja realizada de modo compartilhado entre os órgãos e entidades da Administração nas hipóteses de contratação direta (inexigibilidade e dispensa de licitação). A multiplicidade de contratantes, neste contexto, viabiliza a aquisição de uma quantidade maior de bens, suprindo a demanda de vários órgãos ou entes de forma simultânea e por um menor preço. Como decorrência lógica, tem-se maior eficiência e economicidade nas contratações públicas.

O § 2.º do art. 86 autoriza, ainda, o denominado **"efeito carona"** do Sistema de Registro de Preços. São chamados de "caronas" os órgãos e entidades administrativas que não participaram do registro, mas que pretendem utilizar a Ata de Registro de Preços para suas contratações.

Em outras palavras, o SRP permite que um órgão que não tenha sido incluído na origem do procedimento, um "órgão não participante", possa aderir à Ata de Registro de Preços realizada pelo "órgão ou entidade gerenciadora" e pelos "órgãos ou entidades participantes".

A "adesão" permite que a Ata de Registro de Preços, durante sua vigência, possa ser utilizada por órgão ou entidade da Administração que não tenha participado do certame licitatório, mediante prévia consulta ao órgão gerenciador, desde que devidamente comprovada a vantagem para a Administração.

Para tanto, devem ser observados os seguintes requisitos:

- apresentação de justificativa da vantagem da adesão, inclusive em situações de provável desabastecimento ou descontinuidade de serviço público;
- demonstração de que os valores registrados estão compatíveis com os valores praticados pelo mercado, considerados os preços constantes de bancos de dados públicos e as quantidades contratadas, observadas a potencial economia de escala e as peculiaridades do local de execução do objeto;
- prévias consulta e aceitação do órgão ou entidade gerenciadora e do fornecedor.

De acordo com o § 8.º do art. 86, aos órgãos e entidades da Administração Pública federal é vedado o "efeito carona" na ata de registro de preços gerenciada por órgão ou entidade estadual, distrital ou municipal.

A adesão ao SRP pelo órgão ou entidade não participante deve observar, ainda, os seguintes limites:

i) **Limite quantitativo individual:** segundo o § 4.º deste artigo, cada órgão ou entidade, ao aderir a uma ata, não poderá contratar mais que cinquenta por cento (50%) dos quantitativos dos itens registrados na Ata de Registro de Preços para o órgão gerenciador e órgãos participantes.

ii) **Limite quantitativo global:** instrumento convocatório deverá prever que o quantitativo decorrente das adesões à Ata de Registro de Preços não poderá exceder, na totalidade, ao dobro do quantitativo de cada item registrado na ata de registro de preços para o órgão gerenciador e órgãos participantes, independentemente do número de órgãos não participantes que aderirem.

O art. 86 consagra, todavia, duas exceções ao limite quantitativo global:

- Se a adesão à Ata federal por órgãos e entidades estaduais, distritais e municipais for destinada à execução descentralizada de programa ou projeto federal e desde que comprovada a compatibilidade dos preços registrados com os valores praticados no mercado;
- Para a aquisição emergencial de medicamentos e material de consumo médico-hospitalar por órgãos e entidades da Administração Pública federal, estadual, distrital e municipal, a adesão à Ata de Registro de Preços gerenciada pelo Ministério da Saúde.

iii)**Limite temporal:** só é admitida a adesão durante a vigência da Ata de Registro de Preços.

iv) **Limite formal:** caso o órgão gerenciador vá admitir adesões, precisa prever no edital a estimativa de quantidades a serem adquiridas por órgãos não participantes.

v) **Limite lógico:** a adesão só pode ser feita se o bem ou serviço atender à necessidade administrativa.

vi) **Limite procedimental:** os órgãos e entidades "aderentes" que desejarem fazer uso da Ata de Registro de Preços, deverão consultar previamente o órgão gerenciador da Ata para manifestação sobre a possibilidade de adesão.

Por fim, mister reforçar que **a existência de preços registrados implica compromisso de fornecimento nas condições estabelecidas, mas *não obriga*** a *Administração a contratar,* facultando-se a realização de certame específico para a aquisição pretendida, desde que devidamente motivada (art. 83 da nova Lei de Licitações).

O registro de preço não visa, portanto, selecionar a melhor proposta para celebração de contrato específico, mas sim realizar uma licitação, por meio de concorrência ou pregão, para registrar em ata os preços de alguns itens, que poderão ser adquiridos pela Administração, dentro de determinado prazo, caso haja necessidade.

O **prazo de vigência da Ata de Registro de Preços será de um ano,** podendo ser prorrogado, por igual período, desde que comprovado o preço vantajoso, conforme o art. 84 da nova Lei de Licitações, enquanto o contrato decorrente da Ata, por sua vez, terá sua vigência conforme as disposições nela contidas.

7.5 Registro cadastral

O último procedimento auxiliar das licitações e das contratações disciplinado pela Lei é o registro cadastral. Trata-se, em síntese, de um cadastramento prévio correspondente à fase de habilitação, no qual os interessados, antes de aberto o certame, apresentam os documentos para serem cadastrados. Em outras palavras, o registro cadastral é banco de dados para cadastrar possíveis fornecedores.

O art. 87 da nova Lei de Licitações prevê que os **órgãos e as entidades da Administração Pública deverão utilizar o sistema de registro cadastral unificado disponível no Portal Nacional de Contratações Públicas, para efeito de cadastro unificado de licitantes**, na forma que dispuser o regulamento.

O sistema de registro cadastral unificado será **público e deverá ser amplamente divulgado e estar permanentemente aberto aos interessados**, sendo obrigatória a realização, no mínimo anualmente, pela internet, de chamamento público para atualização dos registros existentes e ingresso de novos interessados, nos termos do art. 87, § 1.º, da nova Lei de Licitações.

A nova Lei possibilita a **realização de licitação restrita a fornecedores cadastrados**, atendidos os critérios, as condições e os limites estabelecidos em regulamento e a ampla publicidade dos procedimentos para o cadastramento.

O registro cadastral deve conter as avaliações das atuações dos inscritos no cumprimento das obrigações contratuais, inclusive a menção ao seu desempenho na execução contratual, com base em indicadores objetivamente definidos e aferidos, e a eventuais penalidades aplicadas, o que constará do registro cadastral em que a inscrição for realizada, segundo o art. 88, § 3.º, da nova Lei de Licitações.

Por fim, cabe dizer que o **registro poderá ser alterado, suspenso ou cancelado** quando o inscrito deixar de satisfazer exigências legais ou regulamentares, de acordo com o art. 88 § 5.º, da nova Lei de Licitações.

As vantagens desse procedimento auxiliar são tanto a celeridade no momento da habilitação (tendo em vista que os documentos já entregues e dentro da validade podem ser substituídos pelo Certificado de Registro Cadastral, desde que previsto no edital, a teor do art. 70, II) quanto a criação de uma espécie de sistema de boa reputação dos interessados, já que constará do registro o desempenho contratual prévio dos contratados.

A anotação de cumprimento de obrigações do contratado será realizada de forma objetiva, em estrita observância aos princípios da impessoalidade, da igualdade, da isonomia, da publicidade e da transparência, de modo a possibilitar a implementação de medidas de incentivo aos licitantes que possuírem ótimo desempenho anotado em seu registro cadastral.

A avaliação do desempenho contratual prévio dos licitantes, destaque-se, é inclusive critério de desempate das propostas consagrado expressamente no art. 60, II, desta Lei, a evidenciar, mais ainda, a relevância do procedimento auxiliar do registro cadastral.

Esse registro deverá ser realizado de modo unificado e ficará disponível no Portal Nacional de Contratações Públicas (PNCP), devendo ser obrigatoriamente utilizado pelos órgãos e entidades da Administração Pública.

Suas características básicas são:

a) Deverá estar permanentemente aberto para ingresso de novos interessados;

b) Deve ser atualizado, no mínimo, anualmente, mediante a realização de chamamento público pela internet dos interessados;

c) Os inscritos serão classificados por categorias, considerada a sua área de atuação, subdivididas em grupos, segundo a qualificação técnica e econômico-financeira avaliada;

d) Os cadastrados receberão certificado de cadastramento (Certificado de Registo Cadastral), renovável sempre que atualizar o registro;

e) Caberá recurso, no prazo de 3 (três) dias úteis, contado da data de intimação ou de lavratura de ata, em face de ato que defira ou indefira o pedido de inscrição de registro cadastral, sua alteração ou cancelamento, a teor do art. 165, I, *a*, desta Lei;

f) É possível que a Administração limite a participação em certame licitatório aos fornecedores cadastrados, desde que atendidos os critérios, as condições e os limites estabelecidos em regulamento, bem como conferida ampla publicidade dos procedimentos para o cadastramento;

g) O interessado que requerer o cadastro poderá participar do processo licitatório até a decisão da Administração, todavia, a celebração do contrato ficará condicionada à emissão do Certificado de Registro Cadastral (CRC);

h) O cadastramento é apenas de fornecedores, diferindo da pré-qualificação, que também permite o cadastramento de bens;

i) Abrange toda a fase de habilitação (a pré-qualificação alude apenas à qualificação técnica).

8. CRITÉRIOS DE JULGAMENTO (TIPOS DE LICITAÇÃO)

Na fase de julgamento, a Administração selecionará a melhor proposta, seguindo critérios objetivos, determinados pela lei e pelo edital do certame.

Cabe registrar que, ainda que o administrador público tenha certa discricionariedade na escolha dos critérios de seleção do contratante, esta discricionariedade deve ser exercida em estrita observância aos princípios constitucionais da igualdade, da impessoalidade e da moralidade.

É vedada, ademais, a utilização de qualquer elemento, critério ou fator sigiloso, secreto, subjetivo ou reservado que possa ainda que indiretamente elidir o princípio da igualdade entre os licitantes.

Na Lei n. 8.666/93, tais critérios eram denominados tipos de licitação, com previsão no art. 45, § 1.º, a saber: menor preço; melhor técnica; técnica e preço; e maior lance ou oferta.

Por sua vez, a nova Lei de Licitações denominou os tipos de **critérios de julgamento** e os elencou em seu art. 33.

> Art. 33. O julgamento das propostas será realizado de acordo com os seguintes critérios:
> I - menor preço;
> II - maior desconto;
> III - melhor técnica ou conteúdo artístico;
> IV - técnica e preço;
> V - maior lance, no caso de leilão;
> VI - maior retorno econômico.

Observe que a lei traz **três novidades**: refere-se a critérios de julgamento das propostas, ao invés de tratá-los como tipos de licitação (como eram denominados pelo art. 45, § 1.º, da Lei n. 8.666/93); além de consagrar dois novos critérios: maior desconto e maior retorno econômico.

O julgamento por **menor preço ou maior desconto e, quando couber, por técnica e preço** considerará o menor dispêndio para a Administração, atendidos os parâmetros mínimos de qualidade definidos no edital de licitação.

O julgamento por **melhor técnica ou conteúdo artístico** considerará exclusivamente as propostas técnicas ou artísticas apresentadas pelos licitantes, e o edital deverá definir o prêmio ou a remuneração que será atribuída aos vencedores. Esse critério poderá ser utilizado para a contratação de projetos e trabalhos de natureza técnica, científica ou artística.

O julgamento por **técnica e preço** considerará a maior pontuação obtida a partir da ponderação, segundo fatores objetivos previstos no edital, das notas atribuídas aos aspectos de técnica e de preço da proposta.

Por fim, o julgamento por **maior retorno econômico**, utilizado exclusivamente para a celebração de contrato de eficiência, considerará a maior economia para a Administração, e a remuneração deverá ser fixada em percentual que incidirá de forma proporcional à economia efetivamente obtida na execução do contrato.

Vale destacar, ainda, que a discricionariedade na escolha do critério de julgamento é *regrada*, isto porque deve observar os parâmetros legais, a exemplo da compatibilidade dos critérios de julgamento com as modalidades de licitação, que pode ser assim sintetizada:

MODALIDADE DE LICITAÇÃO	CRITÉRIO DE JULGAMENTO
Concorrência (art. 6.º, XXXVIII c/c art. 29)	▪ Menor preço; ▪ Melhor técnica ou conteúdo artístico; ▪ Técnica e preço; ▪ Maior retorno econômico; ▪ Maior desconto.
Concurso (art. 6.º, XXXIX c/c art. 30)	▪ Melhor técnica ou conteúdo artístico.
Leilão (art. 6.º, XL c/c art. 31)	▪ Maior lance.
Pregão (art. 6.º, XLI, c/c art. 29)	▪ Menor preço; ▪ Maior desconto.
Diálogo Competitivo (art. 6.º, XLII, c/c art. 32)	▪ Menor preço; ▪ Maior desconto; ▪ Melhor técnica ou conteúdo artístico; ▪ Técnica e preço; ▪ Maior retorno econômico.

9. PROCEDIMENTO DA LICITAÇÃO

O processo de licitação é dividido em uma fase interna e outra externa. A primeira engloba os atos iniciais e preparatórios praticados por cada órgão e entidade administrativa para efetivação da licitação, enquanto a segunda envolve a publicação do edital e os demais atos subsequentes.

O art. 17 da nova Lei de Licitações enumera as fases do seguinte modo:

> Art. 17. O processo de licitação observará as seguintes fases, em sequência:
> I – preparatória;
> II – de divulgação do edital de licitação;
> III – de apresentação de propostas e lances, quando for o caso;
> IV – de julgamento;
> V – de habilitação;
> VI – recursal;
> VII – de homologação.

De início, observe que, pela nova Lei, **o julgamento será realizado antes da etapa de habilitação**, seguindo uma tendência já observada nas Leis n. 10.520/2002 (Pregão), e 8.987/95 (concessão e permissão de serviços públicos), por exemplo.

O que, na vigência da Lei n. 8.666/93, **era conhecido como inversão de fases, agora**, com a Lei n. 14.133/2021, **passa ser a regra geral do procedimento licitatório**, o que garante maior racionalidade e velocidade ao procedimento, além de conferir economicidade e eficiência, pois, após julgar e classificar as propostas, somente se verificará a habilitação do primeiro colocado.

Contudo, por meio de ato motivado com explicitação dos benefícios decorrentes e desde que expressamente previsto no edital, **a fase de habilitação poderá anteceder as fases de apresentação de propostas e de julgamento**, segundo o art. 17, § 1.º, da Lei n. 14.133/2021.

Dada a dinamicidade proporcionada pela internet, com maior agilidade na tramitação, além da possibilidade de alcançar mais interessados e de ser conferida maior transparência ao procedimento, **as licitações deverão ser realizadas preferencialmente sob a forma eletrônica** (*princípio da virtualização dos atos da licitação*). Nesse caso, a Administração poderá determinar, como condição de validade e eficácia, que os licitantes pratiquem seus atos em formato eletrônico (art. 17, § 2.º).

Admite-se a utilização da forma presencial, de modo excepcional e motivado, na hipótese de comprovada inviabilidade técnica ou desvantagem para a Administração, devendo a sessão pública ser registrada em ata e gravada mediante utilização de recursos tecnológicos de áudio e vídeo.

9.1 Fase interna

Na fase interna, são elaborados os elementos que regram as condições do ato convocatório, antes de torná-lo público. É anterior à disputa pública. A partir de então, pode-se iniciar o processo licitatório, se for apto à sua concretização ou se não incidirem as hipóteses de dispensa.

É a chamada **fase preparatória do processo licitatório**, caracterizada pelo planejamento da contratação a ser efetuada, que vai desde a definição do objeto e das condições de execução e pagamento, até a elaboração do edital de licitação, com a motivação circunstanciada de suas condições, a teor do art. 18. Neste momento, o *princípio do planejamento* ganha especial relevância.

O procedimento se inicia com a **instauração do processo administrativo**, que deverá ser autuado, protocolado e numerado, para garantia de todos os intervenientes. Nele, deve constar a autorização para o certame, a descrição do objeto, bem como a menção aos recursos próprios para a futura despesa.

Como regra, o processo será dirigido por um **agente de contratação**, pessoa designada pela autoridade competente, entre servidores efetivos ou empregados públicos dos quadros permanentes da Administração Pública, para tomar decisões, acompanhar o trâmite da licitação, dar impulso ao procedimento licitatório e executar quaisquer outras atividades necessárias ao bom andamento da licitação.

Excepcionalmente, tratando-se de licitação que envolva **bens ou serviços especiais**, referido agente *poderá* ser substituído por **comissão de contratação** formada de, no **mínimo, 3 (três) membros.**

Se a licitação for realizada sob a modalidade de **diálogo competitivo, contudo, a atuação da comissão de contratação** se faz **obrigatória.**

Designado o agente ou a comissão, elaboram-se as minutas do instrumento convocatório e do contrato. O instrumento convocatório contém as regras que deverão ser observadas pela Administração e pelos licitantes. Por essa razão, a assessoria jurídica da Administração deve examinar e aprová-las.

A requisição do objeto é o ato que inicia o processo de licitação, com a indicação da necessidade de contratação do bem ou do serviço. Em seguida, a Administração faz uma estimativa de valor, verificando o preço de mercado do objeto da futura contratação.

Cotado o preço, há a autorização de despesa, na qual o ordenador de despesa verifica a existência de recursos orçamentários suficientes para contratação do objeto, devendo ser observado o art. 16 da Lei de Responsabilidade Fiscal.

> Art. 16. A criação, expansão ou aperfeiçoamento de ação governamental que acarrete aumento da despesa será acompanhado de:
>
> I – estimativa do impacto orçamentário-financeiro no exercício em que deva entrar em vigor e nos dois subsequentes;

II – declaração do ordenador da despesa de que o aumento tem adequação orçamentária e financeira com a lei orçamentária anual e compatibilidade com o plano plurianual e com a lei de diretrizes orçamentárias.

Saliente-se que é prescindível disponibilidade financeira integral ao momento do início da execução do contrato, porém, deve haver recursos suficientes, previstos na lei orçamentária, para o pagamento da obra, serviço ou compra, conforme o cronograma ajustado entre as partes, uma vez que é vedada a contratação sem a perspectiva de que a Administração honre seu compromisso financeiro para com o contratado.

O *caput* do art. 18, aliás, é expresso ao consignar a **necessidade de compatibilidade do planejamento tanto com o plano de contratações anual quanto com as leis orçamentárias**. A preocupação com a repercussão financeira da contratação é tamanha, que devem ser abordadas todas as considerações técnicas, mercadológicas e de gestão que possam interferir na contratação.

A descrição da necessidade da contratação deve, ainda, ser fundamentada em estudo técnico preliminar que caracterize o interesse público envolvido.

Tal estudo deve servir de base para a elaboração do projeto básico, assegurando a viabilidade técnica da obra ou serviço e assegurando o adequado tratamento do impacto ambiental do empreendimento.

A teor do art. 6.º, XX, da nova Lei de Licitações, **estudo técnico preliminar é o documento constitutivo da primeira etapa do planejamento de uma contratação que caracteriza o interesse público envolvido e a sua melhor solução e dá base ao anteprojeto, ao termo de referência ou ao projeto básico a serem elaborados caso se conclua pela viabilidade da contratação.**

Em outras palavras, esse estudo demonstra a necessidade da contratação, evidenciando o problema a ser resolvido e a sua melhor solução, de modo a permitir a avaliação da viabilidade técnica e econômica da contratação.

Trata-se de uma forma de assegurar a observância dos objetivos da licitação já consagrados no art. 11: assegurar a seleção da proposta apta a gerar o resultado de contratação mais vantajoso para a Administração Pública, assegurar tratamento isonômico e a justa competição entre os licitantes, evitar contratações com sobrepreço ou com preços manifestamente inexequíveis e superfaturamento na execução dos contratos, além de incentivar a inovação e o desenvolvimento nacional sustentável.

O estudo técnico preliminar deverá conter, ao menos, os seguintes elementos:

- a descrição da necessidade da contratação fundamentada em estudo técnico preliminar que caracterize o interesse público envolvido;

- o orçamento estimado, com as composições dos preços utilizados para sua formação;
- a elaboração de minuta de contrato, quando necessária, que constará obrigatoriamente como anexo do edital de licitação;
- a modalidade de licitação, o critério de julgamento, o modo de disputa e a adequação e eficiência da forma de combinação desses parâmetros, para os fins de seleção da proposta apta a gerar o resultado de contratação mais vantajoso para a Administração Pública, considerado todo o ciclo de vida do objeto;
- posicionamento conclusivo sobre a adequação da contratação para o atendimento da necessidade a que se destina.

Quando não contemplar qualquer dos demais requisitos previstos no § 1.º do art. 18, deverão ser apresentadas as devidas justificativas.

Destaque-se que, tratando-se de contratação de obras e serviços comuns de engenharia, se demonstrada a inexistência de prejuízos para aferição de padrões de desempenho e qualidade almejados, a possibilidade de especificação do objeto no estudo técnico preliminar poderá ser indicada apenas em termo de referência, dispensando a elaboração de projetos.

9.1.1 Participação popular direta nas licitações

Ainda na fase preparatória, o art. 21 da nova Lei de Licitações prevê **instrumentos de participação direta nas licitações**, como audiências e consultas públicas, *independentemente do valor objeto do futuro contrato*. Vejamos:

> Art. 21. A Administração **PODERÁ** convocar, com **antecedência mínima de 8 (oito) dias úteis, audiência pública, presencial ou a distância, na forma eletrônica**, sobre licitação que pretenda realizar, com disponibilização prévia de informações pertinentes, inclusive de estudo técnico preliminar e elementos do edital de licitação, e com possibilidade de manifestação de todos os interessados.
>
> Parágrafo único. A Administração também poderá submeter a licitação a prévia **consulta pública**, mediante a disponibilização de seus elementos a todos os interessados, que poderão formular sugestões no prazo fixado.

À luz da Lei n. 8.666/93 (art. 39), a realização de audiência pública era **obrigatória** sempre que o valor estimado para uma licitação ou para um conjunto de licitações simultâneas ou sucessivas fosse **superior a R$ 150.000.000** (cento e cinquenta milhões de reais) – isto é, 100 (cem) vezes o limite previsto no art. 23, I, *c*, que é de R$ 1.500.000,00 (um milhão e quinhentos mil reais).

A não realização da audiência pública, segundo entendimento do TCU, constituía, inclusive, vício insanável, a macular todo o procedimento licitatório, ocasionando a sua anulação (TCU, Acórdão 2397/2017, Plenário, Rel. Aroldo Cedraz, j. 25-10-2017).

Como se vê, exigência similar **não consta**, todavia, do novo diploma.

A realização de audiência pública, presencial ou a distância, na forma eletrônica, sobre licitação que pretenda realizar, é opção discricionária da Administração Pública.

Caso opte pela sua realização, a convocação deverá ser realizada com antecedência mínima de 8 (oito) dias úteis, com disponibilização prévia de informações pertinentes, inclusive de estudo técnico preliminar, elementos do edital de licitação e outros, e com possibilidade de manifestação de todos os interessados.

A despeito de facultativa, a realização da audiência pública é medida que deve ser observada pelos gestores públicos com o fito de promover uma gestão participativa, concretizando o ideal de Administração Pública Dialógica.

Segundo Rafael Maffini (2010), "Administração Pública Dialógica" é uma noção jurídica pela qual se busca impor como condição para a atuação administrativa a prévia realização de um verdadeiro e efetivo diálogo com todos aqueles que terão suas esferas de direitos atingidas por essa atuação estatal. Explica o autor que:

> a noção de "administração pública dialógica", do qual se colocam em posição proeminente primados jurídicos de relevância ímpar, tais como o devido processo legal, o contraditório, a ampla defesa, a noção de participação, entre outros aspectos dotados de *status* constitucional, pode ser igualmente considerado uma decorrência lógica da noção de "proteção da confiança". (...)
>
> os destinatários da função administrativa não podem ser surpreendidos com a imposição de atos que lhe são prejudiciais ou com a extinção de condutas que lhes são benéficas, de modo abrupto, sem que se lhes assegurem tanto a ciência quanto à iminência de ocorrência de tais eventos danosos, quanto a efetiva participação tendente a evitar que eventuais prejuízos lhes sejam ocasionados. Daí a ideia de que a segurança jurídica e a proteção da confiança, em sua faceta procedimental, impõem sejam asseguradas a ciência e a participação prévia como condição formal para a eventual imposição de gravame pelo poder público na esfera de direitos dos cidadãos, aí incluído, por óbvio, a extinção de condutas administrativas que lhes são favoráveis. (MAFFINI, 2019).

A realização de audiências públicas, desta forma, além de ser um consectário do direito fundamental à boa Administração Pública, pode ser também considerada uma decorrência do princípio da segurança jurídica, especialmente ao se ter em mente a noção de proteção da confiança ou das expectativas legítimas, conforme explica Rafael Maffini (2019).

Na medida do possível, devem os gestores promover uma aproximação com os cidadãos, mediante constante interlocução e diálogo como forma de ampliar a eficiência administrativa e, sobretudo, realizar os direitos e garantias fundamentais previstos na Constituição e na legislação infraconstitucional.

9.1.2 Matriz de alocação de riscos

Adiante, o art. 22 da nova Lei de Licitações autoriza que o instrumento convocatório contemple **matriz de alocação de riscos entre o contratante e o contratado**, caso em que o cálculo do valor estimado da contratação poderá considerar taxa de risco compatível com o objeto da licitação e os riscos atribuídos ao contratado, de acordo com metodologia predefinida pelo ente federativo.

Instrumento já previsto no âmbito do RDC (art. 9.º, § 5.º, da Lei n. 12.462/2011), a matriz de alocação de riscos é um documento que poderá ser anexado ao edital e ao contrato para definir de forma clara quem assumirá a responsabilidade por determinados riscos, se o poder público ou se o contratado.

Define-se, a partir daí, o equilíbrio econômico-financeiro inicial do contrato em relação a eventos supervenientes, promovendo uma alocação eficiente dos riscos e a responsabilidade que caiba a cada parte, bem como os mecanismos que afastem a ocorrência do sinistro e mitiguem os seus efeitos, caso ocorra durante a execução contratual. Na solução de eventuais pleitos das partes, a matriz também deverá ser observada.

Maurício Ribeiro (2011) esclarece que:

> a matriz de riscos, ao estipular as responsabilidades de cada uma das partes do contrato, fixa o conjunto de encargos e benefícios de cada parte e, assim, em conjunto com os indicadores de serviços e o sistema de pagamentos, constituem o que a doutrina jurídica costuma chamar de "equação econômico-financeira" do contrato.

Acrescenta, ainda, ao escrever sobre os critérios para a distribuição de riscos, que:

> a maximização da eficiência econômica do contrato é obtida por meio da alocação de cada risco à parte que tem melhor condição de gerenciá-lo: isto é, à parte que poderá mitigá-lo, tomar as medidas para prevenir a ocorrência de eventos gravosos ou remediar as suas consequências e incentivar a realização dos eventos benéficos relacionados a tal risco, tudo isso com o menor custo possível (RIBEIRO, 2011).

Nesse sentido, o art. 102 dispõe que a alocação dos riscos deverá ser realizada considerando a compatibilidade com as obrigações e os encargos atribuídos às partes no contrato, a natureza do risco, o beneficiário das prestações a que se vincula e a capacidade de cada setor para melhor gerenciá-lo. Ao contratado serão preferencialmente transferidos os riscos que tenham cobertura oferecida por seguradoras.

Atendidas as condições do contrato e da matriz, considera-se mantido o equilíbrio econômico-financeiro do contrato.

Como regra, o instrumento da matriz de alocação de riscos é facultativo. Se, contudo, a contratação se referir a **obras e serviços de grande vulto** ou forem adotados os regimes de **contratação integrada e semi-integrada**, o edital **obrigatoriamente** contemplará matriz de alocação de riscos entre o contratante e o contratado.

Nesse caso (contratações integradas ou semi-integradas), os riscos decorrentes de fatos supervenientes à contratação associados à escolha da solução de projeto básico pelo contratado também deverão ser alocados como de responsabilidade do contratado na matriz de riscos.

9.1.3 Valor da contratação

Como visto, a fase preparatória do processo licitatório deve ser acompanhada da elaboração de estudo técnico preliminar, o qual deverá abordar a estimativa do valor da contratação, acompanhada dos preços unitários referenciais, das memórias de cálculo e dos documentos que lhe dão suporte.

A fixação do valor previamente estimado da contratação deverá ser realizada tendo em vista os preços praticados pelo mercado ou com base em sistemas referenciais de preço. Devem, ainda, ser contemplados os preços praticados por outros órgãos e entidades da Administração Pública, constantes de bancos de dados públicos, observadas a potencial economia de escala e as peculiaridades do local de execução do objeto.

Evita-se, assim, a realização de contratações com sobrepreço ou com preços manifestamente inexequíveis e superfaturamento na execução dos contratos (objetivo expressamente previsto no art. 11, III, desta Lei).

Por sobrepreço entende-se, com esteio no art. 6.º, LVI:

> o preço orçado para licitação ou contratado em valor expressivamente superior aos preços referenciais de mercado, seja de apenas 1 (um) item, se a licitação ou a contratação for por preços unitários de serviço, seja do valor global do objeto, se a licitação ou a contratação for por tarefa, empreitada por preço global ou empreitada integral, semi-integrada ou integrada.

Quanto à estimativa do valor a ser contratado, o art. 23 da Lei n. 14.133/2021 dispõe que esse montante deve ser compatível com os valores praticados pelo mercado, levando-se em consideração os preços constantes em bancos de dados públicos e as quantidades a serem contratadas, observadas a potencial economia de escala e as peculiaridades do local de execução do objeto.

Embora a regra seja a publicidade, é possível que esse **orçamento estima-do tenha publicidade diferida ou sigilo temporário**, desde que haja motivos relevantes devidamente justificados (sigilo provisório).

Todavia, **o sigilo não prevalece para os órgãos de controle interno e externo**, bem como será afastado, tornando-se público, apenas e imediatamente após a fase de julgamento de propostas, sem prejuízo da divulgação do detalhamento dos quantitativos e das demais informações necessárias para a elaboração das propostas, conforme o art. 24 da nova Lei de Licitações.

Além disso, na licitação em que for adotado o **critério de julgamento por maior desconto**, o **preço estimado ou o máximo aceitável constará do edital** da licitação.

9.2 Fase externa

A fase externa da licitação tem início com a publicação do instrumento convocatório, em que são convocados os eventuais interessados para aderirem ao certame e apresentarem suas propostas.

Na disciplina da Lei n. 8.666/93, a fase externa da licitação se iniciava com a publicação do *edital ou convite*, conforme o caso, para que os eventuais interessados pudessem aderir ao certame.

Entretanto, a nova Lei não mais prevê a modalidade de licitação convite, de modo que o único instrumento convocatório, agora, será o edital.

Comumente, diz-se que esse instrumento convocatório é a "lei da licitação", pois contém as regras que baseiam a licitação e que devem ser observadas pela Administração e pelos licitantes, por força do princípio da vinculação ao instrumento convocatório, presente expressamente no art. 5.º da nova Lei de Licitações.

É o edital que fixa as condições de realização da licitação, determina o seu objeto, discrimina as garantias e os deveres de ambas as partes, regulando todo o certame público.

Consoante o art. 25 da nova Lei de Licitações, o **edital de licitação deve conter o objeto da licitação e as regras relativas à convocação, ao julgamento, à habilitação, aos recursos e às penalidades da licitação, à fiscalização e à gestão do contrato, à entrega do objeto e às condições de pagamento**.

Desde que não sejam produzidos prejuízos à competitividade do processo licitatório e à eficiência do respectivo contrato, devidamente demonstrado em estudo técnico preliminar, o edital poderá prever a utilização de mão de obra, materiais, tecnologias e matérias-primas existentes no local da execução, conservação e operação do bem, serviço ou obra (art. 25, § 2.º).

Saliente-se que:

> como regra, as minutas dos contratos a serem firmados por instituição pública devem passar pelo exame da área jurídica. Todavia, em caráter excepcional, é possível a utilização de minuta-padrão, previamente aprovada pela assessoria jurídica, quando houver identidade de objeto e não restarem dúvidas acerca da possibilidade de adequação das cláusulas exigidas no contrato pretendido às cláusulas previamente estabelecidas (TCU, Acórdão 873/2011, Plenário, Rel. José Jorge, j. 6-4-2011).

Nesse sentido, consagrando a possibilidade de padronização dos instrumentos convocatórios e das minutas de contrato, já adotada pela Lei n. 12.462/2011 (art. 4.º, II), o art. 25, § 1.º, do novo diploma dispõe que, "sempre que o objeto permitir, a Administração adotará minutas padronizadas de edital e de contrato com cláusulas uniformes". Fortalece-se, assim, a eficiência no procedimento licitatório.

Todo o conteúdo do edital, incluindo minutas de contratos, projetos, anteprojetos e termos de referência e outros anexos, deve ser disponibilizado em sítio eletrônico oficial, na mesma data em que for disponibilizado o edital e sem a necessidade de registro ou identificação para acesso. Visa-se, assim, assegurar a transparência na gestão pública, facilitando o acesso aos dados por qualquer interessado.

A divulgação de informações relativamente a licitações e contratações administrativas é, aliás, um dever da Administração, previsto também no art. 8.º, § 1.º, IV, da Lei de Acesso à Informação.

> Art. 8.º É dever dos órgãos e entidades públicas promover, independentemente de requerimentos, a divulgação em local de fácil acesso, no âmbito de suas competências, de informações de interesse coletivo ou geral por eles produzidas ou custodiadas.
>
> § 1.º Na divulgação das informações a que se refere o *caput*, deverão constar, no mínimo: (...)
>
> IV – informações concernentes a procedimentos licitatórios, inclusive os respectivos editais e resultados, bem como a todos os contratos celebrados;

Uma vez publicado o edital, **qualquer cidadão** poderá impugná-lo quando houver irregularidade ou solicitar esclarecimento sobre os seus termos, devendo protocolar o pedido **até 3 (três) dias úteis antes da data de abertura das propostas** (art. 163).

Na vigência da Lei n. 8.666/93, este prazo era de até cinco dias úteis antes da data fixada para a abertura dos envelopes de habilitação (art. 41, § 1.º, da Lei n. 8.666/93).

9.2.1 Função regulatória da licitação

A nova Lei exige, ainda, que o instrumento convocatório preveja a obrigatoriedade da implementação de **programa de integridade** por parte das empresas licitantes no caso das contratações de obras, serviços e fornecimentos de grande vulto.

A inserção de cláusula desta ordem no edital evidencia a chamada **"função regulatória da licitação"**. Por esta teoria, segundo destaca Rafael Oliveira (2021), o instituto da licitação não se presta, tão somente, a que a Administração realize a contratação de bens e serviços a um menor custo; o referido instituto tem espectro mais abrangente, servindo como instrumento para o atendimento de finalidades públicas outras, consagradas constitucionalmente.

Evidencia-se, aqui, a função da licitação como instrumento a serviço da moralidade e da probidade administrativas, princípios consagrados não só na lei de regência ora comentada (art. 5.º) como, também, na própria Constituição da República Federativa do Brasil (art. 37, *caput*).

No artigo "A obrigatoriedade da implementação de programa de integridade nas contratações de grande vulto à luz do artigo 25, parágrafo 4.º, do Projeto de Lei n. 1.292/95", a professora Mirela Miró destaca que a exigência prevista no PL tem como base o **incentivo à criação de mecanismos e instrumentos aptos ao combate à corrupção**, além da **prevenção a riscos** que possam afetar a imagem do Poder Público e da própria empresa contratada.

Preocupação dessa ordem ganha especial relevo quando se tem em mente o escândalo da operação "Lava Jato", que deixou atônito todo o país.

Nesse sentido, segundo destaca Miró, "programas de integridade e compliance têm sido exigidos das empresas que contratam com o Poder Público para assegurar, dentre outros parâmetros, qualidade, eficiência, vantajosidade e sustentabilidade às contratações públicas".

A implantação ou aperfeiçoamento de programa de integridade, conforme normas e orientações dos órgãos de controle é, inclusive, parâmetro a ser considerado quando da aplicação de sanções ao responsável pelas infrações administrativas previstas na Lei, a teor do art. 155, § 1.º, V.

Imperioso salientar, por fim, que a obrigatoriedade de implantação de programa de integridade não é condição de habilitação dos licitantes. Mas, sim, **medida contratual** a ser adotada pelo **licitante vencedor**, no *prazo de 6 (seis) meses*, contado da celebração do contrato, conforme regulamento que disporá sobre as medidas a serem adotadas, a forma de comprovação e as penalidades pelo seu descumprimento.

Outra função regulatória da licitação é evidenciada no § 9.º do art. 25, que consagra que o edital poderá, na forma disposta em regulamento, exigir que o contratado destine um percentual mínimo da mão de obra responsável pela execução do objeto da contratação a mulher vítima de violência doméstica ou a oriundo ou egresso do sistema prisional.

A promoção da ressocialização dos reeducandos já era objeto de preocupação pela Lei n. 8.666/93 (art. 40, § 5.º), a evidenciar a necessidade de assegurar a dignidade da pessoa humana, a humanização da pena e a reinserção das pessoas privadas de liberdade e egressas do sistema prisional no mundo do trabalho e na geração de renda.

O dispositivo era regulamentado pelo Decreto n. 9.450/2018, que dispõe que:

> na contratação de serviços, inclusive os de engenharia, com valor anual acima de R$ 330.000,00 (trezentos e trinta mil reais), os órgãos e entidades da administração pública federal direta, autárquica e fundacional deverão exigir da contratada o emprego de mão de obra formada por pessoas presas ou egressos do sistema prisional (art. 5.º do aludido decreto).

9.2.2 Responsabilidade pelo licenciamento ambiental

A teor do § 5.º o edital *poderá* prever, ademais, a responsabilidade do contratado pela obtenção do licenciamento ambiental e realização da desapropriação autorizada pelo poder público.

Se a responsabilidade pelo licenciamento não for deferida expressamente ao contratado, "o procedimento licitatório somente deve ser iniciado após a obtenção da Licença Prévia (licenciamento ambiental), constituindo irregularidade grave o lançamento do certame sem a sua presença" (TCU, Acórdão 1140/2005, Plenário, Rel. Marcos Vinicios Vilaça, j. 10-8-2005).

Saliente-se que os licenciamentos ambientais de obras e serviços de engenharia licitados e contratados nos termos desta Lei terão prioridade de tramitação nos órgãos e entidades integrantes do Sistema Nacional do Meio Ambiente (Sisnama) e deverão ser orientados pelos princípios da celeridade, da cooperação, da economicidade e da eficiência.

No que tange à desapropriação, de acordo com o TCU:

> é recomendável que a desapropriação de terrenos para a execução de obras nas rodovias, assim como a remoção de interferências nas áreas das obras, seja efetuada antes da conclusão do procedimento licitatório (TCU, Acórdão 850/2015, Plenário, Rel. José Mucio Monteiro, j. 15-4-2015).

9.2.3 Manutenção do equilíbrio econômico-financeiro

Com vistas a assegurar a manutenção do equilíbrio econômico-financeiro do contrato, o edital deverá prever, independentemente do prazo de duração do contrato, índice de reajustamento de preço com data-base vinculada à data do orçamento estimado, com a possibilidade de ser estabelecido mais de um índice específico ou setorial, em conformidade com a realidade de mercado dos respectivos insumos.

No caso específico dos **serviços continuados**, observado o **interregno mínimo de um ano**, o reajustamento poderá se dar tanto por reajustamento em sentido estrito quanto por repactuação. Relevante rememorar os conceitos trazidos no art. 6.º da Lei em comento:

> LVIII – **reajustamento em sentido estrito**: forma de manutenção do equilíbrio econômico-financeiro de contrato consistente na aplicação do índice de correção monetária previsto no contrato, que deve retratar a variação efetiva do custo de produção, admitida a adoção de índices específicos ou setoriais;
>
> LIX – **repactuação**: forma de manutenção do equilíbrio econômico-financeiro de contrato *utilizada para serviços contínuos com regime de dedicação exclusiva de mão de obra ou predominância de mão de obra*, por meio da análise da variação dos custos contratuais, devendo estar prevista no edital com data vinculada à apresentação das propostas, para os custos decorrentes do mercado, e com data vinculada ao acordo, à convenção coletiva ou ao dissídio coletivo ao qual o orçamento esteja vinculado, para os custos decorrentes da mão de obra;

A aplicação de um ou outro critério dependerá da existência (ou não) de regime de dedicação exclusiva de mão de obra ou predominância de mão de obra.

Quando não houver regime de dedicação exclusiva de mão de obra ou predominância de mão de obra, será aplicável o reajustamento em sentido estrito, mediante previsão de índices específicos ou setoriais.

Caso contrário, quando houver regime de dedicação exclusiva de mão de obra ou predominância de mão de obra, será aplicável a repactuação, mediante demonstração analítica da variação dos custos.

9.2.4 Apresentação de propostas e lances

Encerrada a instrução do processo sob os aspectos técnico e jurídico, a autoridade determinará a divulgação do edital de licitação no Portal Nacional de Contratações Públicas (PNCP) e do seu extrato no *Diário Oficial*, observadas as exigências contidas no art. 54 da nova Lei de Licitações, segundo art. 53, § 3.º, da nova Lei de Licitações.

Na sequência, teremos a fase da **apresentação de propostas e lances,** quando for o caso.

Os prazos mínimos entre a divulgação do edital e a apresentação de propostas e lances também foram objeto de alteração pelo novo diploma. A primeira novidade é que agora todos os prazos são contados em **dias úteis.**

A segunda é que os **prazos mínimos** variam segundo a natureza do objeto da contração e conforme o critério de julgamento, da seguinte forma:

a) Licitação para aquisição de bens:
   – Menor preço ou maior desconto: 8 (oito) dias úteis;
   – Maior retorno econômico ou leilão: 15 (quinze) dias úteis;
   – Técnica e preço ou de melhor técnica ou conteúdo artístico: 35 (trinta e cinco) dias úteis.

b) Licitação para a realização de serviços e obras:
   b.1) Serviços comuns e de obras e serviços comuns de engenharia:
   – Menor preço ou de maior desconto: 10 (dez) dias úteis;
   b.2) Serviços especiais e de obras e serviços especiais de engenharia:
   – Menor preço ou de maior desconto: 25 (vinte e cinco) dias úteis;
   – Contratação integrada: 60 (sessenta) dias úteis;
   – Contratação semi-integrada: 35 (trinta e cinco) dias úteis.

Nas licitações realizadas pelo Ministério da Saúde, no âmbito do Sistema Único de Saúde (SUS), estes prazos poderão, mediante decisão fundamentada, ser **reduzidos até a metade.**

Saliente-se, por fim, que eventuais modificações no edital implicarão **nova divulgação** na mesma forma de sua divulgação inicial, além de se sujeitarem ao cumprimento dos mesmos prazos dos atos e procedimentos originais, salvo se a alteração não comprometer a formulação das propostas.

É este o teor do art. 55 da nova Lei de Licitações:

> Art. 55. Os prazos mínimos para apresentação de propostas e lances, contados a partir da data de divulgação do edital de licitação, são de:
>
> I – para aquisição de bens:
>
> *a)* **8 (oito) dias úteis,** quando adotados os critérios de julgamento de menor preço ou de maior desconto;
>
> *b)* **15 (quinze) dias úteis,** nas hipóteses não abrangidas pela alínea *a* deste inciso;
>
> II – no caso de serviços e obras:
>
> *a)* **10 (dez) dias úteis,** quando adotados os critérios de julgamento de menor preço ou de maior desconto, no caso de serviços comuns e de obras e serviços comuns de engenharia;

b) **25 (vinte e cinco) dias úteis**, quando adotados os critérios de julgamento de menor preço ou de maior desconto, no caso de serviços especiais e de obras e serviços especiais de engenharia;

c) **60 (sessenta) dias úteis**, quando o regime de execução for de contratação integrada;

d) **35 (trinta e cinco) dias úteis**, quando o regime de execução for o de contratação semi-integrada ou nas hipóteses não abrangidas pelas alíneas *a, b* e *c* deste inciso;

III – para licitação em que se adote o critério de julgamento de maior lance, 15 (quinze) dias úteis;

IV – para licitação em que se adote o critério de julgamento de técnica e preço ou de melhor técnica ou conteúdo artístico, 35 (trinta e cinco) dias úteis.

O **modo de disputa** poderá ser, isolada ou conjuntamente:

a) **aberta**, hipótese em que os licitantes apresentarão suas ofertas por meio de lances públicos e sucessivos, crescentes ou decrescentes; e

b) **fechada**, hipótese em que as propostas permanecerão em sigilo até a data e hora designadas para sua divulgação.

A utilização isolada do modo de disputa fechado será vedada quando adotados os critérios de julgamento de menor preço ou de maior desconto, ao passo que o modo de disputa aberto é vedado quando adotado o critério de julgamento de técnica e preço.

Os **lances intermediários** são assim definidos:

a) iguais ou inferiores ao maior já ofertado, quando adotado o critério de julgamento de maior lance; e

b) iguais ou superiores ao menor já ofertado, quando adotados os demais critérios de julgamento.

Após a definição da melhor proposta, se a diferença em relação à proposta classificada em segundo lugar for de **pelo menos 5% (cinco por cento),** a Administração poderá admitir o reinício da disputa aberta, nos termos estabelecidos no instrumento convocatório, para a definição das demais colocações.

9.2.5 Julgamento

Em seguida, temos o *julgamento.*

Nessa etapa, a Administração Pública selecionará a melhor proposta, seguindo os critérios objetivos previstos no art. 33 da Lei n. 14.133/2021 (menor preço, maior desconto, melhor técnica ou conteúdo artístico, técnica e preço, maior lance, no caso de leilão, ou maior retorno econômico).

Essa fase será orientada pelo **princípio do julgamento objetivo**, o qual está ligado diretamente ao **princípio da vinculação ao instrumento convoca-**

tório e visa garantir aos participantes um procedimento impessoal, desprovido de qualquer tipo de favorecimento.

CARVALHO FILHO (2017, p. 258) explica que:

> o princípio do julgamento objetivo é corolário do princípio da vinculação ao instrumento convocatório. Consiste em que os critérios e fatores seletivos previstos no edital devem ser adotados inafastavelmente para o julgamento, evitando-se, assim, qualquer surpresa para os participantes da competição.

A vinculação ao instrumento convocatório, segundo explica o autor, é garantia que milita a favor tanto do administrador quanto dos administrados.

> Significa que as regras traçadas para o procedimento devem ser fielmente observadas por todos. Se a regra fixada não é respeitada, o procedimento se torna inválido e suscetível de correção na via administrativa ou judicial (CARVALHO FILHO, 2017, p. 257).

A desclassificação das propostas segue a linha que já era adotada pelo art. 24 da Lei n. 12.462/2011 (Lei do Regime Diferenciado de Contratações Públicas – RDC). Serão, pois, desclassificadas as propostas que (art. 59 da nova Lei de Licitações):

a) contiverem vícios insanáveis;

b) não obedecerem às especificações técnicas pormenorizadas no edital;

c) apresentarem preços manifestamente inexequíveis ou permanecerem acima do orçamento estimado para a contratação;

d) não tiverem sua exequibilidade demonstrada, quando exigido pela Administração; e

e) apresentarem desconformidade com quaisquer outras exigências do edital, desde que insanável.

A verificação da conformidade das propostas poderá ser feita exclusivamente em relação à proposta melhor classificada.

> **A Administração poderá realizar diligências para aferir a exequibilidade das propostas ou exigir dos licitantes que ela seja demonstrada.**

Tratando-se de obras e serviços de engenharia e arquitetura, para efeito de avaliação da exequibilidade e de sobrepreço, serão considerados o preço global, os quantitativos e os preços unitários tidos como relevantes, observado o critério de aceitabilidade de preços unitário e global a ser fixado no edital, conforme as especificidades do mercado correspondente.

Nesse caso, serão consideradas inexequíveis as propostas cujos valores forem inferiores a **75% (setenta e cinco por cento) do valor orçado pela Admi-**

nistração. Imperioso salientar que, sob a vigência da Lei n. 8.666/93, esse percentual era de 70% e poderia ter como parâmetro tanto o valor orçado pela Administração quanto a média aritmética dos valores das propostas superiores a 50% do valor orçado pela administração, o que fosse menor.

De acordo com o STJ (REsp 965.839/SP, Rel. Min. Denise Arruda, Primeira Turma, j. 15-12-2009, *DJe* 2-2-2010), em decisão prolatada com base na ora revogada Lei n. 8.666/93, a inexequibilidade não pode ser avaliada de forma absoluta e rígida. Os critérios estabelecidos pela lei conduzem, apenas, a uma **presunção relativa** de inexequibilidade de preços, devendo a Administração dar à licitante a oportunidade de demonstrar a exequibilidade da sua proposta (nesse sentido, a Súmula 262 do TCU).

A inexequibilidade deve, pois, ser examinada em cada caso, à luz de suas peculiaridades, averiguando-se se a proposta apresentada, embora enquadrada em alguma das hipóteses de inexequibilidade, pode ser, concretamente, executada pelo proponente. Neste contexto, se o licitante que apresenta a proposta demonstrar que pode realizar o objeto da licitação.

No mesmo sentido, é a doutrina de Marçal Justen Filho (2019, p. 610), que explica que:

> como é vedado licitação de preço-base, não pode admitir-se que 70% do preço orçado seja o limite absoluto de validade das propostas. Tem de reputar-se, também por isso, que o licitante cuja proposta for inferior ao limite do § 1.º disporá da faculdade de provar à Administração que dispõe de condições materiais para executar sua proposta. Haverá uma inversão do ônus da prova, no sentido de que se presume inexequível a proposta de valor inferior, cabendo ao licitante o encargo de provar o oposto.

As contratações de obras e serviços de engenharia apresentam, ainda, outra peculiaridade: a Administração poderá exigir garantia adicional do licitante vencedor proposta for **inferior a 85% (oitenta e cinco por cento) do valor orçado pela Administração**, equivalente à diferença entre esse último e o valor da proposta, sem prejuízo das demais garantias exigíveis de acordo com esta Lei. Previsão similar constava do art. 48, § 2.º, da Lei n. 8.666/93, todavia, albergava mais licitantes, já que o percentual consignado era de 80% (oitenta por cento).

E se houver empate, quem vencerá a licitação?

Enquanto a Lei n. 8.666/93 previa o sorteio como critério de desempate (art. 45 § 2.º), a nova Lei de Licitações consagra critérios objetivos, dentre os quais se inclui o desenvolvimento de Programas de Integridade, a estimular práticas de prevenção à corrupção.

Mais uma vez, tem-se em evidência a função regulatória ou extraeconômica da licitação. Por esta teoria, conforme já explicado ao longo desta obra, o instituto da licitação não se presta somente a que a Administração realize a contratação de bens e serviços a um menor custo; o referido instituto tem espectro mais abrangente, servindo como instrumento para o atendimento de finalidades públicas outras, consagradas constitucionalmente, a exemplo da probidade e da moralidade na gestão da coisa pública.

A consagração de critérios objetivos de desempate, ademais, prioriza a escolha da proposta mais vantajosa para o Poder Público, especialmente em se considerado o primeiro critério, qual seja, a disputa final, facultando-se aos licitantes empatados a apresentação de nova proposta em ato contínuo à classificação.

Se, ainda assim, subsistir o empate, deverão ser utilizados, nesta ordem: a avaliação do desempenho contratual prévio dos licitantes (do que exsurge a relevância do registro cadastral, razão pela qual remetemos o leitor aos comentários dos arts. 86 e 87); o desenvolvimento pelo licitante de ações de equidade entre homens e mulheres no ambiente de trabalho, conforme regulamento; o desenvolvimento pelo licitante de programa de integridade, conforme orientações dos órgãos de controle.

Mesmo com todos esses critérios, é possível que as propostas permaneçam empatadas, a atrair a incidência da normativa constante do § 1.º.

Saliente-se, por fim, que as regras de desempate ora previstas não excluem a aplicação do disposto no art. 44 da Lei Complementar n. 123, de 14 de dezembro de 2006, que consagra a preferência de contratação para as microempresas e empresas de pequeno porte.

Entende-se por empate aquelas situações em que as propostas apresentadas pelas microempresas e empresas de pequeno porte sejam iguais ou até 10% (dez por cento) superiores à proposta mais bem classificada. Na modalidade de pregão, esse percentual será de até 5% (cinco por cento) superior ao melhor preço.

Em síntese, caso dê empate entre duas ou mais propostas, serão utilizados os seguintes critérios de desempate, nessa ordem (art. 59):

- Disputa final, hipótese em que os licitantes empatados poderão apresentar nova proposta em ato contínuo à classificação;
- Avaliação do desempenho contratual prévio dos licitantes, para o que deverão preferencialmente ser utilizados registros cadastrais para efeito de atesto de cumprimento de obrigações previstas na Lei de Licitações;
- Desenvolvimento pelo licitante de ações de equidade entre homens e mulheres no ambiente de trabalho, conforme regulamento;
- Desenvolvimento pelo licitante de programa de integridade, conforme orientações dos órgãos de controle.

De todo modo, definido o resultado do julgamento, **a Administração pode negociar condições mais vantajosas com o primeiro colocado**, segundo o art. 61 da nova Lei de Licitações. Essa negociação pode ser feita com os demais licitantes, segundo a ordem de classificação inicialmente estabelecida, quando o primeiro colocado, em determinado momento, mesmo após a negociação, for desclassificado por sua proposta permanecer acima do preço máximo definido pela Administração.

9.2.6 Etapa de habilitação

Posteriormente, tem-se a etapa de ***habilitação***, em que a Administração deve verificar a capacidade do licitante de realizar o objeto da licitação, englobando as seguintes exigências: **jurídica; técnica; fiscal, social e trabalhista; e econômico-financeira.**

Na fase habilitação, **verifica-se a aptidão dos licitantes para celebração do futuro contrato**, em estrita observância às condições de habilitação definidas no edital. Dado o princípio da virtualização, admite-se a sua realização por meio eletrônico, nos termos dispostos em regulamento (art. 64).

Todas as empresas, inclusive as criadas no exercício financeiro da licitação deverão atender a todas as exigências desta fase, facultando-se, neste caso, a substituição dos demonstrativos contábeis pelo balanço de abertura.

Tratando-se de empresas estrangeiras que não funcionem no País, deverão ser apresentados documentos equivalentes, na forma de regulamento emitido pelo Poder Executivo federal (art. 69, parágrafo único).

A documentação, pormenorizada nos arts. 64 a 68, poderá ser **dispensada**, **total ou parcialmente**, em três hipóteses previstas no art. 69:

a) **Contratações para entrega imediata.**

b) **Contratações em valores inferiores a 1/4 (um quarto) do limite para dispensa de licitação para compras em geral**: de acordo como art. 74, II, desta Lei, é dispensada a contratação que envolva valores inferiores a R$ 50.000,00 (cinquenta mil reais), no caso de serviços e compras em geral. Sendo assim, a documentação referente à fase de habilitação poderá ser dispensada em se tratando de contratações em ***valores inferiores a R$ 12.500,00*** (1/4 de R$ 50.000,00).

c) **Contratações de produto para pesquisa e desenvolvimento até o valor de R$ 300.000,00 (trezentos mil reais)** *(valor atualizado pelo Decreto n. 11.871, de 29 de dezembro de 2023: R$ 359.436,08 (trezentos e cinquenta e nove mil quatrocentos e trinta e seis reais e oito centavos).*

Como decorrência da adoção do princípio do formalismo moderado, a documentação exigida na fase habilitatória pode ser apresentada em original, por cópia ou por qualquer outro meio expressamente admitido pela Administração ou mesmo substituída por registro cadastral emitido por órgão ou entidade pública, desde que previsto no edital e que o registro tenha sido feito em obediência ao disposto nesta Lei.

Como visto, agora, como regra geral, a habilitação somente ocorrerá **após** o julgamento das propostas, de modo a evitar que as questões formais discutidas na habilitação emperrem o procedimento. O que antes era chamado de inversão de fases, agora é a regra geral, tal qual já ocorria no pregão e na licitação nas PPP's, por exemplo.

Somente será exigida, portanto, a apresentação dos documentos de habilitação pelo licitante vencedor. Excepcionalmente, como já visto, a fase de habilitação poderá, mediante ato motivado com explicitação dos benefícios decorrentes, anteceder as fases de apresentação das propostas e de julgamento, desde que expressamente previsto no edital de licitação. Neste caso, será exigida a documentação de todos os licitantes.

Quando a fase de habilitação anteceder a de julgamento (nova inversão de fases) e já tiver sido encerrada, não caberá exclusão de licitante por motivo relacionado à habilitação, salvo em razão de fatos supervenientes ou só conhecidos após o julgamento. Opera-se, assim, uma verdadeira preclusão consumativa para a Administração Pública.

Saliente-se, ademais, que na fase de habilitação, dada a adoção do princípio do formalismo moderado, a comissão de licitação poderá sanar erros ou falhas que não alterem a substância dos documentos e sua validade jurídica, mediante despacho fundamentado registrado e acessível a todos, atribuindo-lhes eficácia para fins de habilitação e classificação.

Imperioso destacar que, a teor do Enunciado 21 da I Jornada de Direito Administrativo CJF/STJ:

> a conduta de apresentação de documentos falsos ou adulterados por pessoa jurídica em processo licitatório configura o ato lesivo previsto no art. 5.º, IV, *d*, da Lei n. 12.846/2013, **independentemente** de essa sagrar-se vencedora no certame ou ter a continuidade da sua participação obstada nesse.

Mister salientar, por fim, que compete à União fixar as normas gerais sobre licitações e contratos, conforme preconiza o art. 22, XXVII, da CF:

> Art. 22. Compete privativamente à União legislar sobre: (...)
>
> XXVII – normas gerais de licitação e contratação, em todas as modalidades, para as administrações públicas diretas, autárquicas e fundacionais da União, Estados, Distrito Federal e Municípios, obedecido o disposto no art. 37, XXI, e para as empresas públicas e sociedades de economia mista, nos termos do art. 173, § 1.º, III;

Nada impede, contudo, que os Estados, Distrito Federal e Municípios editem leis tratando sobre licitações e contratos, desde que não se tratem de "normas gerais". Isto é, os demais entes federados podem apenas suplementar as normas gerais fixadas pela União, com esteio nos arts. 24, § 2.º, 25, § 1.º, e 30, II, todos da CF:

> Art. 24. (...)
>
> § 2.º A competência da União para legislar sobre normas gerais não exclui a competência suplementar dos Estados.
>
> Art. 25. (...)
>
> § 1.º São reservadas aos Estados as competências que não lhes sejam vedadas por esta Constituição.
>
> Art. 30. Compete aos Municípios: (...)
>
> II – suplementar a legislação federal e a estadual no que couber;

Nesse contexto, para que a suplementação feita pelos Estados, DF e Municípios seja válida, faz-se imprescindível a identificação das normas gerais fixadas pela União no caso concreto como modelo nacional e, em seguida, a verificação se as inovações feitas pelo legislador estadual, distrital ou municipal sobre o tema são compatíveis com as normas gerais impostas pela União.

De acordo com o STF:

> somente a lei federal poderá, em âmbito geral, estabelecer desequiparações entre os concorrentes e assim restringir o direito de participar de licitações em condições de igualdade. Ao direito estadual (ou municipal) somente será legítimo inovar neste particular se tiver como objetivo estabelecer condições específicas, nomeadamente quando relacionadas a uma classe de objetos a serem contratados ou a peculiares circunstâncias de interesse local (STF, Plenário, ADI 3.735/MS, Rel. Min. Teori Zavascki, j. 8-9-2016, Info 838).

Revela-se, pois, inconstitucional lei estadual, distrital ou municipal que exija nova certidão negativa (ex.: Certidão negativa de violação dos direitos do consumidor) não prevista no diploma geral de licitações.

Para a habilitação nas licitações exigir-se-á dos interessados informações e documentos necessários e suficientes para demonstrar a capacidade do licitante de realizar o objeto da licitação, dividindo-se em:

i) Habilitação jurídica;

ii) Qualificação técnica;

iii) Qualificação fiscal, social e trabalhista;

iv) Qualificação econômico-financeira.

A **habilitação jurídica** visa a demonstrar a capacidade de o licitante exercer direitos e assumir obrigações, e a documentação a ser apresentada por ele limita-se à comprovação de existência jurídica da pessoa e, quando cabível, de autorização para o exercício da atividade a ser contratada.

A **qualificação técnico-profissional e técnico-operacional** consiste na demonstração de que o licitante possui aptidão técnica para executar o objeto contratual. Abordando a distinção entre os termos, Justen Filho explica que:

> A qualificação técnica operacional consiste em qualidade pertinente às empresas que participam da licitação. Envolve a comprovação de que a empresa, como unidade jurídica e econômica, participara anteriormente de contrato cujo objeto era similar ao previsto para a contratação almejada pela Administração Pública. Por outro lado, utiliza-se a expressão "qualificação técnica profissional" para indicar a existência, nos quadros (permanentes) de uma empresa, de profissionais em cujo acervo técnico contasse a responsabilidade pela execução de obra similar àquela pretendida pela Administração. A questão da qualificação técnica profissional somente pode ser compreendida em face de obras e serviços de engenharia. (...) Em síntese, a qualificação técnica operacional é um requisito referente a empresa que pretende executar a obra ou serviços licitados. Já a qualificação técnica profissional é requisito referente às pessoas físicas que prestam serviços à empresa licitante (ou contratada pela Administração Pública) (JUSTEN FILHO, 2019).

Dada a heterogeneidade dos objetos licitados, o conceito de qualificação técnica afigura-se complexo e variável, a ser determinado caso a caso, com base nas circunstâncias e peculiaridades das necessidades que o Estado pretende atender com aquela contratação.

A complexidade do conceito de qualificação técnica não implica, contudo, em um livre espaço ao arbítrio administrativo. As exigências, sejam elas de caráter técnico-profissional ou técnico-operacional, devem ser sempre devidamente fundamentadas, de forma que fiquem demonstradas inequivocamente sua imprescindibilidade e pertinência em relação ao objeto licitado.

Não são admitidas, nesse contexto, exigências desarrazoadas a ponto de comprometer o caráter competitivo do certame, devendo tão somente constituir garantia mínima suficiente de que o futuro contratado detém capacidade de cumprir com as obrigações contratuais.

A título exemplificativo, mencione-se que o STJ já reconheceu como **lícita** cláusula do edital de licitação que exige que o licitante já tenha atuado em serviço similar. O edital da licitação poderá, ademais, exigir que a empresa a ser contratada tenha, em seu acervo técnico, um profissional que já tenha conduzido serviço de engenharia similar àquele previsto para a licitação (STJ, 2.ª Turma, RMS 39.883/MT, Rel. Min. Humberto Martins, j. 17-12-2013).

Para o Egrégio Superior Tribunal de Justiça:

> não fere a igualdade entre os licitantes, tampouco a ampla competitividade entre eles, o condicionamento editalício referente à experiência prévia dos concorrentes no âmbito do objeto licitado, a pretexto de demonstração de qualificação técnica, nos termos do art. 30, inc. II, da Lei n. 8.666/93 (REsp 1.257.886/PE, j. 3-11-2011).

Entendemos que a jurisprudência acima colacionada deverá se manter sob a égide do novo diploma de licitações, especialmente ao se ter em vista que o inciso I do art. 66 consagra a necessidade de apresentação de profissional detentor de atestado de responsabilidade técnica por execução de obra ou serviço de características semelhantes, para fins de contratação (qualificação técnico-profissional); bem como o inciso II que exige a certidão ou atestado que a demonstre capacidade operacional do licitante na execução de serviços similares de complexidade tecnológica e operacional equivalente ou superior (qualificação técnico-operacional).

Os arts. 67 e 68 da Lei n. 14.133/2021 dispõem:

> Art. 67. A documentação relativa à **qualificação técnico-profissional e técnico-operacional** será restrita a:
>
> I – apresentação de profissional, devidamente registrado no conselho profissional competente, quando for o caso, detentor de atestado de responsabilidade técnica por execução de obra ou serviço de características semelhantes, para fins de contratação;
>
> II – certidões ou atestados, regularmente emitidos pelo conselho profissional competente, quando for o caso, que demonstrem capacidade operacional na execução de serviços similares de complexidade tecnológica e operacional equivalente ou superior, bem como documentos comprobatórios emitidos na forma do § 3.º do art. 88 desta Lei;
>
> III – indicação do pessoal técnico, das instalações e do aparelhamento adequados e disponíveis para a realização do objeto da licitação, bem como da qualificação de cada membro da equipe técnica que se responsabilizará pelos trabalhos;
>
> IV – prova do atendimento de requisitos previstos em lei especial, quando for o caso;
>
> V – registro ou inscrição na entidade profissional competente, quando for o caso;
>
> VI – declaração de que o licitante tomou conhecimento de todas as informações e das condições locais para o cumprimento das obrigações objeto da licitação.
>
> (...)

> Art. 68. As **habilitações fiscal, social e trabalhista** serão aferidas mediante a verificação dos seguintes requisitos:
>
> I – a inscrição no Cadastro de Pessoas Físicas (CPF) ou no Cadastro Nacional da Pessoa Jurídica (CNPJ);
>
> II – a inscrição no cadastro de contribuintes estadual e/ou municipal, se houver, relativo ao domicílio ou sede do licitante, pertinente ao seu ramo de atividade e compatível com o objeto contratual;
>
> III – a regularidade perante a Fazenda federal, estadual e/ou municipal do domicílio ou sede do licitante, ou outra equivalente, na forma da lei;
>
> IV – a regularidade relativa à Seguridade Social e ao FGTS, que demonstre cumprimento dos encargos sociais instituídos por lei;
>
> V – a regularidade perante a Justiça do Trabalho;
>
> VI – o cumprimento do disposto no inciso XXXIII do art. 7.º da Constituição Federal.

A **regularidade fiscal** exige do licitante a comprovação de sua situação regular com o fisco, incluída a regularidade com a seguridade social. A documentação relativa à regularidade fiscal e trabalhista, conforme o caso, consistirá, por exemplo, em prova de inscrição no Cadastro de Pessoas Físicas (CPF) ou no Cadastro Geral de Contribuintes (CGC); e prova de inscrição no cadastro de contribuintes estadual ou municipal, se houver, relativo ao domicílio ou sede do licitante, pertinente ao seu ramo de atividade e compatível com o objeto contratual, de acordo com o art. 67 da nova Lei de Licitações.

A **regularidade fiscal não se confunde com a quitação fiscal**, que consiste na ausência de débitos fiscais. A lei apenas impõe a regularidade, motivo pelo qual o licitante, mesmo com débito fiscal, pode ser habilitado quando estiver em situação regular, como é o caso da existência de parcelamento.

Além disso, os licitantes necessitam comprovar a **regularidade trabalhista** por meio da apresentação da Certidão Negativa de Débitos Trabalhistas (CNDT), conforme art. 642-A da CLT.

Quanto ao cumprimento do disposto no **inciso XXXIII do art. 7.º da Constituição Federal**, o licitante deve declarar, para fins de habilitação, que não possui menores de dezoito anos exercendo trabalho noturno, perigoso ou insalubre, bem como que não possui trabalhadores menores de dezesseis anos, salvo na condição de aprendiz, a partir de quatorze anos.

Os documentos referentes à habilitação fiscal, social e trabalhista, saliente-se, poderão ser substituídos ou supridos, no todo ou em parte, por outros meios hábeis a comprovar a regularidade do licitante, inclusive por meio eletrônico.

Por fim, a **habilitação econômico-financeira** visa a demonstrar a aptidão econômica do licitante para cumprir as obrigações decorrentes do futuro contrato, devendo ser comprovada de forma objetiva, por coeficientes e índices econômicos previstos no edital, devidamente justificados no processo licitatório, e será restrita à apresentação do balanço patrimonial, demonstração de resultado de exercício e demais demonstrações contábeis dos 2 (dois) últimos exercícios sociais, e da certidão negativa de feitos sobre falência expedida pelo distribuidor da sede do licitante.

A revogada Lei de Licitações, em seu art. 31, II, exigia a apresentação de certidão negativa de falência ou concordata, o que gerou intensos debates quanto à possibilidade de empresas que se encontram em recuperação judicial de participar de procedimento licitatório.

De um lado, havia aqueles (a exemplo de Marçal Justen Filho) que defendiam que os efeitos da concordata sobre a contratação administrativa devem ser aplicados à recuperação judicial. Isso porque há a presunção de insolvência da empresa em crise. Desse modo, empresas que estão em recuperação judicial não poderiam participar de licitações.

De outro lado, Joel de Menezes Niebuhr e outros defendiam que, como o art. 31, II, da Lei de Licitações não foi alterado para substituir certidão negativa de concordata por certidão negativa de recuperação judicial, a Administração não pode exigir tal documento como condição de habilitação, haja vista a ausência de autorização legislativa. Assim, as empresas submetidas à recuperação judicial estão dispensadas da apresentação da referida certidão.

Esta última corrente foi adotada pelo STJ quando instado a decidir sobre o tema. Para o Tribunal, o art. 31, II, da Lei n. 8.666/93 é uma norma restritiva e, por isso, não admite interpretação que amplie o seu sentido, dada a vinculação da Administração ao princípio da legalidade. Veda-se, neste ponto, qualquer interpretação extensiva ou restritiva de direitos quando a lei assim não o dispuser de forma expressa.

Se a empresa estiver em recuperação judicial, caberá à Administração Pública diligenciar a fim de avaliar a real situação de capacidade econômico-financeira da empresa licitante.

Em suma:

Sociedade empresária em recuperação judicial pode participar de licitação, desde que demonstre, na fase de habilitação, a sua viabilidade econômica (STJ, 1.ª Turma, AREsp 309.867/ES, Rel. Min. Gurgel de Faria, j. 26-6-2018, Info 631).

Celeuma dessa natureza parece, contudo, não subsistir com a promulgação da nova Lei, já que agora só é exigida a apresentação de certidão negativa de falência, nada mais sendo mencionando acerca da concordata.

Para fins de habilitação econômico-financeira, a Administração também poderá exigir, nas compras para entrega futura e na execução de obras e serviços, capital mínimo ou patrimônio líquido mínimo equivalente a até 10% do valor estimado da contratação.

É vedada, todavia, a exigência de:

i) valores mínimos de faturamento anterior e de índices de rentabilidade ou lucratividade (admite-se, todavia, admitida a exigência da relação dos compromissos assumidos pelo licitante que importem em diminuição de sua capacidade econômico-financeira, excluídas parcelas já executadas de contratos firmados);

ii) índices e valores não usualmente adotados para a avaliação de situação econômico-financeira suficiente ao cumprimento das obrigações decorrentes da licitação.

A critério da Administração, poderá ser exigida declaração, assinada por profissional habilitado da área contábil, que ateste o atendimento pelo licitante dos índices econômicos previstos no edital.

9.2.7 Encerramento da licitação

Adiante, haverá o **_encerramento da licitação._** Após as fases de julgamento e habilitação, exauridos os recursos administrativos, o processo licitatório será encaminhado à autoridade superior, que poderá:

> a) determinar o retorno dos autos para saneamento de irregularidades que forem supríveis;
>
> b) revogar a licitação por motivo de conveniência e oportunidade;
>
> c) proceder à anulação da licitação, de ofício ou mediante provocação de terceiros, sempre que presente ilegalidade insanável; e
>
> d) adjudicar o objeto e homologar a licitação.

As referidas hipóteses são aplicáveis, no que couber, às contratações diretas e aos procedimentos auxiliares da licitação.

Com o fim das fases de julgamento e habilitação, e exauridos os recursos administrativos, o "normal" é que o processo licitatório seja encaminhado à autoridade superior para fins de adjudicação do objeto e homologação da licitação.

A homologação é o ato administrativo que atesta a validade do procedimento e confirma o interesse na contratação.

Caso se constate alguma ilegalidade, a autoridade competente poderá: determinar o retorno dos autos para que seja realizado o saneamento ou determinar a anulação do certame, conforme preconiza a Súmula 473 do STF.

> **Súmula 473 do STF: A Administração pode anular seus próprios atos, quando eivados de vícios que os tornam ilegais, porque deles não se originam direitos; ou revogá-los, por motivo de conveniência ou oportunidade, respeitados os direitos adquiridos, e ressalvada, em todos os casos, a apreciação judicial.**

Ao pronunciar a nulidade, a autoridade indicará expressamente os atos com vícios insanáveis, tornando sem efeito todos os subsequentes que deles dependam, e dará ensejo à apuração de responsabilidade de quem lhes tenha dado causa.

Saliente-se que a anulação somente será adotada na hipótese em que se revelar medida de interesse público, com avaliação dos aspectos elencados no art. 149.

A declaração de nulidade no procedimento licitatório, além de poder ser realizada pelo próprio Poder Executivo, no exercício de seu poder de autotutela, também pode ser efetuada por outro Poder, no exercício do controle externo (por exemplo, pelo Judiciário).

Imperioso destacar que, ainda que o procedimento seja considerado válido, é possível que a Administração aponte desinteresse na contratação e revogue o procedimento por conveniência e oportunidade. O motivo determinante para a revogação do processo licitatório, todavia deverá ser resultante de **fato superveniente devidamente comprovado.**

Ao contrário da anulação, a revogação somente pode ser efetivada pelo ente público que promoveu a licitação. Porém, em ambos os casos devem ser observados o contraditório e a ampla defesa, além de ser imprescindível a motivação expressa por parte da Administração Pública.

A revogação e a anulação podem ocorrer a qualquer momento, ainda que adjudicado o objeto ao licitante vencedor, observando-se que a nulidade da licitação leva também à nulidade do contrato.

Rafael Oliveira (2021) destaca que:

> De acordo com parcela da doutrina, enquanto a anulação não acarreta, em regra, direito à indenização, a revogação gera o direito à indenização pelas despesas realizadas

pelo licitante vencedor. Entendemos, no entanto, que o Poder Público deve indenizar o licitante em caso de desfazimento da licitação após a homologação, tanto na hipótese de anulação quanto no caso de revogação. Independentemente da existência de direitos do licitante vencedor, que, por certo, não pode exigir a celebração do contrato, devem ser prestigiados os princípios da boa-fé e da confiança legítima. Temos, aqui, a responsabilidade civil pré-negocial da Administração.

O § 5.º do referido art. 149 da Nova Lei de Licitações, entretanto, consagra expressamente o dever da Administração de indenizar o contratado pelo que ele houver executado até a data em que for declarada a nulidade, bem como por outros prejuízos regularmente comprovados, desde que não lhe seja imputável, devendo ser promovida a responsabilização de quem lhe tenha dado causa. Normativa desta ordem é coerência lógica da vedação do enriquecimento sem causa, obstando que a Administração adote posturas violadoras da boa-fé.

Do exposto, constata-se que a homologação somente será efetivada nos casos em que o procedimento não for anulado ou revogado.

A adjudicação, a seu turno, é o ato final do procedimento de licitação por meio do qual a Administração atribui ao licitante vencedor o objeto da licitação, regida pelo **princípio da adjudicação compulsória.** Significa dizer que o objeto da licitação deve obrigatoriamente ser adjudicado ao primeiro colocado, o que não, implica, contudo, no reconhecimento do direito ao próprio contrato. A adjudicação não pode ser confundida com a assinatura do contrato.

Prevalece, aliás, na doutrina e na jurisprudência do STJ que a homologação e a adjudicação **não geram direito à celebração do contrato**, uma vez que a Administração Pública poderia, mesmo após esses atos, revogar ou anular o certame por fatos supervenientes. Isto posto, a celebração do contrato ficaria à mercê da análise discricionária, de conveniência e oportunidade, do administrador.

10. ANULAÇÃO E REVOGAÇÃO

As normas sobre a anulação e da revogação da licitação previstas na nova Lei de Licitações são muito semelhantes às contidas anteriormente na Lei n. 8.666/93.

De acordo com o art. 71 da nova Lei de Licitações, findo o processo de licitação ou de contratação direta, a autoridade administrativa poderá **revogar a licitação por motivo de conveniência e oportunidade** ou proceder à **anulação da licitação, de ofício ou mediante provocação de terceiros, sempre que presente ilegalidade insanável**. Vejamos o teor do dispositivo:

> Art. 71. Encerradas as fases de julgamento e habilitação, e exauridos os recursos administrativos, o processo licitatório será encaminhado à autoridade superior, que poderá:
>
> I – determinar o retorno dos autos para saneamento de irregularidades;
>
> **II – revogar a licitação por motivo de conveniência e oportunidade;**
>
> **III – proceder à anulação da licitação, de ofício ou mediante provocação de terceiros, sempre que presente ilegalidade insanável;**
>
> IV – adjudicar o objeto e homologar a licitação.

Na declaração de nulidade, a autoridade indicará expressamente os atos que contenham vícios insanáveis, tornando sem efeito todos os subsequentes que dele dependam, e dará ensejo à apuração de responsabilidade de quem lhes deu causa.

A Lei n. 14.133/2021 estabelece uma nova forma de o administrador público tomar a decisão de anulação do contrato administrativo oriundo de uma licitação irregular. Historicamente, no Brasil, sempre enfrentamos problemas com obras suspensas após supostas irregularidades ou suspeitas de superfaturamento.

Essa suspensão, todavia, pode gerar consequências graves para a comunidade, dada a demora excessiva na entrega do equipamento público pretendido. A decisão pela anulação do contrato administrativo deve levar em conta, então, **as suas consequências práticas, jurídicas e administrativas**, na forma dos arts. 20 e 21 da LINDB.

O que será melhor para a comunidade? Suspender uma obra pública por vários anos em razão de um suposto superfaturamento ou terminar a execução da obra com a própria empresa contratada e, depois de entregue o equipamento público no prazo, cobrar eventual ressarcimento e responsabilização daqueles que lesaram o erário?

A Lei n. 14.133/2021 adotou a segunda hipótese. De acordo com o art. 147, a anulação do contrato **apenas deve ser determinada** em última hipótese, após análise de diversas consequências práticas da decisão. Nesse sentido:

> Art. 147. Constatada irregularidade no procedimento licitatório ou na execução contratual, caso não seja possível o saneamento, a decisão sobre a suspensão da execução ou sobre a declaração de nulidade do contrato somente será adotada na hipótese em que se revelar medida de interesse público, com avaliação, entre outros, dos seguintes aspectos:
>
> I – impactos econômicos e financeiros decorrentes do atraso na fruição dos benefícios do objeto do contrato;
>
> II – riscos sociais, ambientais e à segurança da população local decorrentes do atraso na fruição dos benefícios do objeto do contrato;

III – motivação social e ambiental do contrato;

IV – custo da deterioração ou da perda das parcelas executadas;

V – despesa necessária à preservação das instalações e dos serviços já executados;

VI – despesa inerente à desmobilização e ao posterior retorno às atividades;

VII – medidas efetivamente adotadas pelo titular do órgão ou entidade para o saneamento dos indícios de irregularidades apontados;

VIII – custo total e estágio de execução física e financeira dos contratos, dos convênios, das obras ou das parcelas envolvidas;

IX – fechamento de postos de trabalho diretos e indiretos em razão da paralisação;

X – custo para realização de nova licitação ou celebração de novo contrato;

XI – custo de oportunidade do capital durante o período de paralisação.

A própria lei aponta com muita propriedade que, **caso a paralisação ou anulação não se revele medida de interesse público, o Poder Público deverá optar pela continuidade do contrato**, solucionando a irregularidade por meio de indenização por perdas e danos, sem prejuízo da apuração de responsabilidade e da aplicação de penalidades cabíveis (art. 147, parágrafo único).

Ressalte-se que, assim como previa o art. 59, parágrafo único, da Lei n. 8.666/93, conforme o art. 149 da nova Lei de Licitações, a **nulidade não exonera a Administração do dever de indenizar o contratado pelo que este houver executado até a data em que ela for declarada** e por outros prejuízos regularmente comprovados, contanto que não lhe seja imputável, promovendo-se a responsabilização de quem lhe tenha dado causa.

Nesse sentido:

> A jurisprudência do STJ é de que, mesmo que seja nulo o contrato realizado com a Administração Pública, por ausência de prévia licitação, é devido o pagamento pelos serviços prestados, desde que comprovados, nos termos do art. 59, parágrafo único, da Lei n. 8.666/1993, sob pena de enriquecimento ilícito da Administração.
>
> O STJ reconhece que, ainda que ausente a boa-fé do contratado e que tenha ele concorrido para nulidade, é devida a indenização pelo custo básico do serviço, sem qualquer margem de lucro (REsp 2.045.450/RS, Rel. Min. Herman Benjamin, 2.ª Turma, j. 20-6-2023, *DJe* 28-6-2023, Info 780).

Por seu turno, **a revogação da licitação**, por motivo de conveniência e oportunidade, **deverá decorrer de fato superveniente devidamente comprovado.**

Do mesmo modo que previa o art. 49, § 3.º, da Lei n. 8.666/93, o art. 71, § 3.º, da nova Lei exige a manifestação prévia dos interessados para o desfazimento do processo de licitação, seja por anulação ou revogação, com fundamento nos princípios constitucionais do contraditório e da ampla defesa.

11. LICITAÇÕES EM CASOS DE CALAMIDADE PÚBLICA

11.1 INTRODUÇÃO

A Lei n. 14.981, de 20 de setembro de 2024, foi criada em resposta a desastres naturais, especialmente os eventos climáticos extremos que atingiram o Rio Grande do Sul nos meses de abril e maio de 2024. Com o objetivo de enfrentar os impactos decorrentes de estados de calamidade pública, a lei estabelece medidas excepcionais para a aquisição de bens e a contratação de obras e serviços, inclusive de engenharia, permitindo que o Poder Executivo federal atue de maneira ágil e eficaz na recuperação de áreas afetadas.

Portanto, o foco central da lei é a flexibilização dos procedimentos licitatórios e contratuais em cenários de calamidade pública, criando um regime de exceção que permite a contratação mais ágil e eficiente dos serviços e bens necessários para enfrentar situações de emergência.

11.2 DISPENSA DE LICITAÇÃO

A dispensa de licitação já é prevista em outras normativas, como a Lei n. 8.666/93 e a Lei n. 14.133/2021 (Lei de Licitações e Contratos Administrativos).

No entanto, a Lei n. 14.981/2024 amplia as hipóteses e define um regime especial para situações de calamidade pública, permitindo maior flexibilidade, sem abandonar os princípios constitucionais da Administração Pública.

O art. 5.º indica as condições em que a administração pública pode dispensar o processo licitatório:

> Ocorrência do estado de calamidade pública (inciso I) determina que a simples existência de uma declaração formal de calamidade pública, conforme prevista no art. 1.º, é suficiente para que a administração pública dispense o processo licitatório.
>
> Necessidade de pronto atendimento (inciso II) destaca que a dispensa de licitação é justificada pela urgência em atender à situação de calamidade. A demora em realizar uma licitação completa poderia agravar os danos e comprometer a prestação de serviços essenciais à população.
>
> Risco iminente e gravoso à segurança de pessoas e bens (inciso III) menciona o risco imediato e significativo à segurança de pessoas, obras, serviços e bens públicos ou privados. Esse risco iminente justifica a atuação rápida da administração pública, sem que os trâmites licitatórios convencionais retardem as medidas de proteção ou recuperação necessárias
>
> Limitação da contratação à parcela necessária (inciso IV) é um mecanismo de controle para garantir que, mesmo em situação de calamidade, a contratação realizada por dispensa de licitação seja limitada àquilo que for estritamente necessário para enfrentar a crise. Isso significa que a contratação deve ser proporcional à necessidade imposta pela emergência, evitando excessos ou contratações desnecessárias.

Assim, a administração deve justificar tecnicamente a urgência da contratação, garantindo que o processo seja feito de forma transparente e eficaz.

11.3 REDUÇÃO DE PRAZOS EM LICITAÇÕES

Nos casos em que a licitação é realizada, a Lei n. 14.981/2024 também permite a redução dos prazos mínimos exigidos para a apresentação de propostas e lances, diminuindo-os pela metade.

Essa medida é particularmente relevante em situações de urgência, permitindo que os fornecedores apresentem suas propostas de forma mais rápida, sem comprometer a competitividade do certame.

A redução de prazos não elimina as exigências da Lei de Licitações (Lei n. 14.133/2021), mas adapta o procedimento licitatório às necessidades de uma resposta rápida em contextos de calamidade, garantindo que os bens e serviços necessários cheguem às áreas afetadas com maior agilidade.

Assim, a Lei n. 14.981/2024 permite a redução pela metade dos prazos mínimos, mas o processo licitatório ainda deve garantir a competição entre fornecedores, preservando os princípios da isonomia e da eficiência, mesmo que adaptados à urgência da situação.

11.4 PRORROGAÇÃO E FLEXIBILIDADE DOS CONTRATOS

A Lei n. 14.981/2024 também possibilita a prorrogação de contratos vigentes por até 12 meses após o encerramento do contrato original, em casos de calamidade pública. Essa previsão garante a continuidade de obras e serviços que sejam essenciais à mitigação dos danos causados pela calamidade, evitando que novos processos licitatórios precisem ser abertos durante a crise.

Além disso, a lei permite a ampliação dos contratos em até 50% do valor original, sem necessidade de nova licitação, o que proporciona flexibilidade na execução dos contratos, permitindo que o Poder Público adapte suas contratações às necessidades emergenciais que surgem durante o enfrentamento da calamidade.

11.5 CONTRATAÇÃO VERBAL

A lei inova ao permitir, em casos de extrema urgência, a celebração de contratos verbais, com valor limitado a R$ 100.000,00.

Essa possibilidade é justificada pela urgência da situação, quando não há tempo hábil para formalizar um contrato escrito. No entanto, o contrato verbal deve ser formalizado dentro de 15 dias (conforme o art. 2.º, § 3.º), sob pena de nulidade dos atos.

Portanto, a contratação verbal é um mecanismo extremo e deve ser utilizado com cautela, sendo fundamental que a administração pública justifique tecnicamente a urgência e o valor envolvido, além de garantir a formalização subsequente para fins de controle e fiscalização.

11.6 SISTEMA DE REGISTRO DE PREÇOS

O Capítulo IV da lei, que abrange os arts. 6.º a 12, trata da utilização do Sistema de Registro de Preços (SRP) durante a calamidade pública. Esse sistema permite que a administração pública, ao identificar a necessidade de bens e serviços, utilize um registro já existente, facilitando contratações conjuntas entre diferentes órgãos da administração pública.

O art. 6.º dispõe que o sistema de registro de preços ou regime especial de registro de preços pode ser usado para a contratação direta de obras e serviços de engenharia. Dessa forma, os órgãos públicos não precisam realizar novos processos licitatórios para cada contratação, mas podem se beneficiar de um registro de preços já consolidado, garantindo a celeridade e a economia de recursos públicos.

Além disso, o art. 10 permite que outros órgãos públicos possam aderir às atas de registro de preços de órgãos gerenciadores, facilitando ainda mais a contratação de bens e serviços em escala maior, o que é particularmente útil em situações de calamidade que envolvem múltiplas regiões ou municípios.

11.7 PUBLICAÇÃO E CONTROLE DOS CONTRATOS

Já o art. 13 determina que todas as aquisições, contratações ou prorrogações realizadas com base na Lei n. 14.981/2024 devem ser publicadas no Portal Nacional de Contratações Públicas no prazo de 60 dias a contar da contratação. Isso inclui a divulgação de informações detalhadas sobre o contratado, o valor do contrato, o objeto da contratação, os aditivos contratuais, entre outros.

Essa disposição visa garantir transparência e controle público das contratações realizadas em situações de calamidade, evitando o uso abusivo ou indevido das flexibilizações concedidas pela Lei.

11.8 CONCLUSÃO

A Lei n. 14.981/2024 cria um regime especial para licitações e contratos durante estados de calamidade pública, com o objetivo de assegurar que o Poder Executivo federal e os demais órgãos públicos possam agir com rapidez, sem comprometer a transparência e a responsabilidade na gestão dos recursos.

A dispensa de licitação, a redução de prazos, a flexibilidade nos contratos e a possibilidade de contratação verbal são instrumentos que permitem uma atuação mais ágil em cenários emergenciais, sem deixar de observar os princípios constitucionais da administração pública (art. 37 da CF).

CAPÍTULO 10

CONTRATOS ADMINISTRATIVOS (LEI N. 14.133/2021)

1. INTRODUÇÃO

A Lei n. 14.133/2021 foi publicada em 1.º de abril de 2021 e estabelece normas gerais de licitação e contratação para as Administrações Públicas diretas, autárquicas e fundacionais da União, dos Estados, do Distrito Federal e dos Municípios.

Apesar de ser nova a legislação, muitos temas da Lei n. 8.666/93 foram nela repetidos. Além disso, muitos entendimentos doutrinários e jurisprudenciais foram positivados na Lei n. 14.133/2021, de modo que o diploma passa a prever expressamente posições já bem conhecidas.

De acordo com Rafael Oliveira (2021, p. 530), "contratos administrativos são os ajustes celebrados entre a Administração Pública e o particular, regidos predominantemente pelo direito público, para a execução de atividades de interesse público".

Trata-se, nesses termos, do **acordo bilateral** de vontades firmado entre a Administração Pública (contratante), de um lado, e uma pessoa física ou jurídica (contratado), de outro, via de regra, por meio de prévio procedimento licitatório, no qual ambas as partes possuem direitos e deveres recíprocos, porém com algumas peculiaridades decorrentes dos princípios da supremacia e da indisponibilidade do interesse público.

Curiosamente, a Lei n. 14.133/2021 (nova Lei de Licitações) não nos traz o conceito de "contratos administrativos", razão pela qual nos utilizaremos do conceito da Lei n. 8.666/93:

> Art. 2.º (...)
> Parágrafo único. Para os fins desta Lei, considera-se contrato todo e qualquer ajuste entre órgãos ou entidades da Administração Pública e particulares, em que haja um acordo de vontades para a formação de vínculo e a estipulação de obrigações recíprocas, seja qual for a denominação utilizada.

E, de acordo com a Lei n. 14.133/2021 (nova Lei de Licitações):

> Art. 6.º Para os fins desta Lei, consideram-se: (...)
> VII – **contratante**: pessoa jurídica integrante da Administração Pública responsável pela contratação;
> VIII – **contratado**: pessoa física ou jurídica, ou consórcio de pessoas jurídicas, signatária de contrato com a Administração;

O conceito de contrato apresentado pela Lei é amplo, abrangendo todos os contratos firmados pela Administração Pública. Trata-se, em verdade, do conceito de "contratos da Administração".

A expressão "contratos da Administração" é gênero, envolvendo todo e qualquer contrato por ela celebrado. Subdivide-se, no entanto, em duas espécies: contratos administrativos e contratos privados da Administração (ou contratos semipúblicos):

- **Contratos Administrativos** (ou contratos administrativos típicos): são os ajustes celebrados entre a Administração e particulares **regidos predominantemente pelo direito público**, caracterizando-se pela superioridade da Administração em detrimento do particular (desequilíbrio contratual ou relação de **verticalidade**), tendo em vista a presença de cláusulas exorbitantes. Ex.: contrato de concessão de serviço público.
- **Contratos Privados da Administração** (ou contratos semipúblicos ou contratos administrativos atípicos): são os ajustes celebrados entre a Administração e particulares **regidos predominantemente pelo direito privado**, em situação de relativa igualdade (equilíbrio contratual ou relação de **horizontalidade**). Ex.: contrato de locação em que o ente público figura como locatário.

Como se vê, o ponto crucial da distinção é o regime jurídico que rege o contrato e, por conseguinte, a igualdade ou a desigualdade entre as partes contratantes. Isso porque em ambos temos os mesmos sujeitos (Administração e particulares) e o mesmo objeto (realização do interesse público, seja ele primário ou secundário).

CONTRATOS DA ADMINISTRAÇÃO	
CONTRATOS ADMINISTRATIVOS	**CONTRATOS PRIVADOS DA ADMINISTRAÇÃO**
Administração Pública atua na qualidade de Poder Público (relação de verticalidade ou desequilíbrio contratual)	Administração Pública atua sem a qualidade de Poder Público (horizontalidade ou equilíbrio contratual)
Predominância de interesse público	Relativa igualdade entre as partes contratantes
Regidos preponderantemente por normas de direito público	Regidos preponderantemente por normas de direito privado
Contratos administrativos típicos	Contratos administrativos atípicos ou contratos semipúblicos

2. CARACTERÍSTICAS

Os contratos administrativos são, portanto, os **acordos bilaterais firmados pela Administração Pública, na qualidade de Poder Público (isto é, no gozo de sua supremacia, em claro desequilíbrio contratual), regidos predominantemente pela Lei n. 8.666/93 e, mais recentemente, pela Lei n. 14.133/2021, e pelos preceitos de direito público.**

Por força do art. 54 da Lei n. 8.666/93 e do art. 89 da Lei n. 14.133/2021, aos contratos administrativos são aplicáveis, supletivamente, os princípios da teoria geral dos contratos e as disposições do direito privado. Veja:

Lei n. 8.666/93
Art. 54. Os contratos administrativos de que trata esta Lei regulam-se pelas suas cláusulas e pelos preceitos de direito público, aplicando-se-lhes, supletivamente, os princípios da teoria geral dos contratos e as disposições de direito privado.
Lei n. 14.133/2021
Art. 89. Os contratos de que trata esta Lei regular-se-ão pelas suas cláusulas e pelos preceitos de direito público, e a eles serão aplicados, supletivamente, os princípios da teoria geral dos contratos e as disposições de direito privado.

Feitas essas breves explanações, passemos à análise de suas características.

2.1 Desequilíbrio contratual

Como vimos, a tão só presença da Administração Pública em um contrato não é suficiente para caracterizá-lo como contrato administrativo.

É preciso analisar, nestes termos, se as partes estão em situação de igualdade (relação de horizontalidade) ou de desigualdade (relação de verticalidade) contratual.

Em outras palavras, contratos administrativos são aqueles nos quais **a Administração figura na qualidade de Poder Público, em posição de supremacia frente ao particular (verticalidade)**, gozando de certas prerrogativas especiais.

2.2 Formalismo

As Leis n. 8.666/93 e 14.133/2021 exigem o cumprimento de certas formalidades para a celebração de contratos administrativos, tendo em vista dar maior segurança às relações jurídicas neles dispostas.

Entre outras características peculiares da relação jurídica gerada pelo contrato administrativo, o formalismo impõe:

- Ser indispensável a instrumentalização do contrato com a observância de todos os requisitos externos e internos conforme previsto na Lei de Licitações;
- A comutatividade, pois as obrigações pactuadas entre os contratantes devem guardar relação de equivalência entre si;
- A confiança recíproca, pois destinado a averiguar qual das propostas é a mais vantajosa para o Estado;
- Clareza: os contratos deverão estabelecer com clareza e precisão as condições para sua execução, expressas em cláusulas que definam os direitos, as obrigações e as responsabilidades das partes, em conformidade com os termos do edital de licitação e os da proposta vencedora ou com os termos do ato que autorizou a contratação direta e os da respectiva proposta (art. 88, § 2.º, desta Lei);
- A bilateralidade, pois encerra sempre obrigações e direitos recíprocos;
- A onerosidade, pois prevê a remuneração conforme a forma convencionada;
- A adoção da forma escrita (permitida a forma eletrônica), ressalvada na hipótese de pequenas compras ou serviços de pronto pagamento, assim entendidos aqueles de valor não superior a **R$ 10.000,00** – dez mil reais (*vide* art. 95, § 2.º);
- **Contratos relativos a direitos reais** sobre imóveis exigem, ainda, outra formalidade: **escritura pública** lavrada em notas de tabelião, cujo teor deverá ser divulgado e mantido à disposição do público em sítio eletrônico oficial;
- **Publicidade:** os contratos e seus aditamentos deverão ser juntados ao processo que tiver dado origem à contratação, divulgados e mantidos à disposição do público em sítio eletrônico oficial. Admite-se, de forma excepcional, o sigilo quando imprescindível à segurança da sociedade e do Estado, nos termos da legislação que regula o acesso à informação (Lei n. 12.527/2011).

Art. 23. São consideradas imprescindíveis à segurança da sociedade ou do Estado e, portanto, passíveis de classificação as informações cuja divulgação ou acesso irrestrito possam:

I – pôr em risco a defesa e a soberania nacionais ou a integridade do território nacional;

II – prejudicar ou pôr em risco a condução de negociações ou as relações internacionais do País, ou as que tenham sido fornecidas em caráter sigiloso por outros Estados e organismos internacionais;

III – pôr em risco a vida, a segurança ou a saúde da população;

IV – oferecer elevado risco à estabilidade financeira, econômica ou monetária do País;

V – prejudicar ou causar risco a planos ou operações estratégicos das Forças Armadas;

VI – prejudicar ou causar risco a projetos de pesquisa e desenvolvimento científico ou tecnológico, assim como a sistemas, bens, instalações ou áreas de interesse estratégico nacional;

VII – pôr em risco a segurança de instituições ou de altas autoridades nacionais ou estrangeiras e seus familiares; ou

VIII – comprometer atividades de inteligência, bem como de investigação ou fiscalização em andamento, relacionadas com a prevenção ou repressão de infrações.

Saliente-se que a divulgação no Portal Nacional de Contratações Públicas (PNCP) é condição indispensável para a **eficácia** do contrato e de seus aditamentos e deverá ocorrer nos prazos do art. 94, ressalvada a hipótese de urgência na contratação.

- **Obrigatoriedade do instrumento de contrato:** o instrumento de contrato é obrigatório, salvo nas hipóteses de:

  i) dispensa de licitação em razão de valor; e

  ii) compras com entrega imediata e integral dos bens adquiridos, dos quais não resultem obrigações futuras, inclusive quanto a assistência técnica, independentemente de seu valor.

Nesses casos, o instrumento de contrato pode ser substituído por outro instrumento hábil, como carta-contrato, nota de empenho de despesa, autorização de compra ou ordem de execução de serviço.

- **Contrato de adesão:** o contrato administrativo é, em essência, um contrato de adesão, devendo conter todas as cláusulas elencadas no art. 92, mesmo nos casos de dispensa ou inexigibilidade de licitação (contratação direta).

Via de regra, **os contratos administrativos devem ser escritos, sendo considerado nulo e de nenhum efeito o contrato verbal com a Administração.** É o que dita o art. 60, parágrafo único, da Lei n. 8.666/93 e os arts. 91, *caput*, e 95, § 2.º, da Lei n. 14.133/2021.

Admite-se, porém, de forma excepcional, **o contrato verbal na hipótese de pequenas compras ou na hipótese de serviços de pronto pagamento.**

> Lei n. 14.133/2021
> Art. 91. Os contratos e seus aditamentos terão forma escrita e serão juntados ao processo que tiver dado origem à contratação, divulgados e mantidos à disposição do público em sítio eletrônico oficial. (...)
> Art. 95. (...)
> § 2.º É nulo e de nenhum efeito o contrato verbal com a Administração, salvo o de pequenas compras ou o de prestação de serviços de pronto pagamento, assim entendidos aqueles de valor não superior a R$ 10.000,00 (dez mil reais). *[valor atualizado pelo Decreto n. 11.871, de 29 de dezembro de 2023: R$ 11.981,20 (onze mil novecentos e oitenta e um reais e vinte centavos)].*

Observe que, na Lei n. 14.133/2021, **o valor para pequenas compras foi estimado em R$ 10.000,00 (dez mil reais)**, atualizado para R$ 11.981,20 (onze mil novecentos e oitenta e um reais e vinte centavos), em razão do Decreto n. 11.871, de 29 de dezembro de 2023.

Ademais, a nova Lei de Licitações admite, em seu art. 91, § 3.º, a forma eletrônica para celebração dos contratos e seus aditivos:

> Art. 91. (...)
> § 3.º Será admitida a forma eletrônica na celebração de contratos e de termos aditivos, atendidas as exigências previstas em regulamento.

Ainda que o contrato seja firmado verbalmente, em flagrante violação ao disposto nos mencionados artigos, persiste a obrigação de pagamento por parte da Administração, para se evitar enriquecimento sem causa. É este o entendimento do STJ:

> CONTRATAÇÃO INFORMAL, POR PARTE DA ADMINISTRAÇÃO PÚBLICA. EFETIVA PRESTAÇÃO DOS SERVIÇOS. OBRIGAÇÃO DE PAGAMENTO. VEDAÇÃO AO ENRIQUECIMENTO SEM CAUSA. (...) O acórdão recorrido encontra-se em consonância com a jurisprudência desta Corte, firme no sentido de que, *embora, via de regra, seja vedada a celebração de contrato verbal, por parte da Administração Pública, não pode ela, agora, valer-se de disposição legal que prestigia a nulidade do contrato verbal, pois configuraria uma tentativa de se valer da própria torpeza, comportamento vedado pelo ordenamento jurídico, por conta do princípio da boa-fé objetiva* (STJ, AgRg no AREsp 542.215, j. 23-2-2016).

O contrato deve mencionar os nomes das partes e os de seus representantes, a finalidade, o ato que autorizou a sua lavratura, o número do processo da licitação, da dispensa ou da inexigibilidade, a sujeição dos contratantes às normas da Lei de Licitações e às cláusulas contratuais. É o que dizia o art. 61, *caput*, da Lei n. 8.666/93, repetido pelo art. 89, § 1.º, da Lei n. 14.133/2021.

> Lei n. 14.133/2021
> Art. 89. (...)
> § 1.º Todo contrato deverá mencionar os nomes das partes e os de seus representantes, a finalidade, o ato que autorizou sua lavratura, o número do processo da licitação ou da contratação direta e a sujeição dos contratantes às normas desta Lei e às cláusulas contratuais.

Outra formalidade interessante a mencionar na Lei n. 14.133/2021 é que, antes de formalizar ou prorrogar o prazo de vigência do contrato, a Administração deverá verificar a **regularidade fiscal** do contratado, consultar o Cadastro Nacional de Empresas Inidôneas e Suspensas (Ceis) e o Cadastro Nacional de Empresas Punidas (Cnep), emitir as certidões negativas de **inidoneidade**, de **impedimento** e de **débitos trabalhistas** e juntá-las ao respectivo processo.

Além disso, também há condições para que o contrato tenha **eficácia**, veja:

> Lei n. 14.133/2021
> Art. 94. A *divulgação no Portal Nacional de Contratações Públicas (PNCP)* é **condição indispensável para a eficácia do contrato** e de seus aditamentos e deverá ocorrer nos seguintes prazos, contados da data de sua assinatura:
> I – *20 (vinte) dias úteis, no caso de licitação;*
> II – *10 (dez) dias úteis, no caso de contratação direta.*

No tocante à obrigatoriedade, também se pode notar diferenças entre as Leis n. 8.666/93 e 14.133/2021.

A Lei n. 8.666/93, em seu art. 62, preconizava ser o **instrumento de contrato OBRIGATÓRIO** nos casos de **concorrência** e de **tomada de preços**, bem como nas **dispensas e inexigibilidades cujos preços estejam compreendidos nos limites destas duas modalidades de licitação**. Porém, determina como **FACULTATIVO nos demais casos** em que a Administração puder substituí-lo por outros instrumentos hábeis, tais como carta-contrato, nota de empenho de despesa, autorização de compra ou ordem de execução de serviço.

Outra hipótese em que o instrumento de contrato era facultativo constava do § 4.º do art. 62 da Lei n. 8.666/93, pelo qual, a critério da Administração e independentemente de seu valor, nos casos de compra com entrega imediata e integral dos bens adquiridos, dos quais não resultem obrigações futuras, inclusive assistência técnica.

Já a Lei n. 14.133/2021 determina que a regra é de que **o instrumento do contrato é OBRIGATÓRIO**, **salvo nos casos de:** dispensa de licitação em razão de valor; ou compras com entrega imediata e integral dos bens adquiridos e dos quais não resultem obrigações futuras, inclusive quanto a assistência técnica, independentemente de seu valor.

2.3 Contrato de adesão

O contrato de adesão é aquele em que uma das partes (contratante) estabelece as cláusulas do contrato sem que a outra parte (contratado/aderente) possa discuti-las ou modificá-las substancialmente, cabendo a esta apenas decidir se aceita ou não aderir ao contrato.

Os contratos administrativos possuem suas cláusulas preestabelecidas pela Administração Pública. Certo é que a minuta do futuro contrato integrará o edital da licitação. Ademais, na forma do art. 89, § 2.º, da Lei n. 14.133/2021:

> os contratos deverão estabelecer com clareza e precisão as condições para sua execução, expressas em cláusulas que definam os direitos, as obrigações e as responsabilidades das partes, em conformidade com os termos do edital de licitação e os da proposta vencedora ou com os termos do ato que autorizou a contratação direta e os da respectiva proposta.

Bastante elucidativa a lição de Marcelo Alexandrino e Vicente Paulo (2018, p. 579):

> Portanto, aqueles interessados em contratar já conhecem as cláusulas que integrarão o contrato antes de decidirem se irão participar do procedimento licitatório. Se optam por participar da licitação, sabem que, uma vez vencedores, não será possível propor qualquer alteração nas cláusulas do contrato que se propuseram a assinar.

2.4 Pessoalidade (*intuitu personae*)

Tendo em vista que, via de regra, os contratos administrativos são celebrados após prévio procedimento licitatório destinado a garantir que a Administração contrate a melhor proposta dentre os vários possíveis interessados, eles são firmados em razão das **condições pessoais** da pessoa contratada.

Ressalte-se, por oportuno, que essa exigência não é absoluta, **pois admite-se, excepcionalmente e nas hipóteses previstas em lei, a alteração subjetiva do contrato**, a exemplo do art. 122 da Lei n. 14.133/2021:

> Lei n. 14.133/2021
> Art. 122. Na execução do contrato e sem prejuízo das responsabilidades contratuais e legais, o contratado poderá subcontratar partes da obra, do serviço ou do fornecimento até o limite autorizado, em cada caso, pela Administração.

2.5 Presença de cláusulas exorbitantes

A Administração Pública contratante, ao atuar na qualidade de Poder Público, passa a gozar de certas prerrogativas, as denominadas cláusulas exorbitantes, que como o próprio nome deixa claro, são **cláusulas que exorbitam do direito comum e conferem posição de superioridade à Administração Pública na relação contratual.**

Tais cláusulas são inerentes a todo contrato administrativo. Assim, mesmo que não previstas expressamente, **serão consideradas implícitas.**

Vamos estudá-las mais detalhadamente adiante.

3. DISCIPLINA NORMATIVA CONSTITUCIONAL E LEGAL

A Constituição Federal, em seu art. 22, XXVII, consagra a competência privativa da União para legislar sobre **normas gerais** concernentes a licitações e contratações públicas:

> Art. 22. Compete **privativamente à União** legislar sobre: (...)
>
> XXVII – **normas gerais de licitação e contratação**, em todas as modalidades, para as administrações públicas diretas, autárquicas e fundacionais da União, Estados, Distrito Federal e Municípios, obedecido o disposto no art. 37, XXI, e para as empresas públicas e sociedades de economia mista, nos termos do art. 173, § 1.º, III;

Dessa forma, é a União o ente responsável por determinar as normas gerais sobre as contratações públicas, as quais deverão ser obrigatoriamente observadas pelos demais entes federados, sendo permitido a estes suplementar tais normas no que lhes for específico.

No exercício dessa competência legislativa, a União editou a Lei n. 8.666/93, que dispôs sobre as normas gerais de licitações e contratos. Ao lado desta Lei, a União editou também algumas outras leis esparsas, disciplinando modalidades específicas de contratos administrativos, tais como: Lei n. 8.987/95, que dispõe sobre o regime de concessão e permissão da prestação de serviços públicos; Lei n. 11.079/2004, que institui normas gerais para licitação e contratação de parceria público-privada; entre outras. Mais recentemente, a União editou a Lei n. 14.133/2021, que também dispõe sobre as normas gerais de licitações e contratos da Administração Pública.

Assim, em havendo lei específica disciplinando determinada modalidade de contrato administrativo, é essa lei que deverá ser observada, podendo ser aplicada apenas subsidiariamente as Leis n. 8.666/93 e 14.133/2021, quando houver lacuna na lei específica e desde que não haja incompatibilidade entre os preceitos de ambas as normas.

Caso contrário, isto é, tratando-se de contratos administrativos não sujeitos a legislação específica, serão eles disciplinados pelas Leis n. 8.666/93 (enquanto vigente) ou n. 14.133/2021, a depender da opção feita pela Administração Pública.

3.1 Regime de transição da Lei n. 14.133/2021 e nova disciplina normativa infraconstitucional

Em 1.º de abril de 2021, entrou em vigor a Lei n. 14.133/2021 – nova Lei de Licitações e Contratos. De acordo com o art. 189 da Lei, nas situações que se referiam às Leis n. 8.666/93, 10.520/2002 e 12.462/2011, agora, devem ser aplicadas as normas da nova Lei. Isso porque referidas leis foram revogadas pelo art. 193 da Lei n. 14.133/2021.

Todavia, **a nova Lei de Licitações revoga, na data de sua publicação, os dispositivos da Lei n. 8.666/93 relativos aos crimes e às penas (dos arts. 89 a 108), mas os demais dispositivos da Lei n. 8.666/93, assim como a Lei n. 10.520/2002 (Pregão), e os arts. 1.º a 47-A da Lei n. 12.462/2011 (RDC), permaneceram em vigor por mais algum tempo após a publicação da Lei n. 14.133/2021.**

Com isso, o legislador buscou estabelecer um **regime de transição** para que os gestores públicos entendam melhor o novo regime licitatório, qualifiquem seus servidores e promovam, aos poucos, as adequações necessárias para concretizar as normas da Lei n. 14.133/2021.

De qualquer forma, **é vedado mesclar os dispositivos da legislação tradicional com os inseridos na nova Lei de Licitações,** criando uma *lex tertia*.

Como mencionado, os demais dispositivos da Lei n. 8.666/93, assim como a Lei n. 10.520/2002 (Pregão), e os arts. 1.º a 47-A da Lei n. 12.462/2011 (RDC), permaneceriam em vigor por ainda 2 (dois) anos após a publicação da Lei n. 14.133/2021.

Significa dizer que até abril de 2023 todos os administradores municipais poderiam optar por licitar ou contratar diretamente pelas normas antigas ou pela nova Lei. E, após o prazo fatal de 1.º-4-2023, necessariamente os gestores precisariam licitar apenas pela nova Lei n. 14.133/2021.

Tal fato gerou enormes queixas por parte dos prefeitos municipais ao governo federal, o que culminou com a edição da Medida Provisória n. 1.167, de 31 de março de 2023.

Em linhas gerais, aqueles municípios que ainda não estavam preparados para a aplicação das normas da Lei n. 14.133/2021 ganharam um fôlego: a revogação das leis anteriores e necessidade de aplicação imediata da nova Lei teve sua data alterada de 1.º-4-2023 (dois anos após a publicação da Lei n. 14.133/2021) para 30-12-2023.

Eis a nova redação do art. 193, após a edição da Medida Provisória n. 1.167/2023:

> Art. 193. Revogam-se:
> I – os arts. 89 a 108 da Lei n. 8.666, de 21 de junho de 1993, na data de publicação desta Lei;
> II – em 30 de dezembro de 2023:
> *a)* a Lei n. 8.666, de 1993;
> *b)* a Lei n. 10.520, de 2002; e
> *c)* os art. 1.º a art. 47-A da Lei n. 12.462, de 2011.

Ademais, a MP n. 1.167/2023 alterou também a redação do art. 191 da Lei 14.133/2021:

> Art. 191. Até o decurso do prazo de que trata o inciso II do *caput* do art. 193, a Administração poderá optar por licitar ou contratar diretamente de acordo com esta Lei ou de acordo com as leis citadas no referido inciso, desde que:
> I – a publicação do edital ou do ato autorizativo da contratação direta ocorra até 29 de dezembro de 2023; e
> II – a opção escolhida seja expressamente indicada no edital ou no ato autorizativo da contratação direta.
> § 1.º Na hipótese do *caput*, se a Administração optar por licitar de acordo com as leis citadas no inciso II do *caput* do art. 193, o respectivo contrato será regido pelas regras nelas previstas durante toda a sua vigência.
> § 2.º É vedada a aplicação combinada desta Lei com as citadas no inciso II do *caput* do art. 193.

Desse modo, até o dia 30-12-2023 a **Administração Pública poderia escolher, discricionariamente, entre a aplicação da nova Lei de Licitações ou das Leis n. 8.666/93, 10.520/2002 e 12.462/2011**.

Ressalte-se que o respectivo edital ou ato autorizativo da contratação direta precisaria ter ocorrido até 29 de dezembro de 2023.

E, uma vez optando por uma das normas, a opção escolhida precisaria estar expressamente indicada no edital de licitação ou no ato autorizativo da contratação direta, sendo certo que o respectivo contrato será regido pelas regras previstas na lei escolhida durante toda a sua vigência, **inclusive quanto a eventuais aditivos**.

Além disso, não pode o administrador optar por mesclar o que há de melhor em cada lei, sendo vedada a aplicação combinada da Lei n. 14.133/2021 com as normas antigas de licitação citadas no inciso II do art. 193 da nova Lei.

Por fim, dispõem os arts. 190 e 192 da nova Lei:

> Art. 190. O contrato cujo instrumento tenha sido assinado antes da entrada em vigor desta Lei continuará a ser regido de acordo com as regras previstas na legislação revogada.
>
> Art. 192. O contrato relativo a imóvel do patrimônio da União ou de suas autarquias e fundações continuará regido pela legislação pertinente, aplicada esta Lei subsidiariamente.

4. PRINCIPAIS ESPÉCIES DE CONTRATOS ADMINISTRATIVOS

Existem várias espécies ou modalidades de contratos administrativos na legislação pátria. Analisaremos neste tópico as principais.

4.1 Contrato de obra pública

A Lei n. 14.133/2021, em seu art. 6.º, XII, define obra como sendo toda atividade estabelecida, por força de lei, como privativa das profissões de arquiteto e engenheiro que implica intervenção no meio ambiente por meio de um conjunto harmônico de ações que, agregadas, formam um todo que inova o espaço físico da natureza ou acarreta alteração substancial das características originais de bem imóvel.

A obra pode ser realizada tanto diretamente pela Administração, por seus órgãos e entidades, pelos seus próprios meios, quanto indiretamente, o que ocorre quando o órgão ou entidade contrata com terceiros.

São admitidos os seguintes regimes de execução indireta:

- **Empreitada por preço unitário** - quando se contrata a execução da obra ou do serviço por preço certo de unidades determinadas (art. 6.º, XXVIII, Lei n. 14.133/2021);
- **Empreitada por preço global** - quando se contrata a execução da obra ou do serviço por preço certo e total (art. 6.º, XXIX, da Lei n. 14.133/2021);
- **Empreitada integral** - quando se contrata um empreendimento em sua integralidade, compreendendo todas as etapas das obras, serviços e instalações necessárias, sob inteira responsabilidade da contratada até a sua entrega ao contratante em condições de entrada em operação, atendidos os requisitos técnicos e legais para sua utilização em condições de segurança estrutural e operacional e com as características adequadas às finalidades para que foi contratada (art. 6.º, XXX, da Lei n. 14.133/2021);

Contratação por tarefa - quando se ajusta mão de obra para pequenos trabalhos por preço certo, com ou sem fornecimento de materiais (art. 6.º, XXXI, da Lei n. 14.133/2021);

Contratação integrada - regime de contratação de obras e serviços de engenharia em que o contratado é responsável por elaborar e desenvolver os *projetos básico e executivo*, executar obras e serviços de engenharia, fornecer bens ou prestar serviços especiais e realizar montagem, teste, pré-operação e as demais operações necessárias e suficientes para a entrega final do objeto (art. 6.º, XXXII, da Lei n. 14.133/2021);

> Contratação semi-integrada – regime de contratação de obras e serviços de engenharia em que o contratado é responsável por elaborar e desenvolver o *projeto executivo*, executar obras e serviços de engenharia, fornecer bens ou prestar serviços especiais e realizar montagem, teste, pré-operação e as demais operações necessárias e suficientes para a entrega final do objeto (art. 6.º, XXXIII, da Lei n. 14.133/2021).

4.2 Contrato de prestação de serviços

Serviço é a atividade ou conjunto de atividades destinadas a obter determinada utilidade, intelectual ou material, de interesse da Administração. É preciso ficar atento para não confundir contrato de *prestação de serviço* com contrato de *concessão de serviço público*.

No contrato de prestação de serviço, a Administração Pública contrata com o particular a realização de uma determinada atividade que será prestada à própria Administração.

Já no contrato de concessão de serviço público, que é oportunamente estudado neste livro, a Administração delega a prestação de serviços públicos a particulares, por meio de contratos administrativos de concessão ou permissão de serviços públicos, os quais apresentam regras específicas contidas na Lei n. 8.987/95. O serviço executado é, nestes termos, prestado para toda a coletividade.

Os serviços a que aludem a Lei n. 14.133/2021 podem ser de **natureza comum** (isto é, não precisam de qualificação técnica para serem exercidos) ou de **natureza especial** (os quais requerem habilitação específica para o seu exercício).

> Art. 6.º (...)
> XVIII – serviços técnicos especializados de natureza predominantemente intelectual: aqueles realizados em trabalhos relativos a:
> a) estudos técnicos, planejamentos, projetos básicos e projetos executivos;
> b) pareceres, perícias e avaliações em geral;
> c) assessorias e consultorias técnicas e auditorias financeiras e tributárias;
> d) fiscalização, supervisão e gerenciamento de obras e serviços;
> e) patrocínio ou defesa de causas judiciais e administrativas;
> f) treinamento e aperfeiçoamento de pessoal;
> g) restauração de obras de arte e de bens de valor histórico;
> h) controles de qualidade e tecnológico, análises, testes e ensaios de campo e laboratoriais, instrumentação e monitoramento de parâmetros específicos de obras e do meio ambiente e demais serviços de engenharia que se enquadrem na definição deste inciso;

4.3 Contrato de fornecimento

Inexiste consenso na doutrina acerca da existência do contrato de fornecimento, uma vez que alguns doutrinadores, a exemplo de José dos Santos Carvalho Filho, afirmam que o seu conteúdo não se distingue do contrato de compra e venda, negando, pois, a existência do contrato de fornecimento como contrato administrativo.

Por outro lado, Maria Sylvia Zanella Di Pietro (2018, p. 423) reconhece a existência autônoma do contrato de fornecimento como contrato administrativo, desde que se trate de "fornecimento contínuo, parcelado ou quando o fornecimento for integral, porém para entrega futura".

De todo modo, ao se referir ao contrato de fornecimento, a doutrina o conceitua como sendo aquele pelo qual **a Administração Pública adquire bens móveis e semoventes necessários à execução de obras e serviços.**

4.4 Contrato de concessão

Predomina na doutrina que existem três tipos de concessões, quais sejam: concessão de serviços públicos, concessão de uso de bem público e concessão de obra pública.

A **concessão de serviços públicos** pode ser de três espécies:

a) concessão comum, regida pela Lei n. 8.987/95;

b) concessão administrativa, regida pela Lei n. 11.079/2004; e

c) concessão patrocinada, também regida pela Lei n. 11.079/2004.

A **concessão de uso de bem público**, por seu turno, é espécie de "contrato administrativo pelo qual a Administração Pública faculta a terceiros a utilização privativa de bem público, para que a exerça conforme a sua destinação" (DI PIETRO, 2018, p. 416).

Por fim, a **concessão de obra pública** é o contrato administrativo pelo qual a Administração Pública delega a um particular a execução de uma obra pública, para que ele a execute por sua conta e risco, mediante remuneração paga pelos beneficiários da obra, e não pela Administração.

4.5 Contratos celebrados por empresas estatais

A Lei n. 13.303/2016 dispõe sobre as normas aplicáveis às empresas públicas e sociedades de economia mista que **explorem atividade econômica** de produção ou comercialização de bens ou de prestação de serviços, apresentando regras específicas acerca dos contratos celebrados pelas entidades sob sua regência, conforme dicção do seu art. 68:

> Art. 68. Os contratos de que trata esta Lei regulam-se pelas suas cláusulas, pelo disposto nesta Lei e pelos preceitos de direito privado.

Suas principais características são:

a) Os contratos regidos pela Lei n. 13.303/2016, de acordo com o art. 68, classificam-se como **contratos privados da Administração**, e não como contratos administrativos propriamente ditos, uma vez que firmados no exercício de atividade tipicamente econômica e, como tais, regidos pelos preceitos de direito privado. Ressalte-se, entretanto, que a Lei n. 13.303/2016 permite expressamente à empresa pública ou à sociedade de economia mista aplicar diretamente sanções administrativas aos particulares contratados, o que constitui uma prerrogativa de direito público;

b) Quanto à forma, **os contratos devem ser escritos**, reduzidos a termo, ressalvados aqueles de pequenas despesas de pronta entrega e pagamento das quais não resultem obrigações futuras por parte da empresa pública ou sociedade de economia mista, conforme dispõe o art. 73;

c) O art. 69 da Lei lista uma série de **cláusulas necessárias** nos contratos celebrados pelas estatais:

Art. 69. São cláusulas necessárias nos contratos disciplinados por esta Lei:

I – o objeto e seus elementos característicos;

II – o regime de execução ou a forma de fornecimento;

III – o preço e as condições de pagamento, os critérios, a data-base e a periodicidade do reajustamento de preços e os critérios de atualização monetária entre a data do adimplemento das obrigações e a do efetivo pagamento;

IV – os prazos de início de cada etapa de execução, de conclusão, de entrega, de observação, quando for o caso, e de recebimento;

V – as garantias oferecidas para assegurar a plena execução do objeto contratual, quando exigidas, observado o disposto no art. 68;

VI – os direitos e as responsabilidades das partes, as tipificações das infrações e as respectivas penalidades e valores das multas;

VII – os casos de rescisão do contrato e os mecanismos para alteração de seus termos;

VIII – a vinculação ao instrumento convocatório da respectiva licitação ou ao termo que a dispensou ou a inexigiu, bem como ao lance ou proposta do licitante vencedor;

IX – a obrigação do contratado de manter, durante a execução do contrato, em compatibilidade com as obrigações por ele assumidas, as condições de habilitação e qualificação exigidas no curso do procedimento licitatório;

X – matriz de riscos.

d) De acordo com o art. 70, há a possibilidade de ser exigida a **prestação de garantia** nas contratações de obras, serviços e compras, cabendo ao contratado optar por uma das seguintes modalidades: caução em dinheiro, seguro-garantia e fiança bancária;

e) Quanto à **duração dos contratos**, esta, via de regra, não poderá ser superior a 5 (cinco) anos, contados a partir de sua celebração (art. 71), sendo vedada, em qualquer hipótese, a celebração de contrato por prazo indeterminado. Porém, o mesmo art. 71 apresenta algumas exceções, hipóteses em que o contrato poderá exceder o prazo de 5 anos, a saber: projetos contemplados no plano de negócios e investimentos da empresa pública ou da sociedade de economia mista; e nos casos em que a pactuação por prazo superior a 5 anos seja prática rotineira de mercado e a imposição desse prazo inviabilize ou onere excessivamente a realização do negócio;

f) **Impossibilidade de alteração unilateral do contrato**, uma vez que o art. 72 da Lei aduz que os contratos somente poderão ser alterados por acordo entre as partes;

g) O art. 76, por sua vez, estabelece a **responsabilidade objetiva do contratado** pelos danos que, na execução do contrato, eventualmente sejam causados diretamente a terceiros ou à estatal;

h) **Possibilidade de subcontratação parcial do objeto do contrato** de obra, serviço ou fornecimento, desde que seja até o limite admitido pela empresa pública ou sociedade de economia mista, conforme previsto no edital de licitação (art. 78);

i) Às empresas estatais é permitida a **aplicação direta de sanções administrativas** ao particular em razão de atraso injustificado ou de inexecução total ou parcial dos contratos sob sua regência (arts. 82 e 83):

Art. 82. Os contratos devem conter cláusulas com sanções administrativas a serem aplicadas em decorrência de atraso injustificado na execução do contrato, sujeitando o contratado a multa de mora, na forma prevista no instrumento convocatório ou no contrato.

§ 1.º A multa a que alude este artigo não impede que a empresa pública ou a sociedade de economia mista rescinda o contrato e aplique as outras sanções previstas nesta Lei.

§ 2.º A multa, aplicada após regular processo administrativo, será descontada da garantia do respectivo contratado.

§ 3.º Se a multa for de valor superior ao valor da garantia prestada, além da perda desta, responderá o contratado pela sua diferença, a qual será descontada dos pagamentos eventualmente devidos pela empresa pública ou pela sociedade de economia mista ou, ainda, quando for o caso, cobrada judicialmente.

Art. 83. Pela inexecução total ou parcial do contrato a empresa pública ou a sociedade de economia mista poderá, garantida a prévia defesa, aplicar ao contratado as seguintes sanções:

I – advertência;

II – multa, na forma prevista no instrumento convocatório ou no contrato;

III – suspensão temporária de participação em licitação e impedimento de contratar com a entidade sancionadora, por prazo não superior a 2 (dois) anos.

§ 1.º Se a multa aplicada for superior ao valor da garantia prestada, além da perda desta, responderá o contratado pela sua diferença, que será descontada dos pagamentos eventualmente devidos pela empresa pública ou pela sociedade de economia mista ou cobrada judicialmente.

§ 2.º As sanções previstas nos incisos I e III do *caput* poderão ser aplicadas juntamente com a do inciso II, devendo a defesa prévia do interessado, no respectivo processo, ser apresentada no prazo de 10 (dez) dias úteis.

5. CLÁUSULAS NECESSÁRIAS DOS CONTRATOS ADMINISTRATIVOS

A cláusulas necessárias são aquelas **obrigatórias em todos os contratos administrativos, mesmo nos casos de dispensa ou inexigibilidade de licitação**. As exigências feitas pela Lei n. 14.133/2021 são um pouco diferentes e mais extensas do que aquelas feitas pela Lei n. 8.666/93. Por essa razão, listamos a seguir o texto legal para uma leitura mais atenta.

Lei n. 14.133/2021
Art. 92. São necessárias em todo contrato cláusulas que estabeleçam:
I – o objeto e seus elementos característicos;
II – a vinculação ao edital de licitação e à proposta do licitante vencedor ou ao ato que tiver autorizado a contratação direta e à respectiva proposta;
III – a legislação aplicável à execução do contrato, inclusive quanto aos casos omissos;
IV – o regime de execução ou a forma de fornecimento;
V – o preço e as condições de pagamento, os critérios, a data-base e a periodicidade do reajustamento de preços e os critérios de atualização monetária entre a data do adimplemento das obrigações e a do efetivo pagamento;
VI – os critérios e a periodicidade da medição, quando for o caso, e o prazo para liquidação e para pagamento;
VII – os prazos de início das etapas de execução, conclusão, entrega, observação e recebimento definitivo, quando for o caso;
VIII – o crédito pelo qual correrá a despesa, com a indicação da classificação funcional programática e da categoria econômica;
IX – a matriz de risco, quando for o caso;
X – o prazo para resposta ao pedido de repactuação de preços, quando for o caso;
XI – o prazo para resposta ao pedido de restabelecimento do equilíbrio econômico-financeiro, quando for o caso;
XII – as garantias oferecidas para assegurar sua plena execução, quando exigidas, inclusive as que forem oferecidas pelo contratado no caso de antecipação de valores a título de pagamento;

XIII - o prazo de garantia mínima do objeto, observados os prazos mínimos estabelecidos nesta Lei e nas normas técnicas aplicáveis, e as condições de manutenção e assistência técnica, quando for o caso;

XIV - os direitos e as responsabilidades das partes, as penalidades cabíveis e os valores das multas e suas bases de cálculo;

XV - as condições de importação e a data e a taxa de câmbio para conversão, quando for o caso;

XVI - a obrigação do contratado de manter, durante toda a execução do contrato, em compatibilidade com as obrigações por ele assumidas, todas as condições exigidas para a habilitação na licitação, ou para a qualificação, na contratação direta;

XVII - a obrigação de o contratado cumprir as exigências de reserva de cargos prevista em lei, bem como em outras normas específicas, para pessoa com deficiência, para reabilitado da Previdência Social e para aprendiz;

XVIII - o modelo de gestão do contrato, observados os requisitos definidos em regulamento;

XIX - os casos de extinção.

§ 1.º Os contratos celebrados pela Administração Pública com pessoas físicas ou jurídicas, inclusive as domiciliadas no exterior, deverão conter cláusula que declare competente o foro da sede da Administração para dirimir qualquer questão contratual, ressalvadas as seguintes hipóteses:

I - licitação internacional para a aquisição de bens e serviços cujo pagamento seja feito com o produto de financiamento concedido por organismo financeiro internacional de que o Brasil faça parte ou por agência estrangeira de cooperação;

II - contratação com empresa estrangeira para a compra de equipamentos fabricados e entregues no exterior precedida de autorização do Chefe do Poder Executivo;

III - aquisição de bens e serviços realizada por unidades administrativas com sede no exterior.

§ 2.º De acordo com as peculiaridades de seu objeto e de seu regime de execução, o contrato conterá cláusula que preveja período antecedente à expedição da ordem de serviço para verificação de pendências, liberação de áreas ou adoção de outras providências cabíveis para a regularidade do início de sua execução.

§ 3.º Independentemente do prazo de duração, o contrato deverá conter cláusula que estabeleça o índice de reajustamento de preço, com data-base vinculada à data do orçamento estimado, e poderá ser estabelecido mais de um índice específico ou setorial, em conformidade com a realidade de mercado dos respectivos insumos. (...).

6. CLÁUSULAS EXORBITANTES

As cláusulas exorbitantes são **prerrogativas decorrentes da posição de superioridade da Administração em relação ao particular contratado.**

Tais cláusulas são inerentes aos contratos administrativos. Assim, mesmo que não estejam expressamente previstas no corpo do contrato, elas existirão e poderão ser usufruídas pela Administração.

Na dicção de Di Pietro (2018, p. 354):

> São cláusulas exorbitantes aquelas que não seriam comuns ou que seriam ilícitas em contrato celebrado entre particulares, por conferirem prerrogativas a uma das partes (a Administração) em relação à outra; elas colocam a Administração em posição de supremacia sobre o contratado.

As principais cláusulas exorbitantes, previstas na Lei n. 14.133/2021, são:

> Art. 104. O regime jurídico dos contratos instituído por esta Lei confere à Administração, em relação a eles, as prerrogativas de:
>
> I – modificá-los, unilateralmente, para melhor adequação às finalidades de interesse público, respeitados os direitos do contratado;
>
> II – extingui-los, unilateralmente, nos casos especificados nesta Lei;
>
> III – fiscalizar sua execução;
>
> IV – aplicar sanções motivadas pela inexecução total ou parcial do ajuste;
>
> V – ocupar provisoriamente bens móveis e imóveis e utilizar pessoal e serviços vinculados ao objeto do contrato nas hipóteses de:
>
> *a)* risco à prestação de serviços essenciais;
>
> *b)* necessidade de acautelar apuração administrativa de faltas contratuais pelo contratado, inclusive após extinção do contrato.

Dada a sua relevância, passemos à análise de cada uma delas, à luz da nova Lei de Licitações.

6.1 Alteração unilateral do contrato

No âmbito dos contratos privados vige o princípio do *pacta sunt servanda*, brocardo latino que significa que "os pactos assumidos devem ser respeitados".

Nos contratos administrativos, dada a supremacia e a indisponibilidade do interesse público, este princípio é relativizado, visando a melhor adequação do contrato às finalidades de interesse público.

Não se trata, contudo, de deixar ao livre arbítrio da Administração a alteração do contrato, ou mesmo de permitir que seja empregada por arbítrio ou imbuída por interesses escusos. **Também não pode, na forma do art. 126 da Lei n. 14.133/2021, haver transfiguração do objeto da contratação.**

A finalidade desta cláusula exorbitante é **permitir uma melhor adequação às finalidades de interesse público, devendo, entretanto, ser respeitados os limites legais de alteração, bem como os direitos do contratado.**

De acordo com o art. 65, I, da Lei n. 8.666/93, e com o art. 124, I, da Lei n. 14.133/2021, são duas as hipóteses em que é **admitida a alteração unilateral do contrato pela Administração:**

i) Quando houver **modificação do projeto ou das especificações**, para melhor adequação técnica aos seus objetivos *(alteração qualitativa)*;

ii) Quando necessária **a modificação do valor contratual em decorrência de acréscimo ou diminuição quantitativa de seu objeto**, nos limites permitidos pela lei *(alteração quantitativa)*.

Para tanto, alguns **requisitos devem ser cumpridos**, tais como:

a) Necessidade de **motivação** atrelada a algum interesse público;

b) A alteração deve decorrer de **fato superveniente à contratação**;

c) Deve-se **respeitar a natureza do contrato** no que diz respeito ao seu objeto;

d) Necessidade de **manutenção do equilíbrio econômico-financeiro** do contrato originalmente pactuado;

e) Além do **respeito aos percentuais** previstos no art. 65, § 1.º, da Lei n. 8.666/93 ou art. 125 da Lei n. 14.133/2021.

De acordo com o art. 65, § 1.º, da Lei n. 8.666/93 e com o art. 125 da Lei n. 14.133/2021, os acréscimos ou supressões que se fizerem nas obras, serviços ou compras não podem ultrapassar o equivalente a 25% do valor inicial atualizado do contrato, e, no caso particular de reforma de edifício ou de equipamento, o limite será de 50% para seus acréscimos (para as supressões permanece o limite de 25%).

> **REGRA GERAL – Obras, serviços ou compras:** até 25% para acréscimos ou para supressões.
> **EXCEÇÃO – Reforma de edifício ou equipamento:** até 50% para acréscimos e até 25% para supressões.

Cumpridos os requisitos, o contratado é *obrigado a aceitar* as alterações unilaterais. Caso contrário, a Administração poderá rescindir o contrato por culpa do contratado.

Imperioso destacar ainda que, quando as Leis n. 8.666/93 e 14.133/2021 permitem a alteração unilateral do contrato, entende-se que elas estão se referindo tão somente às **cláusulas regulamentares**, isto é, aquelas que regulamentam o objeto do contrato, bem como a sua execução.

Não pode a Administração, com escopo nessa cláusula exorbitante, resolver alterar unilateralmente as cláusulas econômico-financeiras do contrato, as quais estabelecem, notadamente, a remuneração do contratado, visto que é com base no sopesamento da remuneração a ser auferida e dos encargos a serem despendidos pelo particular que este decidirá se contrata ou não com a Administração.

Nesse sentido, veja:

> Lei n. 8.666/93
>
> Art. 58. (...)
>
> § 1.º As cláusulas econômico-financeiras e monetárias dos contratos administrativos não poderão ser alteradas sem prévia concordância do contratado.
>
> § 2.º Na hipótese do inciso I deste artigo, as cláusulas econômico-financeiras do contrato deverão ser revistas para que se mantenha o equilíbrio contratual.
>
> Lei n. 14.133/2021
>
> Art. 104. (...)
>
> § 1.º As cláusulas econômico-financeiras e monetárias dos contratos não poderão ser alteradas sem prévia concordância do contratado.
>
> § 2.º Na hipótese prevista no inciso I do *caput* deste artigo, as cláusulas econômico--financeiras do contrato deverão ser revistas para que se mantenha o equilíbrio contratual.

6.2 Rescisão unilateral do contrato

A Administração Pública possui a prerrogativa de rescindir unilateralmente o contrato administrativo, sem necessidade de recorrer ao Poder Judiciário para tanto.

De acordo com o art. 138, I, da Lei n. 14.133/2021, é possível que a administração pública exerça tal prerrogativa, acarretando as consequências dispostas no art. 139:

> Art. 138. A extinção do contrato poderá ser:
>
> I – **determinada por ato unilateral e escrito da Administração**, exceto no caso de descumprimento decorrente de sua própria conduta; (...)
>
> § 1.º A extinção determinada por ato unilateral da Administração e a extinção consensual deverão ser **precedidas de autorização escrita e fundamentada** da autoridade competente e reduzidas a termo no respectivo processo.
>
> Art. 139. A extinção determinada por ato unilateral da Administração poderá acarretar, sem prejuízo das sanções previstas nesta Lei, as seguintes **consequências**:
>
> I – **assunção imediata do objeto do contrato**, no estado e local em que se encontrar, por ato próprio da Administração;
>
> II – **ocupação e utilização** do local, das instalações, dos equipamentos, do material e do pessoal empregados na execução do contrato e necessários à sua continuidade;
>
> III – **execução da garantia contratual** para:
>
> *a)* ressarcimento da Administração Pública por prejuízos decorrentes da não execução;
>
> *b)* pagamento de verbas trabalhistas, fundiárias e previdenciárias, quando cabível;

c) pagamento das multas devidas à Administração Pública;

d) exigência da assunção da execução e da conclusão do objeto do contrato pela seguradora, quando cabível;

IV – **retenção dos créditos** decorrentes do contrato até o limite dos prejuízos causados à Administração Pública e das multas aplicadas.

§ 1.º A aplicação das medidas previstas nos incisos I e II do *caput* deste artigo ficará a critério da Administração, que poderá dar continuidade à obra ou ao serviço por execução direta ou indireta.

§ 2.º Na hipótese do inciso II do *caput* deste artigo, o ato deverá ser precedido de autorização expressa do ministro de Estado, do secretário estadual ou do secretário municipal competente, conforme o caso.

Por sua vez, as hipóteses de extinção estão dispostas no art. 137 da Lei n. 14.133/2021. Veja:

Art. 137. Constituirão **motivos para extinção do contrato**, a qual deverá ser formalmente motivada nos autos do processo, assegurados o contraditório e a ampla defesa, as seguintes situações:

I – **não cumprimento ou cumprimento irregular de normas editalícias ou de cláusulas contratuais**, de especificações, de projetos ou de prazos;

II – **desatendimento das determinações regulares** emitidas pela autoridade designada para acompanhar e fiscalizar sua execução ou por autoridade superior;

III – **alteração social ou modificação da finalidade ou da estrutura da empresa** que restrinja sua capacidade de concluir o contrato;

IV – **decretação de falência ou de insolvência civil, dissolução da sociedade ou falecimento do contratado;**

V – **caso fortuito ou força maior**, regularmente comprovados, impeditivos da execução do contrato;

VI – **atraso na obtenção da licença ambiental, ou impossibilidade de obtê-la**, ou alteração substancial do anteprojeto que dela resultar, ainda que obtida no prazo previsto;

VII – **atraso na liberação das áreas sujeitas a desapropriação, a desocupação ou a servidão administrativa**, ou impossibilidade de liberação dessas áreas;

VIII – **razões de interesse público**, justificadas pela autoridade máxima do órgão ou da entidade contratante;

IX – **não cumprimento das obrigações relativas à reserva de cargos prevista em lei**, bem como em outras normas específicas, para pessoa com deficiência, para reabilitado da Previdência Social ou para aprendiz.

6.3 Fiscalização da execução do contrato

Em prol do princípio da eficiência, a Administração Pública tem o poder--dever de fiscalizar a execução dos contratos administrativos, a fim de garantir que os bens e serviços contratados serão executados na forma como foram acordados.

Assim sendo, **a execução do contrato deverá ser acompanhada e fiscalizada por representante da Administração especialmente designado**, permitida a contratação de terceiros para assisti-lo e subsidiá-lo de informações pertinentes a essa atribuição.

> Lei n. 14.133/2021
>
> Art. 117. A execução do contrato deverá ser acompanhada e fiscalizada por *1 (um) ou mais fiscais* do contrato, representantes da Administração especialmente designados conforme requisitos estabelecidos no art. 7.º desta Lei, ou pelos respectivos substitutos, permitida a contratação de terceiros para assisti-los e subsidiá-los com informações pertinentes a essa atribuição.

Observação interessante a destacar é que a Lei n. 14.133/2021 trouxe uma novidade: ditou as regras aplicáveis à hipótese de **contratação de terceiros para assistir/subsidiar o(s) fiscal(is) do contrato.**

São eles, na forma do § 4.º do art. 117 da nova Lei de Licitações:

i) a empresa ou o profissional contratado assumirá responsabilidade civil objetiva pela veracidade e pela precisão das informações prestadas, firmará termo de compromisso de confidencialidade e não poderá exercer atribuição própria e exclusiva de fiscal de contrato;

ii) a contratação de terceiros não eximirá de responsabilidade o fiscal do contrato, nos limites das informações recebidas do terceiro contratado.

Por seu turno, o particular contratado deverá manter preposto, aceito pela Administração, no local da obra ou serviço, para representá-lo na execução do contrato (art. 68 da Lei n. 8.666/93 e art. 118 da Lei n. 14.133/2021).

Ademais, a existência de fiscalização não exclui ou reduz a responsabilidade do contratado pelos danos que causar (art. 70 da Lei n. 8.666/93 e art. 120 da Lei n. 14.133/2021).

6.4 Aplicação de sanções

A Administração Pública possui o poder-dever de, em havendo **atraso injustificado na execução do contrato** ou mesmo **inexecução total ou parcial do ajuste celebrado**, aplicar diversas sanções administrativas ao particular faltoso, sem a necessidade de recorrer ao Poder Judiciário para tanto.

Na Lei n. 8.666/93, é o art. 87 que apresenta as hipóteses de sanções pertinentes quando houver inexecução do objeto do contrato, seja ela total ou parcial. Trata-se, segundo o STJ, de rol exaustivo, não sendo admitida interpretação extensiva.

Já na Lei n. 14.133/2021, vejamos o que diz o art. 156:

> Art. 156. Serão aplicadas ao responsável pelas infrações administrativas previstas nesta Lei as seguintes sanções:
>
> I – advertência;
> II – multa;
> III – impedimento de licitar e contratar;
> IV – declaração de inidoneidade para licitar ou contratar.
> § 1.º Na aplicação das sanções serão considerados:
> I – a natureza e a gravidade da infração cometida;
> II – as peculiaridades do caso concreto;
> III – as circunstâncias agravantes ou atenuantes;
> IV – os danos que dela provierem para a Administração Pública;
> V – a implantação ou o aperfeiçoamento de programa de integridade, conforme normas e orientações dos órgãos de controle.

Para que seja aplicada alguma das sanções, a Administração deverá instaurar um procedimento específico, no qual sejam assegurados o contraditório e a ampla defesa.

Vamos detalhar mais as infrações, segundo a nova Lei de Licitações:

> Quanto à advertência, a sua aplicação será exclusiva para o caso de inexecução parcial do contrato, quando não se justificar a imposição de penalidade considerada mais grave (art. 156, § 2.º, da Lei n. 14.133/2021).
>
> Quanto à multa, esta poderá ser aplicada cumulativamente com as demais sanções, na forma do art. 156, § 7.º, da Lei n. 14.133/2021. Além disso, conforme art. 156, § 3.º, da nova Lei de Licitações, seu valor será calculado na forma do edital ou do contrato, não podendo ser inferior a 0,5% nem superior a 30% do valor do contrato licitado ou celebrado com contratação direta. Outro ponto interessante é que a multa será aplicada ao responsável pela prática de qualquer infração arrolada no art. 155 da nova Lei de Licitações. Ademais, se a multa aplicada e as indenizações cabíveis forem superiores ao valor de pagamento eventualmente devido pela Administração ao contratado, além da perda desse valor, a diferença será descontada da garantia prestada ou será ou cobrada judicialmente (art. 156, § 8.º, da Lei n. 14.133/2021). Por fim, mencione-se também que na aplicação da multa será facultada a defesa do interessado no prazo de 15 dias úteis contado da sua intimação.
>
> Ainda falando da multa, no art. 162, a nova Lei de Licitações prevê a multa de mora em caso de atraso injustificado na execução do contrato, na forma prevista em edital ou em contrato. A imposição da multa de mora não impede que a Administração a converta em

compensatória e promova a extinção unilateral do contrato com a aplicação cumulada de outras sanções previstas na Lei de Licitações (art. 162, parágrafo único, da nova Lei de Licitações).

Quanto ao impedimento de licitar e contratar, de acordo com o art. 156, § 4.º, da Lei n. 14.133/2021, a sanção será aplicada ao responsável pelas infrações administrativas previstas nos incisos II a VII do art. 155, quando não se justificar a imposição de penalidade mais grave. A sanção perdurará pelo prazo máximo de 3 anos, e abrangerá somente a Administração Pública direta e indireta do ente federativo que aplicou a sanção.

Quanto à declaração de inidoneidade, de acordo com art. 156, § 5.º, da Lei n. 14.133/2021, será aplicada ao responsável pelas infrações administrativas previstas nos incisos VIII a XII do art. 155, bem como pelas infrações administrativas previstas nos incisos II a VII se justificar a imposição de penalidade mais grave. A sanção perdurará pelo prazo mínimo de 3 anos e máximo de 6 anos, e abrangerá a Administração Pública direta e indireta de todos os entes federativos.

Veja que interessante!

Até a Lei n. 14.133/2021, havia três entendimentos no tocante à abrangência das sanções:

a) ambas as sanções abrangeriam somente o ente federativo que aplicou a sanção;

b) a suspensão de participação em licitação e impedimento de contratar com a Administração abrangeria somente o ente federativo que aplicou a sanção, enquanto a declaração de inidoneidade produziria efeitos em todo o território nacional; e

c) ambas as sanções abrangeriam todo o território nacional, que era a posição do STJ.

Porém, a nova Lei de Licitações resolve essa controvérsia. Em relação ao **impedimento de licitar e contratar (na Lei n. 8.666/93 era denominada "suspensão da participação em licitação e impedimento de contratar"), os efeitos abrangem somente o ente federativo que aplicou a sanção.**

Já em relação à *declaração de inidoneidade,* **os efeitos abrangem todos os entes federados.**

Outro ponto interessante a destacar: os prazos das sanções. Na Lei n. 8.666/93, o prazo máximo para a sanção de *impedimento de licitar e contratar (ou suspensão)* era de 2 anos, e com **a nova Lei de Licitações passa a ser de 3 anos.**

Em relação à *declaração de inidoneidade,* o prazo mínimo era 2 anos e não havia prazo máximo. Isso gerava até algumas críticas porque abria caminho para a sanção se tornar perpétua, o que a CF proíbe em seu art. 5.º, XLVII, *b.* Desta feita, a nova Lei de Licitações passou a prever, para esta sanção, **o prazo mínimo de 3 anos e o prazo máximo de 6 anos.**

Ainda no tocante à **declaração de inidoneidade**, mencione-se que, na forma do art. 156, § 6.º, da nova Lei de Licitações, esta será precedida de análise jurídica e observará as seguintes regras:

a) quando aplicada por órgão do Poder Executivo, será de competência exclusiva de ministro de Estado, de secretário estadual ou de secretário municipal e, quando aplicada por autarquia ou fundação, será de competência exclusiva da autoridade máxima da entidade; e

b) quando aplicada por órgãos dos Poderes Legislativo e Judiciário e pelo Ministério Público e pela Defensoria Pública no desempenho da função administrativa, será de competência exclusiva de autoridade de nível hierárquico equivalente às autoridades indicadas anteriormente na letra *a*.

Tanto no caso do *impedimento de licitar e contratar (ou suspensão)* quanto no caso da *declaração de inidoneidade*, há necessidade de instauração de **processo de responsabilização**, o qual deverá seguir o art. 158, transcrito abaixo. Recomendamos leitura atenta:

Art. 158. A aplicação das sanções previstas nos incisos III e IV do *caput* do art. 156 desta Lei requererá a instauração de processo de responsabilização, a ser conduzido por comissão composta de 2 (dois) ou mais servidores estáveis, que avaliará fatos e circunstâncias conhecidos e intimará o licitante ou o contratado para, no prazo de 15 (quinze) dias úteis, contado da data de intimação, apresentar defesa escrita e especificar as provas que pretenda produzir.

§ 1.º Em órgão ou entidade da Administração Pública cujo quadro funcional não seja formado de servidores estatutários, a comissão a que se refere o *caput* deste artigo será composta de 2 (dois) ou mais empregados públicos pertencentes aos seus quadros permanentes, preferencialmente com, no mínimo, 3 (três) anos de tempo de serviço no órgão ou entidade.

§ 2.º Na hipótese de deferimento de pedido de produção de novas provas ou de juntada de provas julgadas indispensáveis pela comissão, o licitante ou o contratado poderá apresentar alegações finais no prazo de 15 (quinze) dias úteis, contado da data da intimação.

§ 3.º Serão indeferidas pela comissão, mediante decisão fundamentada, provas ilícitas, impertinentes, desnecessárias, protelatórias ou intempestivas.

§ 4.º A prescrição ocorrerá em 5 (cinco) anos, contados da ciência da infração pela Administração, e será:

I – interrompida pela instauração do processo de responsabilização a que se refere o *caput* deste artigo;

II – suspensa pela celebração de acordo de leniência previsto na Lei n. 12.846, de 1.º de agosto de 2013;

III – suspensa por decisão judicial que inviabilize a conclusão da apuração administrativa.

Veja que, na Lei n. 8.666/93 não havia previsão específica de prazo prescricional para aplicação das sanções. A doutrina majoritária defendia a aplicação, por analogia a outros dispositivos, do prazo quinquenal. Com o § 4.º do art. 158, acima transcrito, percebe-se que a Lei n. 14.133/2021 consagrou essa tese, com a **prescrição de 5 anos.**

Mas atenção, "ao pé da letra", **o art. 158 traz a prescrição quinquenal somente em relação às sanções de** *impedimento de licitar e contratar* **e** *declaração de inidoneidade*, ficando silente em relação às demais. Porém, a doutrina entende que o mesmo prazo deverá ser observado para as sanções de *advertência* e *multa*.

O art. 159 traz a inovação de que:

> os atos previstos como infrações administrativas que também sejam tipificados como atos lesivos na Lei n. 12.846/2013 (**Lei Anticorrupção**), serão apurados e julgados conjuntamente, nos mesmos autos, aplicando-se o rito procedimental e observada a autoridade competente definida na referida Lei.

Também há inovação em relação ao art. 160 da nova Lei de Licitações, que trata da **desconsideração da personalidade jurídica.** Esta ocorrerá sempre que a personalidade jurídica for

> utilizada com **abuso do direito para facilitar, encobrir ou dissimular a prática dos atos ilícitos** previstos na Lei de Licitação **ou para provocar confusão patrimonial**, sendo estendidos todos os efeitos das sanções aplicadas à pessoa jurídica aos seus administradores e sócios com poderes de administração, à pessoa jurídica sucessora ou à empresa, do mesmo ramo, com relação de coligação ou controle, de fato ou de direito, com o sancionado, observados, em todos os casos, o contraditório, a ampla defesa e a obrigatoriedade de análise jurídica prévia.

Por fim, falemos da reabilitação, trazida pelo art. 163 da nova Lei de Licitações. A Lei n. 8.666/93 apenas previa a reabilitação quanto à sanção de *declaração de inidoneidade* (art. 87, IV, da Lei n. 8.666/93). Já a Lei n. 14.133/2021, a nova Lei de Licitações prevê também para a sanção de *impedimento de licitar*.

Contudo, os prazos mínimos para reabilitação são distintos, sendo da aplicação da penalidade. Para o impedimento de licitar e contratar é 1 ano e para a declaração de inidoneidade é 3 anos.

No caso da infração de apresentação de declaração ou documentação falsa exigida para o certame ou de declaração falsa durante a licitação ou a execução do contrato (art. 155, VIII) e da infração de prática de ato lesivo previsto no art. 5.º da Lei Anticorrupção (art. 155, XII), para a reabilitação do licitante ou contratado também há exigência da implantação ou aperfeiçoamento de programa de integridade pelo responsável, conforme art. 163, parágrafo único, da nova Lei de Licitações.

6.5 Ocupação provisória

A prerrogativa da ocupação provisória possui diferentes disposições na Lei n. 8.666/93 e na Lei n. 14.133/2021.

Na Lei n. 8.666/93, o art. 58, V, determina que a ocupação provisória ocorrerá nos casos em que o objeto do contrato seja a prestação de serviços essenciais, podendo a Administração ocupar provisoriamente bens móveis, imóveis, pessoal e serviços vinculados ao objeto do contrato em duas hipóteses:

a) Quando necessitar acautelar apuração administrativa de faltas contratuais pelo contratado;

b) Quando houver rescisão do contrato administrativo, em prol da continuidade do serviço público.

Já na Lei n. 14.133/2021, o art. 104, V, determina que **a Administração terá a prerrogativa de ocupar provisoriamente bens móveis e imóveis e utilizar pessoal e serviços** vinculados ao objeto do contrato nas hipóteses de:

a) **Risco à prestação de serviços essenciais;**

b) **Necessidade de acautelar apuração administrativa de faltas contratuais** pelo contratado, inclusive após extinção do contrato.

6.6 Outras cláusulas exorbitantes

Embora o art. 104 da Lei n. 14.133/2021 (art. 58 da Lei n. 8.666/93) apresente um rol de cláusulas exorbitantes, outras podem ser encontradas ao longo dos demais dispositivos da Lei, a exemplo da **temporária inoponibilidade da exceção do contrato não cumprido.**

De acordo com o art. 137, IV, da Lei n. 14.133/2021 (art. 78, XV, da Lei n. 8.666/93), para que o particular contratado possa rescindir o contrato em razão de atrasos nos pagamentos devidos pela Administração a ele, valendo-se, portanto, da **teoria da exceção do contrato não cumprido, é necessário que o atraso seja superior a 2 meses** (na Lei n. 8.666/93, eram 90 dias).

A **possibilidade de exigência de garantia** ao particular pela Administração Pública também pode ser caracterizada como uma prerrogativa especial conferida pela Lei à Administração, pois tais garantias conferem ao ente público maior possibilidade de adimplemento do contrato.

Na Lei n. 8.666/93 eram 3 as modalidades de garantia, na forma do art. 56, § 1.º: caução em dinheiro ou em títulos da dívida pública; seguro-garantia ou fiança bancária.

Já o art. 96, § 1.º, da Lei n. 14.133/2021 estabelece as seguintes modalidades de garantia:

> Art. 96. A critério da autoridade competente, em cada caso, poderá ser exigida, mediante previsão no edital, prestação de garantia nas contratações de obras, serviços e fornecimentos.
> § 1.º Caberá ao contratado optar por uma das seguintes **modalidades de garantia**:
> I – **caução em dinheiro ou em títulos da dívida pública** emitidos sob a forma escritural, mediante registro em sistema centralizado de liquidação e de custódia autorizado pelo Banco Central do Brasil, e avaliados por seus valores econômicos, conforme definido pelo Ministério da Economia;
> II – **seguro-garantia**;
> III – **fiança bancária** emitida por banco ou instituição financeira devidamente autorizada a operar no País pelo Banco Central do Brasil.

Destaque-se que, na forma do art. 98 da nova Lei de Licitações:

> nas contratações de obras, serviços e fornecimentos, a garantia poderá ser de até **5% do valor inicial do contrato**, autorizada a **majoração desse percentual para até 10%**, desde que justificada mediante análise da complexidade técnica e dos riscos envolvidos.

Ademais, nas contratações de obras e serviços de engenharia de *grande vulto*, poderá ser exigida a prestação de garantia, na modalidade seguro-garantia, com cláusula de retomada, em percentual equivalente a **até 30% (trinta por cento) do valor inicial do contrato.**

7. EQUILÍBRIO ECONÔMICO E FINANCEIRO DO CONTRATO

7.1 Manutenção do equilíbrio econômico-financeiro do contrato

Como visto, uma das cláusulas exorbitantes presentes nos contratos administrativos é a possibilidade de alteração unilateral do contrato por parte da Administração Pública. Esta faculdade, contudo, diz respeito apenas às cláusulas regulamentares, não sendo possível a alteração unilateral das cláusulas econômico-financeiras.

> Lei n. 14.133/2021
> Art. 104. (...)
> § 1.º As cláusulas econômico-financeiras e monetárias dos contratos não poderão ser alteradas sem prévia concordância do contratado.
> § 2.º Na hipótese prevista no inciso I do *caput* deste artigo, as cláusulas econômico-financeiras do contrato deverão ser revistas para que se mantenha o equilíbrio contratual.

Percebe-se que a Lei, além de categoricamente **não permitir que as cláusulas econômico-financeiras dos contratos administrativos sejam alteradas unilateralmente, sem que haja prévia concordância do particular, também impõe que seja mantido o equilíbrio econômico durante toda a execução do contrato, tanto em favor do particular contratado quanto da própria Administração Pública.**

O equilíbrio econômico-financeiro (ou equação econômico-financeira) pode ser definido como sendo a relação de igualdade formada, de um lado, pelas obrigações assumidas pelo contratante no momento do ajuste e, de outro lado, pela compensação econômica que lhe corresponderá. A sua manutenção, nestes termos, é garantia para ambas as partes do contrato.

Em prol do princípio da manutenção do equilíbrio econômico-financeiro do contrato, as Leis n. 8.666/93 e 14.133/2021 apresentam três mecanismos que visam garanti-lo, quais sejam: revisão, reajuste e atualização financeira. Especificamente falando da Lei n. 14.133/2021, não houve grandes novidades em relação a esses institutos, apenas um melhor detalhamento da repactuação, que veremos abaixo.

A **revisão** terá lugar quando houver alteração unilateral das cláusulas regulamentares do contrato que **aumente os encargos do contratado**, devendo a Administração restabelecer, por **aditamento**, a equação financeira original (art. 65, § 6.º, da Lei n. 8.666/93 e art. 130 da Lei n. 14.133/2021), bem como na hipótese de **sobrevirem fatos imprevisíveis, ou previsíveis porém de consequências incalculáveis**, ainda que externos ao contrato, retardadores ou impeditivos da execução do ajustado (art. 65, II, *d*, da Lei n. 8.666/93 e art. 124, II, *d*, da Lei n. 14.133/2021).

Isso porque o equilíbrio econômico-financeiro leva em consideração apenas os riscos ordinários do negócio, previstos e assumidos pelas partes nos exatos termos do instrumento contratual.

O **reajuste**, por sua vez, é **cláusula necessária nos contratos administrativos** (art. 55, III, da Lei n. 8.666/93 e art. 92, §§ 3.º a 6.º, da Lei n. 14.133/2021) e tem vez em razão de desequilíbrios advindos de **inflação setorial**, não se confundindo, portanto, com a revisão. Veja abaixo a letra da Lei:

> Lei n. 14.133/2021
>
> Art. 92. (...)
>
> § 3.º Independentemente do prazo de duração, o contrato deverá conter cláusula que estabeleça o índice de reajustamento de preço, com data-base vinculada à data do orçamento estimado, e poderá ser estabelecido mais de um índice específico ou setorial, em conformidade com a realidade de mercado dos respectivos insumos.
>
> § 4.º Nos contratos de serviços contínuos, **observado o interregno mínimo de 1 (um) ano**, o critério de reajustamento de preços será por:

I – **reajustamento em sentido estrito**, quando não houver regime de dedicação exclusiva de mão de obra ou predominância de mão de obra, mediante previsão de índices específicos ou setoriais;

II – **repactuação**, quando houver regime de dedicação exclusiva de mão de obra ou predominância de mão de obra, mediante demonstração analítica da variação dos custos.

(...)

§ 5.º Nos contratos de obras e serviços de engenharia, sempre que compatível com o regime de execução, a medição será mensal.

§ 6.º Nos contratos para serviços contínuos com regime de dedicação exclusiva de mão de obra ou com predominância de mão de obra, o prazo para resposta ao pedido de repactuação de preços será preferencialmente de 1 (um) mês, contado da data do fornecimento da documentação prevista no § 6.º do art. 135 desta Lei.

REVISÃO	REAJUSTE
Decorre diretamente da lei (ou seja, incide independentemente de previsão contratual)	Depende de cláusula contratual expressa
Incide sobre qualquer cláusula contratual (seja ela regulamentar ou econômica)	Incide apenas sobre as cláusulas econômicas (valor do contrato)
Refere-se a fatos imprevisíveis ou previsíveis, mas de consequências incalculáveis	Refere-se a fatos previsíveis
Restaura o equilíbrio econômico-financeiro do contrato	Preserva o equilíbrio econômico-financeiro do contrato (manutenção do poder de compra da moeda)
Não depende de periodicidade mínima	Periodicidade mínima de 12 meses, contados da data de APRESENTAÇÃO da proposta ou do orçamento

A **atualização monetária** não se confunde com o reajuste, visto que ela tem como escopo a compensação por eventuais atrasos nos pagamentos feitos pela Administração ao contratado. Assim, o art. 40, XIV, *c*, da Lei n. 8.666/93 determina que a atualização financeira dos valores contratados incide desde a data final do período de adimplemento de cada parcela até a data do efetivo pagamento, para que assim o particular não seja prejudicado em sua remuneração e seja mantido o equilíbrio financeiro original.

Na Lei n. 14.133/2021, há previsão de atualização monetária no art. 92, V:

Art. 92. (...)

V – o preço e as condições de pagamento, os critérios, a data-base e a periodicidade do reajustamento de preços e os critérios de atualização monetária entre a data do adimplemento das obrigações e a do efetivo pagamento;

Por fim, a **repactuação** é a alteração bilateral do contrato, visando a adequação dos preços contratuais aos **novos preços de mercado**, observados o **interregno mínimo de um ano** e a demonstração analítica da variação dos componentes dos custos do contrato, devidamente justificada. Está disposta no art. 135 da nova Lei de Licitações, que melhor detalhou o instituto.

Art. 135. Os preços dos contratos para serviços contínuos com regime de dedicação exclusiva de mão de obra ou com predominância de mão de obra serão repactuados para manutenção do equilíbrio econômico-financeiro, mediante demonstração analítica da variação dos custos contratuais, com data vinculada:

I – à da apresentação da proposta, para custos decorrentes do mercado;

II – ao acordo, à convenção coletiva ou ao dissídio coletivo ao qual a proposta esteja vinculada, para os custos de mão de obra.

§ 1.º A Administração não se vinculará às disposições contidas em acordos, convenções ou dissídios coletivos de trabalho que tratem de matéria não trabalhista, de pagamento de participação dos trabalhadores nos lucros ou resultados do contratado, ou que estabeleçam direitos não previstos em lei, como valores ou índices obrigatórios de encargos sociais ou previdenciários, bem como de preços para os insumos relacionados ao exercício da atividade.

§ 2.º É vedado a órgão ou entidade contratante vincular-se às disposições previstas nos acordos, convenções ou dissídios coletivos de trabalho que tratem de obrigações e direitos que somente se aplicam aos contratos com a Administração Pública.

§ 3.º A repactuação deverá observar o interregno mínimo de 1 (um) ano, contado da data da apresentação da proposta ou da data da última repactuação.

§ 4.º A repactuação poderá ser dividida em tantas parcelas quantas forem necessárias, observado o princípio da anualidade do reajuste de preços da contratação, podendo ser realizada em momentos distintos para discutir a variação de custos que tenham sua anualidade resultante em datas diferenciadas, como os decorrentes de mão de obra e os decorrentes dos insumos necessários à execução dos serviços.

§ 5.º Quando a contratação envolver mais de uma categoria profissional, a repactuação a que se refere o inciso II do *caput* deste artigo poderá ser dividida em tantos quantos forem os acordos, convenções ou dissídios coletivos de trabalho das categorias envolvidas na contratação.

§ 6.º A repactuação será precedida de solicitação do contratado, acompanhada de demonstração analítica da variação dos custos, por meio de apresentação da planilha de custos e formação de preços, ou do novo acordo, convenção ou sentença normativa que fundamenta a repactuação.

Por fim, perceba que, conforme o art. 131 da Lei n. 14.133/2021, **a extinção do contrato não configura óbice para o reconhecimento do desequi-**

líbrio econômico-financeiro requerido durante sua vigência, hipótese em que será concedida indenização por meio de termo indenizatório. Ademais, é necessário que o pedido de restabelecimento do equilíbrio econômico-financeiro seja formulado durante a vigência do contrato e antes de eventual prorrogação.

7.2 Alocação de riscos e Lei n. 14.133/2021

O art. 103 da Lei n. 14.133/2021 dispõe que **o contrato poderá identificar os riscos contratuais previstos e presumíveis e prever matriz de alocação de riscos**, alocando-os entre contratante e contratado mediante indicação daqueles a serem assumidos pelo setor público ou pelo setor privado ou daqueles a serem compartilhados.

Essa alocação deverá considerar, em compatibilidade com as obrigações e os encargos atribuídos às partes no contrato, a natureza do risco, o beneficiário das prestações a que se vincula e a capacidade de cada setor para melhor gerenciá-lo. Desta feita, serão preferencialmente transferidos ao contratado os riscos que tenham cobertura oferecida por seguradora.

A alocação dos riscos contratuais será quantificada para fins de projeção dos reflexos de seus custos no valor estimado da contratação, dando maior segurança jurídica e economicidade.

Além disso, **a matriz de alocação de riscos definirá o equilíbrio econômico-financeiro inicial do contrato em relação a eventos supervenientes e deverá ser observada na solução de eventuais pleitos das partes.**

Sempre que forem atendidas as condições do contrato e da matriz de alocação de riscos, considera-se mantido equilíbrio econômico-financeiro, renunciando as partes aos pleitos de reequilíbrio relacionados aos riscos assumidos, exceto no que se refere: às alterações unilaterais determinadas pela Administração; e ao aumento ou à redução, por legislação superveniente, dos tributos diretamente pagos pelo contratado em decorrência do contrato.

8. DURAÇÃO

8.1 Lei n. 8.666/93

A regra geral estabelecida na Lei n. 8.666/93 é a de que os contratos por ela regidos possuem duração limitada à vigência dos respectivos créditos orçamentários, de acordo com o art. 57, *caput*.

Todavia, o mesmo dispositivo legal elenca em seus incisos algumas exceções, vejamos:

- Contratos relativos a projetos cujos produtos estejam contemplados nas metas estabelecidas no Plano Plurianual, os quais poderão ser prorrogados se houver interesse da Administração e desde que isso tenha sido previsto no ato convocatório (inciso I);

• Contratos relativos à prestação de serviços a serem executados de forma contínua, que poderão ter a sua duração prorrogada por iguais e sucessivos períodos com vistas à obtenção de preços e condições mais vantajosas para a Administração, limitada a sessenta meses (inciso II). Admite-se, ainda, que, em caráter excepcional, devidamente justificado e mediante autorização da autoridade superior, esse prazo seja prorrogado por até doze meses;

• Contratos relativos ao aluguel de equipamentos e à utilização de programas de informática, podendo a duração estender-se pelo prazo de até 48 (quarenta e oito) meses após o início da vigência do contrato (inciso IV);

• Contratos celebrados nas hipóteses de contratações diretas previstas nos incisos IX, XIX, XXVIII e XXXI do art. 24 da Lei n. 8.666/93, cujos contratos poderão ter vigência por até 120 (cento e vinte) meses, caso haja interesse da Administração (inciso V).

Saliente-se que, nesses casos, para que haja prorrogação é necessário que haja previsão no edital e no contrato. Além disso, a prorrogação deverá ser justificada por escrito e previamente autorizada pela autoridade competente para celebrar o contrato (art. 57, § 2.º).

8.2 Lei n. 14.133/2021

A Lei n. 14.133/2021 trouxe mais detalhadamente a diferença entre os contratos por escopo e os contratos por prazo certo. De acordo com o art. 6.º, XVII:

> XVII – serviços não contínuos ou contratados por escopo: aqueles que impõem ao contratado o dever de realizar a prestação de um serviço específico em período predeterminado, podendo ser prorrogado, desde que justificadamente, pelo prazo necessário à conclusão do objeto.

Caso o contrato seja por escopo, o prazo de vigência será automaticamente prorrogado quando seu objeto não for concluído no período firmado no contrato, conforme art. 111. Ou seja, o essencial é a execução do objeto. Caso haja não cumprimento por parte do contratado, ou contratado será constituído em mora, sendo-lhe aplicáveis as respectivas sanções administrativas; ou a Administração poderá optar pela extinção do contrato, adotando as medidas admitidas em lei para a continuidade da execução contratual e aplicando as sanções cabíveis.

Caso o contrato seja por prazo certo, na forma do art. 105, **sua duração será a prevista em edital,** devendo ser observada, no momento da contratação e a cada exercício financeiro, a disponibilidade de créditos orçamentários, bem como a previsão no plano plurianual, quando ultrapassar um exercício financeiro. Ora, se os créditos orçamentários estão previstos na lei orçamentária anual, **os contratos possuem, em regra, prazo de até um ano, não podendo ultrapassar o exercício financeiro,** da mesma forma que a Lei n. 8.666/93.

Ademais, assim como permitido na Lei n. 8.666/93, a nova Lei de Licitações também traz exceções à regra do prazo anual:

- **Contratos de serviços e fornecimentos contínuos, bem como de aluguel de equipamentos e em caso de utilização de programas de informática,** terão prazo de **até 5 anos, prorrogáveis até 10 anos**, desde que observadas as seguintes diretrizes:

  a) a autoridade competente da entidade contratante deverá atestar a maior vantagem econômica vislumbrada em razão da contratação plurianual;

  b) a Administração deverá atestar, no início da contratação e de cada exercício, a existência de créditos orçamentários vinculados à contratação e a vantagem em sua manutenção;

  c) a Administração terá a opção de extinguir o contrato, sem ônus, quando não dispuser de créditos orçamentários para sua continuidade ou quando entender que o contrato não mais lhe oferece vantagem. Tudo isso, na forma dos arts. 106 e 107 da nova Lei de Licitações.

- **Prazo de até 10 anos:** nas hipóteses previstas no art. 75, IV, *f* e *g*, V, VI, XII e XVI, da nova Lei de Licitações, quais sejam:

Art. 75. É dispensável a licitação: (...)

IV – para contratação que tenha por objeto: (...)

f) bens ou serviços produzidos ou prestados no País que envolvam, cumulativamente, alta complexidade tecnológica e defesa nacional;

g) materiais de uso das Forças Armadas, com exceção de materiais de uso pessoal e administrativo, quando houver necessidade de manter a padronização requerida pela estrutura de apoio logístico dos meios navais, aéreos e terrestres, mediante autorização por ato do comandante da força militar; (...)

V – para contratação com vistas ao cumprimento do disposto nos arts. 3.º, 3.º-A, 4.º, 5.º e 20 da Lei n. 10.973, de 2 de dezembro de 2004, observados os princípios gerais de contratação constantes da referida Lei;

VI – para contratação que possa acarretar comprometimento da segurança nacional, nos casos estabelecidos pelo Ministro de Estado da Defesa, mediante demanda dos comandos das Forças Armadas ou dos demais ministérios;

(...)

XII – para contratação em que houver transferência de tecnologia de produtos estratégicos para o Sistema Único de Saúde (SUS), conforme elencados em ato da direção nacional do SUS, inclusive por ocasião da aquisição desses produtos durante as etapas de absorção tecnológica, e em valores compatíveis com aqueles definidos no instrumento firmado para a transferência de tecnologia;

(...)

XVI – para aquisição, por pessoa jurídica de direito público interno, de insumos estratégicos para a saúde produzidos por fundação que, regimental ou estatutariamente, tenha por finalidade apoiar órgão da Administração Pública direta, sua autarquia ou fundação em projetos de ensino, pesquisa, extensão, desenvolvimento institucional, científico e tecnológico e de estímulo à inovação, inclusive na gestão administrativa e financeira necessária à execução desses projetos, ou em parcerias que envolvam transferência de tecnologia de produtos estratégicos para o SUS, nos termos do inciso XII do *caput* deste artigo, e que tenha sido criada para esse fim específico em data anterior à entrada em vigor desta Lei, desde que o preço contratado seja compatível com o praticado no mercado.

- **Contratos em que a Administração seja usuária de serviço público oferecido em regime de monopólio:** a Administração poderá estabelecer a vigência por **prazo indeterminado**, desde que comprovada, a cada exercício financeiro, a existência de créditos orçamentários vinculados à contratação. Tudo isso, na forma do art. art. 109 da nova Lei de Licitações.

- **Contratações que gerem receita e nos contratos de eficiência que gerem economia para a Administração:** o prazo será **de até 10 anos, nos contratos sem investimentos**; ou de **até 35 (trinta e cinco), nos contratos com investimentos**, assim considerados aqueles que implicam a elaboração de benfeitorias permanentes, realizadas exclusivamente às expensas do contratado, que serão revertidas ao patrimônio da Administração Pública ao término do contrato. Tudo isso, na forma do art. art. 110 da nova Lei de Licitações.

- **Contrato firmado sob o regime de fornecimento ou prestação de serviço associado:** sua vigência máxima será definida pela soma do prazo relativo ao fornecimento inicial ao prazo relativo ao serviço de operação e manutenção, este **limitado ao prazo de 5 (cinco) anos contados da data de recebimento do objeto inicial**, autorizada a prorrogação na forma do art. 107 da nova Lei de Licitações. Tudo isso, na forma do art. 113 da nova Lei de Licitações.

- **Contrato com previsão de operação continuada de sistemas estruturantes de tecnologia da informação:** poderá ter **vigência máxima de 15 anos**, conforme art. 114 da nova Lei de Licitações.

É importante destacar que o § 1.º do art. 106 prevê que a faculdade de extinção trazida pelo art. 106, III (opção da Administração de extinguir o contrato, sem ônus, quando não dispuser de créditos orçamentários para sua continuidade ou quando entender que o contrato não mais lhe oferece vantagem), somente pode ocorrer "na próxima data de aniversário do contrato e não poderá ocorrer em prazo inferior a 2 (dois) meses, contado da referida data". Isso significa dizer que a Administração não poderá extinguir o contrato antes de 14 meses (12 meses do "aniversário" e mais 2 meses).

Por fim, cite-se que, na forma do art. 112 da nova Lei de Licitações, os prazos contratuais previstos no novo diploma legal das licitações não excluem ou revogam os prazos contratuais dispostos em lei especial.

9. INEXECUÇÃO CONTRATUAL

O que normalmente se espera quando da celebração de um contrato administrativo é que ele venha a ser fielmente cumprido por ambas as partes contratantes, mas, por motivos diversos, pode ocorrer de o contrato não ser concluído.

Isso pode acontecer com ou sem culpa da parte inadimplente, caracterizando, pois, a inexecução contratual, que poderá ser total ou parcial, na forma dos arts. 77 da Lei n. 8.666/93 e 115 da Lei n. 14.133/2021.

A **inexecução culposa resta caracterizada quando uma das partes do contrato age de forma negligente, imperita ou imprudente (culpa em sentido estrito) ou mesmo de forma intencional, dolosa, impedindo a conclusão do ajuste.**

Havendo **inexecução culposa por parte do particular contratado, lhe serão aplicadas as sanções** (art. 87 da Lei n. 8.666/93 e art. 156 da Lei n. 14.133/2021) ou, se for o caso, autoriza que seja rescindido unilateralmente o contrato pela Administração, devendo sempre ser respeitados os princípios constitucionais da ampla defesa e do contraditório.

Já a **inexecução culposa por parte da própria Administração contratante enseja a possibilidade de que o particular exija a revisão das cláusulas contratuais**, visando a manutenção do equilíbrio econômico-financeiro do contrato, ou, ainda, que ele **promova a rescisão do contrato**, por acordo ou judicialmente.

A **"teoria da imprevisão"** encontra-se intimamente relacionada à cláusula *rebus sic stantibus*, implícita em todo contrato de execução prolongada, segundo a qual o contrato deve ser cumprido desde que presentes as mesmas condições existentes quando da celebração do ajuste. Em ocorrendo, após a celebração do contrato, alterações extraordinárias e imprevisíveis das condições inicialmente pactuadas, que afetem diretamente a execução do contrato, este deverá ser revisto ou rescindido, conforme o caso.

Quatro são as hipóteses justificadoras que ensejam a aplicação da "teoria da imprevisão", quais sejam:

i) caso fortuito e força maior;

ii) fato do príncipe;

iii) fato da Administração; e

iv) interferências imprevistas.

Analisaremos uma a uma.

9.1 Caso fortuito e força maior

Essas duas expressões, para muitos doutrinadores, são consideradas sinônimas, referindo-se a situações imprevisíveis e inevitáveis que alteram a relação contratual.

As **Leis n. 8.666/93 e 14.133/2021 também não fazem distinção entre caso fortuito e força maior**, limitando-se a determinar consequências idênticas a elas, quais sejam: **revisão contratual** (art. 65, II, *d*, da Lei n. 8.666/93 e art. 124, II, *d*, da Lei n. 14.133/2021) ou **rescisão contratual** (art. 78, XVII, da Lei n. 8.666/93 e art. 137, V, da Lei n. 14.133/2021).

9.2 Fato do príncipe

O fato do príncipe ocorre quando há um **desequilíbrio na relação contratual provocado por uma ação da Administração ocorrida *fora do contrato.*** Segundo Marcelo Alexandrino e Vicente Paulo (2018, p. 654):

> Fato do príncipe é toda determinação estatal geral, imprevisível ou inevitável, que impeça ou, o que é mais comum, onere substancialmente e execução do contrato, autorizando sua revisão, ou mesmo sua rescisão, na hipótese de tornar-se impossível seu cumprimento.

Um exemplo caracterizador de fato do príncipe é a hipótese de promulgação de uma lei, posterior à celebração do contrato, que aumente o valor de imposto incidente sobre algum bem ou produto indispensável à consecução do ajuste, fazendo com que o particular seja substancialmente onerado.

O fato do príncipe encontra previsão legal no art. 65, II, *d*, da Lei n. 8.666/93 e no art. 124, II, *d*, da Lei n. 14.133/2021, dando ensejo à revisão contratual por acordo das partes.

9.3 Fato da Administração

Diferentemente do fato do príncipe, no fato da Administração **o desequilíbrio na relação contratual é provocado por uma ação ou omissão da Administração ocorrida *dentro do contrato.***

Isto é, durante a execução do ajuste celebrado, a Administração pratica ou deixa de praticar algo que impede ou retarda a sua execução, a exemplo do atraso dos pagamentos devidos ao contratado.

O fato da Administração pode autorizar a rescisão contratual por parte do contratado, conforme art. 137, § 2.º, da Lei n. 14.133/2021:

> Lei n. 14.133/2021
> Art. 137. (...)
> § 2.º O contratado terá direito à extinção do contrato nas seguintes hipóteses:
> I – supressão, por parte da Administração, de obras, serviços ou compras que acarrete modificação do valor inicial do contrato além do limite permitido no art. 125 desta Lei;
> II – suspensão de execução do contrato, por ordem escrita da Administração, **por prazo superior a 3 (três) meses**;
> III – *repetidas suspensões que totalizem 90 (noventa) dias úteis*, independentemente do pagamento obrigatório de indenização pelas sucessivas e contratualmente imprevistas desmobilizações e mobilizações e outras previstas;
> IV – **atraso superior a 2 (dois) meses**, contado da emissão da nota fiscal, dos pagamentos ou de parcelas de pagamentos devidos pela Administração por despesas de obras, serviços ou fornecimentos;
> V – não liberação pela Administração, nos prazos contratuais, de área, local ou objeto, para execução de obra, serviço ou fornecimento, e de fontes de materiais naturais especificadas no projeto, inclusive devido a atraso ou descumprimento das obrigações atribuídas pelo contrato à Administração relacionadas a desapropriação, a desocupação de áreas públicas ou a licenciamento ambiental.

9.4 Interferências imprevistas

As interferências imprevistas são situações **preexistentes à celebração do ajuste**, porém que só vieram a ser conhecidas depois, durante a sua execução, onerando-o significativamente.

Como o próprio nome já sugere, para ser considerada como tal, a situação não poderia ter sido prevista pelas partes, sendo algo excepcional, imprevisível.

São, nesses termos, conceituadas pela doutrina como sendo ocorrências materiais não cogitadas pelas partes na celebração do contrato, mas que surgem na sua execução de modo surpreendente e excepcional, dificultando e onerando extraordinariamente o prosseguimento e a conclusão dos trabalhos.

Ex.: existência de um solo pantanoso, não sabido pelas partes, que dificulta excessivamente a execução da obra contratada.

As **interferências imprevistas autorizam a revisão do contrato**, em prol do restabelecimento do equilíbrio econômico-financeiro inicialmente pactuado (art. 124, II, *d*, da Lei n. 14.133/2021).

10. RESPONSABILIDADE CIVIL NOS CONTRATOS ADMINISTRATIVOS

O contratado é obrigado a reparar, corrigir, remover, reconstruir ou substituir, às suas expensas, no total ou em parte, o objeto do contrato em que se verificarem vícios, defeitos ou incorreções resultantes da execução ou de materiais empregados (art. 69 da Lei n. 8.666/93 e art. 119 da Lei n. 14.133/2021).

Durante a execução dos contratos administrativos em geral, há **responsabilidade direta do contratado pelos danos causados à Administração ou a terceiros em decorrência da execução do objeto**, e não excluirá nem reduzirá essa responsabilidade a fiscalização ou o acompanhamento pelo contratante. (art. 70 da Lei n. 8.666/93 e art. 120 da Lei n. 14.133/2021).

Mencione-se que o art. 70 da Lei n. 8.666/93 citava "danos decorrentes de culpa ou dolo do contratado", o que foi suprimido no art. 120 da Lei n. 14.133/2021. No entanto, a doutrina entende que isso **não altera a regra da responsabilidade civil subjetiva** do contratado.

Ademais, para a doutrina, o mencionado artigo trata da responsabilidade **por fatos decorrentes da obra**, a qual não se confunde com a responsabilidade pelo só fato da obra. Neste caso, o dano é oriundo da própria natureza da obra ou de um fato imprevisível ou inevitável, sem que tenha ocorrido qualquer irregularidade na sua execução.

Conforme asseveram Marcelo Alexandrino e Vicente Paulo (2018, p. 640), "na hipótese de o dano ser causado **pelo só fato da obra**, há responsabilidade civil **objetiva** da Administração Pública, na modalidade risco administrativo, independentemente de quem esteja executando a obra".

Quanto aos encargos trabalhistas, previdenciários, fiscais e comerciais, resultantes da execução do contrato, eles também são de responsabilidade do contratado (art. 71 da Lei n. 8.666/93 e art. 121 da Lei n. 14.133/2021).

Exclusivamente em relação às **contratações de serviços contínuos com regime de dedicação exclusiva de mão de obra**, a nova Lei de Licitações dispõe, no art. 121, § 2.º, que **a Administração responderá solidariamente pelos encargos previdenciários e subsidiariamente pelos encargos trabalhistas se comprovada falha na fiscalização** do cumprimento das obrigações do contratado.

ATENÇÃO!

Observe que o art. 71, § 2.º, da Lei n. 8.666/93 já previa essa responsabilidade solidária pelos encargos previdenciários, porém no caso da responsabilidade subsidiária da Administração pelos encargos trabalhistas, limitada aos casos de comprovada falha na fiscalização do cumprimento das obrigações do contratado, nota-se que a Lei n. 14.133/2021 realizou verdadeira incorporação legislativa da tese consagrada no STF.

Tanto é que o art. 121, § 3.º, da nova Lei de Licitações prevê medidas que a Administração pode tomar para assegurar o cumprimento de obrigações trabalhistas pelo contratado:

> I – exigir caução, fiança bancária ou contratação de seguro-garantia com cobertura para verbas rescisórias inadimplidas;
> II – condicionar o pagamento à comprovação de quitação das obrigações trabalhistas vencidas relativas ao contrato;
> III – efetuar o depósito de valores em conta vinculada;
> IV – em caso de inadimplemento, efetuar diretamente o pagamento das verbas trabalhistas, que serão deduzidas do pagamento devido ao contratado;
> V – estabelecer que os valores destinados a férias, a décimo terceiro salário, a ausências legais e a verbas rescisórias dos empregados do contratado que participarem da execução dos serviços contratados serão pagos pelo contratante ao contratado somente na ocorrência do fato gerador.

11. EXTINÇÃO DO CONTRATO

As formas naturais de extinção dos contratos administrativos são o **decurso do prazo contratual** ou a **execução total de seu objeto.** Nessas duas situações, a extinção dá-se de forma automática, sem necessidade de intervenção da Administração Pública, do Poder Judiciário ou de acordo entre as partes.

Todavia, os contratos administrativos poderão, ainda, ser extintos por meio da **anulação** ou da **rescisão,** que são formas prematuras e excepcionais de extinção.

A **anulação ocorrerá sempre que houver alguma ilegalidade no contrato, seja na sua formalização ou mesmo em suas cláusulas essenciais**. Trata-se de competência que pode ser exercida pela própria Administração, **de ofício** (poder-dever de autotutela) **ou a requerimento da parte interessada**, ou **pelo Poder Judiciário, desde que provocado para tanto**.

Anulado o ajuste, **o contratado deverá ser indenizado pelo que já tiver executado e pelos prejuízos efetivamente sofridos**, SALVO MÁ-FÉ ou se ele mesmo tiver dado causa à nulidade.

> Se for reconhecida a nulidade do contrato administrativo por ausência de prévia licitação, a Administração Pública, em regra, tem o dever de indenizar os serviços prestados pelo contratado. No entanto, a **Administração Pública não terá o dever de indenizar os serviços prestados pelo contratado na hipótese em que este tenha agido de má-fé ou concorrido para a nulidade do contrato** (STJ, 2.ª Turma, AgRg no REsp 1.394.161/SC, j. 8-10-2013, Info 529).

As hipóteses de rescisão contratual, por seu turno, encontram-se elencadas nos arts. 78 e 79 da Lei n. 8.666/93. Aqui vamos transcrever, porém, os artigos correspondentes na nova Lei de Licitações, quais sejam, 137 e 138:

Art. 137. Constituirão motivos para extinção do contrato, a qual deverá ser formalmente motivada nos autos do processo, assegurados o contraditório e a ampla defesa, as seguintes situações:

I – não cumprimento ou cumprimento irregular de normas editalícias ou de cláusulas contratuais, de especificações, de projetos ou de prazos;

II – desatendimento das determinações regulares emitidas pela autoridade designada para acompanhar e fiscalizar sua execução ou por autoridade superior;

III – alteração social ou modificação da finalidade ou da estrutura da empresa que restrinja sua capacidade de concluir o contrato;

IV – decretação de falência ou de insolvência civil, dissolução da sociedade ou falecimento do contratado;

V – caso fortuito ou força maior, regularmente comprovados, impeditivos da execução do contrato;

VI – atraso na obtenção da licença ambiental, ou impossibilidade de obtê-la, ou alteração substancial do anteprojeto que dela resultar, ainda que obtida no prazo previsto;

VII – atraso na liberação das áreas sujeitas a desapropriação, a desocupação ou a servidão administrativa, ou impossibilidade de liberação dessas áreas;

VIII – razões de interesse público, justificadas pela autoridade máxima do órgão ou da entidade contratante;

IX – não cumprimento das obrigações relativas à reserva de cargos prevista em lei, bem como em outras normas específicas, para pessoa com deficiência, para reabilitado da Previdência Social ou para aprendiz.

§ 1.º Regulamento poderá especificar procedimentos e critérios para verificação da ocorrência dos motivos previstos no *caput* deste artigo.

§ 2.º O contratado terá direito à extinção do contrato nas seguintes hipóteses:

I – supressão, por parte da Administração, de obras, serviços ou compras que acarrete modificação do valor inicial do contrato além do limite permitido no art. 125 desta Lei;

II – suspensão de execução do contrato, por ordem escrita da Administração, por prazo superior a 3 (três) meses;

III – repetidas suspensões que totalizem 90 (noventa) dias úteis, independentemente do pagamento obrigatório de indenização pelas sucessivas e contratualmente imprevistas desmobilizações e mobilizações e outras previstas;

IV – atraso superior a 2 (dois) meses, contado da emissão da nota fiscal, dos pagamentos ou de parcelas de pagamentos devidos pela Administração por despesas de obras, serviços ou fornecimentos;

> V – não liberação pela Administração, nos prazos contratuais, de área, local ou objeto, para execução de obra, serviço ou fornecimento, e de fontes de materiais naturais especificadas no projeto, inclusive devido a atraso ou descumprimento das obrigações atribuídas pelo contrato à Administração relacionadas a desapropriação, a desocupação de áreas públicas ou a licenciamento ambiental.
>
> § 3.º As hipóteses de extinção a que se referem os incisos II, III e IV do § 2.º deste artigo observarão as seguintes disposições:
>
> I – não serão admitidas em caso de calamidade pública, de grave perturbação da ordem interna ou de guerra, bem como quando decorrerem de ato ou fato que o contratado tenha praticado, do qual tenha participado ou para o qual tenha contribuído;
>
> II – assegurarão ao contratado o direito de optar pela suspensão do cumprimento das obrigações assumidas até a normalização da situação, admitido o restabelecimento do equilíbrio econômico-financeiro do contrato, na forma da alínea *d* do inciso II do *caput* do art. 124 desta Lei.
>
> § 4.º Os emitentes das garantias previstas no art. 96 desta Lei deverão ser notificados pelo contratante quanto ao início de processo administrativo para apuração de descumprimento de cláusulas contratuais.

O art. 138 determina que a **extinção do contrato** poderá ser determinada por **ato unilateral e escrito da Administração**, exceto no caso de descumprimento decorrente de sua própria conduta; ou **consensual**, por acordo entre as partes, por conciliação, por mediação ou por comitê de resolução de disputas, desde que haja interesse da Administração; e ainda, **determinada por decisão arbitral**, em decorrência de cláusula compromissória ou compromisso arbitral, ou por decisão judicial.

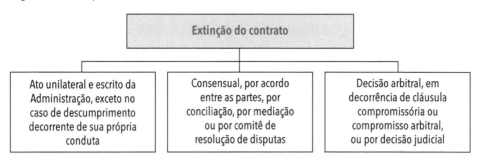

Na forma do art. 138, § 2.º, da nova Lei de Licitações, a extinção determinada por ato unilateral da Administração e a extinção consensual deverão ser precedidas de autorização escrita e fundamentada da autoridade competente e reduzidas a termo no respectivo processo. Ademais, perceba que a Lei n. 14.133/2021 trouxe os meios alternativos de resolução de controvérsias, que estão relacionadas aos direitos patrimoniais disponíveis, conforme texto dos arts. 151 e 153.

Chamamos atenção para a mudança dos prazos nas hipóteses de extinção do contrato por parte do contratado, ditados pelo art. 137, § 2.º, da nova Lei de Licitações, que já foi demonstrada no item 9.3 deste capítulo.

Não havendo culpa do particular, assim dita o art. 138, § 2.º, da nova Lei de Licitações:

> Art. 138. (...)
>
> § 2.º Quando a extinção decorrer de culpa exclusiva da Administração, o contratado será ressarcido pelos prejuízos regularmente comprovados que houver sofrido e terá direito a:
>
> I – devolução da garantia;
>
> II – pagamentos devidos pela execução do contrato até a data de extinção;
>
> III – pagamento do custo da desmobilização.

Por outro lado, **havendo culpa do particular**, o art. 139 da Lei n. 14.133/2021 prevê diversas consequências, a depender do caso concreto, quais sejam:

a) Assunção imediata do objeto do contrato, no estado e local em que se encontrar, por ato próprio da Administração;

b) Ocupação e utilização do local, instalações, equipamentos, material e do pessoal empregados na execução do contrato, necessários à sua continuidade;

c) Execução da garantia contratual, para: ressarcimento da Administração Pública dos prejuízos decorrentes da não execução; pagamento de verbas trabalhistas, fundiárias e previdenciárias, quando cabível; pagamento de multas devidas à Administração Pública; exigência de assunção da execução e da conclusão do objeto do contrato pela seguradora, quando cabível;

d) Retenção dos créditos decorrentes do contrato até o limite dos prejuízos causados à Administração Pública e das multas aplicadas.

12. CONVÊNIOS ADMINISTRATIVOS

Os convênios administrativos, apesar de inseridos no tema contratos administrativos, com estes não se confundem, sendo pertinente aqui fazermos a diferenciação entre eles.

De acordo com Ricardo Alexandre (2017, p. 788), "os convênios podem ser definidos como os ajustes entre o Poder Público e entidades públicas ou privadas, em que se estabelecem a previsão de colaboração mútua, visando à realização de objetivos de interesse comum".

Assim sendo, é possível a existência de duas espécies de convênios administrativos: **público-público**, isto é, aquele firmado entre entes públicos, e **público-privado**, quando celebrados entre o Poder Público e uma entidade privada.

O que não se deve perder de vista é que, qualquer que seja a espécie de convênio, ele deve ser celebrado **sempre sem intuito de obtenção de lucro e com finalidade social.**

A partir desse conceito e tendo em vista que os convênios administrativos, assim como os contratos administrativos, podem ser celebrados entre a Administração Pública e um particular, passemos a analisar as principais diferenças entre esses dois institutos jurídicos:

> a) Nos contratos os interesses das partes são contrapostos, ao passo que nos convênios os interesses dos signatários são comuns;
>
> b) A regra para os contratos administrativos é que eles sejam precedidos de procedimento licitatório; já para celebração de um convênio administrativo a regra é não se exigir licitação;
>
> c) Nos contratos, a remuneração paga ao particular deixa de ser considerada dinheiro público e passa a integrar o patrimônio privado, podendo a parte dispor dela livremente; já nos convênios, eventuais verbas públicas repassadas aos particulares não deixam de ser consideradas dinheiro público, devendo necessariamente ser investidas em prol do objeto do convênio;
>
> d) Os contratos administrativos são celebrados sempre por prazo determinado, já para os convênios, apesar de não ser a regra, admite-se que sejam estabelecidos sem prazo determinado;
>
> e) Nos contratos, as partes não têm a prerrogativa de romper o vínculo a qualquer tempo, ao passo que nos convênios elas possuem essa prerrogativa, podendo denunciar (romper) o ajuste a qualquer tempo.

O art. 184 da Lei n. 14.133/2021 (art. 116 da Lei n. 8.666/93) prevê que as disposições da Lei serão aplicadas, no que couber e na ausência de norma específica, aos convênios, acordos, ajustes e outros instrumentos congêneres celebrados por órgãos e entidades da Administração Pública, na forma estabelecida em regulamento do Poder Executivo federal.

13. CONTROLE DAS CONTRATAÇÕES NA LEI N. 14.133/2021

A nova Lei de Licitações traz, como novidade, normas específicas sobre a gestão e o controle das licitações e contratações públicas. Agora há maior preocupação legislativa com a governança pública, em especial para aumento da eficiência e gestão dos riscos.

Art. 169. As contratações públicas devem se submeter a práticas contínuas e permanentes de gestão de riscos e de controle preventivo, inclusive mediante

> adoção de recursos de tecnologia da informação, e, além de estarem subordinadas ao controle social, sujeitam-se às seguintes linhas de defesa:
>
> I – primeira linha de defesa: servidores e empregados públicos, agentes de licitação e autoridades que atuam na estrutura de governança do órgão ou entidade;
>
> II – segunda linha de defesa: unidades de assessoramento jurídico e de controle interno do próprio órgão ou entidade;
>
> III – terceira linha de defesa: órgão central de controle interno da Administração e tribunal de contas.

Veja que essas hipóteses de controle institucional trazidas pelo art. 169 não são taxativas, uma vez que **não impedem outras formas de controle preventivo, inclusive por parte do Ministério Público.**

Importante ponto é a criação do **Portal Nacional de Contratações Públicas (PNCP)** pelo art. 174. Com ele, a Administração busca maior transparência nas contratações públicas, em atendimento ao princípio da publicidade, permitindo efetivo controle social e institucional. Isso porque ao invés da obrigatoriedade de publicidade no *Diário Oficial*, como exigia a Lei n. 8.666/93, a nova Lei de Licitações prevê a **publicidade do edital na rede mundial de computadores por meio do PNCP e do sítio eletrônico oficial do ente federado.**

Para a realização de suas atividades, os órgãos de controle deverão ter acesso irrestrito aos documentos e às informações necessárias à realização dos trabalhos, inclusive aqueles classificados pelo órgão ou entidade, nos termos da Lei n. 12.527/2011 (Lei de Acesso à Informação), tornando-se o órgão de controle com o qual foi compartilhada eventual informação sigilosa corresponsável pela manutenção do seu sigilo. É o que diz o texto do art. 169, § 2.º, da nova Lei de Licitações.

Além disso, na forma do art. 170 da nova Lei de Licitações, **os órgãos de controle adotarão critérios de oportunidade, materialidade, relevância e risco e considerarão as razões apresentadas pelos órgãos e entidades responsáveis e os resultados obtidos com a contratação.**

Qualquer licitante, contratado ou pessoa física ou jurídica poderá representar aos órgãos de controle interno ou ao Tribunal de Contas competente contra irregularidades na aplicação desta Lei (*vide* art. 170, § 4.º).

O art. 171, por sua vez, determina que na fiscalização de controle será observado o seguinte:

> I – oportunidade de manifestação aos gestores sobre possíveis propostas de encaminhamento que terão impacto significativo nas rotinas de trabalho dos órgãos e entidades fiscalizados, a fim de que eles disponibilizem subsídios para avaliação prévia da relação entre custo e benefício dessas possíveis proposições;

II – adoção de procedimentos objetivos e imparciais e elaboração de relatórios tecnicamente fundamentados, baseados exclusivamente nas evidências obtidas e organizados de acordo com as normas de auditoria do respectivo órgão de controle, evitando que interesses pessoais e interpretações tendenciosas interfiram na apresentação e no tratamento dos fatos levantados;

III – definição de objetivos, nos regimes de empreitada por preço global, empreitada integral, contratação semi-integrada e contratação integrada, atendidos os requisitos técnicos, legais, orçamentários e financeiros, de acordo com as finalidades para as quais foi feita a contratação, devendo ainda ser perquirida a conformidade do preço global com os parâmetros de mercado para o objeto contratado, considerada inclusive a dimensão geográfica.

A nova Lei de Licitações reconhece a prerrogativa do Tribunal de Contas para suspender cautelarmente o processo licitatório, caso em que **o Tribunal deverá se pronunciar definitivamente** sobre o mérito da irregularidade que deu causa à suspensão no **prazo de 25 (vinte e cinco) dias úteis**, contado do recebimento das informações.

Por fim, na forma do art. 173, os Tribunais de Contas deverão, por meio de suas respectivas escolas de contas, promover eventos de capacitação para os servidores efetivos e empregados públicos designados para o desempenho das funções essenciais à execução desta Lei, incluindo cursos presenciais e à distância, redes de aprendizagem, seminários e congressos sobre contratações públicas.

CAPÍTULO 11

SERVIÇOS PÚBLICOS

1. INTRODUÇÃO

O conceito de serviços públicos é extremamente complexo. Isto porque as naturais transformações da sociedade e sua mudança de pensamento alteram as exigências dos cidadãos quantos aos serviços que devem ou não ser prestados pelo Estado. As primeiras noções do tema tiveram sua origem na França, com a famosa "Escola de Serviços Públicos" a qual originou dois grandes aspectos da noção:

A maneira de diferenciar competência da jurisdição administrativa *vs.* competência da jurisdição comum	Critérios para definir o próprio direito administrativo

A Escola dos Serviços Públicos foi uma das primeiras tentativas de estabelecer critérios definitivos do tema, sendo liderada por Léon Duguit, o qual entendia que serviço público era uma atividade ou organização, no sentido mais amplo, elencando todas as funções estatais.

Esse conceito amplo é encontrado no Direito Positivo Brasileiro no art. 37, § 6.º, da CF, o qual se utiliza do conceito de serviço público para elencar as três funções estatais, quais sejam a Administrativa, Legislativa e Judiciária:

> Art. 37. A administração pública direta e indireta de qualquer dos Poderes da União, dos Estados, do Distrito Federal e dos Municípios obedecerá aos princípios de legalidade, impessoalidade, moralidade, publicidade e eficiência e, também, ao seguinte: (...)
>
> § 6.º As pessoas jurídicas de direito público e as de direito privado *prestadoras de serviços públicos* responderão pelos danos que seus agentes, nessa qualidade, causarem a terceiros, assegurado o direito de regresso contra o responsável nos casos de dolo ou culpa.

Para a Escola de Serviço Público da França – especialmente para seus principais expoentes Léon Duguit e Gaston Jèze – a definição do termo serviços públicos depende de três critérios definidores, vejamos:

SUBJETIVO	MATERIAL	FORMAL
No critério subjetivo, é considerada a pessoa jurídica que presta a atividade, o serviço público seria todo aquele prestado pelo Estado.	No critério material, considera-se a atividade exercida, sendo serviço público toda atividade que tem por objeto a satisfação das necessidades do interesse coletivo.	No critério formal, considerava-se o regime jurídico, o serviço público seria uma atividade exercida sob regime exclusivamente de direito público, ou seja, com prerrogativas que exorbitam do direito comum.

Percebam que o contexto histórico que originou estes critérios favorecia esta definição, uma vez que o serviço público abrangia toda atividade de interesse coletivo ou geral, prestadas diretamente pelo Estado sob um regime exclusivamente público.

Contudo, com o passar dos anos, o Estado passou a prestar serviços de caráter industrial e comercial, bem como passou a delegar a execução de certos serviços públicos a particulares, por meio de concessões e permissões. Desde então, dois dos três critérios se viram afetados:

a) o **subjetivo** por não mais ser possível considerarmos apenas as pessoas jurídicas de direito público como as únicas prestadoras de serviços públicos, visto que os particulares também poderiam fazê-lo (por delegação); e

b) o **formal**, visto que todo serviço para ser considerado público exigia um regime exclusivamente publicístico, mas o Estado começou a prestar serviços industriais e comerciais, em regime eminentemente privado.

Passou-se a ser discutido no Brasil, inclusive, uma ideia de **crise da noção de serviço público.** Modernamente, os doutrinadores passam a definir serviço público, levando em consideração as mutações sofridas com o tempo, vejamos como cada autor conceitua serviços públicos.

Maria Sylvia Zanella Di Pietro (2018): "toda atividade material que a lei atribui ao Estado para que a exerça diretamente ou por meio de seus delegados, com o objetivo de satisfazer concretamente às necessidades coletivas, sob regime jurídico total ou parcialmente de direito público".

José dos Santos Carvalho Filho (2017): "toda atividade prestada pelo Estado ou por seus delegados, basicamente sob regime de direito público, com vistas à satisfação de necessidades essenciais e secundárias da coletividade".

> Hely Lopes Meirelles (2003, p. 418): "todo aquele prestado pela Administração ou por seus delegados, sob normas e controles estatais, para satisfazer necessidades essenciais ou secundárias da coletividade, ou simples conveniências do Estado".

> Celso Antônio Bandeira de Mello (2010, p. 695): "toda atividade de oferecimento de utilidade ou comodidade material fruível diretamente pelos administrados, prestado pelo Estado ou por quem lhe faça as vezes, sob um regime de direito público – portanto consagrador de prerrogativas de supremacia e de restrições especiais – instituído pelo Estado em favor dos interesses que houver definido como próprios no sistema normativo".

Não há, portanto, uma uniformidade na doutrina quanto ao conceito de serviços públicos e exatamente por isto a cobrança em provas está mais relacionada à classificação e aos princípios.

2. PRINCÍPIOS DOS SERVIÇOS PÚBLICOS

Os serviços públicos regem-se por princípios estabelecidos para que o Estado cumpra certos parâmetros de qualidade compatíveis com o interesse público.

> As concessões de serviços públicos são regulamentadas pela Lei n. 8.987/95 de onde conseguimos extrair a fundamentação legal para boa parte do que será explicado adiante.

Os princípios que regem os serviços públicos encontram amparo legal no art. 6.º da Lei n. 8.987/95:

> Art. 6.º Toda concessão ou permissão pressupõe a prestação *de serviço adequado* ao pleno atendimento dos usuários, conforme estabelecido nesta Lei, nas normas pertinentes e no respectivo contrato.
>
> § 1.º Serviço adequado é o que satisfaz as condições de **regularidade,** *continuidade, eficiência, segurança, atualidade, generalidade, cortesia na sua prestação e modicidade das tarifas*.
>
> § 2.º A *atualidade* compreende a modernidade das técnicas, do equipamento e das instalações e a sua conservação, bem como a melhoria e expansão do serviço.

Vejamos um a um.

2.1 Princípio da continuidade do serviço público

O princípio da continuidade dos serviços públicos estabelece a necessidade que os serviços públicos sejam contínuos e ininterruptos. Como o serviço público atende demandas necessárias para a vida em coletividade, estes não podem parar de forma alguma.

A ideia é que o Estado deve se adequar às demandas da sociedade para não deixar de prestar a exigência que lhe foi imposta. Para Di Pietro (2018), este princípio traz consequências para os contratos administrativos e para a função pública. Para os contratos, as consequências são:

> Imposição de prazos rigorosos ao contratante.

> Aplicação da teoria da imprevisão, podendo recompor o equilíbrio econômico financeiro do contrato, permitindo desta maneira a continuidade do serviço.

> Inaplicabilidade da *exceptio non adimpleti contractus* contra a Administração.

> Reconhecimento de prerrogativas que a Administração possui para dar continuidade à execução do serviço, como por exemplo a encampação.

No que concerne à **função pública**, alguma das aplicações que a autora elenca são as seguintes:

> Normas que estabelecem a permanência do servidor no serviço, quando este pede exoneração, pelo prazo fixado em lei.

> Institutos de substituição, suplência e delegação.

> Proibição do direito de greve para a totalidade dos serviços essenciais, devendo ocorrer de maneira parcial.

> **Mas, professor, o senhor quer dizer que os serviços públicos jamais poderão ser interrompidos?**

Os serviços públicos poderão sim ser interrompidos, a exemplo do inadimplemento do usuário. Imagine que o usuário está há mais de 6 (seis) meses sem pagar a conta de energia elétrica. Naturalmente, a concessionária vai poder cortar a sua energia.

Nesse sentido, temos o art. 6.º, § 3.º, da Lei n. 8.987/95 que não considera descontinuidade do serviço público a interrupção:

> a) Em situação de emergência;
> b) Após prévio aviso, motivada por razões de ordem técnica ou de segurança das instalações (manutenção do sistema);

c) Após prévio aviso, por inadimplemento do usuário, considerado o interesse da coletividade.

Além disso, a interrupção do serviço em razão do inadimplemento do usuário não poderá iniciar-se na sexta-feira, no sábado ou no domingo, nem em feriado ou no dia anterior a feriado.

Com relação ao inadimplemento do usuário, vale dizer que existem casos excepcionais, em que a interrupção do serviço público pode ser afastada, garantindo a continuidade do atendimento de direitos fundamentais. São apontadas duas situações.

A primeira refere-se à hipótese onde o Poder Público é usuário do serviço concedido na prestação de serviços essenciais à população.

Nesse caso, a concessionária não pode interromper a prestação do serviço público ao Poder Público inadimplente quando este último prestar serviços essenciais à coletividade (ex.: impossibilidade de interrupção do serviço de energia para hospitais públicos, postos de saúde, escolas públicas), admitindo-se, por outro lado, o corte do serviço para as unidades estatais que não prestam serviços não essenciais (ex.: possibilidade de interrupção do serviço concedido para ginásio de esportes, piscina municipal, biblioteca pública).

Nesse sentido, tem-se a jurisprudência em teses do STJ, Edição n. 13, CORTE NO FORNECIMENTO DE SERVIÇOS PÚBLICOS ESSENCIAIS:

4) É legítimo o corte no fornecimento de serviços públicos essenciais quando inadimplente pessoa jurídica de direito público, desde que precedido de notificação e a interrupção não atinja as unidades prestadoras de serviços indispensáveis à população.

A segunda hipótese excepcional diz respeito ao risco de lesão ao núcleo essencial de direitos fundamentais dos particulares (ex.: impossibilidade de interrupção do serviço ao usuário, internado em seu domicílio e que sobrevive com ajuda de aparelhos elétricos).

Nesse sentido, igualmente tem-se a jurisprudência em teses do STJ, Edição n. 13, CORTE NO FORNECIMENTO DE SERVIÇOS PÚBLICOS ESSENCIAIS:

3) É ilegítimo o corte no fornecimento de energia elétrica quando puder afetar o direito à saúde e à integridade física do usuário.

Por fim, também já decidiu o STJ que é possível o corte administrativo do fornecimento do serviço de energia elétrica, mediante prévio aviso ao consumidor, pelo inadimplemento do consumo recuperado correspondente ao período de 90 (noventa) dias anterior à constatação da fraude.

Tal possibilidade é viável desde que seja executado o corte em até 90 (noventa) dias após o vencimento do débito.

Ressalte-se que o corte poderá ser feito, sem prejuízo do direito de a concessionária utilizar os meios judiciais ordinários de cobrança da dívida, inclusive antecedente aos mencionados 90 (noventa) dias de retroação, na hipótese de débito estrito de recuperação de consumo efetivo **por fraude no aparelho medidor** atribuída ao consumidor, **desde que apurado em observância aos princípios do contraditório e da ampla defesa.**

> **Não entendi muito bem, professor. É possível o corte da energia elétrica nos casos de dívidas decorrentes de fraude no medidor?**

Sim, mas desde que cumpridos certos requisitos. Vejamos:

a) a responsabilidade do consumidor pela fraude deverá ser **devidamente apurada**, conforme procedimento estipulado pela ANEEL, assegurando-se ampla defesa e contraditório;

b) deverá ser concedido um **aviso prévio** ao consumidor;

c) a suspensão administrativa do fornecimento do serviço deve ser possibilitada quando **não forem pagos débitos relativos aos últimos 90 dias da apuração da fraude**, sem prejuízo do uso das vias judiciais ordinárias de cobrança. Isso porque o reconhecimento da possibilidade de corte do serviço de energia elétrica pelas concessionárias deve ter limite temporal de apuração retroativa.

Exemplificando: se restar comprovado que Paulo fraudou o medidor de energia elétrica há seis meses e que, portanto, pagou valor a menor do que deveria, a concessionária poderá determinar o corte do serviço, e só religará a energia se o consumidor pagar a dívida.

No entanto, para religar não se exige o pagamento dos seis meses, mas apenas dos últimos 90 dias. Assim, se Paulo pagar os últimos 90 dias, a concessionária deverá religar a energia. Os outros 3 meses que faltaram deverão ser cobrados pela concessionária pelas vias ordinárias.

d) deve ser fixado prazo razoável de, **no máximo, 90 dias** após o vencimento da fatura de recuperação de consumo, para que **a concessionária possa suspender o serviço.**

Assim decidiu o STJ:

> (...) 9. Como demonstrado acima, em relação a débitos pretéritos mensurados por fraude do medidor de consumo causada pelo consumidor, a jurisprudência do STJ orienta-se no sentido do seu cabimento, desde que verificada com observância dos princípios do contraditório e da ampla defesa. 10. O não pagamento dos débitos por

recuperação de efetivo consumo por fraude ao medidor enseja o corte do serviço, assim como acontece para o consumidor regular que deixa de pagar a conta mensal (mora), sem deixar de ser observada a natureza pessoal (não *propter rem*) da obrigação, conforme pacífica jurisprudência do STJ. 11. Todavia, incumbe à concessionária do serviço público observar rigorosamente os direitos ao contraditório e à ampla defesa do consumidor na apuração do débito, já que o entendimento do STJ repele a averiguação unilateral da dívida. 12. Além disso, o reconhecimento da possibilidade de corte de energia elétrica deve ter limite temporal de apuração retroativa, pois incumbe às concessionárias o dever não só de fornecer o serviço, mas também de fiscalizar adequada e periodicamente o sistema de controle de consumo. 13. Por conseguinte e à luz do princípio da razoabilidade, a suspensão administrativa do fornecimento do serviço – como instrumento de coação extrajudicial ao pagamento de parcelas pretéritas relativas à recuperação de consumo por fraude do medidor atribuível ao consumidor – deve ser possibilitada quando não forem pagos débitos relativos aos últimos 90 (noventa) dias da apuração da fraude, sem prejuízo do uso das vias judiciais ordinárias de cobrança. 14. Da mesma forma, deve ser fixado prazo razoável de, no máximo, 90 (noventa) dias, após o vencimento da fatura de recuperação de consumo, para que a concessionária possa suspender o serviço. TESE REPETITIVA 15. Para fins dos arts. 1.036 e seguintes do CPC/2015, fica assim resolvida a controvérsia repetitiva: **Na hipótese de débito estrito de recuperação de consumo efetivo por fraude no aparelho medidor atribuída ao consumidor, desde que apurado em observância aos princípios do contraditório e da ampla defesa, é possível o corte administrativo do fornecimento do serviço de energia elétrica, mediante prévio aviso ao consumidor, pelo inadimplemento do consumo recuperado correspondente ao período de 90 (noventa) dias anterior à constatação da fraude, contanto que executado o corte em até 90 (noventa) dias após o vencimento do débito, sem prejuízo do direito de a concessionária utilizar os meios judiciais ordinários de cobrança da dívida, inclusive antecedente aos mencionados 90 (noventa) dias de retroação.** (...) (REsp 1.412.433/RS, Rel. Min. Herman Benjamin, Primeira Seção, j. 25-4-2018, *DJe* 28-9-2018).

2.2 Princípio da generalidade

De acordo com o princípio da generalidade, os serviços públicos devem ser prestados da maneira mais ampla e também não poderão beneficiar determinados usuários em detrimento de outros. Se os usuários possuírem as mesmas condições técnicas e financeiras, deverão fruir do mesmo serviço público.

2.3 Princípio da modicidade

Os serviços prestados pelo Poder Público ou particulares deverão ser remunerados com preços módicos, devendo o prestador do serviço avaliar o poder aquisitivo do usuário, para que este não seja – no caso de dificuldades financeiras – afastado do universo de beneficiários.

Alguns serviços alcançam os patamares máximos de modicidade, como a educação gratuita e o transporte coletivo aos maiores de 65 anos de idade.

2.4 Princípio da atualidade

Para garantir o bom andamento dos serviços públicos, o prestador deve garantir a atualidade dos serviços, conforme expressa previsão do § 1.º do art. 6.º da Lei n. 8.987/95:

> Art. 6.º Toda concessão ou permissão pressupõe a prestação de serviço adequado ao pleno atendimento dos usuários, conforme estabelecido nesta Lei, nas normas pertinentes e no respectivo contrato.
>
> § 1.º Serviço adequado é o que satisfaz as condições de regularidade, continuidade, eficiência, segurança, *atualidade*, generalidade, cortesia na sua prestação e modicidade das tarifas.

> **Mas, professor, o que seria *atualidade*?**

A atualidade compreende a modernidade das técnicas, do equipamento e das instalações e a sua conservação, bem como a melhoria e expansão do serviço. Percebam que a atualidade tem a ver com a máxima eficiência na prestação dos serviços aos usuários.

Imaginem a prestação de serviços de telefonia móvel (telefone celular).

Apesar de o concessionário ter celebrado o contrato ainda nos idos da década de 1990, as novas tecnologias vão surgindo e o concessionário – com base no princípio da atualidade – precisa disponibilizar aos usuários, a exemplo da tecnologia 3G, 4G e 5G, respectivamente.

Além disso, deverá o concessionário expandir cada vez mais o alcance do sinal de telefonia móvel pelo território brasileiro, também em decorrência da atualidade.

Nesse sentido, temos a Lei n. 8.987/95:

> Art. 6.º Toda concessão ou permissão pressupõe a prestação de serviço adequado ao pleno atendimento dos usuários, conforme estabelecido nesta Lei, nas normas pertinentes e no respectivo contrato.
>
> (...)
>
> § 2.º *A atualidade compreende a modernidade das técnicas, do equipamento e das instalações e a sua conservação, bem como a melhoria e expansão do serviço.*

2.5 Princípio da cortesia

Para que o serviço público seja considerado adequado, é necessário o atendimento ao princípio da cortesia, exigindo-se do prestador do serviço uma atuação cortês e educada, trazendo o melhor atendimento possível e a melhor experiência para o usuário.

3. CLASSIFICAÇÃO DOS SERVIÇOS PÚBLICOS

São variados os critérios utilizados para classificar os serviços públicos, dentre eles serão elencados os que a doutrina considera como principais:

3.1 Serviços públicos delegáveis e indelegáveis

Indelegáveis, são os serviços que o Estado presta direta e exclusivamente, ou seja, por seus órgãos e agentes públicos. Estes não podem – sob nenhum pretexto – ser delegados aos particulares, a exemplo dos serviços públicos que envolvem a **defesa nacional.**

Já os serviços públicos *delegáveis* são aqueles que tanto o Estado como os particulares (concessionários ou permissionários) prestam para atender a um interesse geral. Exemplos deste tipo de serviços são o **transporte coletivo e a energia elétrica**, serviços atualmente prestados por particulares sob o regime de delegação.

INDELEGÁVEIS	DELEGÁVEIS
Prestados diretamente pelo Estado. Ex.: Defesa Nacional.	Prestados tanto pelo Estado como por particulares. Ex.: **Transporte coletivo.**

3.2 Serviços públicos próprios e impróprios

Os serviços públicos denominados pela doutrina como **próprios** são aqueles que se destinam ao atendimento de uma necessidade geral ou coletiva e o Estado os assume como próprios deste, executando-os de maneira direta ou indireta.

Já os **serviços impróprios** são aqueles que mesmo atendendo a um interesse geral são feitos por particulares. Nesta hipótese, o Estado apenas fica encarregado de autorizar, fiscalizar e regulamentar tais atividades.

Um exemplo seria o serviço de táxi que mesmo sendo um serviço público, o Estado apenas autoriza seu funcionamento, não o executando direta nem indiretamente.

3.3 Serviços públicos coletivos (*uti universi*) e singulares (*uti singuli*)

Os serviços públicos coletivos ou *uti universi* são aqueles prestados à coletividade, mas de maneira a atingir grupos indeterminados de pessoas, enquanto os serviços públicos singulares ou *uti singuli*, são destinados a usuários individuais, **determinados**, sendo possível a mensuração da utilização de cada indivíduo, a exemplo dos usuários de energia elétrica.

Percebam que os serviços públicos (*uti universi)* são prestados conforme a prioridade da Administração, assim como dos recursos que esta dispõe. Assim, estes serviços não são passíveis de serem exigidos como um direito subjetivo pelos indivíduos.

Por outro lado, os serviços *uti singuli* podem ser exigidos pelos indivíduos, já que criam direitos subjetivos se for demonstrada a capacidade técnica e financeira para recebê-los.

Se formos fazer um *link* com o Direito Tributário, os serviços públicos *uti singuli* são aqueles que podem ser remunerados mediante taxa ou tarifa, eis que permitem uma contraprestação individualizada ao usuário.

Imaginemos, para melhor exemplificar o tema, que você está passeando pela rua e começa a escurecer, logo são ligadas as luzes que iluminam a calçada.

Esse tipo de serviço público prestado pelo município poderia ser cobrado diretamente dos usuários?

A resposta é *não*, por se tratar de um serviço prestado a toda a coletividade de forma *indeterminada*, sem ser possível à Administração Pública identificar quem vai ser o usuário direto do serviço público.

O Supremo Tribunal Federal inclusive pacificou este entendimento no sentido de que, nos termos da Súmula Vinculante 41:

Súmula Vinculante 41 do STF: O serviço de iluminação pública não pode ser remunerado mediante taxa.

A razão de ser de tal Súmula encontra-se no art. 145, II, da CF que exige a necessidade de individualização do serviço público para permitir a cobrança de remuneração mediante taxas.

Constituição Federal
Art. 145. A União, os Estados, o Distrito Federal e os Municípios poderão instituir os seguintes tributos: (...)
II – *taxas*, em razão do exercício do poder de polícia ou pela utilização, efetiva ou potencial, de *serviços públicos específicos e divisíveis*, prestados ao contribuinte ou postos a sua disposição;
Súmula Vinculante 19 do STF: A taxa cobrada exclusivamente em razão dos serviços públicos de coleta, remoção e tratamento ou destinação de lixo ou resíduos provenientes de imóveis não viola o art. 145, II, da Constituição Federal.

> **Súmula Vinculante 12 do STF:** A cobrança de taxa de matrícula nas universidades públicas viola o disposto no art. 206, IV, da Constituição Federal.

3.4 Serviços públicos propriamente ditos e de utilidade pública

Os **serviços públicos propriamente ditos** são aqueles que o próprio Estado executa e que são considerados indispensáveis à sociedade. Tratam-se de serviços normalmente gratuitos, a exemplo do saneamento básico, higiene ou segurança.

Já os **serviços de utilidade pública** são aqueles que beneficiam diretamente a coletividade e são proporcionados para satisfazer de maneira direta os indivíduos, a exemplo da energia elétrica residencial e o atendimento em postos de saúde.

3.5 Serviços públicos sociais e econômicos

Serviços públicos sociais são aqueles que o Estado executa para atender aos anseios sociais básicos e podem representar tanto uma atividade que propicia uma comodidade relevante como serviços assistenciais e protetivos. Estes serviços atendem às necessidades coletivas e o Estado os financia por meio de seus recursos orçamentários.

Exemplo destes serviços são a assistência médica e educacional.

Já os serviços públicos econômicos por outro lado são aqueles que mesmo sendo classificados como serviços públicos, o prestador aufere lucro oriundo da própria execução.

Não são considerados deficitários e sua atividade é parecida com a atividade empresarial típica (industrial e comercial), eis que remunerados por uma taxa ou tarifa paga pelo usuário.

3.6 Serviços públicos exclusivos e não exclusivos

Os **serviços públicos exclusivos** são aqueles que a Constituição Federal estabelece de prestação exclusiva pela Administração Pública, a exemplo dos arts. 21 e art. 25, § 2.º:

> Art. 21. Compete à União:
> § 2.º (...)
> X – manter o serviço postal e o correio aéreo nacional;
> XI – explorar, diretamente ou mediante autorização, concessão ou permissão, os serviços de telecomunicações, nos termos da lei, que disporá sobre a organização dos serviços, a criação de um órgão regulador e outros aspectos institucionais;
> XII – explorar, diretamente ou mediante autorização, concessão ou permissão:
> a) os serviços de radiodifusão sonora, e de sons e imagens;

b) os serviços e instalações de energia elétrica e o aproveitamento energético dos cursos de água, em articulação com os Estados onde se situam os potenciais hidroe-nergéticos;

c) a navegação aérea, aeroespacial e a infra-estrutura aeroportuária;

d) os serviços de transporte ferroviário e aquaviário entre portos brasileiros e frontei-ras nacionais, ou que transponham os limites de Estado ou Território;

e) os serviços de transporte rodoviário interestadual e internacional de passageiros;

f) os portos marítimos, fluviais e lacustres;

Art. 25. Os Estados organizam-se e regem-se pelas Constituições e leis que adotarem, observados os princípios desta Constituição.

§ 1.º São reservadas aos Estados as competências que não lhes sejam vedadas por esta Constituição.

§ 2.º Cabe aos Estados explorar diretamente, ou mediante concessão, os servi-ços locais de gás canalizado, na forma da lei, vedada a edição de medida provi-sória para a sua regulamentação.

Já os **serviços públicos não exclusivos** são todos aqueles que o Estado **pode** executar ou delegar para algum particular, a exemplo dos serviços relacio-nados à educação e saúde. Estes serviços serão impróprios quando prestados pelo particular e próprios quando prestados pelo próprio Estado.

4. DELEGAÇÃO DOS SERVIÇOS PÚBLICOS

A titularidade dos serviços públicos pertence ao Estado, mas a Adminis-tração Pública poderá delegar a *execução* de tais serviços aos particulares. Isto porque o Estado carece de recursos e organização suficientes para prestar todos os serviços dos quais é titular, podendo delegar algumas destas funções aos par-ticulares, até para garantir uma maior eficiência na prestação de seus serviços.

Os particulares naturalmente possuem interesse em executar os serviços públicos com o objetivo de obter lucros, sendo necessário ao Estado regulamen-tar e controlar tais atividades para que o interesse privado não se sobreponha ao interesse público.

Em resumo, poderá a Administração Pública executar os serviços públicos *direta ou indiretamente.*

A execução direta ocorre quando o próprio Estado executa o serviço por meio de órgãos integrantes da sua própria estrutura administrativa: à Administra-ção Pública direta cabe a titularidade e a prestação do serviço ao mesmo tempo.

A noção de Estado nesse contexto deverá ser entendida como as pessoas federativas ou entes políticos, quais sejam:

| União | Estados-Membros | Distrito Federal | Municípios |

Cada ente político (União, Estados, DF e Municípios) é composto por diversos órgãos que compõem sua organização e estrutura interna, sendo conhecidos por **Administração direta**, uma vez que não criam nenhuma entidade com personalidade jurídica, mas apenas órgãos internos.

Já na execução indireta significa dizer que os serviços públicos não serão prestados pelos órgãos públicos internos da Administração Pública, mas por entidades diversas das pessoas políticas (União, Estados-Membros, Distrito Federal e Municípios).

Como o Estado não consegue efetuar a prestação eficaz de todos os serviços públicos dos quais é titular, por conveniência, decide transferir os encargos dessas prestações para outras pessoas, com personalidade jurídica própria.

Percebam, contudo, que o Estado jamais delegará a titularidade e o controle dos serviços públicos, apenas a sua execução. **A execução indireta ocorre por meio do fenômeno da "descentralização".**

Descentralização *vs.* Desconcentração

Descentralização: É a distribuição de competências de uma para outra pessoa física ou jurídica;

Desconcentração: Distribuição interna de competências, ou seja, uma distribuição de competências dentro da mesma pessoa jurídica.

Em resumo, a prestação direta de serviço público é a efetuada pela própria administração pública, tanto pelos órgãos da Administração direta, como pelas entidades da Administração indireta. Lado outro, a prestação indireta de serviço público é a sua execução por particulares, mediante delegação, nas modalidades de concessão ou permissão de serviço público, ambas obrigatoriamente precedidas de licitação.

O estudo da delegação dos serviços públicos envolve a análise da forma de execução indireta, especificamente por meio das concessões, delegações, permissão e autorização de serviços públicos. Analisemos cada item.

4.1 Fonte normativa constitucional

A delegação de serviços públicos está prevista no art. 175 da CF:

> Art. 175. Incumbe ao Poder Público, na forma da lei, diretamente ou **sob regime de concessão ou permissão**, sempre através de licitação, a prestação de serviços públicos.

Percebam que a norma constitucional permite a delegação dos serviços públicos, desde que precedida de licitação. Além disso, o artigo em comento traz no seu *caput* a expressão "na forma da lei", cabendo, portanto, ao legislador infraconstitucional estabelecer sua regulamentação.

Já o parágrafo único do art. 175 da CF elencou alguns princípios que a norma regulamentadora deverá trazer no seu bojo, vejamos:

> Parágrafo único. A lei disporá sobre:
>
> I - o regime das empresas concessionárias e permissionárias de serviços públicos, o caráter especial de seu contrato e de sua prorrogação, **bem como as condições de caducidade, fiscalização e rescisão da concessão ou permissão;**
> II - os direitos dos usuários;
> III - política tarifária;
> IV - a obrigação de manter **serviço adequado.**

4.2 Fontes normativas infraconstitucionais

O art. 175 da CF só veio a ser regulamentado em 1995 com a entrada em vigor da Lei n. 8.987/95 que passou a dispor no seu corpo sobre o regime de **concessão comum e a permissão dos serviços públicos.**

A Lei trouxe vários aspectos sobre o tema, como a licitação, os encargos dos usuários, as políticas tarifárias e as contratações, além de tratar também sobre a permissão de serviço público.

Posteriormente, foi editada a Lei n. 9.074/95 que dispôs sobre a **prorrogação de concessões e permissões.** Essa Lei tratou especificamente sobre os serviços de energia elétrica e da reestruturação de alguns serviços anteriormente concedidos.

Em 2004, entrou em vigor a Lei n. 11.079/2004 que elencou a concessão especial de serviços públicos, conhecida como "Parceria público-privada", diferenciando-se da concessão comum. Este tópico será tratado mais adiante.

4.3 Concessão de serviço público (comum ou simples)

Quando falamos em concessão de serviço público comum ou simples, estamos nos referindo àquela modalidade clássica, estabelecida pelo art. 2.º, II, da Lei n. 8.987/95.

> Art. 2.º Para os fins do disposto nesta Lei, considera-se: (...)
>
> II – concessão de serviço público: a delegação de sua prestação, feita pelo poder concedente, mediante licitação, na modalidade concorrência ou diálogo competitivo, a pessoa jurídica ou consórcio de empresas que demonstre capacidade para seu desempenho, por sua conta e risco e por prazo determinado;

Para melhor definir o tema, podemos utilizar o conceito dado por José dos Santos Carvalho Filho (2018):

> Concessão de serviço público é o contrato administrativo pelo qual a Administração Pública transfere à pessoa jurídica ou a consórcio de empresas a execução de certa atividade de interesse coletivo, remunerada através do sistema de tarifas pagas pelos usuários. Nessa relação jurídica, a Administração Pública é denominada de concedente e o executor do serviço, de concessionário.

Em síntese, a concessão de serviço público comum é a transferência da execução do serviço público a um particular, sendo certo que este particular será remunerado com base no pagamento de tarifas pelos usuários.

Exemplo: o Estado concede a execução do serviço público de telefonia móvel a uma operadora de celular. Como será a remuneração da operadora? Por meio do pagamento dos planos de telefonia pelos usuários (eu, você e toda a coletividade usuária).

> O objeto da concessão de serviços públicos pode ser dividido em dois aspectos: um imediato e outro mediato.
>
> O objeto **mediato** refere-se à agilidade que o Estado busca na prestação dos serviços públicos quando o delega, conferindo mais eficiência, celeridade e melhor atendimento na execução do serviço.
>
> Já o objeto **imediato** é a própria execução da atividade caracterizada como um serviço público trazendo benefícios para a coletividade.

4.4 Concessão comum precedida de execução de obra pública

A Lei n. 8.987/95 trouxe-nos também um outro tipo de concessão comum de serviços públicos: a concessão comum precedida de uma obra pública, prevista no art. 2.º, III:

III – concessão de serviço público precedida da execução de obra pública: a construção, total ou parcial, conservação, reforma, ampliação ou melhoramento de quaisquer obras de interesse público, delegados pelo poder concedente, mediante licitação, na modalidade concorrência ou diálogo competitivo, a pessoa jurídica ou consórcio de empresas que demonstre capacidade para a sua realização, por sua conta e risco, de forma que o investimento da concessionária seja remunerado e amortizado mediante a exploração do serviço ou da obra por prazo determinado;

Essa modalidade de concessão trata-se de um contrato administrativo no qual o Poder Público ajustará com determinada pessoa jurídica ou um consórcio de empresas a execução de obra pública por conta e risco do *particular* e, após tal obra concluída, o concessionário irá executar os serviços públicos originados daquela obra por um prazo determinado.

Esse tipo de concessão é utilizado com o intuito de livrar o Estado de arcar com custos vultosos que as obras públicas demandam e no final, quem investiu na obra, poderá explorá-la para recuperar o capital investido e obter lucro.

No fim do prazo do contrato, o Estado retomará o serviço público podendo, caso desejar, delegá-lo novamente.

O objeto do contrato é, pois, dúplice, segundo José dos Santos Carvalho Filho (2018), traduzindo-se em um pacto de construção e um de concessão de serviço público:

O **primeiro** deles encerra um ajuste entre o concedente e o concessionário para o fim de ser executada determinada obra pública. Há aqui verdadeiro contrato de construção de obra, assemelhado aos contratos administrativos de obra em geral, deles se distinguindo, contudo, pela circunstância de que o concedente não remunera o concessionário pela execução, o que não ocorre naqueles, como vimos no capítulo destinado aos contratos administrativos. (...)

O **segundo objeto** é que traduz uma real concessão, vale dizer, o concedente, concluída a obra, transfere sua exploração, por determinado prazo, ao concessionário. É o serviço público de exploração da obra pública que vai ser concedido, incumbindo àqueles que dele desfrutarem (os usuários) o pagamento da respectiva tarifa em prol de quem construiu a obra e agora explora o serviço dela decorrente.

Vejam que a principal característica deste tipo de contrato é que na construção da obra, o Estado não utiliza verba pública para custear absolutamente nada, ficando tudo por **conta e risco** do concessionário, assim como a posterior execução do serviço público.

Professor, não entendi. O senhor pode dar um exemplo?

Claro.

Imagine que o Estado de São Paulo deseja construir uma nova rodovia que liga a Capital ao Porto de Santos. Esta obra foi orçada em 50 milhões de reais, mas o governo estadual não dispõe ou não deseja gastar estes recursos no momento.

O Estado poderá, então, realizar um contrato onde delegará a execução e manutenção da nova rodovia a um particular.

> **E como este particular será remunerado?**

Simples.

O Estado **não pagará nenhum centavo ao particular**, mas permitirá que este particular cobre pedágio dos usuários que utilizarão a nova rodovia. Percebam, portanto, que a remuneração do particular será integralmente custeada pelos usuários.

> **Mas a rodovia não existe ainda. Afinal, o exemplo disse que o governo queria construir, mas não tinha os 50 milhões de reais...**

Exatamente.

No contrato de concessão de serviços públicos precedido da execução de obras públicas, o particular arcará integralmente com os custos da obra da rodovia e obterá o ressarcimento do investimento e seu lucro a partir da execução do serviço público/da cobrança de pedágio.

> Percebam, portanto, que existem três partes nos contratos de concessão: o Poder Concedente (Estado), o Concessionário (empresa particular) e o usuário dos serviços (eu, você e toda a coletividade), sendo, nesse caso específico, o concessionário executor da obra pública e do serviço eventualmente a ser prestado para os usuários.

4.5 Concessão de serviços públicos *vs.* permissão de serviços públicos

Já a permissão de serviços é tratada pela Lei n. 8.987/95 no seu art. 40 e possui algumas particularidades. A principal característica da permissão é o fato de ser um contrato de adesão com o Poder Público **precário** e que pode ser revogado a qualquer tempo pela Administração.

A permissão costumava ser usada antes da Constituição Federal de 1988 e hoje ainda permanece sendo utilizada quanto aos antigos contratos que constantemente são renovados.

A professora Maria Sylvia Zanella Di Pietro (2018) elenca as características que resumem a permissão do serviço público, as quais utilizamos para explicar o tema:

1. é **contrato de adesão**, precário e revogável unilateralmente pelo poder concedente (em conformidade com o art. 175, parágrafo único, inciso I, da Constituição, e do art. 40 da Lei n. 8.987/95), embora tradicionalmente seja tratada pela doutrina como ato unilateral, discricionário e precário, gratuito ou oneroso, *intuitu personae*;

2. *depende sempre de licitação*, conforme art. 175 da Constituição;

3. seu *objeto é a execução de serviço público*, continuando a titularidade do serviço com o Poder Público;

4. o serviço é executado em *nome do permissionário*, por sua *conta e risco*;

5. o permissionário sujeita-se *às condições estabelecidas pela Administração e a sua fiscalização*;

6. como ato precário, pode ser *alterado ou revogado a qualquer momento* pela Administração por motivo de interesse público;

7. *não obstante seja de sua natureza a outorga sem prazo*, tem a doutrina admitido a possibilidade de fixação de prazo, hipótese em que a revogação antes do termo estabelecido dará ao permissionário direito à indenização; é a modalidade que Hely Lopes Meirelles (2003:382) denomina de permissão condicionada e Cretella Júnior (1972:112-113) de permissão qualificada.

Eis o disposto no art. 40 da Lei n. 8.987/95:

Art. 40. A permissão de serviço público será formalizada mediante contrato de adesão, que observará os termos desta Lei, das demais normas pertinentes e do edital de licitação, inclusive quanto à precariedade e à revogabilidade unilateral do contrato pelo poder concedente.

Parágrafo único. Aplica-se às permissões o disposto nesta Lei.

Das definições legais de concessão e de permissão, contidas no art. 2.º, II e IV, da Lei n. 8.987/95, percebem-se duas diferenças entre os institutos.

Em primeiro lugar, quanto à **figura do delegatário**, na concessão, o concessionário deve ser pessoa jurídica ou consórcio de empresas, ao passo que, na permissão, o permissionário é pessoa física ou jurídica.

E, quanto à **modalidade de licitação**, deverá ser concorrência para a concessão e qualquer modalidade de licitação para a permissão, desde que seja compatível com a delegação de serviços.

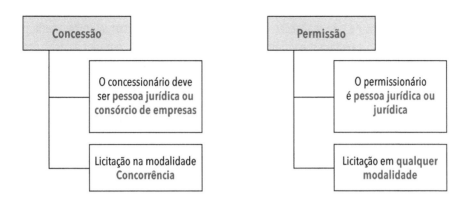

Todavia, há características comuns desses institutos jurídicos:

são formalizados por contratos administrativos;	servem para o mesmo fim: delegação de serviços públicos; e	submetem-se ao mesmo regime jurídico (o art. 40, parágrafo único, da Lei n. 8.987/95 prevê a aplicação das normas, que tratam das concessões, às permissões).

Portanto, independentemente da nomenclatura utilizada (concessão ou permissão), o regime jurídico da delegação negocial será idêntico.

Ressalte-se que, ao analisar os contratos de permissão de serviço de transporte alternativo intermunicipal de passageiros prorrogado por lei do Estado do Piauí, o Supremo Tribunal Federal estabeleceu que é inconstitucional, por ofensa ao art. 175 da CF, a lei estadual que prorroga automaticamente permissões de serviço público independentemente de nova licitação. Para o STF:

> Ação direta de inconstitucionalidade. Lei n. 7.844/22 do Estado do Piauí. Associação Brasileira das Empresas de Transporte Terrestre de Passageiros. Legitimidade ativa. Transporte alternativo rodoviário intermunicipal de passageiros. Delegação de serviço público. Permissão. Renovações automáticas. Impossibilidade. Procedimento licitatório prévio. Obrigatoriedade. Artigo 175 da Constituição Federal. Inconstitucionalidade material. Procedência. 1. Extrai-se do estatuto social da Associação Brasileira das Empresas de Transporte Terrestre de Passageiros (ABRATI) que os serviços de transporte público intermunicipal se encontram em seu âmbito de atuação, visto que há previsão expressa de que sua atuação também se dê no interesse de empresas detentoras de permissões delegadas pelos estados. Legitimidade ativa reconhecida. 2. A lei estadual questionada mantém válidas e prorrogadas automaticamente permissões já exauridas de serviço público de transporte alternativo intermunicipal de passageiros, prevendo a prorrogação automática das permissões, por 10 (dez)

anos, em caso de não realização de nova licitação. 3. A lei estadual impugnada propõe-se não só a restaurar a vigência de permissões vencidas, em ofensa ao procedimento licitatório que deve preceder a delegação de serviços públicos, mas também a prorrogar automaticamente essas permissões caso não seja realizado procedimento licitatório subsequente, restando nítida a ofensa ao mandamento constitucional do art. 175 da Constituição Federal. 4. Findo o período de exploração do serviço pelo permissionário, é inviável sua renovação automática por lei sem prévia licitação. Precedentes: ADI 2.716, Rel. Min. Eros Grau, Tribunal Pleno, *DJ* de 7-3-2008; ARE 869.007/RJ-ED-AgR, Segunda Turma, Rel. Min. Dias Toffoli; *DJe* de 26-5-2017. 5. Ação direta julgada procedente, declarando-se a inconstitucionalidade da Lei n. 7.844/22 do Estado do Piauí (ADI 7.241, Rel. Dias Toffoli, Tribunal Pleno, j. 26-2-2024, *DJe*-s/n, Divulg. 14-3-2024, Public. 15-3-2024).

4.6 Obrigatoriedade de licitação

Como visto acima, tanto a concessão de serviços públicos como a permissão exigem para sua execução prévia licitação. Além disso, a concessão de serviços públicos exige a licitação na modalidade **concorrência ou na modalidade diálogo competitivo.**

Não pode, portanto, o Estado escolher livremente quem virá a ser o concessionário do serviço público, uma vez que visando o melhor interesse para a coletividade será sempre necessário prévio procedimento licitatório.

As licitações relativas às concessões e permissões comuns de serviços públicos serão regidas, basicamente, pelos arts. 14 a 22 da Lei n. 8.987/95 e legislação correlata, além da aplicação subsidiária da Lei de Licitações e Contratos.

Importante destacar que a outorga da concessão ou permissão não terá caráter de exclusividade, salvo se existir inviabilidade técnica ou econômica devidamente justificada no ato anterior ao edital de licitação, conforme estabelecido no art. 16 da Lei n. 8.987/95.

> A Lei n. 8.987/95 estabelece alguns requisitos para o edital da licitação para contratação de uma concessão de serviços públicos. Tal licitação, na modalidade concorrência ou diálogo competitivo, será regida pelos ditames da Lei n. 14.133/2021, com algumas especificidades previstas no art. 18 da Lei das concessões.

Infelizmente, aqui, o conhecimento da **letra fria da lei** é necessário:

Art. 18. O edital de licitação será elaborado pelo poder concedente, observados, no que couber, os critérios e as normas gerais da legislação própria sobre licitações e contratos e conterá, especialmente:

I – o objeto, metas e prazo da concessão;

II – a descrição das condições necessárias à prestação adequada do serviço;

III – os prazos para recebimento das propostas, julgamento da licitação e assinatura do contrato;

IV – prazo, local e horário em que serão fornecidos, aos interessados, os dados, estudos e projetos necessários à elaboração dos orçamentos e apresentação das propostas;

V – os critérios e a relação dos documentos exigidos para a aferição da capacidade técnica, da idoneidade financeira e da regularidade jurídica e fiscal;

VI – as possíveis fontes de receitas alternativas, complementares ou acessórias, bem como as provenientes de projetos associados;

VII – os direitos e obrigações do poder concedente e da concessionária em relação a alterações e expansões a serem realizadas no futuro, para garantir a continuidade da prestação do serviço;

VIII – os critérios de reajuste e revisão da tarifa;

IX – os critérios, indicadores, fórmulas e parâmetros a serem utilizados no julgamento técnico e econômico-financeiro da proposta;

X – a indicação dos bens reversíveis;

XI – as características dos bens reversíveis e as condições em que estes serão postos à disposição, nos casos em que houver sido extinta a concessão anterior;

XII – a expressa indicação do responsável pelo ônus das desapropriações necessárias à execução do serviço ou da obra pública, ou para a instituição de servidão administrativa;

XIII – as condições de liderança da empresa responsável, na hipótese em que for permitida a participação de empresas em consórcio;

XIV – nos casos de concessão, a minuta do respectivo contrato, que conterá as cláusulas essenciais referidas no art. 23 desta Lei, quando aplicáveis;

XV – nos casos de concessão de serviços públicos precedida da execução de obra pública, os dados relativos à obra, dentre os quais os elementos do projeto básico que permitam sua plena caracterização, bem assim as garantias exigidas para essa parte específica do contrato, adequadas a cada caso e limitadas ao valor da obra;

XVI – nos casos de permissão, os termos do contrato de adesão a ser firmado.

Destacamos que o art. 18-A da Lei n. 8.987/95 permite a inversão das fases de habilitação e julgamento do procedimento licitatório, hipótese em que, após o julgamento das propostas, o Poder Público verificará os documentos de habilitação apenas do licitante vencedor.

Art. 18-A. O edital poderá prever a inversão da ordem das fases de habilitação e julgamento, hipótese em que:

> I – encerrada a fase de classificação das propostas ou o oferecimento de lances, será aberto o invólucro com os documentos de habilitação do licitante mais bem classificado, para verificação do atendimento das condições fixadas no edital;
> II – verificado o atendimento das exigências do edital, o licitante será declarado vencedor;
> III – inabilitado o licitante melhor classificado, serão analisados os documentos habilitatórios do licitante com a proposta classificada em segundo lugar, e assim sucessivamente, até que um licitante classificado atenda às condições fixadas no edital;
> IV – proclamado o resultado final do certame, o objeto será adjudicado ao vencedor nas condições técnicas e econômicas por ele ofertadas.

No que tange aos critérios objetivos que poderão ser utilizados para escolha da proposta mais vantajosa para o Poder Público, a legislação também traz disposições diversas em relação às normas gerais de licitações e contratos.

Os tipos de licitação para concessão de serviços públicos estão previstos no art. 15 da Lei n. 8.987/95.

> Art. 15. No julgamento da licitação será considerado um dos seguintes critérios:
> I – o menor valor da tarifa do serviço público a ser prestado;
> II – a maior oferta, nos casos de pagamento ao poder concedente pela outorga da concessão;
> III – a combinação, dois a dois, dos critérios referidos nos incisos I, II e VII;
> IV – melhor proposta técnica, com preço fixado no edital;
> V – melhor proposta em razão da combinação dos critérios de menor valor da tarifa do serviço público a ser prestado com o de melhor técnica;
> VI – melhor proposta em razão da combinação dos critérios de maior oferta pela outorga da concessão com o de melhor técnica; ou
> VII – melhor oferta de pagamento pela outorga após qualificação de propostas técnicas.

Os critérios técnicos, quando o tipo de licitação assim exigir (art. 15, IV, V, VI e VII), deverão ser definidos no edital de licitação e as propostas manifestamente inexequíveis ou financeiramente incompatíveis com os objetivos da licitação serão recusadas pelo poder concedente.

Por fim, em igualdade de condições, a legislação reconhece a preferência à proposta apresentada por empresa brasileira.

Vale ressaltar ainda que, apesar de a regra geral ser a obrigatoriedade de licitação para a delegação dos serviços públicos, nos termos do art. 175 da CF, há, excepcionalmente, a possibilidade de delegação direta de serviços públicos, sem a realização prévia da licitação, como tem sido reconhecida pela doutrina.

A concessão direta será possível nas hipóteses de inviabilidade de competição, quando a licitação será declarada inexigível, segundo o rol de situações elencadas no art. 74 da Lei n. 14.133/2021, o qual tem caráter meramente exemplificativo.

Seria possível também casos de concessão direta por meio de dispensa de licitação. Porém, não é possível aplicar todas as hipóteses de dispensa, previstas no art. 75 da Lei n. 14.133/2021, às concessões de serviços públicos, as quais, além de taxativas, relacionam-se, normalmente, às contratações de bens e serviços particulares pelo Poder Público, o que não ocorre nas concessões, quando o Poder Público transfere o serviço público de sua titularidade aos particulares para exploração por sua conta e risco.

4.7 Contrato de concessão comum

O contrato de concessão de serviço público configura-se como contrato administrativo típico, e, exatamente por isso, a lei reconhece prerrogativas em favor do poder concedente, as cláusulas exorbitantes, e sujeições por parte do concessionário.

As cláusulas essenciais do contrato de concessão estão dispostas no art. 23 da Lei n. 8.987/95, das quais destacamos:

Art. 23. São cláusulas essenciais do contrato de concessão as relativas:

I – ao objeto, à área e ao prazo da concessão;

II – ao modo, forma e condições de prestação do serviço;

III – aos critérios, indicadores, fórmulas e parâmetros definidores da qualidade do serviço;

IV – ao preço do serviço e aos critérios e procedimentos para o reajuste e a revisão das tarifas;

V – aos direitos, garantias e obrigações do poder concedente e da concessionária, inclusive os relacionados às previsíveis necessidades de futura alteração e expansão do serviço e consequente modernização, aperfeiçoamento e ampliação dos equipamentos e das instalações;

VI – aos direitos e deveres dos usuários para obtenção e utilização do serviço;

(...)

XIII – à obrigatoriedade, forma e periodicidade da prestação de contas da concessionária ao poder concedente;

XIV – à exigência da publicação de demonstrações financeiras periódicas da concessionária; e

(...)

Parágrafo único. Os contratos relativos à concessão de serviço público precedido da execução de obra pública deverão, adicionalmente:

I – estipular os cronogramas físico-financeiros de execução das obras vinculadas à concessão; e

II – exigir garantia do fiel cumprimento, pela concessionária, das obrigações relativas às obras vinculadas à concessão.

Observa-se que os contratos de concessão de serviços públicos, espécies de contratos administrativos, devem possuir **prazo determinado**, mas a Lei n. 8.987/95 não prevê qual será esse prazo máximo do contrato de concessão, o qual deverá ser estabelecido nas legislações específicas dos entes federados ou pelo Poder Concedente em cada contrato.

Os contratos podem ser **prorrogados**, devendo essa prorrogação estar prevista no edital e na minuta do contrato, anexa ao instrumento convocatório.

Professor, e a concessionária tem direito adquirido à renovação do contrato de concessão?

Segundo o Supremo Tribunal Federal, não.

Entendeu a Suprema Corte que a concessionária não tem direito adquirido à renovação do contrato de concessão de usina hidrelétrica.

A União possui a faculdade de prorrogar ou não o contrato de concessão, tendo em vista o interesse público, não se podendo invocar direito líquido e certo a tal prorrogação. Dessa forma, a prorrogação do contrato administrativo insere-se no campo da discricionariedade.

Nesse sentido:

Recurso ordinário em mandado de segurança. Contrato de concessão de usina hidrelétrica. Prorrogação contratual. Cláusula de natureza discricionária. Ausência de direito líquido e certo. Denegação da segurança pelo STJ. Manutenção da decisão recorrida. Recurso ordinário não provido. 1. O contrato administrativo se encerra no prazo nele definido, salvo a realização de ajuste, ao final do termo, pela prorrogação contratual, se atendidas as exigências legais para tanto e se presente o interesse público na permanência do contrato. Nesse passo, é incongruente com a natureza da prorrogação contratual a ideia de sua formalização em momento antecedente ao término do contrato, como também é incongruente com sua natureza a garantia indissolúvel de sua realização já no instrumento contratual. 2. A discricionariedade da prorrogação é uma das marcas mais acentuadas do contrato administrativo e, assim, está, inclusive, prevista nas sucessivas legislações relativas às concessões de energia elétrica (Leis n. 9.074/95 e n. 12.783/13) e também no termo cujas cláusulas se questiona nos autos. 3. Recurso Ordinário não provido (RMS 34.203, Rel. Min. Dias Toffoli, Segunda Turma, j. 21-11-2017, *DJe* 20-3-2018).

Admite-se ainda a **subcontratação** com terceiros de atividades inerentes, acessórias ou complementares ao serviço concedido, bem como a implementação de projetos associados ao serviço público, hipóteses em que a concessionária mantém a responsabilidade exclusiva pela correta prestação do serviço público, nos termos do art. 25, § 1.º, da Lei n. 8.987/95.

Nessas hipóteses, as relações jurídicas travadas entre as concessionárias de serviços públicos e os terceiros, subcontratados, são de direito privado, inexistindo vínculo jurídico entre os terceiros e o poder concedente.

A **subconcessão do serviço público**, por sua vez, somente será admitida quando respeitados três requisitos:

previsão dessa possibilidade no contrato de concessão

autorização do poder concedente

realização de licitação, sob a modalidade concorrência.

Por meio da subconcessão, a prestação do serviço público será subdelegada, parcialmente, ao terceiro, denominado de subconcessionário, que se sub-rogará em todos os direitos e obrigações do subconcedente.

É possível também a **transferência da concessão ou do controle societário da concessionária**, após a anuência do poder concedente, sob pena de caducidade da concessão, conforme art. 27 da Lei n. 8.987/95.

A **transferência da concessão** corresponde à cessão da posição jurídica da figura do concessionário. Altera-se o concessionário por outra pessoa jurídica, com a qual o poder concedente passará a se relacionar. Lado outro, a **transferência do controle acionário** da concessionária modifica o quadro societário, mas a pessoa jurídica permanece a mesma, não havendo, tecnicamente, alteração subjetiva no contrato.

Para fins de obtenção da anuência do poder concedente para realização dessas transferências, o pretendente deverá atender às exigências de capacidade técnica, idoneidade financeira e regularidade jurídica e fiscal necessárias à assunção do serviço, além de comprometer-se a cumprir todas as cláusulas do contrato em vigor.

5. DIREITOS E DEVERES DOS USUÁRIOS DO SERVIÇO PÚBLICO

Os usuários dos serviços públicos possuem alguns direitos previstos no art. 7.º da Lei n. 8.987/95.

Art. 7.º Sem prejuízo do disposto na Lei n. 8.078, de 11 de setembro de 1990, são direitos e obrigações dos usuários:

I – receber serviço adequado;

II – receber do poder concedente e da concessionária informações para a defesa de interesses individuais ou coletivos;

III – obter e utilizar o serviço, com liberdade de escolha entre vários prestadores de serviços, quando for o caso, observadas as normas do poder concedente;

IV – levar ao conhecimento do poder público e da concessionária as irregularidades de que tenham conhecimento, referentes ao serviço prestado;

V – comunicar às autoridades competentes os atos ilícitos praticados pela concessionária na prestação do serviço;

VI – contribuir para a permanência das boas condições dos bens públicos através dos quais lhes são prestados os serviços.

Além disso, o usuário do serviço público terá o direito de se utilizar da proteção do Código de Defesa do Consumidor (Lei n. 8.078/90) contra eventuais transgressões das concessionárias.

> **Mas, professor, poderá o usuário optar pela data de vencimento da sua fatura do serviço público contratado?**

Sim.

O art. 7.º-A da Lei n. 8.987/95 estabelece que as concessionárias de serviços públicos, são obrigadas a oferecer ao consumidor e ao usuário, dentro do mês de vencimento, o mínimo de *seis* datas opcionais para escolherem os dias de vencimento de seus débitos.

Vale destacar ainda algumas normas previstas na Lei n. 13.460/2017, que estabelece normas básicas para participação, proteção e defesa dos direitos do usuário dos serviços públicos prestados direta ou indiretamente pela Administração Pública, e é aplicável subsidiariamente aos serviços públicos prestados por particular.

Referida Lei é de âmbito nacional, e, portanto, aplica-se à administração pública direta e indireta da União, dos Estados, do Distrito Federal e dos Municípios, nos termos do inciso I do § 3.º do art. 37 da Constituição Federal.

No entanto, ela foi publicada dia 27 de junho de 2017, e determina seu art. 22 que ela entrará em vigor, a contar da sua publicação, em 360 dias para a União, os Estados, o Distrito Federal e os Municípios com mais de quinhentos mil habitantes; em 540 dias para os Municípios entre cem mil e quinhentos mil habitantes; e em 720 dias para os Municípios com menos de cem mil habitantes.

De início, cumpre esclarecer que o termo "serviços públicos" é empregado pela Lei em sentido amplo, incluindo as prestações materiais consistentes no fornecimento de utilidades à população, bem como as atividades da administração em geral, de modo que o próprio art. 2.º, II, da Lei n. 13.460/2017 conceitua serviço público como a atividade administrativa ou de prestação direta ou indireta de bens ou serviços à população, exercida por órgão ou entidade da Administração Pública.

O mesmo artigo também define usuário como a pessoa física ou jurídica que se beneficia ou utiliza, efetiva ou potencialmente, de serviço público, e Administração Pública como órgão ou entidade integrante da administração pública de qualquer dos Poderes da União, dos Estados, do Distrito Federal e dos Municípios, a Advocacia Pública e a Defensoria Pública.

Estabelece a Lei que os serviços públicos e o atendimento do usuário serão realizados de forma adequada, observados os princípios da regularidade, continuidade, efetividade, segurança, atualidade, generalidade, transparência e cortesia.

Em seguida, o art. 5.º da Lei n. 13.460/2017 repisa que o usuário de serviço público tem direito à adequada prestação dos serviços, devendo os agentes públicos e prestadores de serviços públicos observar as seguintes diretrizes:

I – urbanidade, respeito, acessibilidade e cortesia no atendimento aos usuários;

II – presunção de boa-fé do usuário;

III – atendimento por ordem de chegada, ressalvados casos de urgência e aqueles em que houver possibilidade de agendamento, asseguradas as prioridades legais às pessoas com deficiência, aos idosos, às gestantes, às lactantes e às pessoas acompanhadas por crianças de colo;

IV – adequação entre meios e fins, vedada a imposição de exigências, obrigações, restrições e sanções não previstas na legislação;

V – igualdade no tratamento aos usuários, vedado qualquer tipo de discriminação;

VI – cumprimento de prazos e normas procedimentais;

VII – definição, publicidade e observância de horários e normas compatíveis com o bom atendimento ao usuário;

VIII – adoção de medidas visando a proteção à saúde e a segurança dos usuários;

IX – autenticação de documentos pelo próprio agente público, à vista dos originais apresentados pelo usuário, vedada a exigência de reconhecimento de firma, salvo em caso de dúvida de autenticidade;

X – manutenção de instalações salubres, seguras, sinalizadas, acessíveis e adequadas ao serviço e ao atendimento;

XI – eliminação de formalidades e de exigências cujo custo econômico ou social seja superior ao risco envolvido;

XII – observância dos códigos de ética ou de conduta aplicáveis às várias categorias de agentes públicos;

XIII – aplicação de soluções tecnológicas que visem a simplificar processos e procedimentos de atendimento ao usuário e a propiciar melhores condições para o compartilhamento das informações;

XIV – utilização de linguagem simples e compreensível, evitando o uso de siglas, jargões e estrangeirismos; e

XV – vedação da exigência de nova prova sobre fato já comprovado em documentação válida apresentada.

O art. 6.º enumera os direitos básicos dos usuários.

Art. 6.º São direitos básicos do usuário:

I – participação no acompanhamento da prestação e na avaliação dos serviços;

II – obtenção e utilização dos serviços com liberdade de escolha entre os meios oferecidos e sem discriminação;

III – acesso e obtenção de informações relativas à sua pessoa constantes de registros ou bancos de dados, observado o disposto no inciso X do *caput* do art. 5.º da Constituição Federal e na Lei n. 12.527, de 18 de novembro de 2011;

IV – proteção de suas informações pessoais, nos termos da Lei n. 12.527, de 18 de novembro de 2011;

V – atuação integrada e sistêmica na expedição de atestados, certidões e documentos comprobatórios de regularidade; e

VI – obtenção de informações precisas e de fácil acesso nos locais de prestação do serviço, assim como sua disponibilização na internet, especialmente sobre:

a) horário de funcionamento das unidades administrativas;

b) serviços prestados pelo órgão ou entidade, sua localização exata e a indicação do setor responsável pelo atendimento ao público;

c) acesso ao agente público ou ao órgão encarregado de receber manifestações;

d) situação da tramitação dos processos administrativos em que figure como interessado; e

e) valor das taxas e tarifas cobradas pela prestação dos serviços, contendo informações para a compreensão exata da extensão do serviço prestado.

Os órgãos e entidades abrangidos pela Lei devem divulgar Carta de Serviços ao Usuário, a qual tem por objetivo informar o usuário sobre os serviços prestados pelo órgão ou entidade, as formas de acesso a esses serviços e seus compromissos e padrões de qualidade de atendimento ao público.

A Carta de Serviços ao Usuário deverá trazer informações claras e precisas em relação a cada um dos serviços prestados.

Para garantir seus direitos, o usuário poderá apresentar manifestações perante a Administração Pública acerca da prestação de serviços públicos.

A manifestação será dirigida à Ouvidoria do órgão ou entidade responsável e conterá a identificação do requerente. Caso não haja Ouvidoria, o usuário poderá apresentar manifestações diretamente ao órgão ou entidade responsável pela execução do serviço e ao órgão ou entidade a que se subordinem ou se vinculem.

Essa manifestação também poderá ser feita por meio eletrônico, ou correspondência convencional, ou verbalmente, hipótese em que deverá ser reduzida a termo.

Os órgãos e entidades públicos abrangidos pela Lei deverão colocar à disposição do usuário formulários simplificados e de fácil compreensão para a apresentação do requerimento, facultada ao usuário sua utilização. E, em nenhuma hipótese, será recusado o recebimento de manifestações formuladas nos termos da Lei, sob pena de responsabilidade do agente público.

6. POLÍTICA TARIFÁRIA

Via de regra, a remuneração do concessionário é efetivada pela cobrança da **tarifa** ou **preço público** dos usuários do serviço público concedido.

Em primeiro lugar, é preciso lembrar que o **preço público não é tributo.** Estando sujeito ao regime jurídico administrativo, configuram uma prestação de uma obrigação de natureza contratual. Quando são percebidos pelo Estado, classificam-se como receita pública originária, quando são percebidos pelo particular delegatário de serviço público, constituem receita dessa pessoa jurídica de direito privado.

Por sua vez, nas relações obrigacionais tributárias, somente pessoas jurídicas de direito público podem ser sujeitos ativos.

Por essas razões, as tarifas também não podem ser confundidas com as taxas, pois, essas sim, possuem natureza tributária, configurando uma prestação compulsória de natureza legal, classificando-se como receita pública derivada.

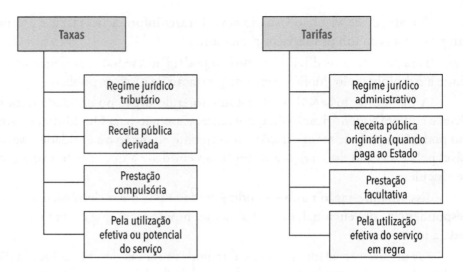

Em que pese as tarifas serem caracterizadas como prestações facultativas, cobradas, em regra, pela utilização efetiva do serviço, o STJ admite, em alguns casos, a cobrança de "tarifa básica" do usuário para cobrir custos de disponibilização do serviço, ainda que o particular dele não se utilize efetivamente.

Nesse sentido, a Súmula 356 do STJ dispõe:

> **Súmula 356 do STJ:** É legítima a cobrança da tarifa básica pelo uso dos serviços de telefonia fixa.

A tarifa, prevista no contrato de concessão e fixada nos termos da proposta vencedora na licitação, deverá ser atualizada e revista durante a execução do contrato, como forma de preservação do equilíbrio econômico-financeiro do ajuste.

Além disso, é possível que outras formas de remuneração decorrentes da exploração do serviço delegado sejam previstas nos contratos e substituam a tarifa, como no caso das concessões de rádio e televisão aberta, em que a remuneração não provém do pagamento do serviço pelo telespectador, mas dos anunciantes que veiculam suas mensagens publicitárias.

Também admite-se que o particular delegatário obtenha outras receitas complementares ou acessórias, decorrentes da exploração do serviço delegado, como no caso dos concessionários do serviço de conservação de rodovias, que obtém receitas alugando espaços para fixação de publicidade às margens das estradas.

Ensina Celso Antônio Bandeira de Mello (2010) que, na concessão de serviço público, a remuneração do particular deve advir da exploração econômica da atividade que lhe foi delegada, não obrigatoriamente por meio de tarifas.

Esse entendimento decorre especialmente da interpretação do art. 11 da Lei n. 8.987/95.

> Art. 11. No atendimento às peculiaridades de cada serviço público, poderá o poder concedente prever, em favor da concessionária, no edital de licitação, a possibilidade de outras fontes provenientes de receitas alternativas, complementares, acessórias ou de projetos associados, com ou sem exclusividade, com vistas a favorecer a modicidade das tarifas, observado o disposto no art. 17 desta Lei.
>
> Parágrafo único. As fontes de receita previstas neste artigo serão obrigatoriamente consideradas para a aferição do inicial equilíbrio econômico-financeiro do contrato.

A doutrina majoritária admite até mesmo que o Estado contribua com a remuneração do concessionário, se tal colaboração tenha por fim assegurar a modicidade da tarifa, garantindo o acesso ao serviço a um número maior de pessoas, em observância ao princípio da universalidade do serviço.

Em regra, as vantagens e os subsídios estatais dependem de previsão legal e devem constar do edital e da minuta do contrato de concessão, nos termos do art. 17 da Lei n. 8.987/95. De modo excepcional, as subvenções estatais podem ser efetivadas sem previsão contratual, caso haja superveniência de fatos imprevisíveis durante a execução do contrato.

Mas, professor, e o Poder Judiciário pode exercer controle o valor das tarifas?

A legalidade estrita orienta que, até prova definitiva em contrário, prevalece a presunção de legitimidade do ato administrativo praticado pelo Poder Público.

Desse modo, já decidiu o STJ que a interferência judicial para invalidar a estipulação das tarifas de transporte público urbano viola a ordem pública, mormente nos casos em que houver, por parte da Fazenda estadual, esclarecimento de que a metodologia adotada para fixação dos preços era técnica.

Segundo a "doutrina *Chenery*", o Poder Judiciário não pode anular um ato político adotado pela Administração Pública sob o argumento de que ele não se valeu de metodologia técnica. Isso porque, em temas envolvendo questões técnicas e complexas, os Tribunais não gozam de expertise para concluir se os critérios adotados pela Administração são corretos ou não.

Assim, as escolhas políticas dos órgãos governamentais, desde que não sejam revestidas de reconhecida ilegalidade, não podem ser invalidadas pelo Poder Judiciário.

Além disso, deve-se esclarecer que impedir judicialmente o reajuste das tarifas a serem pagas pelos usuários também configura grave violação da ordem econômica, por não haver prévia dotação orçamentária para que o Estado custeie as vultosas despesas para a manutenção do equilíbrio econômico-financeiro dos acordos administrativos firmados pelo Poder Público com as concessionárias de transporte público.

Nesse sentido:

(...) 3. Cármen Lúcia Antunes Rocha leciona que a discriminação tarifária torna possível, "nessa distinção de usuários em condições econômicas e sociais desiguais, a efetivação da igualdade jurídica e da concreta justiça social" (*Estudo sobre Concessão e Permissão de Serviço Público no Direito Brasileiro*. São Paulo: Saraiva, 1996, p. 101). Na mesma obra, contudo, ressalta a dificuldade de se fixar tarifa pública com fundamento no princípio da isonomia. 4. Assim, a evidente sofisticação da demanda ventilada na causa principal impede que a Presidência do Superior Tribunal de Justiça julgue questões relativas ao mérito do reajuste determinado pelo Poder Público – notadamente para concluir sobre discriminação ou injustiça na fixação de preço para uso de transporte público. O incidente suspensivo, por sua estreiteza, é vocacionado a tutelar tão somente a ordem, a economia, a segurança e a saúde públicas, não podendo ser analisado como se fosse sucedâneo recursal, para que se examinem questões relativas ao fundo da causa principal. 5. **A interferência judicial para invalidar a estipulação das tarifas de transporte público urbano viola gravemente a ordem pública. A legalidade estrita orienta que, até prova definitiva em contrário, prevalece a presunção de legitimidade do ato administrativo praticado pelo Poder Público** (STF, RE n. 75.567/SP, Rel. Min. DJACI FALCÃO, Primeira Turma, julgado em 20/11/1973, *DJ* de 19/4/1974, v.g.) **– mormente em hipóteses como a presente, em que houve o esclarecimento da Fazenda estadual de que a metodologia adotada para fixação dos preços era técnica. 6. A cautela impediria a decisão de sustar a recomposição tarifária estipulada pelo Poder Público para a devida manutenção da estabilidade econômico-financeira dos contratos de concessão de serviço público. Postura tão drástica deveria ocorrer somente após a constatação, estreme de dúvidas, de ilegalidade – desfecho que, em regra, se mostra possível somente após a devida instrução, com o decurso da tramitação completa do processo judicial originário.** 7. Não compete às Presidências do Supremo Tribunal Federal e do Superior Tribunal de Justiça julgar pedido suspensivo à luz de direito local (precedentes). Dessa forma, não há como analisar eventual ofensa à legislação estadual, qual seja, a Lei do Estado de São Paulo n. 9.166/95. 8. O Magistrado Singular concluiu que os reajustes tarifários seriam discriminatórios, por deixar de atingir parte dos usuários e incidir sobre outros. Estimou que estava a adotar, assim, a medida que reputou mais justa. Não se pode esquecer, entretanto, que o exercício da ponderação exige critérios, entre os quais, a adoção de solução que reduza "a tensão gerada pela falta de legitimidade representativo-democrática do juiz para realizar opções normativo-axiológicas", conforme leciona Paulo Gustavo Gonet Branco (*Juízo de ponderação na jurisdição constitucional*. São Paulo: Saraiva, 2009, p. 305). Dessa forma, o ato administrativo editado pelo Estado de São Paulo deve ser prestigiado também para mitigar a problemática do déficit democrático do Poder Judiciário. 9. Eventual intento político da medida não poderia ensejar a invalidação dos critérios tarifários adotados, *tout court*. Conforme leciona Richard A. Posner, o Poder Judiciário esbarra na dificuldade de concluir se um ato administrativo cuja motivação alegadamente política seria concretizado, ou não, caso o órgão público tivesse se valido tão somente de metodologia técnica. De qualquer forma, essa discussão seria inócua, pois, segundo a doutrina Chenery – a qual reconheceu o caráter político da atuação da Administração Pública dos Estados Unidos da América –, as cortes judiciais estão impedidas de adotarem fundamentos diversos daqueles que o Poder Executivo abraçaria, notadamente nas questões técnicas e complexas, em que os tribunais não têm a expertise para concluir se os critérios adotados pela Administração são corretos (*Economic Analysis of Law. Fifth Edition*. New York: Aspen Law and Business, 1996, p. 671). **Portanto, as escolhas políticas dos órgãos governamentais, desde que não sejam revestidas de reconhecida ilegalidade, não podem ser invalidadas pelo Poder Judiciário. 10. Impedir judicialmente o reajuste das tarifas a serem pagas pelos usuários também configura grave violação da ordem econômica, por não haver prévia dotação orçamentária para que o Estado de São Paulo custeie as vultosas despesas para a manutenção do equilíbrio econômico-financeiro dos acordos administrativos firmados pelo Poder Público com as concessionárias de transporte público. 11.** Agravo interno desprovido (AgInt no AgInt na SLS 2.240/SP, Rel. Min. Laurita Vaz, Corte Especial, j. 7-6-2017, *DJe* 20-6-2017).

7. ENCARGOS DO PODER CONCEDENTE (ESTADO)

A Lei n. 8.987/95 também traz alguns direitos e obrigações para o Poder Concedente. É dizer: a Administração Pública, na sua relação com o particular concessionário (com a empresa concessionária) de serviços públicos goza tanto de direitos como possui obrigações.

Tratam-se das disposições dos arts. 29 e 30, os quais a leitura é sugerida. Dentre os incisos do art. 29, destacamos como obrigações do Poder Concedente:

I – regulamentar o serviço concedido e fiscalizar permanentemente a sua prestação;
II – aplicar as penalidades regulamentares e contratuais;
III – intervir na prestação do serviço, nos casos e condições previstos em lei;

IV – extinguir a concessão, nos casos previstos nesta Lei e na forma prevista no contrato;

V – homologar reajustes e proceder à revisão das tarifas na forma desta Lei, das normas pertinentes e do contrato;

VI – cumprir e fazer cumprir as disposições regulamentares do serviço e as cláusulas contratuais da concessão;

VII – zelar pela boa qualidade do serviço, receber, apurar e solucionar queixas e reclamações dos usuários, que serão cientificados, em até trinta dias, das providências tomadas;

(...)

X – estimular o aumento da qualidade, produtividade, preservação do meio ambiente e conservação;

XI – incentivar a competitividade; e

XII – estimular a formação de associações de usuários para defesa de interesses relativos ao serviço.

Ressalte-se, sobretudo, a possibilidade do Poder Concedente de declarar de utilidade pública dos bens necessários à execução do serviço ou obra pública, promovendo as **desapropriações**, diretamente ou mediante outorga de poderes à concessionária, caso em que será desta a responsabilidade pelas indenizações cabíveis.

Ademais, o Poder Concedente pode declarar a necessidade ou a utilidade pública, para fins de instituição de **servidão administrativa**, dos bens necessários à execução de serviço ou obra pública, promovendo-a diretamente ou mediante outorga de poderes à concessionária, caso em que será desta a responsabilidade pelas indenizações cabíveis.

No exercício da fiscalização, o Poder Concedente terá acesso aos dados relativos à administração, contabilidade, recursos técnicos, econômicos e financeiros da concessionária.

A fiscalização do serviço será feita por intermédio de órgão técnico do Poder Concedente ou por entidade com ele conveniada, e, periodicamente, conforme previsto em norma regulamentar, por comissão composta de representantes do Poder Concedente, da concessionária e dos usuários.

8. ENCARGOS DO CONCESSIONÁRIO (EMPRESA PARTICULAR)

O concessionário de serviços públicos também assume diversos encargos ao contratar com a Administração Pública, especialmente aqueles previstos no art. 31 da Lei n. 8.987/95.

Art. 31. Incumbe à concessionária:

I – prestar serviço adequado, na forma prevista nesta Lei, nas normas técnicas aplicáveis e no contrato;

II – manter em dia o inventário e o registro dos bens vinculados à concessão;

III – prestar contas da gestão do serviço ao poder concedente e aos usuários, nos termos definidos no contrato;

IV – cumprir e fazer cumprir as normas do serviço e as cláusulas contratuais da concessão;

V – permitir aos encarregados da fiscalização livre acesso, em qualquer época, às obras, aos equipamentos e às instalações integrantes do serviço, bem como a seus registros contábeis;

VI – promover as desapropriações e constituir servidões autorizadas pelo poder concedente, conforme previsto no edital e no contrato;

VII – zelar pela integridade dos bens vinculados à prestação do serviço, bem como segurá-los adequadamente; e

VIII – captar, aplicar e gerir os recursos financeiros necessários à prestação do serviço. Parágrafo único. As contratações, inclusive de mão de obra, feitas pela concessionária serão regidas pelas disposições de direito privado e pela legislação trabalhista, não se estabelecendo qualquer relação entre os terceiros contratados pela concessionária e o poder concedente.

Basicamente, o concessionário precisará prestar um serviço adequado, manter em dia o inventário e o registro dos bens vinculados à concessão e prestar contas da gestão do serviço ao Poder Concedente e aos usuários.

Além disso, faz-se necessário também que o concessionário cumpra as normas do serviço público e todas as cláusulas previstas em contrato, bem como permita aos encarregados da fiscalização (pessoas vinculadas ao Poder Concedente) livre acesso às instalações e registros da empresa, dentre outros.

Mas, professor, poderá o concessionário realizar desapropriações?

Sim.

De acordo com o art. 31 da Lei n. 8.987/95, incumbe à ***concessionária:***

VI – promover as desapropriações e constituir servidões autorizadas pelo poder concedente, conforme previsto no edital e no contrato;

Mas, professor, não é apenas o Poder Público quem pode declarar o bem de necessidade ou utilidade pública para fins de desapropriação?

Sim.

Mas vejam. O concessionário apenas executará os atos materiais da desapropriação (tentar o acordo administrativo ou ajuizar a ação judicial).

Quem continua declarando o bem de necessidade ou utilidade pública será o Poder Concedente, conforme art. 29 da Lei n. 8.987/95:

> Art. 29. Incumbe ao poder concedente:
>
> VIII - *declarar de utilidade pública os bens necessários à execução do serviço ou obra pública*, promovendo as desapropriações, diretamente ou mediante outorga de poderes à concessionária, caso em que será desta a responsabilidade pelas indenizações cabíveis;
>
> (...)
>
> IX - *declarar de necessidade ou utilidade pública, para fins de instituição de servidão administrativa*, os bens necessários à execução de serviço ou obra pública, promovendo-a diretamente ou mediante outorga de poderes à concessionária, caso em que será desta a responsabilidade pelas indenizações cabíveis;

9. EXTINÇÃO DA CONCESSÃO

É possível ocorrer a extinção da concessão de seis formas, todas previstas no art. 35 da Lei n. 8.987/95:

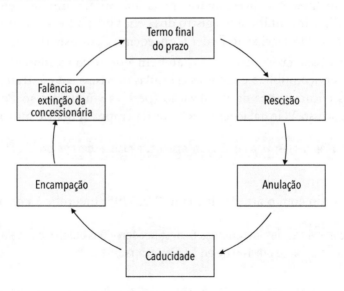

A concessão poderá encerrar-se de seis formas diferentes, sendo a primeira delas a mais elementar: o contrato de concessão pode extinguir-se pelo advento do termo final do prazo.

Imagine um contrato que possui o prazo de 60 meses, por exemplo. Quando chegarmos no 60.º mês, o contrato chegará ao seu termo e, portanto, será extinto. Neste caso, não será necessário nenhum ato formal ou notificação para a extinção do contrato.

E, eventualmente, os bens e investimentos feitos pela concessionária que serão revestidos (devolvidos) ao Poder Público serão indenizados, se ainda não amortizados:

> Art. 36. A reversão no advento do termo contratual far-se-á com a indenização das parcelas dos investimentos vinculados a bens reversíveis, ainda não amortizados ou depreciados, que tenham sido realizados com o objetivo de garantir a continuidade e atualidade do serviço concedido.

Nesse sentido:

> A jurisprudência desta Corte Superior de Justiça é no sentido de que extinto o contrato de concessão por decurso do prazo de vigência, cabe ao Poder Público a retomada imediata da prestação do serviço, até a realização de nova licitação, a fim de assegurar a plena observância do princípio da continuidade do serviço público, não estando condicionado o termo final do contrato ao pagamento prévio de eventual indenização, que deve ser pleiteada nas vias ordinárias (AgRg no REsp 1.139.802/SC, Rel. Min. Hamilton Carvalhido, Primeira Turma, j. 12-4-2011, *DJe* 25-4-2011).

> **Professor, logicamente a falência ou extinção da empresa concessionária também irão encerrar a concessão, correto?**

Exato.

Nos casos de **falência ou extinção da empresa concessionária e falecimento ou incapacidade do titular, se estivermos falando de empresário individual**, o cumprimento do objeto do contrato resta impossível.

Naturalmente, o contrato será extinto e o Poder Concedente, retomando o serviço público, poderá realizar nova licitação para uma nova concessão com outro concessionário.

> **Anulação tem a ver com algum vício?**

Sim. A **anulação da concessão deverá ocorrer se existir algum vício de legalidade no contrato.** A decretação da nulidade poderá ocorrer por decisão administrativa ou judicial.

> **Mas o que seria a rescisão?**

A rescisão é a extinção do contrato por culpa do Poder Concedente.

O Estado está fazendo bobagem e o particular pretende encerrar o contrato, repita-se, em razão das falhas da própria Administração Pública que está descumprindo normas contratuais, regulamentares ou legais.

> Art. 39. O contrato de concessão poderá ser rescindido por iniciativa da concessionária, no caso de descumprimento das normas contratuais pelo poder concedente, mediante ação judicial especialmente intentada para esse fim.

Percebam que mesmo a Administração Pública descumprindo o contrato, o concessionário poderá encerrar a concessão, mas não pode abandonar os serviços públicos. Estes devem continuar sendo prestados de forma contínua:

> Art. 39. (...)
>
> Parágrafo único. Na hipótese prevista no *caput* deste artigo, *os serviços prestados pela concessionária não poderão ser interrompidos ou paralisados, até a decisão judicial transitada em julgado.*

Professor, mas o que seria caducidade?

Na caducidade, também existe um culpado. Mas, neste caso, o culpado será o concessionário (o empresário particular).

Assim, a caducidade pode ser considerada uma hipótese de extinção do contrato de concessão com causa imputada ao concessionário que descumpriu cláusulas contratuais, regulamentares ou inclusive legais.

> Art. 38. *A inexecução total ou parcial do contrato acarretará, a critério do poder concedente, a declaração de caducidade da concessão* ou a aplicação das sanções contratuais, respeitadas as disposições deste artigo, do art. 27, e as normas convencionadas entre as partes.

Mas, professor, quando é possível afirmarmos que existe culpa do concessionário e que a caducidade poderá ser aplicada?

A Lei n. 8.987/95 expressamente elenca as hipóteses (discorre sobre o que seria ou não uma culpa do concessionário) no § 1.º do art. 38. Assim, *a caducidade da concessão poderá ser declarada pelo poder concedente quando:*

> I – o serviço estiver sendo prestado de forma inadequada ou deficiente, tendo por base as normas, critérios, indicadores e parâmetros definidores da qualidade do serviço;

II – a concessionária descumprir cláusulas contratuais ou disposições legais ou regulamentares concernentes à concessão;

III – a concessionária paralisar o serviço ou concorrer para tanto, ressalvadas as hipóteses decorrentes de caso fortuito ou força maior;

IV – a concessionária perder as condições econômicas, técnicas ou operacionais para manter a adequada prestação do serviço concedido;

V – a concessionária não cumprir as penalidades impostas por infrações, nos devidos prazos;

VI – a concessionária não atender a intimação do poder concedente no sentido de regularizar a prestação do serviço; e

VII – a concessionária não atender a intimação do poder concedente para, em 180 (cento e oitenta) dias, apresentar a documentação relativa a regularidade fiscal, no curso da concessão, na forma do art. 29 da Lei n. 8.666, de 21 de junho de 1993.

Entendi, professor.

Então, se o concessionário for culpado, o Estado vai até lá e encerra o contrato de forma unilateral e sem qualquer medida prévia.

É isso mesmo?

Não!

Como tudo no Direito Administrativo, o Poder Concedente precisa respeitar o devido processo legal e o contraditório do concessionário.

Imagine que o concessionário esteja certo, mas o administrador público pensa que não. Logo, o processo administrativo será extremamente útil para o esclarecimento dos fatos.

Além disso, não será instaurado sequer o processo administrativo antes de ser dada uma oportunidade para o concessionário corrigir as eventuais falhas.

Os §§ 2.º e 3.º do art. 38 da Lei n. 8.987/95 assim estabelecem:

§ 2.º A declaração da caducidade da concessão deverá ser precedida da verificação da inadimplência da concessionária em *processo administrativo, assegurado o direito de ampla defesa.*

§ 3.º *Não será instaurado processo administrativo de inadimplência antes de comunicados à concessionária, detalhadamente, os descumprimentos contratuais referidos no § 1.º deste artigo, dando-lhe um prazo para corrigir as falhas e transgressões apontadas e para o enquadramento, nos termos contratuais.*

> **Mas se for verificada a falha da concessionária em um processo administrativo, será necessária uma lei para encerrar a concessão?**

Não. Acaso instaurado o processo administrativo e comprovada a inadimplência da empresa concessionária, a Administração Pública irá declarar a caducidade do contrato de concessão por meio de decreto, independentemente de indenização prévia (§ 4.º do art. 38).

Eventual indenização será calculada no decurso do processo e terá o seu valor abatido das eventuais multas devidas pelo concessionário (§ 5.º).

> **E os empregados da concessionária que forem demitidos, poderão pedir indenização ao Estado?**

Não. Uma vez declarada a caducidade, não resultará para o Poder Concedente qualquer espécie de responsabilidade em relação aos encargos, ônus, obrigações ou compromissos com terceiros ou com empregados da concessionária (§ 6.º).

> **E a intervenção na concessão, não seria o melhor caminho?**

Depende.

Os arts. 32 e seguintes da Lei n. 8.987/95 regulam a possibilidade de o Estado intervir na concessão. Tratam-se de hipóteses onde o concessionário não consegue realizar o objeto do contrato e como o Poder Concedente é o Estado, este guarda o poder-dever de fiscalizar a atividade do concessionário e intervir caso este não esteja cumprindo corretamente o avençado.

> Art. 32. O poder concedente poderá *intervir* na concessão, com o fim de assegurar a *adequação na prestação do serviço*, bem como o fiel cumprimento das normas contratuais, regulamentares e legais pertinentes.
>
> Parágrafo único. *A intervenção far-se-á por decreto do poder concedente, que conterá a designação do interventor, o prazo da intervenção e os objetivos e limites da medida.*

Dessa forma, uma vez declarada a intervenção, o Poder Concedente iniciará o processo administrativo para verificar a caducidade que deverá ser concluído no prazo de até 180 (cento e oitenta) dias.

> Art. 33. Declarada a intervenção, o poder concedente deverá, no prazo de trinta dias, instaurar procedimento administrativo para comprovar as causas determinantes da medida e apurar responsabilidades, assegurado o direito de ampla defesa.

§ 1.º Se ficar comprovado que a intervenção não observou os pressupostos legais e regulamentares será declarada sua nulidade, devendo o serviço ser imediatamente devolvido à concessionária, sem prejuízo de seu direito à indenização.

§ 2.º O procedimento administrativo a que se refere o *caput* deste artigo deverá ser concluído no prazo de até cento e oitenta dias, sob pena de considerar-se inválida a intervenção.

E se o processo administrativo concluir que a empresa estava correta, sem descumprir qualquer penalidade?

Nesse caso, não será operada a caducidade e a concessão será devolvida ao concessionário.

Art. 34. Cessada a intervenção, se não for extinta a concessão, a administração do serviço será devolvida à concessionária, precedida de prestação de contas pelo interventor, que responderá pelos atos praticados durante a sua gestão.

Mas, professor, para finalizar, o que seria a encampação dos serviços públicos?

A encampação é outra forma de o Poder Concedente extinguir a concessão.

Aqui, não há falha de ninguém.

É dizer: nem o Poder Concedente teve culpa (rescisão) nem o concessionário (caducidade).

O Poder Concedente simplesmente decide encerrar a concessão por motivos de interesse público, utilizando-se da prerrogativa da supremacia do interesse público e encerra unilateralmente o contrato administrativo.

A Administração Pública tem um interesse na retomada do serviço, não se exigindo para caracterizar tal instituto qualquer inadimplemento por parte da concessionária. Trata-se de previsão do art. 37 da Lei n. 8.987/95:

Art. 37. Considera-se encampação a retomada do serviço pelo poder concedente durante o prazo da concessão, por motivo de interesse público, mediante lei autorizativa específica e após prévio pagamento da indenização, na forma do artigo anterior.

10. PARCERIAS PÚBLICO-PRIVADAS (PPP's)

10.1 Considerações iniciais

As Parcerias Público-Privadas (PPP's) são uma espécie de concessão especial de serviços públicos.

Para introduzir esse assunto, vamos voltar ao nosso exemplo anterior quando falamos de concessões comuns.

Imagine que o Estado de São Paulo deseja construir uma nova rodovia que liga a Capital ao Porto de Santos. Esta obra foi orçada em 50 milhões de reais, mas o governo estadual não dispõe ou não deseja gastar estes recursos no momento. O Estado poderá, então, realizar um contrato onde delegará a execução e manutenção da nova rodovia a um particular.

> **Quem vai pagar por esta obra?**

O usuário, exclusivamente.

Isso mesmo. Eu, você e toda a coletividade pagaremos por esta obra por meio do pagamento de pedágio.

> **Esta é uma hipótese de concessão comum, correto?**

Sim.

> **E o que são as PPP's?**

Parcerias Público-Privadas são contratos de concessão **especial** de serviços públicos onde o parceiro privado é remunerado não exclusivamente pelo usuário.

Nas PPP's, o Poder Público realiza um pagamento ao concessionário, razão pela qual poderemos utilizar o seguinte mnemônico:

P P P
Parceria Público-Privada
Poder Público Paga

> **Mas, professor, por que esses contratos são chamados de "parceria"?**

Basicamente, em uma síntese bastante rasa, podemos dizer que a parceria consiste na **repartição de riscos do contrato** entre o parceiro público e o parceiro privado, além do compartilhamento com a Administração Pública de ganhos econômicos efetivos do parceiro privado decorrentes da redução do risco de crédito dos financiamentos utilizados pelo parceiro privado.

Tratam-se de dretrizes previstas no art. 4.º da Lei n. 11.079/2004.

Art. 4.º Na contratação de parceria público-privada serão observadas as seguintes diretrizes:

I – eficiência no cumprimento das missões de Estado e no emprego dos recursos da sociedade;

II – respeito aos interesses e direitos dos destinatários dos serviços e dos entes privados incumbidos da sua execução;

III – indelegabilidade das funções de regulação, jurisdicional, do exercício do poder de polícia e de outras atividades exclusivas do Estado;

IV – responsabilidade fiscal na celebração e execução das parcerias;

V – transparência dos procedimentos e das decisões;

VI – **repartição objetiva de riscos entre as partes**;

VII – sustentabilidade financeira e vantagens socioeconômicas dos projetos de parceria.

Além disso, decore. Isso mesmo, decore o § 4.º do art. 2.º da Lei n. 11.079/2004:

É vedada a celebração de contrato de parceria públicoprivada:

I – cujo valor do contrato seja inferior a R$ 10.000.000,00 (dez milhões de reais);

II – cujo período de prestação do serviço seja inferior a 5 (cinco) anos; ou

III – que tenha como objeto único o fornecimento de mão de obra, o fornecimento e instalação de equipamentos ou a execução de obra pública.

PPP com valor inferior a 10 milhões de reais? Não pode ser feita.

PPP com prazo inferior a 5 anos? Não pode ser feita.

PPP com o objetivo único e exclusivo de fornecer mão se obra? Não pode ser feita.

CONCESSÃO COMUM	PPP
▪ Contraprestação do Parceiro Público é facultativa.	▪ Contraprestação do Parceiro Público é obrigatória.
▪ Risco do concessionário.	▪ Repartição objetiva dos riscos.
▪ Valor mínimo inexistente.	▪ Valor mínimo de 10 milhões de reais.
▪ Não prevê prazo mínimo ou máximo.	▪ Prazo de 5 a 35 anos.
▪ Objeto: serviços públicos.	▪ Objeto: serviços públicos e/ou administrativos.

O Supremo Tribunal Federal analisou caso em que lei municipal permitiu a celebração de uma PPP sem qualquer vínculo com uma prestação de serviços, em flagrante agressão ao art. 2.º, § 4.º, III, da Lei n. 11.079/2004. Para o STF, tal norma é inconstitucional por violar a competência da União Federal para legislar sobre normas gerais de licitações e contratos.

Nesse sentido:

> ARGUIÇÃO DE DESCUMPRIMENTO DE PRECEITO FUNDAMENTAL. LEI MUNICIPAL N. 1.327, DE 2007, E LEI MUNICIPAL N. 1.395, DE 2008, DO MUNICÍPIO DE ARIQUE-MES/RO. PARCERIA PÚBLICO-PRIVADA PARA OBRAS DE INFRAESTRUTURA E URBANISMO. **1. Criação de hipóteses de parcerias público-privadas para a execução de obra pública desvinculadas de qualquer serviço público ou social. Impossibilidade. Competência privativa da União para legislar sobre normas gerais de licitação e contratação (art. 22, XXVII, da CF/88). (...)** (ADPF 282, Rel. Gilmar Mendes, Tribunal Pleno, j. 15-5-2023, *DJe*-s/n, Divulg. 30-5-2023, Public. 31-5-2023).

10.2 Modalidades de PPP's

Nas PPP's, o concessionário será remunerado:

Integralmente pelo Poder Público (concessão administrativa); ou

Parte pelo Poder Público e parte pelos usuários (concessão patrocinada)

As Parcerias Público-Privadas foram introduzidas pela Lei n. 11.079/2004 que expressamente as divide em dois tipos: a concessão patrocinada e a concessão administrativa, conforme art. 2.º:

> Art. 2.º Parceria públicoprivada é o contrato administrativo de concessão, na modalidade patrocinada ou administrativa.
>
> § 1.º *Concessão patrocinada* é a concessão de serviços públicos ou de obras públicas de que trata a Lei n. 8.987, de 13 de fevereiro de 1995, *quando envolver, adicionalmente à tarifa cobrada dos usuários contraprestação pecuniária do parceiro público ao parceiro privado.*
>
> § 2.º *Concessão administrativa* é o contrato de prestação de serviços de que a Administração Pública seja a usuária direta ou indireta, ainda que envolva execução de obra ou fornecimento e instalação de bens.

Em suma, na concessão patrocinada, o valor da remuneração do parceiro privado resulta essencialmente da soma da tarifa paga pelo usuário dos serviços públicos com a prestação paga pelo parceiro público, ao passo que, na concessão administrativa, a remuneração do parceiro privado consiste basicamente na contraprestação a ele paga pela administração pública.

Assim, seja qual for a modalidade de parceria público-privada haverá uma contraprestação pecuniária do parceiro público ao parceiro privado.

E é exatamente isso que mais diferencia a concessão especial da concessão comum, conforme § 3.º do art. 2.º da Lei n. 11.079/2004:

> § 3.º Não constitui parceria público-privada a concessão comum, assim entendida a concessão de serviços públicos ou de obras públicas de que trata a Lei n. 8.987, de 13 de fevereiro de 1995, quando não envolver contraprestação pecuniária do parceiro público ao parceiro privado.

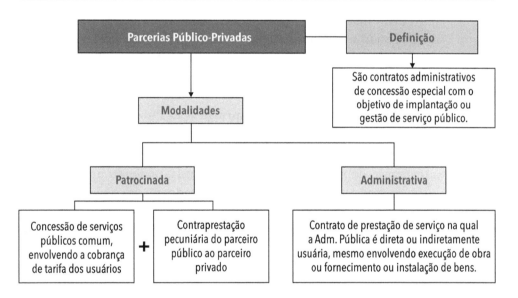

10.3 Contratos, contraprestação da Administração Pública e garantias

As cláusulas dos contratos de parceria público-privada atenderão ao disposto no art. 23 da Lei n. 8.987/95, que trata das cláusulas essenciais no contrato de concessão comum, no que couber, devendo também prever:

a) o prazo de vigência do contrato, compatível com a amortização dos investimentos realizados, **não inferior a 5 (cinco), nem superior a 35 (trinta e cinco) anos, incluindo eventual prorrogação**;

b) as **penalidades aplicáveis** à Administração Pública e ao parceiro privado em caso de inadimplemento contratual, fixadas sempre de forma proporcional à gravidade da falta cometida, e às obrigações assumidas;

c) a **repartição de riscos entre as partes**, inclusive os referentes a caso fortuito, força maior, fato do príncipe e álea econômica extraordinária;

d) as **formas de remuneração e de atualização** dos valores contratuais;

e) os mecanismos para a **preservação da atualidade** da prestação dos serviços;

f) os fatos que caracterizem a **inadimplência pecuniária do parceiro público**, os modos e o prazo de regularização e, quando houver, a forma de acionamento da garantia;

g) os **critérios objetivos de avaliação do desempenho** do parceiro privado;

h) a prestação, pelo parceiro privado, de garantias de execução suficientes e compatíveis com os ônus e riscos envolvidos, limitadas **a até dez por cento** do valor do contrato, observando-se que, no caso de contratos que envolvam a **entrega de bens** pela Administração, dos quais o parceiro privado será depositário, ao valor da garantia deverá ser **acrescido o valor desses bens**; ainda no caso de **concessão patrocinada** que envolva a execução de **obra pública**, as garantias exigidas para essa parte específica do contrato são **limitadas ao valor da obra**;

i) o **compartilhamento com a Administração Pública** de **ganhos econômicos efetivos** do parceiro privado decorrentes da redução do risco de crédito dos financiamentos utilizados pelo parceiro privado;

j) a realização de **vistoria dos bens reversíveis**, podendo o parceiro público reter os pagamentos ao parceiro privado, no valor necessário para reparar as irregularidades eventualmente detectadas.

k) o **cronograma e os marcos** para o repasse ao parceiro privado das parcelas do aporte de recursos, na fase de investimentos do projeto e/ou após a disponibilização dos serviços, sempre que o contrato preveja aporte de recursos em favor do parceiro privado para a realização de obras e aquisição de bens reversíveis.

As cláusulas contratuais de atualização automática de valores baseadas em índices e fórmulas matemáticas, quando houver, serão aplicadas sem necessidade de homologação pela Administração Pública, exceto se esta publicar, na imprensa oficial, onde houver, até o prazo de 15 (quinze) dias após apresentação da fatura, razões fundamentadas na Lei ou no contrato para a rejeição da atualização.

Os contratos de PPP **poderão prever adicionalmente:**

a) os requisitos e condições em que o parceiro público autorizará a transferência do controle ou a administração temporária da sociedade de propósito específico aos seus financiadores e garantidores com quem não mantenha vínculo societário direto, com o objetivo de promover a sua reestruturação financeira e assegurar a continuidade da prestação dos serviços, não se aplicando para este efeito o previsto no inciso I do parágrafo único do art. 27 da Lei n. 8.987, de 13 de fevereiro de 1995;

b) a possibilidade de emissão de empenho em nome dos financiadores do projeto em relação às obrigações pecuniárias da Administração Pública;

c) a legitimidade dos financiadores do projeto para receber indenizações por extinção antecipada do contrato, bem como pagamentos efetuados pelos fundos e empresas estatais garantidores de parcerias público-privadas.

A **contraprestação da Administração Pública** nos contratos de parceria público-privada poderá ser feita por:

- ordem bancária;
- cessão de créditos não tributários;
- outorga de direitos em face da Administração Pública;
- outorga de direitos sobre bens públicos dominicais;
- outros meios admitidos em lei.

O contrato poderá prever o pagamento ao parceiro privado de remuneração variável vinculada ao seu desempenho, conforme metas e padrões de qualidade e disponibilidade definidos no contrato.

O contrato também poderá prever o **aporte de recursos em favor do parceiro privado** para a realização de obras e aquisição de bens reversíveis, desde que autorizado no edital de licitação, se contratos novos, ou em lei específica, se contratos celebrados até 8 de agosto de 2012. Para os contratos celebrados posteriores a essa data, é exigido apenas que o aporte de recursos seja autorizado no edital de licitação.

Por ocasião da extinção do contrato, o parceiro privado não receberá indenização pelas parcelas de investimentos vinculados a bens reversíveis ainda não amortizadas ou depreciadas, quando tais investimentos houverem sido realizados com valores provenientes desse aporte de recursos.

As obrigações pecuniárias contraídas pela Administração Pública em contrato de parceria público-privada **poderão ser garantidas** mediante:

a) vinculação de receitas, observado o disposto no inciso IV do art. 167 da CF;

b) instituição ou utilização de fundos especiais previstos em lei;

c) contratação de seguro-garantia com as companhias seguradoras que não sejam controladas pelo Poder Público;

d) garantia prestada por organismos internacionais ou instituições financeiras que não sejam controladas pelo Poder Público;

e) garantias prestadas por fundo garantidor ou empresa estatal criada para essa finalidade;

f) outros mecanismos admitidos em lei.

Ressalte-se que a previsão de garantias da contraprestação do parceiro público a serem concedidas ao parceiro privado não é obrigatória, mas, se houver, elas deverão estar especificadas no edital de licitação.

10.4 Sociedade de propósito específico

Antes da celebração do contrato, deverá ser constituída sociedade de propósito específico, incumbida de implantar e gerir o objeto da parceria.

Com isso, o legislador objetiva facilitar o controle e a gestão da PPP, uma vez que a SPE, que pode ser instituída sob qualquer roupagem societária, tem o único objetivo de **implantar e gerir o objeto da parceria.**

A instituição da SPE pelo parceiro privado acarreta a segregação patrimonial, contábil e jurídica entre esta sociedade e a empresa licitante vencedora. No modelo tradicional de concessão, a possibilidade de execução de outras atividades econômicas pela concessionária dificultava o controle do contrato, tendo em vista a dificuldade de separação das receitas e despesas inerentes à prestação do serviço público e aquelas relativas às demais atividades desenvolvidas pela concessionária.

A transferência do controle da sociedade de propósito específico estará condicionada à autorização expressa da Administração Pública, nos termos do edital e do contrato. Todavia, é vedado à Administração Pública ser titular da maioria do capital votante das sociedades, mas essa vedação não se aplica à eventual aquisição da maioria do capital votante da sociedade de propósito específico por instituição financeira controlada pelo Poder Público em caso de inadimplemento de contratos de financiamento.

A sociedade de propósito específico poderá assumir a forma de companhia aberta, com valores mobiliários admitidos a negociação no mercado, e deverá obedecer a padrões de governança corporativa e adotar contabilidade e demonstrações financeiras padronizadas, conforme regulamento.

10.5 Licitação

A Lei n. 11.079/2004 expressamente prevê que, na ausência de regra específica nela contida, o certame para a contratação de parcerias público-privadas obedecerá ao procedimento previsto na legislação vigente sobre licitações e contratos administrativos.

A modalidade de licitação exigida para as PPP's é a **concorrência ou diálogo competitivo**, consoante art. 10 da Lei n. 11.079/2004, com redação dada pela Lei n. 14.133/2021.

Porém, desde já, vale dizer que ela apresenta duas peculiaridades em relação à concorrência tradicionalmente prevista na Lei n. 8.666/93, quais sejam:

a) possibilidade de propostas escritas, seguidas de lances em viva voz (art. 12, III e § 1.º, da Lei n. 11.079/2004); e

b) o Poder Concedente pode inverter as fases de habilitação e julgamento, hipótese em que o julgamento será realizado com a fixação da ordem de classificação, com a análise dos documentos de habilitação do licitante vencedor (art. 13 da Lei n. 11.079/2004).

De início, a abertura do processo licitatório condicionada a autorização da autoridade competente, fundamentada em estudo técnico que demonstre a conveniência e a oportunidade da contratação, mediante identificação das razões que justifiquem a opção pela forma de parceria público-privada; bem como, que as despesas criadas ou aumentadas não afetarão as metas de resultados fiscais previstas na Lei de Responsabilidade Fiscal, devendo seus efeitos financeiros, nos períodos seguintes, ser compensados pelo aumento permanente de receita ou pela redução permanente de despesa.

As concessões patrocinadas em que **mais de 70% (setenta por cento) da remuneração** do parceiro privado for paga pela Administração Pública dependerão de autorização legislativa específica.

O instrumento convocatório conterá minuta do futuro contrato, indicará expressamente a submissão da licitação às normas legais, podendo ainda prever a exigência de garantia de proposta do licitante, assim como o emprego dos **mecanismos privados de resolução de disputas**, inclusive a arbitragem, a ser realizada no Brasil e em língua portuguesa, nos termos da Lei n. 9.307, de 23 de setembro de 1996, para dirimir conflitos decorrentes ou relacionados ao contrato.

A **fase de julgamento**, nas licitações para PPP's, poderá ser precedida de etapa de qualificação técnica das propostas, admitindo-se a desclassificação dos licitantes que não alcançarem a pontuação mínima estabelecida no edital.

No que se refere aos **tipos de licitação**, além dos critérios previstos nos incisos I e V do art. 15 da Lei n. 8.987/95 – menor valor da tarifa do serviço público a ser prestado e combinação dos critérios de menor valor da tarifa do serviço público com o de melhor técnica –, o art. 12, II, da Lei n. 11.079/2004 acrescenta duas outras possibilidades:

a) menor valor da contraprestação a ser paga pela Administração Pública; e

b) melhor proposta em razão da combinação do critério da alínea *a* com o de melhor técnica, de acordo com os pesos estabelecidos no edital.

O art. 13 da Lei n. 11.079/2004 permite que o edital estabeleça a **inversão da ordem das fases** de habilitação e julgamento, nos seguintes termos:

> Art. 13. O edital poderá prever a inversão da ordem das fases de habilitação e julgamento, hipótese em que:
> I – encerrada a fase de classificação das propostas ou o oferecimento de lances, será aberto o invólucro com os documentos de habilitação do licitante mais bem classificado, para verificação do atendimento das condições fixadas no edital;
> II – verificado o atendimento das exigências do edital, o licitante será declarado vencedor;
> III – inabilitado o licitante melhor classificado, serão analisados os documentos habilitatórios do licitante com a proposta classificada em 2.º (segundo) lugar, e assim, sucessivamente, até que um licitante classificado atenda às condições fixadas no edital;
> IV – proclamado o resultado final do certame, o objeto será adjudicado ao vencedor nas condições técnicas e econômicas por ele ofertadas.

Por fim, impende registrar que, nas PPP's e nas concessões e permissões comuns, os autores ou responsáveis economicamente pelos projetos básico ou executivo podem participar, direta ou indiretamente, da licitação ou da execução das obras e serviços, o que é vedado nos demais contratos administrativos.

10.6 Responsabilidade civil nas PPP's

A responsabilidade civil extracontratual das parceiras privadas depende da modalidade e do objeto da PPP. Desse modo:

a) nas PPP's patrocinadas e nas PPP's administrativas, que envolvem a prestação de serviços públicos, a responsabilidade é **objetiva**, na forma do art. 37, § 6.º, da CF.

b) nas PPP's administrativas de serviços administrativos a responsabilidade é, em regra, **subjetiva**, respondendo na forma do art. 927 do Código Civil, sendo inaplicável o art. 37, § 6.º, da CF.

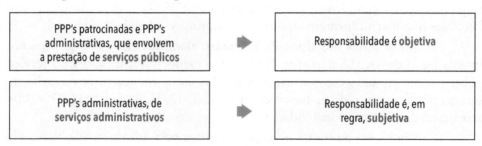

11. AUTORIZAÇÃO DE SERVIÇOS PÚBLICOS

A Constituição Federal de 1988, ao tratar da delegação de serviços públicos, menciona apenas a concessão e a permissão no seu art. 175, ambas contratos administrativos, sempre exigida licitação prévia. Porém, em outros dispositivos, faz referência à autorização, ao lado da concessão e da permissão, como no art. 21, XI e XII, da CF, como forma de delegação outorgada pelo Poder Público.

Por essa razão, há certa discussão jurídica sobre a possibilidade de utilização da autorização como modalidade de delegação de serviços públicos, ao lado da concessão e da permissão.

Para Hely Lopes Meirelles e Maria Sylvia Zanella Di Pietro, ao contrário da concessão e permissão, a autorização de serviços públicos é considerada como **ato administrativo precário e discricionário**, editado no interesse preponderante do autorizatário, sendo desnecessária a licitação.

Lado outro, para Marçal Justen Filho, José dos Santos Carvalho Filho, Alexandre Santos de Aragão e Celso Antônio Bandeira de Mello, a delegação de serviços públicos deve ser formalizada por concessão ou permissão, na forma do art. 175 da CF, sendo a autorização uma **manifestação do poder de polícia do Estado.**

De qualquer modo, é preciso estar atento para não confundir a autorização, como ato de polícia administrativa, com a autorização como uma forma de delegação, uma vez que é possível a cobrança nos dois sentidos, a depender da posição adotada.

A autorização como ato de polícia administrativa não é instrumento de delegação, pois não diz respeito a uma atividade exclusiva do Poder Público. A bem da verdade, trata-se de um ato administrativo de controle prévio que condiciona o exercício, pelo particular, de uma atividade privada, regido pelo direito privado.

> **Você poderia exemplificar, professor?**

Claro!

A autorização que configura ato de polícia administrativa pode ser exigida, por exemplo, para o exercício de atividades privadas em que o interesse do particular seja preponderante, como é o caso da autorização para porte de arma, ou para o uso privativo de um bem público.

Pode também ser exigida do particular para o exercício de atividades de interesse social que não sejam de titularidade exclusiva do Poder Público, como no caso dos serviços privados de saúde e educação.

475

Por sua vez, a autorização como forma de delegação dos serviços públicos sempre tem por objeto uma atividade de titularidade exclusiva do Poder Público, como bem demonstram as hipóteses previstas no art. 21, XI e XII, da CF.

> Art. 21. Compete à União: (...)
>
> XI – explorar, diretamente ou mediante autorização, concessão ou permissão, os serviços de telecomunicações, nos termos da lei, que disporá sobre a organização dos serviços, a criação de um órgão regulador e outros aspectos institucionais;
>
> XII – explorar, diretamente ou mediante autorização, concessão ou permissão:
>
> a) os serviços de radiodifusão sonora, e de sons e imagens;
>
> b) os serviços e instalações de energia elétrica e o aproveitamento energético dos cursos de água, em articulação com os Estados onde se situam os potenciais hidroenergéticos;
>
> c) a navegação aérea, aeroespacial e a infra-estrutura aeroportuária;
>
> d) os serviços de transporte ferroviário e aquaviário entre portos brasileiros e fronteiras nacionais, ou que transponham os limites de Estado ou Território;
>
> e) os serviços de transporte rodoviário interestadual e internacional de passageiros;
>
> f) os portos marítimos, fluviais e lacustres;

Observa-se assim que, em regra, a delegação de serviço público por meio de autorização é adequada para os casos em que o serviço seja oferecido a um grupo restrito de usuários, e o beneficiário exclusivo ou principal da respectiva prestação seja o próprio particular autorizado, ou ainda para as situações de emergência ou situações transitórias ou especiais.

Em resumo, o que diferencia as duas espécies de autorização é perceber se há titularidade do Estado para desempenhar a atividade. Se o particular recebe autorização para desempenhar uma atividade cuja titularidade é exclusiva do Poder Público, trata-se de uma autorização por ato de delegação. Se o particular necessita de uma autorização administrativa para exercer uma atividade privada, por seu próprio interesse, trata-se de uma autorização como ato de polícia.

Por fim, registre-se que **não há licitação** para a outorga de autorização de serviço público, de modo que os serviços estão sujeitos a modificação ou revogação discricionária do ato de delegação, chamado de termo de autorização, pela Administração delegante.

Esse instituto também **não possui prazo determinado** e, em regra, não há direito de indenização para o particular que teve sua autorização revogada. Excepcionalmente, caso a autorização tenha sido concedida por prazo certo, será admissível a indenização ao particular pelos prejuízos que comprovadamente tenha sofrido decorrentes da revogação.

CAPÍTULO 12

INTERVENÇÃO DO ESTADO NA PROPRIEDADE PRIVADA

1. NOÇÕES GERAIS

A Constituição Federal de 1988 assegura o direito fundamental à propriedade, o qual, para ser legítimo, deve ser exercido com observância da sua função social.

Vejamos os dispositivos constitucionais pertinentes:

> Art. 5.º Todos são iguais perante a lei, sem distinção de qualquer natureza, garantindo-se aos brasileiros e aos estrangeiros residentes no País a inviolabilidade do direito à vida, à liberdade, à igualdade, à segurança e à **propriedade**, nos termos seguintes: (...)
>
> XXII – é garantido o direito de propriedade;
>
> XXIII – a propriedade atenderá a sua função social;
>
> Art. 170. A ordem econômica, fundada na valorização do trabalho humano e na livre iniciativa, tem por fim assegurar a todos existência digna, conforme os ditames da justiça social, observados os seguintes princípios: (...)
>
> II – propriedade privada;
>
> III – função social da propriedade;

Tal qual os demais direitos fundamentais, o direito à propriedade não é absoluto. Em algumas situações, será necessário que o Estado interfira na propriedade privada para atender ao interesse público.

A intervenção do Estado na propriedade privada, portanto, tem como fundamento a necessidade de cumprimento da função social da propriedade ou a prevalência do interesse público sobre o privado.

O descumprimento da função social, por exemplo, legitima, inclusive, a perda da propriedade por meio da desapropriação.

Mas, reitere-se: mesmo que cumpridora da função social, a propriedade pode ser objeto de intervenção.

> Afinal, como saber se a propriedade está ou não
> cumprindo a função social?

Os critérios para aferir se a propriedade está ou não cumprindo a sua função social são distintos para as propriedades urbanas e para as rurais.

1.1 Função social da propriedade urbana

De acordo com o art. 182, § 2.º, da CF, a **propriedade urbana cumpre a sua função social quando atende às exigências fundamentais de ordenação da cidade expressas no plano diretor.**

A política de desenvolvimento urbano, executada pelo Poder Público municipal, conforme diretrizes gerais fixadas em lei, tem por objetivo ordenar o pleno desenvolvimento das funções sociais da cidade e garantir o bem-estar de seus habitantes, tendo como principal instrumento o plano diretor.

Aprovado pela Câmara Municipal, o Plano Diretor, nos termos da Constituição Federal, é obrigatório para cidades com mais de vinte mil habitantes, sendo considerado o instrumento básico da política de desenvolvimento e de expansão urbana.

De acordo com o art. 41 do Estatuto da Cidade, é, ainda, obrigatório para as cidades:

I – com *mais de vinte mil habitantes;*

II – integrantes de regiões metropolitanas e aglomerações urbanas;

III – onde o Poder Público municipal pretenda utilizar os instrumentos previstos no § 4.º do art. 182 da Constituição Federal;

IV – integrantes de áreas de especial interesse turístico;

V – inseridas na área de influência de empreendimentos ou atividades com significativo impacto ambiental de âmbito regional ou nacional.

VI – incluídas no cadastro nacional de Municípios com áreas suscetíveis à ocorrência de deslizamentos de grande impacto, inundações bruscas ou processos geológicos ou hidrológicos correlatos.

Se descumprir as exigências fundamentais de ordenação da cidade expressas no plano diretor, a propriedade urbana se mostra em descompasso com a função social, o que enseja a intervenção estatal.

Nos termos do art. 182, § 4.º, da CF, é facultado ao Poder Público municipal, mediante lei específica para área incluída no plano diretor, exigir, nos termos da lei federal, do proprietário do solo urbano não edificado, subutilizado ou não utilizado, que promova seu adequado aproveitamento, sob pena, sucessivamente, de:

I – parcelamento ou edificação compulsórios;

II – imposto sobre a propriedade predial e territorial urbana progressivo no tempo *(progressividade extrafiscal do IPTU)*;

III – desapropriação com pagamento mediante títulos da dívida pública de emissão previamente aprovada pelo Senado Federal, com prazo de resgate de até dez anos, em parcelas anuais, iguais e sucessivas, assegurados o valor real da indenização e os juros legais.

O Estatuto da Cidade (Lei n. 10.257/2001), regulamentando este artigo, estabeleceu regras gerais para a utilização de tais instrumentos sancionadores do não atendimento da função social.

Em primeiro lugar, o Poder Público deve notificar o particular para que promova o parcelamento, edificação e utilização compulsória, devendo a notificação ser averbada no cartório de registro de imóveis.

Nessa notificação, deverá ser fixado prazo não inferior a:

I – um ano, a partir da notificação, para que seja protocolado o projeto no órgão municipal competente;
II – dois anos, a partir da aprovação do projeto, para iniciar as obras do empreendimento.

Se, ainda, assim, o proprietário permanecer inerte, poderá ser imposto o IPTU progressivo no tempo, limitada a alíquota ao máximo de 15% do valor venal do imóvel, mediante a sua majoração pelo prazo de 5 anos consecutivos.

Se a notificação e a progressividade extrafiscal do IPTU não forem suficientes para que o proprietário atenda a função social do imóvel, o município poderá promover a chamada desapropriação urbanística sancionatória, com pagamento em títulos da dívida pública.

1.2 Função social da propriedade rural

O cumprimento da função social pela propriedade rural, por sua vez, nos termos do art. 186 da CF, ocorre quando a propriedade rural atende, *simultaneamente*, segundo critérios e graus de exigência estabelecidos em lei, aos seguintes requisitos:

I – aproveitamento racional e adequado;
II – utilização adequada dos recursos naturais disponíveis e preservação do meio ambiente;
III – observância das disposições que regulam as relações de trabalho;
IV – exploração que favoreça o bem-estar dos proprietários e dos trabalhadores.

A observância dos requisitos constitucionais supracitados, portanto, é essencial para que a propriedade rural cumpra sua função social e, assim, seja acobertada pela proteção constitucional. Descumprida a função social, será possível a desapropriação para fins de reforma agrária, nos termos do art. 184 da CF, mediante prévia e justa indenização em títulos da dívida agrária, resgatáveis no prazo de 20 anos.

> Art. 184. Compete à União desapropriar por interesse social, para fins de reforma agrária, o imóvel rural que não esteja cumprindo sua função social, mediante prévia e justa indenização em títulos da dívida agrária, com cláusula de preservação do valor real, resgatáveis no prazo de até vinte anos, a partir do segundo ano de sua emissão, e cuja utilização será definida em lei.

O leitor deve ter cuidado, contudo, com o disposto no art. 185, o qual preconiza que são insuscetíveis de desapropriação para fins de reforma agrária: a pequena e média propriedade rural, assim definida em lei, desde que seu proprietário não possua outra; e a propriedade produtiva.

Feitas essas breves explicações, passemos à análise das formas de intervenção estatal na propriedade.

Ressalte-se que especificamente a Desapropriação será tratada em capítulo próprio.

2. FORMAS DE INTERVENÇÃO DO ESTADO NA PROPRIEDADE

De acordo com Rafael Oliveira (2021, p. 1.053), a intervenção do Estado na propriedade privada é **expressão do Poder de Polícia** administrativo.

As principais formas de intervenção são: limitação administrativa; tombamento; requisição administrativa; servidão administrativa; ocupação temporária e desapropriação.

De acordo com a "gravidade" da intervenção, é dizer, de acordo com o grau de limitação do direito à propriedade, as formas de intervenção podem ser classificadas em duas grandes categorias: a das intervenções ditas brandas ou restritivas (não supressivas) e a das intervenções drásticas ou supressivas.

2.1 Formas brandas, restritivas ou não supressivas

As formas de intervenção ditas brandas, restritivas ou não supressivas são caracterizadas pela imposição de restrições ou de condições ao exercício pleno do direito à propriedade pelo particular.

Mantém-se o domínio privado do bem, razão pela qual ser uma forma de intervenção branda.

São as seguintes hipóteses: limitação administrativa; tombamento; requisição administrativa; servidão administrativa e ocupação temporária.

2.2 Formas drásticas ou supressivas

Nessa forma de intervenção, o Estado verdadeiramente suprime a propriedade, isto é, retira-a da esfera de direitos do seu titular originário, transferindo-a para o patrimônio público.

O Estado, portanto, intervém na propriedade modificando a titularidade da coisa, resultando na sua transformação em bem público (MAZZA, 2022, p. 682).

É drástica porque não se trata de mera limitação ao exercício do direito de propriedade, mas sim de hipótese de perda da propriedade, do domínio.

Nessa categoria, são enquadradas as diferentes espécies de desapropriações.

3. LIMITAÇÃO ADMINISTRATIVA

Limitação administrativa é uma forma de intervenção do Estado na propriedade privada por meio da qual são impostas a **proprietários indeterminados** restrições, materializadas em obrigações positivas (de fazer), negativas (de não fazer) ou permissivas (de tolerar), por meio de **atos normativos** (determinações de caráter geral), com o objetivo de fazer com que aquela propriedade atenda à sua função social.

Segundo Hely Lopes Meirelles: "Limitação administrativa é toda imposição geral, gratuita, unilateral e de ordem pública, condicionadora do exercício de direitos ou de atividades particulares às exigências do bem-estar social".

Trata-se, portanto, de forma branda ou restritiva (não supressiva) de intervenção, que pode alcançar bens móveis e imóveis e serviços.

São exemplos: limites de altura para prédios imposto pelo plano diretor da cidade (o chamado "gabarito de prédios"); obrigação de instalar extintores de incêndio nos prédios; direito de preempção previsto no art. 25 do Estatuto da Cidade.

De acordo com o STJ (AgRg no AREsp 155.302/RJ), a criação de áreas especiais de proteção ambiental também pode configurar limitação administrativa.

As limitações administrativas, portanto, como regra, apresentam as seguintes **características:**

a) **Gerais** – uma vez que impostas por meio de atos legislativos ou de administrativos de caráter geral (leis, decretos, resoluções etc.);

b) Têm por **objeto bens móveis, imóveis ou serviços;**

c) **Unilaterais** – impõem obrigações apenas aos proprietários;

d) **Gratuitas** – via de regra, o Estado não precisa pagar indenização aos proprietários;

e) **Definitivas** – ou tendem a ser definitivas, podendo, no entanto, ser revogadas ou alteradas;

f) **Intervenções brandas** que apenas restringem o caráter absoluto da propriedade, sem suprimir o domínio;

g) Objetivam o cumprimento da **função social e a satisfação do interesse público;**

h) Natureza de **direito pessoal** e não de direito real – manifesta-se como regra, por meio de obrigações impostas ao proprietário, não sobre o bem isoladamente considerado.

3.1 Direito à indenização

Por se tratarem de restrições impostas por atos de caráter normativo e geral, as limitações administrativas, via de regra, não geram danos específicos ou prejuízos individuais a determinado patrimônio, não culminando, portanto, no correlato direito à indenização.

Aplica-se, aqui, a mesma lógica da irresponsabilidade civil do Estado por atos normativos (OLIVEIRA, 2021, p. 640), pois os destinatários sofrem ônus e bônus de forma proporcional, com base na supremacia do interesse público sobre o privado.

Em virtude disso, trata-se de uma forma de intervenção gratuita. É dizer: em regra, o proprietário NÃO deve ser indenizado por conta das limitações administrativas que incidam sobre sua propriedade.

> Sendo imposições de natureza genérica, as limitações administrativas não rendem ensejo a indenização, salvo comprovado prejuízo (STJ, REsp 1.233.257/PR, Rel. Min. Eliana Calmon, 2.ª Turma, j. 16-10-2012, *DJe* 22-10-2012).

Excepcionalmente, o direito à indenização será devido quando a limitação acarretar danos desproporcionais ao particular, a exemplo da hipótese em que a limitação determina o fechamento de ruas para o tráfego de veículos, causando um prejuízo desproporcional ao dono de um posto de gasolina. O fundamento desta indenização é a *teoria da repartição dos encargos sociais*, a qual preconiza que a sociedade, que se beneficiou com a atuação estatal, tem o dever de compensar o ônus extraordinário suportado pelo particular (OLIVEIRA, 2021, p. 640).

Nesse sentido:

> (...) V. **A jurisprudência desta Corte firmou-se no sentido de que "a indenização pela limitação administrativa advinda da criação de área non aedificandi, somente é devida se imposta sobre imóvel urbano e desde que fique demonstrado o prejuízo causado ao proprietário da área"** (STJ, REsp 750.050/SC, Primeira Turma, Rel. Ministro Luiz Fux, *DJU* de 7-11-2006). No mesmo sentido: STJ, AgRg nos EDcl no REsp 1.108.188/SC, Rel. Ministra Denise Arruda, Primeira Turma, *DJe* de 26-11-2009; STJ, REsp 983.017/SP, Rel. Ministro Teori Albino Zavascki, Primeira Turma, *DJe* de 29-5-2008.
>
> VI. No caso, o Tribunal de origem, à luz das provas dos autos, notadamente do laudo pericial, concluiu que o prejuízo restou demonstrado, pois, a partir do advento da lei municipal, os loteamentos foram enquadrados na zona de proteção ambiental, situação que contribuiu para a desvalorização imobiliária dos aludidos lotes, diminuindo-lhes o valor econômico. Tal entendimento não pode ser revisto, pelo Superior Tribunal de Justiça, em sede de Recurso Especial, sob pena de ofensa ao comando inscrito na Súmula 7 desta Corte. Precedentes do STJ.
>
> VII. Agravo interno improvido (AgInt no AREsp 551.389/RN, Rel. Min. Assusete Magalhães, 2.ª Turma, j. 22-11-2022, *DJe* 5-5-2023, Info 786).

Outra hipótese citada pelo autor é a de a limitação configurar verdadeira desapropriação indireta, isto é, quando as restrições impostas são tão fortes que o proprietário verdadeiramente perde as faculdades inerentes ao direito de propriedade.

Em qualquer caso, deverá ser devidamente comprovado o prejuízo.

> Em regra, o proprietário não tem direito à indenização por conta das limitações administrativas que incidam sobre sua propriedade (a limitação administrativa é gratuita). No entanto, excepcionalmente, a jurisprudência reconhece o direito à indenização quando a limitação administrativa reduzir o valor econômico do bem (STJ, 2.ª Turma, AgRg no REsp 1.317.806/MG, Rel. Min. Humberto Martins, j. 6-11-2012, Info 508).

Em determinadas áreas, como a beira de rodovias, há atos normativos que proíbem os seus proprietários de construir ou de edificar (as chamadas áreas *non aedificandi*). Para o STJ, trata-se de limitação administrativa e, como tal, não geram, via de regra, direito à indenização.

Para o Superior Tribunal de Justiça, tratando-se de área rural, a indenização não será devida.

Nesse diapasão, a indenização pela limitação administrativa ao direito de edificar, advinda da criação de área *non aedificandi* (proibição de construir), somente é devida na hipótese de a limitação ser imposta sobre imóvel urbano, desde que fique demonstrado o prejuízo causado ao proprietário da área.

> A indenização pela limitação administrativa ao direito de edificar, advinda da criação de área *non aedificandi*, somente é devida se imposta sobre imóvel urbano e desde que fique demonstrado o prejuízo causado ao proprietário da área (STJ, AgRg no REsp 1.113.343/SC, Rel. Min. Hamilton Carvalhido, Primeira Turma, j. 19-10-2010, Jurisprudência em Teses – Edição n. 127).

Ademais, **se, quando o proprietário adquiriu o imóvel, já havia a limitação administrativa, ele não poderá pedir indenização.** A limitação, portanto, para ensejar o direito à excepcional indenização, deve ser POSTERIOR à aquisição do imóvel.

> A responsabilização do Estado na indenização decorrente de limitação administrativa somente ocorre se a aquisição do imóvel tiver ocorrido *antes* da restrição administrativa (STJ, 1.ª Seção, AR 2.075/PR, Rel. Min. Denise Arruda, Rel. p/ Acórdão Min. Humberto Martins, j. 27-5-2009).

Isso porque supõe-se que as restrições impostas à propriedade já foram consideradas na fixação do preço do imóvel. Assim, viola o princípio da boa-fé objetiva o particular que adquire, por sua conta e risco, imóvel ciente das limitações impostas à propriedade e, posteriormente, vem a exigir do Estado indenização a pretexto dessas mesmas limitações.

> É indevido o direito à indenização se o imóvel expropriado foi adquirido após a imposição de limitação administrativa, porque se supõe que as restrições de uso e gozo da propriedade já foram consideradas na fixação do preço do imóvel (STJ, AgInt no REsp 1.732.096/SC, Rel. Min. Francisco Falcão, Segunda Turma, j. 14-8-2018, *DJe* 20-8-2018, Jurisprudência em Teses – Edição n. 127).

Além disso, para que o particular busque essa indenização, ele disporá do prazo prescricional de **5 anos**, nos termos do Decreto-lei n. 3.365/41.

De acordo com o STJ, os danos eventualmente causados pela limitação administrativa devem ser objeto de **ação de direito pessoal**, cujo prazo prescricional é de cinco anos, e não de direito real, que seria o caso da desapropriação indireta.

> A pretensão reparatória do esvaziamento do conteúdo econômico da propriedade decorrente de limitações administrativas prescreve em cinco anos, nos termos do art. 10, parágrafo único, do Decreto-lei n. 3.365/1941. Os danos

eventualmente causados pela limitação administrativa devem ser objeto de **ação de direito pessoal**, cujo prazo prescricional é de cinco anos, e não de direito real, que seria o caso da desapropriação indireta. A limitação administrativa distingue-se da desapropriação: nesta, há transferência da propriedade individual para o domínio do expropriante, com integral indenização; naquela, há apenas restrição ao uso da propriedade imposta genericamente a todos os proprietários, sem qualquer indenização. Dessa forma, as restrições ao direito de propriedade impostas por normas ambientais, ainda que esvaziem o conteúdo econômico, não constituem desapropriação indireta (STJ, AgRg no REsp 1.317.806/MG, Rel. Min. Humberto Martins, j. 6-11-2012).

3.2 Limitação administrativa ambiental

Esse tema pode ser objeto de cobrança tanto no Direito Administrativo, quanto no Direito Ambiental, razão pela qual faremos uma breve análise de suas peculiaridades, especialmente considerando os entendimentos jurisprudenciais sobre o assunto.

Algumas leis ambientais restringem o uso da propriedade, caracterizando--se como verdadeiras limitações administrativas.

A restrição de uso decorrente da legislação ambiental é simples limitação administrativa e não se confunde, como regra, com o desapossamento típico da desapropriação indireta (STJ, 2.ª Turma, REsp 1409486/MG, Rel. Min. Herman Benjamin, j. 3-4-2014).

Nesses termos, eventuais prejuízos causados devem ser indenizados, de forma excepcional, por meio de ação de direito pessoal, e não de direito real, como é o caso da ação em face de desapropriação indireta.

O que ocorre com a edição de leis ambientais que restringem o uso da propriedade é a limitação administrativa, cujos prejuízos causados devem ser indenizados por meio de ação de direito pessoal, e não de direito real, como é o caso da ação em face de desapropriação indireta (STJ, 2.ª Turma, AgRg nos EDcl no AREsp 382.944/MG, Rel. Min. Humberto Martins, j. 18-3-2014).

O prazo prescricional para pleitear tal reparação é, como explicitado alhures, de 5 anos, nos termos do art. 10, parágrafo único, do Decreto-lei n. 3.365/41.

A limitação administrativa distingue-se da desapropriação, uma vez que nesta há transferência da propriedade individual para o domínio do expropriante, com integral indenização; e naquela há, apenas, restrição ao uso da propriedade imposta genericamente a todos os proprietários, sem qualquer indenização. Não há desapropriação indireta sem que haja o efetivo apossamento da propriedade pelo Poder Público. Desse modo, **as restrições ao direito de propriedade impostas por normas ambientais, ainda que esvaziem o conteúdo econômico, não constituem desapropriação indireta. A edição de leis ambientais que restringem o uso da propriedade caracteriza uma limitação administrativa, cujos prejuízos causados devem ser indenizados por meio de uma ação de direito pessoal, e não de direito real, como é o caso da ação contra a desapropriação indireta. Hipótese em que está caracterizada a prescrição quinquenal, nos termos do art. 10, parágrafo único, do Decreto-lei n. 3.365/41** (STJ, AgRg no REsp 1.359.433/MG, Rel. Min. Humberto Martins, Segunda Turma, j. 12-3-2013, *DJe* 21-3-2013).

Por fim, a inclusão do imóvel do particular em Estação Ecológica representa uma evidente limitação administrativa imposta pelo Estado, culminando em restrições ao exercício dos poderes inerentes à propriedade.

Trata-se, deste modo, de limitação administrativa ambiental que desnatura por completo o domínio útil do particular.

O regime jurídico da Estação Ecológica impõe proteção integral da área, tanto que a Lei n. 9.985/2000 afirma que a posse e o domínio passam a ser do Poder Público.

Art. 9.º A Estação Ecológica tem como objetivo a preservação da natureza e a realização de pesquisas científicas.

§ 1.º A Estação Ecológica é de posse e domínio públicos, sendo que as áreas particulares incluídas em seus limites serão desapropriadas, de acordo com o que dispõe a lei.

§ 2.º É proibida a visitação pública, exceto quando com objetivo educacional, de acordo com o que dispuser o Plano de Manejo da unidade ou regulamento específico.

Desse modo, a tão só inclusão do imóvel na Estação Ecológica, implica inteiro comprometimento dos direitos inerentes ao domínio, mesmo antes da efetivação do processo de desapropriação pelo Poder Público.

Nesses termos, considerando a completa desnaturação do domínio útil exercido pelo particular com a imposição de tal limitação administrativa, o STJ concluiu que o proprietário deixa de ser considerado sujeito passivo do IPTU em relação a este bem.

Não obstante, há, ainda, um outro argumento: o IPTU tem incidência sobre bens imóveis localizados na zona urbana. Todavia, de acordo com o art. 49 da Lei n. 9.985/2000, as unidades de conservação de proteção integral são consideradas integrantes da zona rural.

Art. 49. A área de uma unidade de conservação do Grupo de Proteção Integral é considerada zona rural, para os efeitos legais.

Assim, por ser considerado imóvel rural por força de lei, somente poderia ser tributado pelo Imposto Territorial Rural (ITR), cuja competência tributária é específica da União, e não do Município.

Eis a tese fixada pelo STJ:

> A qualificação de imóvel como estação ecológica limita o direito de propriedade, o que afasta a incidência do IPTU (STJ, 2.ª Turma, REsp 1.695.340/MG, Rel. Min. Mauro Campbell Marques, j. 17-9-2019, Info 657).

4. REQUISIÇÃO ADMINISTRATIVA

A requisição administrativa é modalidade de intervenção autoexecutória e temporária no direito de propriedade pautada na existência de **iminente perigo público**, podendo ter como objeto bens móveis, imóveis ou serviços. Tem por fundamento a supremacia do interesse público sobre o privado.

A emergência da situação justifica a autoexecutoriedade e compulsoriedade da medida, sendo desnecessário processo administrativo prévio. Enquanto subsistir a situação excepcional, a medida permanecerá válida.

Trata-se, nestes termos, de uma forma de intervenção temporária ou transitória. Finda a situação de anormalidade, é imperiosa a extinção da requisição.

É uma forma branda ou restritiva (não supressiva) de intervenção, que pode alcançar bens móveis e imóveis e serviços.

Via de regra, é gratuita, assegurada ao proprietário indenização posterior, se houve dano.

São exemplos: uso de veículo privado para perseguir criminoso; requisição de serviços hospitalares em razão de epidemia; requisição de barcos e ginásios na hipótese de enchentes.

Todos os entes públicos podem requisitar bens particulares, valendo-se da requisição administrativa. Entretanto, apenas a União possui competência para legislar sobre o tema (competência exclusiva, nos termos do art. 22 da CF).

A servidão possui previsão constitucional, notadamente, no art. 5.º, XXV, *in verbis:*

> Art. 5.º (...)
>
> XXV – **no caso de iminente perigo público**, a autoridade competente poderá usar de propriedade particular, assegurada ao proprietário **indenização ulterior, se houver dano;**

Da leitura da "letra fria" do artigo, extrai-se que apenas a propriedade privada pode ser objeto da requisição.

| **Mas... e os bens públicos? Também podem ser requisitados?** |

Da análise sistemática do texto constitucional, extrai-se a possibilidade de requisição de bens e serviços públicos durante o Estado de Defesa e o Estado de Sítio. Vejamos:

> Art. 136. (...)
>
> § 1.º O decreto que instituir o estado de defesa determinará o tempo de sua duração, especificará as áreas a serem abrangidas e indicará, nos termos e limites da lei, as medidas coercitivas a vigorarem, dentre as seguintes: (...)
>
> II – ocupação e uso temporário de bens e serviços públicos, na hipótese de calamidade pública, respondendo a União pelos danos e custos decorrentes.
>
> Art. 139. Na vigência do estado de sítio decretado com fundamento no art. 137, I, só poderão ser tomadas contra as pessoas as seguintes medidas: (...)
>
> VI – intervenção nas empresas de serviços públicos;
>
> VII – requisição de bens.

Para o STF (MS 25.295/DF), a despeito de ser possível, a requisição administrativa de bens públicos reveste-se de caráter excepcional. **A Constituição somente excepciona a regra durante a vigência das medidas excepcionais de decretação de estado de defesa e de estado de sítio, para facultar à União a requisição de bens e serviços públicos de outros entes da federação.**

Registrou, portanto, o Supremo a **"inadmissibilidade da requisição de bens municipais pela União em situação de normalidade institucional, sem a decretação de estado de defesa ou estado de sítio".**

Esse entendimento foi confirmado em decisão na qual a União pretendeu requisitar administrativamente seringas e agulhas comprados por Estado para a imunização de vacinas na Covid-19. Vejamos:

> É incabível a requisição administrativa, pela União, de bens insumos contratados por unidade federativa e destinados à execução do plano local de imunização, cujos pagamentos já foram empenhados. **A requisição administrativa não pode se voltar contra bem ou serviço de outro ente federativo. Isso para que não haja indevida interferência na autonomia de um sobre outro** (STF, Plenário, ACO 3.463 MC--Ref/SP, Rel. Min. Ricardo Lewandowski, j. 8-3-2021, Info 1008).

Em 21-6-2022, ao apreciar a ADI 3.454, o Supremo reafirmou a tese de que **"a requisição administrativa de bens de uma unidade federativa por outra é inconstitucional".** Na ocasião, foi conferida interpretação conforme à Constituição ao art. 15, XIII, da Lei n. 8.080/90, excluindo-se a possibilidade de requisição administrativa de bens e serviços públicos de titularidade de outros entes federativos, sob pena de ofensa ao pacto federativo, já que a relação entre os entes é marcada pela cooperação e pela horizontalidade.

Bastante esclarecedora a ementa:

Ação direta de inconstitucionalidade. Art. 15, inciso XIII, da Lei n. 8.080/90 (Lei Orgânica do Sistema Único de Saúde – SUS). **Requisição administrativa de bens e serviços para atendimento de necessidades coletivas, urgentes e transitórias decorrentes de situações de perigo iminente, de calamidade pública ou de irrupção de epidemias. Interpretação conforme à Constituição. Vedação a que um ente federado requisite bem ou serviço de outro. Entendimento jurisprudencial da Suprema Corte consolidado no decorrer da Pandemia da Covid-19. Ofensa à autonomia do ente federado e ao pacto federativo. Princípio do federalismo cooperativo. Cooperação e horizontalidade.** Procedência do pedido.

1. A questão jurídica debatida nos autos está em saber se a requisição de que trata o art. 15, inciso XIII, da Lei n. 8.080/90 pode recair sobre bens e serviços públicos. Em outras palavras, discute-se, na presente ação, se um ente federativo pode requisitar bens e serviços pertencentes a outro.

2. **Segundo a firme jurisprudência do Supremo Tribunal Federal, ofende o princípio federativo a requisição de bens e serviços de um ente federativo por outro, o que somente se admitiria à União, de forma excepcional, durante a vigência das medidas excepcionais de estado de defesa (art. 136, § 1.º, inciso II, da CF) e estado de sítio (art. 139, inciso VII, da CF)** (*v.g.*, ACO n. 3.463-MC-REF, Tribunal Pleno, Rel. Min. Ricardo Lewandowski, julgado em 8/3/21, publicado no *DJe* de 17/3/21; ACO n. 3.393-MC-Ref, Tribunal Pleno, Rel. Min. Roberto Barroso, julgado em 22/6/20, publicado no *DJe* de 8/7/20; ACO n. 3.398, Rel. Min. Roberto Barroso, publicado em 23/6/20; e ACO n. 3.385, Rel. Min. Celso de Mello, publicado no *DJe* de 23/4/20).

3. Conforme entendimento firmado na ADI n. 6.362, a requisição administrativa é instrumento de intervenção do Estado na propriedade privada que independe de aquiescência do particular e atuação prévia do Judiciário, cujo pressuposto único é o atendimento de uma situação de perigo público iminente.

4. Mesmo que os bens públicos estejam vocacionados ao atendimento de uma finalidade pública (o que é indiscutível) e que o pressuposto único indispensável para a requisição seja o atendimento de situação de perigo público iminente (e não a natureza do bem requisitado), seu uso excepcional e transitório por ente federativo que não aquele a que está vinculado o bem (ou serviço), ainda que a pretexto de acudir a uma situação fática de extrema necessidade, fere a autonomia do ente cujo bem seja requisitado e lhe acarreta incontestável desorganização.

5. A validade constitucional do dispositivo questionado está condicionada à exclusão da possibilidade de que a norma recaia sobre bens e serviços públicos, uma vez que tal preceito se volta a disciplinar a relação entre o Poder Público e o particular, cons-

tituindo-se em garantia desse em face daquele. *No tocante aos entes federativos, suas relações se caracterizam pela cooperação e pela horizontalidade, não se admitindo a ente federativo requisitar bem ou serviço pertencente a outro, sob pena de ferimento da autonomia desse ente e, consequentemente, ofensa ao pacto federativo.*
6. Pedido que se julga procedente para se conferir interpretação conforme à Constituição ao art. 15, inciso XIII, da Lei n. 8.080/90, excluindo-se a possibilidade de requisição administrativa de bens e serviços públicos de titularidade de outros entes federativos (STF, Plenário, ADI 3.454, Rel. Min. Dias Toffoli, j. 21-6-2022).

As requisições administrativas, portanto, como regra, apresentam as seguintes **características:**

a) **Específicas** – incidem sobre bens determinados;

b) Têm por **objeto bens móveis, imóveis ou serviços;**

c) **Unilaterais** – impõem obrigações apenas aos proprietários;

d) **Gratuitas** – via de regra, o Estado não precisa pagar indenização aos proprietários. Assegura-se a indenização ulterior, se houver dano;

e) **Temporárias** – somente subsistem enquanto perdurar a situação de perigo público;

f) **Intervenções brandas** que apenas restringem o caráter absoluto da propriedade, sem suprimir o domínio;

g) Seu pressuposto é o **perigo público iminente;**

h) Natureza de **direito pessoal.**

Trata-se, em regra, de uma intervenção gratuita, mas o próprio texto constitucional assegura a "indenização ulterior, se houver dano".

O prazo prescricional para pleitear a reparação é de 5 anos, nos termos do art. 10, parágrafo único, do Decreto-lei n. 3.365/41.

5. SERVIDÃO ADMINISTRATIVA

A servidão administrativa é o direito real público que autoriza o Poder Público a usar a propriedade imóvel para a execução de obras e serviços de interesse coletivo, pode incidir tanto sobre bem privado quanto público.

Atinge bens particulares determinados – daí decorre o seu caráter específico - e constitui direito real sobre a propriedade alheia em favor da Administração Pública, permitindo a sua utilização pelo Estado ou pelos seus delegatários com o objetivo de atender o interesse público.

Na concepção de Hely Lopes (2003), a:

servidão administrativa ou pública é ônus real de uso imposto pela administração à propriedade particular para assegurar a realização e conservação de obras e serviços públicos ou de utilidade pública, mediante indenização dos prejuízos efetivamente suportados pelo proprietário.

A servidão administrativa, assim como a servidão privada, é, via de regra, permanente (perpétua). Excepcionalmente, admite-se sua extinção, como nas hipóteses de desaparecimento do bem gravado, de sua incorporação ao domínio público ou de manifesto desinteresse do Poder Público em continuar utilizando a propriedade alheia.

Em outras palavras: dizer que as servidões são perpétuas significa dizer que elas perdurarão enquanto subsistir a necessidade do Poder Público e a utilidade do prédio serviente. Cessada esta ou aquela, extingue-se a servidão.

Segundo Di Pietro (2018), se a coisa dominante perder sua função pública, a servidão desaparece. Esta também se extingue se a coisa dominante for desafetada ou for afetada a fim diverso para o qual não seja necessária a servidão. Cessará, ainda, a servidão pela reunião das coisas serviente e dominante no domínio de um só titular.

Ressalte-se, ainda, que a servidão administrativa pode não precisar da existência de um prédio dominante, pois a restrição imposta ao prédio serviente pode se fundar exclusivamente pela necessidade de serviços de utilidade pública.

Por se tratar de forma de intervenção gratuita, o particular não possui, pelo tão só fato da instituição da servidão, direito à indenização. Poderá, entretanto, restar configurado tal direito na hipótese de ser comprovada a ocorrência de dano.

Trata-se, assim, de forma branda ou restritiva (não supressiva) de intervenção, que somente pode alcançar bens imóveis.

É possível, nesse sentido, a realização de construções de pequeno porte na área da servidão administrativa, desde que não afetem a prestação do serviço público.

> **Admite-se a possibilidade de construções que não afetem a prestação do serviço público na faixa de servidão** (art. 3.º do Decreto n. 35.851/1954) (STJ, AgInt no REsp 1.370.632/ES, Rel. Min. Og Fernandes, Segunda Turma, j. 11-4-2019, *DJe* 22-4-2019, Jurisprudência em Teses – Edição n. 127).

São exemplos desta forma de intervenção: placas com nomes de ruas afixadas em imóveis privados; servidão de passagem de oleodutos e aquedutos; passagem de fios e cabos de energia elétrica.

As servidões administrativas, portanto, *como regra*, apresentam as seguintes **características:**

a) **Específicas** – atingem bens particulares determinados;

b) Têm por **objeto somente bens imóveis;**

c) **Unilaterais** – impõem obrigações apenas aos proprietários;

d) **Gratuitas** – via de regra, o Estado não precisa pagar indenização aos proprietários. Excepcionalmente, admite-se indenização dos prejuízos efetivamente suportados pelo proprietário;

e) **Perpétuas** – em regra, as servidões são definitivas. Excepcionalmente, admite-se sua extinção, como nas hipóteses de desaparecimento do bem gravado, de sua incorporação ao domínio público ou de manifesto desinteresse do Poder Público em continuar utilizando a propriedade alheia;

f) **Intervenções brandas** que apenas restringem o caráter absoluto da propriedade, sem suprimir o domínio;

g) Objetivam assegurar a realização e conservação de obras e serviços públicos ou de utilidade pública;

h) Natureza de **direito real público.**

A modalidade mais comum de instituição de servidão é o **acordo entre o Poder Público e o proprietário, precedido da expedição de decreto do Chefe do Poder Executivo** (ato declaratório da utilidade pública).

Se o proprietário não concordar, é possível a sua instituição mediante sentença judicial, adotando-se o rito previsto no Decreto n. 3.365/41.

Quanto à instituição por lei, há divergência doutrinária: Maria Sylvia Zanella Di Pietro, Hely Lopes Meirelles e Alexandre Mazza defendem ser possível (a exemplo da servidão ao redor de aeroportos); José dos Santos Carvalho Filho, Marçal Justen Filho e Rafael Oliveira, por sua vez, entendem não ser possível, apontando que esta é justamente a distinção entre a servidão administrativa (dotada de caráter específico) e a limitação administrativa (dotada de caráter geral).

> **Há necessidade ou não de registro da servidão administrativa?**

Para responder essa pergunta, é preciso fazer a seguinte distinção: as servidões que decorrem diretamente da lei dispensam o registro cartorário, isto porque o ônus real se constitui no momento em que a lei é promulgada ou, posteriormente, quando algum fato coloque o imóvel na situação descrita na lei. Assim, o ato normativo confere à servidão a mesma publicidade e satisfaz os mesmos fins atribuídos ao Registro de Imóveis, razão pela qual este se torna desnecessário.

Nas demais hipóteses, a inscrição torna-se imprescindível, tendo em vista que tanto o acordo quanto a sentença produzem efeitos apenas *inter partes*, além de não gozarem da mesma publicidade que tem a lei. Assim, para que se tornem oponíveis *erga omnes* (a todos), precisam ser registrados.

Alguns macetes para facilitar...

Se a questão falar que o ato recai sobre bem *específico*, exclui-se a possibilidade de ser uma limitação administrativa, pois essa impõe restrições abstratas e gerais ao uso da propriedade pelos particulares;

Se falar que é um direito *real*, afasta-se a ocupação temporária, já que esta tem natureza pessoal (assim como a limitação e o tombamento).

Como vimos, por se tratar de forma de intervenção gratuita, o particular não possui, pelo tão só fato da instituição da servidão, direito à indenização.

Poderá, entretanto, restar configurado tal direito na hipótese de ser comprovada a ocorrência de dano.

Devem ser indenizados, porém, apenas os prejuízos sofridos em virtude da instituição da servidão. Não se indeniza a propriedade, pois esta não é retirada do particular.

Caso se constate que a indenização não corresponde à área efetivamente relacionada à servidão, é possível complementação da verba indenizatória, segundo entendimento do STJ:

> Nas hipóteses em que ficar demonstrado que a servidão de passagem abrange área superior àquela prevista na escritura pública, impõe-se o dever de indenizar, sob pena de violação do princípio do justo preço (STJ, REsp 1.359.575/RS, Rel. Min. Og Fernandes, Segunda Turma, j. 9-10-2018, *DJe* 15-10-2018, Jurisprudência em Teses – Edição n. 127).

Saliente-se, ademais, que sobre o valor indenizatório recebido pelo particular em razão de servidão administrativa instituída pelo Poder Público não incide Imposto de Renda.

> Não incide imposto de renda sobre os valores indenizatórios recebidos pelo particular em razão de servidão administrativa instituída pelo Poder Público (STJ, REsp 1.474.995/SC, Rel. Min. Assusete Magalhães, Segunda Turma, j. 24-3-2015, *DJ* 8-4-2015, Jurisprudência em Teses – Edição n. 127).

6. OCUPAÇÃO TEMPORÁRIA

De acordo com Rafael Oliveira (2021, p. 637):

> a ocupação temporária é a intervenção branda por meio da qual o Estado ocupa, por **prazo determinado** e em **situação de normalidade**, a propriedade privada para **execução de obra pública ou a prestação de serviços públicos.**

Seu pressuposto, portanto, é o apoio à realização de obras públicas ou à prestação de serviços públicos.

A sua instituição pode ocorrer mediante ato formal (obrigatório na hipótese de estar vinculada à desapropriação) ou pela simples ocupação material sem qualquer formalidade.

Como o próprio nome já sugere, é dotada de caráter transitório, devendo ser efetivada por prazo determinado. Caso não seja fixado prazo, cessará com o fim da obra ou do serviço que justificou a sua instituição.

Trata-se, assim, de forma branda ou restritiva (não supressiva) de intervenção, que pode alcançar bens móveis e imóveis, permitindo o seu uso momentâneo e inofensivo. É dizer: a ocupação temporária não admite demolições ou alterações prejudiciais no bem utilizado.

Segundo Hely Lopes Meirelles (*apud* MAZZA, 2022, p. 692):

> essa prerrogativa pode ser transferida a concessionários e empreiteiros, desde que autorizados pela Administração a ocupar terrenos baldios ou propriedades inexploradas, nas proximidades das obras ou serviços públicos a realizar.

São exemplos: ocupação temporária de terreno privado para alojar operários e maquinário durante a pavimentação de estradas; utilização de escolas como zonas eleitorais; bem como a ocupação provisória de imóvel privado para obras relacionadas à realização da desapropriação, prevista no art. 36 do Decreto-lei n. 3.365/41.

> Art. 36. É permitida a ocupação temporária, que será indenizada, afinal, por ação própria, de terrenos não edificados, vizinhos às obras e necessários à sua realização.

Outro exemplo de ocupação temporária é a cláusula exorbitante dos contratos administrativos que permite a apropriação provisória dos bens e do serviço vinculado ao objeto do contrato para evitar a interrupção de sua execução na hipótese de rescisão unilateral de contrato administrativo ou para apurar faltas contratuais pelo contratado. Vejamos o que diz a Lei n. 14.133/2021:

> Art. 104. O regime jurídico dos contratos administrativos instituído por esta Lei confere à Administração, em relação a eles, a prerrogativa de: (...)
> V - ocupar provisoriamente bens móveis e imóveis e utilizar pessoal e serviços vinculados ao objeto do contrato nas hipóteses de:

> a) risco à prestação de serviços essenciais;
>
> b) necessidade de acautelar apuração administrativa de faltas contratuais pelo contratado, inclusive após extinção do contrato.

As requisições administrativas, portanto, como regra, apresentam as seguintes **características**:

a) **Específicas** – incidem sobre bens determinados;

b) Têm por **objeto bens móveis ou imóveis;**

c) **Unilaterais** – impõem obrigações apenas aos proprietários;

d) **Gratuitas ou remuneradas**;

e) **Temporárias** – devendo ser instituídas por prazo determinado. Não havendo prazo prefixado, perdurarão apenas enquanto estiver sendo realizada a obra pública ou o serviço público;

f) **Intervenções brandas** que apenas restringem o caráter absoluto da propriedade, sem suprimir o domínio;

g) Seu pressuposto é a **realização de obra pública ou prestação de serviço público**;

h) Natureza de **direito pessoal**.

De acordo com o art. 36 do Decreto-lei n. 3.365/41, a ocupação temporária relacionada à desapropriação será indenizada em ação própria.

> Art. 36. É permitida a ocupação temporária, que será indenizada, afinal, por ação própria, de terrenos não edificados, vizinhos às obras e necessários à sua realização.

Nesse diapasão, a doutrina defende que sempre que a ocupação estiver vinculada ao procedimento desapropriatório, será remunerada, assegurando-se o direito à indenização.

Nas demais hipóteses, contudo, só haverá o direito indenizatório de forma ulterior e desde que comprovado o efetivo prejuízo, evitando-se, assim, o enriquecimento sem causa do proprietário do bem ocupado.

O pleito indenizatório sujeita-se ao prazo prescricional de cinco anos, na forma do art. 10, parágrafo único, do Decreto-lei n. 3.365/41.

7. TOMBAMENTO

Tombamento é modalidade de intervenção branda do Estado na propriedade privada decretada com fundamento na proteção do patrimônio histórico, cultural e artístico nacional. Vejamos o disposto no art. 216, § 1.º, da CF:

> Art. 216. (...)
>
> § 1.º O Poder Público, com a colaboração da comunidade, promoverá e protegerá o patrimônio cultural brasileiro, por meio de inventários, registros, vigilância, tombamento e desapropriação, e de outras formas de acautelamento e preservação.

O tombamento não é a única forma de proteção do patrimônio cultural brasileiro! Como se vê do art. 216, § 1.º, o Poder Público dispõe também de inventários, registros, vigilância, desapropriação, além de outras formas de acautelamento e preservação.

Pode incidir sobre bens móveis ou imóveis, materiais ou imateriais, públicos ou privados, bastando que seja constatada a sua relevância para o patrimônio histórico e artístico nacional.

O tombamento encontra-se disciplinado no Decreto-lei n. 25/37, podendo ser instituído de ofício, de forma voluntária ou compulsoriamente.

Passemos à análise das disposições pertinentes.

O Decreto-lei n. 25/37, marco nacional relevante no contexto dos mecanismos jurídicos de proteção do patrimônio histórico nacional, contou, para a sua elaboração, com a destacada influência de Mário de Andrade, importante intelectual brasileiro.

As disposições normativas nele constantes são aplicáveis aos bens pertencentes tanto às pessoas naturais, quanto às pessoas jurídicas de direito privado e de direito público interno.

De acordo com o art. 1.º, o patrimônio histórico e artístico nacional é constituído pelo conjunto dos bens móveis e imóveis existentes no país e cuja conservação seja de interesse público, quer por sua vinculação a fatos memoráveis da história do Brasil, quer por seu excepcional valor arqueológico ou etnográfico, bibliográfico ou artístico.

Trata-se, assim, de conceito jurídico conexo com o de meio ambiente cultural.

Para serem considerados parte integrante do patrimônio histórico ou artístico nacional, é preciso que os bens sejam inscritos, separada ou agrupadamente, no livro do Tombo.

Equiparam-se a bens históricos, também estando sujeitos a tombamento os monumentos naturais, os sítios e paisagens que importe conservar e proteger pela feição notável com que tenham sido dotados pela natureza ou agenciados pela indústria humana.

> Art. 1.º (...)
>
> § 2.º Equiparam-se aos bens a que se refere o presente artigo e são também sujeitos a tombamento os monumentos naturais, bem como os sítios e paisagens que impor-

te conservar e proteger pela feição notável com que tenham sido dotados pelo natureza ou agenciados pelo indústria humana.

O art. 3.º exclui do patrimônio histórico e artístico nacional as obras de origem estrangeira:

1) que pertençam às representações diplomáticas ou consulares acreditadas no país;
2) que adornem quaisquer veículos pertencentes a empresas estrangeiras, que façam carreira no país;
3) que se incluam entre os bens referidos no art. 10 da Introdução do Código Civil, e que continuam sujeitas à lei pessoal do proprietário;
4) que pertençam a casas de comércio de objetos históricos ou artísticos;
5) que **sejam trazidas para exposições comemorativas, educativas ou comerciais**;
6) que **sejam importadas por empresas estrangeiras expressamente para adorno dos respectivos estabelecimentos**;

O tombamento distingue-se conforme atinja bens públicos ou particulares.

Se recair sobre bem público, o tombamento dar-se-á de ofício, na forma prevista no art. 5.º, processando-se mediante simples notificação à entidade a quem pertencer (União, Estado ou Município) ou sob cuja guarda estiver a coisa tombada; com a notificação, a medida começa a produzir efeitos.

Art. 5.º O **tombamento dos bens pertencentes à União, aos Estados e aos Municípios se fará de ofício**, por ordem do diretor do Serviço do Patrimônio Histórico e Artístico Nacional, mas deverá ser **notificado** à entidade a quem pertencer, ou sob cuja guarda estiver a coisa tombada, afim de produzir os necessários efeitos.

No caso de bem público, após a manifestação do órgão técnico, a autoridade administrativa determina a inscrição do bem no Livro do Tombo, notificando a pessoa jurídica de direito público titular do bem ou que o tenha sob sua guarda.

Ressalte-se que os bens públicos apenas excepcionalmente podem ser tombados. Nessas hipóteses deve-se observar o disposto no art. 5.º, não havendo previsão de outra modalidade para sua instituição que não o tombamento de ofício.

O Estado pode tombar bem da União?

De acordo com o STF (ACO 1.208), **o princípio da hierarquia verticalizada, previsto no Decreto-lei n. 3.365/41, NÃO se aplica ao tombamento,** disciplinado no Decreto-lei n. 25/37. Desta forma, é perfeitamente possível que o Estado tombe bem da União.

O Decreto-lei n. 3.365/41, em seu art. 2.º, § 2.º, estabelece uma regra em que entes "maiores" podem desapropriar bens de entes "menores". É dizer: a União pode desapropriar bens dos domínios dos Estados, Municípios, DF e Territórios. Além disso, os Estados podem desapropriar bens do domínio dos Municípios, sendo necessária autorização legislativa.

Contudo, a recíproca não é verdadeira. É dizer: os Municípios não poderão desapropriar bens dos Estados ou da União, e os Estados não poderão desapropriar bens da União.

O artigo mencionado institui, assim, o chamado princípio da hierarquia verticalizada, que veda expressamente a desapropriação de bens do ente maior pelo ente menor.

No entanto, este decreto-lei não se aplica para os casos de tombamento, uma vez que há disciplina própria no Decreto-lei n. 25/37.

A lei de tombamento apenas indica ser aplicável a bens pertencentes a pessoas físicas e pessoas jurídicas de direito privado e de direito público interno.

Assim sendo, como não há qualquer vedação específica no que toca ao tombamento, entende-se que os bens da União não foram imunizados do tombamento pelos demais entes, sendo possível, ao menos em tese, que um Estado ou mesmo um Município tombem bem da União.

ATENÇÃO!

UNIÃO pode desapropriar bens dos ESTADOS e MUNICÍPIOS, mas a recíproca não é verdadeira.

UNIÃO pode tombar bens pertencentes aos ESTADOS e MUNICÍPIOS e vice-versa.

Pode haver tombamento de ato legislativo?

Na oportunidade (ACO 1.208), o STF ressaltou também que não há vedação de que o tombamento seja realizado pelo Poder Legislativo por meio da edição de lei. Não se exige, portanto, que o tombamento seja realizado tão somente por ato do Executivo.

O tombamento feito por ato legislativo, contudo, possui caráter provisório. Para que seja considerado permanente, depende de ato do Executivo. O tão só fato de ser revestido de caráter provisório, contudo, não impede a sua instituição pela via legal.

Imperioso salientar, ainda, que **o tombamento provisório por ato legislativo não precisa ser precedido de notificação prévia da União, exigência**

restrita ao procedimento definitivo promovido pelo Executivo estadual (STF, Plenário, ACO 1.208, AgR, Rel. Min. Gilmar Mendes, j. 24-11-2017).

No caso de bem público, após a manifestação do órgão técnico, a autoridade administrativa determina a inscrição do bem no Livro do Tombo, notificando a pessoa jurídica de direito público titular do bem ou que o tenha sob sua guarda.

Conforme a manifestação de vontade, o tombamento de bens particulares poderá ser classificado como voluntário ou compulsório.

> Art. 7.º Proceder-se-á ao *tombamento voluntário* sempre que o proprietário o pedir e a coisa se revestir dos requisitos necessários para constituir parte integrante do patrimônio histórico e artístico nacional, a juízo do Conselho Consultivo do Serviço do Patrimônio Histórico e Artístico Nacional, ou sempre que o mesmo proprietário anuir, por escrito, à notificação, que se lhe fizer, para a inscrição da coisa em qualquer dos Livros do Tombo.
>
> Art. 8.º Proceder-se-á ao *tombamento compulsório* quando o proprietário se recusar a anuir à inscrição da coisa.

O tombamento voluntário ocorrerá quando o proprietário consentir com o tombamento, seja porque ele mesmo formulou o pedido ao Poder Público, seja porque concordou com a proposta de tombamento que lhe foi dirigida pelo Poder Público.

Na hipótese do tombamento voluntário requerido pelo proprietário, será ouvido o órgão técnico e, preenchidos os requisitos, será determinada a sua inscrição no Livro do Tombo e a transcrição no Registro de Imóveis (em se tratando de bem imóvel).

O tombamento compulsório, por sua vez, ocorre quando o Poder Público realiza a inscrição do bem como tombado, mesmo diante da resistência e do inconformismo do proprietário.

O procedimento compulsório compreende os seguintes atos: manifestação do órgão técnico, notificação ao proprietário, impugnação, manifestação do órgão que tomou a iniciativa do tombamento, decisão pelo órgão técnico, homologação pelo Ministro da Cultura, inscrição no Livro do Tombo (DI PIETRO, 2018, p. 149).

> Art. 9.º O tombamento compulsório se fará de acordo com o seguinte processo:
>
> 1) o Serviço do Patrimônio Histórico e Artístico Nacional, por seu órgão competente, notificará o proprietário para anuir ao tombamento, dentro do prazo de quinze dias, a contar do recebimento da notificação, ou para, si o quiser impugnar, oferecer dentro do mesmo prazo as razões de sua impugnação.

> 2) no caso de não haver impugnação dentro do prazo assinado, que é fatal, o diretor do Serviço do Patrimônio Histórico e Artístico Nacional mandará por simples despacho que se proceda à inscrição da coisa no competente Livro do Tombo.
>
> 3) se a impugnação for oferecida dentro do prazo assinado, far-se-á vista da mesma, dentro de outros quinze dias fatais, ao órgão de que houver emanado a iniciativa do tombamento, afim de sustentá-la. Em seguida, independentemente de custas, será o processo remetido ao Conselho Consultivo do Serviço do Patrimônio Histórico e Artístico Nacional, que proferirá decisão a respeito, dentro do prazo de sessenta dias, a contar do seu recebimento. Dessa decisão não caberá recurso.

O tombamento, pode, ainda, ser classificado como provisório ou definitivo, critério que diz respeito à eficácia do ato.

Diz-se provisório enquanto está em curso o processo administrativo instaurado pela notificação do Poder Público, e definitivo quando, depois de concluído o processo, o Poder Público procede à inscrição do bem como tombado, no respectivo registro de tombamento.

Para todos os efeitos, salvo disposição do art. 13 (transferência de propriedade do bem), o tombamento provisório SE EQUIPARARÁ ao definitivo.

De acordo com o STJ:

> O ato de tombamento geral não precisa individualizar os bens abarcados pelo tombo, pois as restrições impostas pelo Decreto-lei n. 25/1937 se estendem à totalidade dos imóveis pertencentes à área tombada (STJ, REsp 1.359.534/MA, Rel. Min. Herman Benjamin, Segunda Turma, j. 20-2-2014, *DJe* 24-10-2016, Jurisprudência em Teses – Edição n. 127).

O tombamento é uma forma de intervenção não supressiva na propriedade, não impedindo que o particular exerça os direitos inerentes ao domínio.

Em virtude disso, o tombamento, via de regra, não enseja direito à indenização, admitido, excepcionalmente, caso o proprietário demonstre que realmente sofreu algum prejuízo em decorrência da sua instituição.

Se, para proteger o bem, o Poder Público tiver que impor restrição total, de modo a impedir o exercício dos direitos inerentes ao domínio pelo seu proprietário, o procedimento correto será a desapropriação.

O tombamento definitivo dos bens de propriedade particular será, por iniciativa do órgão competente do Serviço do Patrimônio Histórico e Artístico Nacional, transcrito para os devidos efeitos em livro a cargo dos oficiais do Registro de Imóveis e averbado ao lado da transcrição do domínio.

No caso de transferência de propriedade de bem tombado, impõe-se ao adquirente o dever de, dentro do prazo de trinta dias, fazê-la constar do registro, sob pena de multa de dez por cento sobre o respectivo valor, ainda que se trate de transmissão judicial ou *causa mortis*.

Vejamos as disposições legais pertinentes:

DOS EFEITOS DO TOMBAMENTO

Art. 11. As coisas tombadas, que pertençam à União, aos Estados ou aos Municípios, inalienáveis por natureza, só poderão ser transferidas de uma à outra das referidas entidades.

Parágrafo único. Feita a transferência, dela deve o adquirente dar imediato conhecimento ao Serviço do Patrimônio Histórico e Artístico Nacional.

Art. 12. A alienabilidade das obras históricas ou artísticas tombadas, de propriedade de pessoas naturais ou jurídicas de direito privado sofrerá as restrições constantes da presente lei.

Art. 13. O tombamento definitivo dos bens de propriedade particular será, por iniciativa do órgão competente do Serviço do Patrimônio Histórico e Artístico Nacional, transcrito para os devidos efeitos em livro a cargo dos oficiais do registro de imóveis e averbado ao lado da transcrição do domínio.

§ 1.º No caso de transferência de propriedade dos bens de que trata este artigo, deverá o adquirente, dentro do prazo de trinta dias, sob pena de multa de dez por cento sobre o respectivo valor, fazê-la constar do registro, ainda que se trate de transmissão judicial ou *causa mortis.*

§ 2.º Na hipótese de deslocação de tais bens, deverá o proprietário, dentro do mesmo prazo e sob pena da mesma multa, inscrevê-los no registro do lugar para que tiverem sido deslocados.

§ 3.º A transferência deve ser comunicada pelo adquirente, e a deslocação pelo proprietário, ao Serviço do Patrimônio Histórico e Artístico Nacional, dentro do mesmo prazo e sob a mesma pena.

A **coisa tombada não poderá sair do país**, senão por curto prazo, sem transferência de domínio e para fim de intercâmbio cultural, a juízo do Conselho Consultivo do Serviço do Patrimônio Histórico e Artístico Nacional.

Art. 15. Tentada, a não ser no caso previsto no artigo anterior, a exportação, para fora do país, da coisa tombada, será esta sequestrada pela União ou pelo Estado em que se encontrar.

§ 1.º Apurada a responsabilidade do proprietário, ser-lhe-á imposta a multa de cinquenta por cento do valor da coisa, que permanecerá sequestrada em garantia do pagamento, e até que este se faça.

§ 2.º No caso de reincidência, a multa será elevada ao dobro.

§ 3.º A pessoa que tentar a exportação de coisa tombada, além de incidir na multa a que se referem os parágrafos anteriores, incorrerá, nas penas cominadas no Código Penal para o crime de contrabando.

No caso de extravio ou furto de qualquer objeto tombado, o respectivo proprietário deverá dar conhecimento do fato ao Serviço do Patrimônio Histórico e Artístico Nacional, dentro do prazo de cinco dias, sob pena de multa de dez por cento sobre o valor da coisa.

As coisas tombadas não poderão, em caso nenhum ser destruídas, demolidas ou mutiladas, nem, sem prévia autorização especial do Serviço do Patrimônio Histórico e Artístico Nacional, **reparadas, pintadas ou restauradas, sob pena de multa de 50% por cento do dano causado.**

De acordo com o STJ, mesmo na hipótese de ser acrescida construção à coisa tombada, não haverá que se falar em demolição do acréscimo se não houver ofensa à harmonia estética do conjunto arquitetônico tombado.

Inexistindo ofensa à harmonia estética de conjunto arquitetônico tombado, não há falar em demolição de construção acrescida (STJ, REsp 1.527.252/BA, Rel. Min. Herman Benjamin, Segunda Turma, j. 21-5-2015, *DJe* 30-6-2015, Jurisprudência em Teses – Edição n. 127).

Os efeitos do tombamento não se limitam à propriedade tombada, atingindo, também, a sua vizinhança.

De acordo com o Decreto-lei n. 25/37, sem prévia autorização do Serviço do Patrimônio Histórico e Artístico Nacional, não se poderá, na vizinhança da coisa tombada, fazer construção que lhe impeça ou reduza a visibilidade, nem nela colocar anúncios ou cartazes, sob pena de ser mandada destruir a obra ou retirar o objeto, impondo-se neste caso a multa de 50% do valor do mesmo objeto.

Registre-se, ainda, que as coisas tombadas ficam sujeitas à vigilância permanente do Serviço do Patrimônio Histórico e Artístico Nacional, que poderá inspecioná-las sempre que julgar conveniente, não podendo os respectivos proprietários ou responsáveis criar obstáculos à inspeção, sob pena de multa.

Além disso, os atentados cometidos contra os bens tombados são, por força do Decreto-lei, equiparados aos cometidos contra o patrimônio nacional.

Por meio do tombamento são impostas algumas obrigações de fazer e de não fazer ao proprietário do bem tombado, dentre as quais a de fazer todas as obras que forem necessárias para a conservação da coisa (art. 19 do Decreto-lei n. 25/37).

Art. 19. O proprietário de coisa tombada, que não dispuser de recursos para proceder às obras de conservação e reparação que a mesma requerer, levará ao conhecimento do Serviço do Patrimônio Histórico e Artístico Nacional a necessidade das mencionadas obras, sob pena de multa correspondente ao dobro da importância em que for avaliado o dano sofrido pela mesma coisa.

§ 1.º Recebida a comunicação, e consideradas necessárias as obras, o diretor do Serviço do Patrimônio Histórico e Artístico Nacional mandará executá-las, a expensas da União, devendo as mesmas ser iniciadas dentro do prazo de seis meses, ou providenciará para que seja feita a desapropriação da coisa.

§ 2.º À falta de qualquer das providências previstas no parágrafo anterior, poderá o proprietário requerer que seja cancelado o tombamento da coisa.

§ 3.º Uma vez que verifique haver urgência na realização de obras e conservação ou reparação em qualquer coisa tombada, poderá o Serviço do Patrimônio Histórico e Artístico Nacional tomar a iniciativa de projetá-las e executá-las, a expensas da União, independentemente da comunicação a que alude este artigo, por parte do proprietário.

O proprietário de coisa tombada, que não dispuser de recursos para proceder às obras de conservação e reparação, deverá solicitar providências. Se nada for feito, poderá requerer que seja cancelado o tombamento da coisa.

Se o proprietário da coisa tombada não dispuser de recursos para proceder às obras de conservação e reparação necessárias, ele deverá comunicar essa circunstância ao órgão competente que decretou o tombamento para arcar com as despesas necessárias à sua conservação.

Desse modo, a responsabilidade de reparar e conservar o imóvel tombado é, em princípio, do proprietário, a qual somente será afastada se ficar comprovado que ele não dispõe de recursos para proceder à reparação.

A responsabilidade de reparar e conservar o imóvel tombado é do proprietário, salvo quando demonstrado que ele não dispõe de recurso para proceder à reparação (STJ, 2.ª Turma, AgRg no AREsp 176.140/BA, Rel. Min. Castro Meira, j. 18-10-2012, Info 507).

8. DESAPROPRIAÇÃO

Dada a relevância do tema, entendemos pertinente a discussão e aprofundamento do assunto Desapropriação em capítulo específico.

Assim, a forma mais drástica de intervenção do Estado na propriedade será discutida no próximo capítulo.

CAPÍTULO 13

DESAPROPRIAÇÃO

1. INTRODUÇÃO

O século XX vem superar a ideia liberal clássica de que o direito de propriedade é um direito praticamente absoluto. As atuais constituições ocidentais passaram a dar um especial destaque ao interesse social da propriedade. Na Constituição Federal de 1988, há diversos dispositivos com a inteligência de que a propriedade deve cumprir sua função social como corolário da supremacia do interesse público sobre o dos particulares.

São exemplos de dispositivos na Constituição Federal relacionados à propriedade:

> Art. 5.º (...)
>
> XXII – é garantido o direito de *propriedade*;
>
> XXIII – a *propriedade* atenderá a sua função social;
>
> XXIV – a lei estabelecerá o procedimento para *desapropriação* por necessidade ou utilidade pública, ou por interesse social, mediante justa e prévia indenização em dinheiro, ressalvados os casos previstos nesta Constituição;
>
> XXV – no caso de iminente perigo público, *a autoridade competente poderá usar de propriedade particular*, assegurada ao proprietário indenização ulterior, se houver dano;
>
> Art. 216. (...)
>
> § 1.º O Poder Público, com a colaboração da comunidade, promoverá e protegerá o patrimônio cultural brasileiro, por meio de inventários, registros, vigilância, *tombamento e desapropriação*, e de outras formas de acautelamento e preservação.

Sendo certo que nem todas as modalidades de intervenção do Estado na propriedade estão previstas na Constituição Federal, passemos ao estudo pormenorizado neste capítulo da Desapropriação. Trata-se da forma mais drástica de intervenção do Estado na propriedade, que afeta o próprio caráter perpétuo e irrevogável do direito de propriedade.

Por meio dela, o Poder Público toma o domínio da propriedade de seu titular para o fim de vinculá-la a algum interesse público, consistente em necessidade ou utilidade pública, ou em interesse social. É, portanto, **forma de aquisição originária de propriedade.**

A regra quanto ao procedimento de desapropriação é que esta apenas poderá ocorrer acaso haja o prévio pagamento de indenização justa, sob pena de enriquecimento sem causa do ente expropriante. Conforme lição de Leonardo Cunha (2018, p. 724):

o bem desapropriado somente pode ser transferido para o patrimônio público se tiver sido paga previamente a indenização, em valor justo, a ser apurado mediante o devido processo legal. Quer isto dizer que a posse do expropriante sobre o bem expropriado opera-se com sua transferência, a qual depende do pagamento prévio de justa indenização em dinheiro.

Existem, contudo, dois tipos de desapropriação: as desapropriações ordinárias e as desapropriações extraordinárias. De fato, ambas exigem indenização prévia e que reflita o valor da propriedade.

Contudo, as desapropriações ordinárias exigem justa e prévia indenização em dinheiro, enquanto nas desapropriações extraordinárias, a indenização será feita em títulos da dívida.

Vejamos cada uma delas, superficialmente, por enquanto.

Antes, porém, cabe-nos pontuar que o próprio Decreto-lei n. 3.365/41 estabelece que dentro do pagamento da indenização, sub-rogam-se quaisquer ônus ou direitos que recaiam sobre o bem expropriado. Significa dizer que eventual pagamento de indenização deve refletir a exata medida do bem para que o ente desapropriador não pague mais do que vale o imóvel e que o desapropriado não receba menos do que aquilo a que tem direito.

Nesse sentido, é razoável afirmar que a desapropriação de bem imóvel que possua ônus ambiental importará a sua transferência ao Poder Público, motivo pelo qual o custo dele não pode deixar de ser abatido no preço pago, pena de ocorrer um enriquecimento ilegal do particular-desapropriado.

Essa é a posição do STJ (ARESP 1.273.135/BA), com fundamento no art. 31 do Decreto-lei n. 3.365/41:

Art. 31. Ficam sub-rogados no preço quaisquer ônus ou direitos que recaiam sobre o bem expropriado.

1.1 Desapropriações ordinárias

São aquelas realizadas por necessidade, utilidade pública ou por interesse social, ***sendo exigida a prévia indenização em dinheiro*** conforme previsão do art. 5.º, XXIV, da CF:

> XXIV – a lei estabelecerá o procedimento para desapropriação por necessidade ou utilidade pública, ou por interesse social, *mediante justa e prévia indenização em dinheiro*, ressalvados os casos previstos nesta Constituição;

1.2 Desapropriações extraordinárias

Já as desapropriações extraordinárias são aquelas que decorrem do inadequado aproveitamento do solo urbano (art. 182 da CF) ou da improdutividade do imóvel rural (art. 184 da CF), caracterizando-se pela indenização em títulos da dívida pública ou a dívida rural.

> Art. 182. A política de desenvolvimento urbano, executada pelo Poder Público municipal, conforme diretrizes gerais fixadas em lei, tem por objetivo ordenar o pleno desenvolvimento das funções sociais da cidade e garantir o bem-estar de seus habitantes.
> § 3.º *As desapropriações de imóveis urbanos serão feitas com prévia e justa indenização em dinheiro.*
> § 4.º É facultado ao Poder Público municipal, mediante lei específica para área incluída no plano diretor, exigir, nos termos da lei federal, do proprietário do solo urbano não edificado, subutilizado ou não utilizado, que promova seu adequado aproveitamento, sob pena, sucessivamente, de:
> I – parcelamento ou edificação compulsórios;
> II – imposto sobre a propriedade predial e territorial urbana progressivo no tempo;
> III – *desapropriação com pagamento mediante títulos da dívida pública de emissão previamente aprovada pelo Senado Federal, com prazo de resgate de até dez anos, em parcelas anuais, iguais e sucessivas, assegurados o valor real da indenização e os juros legais.*
> Art. 184. Compete à União desapropriar por interesse social, para fins de reforma agrária, o imóvel rural que não esteja cumprindo sua função social, mediante prévia e justa indenização em títulos da dívida agrária, com cláusula de preservação do valor real, resgatáveis no prazo de até vinte anos, a partir do segundo ano de sua emissão, e cuja utilização será definida em lei.

Percebam que o art. 182 da Constituição Federal prevê, portanto, dois tipos de desapropriação da propriedade urbana. Segundo José Afonso da Silva (2015, p. 57):

> Um é a desapropriação comum, que pode ser por utilidade ou necessidade pública ou por interesse social, nos termos dos arts. 5.º, XXIV, e 182, § 3.º, mediante prévia e justa indenização em dinheiro. O outro é a desapropriação-sanção, que é aquela destinada a punir o não cumprimento de obrigação ou ônus urbanístico imposto ao proprietário de terrenos urbanos, nos termos do comentado art. 182, § 4.º.

1.3 Expropriações de glebas

O art. 243 da Constituição Federal trata, ainda, não de uma modalidade de desapropriação, mas de expropriação. Nesse caso, haverá uma verdadeira sanção de perdimento de bens do particular.

O particular simplesmente perde o bem em razão de penalidade constitucionalmente prevista, em razão da plantação de culturas ilegais de plantas psicotrópicas, exploração de trabalho escravo ou em razão de tráfico de drogas.

> Art. 243. As propriedades rurais e urbanas de qualquer região do País onde forem localizadas culturas ilegais de plantas psicotrópicas ou a exploração de trabalho escravo na forma da lei serão expropriadas e destinadas à reforma agrária e a programas de habitação popular, sem qualquer indenização ao proprietário e sem prejuízo de outras sanções previstas em lei, observado, no que couber, o disposto no art. 5.º.
> Parágrafo único. Todo e qualquer bem de valor econômico apreendido em decorrência do tráfico ilícito de entorpecentes e drogas afins e da exploração de trabalho escravo será confiscado e reverterá a fundo especial com destinação específica, na forma da lei.

Analisaremos cada tipo de desapropriação ao longo deste livro.

2. DESAPROPRIAÇÃO POR NECESSIDADE, UTILIDADE PÚBLICA OU INTERESSE SOCIAL

Os conceitos de necessidade, utilidade pública e de interesse social são, por essência, conceitos jurídicos indeterminados e acabam gerando certa controvérsia doutrinária (MENDES, 2018, p. 353).

Contudo, para efeito de concursos públicos, não nos parece necessário aprofundar este debate, bastando ao candidato analisar os dispositivos legais relacionados a cada hipótese de desapropriação.

A desapropriação por utilidade pública está prevista no Decreto-lei n. 3.365/41 e será cabível, nos termos do art. 5.º em hipóteses como segurança nacional, salubridade pública, dentre outra:

> Art. 5.º Consideram-se casos de utilidade pública:
> a) a segurança nacional;
> b) a defesa do Estado;
> c) o socorro público em caso de calamidade;
> d) a salubridade pública;
> e) a criação e melhoramento de centros de população, seu abastecimento regular de meios de subsistência;
> f) o aproveitamento industrial das minas e das jazidas minerais, das águas e da energia hidráulica;

g) a assistência pública, as obras de higiene e decoração, casas de saúde, clínicas, estações de clima e fontes medicinais;

h) a exploração ou a conservação dos serviços públicos;

i) a abertura, conservação e melhoramento de vias ou logradouros públicos; a execução de planos de urbanização; o parcelamento do solo, com ou sem edificação, para sua melhor utilização econômica, higiênica ou estética; a construção ou ampliação de distritos industriais;

j) o funcionamento dos meios de transporte coletivo;

k) a preservação e conservação dos monumentos históricos e artísticos, isolados ou integrados em conjuntos urbanos ou rurais, bem como as medidas necessárias a manter-lhes e realçar-lhes os aspectos mais valiosos ou característicos e, ainda, a proteção de paisagens e locais particularmente dotados pela natureza;

l) a preservação e a conservação adequada de arquivos, documentos e outros bens móveis de valor histórico ou artístico;

m) a construção de edifícios públicos, monumentos comemorativos e cemitérios;

n) a criação de estádios, aeródromos ou campos de pouso para aeronaves;

o) a reedição ou divulgação de obra ou invento de natureza científica, artística ou literária;

p) os demais casos previstos por leis especiais.

Já a desapropriação por interesse social será cabível, nos termos do art. 2.º da Lei n. 4.132/62:

Art. 2.º Considera-se de interesse social:

I – o aproveitamento de todo bem improdutivo ou explorado sem correspondência com as necessidades de habitação, trabalho e consumo dos centros de população a que deve ou possa suprir por seu destino econômico;

II – (*vetado*);

III – o estabelecimento e a manutenção de colônias ou cooperativas de povoamento e trabalho agrícola;

IV – *a manutenção de posseiros em terrenos urbanos onde, com a tolerância expressa ou tácita do proprietário, tenham construído sua habilitação, formando núcleos residenciais de mais de 10 (dez) famílias;*

V – *a construção de casa populares;*

VI – as terras e águas suscetíveis de valorização extraordinária, pela conclusão de obras e serviços públicos, notadamente de saneamento, portos, transporte, eletrificação armazenamento de água e irrigação, no caso em que não sejam ditas áreas socialmente aproveitadas;

VII – *a proteção do solo e a preservação de cursos e mananciais de água e de reservas florestais;*

VIII – a utilização de áreas, locais ou bens que, por suas características, sejam apropriados ao desenvolvimento de atividades turísticas.

Algumas vezes as bancas cobram o "decoreba" das hipóteses de necessidade, utilidade pública ou interesse social.

Para Gilmar Mendes, a desapropriação baseada em necessidade ou utilidade pública está mais relacionada às hipóteses nas quais o Poder Público incorpora o bem ao patrimônio público, enquanto no interesse social, as hipóteses relacionam-se mais com a Administração destinando os bens à coletividade ou a certos beneficiários credenciados para recebê-los ou utilizá-los convenientemente (2018, p. 353).

O interesse social, em alguns de seus dispositivos, está voltado à regularização fundiária da população de baixa renda. Fato é que nos termos do art. 5.º da Lei n. 4.132/62:

Art. 5.º No que esta lei for omissa aplicam-se as normas legais que regulam a desapropriação por unidade pública, inclusive no tocante ao processo e à justa indenização devida ao proprietário.

Significa dizer, portanto, que – grosso modo – tanto a desapropriação por necessidade ou utilidade pública, quanto a desapropriação por interesse social serão regidas pelas disposições do Decreto-lei n. 3.365/41.

A desapropriação segundo referido Decreto-lei divide-se em duas fases muito bem definidas: a fase declaratória e a fase executória – que pode ser subdividida para fins didáticos em uma fase executória extrajudicial e uma fase judicial, consoante será a seguir discutido.

Ressalte-se que a doutrina considera que as hipóteses de desapropriação constituem um rol taxativo, sendo certo que apenas será possível a realização de desapropriação dentro das hipóteses previstas em lei.

2.1 Fase declaratória da desapropriação

Na primeira fase do procedimento de desapropriação, a Administração Pública irá verificar a caracterização de uma das hipóteses de interesse social, necessidade ou utilidade pública, com o objetivo de expedir o decreto expropriatório.

Publicado o decreto expropriatório, tem-se a manifestação do interesse da Administração Pública em desapropriar aquela determinada propriedade. Em tal momento, inicia-se o prazo para a propositura de eventual ação judicial de desapropriação.

Tal prazo representa uma das poucas diferenças nos procedimentos de necessidade e utilidade pública com o procedimento da desapropriação por interesse social.

Necessidade ou Utilidade Pública
Decreto-lei n. 3.365/41

Art. 10. A desapropriação deverá efetivar-se mediante acordo ou intentar-se judicialmente, dentro de **cinco anos**, contados da data da expedição do respectivo decreto e findos os quais este caducará.

Passado o prazo de cinco anos contados do decreto expropriatório, caso a Administração Pública permaneça omissa em intentar a ação de desapropriação, o decreto caducará e o mesmo bem somente poderá ser objeto de nova declaração após decorrido o prazo de um ano.

Quanto ao interesse social:

Interesse Social
Lei n. 4.132/62

Art. 3.º O expropriante tem o prazo de **2 (dois) anos**, a partir da decretação da desapropriação por interesse social, para efetivar a aludida desapropriação e iniciar as providências de aproveitamento do bem expropriado.

> É, pois, de dois anos o prazo decadencial para propositura da demanda de desapropriação por interesse social e de cinco anos o prazo para propositura de demanda por necessidade ou utilidade pública.

Repita-se que tal prazo é **decadencial** e, portanto, não se suspende ou interrompe, nos termos do art. 207 do Código Civil:

Art. 207. Salvo disposição legal em contrário, não se aplicam à decadência as normas que impedem, suspendem ou interrompem a prescrição.

Em ambos os casos, caduco o decreto expropriatório, novo decreto relacionado ao mesmo bem apenas poderá ser editado somente depois de um ano. Aplica-se esse prazo também à desapropriação por interesse social, em razão do disposto no art. 5.º da Lei n. 4.132/62, acima transcrito.

Declarado o interesse do Estado em desapropriar determinado bem, caberá alguma indenização ao proprietário?

Em verdade, não.

É que a fase declaratória da desapropriação dá início ao procedimento de desapropriação, indicando-se, no decreto expropriatório, os fundamentos, o sujeito passivo, o objeto e a destinação a ser dada ao bem.

Inexiste nesta etapa qualquer transferência do bem para o Poder Público. Em verdade, o bem permanece com o proprietário, com todos os poderes inerentes ao direito de propriedade. **Sendo assim, não assiste direito de indenização ao proprietário pela mera declaração de necessidade ou utilidade pública do bem a ser desapropriado.**

São **efeitos da declaração** (ALEXANDRINO, 2018, p. 1077):

a) **Sujeição do imóvel à força expropriatória do Estado;**

b) **Fixação do Estado do bem** (*benfeitorias de mero deleite ou voluptuárias feitas após a declaração não serão indenizáveis. Benfeitorias necessárias sempre serão indenizáveis. Benfeitorias úteis apenas serão indenizáveis se autorizadas pela Administração –* art. 26, § 1.º, do Decreto-lei n. 3.365/41);

c) **Atribui ao Estado o direito de adentrar no imóvel declarado, após prévia autorização judicial;**

d) **Fixação do termo inicial para o prazo de caducidade da declaração.**

Cabe-nos destacar, ainda, que o art. 4.º do Decreto-lei n. 3.365/41 estabelece a possibilidade de desapropriação de uma área contígua ao desenvolvimento da obra a que se destina a necessidade, utilidade pública ou interesse social. Possível, ainda, que o ente público desaproprie as zonas que se valorizarem extraordinariamente, em consequência da realização do serviço.

Em quaisquer das hipóteses, a declaração de necessidade, utilidade pública ou interesse social deverá compreender todas as zonas mencionando-se quais as indispensáveis à continuação da obra e as que se destinam à revenda.

2.2 Fase executória da desapropriação – Extrajudicial

Em que pese ser possível a fase executória da desapropriação ocorrer mediante acordo na esfera administrativa, esta não é a regra, mas sim a demanda judicial. Exatamente por isso, devemos levantar alguns pontos, com ampla incidência em provas.

Antes, porém, cabe-nos ressaltar que a Lei n. 13.867/2019 estabeleceu uma novidade no procedimento: *a possibilidade de se estabelecer a desapropriação pela via da mediação ou da arbitragem.*

A Lei n. 13.867/2019 acrescentou ao Decreto-lei n. 3.365/41 o art. 10-A, segundo o qual deverá o Poder Público notificar o proprietário e apresentar-lhe oferta de indenização.

Essa notificação deverá conter cópia do ato de declaração de utilidade pública, planta ou descrição dos bens e suas confrontações, o valor da oferta e informação de que o prazo para aceitar ou rejeitar a oferta é de 15 (quinze) dias. Eventualmente, o silêncio do particular após este prazo será considerado rejeição da proposta.

Se o particular aceitar a oferta, o Poder Público efetivará o pagamento, lavrando-se um acordo que será título hábil para a transcrição no Registro de Imóveis. Rejeitada a oferta, ou transcorrido o prazo sem manifestação, o Poder Público procederá com a ação judicial de desapropriação conforme será discutido nos tópicos a seguir.

| **O particular, por outro lado, poderá optar pela via da mediação ou arbitragem.** |

Eventualmente, o particular poderá optar pela via da mediação ou pela via arbitral, indicando um dos órgãos ou instituições especializados em mediação ou arbitragem previamente cadastrados pelo órgão responsável pela desapropriação.

Nessa hipótese, a mediação seguirá as normas da Lei n. 13.140/2015, e, subsidiariamente, os regulamentos do órgão ou instituição responsável. Já a arbitragem seguirá as normas da Lei n. 9.307/96 e, subsidiariamente, os regulamentos do órgão ou instituição responsável.

Além disso, poderá ser eleita câmara de mediação criada pelo Poder Público.

Grande acerto teve o legislador nesta alteração, pois consubstancia um espírito do próprio Código de Processo Civil ao estimular a utilização de formas alternativas de resolução de conflitos, inclusive envolvendo a própria Administração Pública.

> CPC
> Art. 3.º Não se excluirá da apreciação jurisdicional ameaça ou lesão a direito.
> § 1.º É permitida a arbitragem, na forma da lei.
> § 2.º *O Estado promoverá, sempre que possível, a solução consensual dos conflitos.*
> § 3.º *A conciliação, a mediação e outros métodos de solução consensual de conflitos deverão ser estimulados por juízes, advogados, defensores públicos e membros do Ministério Público, inclusive no curso do processo judicial.*

2.3 Fase executória da desapropriação – Demanda judicial

Acaso não haja acordo na seara administrativa ou não se opte pela via arbitral, necessário que o Poder Público maneje uma ação judicial (ação de desapropriação) que merece alguns comentários relacionados à competência, contestação, honorários, dentre outros.

2.3.1 Competência para processar e julgar a demanda

A competência para processar e julgar a ação de desapropriação será definida a partir do local da situação do bem, conforme previsão dos art. 47 do CPC e art. 11 do Decreto-lei n. 3.365/41:

> CPC
> Art. 47. Para as ações fundadas em direito real sobre imóveis é competente o foro de situação da coisa.
> Decreto-lei n. 3.365/41
> Art. 11. A ação, quando a União for autora, será proposta no Distrito Federal ou no foro da Capital do Estado onde for domiciliado o réu, perante o juízo privativo, se houver; sendo outro o autor, no foro da situação dos bens.

Assim, a depender das partes envolvidas na demanda, a competência restará definida ou pela Justiça Comum Federal ou Justiça Comum Estadual. Há que se verificar, ainda, se na comarca em análise haverá vara especializada na matéria, a exemplo de Vara da Fazenda Pública.

Já o art. 12 do Decreto-lei n. 3.365/41 estabelece que apenas juízes que possuem garantia de vitaliciedade, inamovibilidade e irredutibilidade de vencimentos poderão conhecer dos processos de desapropriação.

Contudo, seguindo a linha do pensamento de Leonardo Cunha, tal dispositivo não foi recepcionado pela Constituição Federal de 1988, sendo certo que todos os magistrados (recém-empossados ou vitalícios) são considerados da mesma forma pela Constituição.

Assim, este dispositivo deve ser considerado não recepcionado pela Constituição Federal, sendo certo que qualquer juiz, vitalício ou não, detém jurisdição para processar e julgar uma ação de desapropriação (CUNHA, 2018, p. 732).

Apenas juízes estaduais ou federais podem processar a demanda. Além disso, inexiste quanto à ação de desapropriação hipótese de competência delegada. Desta forma, se a desapropriação for intentada pela União Federal e o bem não estiver situado na cidade sede de Justiça Federal, a ação deve ser manejada na Seção Judiciária da Justiça Federal com competência para aquela região.

> **E se a União manejar uma ação de desapropriação em face de um bem pertencente a um Estado da federação?**

Especificamente, neste caso, não teremos uma competência da Justiça Federal.

É que o Supremo Tribunal Federal será competente para processar e julgar esta demanda, uma vez que haveria uma hipótese de causa envolvendo conflito entre a União e um Estado federado, nos termos do art. 102, I, *f*, da CF:

> Art. 102. Compete ao Supremo Tribunal Federal, precipuamente, a guarda da Constituição, cabendo-lhe:
>
> I – processar e julgar, originariamente: (...)
>
> *f)* as causas e os conflitos entre a União e os Estados, a União e o Distrito Federal, ou entre uns e outros, inclusive as respectivas entidades da administração indireta;

EXPROPRIANTE	EXPROPRIADO	COMPETÊNCIA
União	Estado	Supremo Tribunal Federal (art. 102, I, *f*, da CF)
União	Município ou Particular	Justiça Federal (art. 109, I, da CF)
Estado, DF ou Município	Particular	Justiça Comum Estadual

2.3.2 Legitimidade ativa e passiva

A legitimidade ativa para manejo da ação de desapropriação será do próprio ente público que editar o decreto expropriatório. Assim, é possível falar que a União, o Estado, o Distrito Federal ou o Município que editar o decreto expropriatório será parte legítima para manejo da ação de desapropriação.

Trata-se de ato – em tese – afeto ao Poder Executivo que analisará segundo a conveniência e oportunidade do administrador público o bem objeto de desapropriação para uma das finalidades previstas na lei.

Contudo, o próprio art. 3.º do Decreto-lei n. 3.365/41 prevê a possibilidade de **delegação dos atos materiais da desapropriação** aos concessionários de serviços públicos (inclusive em se tratando de Parcerias Público-Privadas), às entidades que exerçam funções delegadas do Poder Público, às entidades públicas, bem como aos contratados pelo poder público para fins de execução de obras e serviços de engenharia **sob os regimes de empreitada por preço global, empreitada integral e contratação integrada**.

Interessante que o Decreto-lei também passou a prever a necessidade de distribuição objetiva dos riscos entre as partes, incluindo o risco pela variação do custo das desapropriações em relação ao orçamento estimado para a execução das desapropriações pelo contratado em regime de empreitada por preço global, integral ou em contratação integrada.

Nessas hipóteses, cabe ao Poder Público a edição do decreto expropriatório (fase declaratória da desapropriação) e ao particular a execução dos atos materiais do procedimento expropriatório (fase executória).

Para que seja possível a execução dos atos de desapropriação por um particular, necessário que haja previsão expressa em lei ou no contrato de concessão de serviços públicos.

> Decreto-lei n. 3.365/41
> Art. 3.º Podem promover a desapropriação, *mediante autorização expressa constante de lei ou contrato*:
> I – os concessionários, inclusive aqueles contratados nos termos da Lei n. 11.079, de 30 de dezembro de 2004 (Lei de Parceria Público-Privada), permissionários, autorizatários e arrendatários; (Redação dada pela Lei n. 14.620, de 2023)
> II – as entidades públicas;
> III – as entidades que exerçam funções delegadas do poder público; e
> IV – o contratado pelo poder público para fins de execução de obras e serviços de engenharia sob os regimes de empreitada por preço global, empreitada integral e contratação integrada.
> Parágrafo único. Na hipótese prevista no inciso IV do *caput*, o edital deverá prever expressamente:
> I – o responsável por cada fase do procedimento expropriatório;
> II – o orçamento estimado para sua realização;
> III – a distribuição objetiva de riscos entre as partes, incluído o risco pela variação do custo das desapropriações em relação ao orçamento estimado.

Além disso, em que pese ato típico do Poder Executivo, poderá o Poder Legislativo iniciar o procedimento de desapropriação, nos termos do art. 8.º do Decreto-lei n. 3.365/41:

> Art. 8.º O Poder Legislativo poderá tomar a iniciativa da desapropriação, cumprindo, neste caso, ao Executivo, praticar os atos necessários à sua efetivação.

Já o polo passivo da demanda será ocupado pelo proprietário do bem, sendo certo que qualquer bem, em regra, poderá ser objeto de desapropriação.

O Decreto-lei n. 3.365/41 faz, contudo, uma ressalva segundo a qual a desapropriação do espaço aéreo ou do subsolo só se tornará necessária, quando de sua utilização resultar prejuízo patrimonial do proprietário do solo.

Mas, professor, poderá o Município desapropriar um bem da União Federal?

O § 2.º do art. 2.º do Decreto-lei n. 3.365/41 previa que os bens do domínio dos Estados, Municípios, Distrito Federal e Territórios poderão ser desapropriados pela União, e os dos Municípios pelos Estados, mas, em qualquer caso, ao ato deverá preceder autorização legislativa.

Em 2023, o dispositivo fora alterado para ter uma redação ainda mais clara no sentido de que "entes maiores" podem desapropriar bens de "entes menores", desde que com prévia autorização legislativa. Além disso, a "recíproca não é verdadeira": entes menores não podem desapropriar bens de entes maiores.

A norma também passou a prever hipótese em que poderia ser dispensada a autorização legislativa: quando houver acordo entre os entes federativos, fixando-se as responsabilidades financeiras pelo pagamento das respectivas indenizações, senão vejamos.

> Art. 2.º (...)
> § 2.º Será exigida autorização legislativa para a desapropriação dos bens de domínio dos Estados, dos Municípios e do Distrito Federal pela União e dos bens de domínio dos Municípios pelos Estados. (Redação dada pela Lei n. 14.620, de 2023)
> § 2.º-A. Será dispensada a autorização legislativa a que se refere o § 2.º quando a desapropriação for realizada mediante acordo entre os entes federativos, no qual serão fixadas as respectivas responsabilidades financeiras quanto ao pagamento das indenizações correspondentes. (Incluído pela Lei n. 14.620, de 2023)

Em que pese a Constituição Federal estabeleça uma harmonia entre os entes da federação, este dispositivo do Decreto-lei n. 3.365/41 parece criar uma hierarquia entre União, Estados, Distrito Federal e Municípios.

Assim, havendo autorização legislativa, poderá a União desapropriar um bem do Estado, do Distrito Federal ou do Município. Da mesma forma, havendo autorização legislativa, o Estado poderá desapropriar um bem do Município.

Contudo, a recíproca não é verdadeira, pela dicção do dispositivo analisado. Logo, em que pese duvidosa constitucionalidade, os "entes menores" não podem desapropriar bens de "entes maiores".

Apesar de intensa crítica doutrinária, o Superior Tribunal de Justiça reafirmou sua posição no sentido de que o referido dispositivo normativo é **explícito ao autorizar os Estados a desapropriarem bens do Município, mas, implicitamente, veda o inverso.**

> Desse modo, deve ser aplicado, por analogia, o entendimento adotado pelo Superior Tribunal de Justiça no sentido de **que "É vedado ao Município desapropriar bens de propriedade da União ou de suas autarquias e fundações, sem prévia auto-**

rização, por decreto, do Presidente da República" (REsp 1.188.700/MG, Rel. Min. Eliana Calmon, Segunda Turma, j. 18-5-2010, *DJe* 25-5-2010).

Percebam que não poderão os "entes menores" impor a sua força expropriatória aos "entes maiores". Contudo, acaso haja autorização do próprio "ente maior", a desapropriação poderá ser efetivada, conforme interpretação do art. 2.º, § 3.º, do Decreto-lei n. 3.365/41:

> § 3.º É vedada a desapropriação, pelos Estados, Distrito Federal, Territórios e Municípios de ações, cotas e direitos representativos do capital de instituições e empresas cujo funcionamento dependa de autorização do Governo Federal e se subordine à sua fiscalização, *salvo mediante prévia autorização, por decreto do Presidente da República.*

2.3.3 Citação

A citação no processo de desapropriação seguirá o rito do art. 16 do Decreto-lei n. 3.365/41:

> Art. 16. A citação far-se-á por mandado na pessoa do proprietário dos bens; *a do marido dispensa a da mulher*; a de um sócio, ou administrador, a dos demais, quando o bem pertencer a sociedade; a do administrador da coisa no caso de condomínio, exceto o de edifício de apartamento constituindo cada um propriedade autônoma, a dos demais condôminos e a do inventariante, e, se não houver, a do cônjuge, herdeiro, ou legatário, detentor da herança, a dos demais interessados, quando o bem pertencer a espólio.
>
> Parágrafo único. Quando não encontrar o citando, mas ciente de que se encontra no território da jurisdição do juiz, o oficial portador do mandado marcará desde logo hora certa para a citação, ao fim de 48 horas, independentemente de nova diligência ou despacho.

Percebam que o dispositivo estabelece que em casos de pessoas casadas, a citação do marido dispensa a da mulher. Contudo, para Leonardo Cunha (2018, p. 740) essa regra não foi recepcionada pela Constituição Federal, por ofender a garantia do devido processo legal, deixando de conferir à parte um processo justo, com resultado efetivo.

Esse argumento, inclusive, é reforçado pelo art. 73 do Código de Processo Civil que estabelece a necessidade de citação de ambos os cônjuges nas ações que versem sobre direito real imobiliário:

> Art. 73. O cônjuge necessitará do consentimento do outro para propor ação que verse sobre direito real imobiliário, salvo quando casados sob o regime de separação absoluta de bens.

> **§ 1.º** *Ambos os cônjuges serão necessariamente citados para a ação:*
>
> *I – que verse sobre direito real imobiliário, salvo quando casados sob o regime de separação absoluta de bens;*

Destaca-se, contudo, que há julgados relativamente recentes do Superior Tribunal de Justiça dispondo tratar-se referida norma de regra específica e, portanto, passível de aplicação, conforme aresto a seguir transcrito:

> ADMINISTRATIVO. RECURSO ESPECIAL. DESAPROPRIAÇÃO. PROCESSUAL CIVIL. CITAÇÃO. CÔNJUGE DO PROPRIETÁRIO EXPROPRIADO. CONFLITO DE NORMAS. ESPECIALIDADE DO ART. 16 DO DECRETO-LEI N. 3.365/1941 ANTE O ART. 10, § 1.º, I, DO CPC/1973. NULIDADE. OMISSÃO. INEXISTÊNCIA. (...)
>
> **2. De acordo com a jurisprudência do Superior Tribunal de Justiça, o art. 16 do Decreto-lei n. 3.365/1941 é especial em relação ao art. 10, § 1.º, I, inexistindo nulidade na citação feita sem a participação do cônjuge do proprietário expropriado.**
>
> 3. Recurso especial a que se dá provimento para afastar a nulidade processual reconhecida pela instância ordinária e determinar que a Corte de origem prossiga com o julgamento da remessa necessária e apelação do recorrente como entender de direito (REsp 1.409.439/CE, Rel. Min. Og Fernandes, Segunda Turma, j. 21-8-2018, *DJe* 27-8-2018).

2.3.4 Resposta do réu e revelia

De acordo com o art. 19 do Decreto-lei n. 3.365/41, feita a citação, a causa seguirá o rito ordinário, ou, atualmente, o procedimento comum. Já o art. 20 estabelece que:

> Art. 20. A contestação *só* poderá versar sobre vício do processo judicial ou impugnação do preço; qualquer outra questão deverá ser decidida por ação direta.

O mérito da contestação na ação de desapropriação, portanto, é de **cognição limitada**, podendo abranger apenas eventual vício no processo judicial ou o valor da indenização, restando incabível a propositura de reconvenção.

Isto porque o próprio dispositivo legal estabelece que qualquer outra questão – à exceção do vício no processo judicial ou o valor da indenização (impugnação do preço) – deverá ser discutida por meio de ação direta.

Conforme lições do professor Leonardo Cunha (2018, p. 741), não é possível se discutir no procedimento de desapropriação o mérito do decreto expropriatório ou investigar se há realmente necessidade ou utilidade pública, ou interesse social.

Há, porém, uma exceção no que se refere à defesa do particular.

O contestante poderá postular o **direito de extensão**, entendido como o direito que assiste ao particular de, impugnando o valor ofertado pelo Poder Público, pleitear a extensão da desapropriação, para que esta alcance parte remanescente do bem que se tornaria inútil ou de difícil utilização, caso o bem fosse desapropriado apenas parcialmente.

O pedido de extensão formulado na contestação não ofende o art. 20 do Decreto-lei n. 3.365/41, segundo o qual a contestação somente pode versar sobre "vício do processo judicial ou impugnação do preço".

Nesse sentido:

---

1. Direito de extensão é o que assiste ao proprietário de exigir que se inclua no plano de desapropriação a parte remanescente do bem, que se tornou inútil ou de difícil utilização.

2. "(...) o pedido de extensão é formulado na via administrativa, quando há a perspectiva de acordo, ou na via judicial, neste caso por ocasião da contestação. *O réu, impugnando o valor ofertado pelo expropriante, apresenta outra avaliação do bem, considerando a sua integralidade, e não a sua parcialidade, como pretendia o autor. O juiz, se reconhecer presentes os elementos do direito, fixará a indenização correspondente à integralidade do bem.* Resulta daí que é o bem, da mesma forma em sua integralidade, que se transferirá ao patrimônio do expropriante" (José dos Santos Carvalho Filho, Manual de Direito Administrativo, 11.ª edição, Editora Lumen Juris, Rio de Janeiro, 2004, p. 723).

3. *O direito de extensão nada mais é do que a impugnação do preço ofertado pelo expropriante. O réu, quando impugna na contestação o valor ofertado, apresenta outra avaliação do bem, abrangendo a integralidade do imóvel, e não apenas a parte incluída no plano de desapropriação. Assim, o pedido de extensão formulado na contestação em nada ofende o art. 20 do Decreto-lei n. 3.365/41, segundo o qual a contestação somente pode versar sobre "vício do processo judicial ou impugnação do preço". Precedentes de ambas as Turmas de Direito Público.* (...) (REsp 986.386/SP, Rel. Min. Castro Meira, Segunda Turma, j. 4-3-2008, *DJe* 17-3-2008).

CUIDADO!

De acordo com o STJ, "há violação aos limites das matérias que podem ser discutidas em desapropriação direta quando se admite o debate – e até mesmo indenização – de área diferente da verdadeiramente expropriada, ainda que vizinha" (STJ, 1.ª Turma, REsp 1577047/MG, Rel. Min. Gurgel de Faria, j. 10-5-2022, Info 738).

No caso concreto, a autora ofereceu R$ 200.000,00 (duzentos mil reais) de indenização pela desapropriação de um imóvel de 20 hectares. O réu, todavia, alegou que havia um seringal vizinho ao imóvel que se pretendia expropriar, o qual deveria ser computado na indenização. O juiz julgou procedente o pedido defensivo, fixando a indenização em R$ 1,2 milhão.

De acordo com o Tribunal, ao se admitir a discussão – e até mesmo indenização – de área diferente da que é objeto de desapropriação, ainda que vizinha, houve violação à norma do art. 20 do Decreto-lei n. 3.365/41, a qual reserva às ações próprias as discussões que vão além do imóvel expropriado. No caso, além de a indenização fixada pelo magistrado ter sido muito superior ao valor do próprio imóvel objeto da desapropriação, ainda haveria necessidade de complexa discussão sobre a existência de eventuais lucros cessantes na exploração do seringal.

Registre-se, ademais, que a pretensão do réu de discutir área diferente da verdadeiramente expropriada, ainda que vizinha não se confunde com o direito de indenização pela depreciação da área remanescente.

Além disso, para o Superior Tribunal de Justiça (REsp 1.937.626/RO):

(...) admite-se a aplicação subsidiária do Direito de Extensão aos casos de desapropriação por necessidade ou utilidade pública previsto na Lei Complementar n. 76/1993 quando a área remanescente for reduzida à superfície inferior a da pequena propriedade rural.

Já a revelia, no âmbito do processo expropriatório, não induz presunção sobre o valor ofertado pelo Poder Público, sendo necessária a realização de perícia, em razão do princípio da justa indenização. Isto porque o art. 23 do Decreto-lei n. 3.365/41 exige a concordância expressa do réu com o preço do valor ofertado:

Art. 23. Findo o prazo para a contestação e não havendo concordância expressa quanto ao preço, o perito apresentará o laudo em cartório até cinco dias, pelo menos, antes da audiência de instrução e julgamento.

Nesse sentido:

PROCESSUAL CIVIL. AGRAVO EM RECURSO ESPECIAL. ENUNCIADO ADMINISTRATIVO 3/STJ. INTERVENÇÃO DO ESTADO NA PROPRIEDADE. DESAPROPRIAÇÃO POR INTERESSE SOCIAL PARA FINS DE REFORMA AGRÁRIA. APURAÇÃO DO VALOR INDENIZATÓRIO. CONSIDERAÇÃO EXCLUSIVA DO LAUDO ADMINISTRATIVO PRODUZIDO

UNILATERALMENTE. INSTAURAÇÃO DE CONTROVÉRSIA PELO DESAPROPRIADO. NECESSIDADE DE PERÍCIA JUDICIAL. JURISPRUDÊNCIA DO STJ. SÚMULA 118/TFR.

1. Em havendo controvérsia sobre o montante indenizatório devido em ação de desapropriação, é obrigatória a instauração do contraditório, com a produção de prova pericial judicial para a correta aferição da justeza indenizatória prevista na Constituição, sendo indevida a consideração unicamente do laudo administrativo apresentado e produzido unilateralmente pelo ente desapropriante.

2. Se, a teor da vetusta Súmula 118 do Tribunal Federal de Recursos, *não era dispensável a prova pericial nem mesmo quando revel o réu-desapropriado, menos ainda quando o réu se apresenta ao processo e induz controvérsia especificamente sobre esse ponto.*

3. Agravo conhecido para negar provimento ao recurso especial (AREsp 1.367.419/AL, Rel. Min. Mauro Campbell Marques, Segunda Turma, j. 6-12-2018, *DJe* 14-12-2018).

A perícia técnica para aferir o valor real do imóvel sempre deverá ocorrer, salvo em caso de aceitação expressa do réu quanto aos valores ofertados pelo Poder Público. A perícia, inclusive, pode vir a ser determinada pelo juiz, de ofício, sendo certo que este não estará adstrito às conclusões do laudo pericial.

Da mesma forma, o magistrado não está adstrito ao valor da causa na ação de desapropriação, podendo a sentença acolher valor menor do que o indicado na petição inicial, conforme já decidiu o Superior Tribunal de Justiça:

PROCESSUAL CIVIL E ADMINISTRATIVO. DESAPROPRIAÇÃO PARA REGULARIZAÇÃO FUNDIÁRIA COM RETITULAÇÃO. INDENIZAÇÃO INFERIOR À OFERTA INICIAL. SUCUMBÊNCIA DOS PARTICULARES. ART. 19 DA LC 76/1993. BASE DE CÁLCULO. DIFERENÇA ENTRE OS VALORES.

1. Hipótese em que se discute a condenação em honorários sucumbenciais, em caso de desapropriação para fins de regularização fundiária, com retitulação em favor dos ocupantes.

2. *O juiz de origem, reconhecendo que o valor da indenização é inferior àquele inicialmente oferecido pelo Incra, condenou os particulares ao pagamento de honorários fixados em 10% sobre o depósito inicial.*

3. O Tribunal *a quo* reverteu a sucumbência, por entender que a condenação era excessiva. Como o Incra deve restituir o montante relativo aos custos com a retitulação, a Corte Regional condenou-o a pagar também honorários calculados em 10% sobre esse valor.

4. Não é importante que o Incra tenha que restituir os custos da retitulação. Relevante é a incontroversa sucumbência dos particulares, que impugnaram a oferta inicial e, ao final, receberão menos ainda, por força da decisão judicial. Consoante

o art. 19 da LC 76/1993, cabem aos sucumbentes os ônus do processo, inclusive os honorários.

5. A sentença, entretanto, não pode ser integralmente restabelecida, pois condenava os particulares a quantias realmente excessivas, já que os honorários de 10% eram calculados sobre o total do depósito inicial. Nos termos do art. 19, § 1.º, da LC 76/1993, a base de cálculo deve ser a diferença entre o preço oferecido e o valor da indenização, em relação ao imóvel dos recorridos. 6. Recurso Especial parcialmente provido (REsp 1.181.032/PR, Rel. Min. Herman Benjamin, Segunda Turma, j. 16-11-2010, *DJe* 4-2-2011).

2.3.4.1 Imediata transferência da propriedade

A teor do recém-inserido § 4.º do art. 34-A do Decreto-lei n. 3.365/41, após a apresentação da defesa pelo réu, se não houver expressa impugnação quanto à validade do próprio decreto desapropriatório, deverá ser determinada a imediata transferência do imóvel para o expropriante, independente de anuência expressa do expropriado.

Ora, como vimos, a contestação só poderá versar sobre vício do processo judicial ou impugnação do preço; qualquer outra questão deverá ser decidida por ação direta. Assim sendo, se não impugnado o ato expropriatório em si, a discussão processual cingir-se-á ao valor da indenização.

Considerando, ademais, que os bens expropriados não podem ser objeto de reivindicação (art. 35), a imediata transferência da propriedade é medida lógica e imperiosa da ação.

O processo, a seu turno, prosseguirá somente para a resolução das questões litigiosas.

Art. 34-A. (...)
§ 4.º Após a apresentação da contestação pelo expropriado, se não houver oposição expressa com relação à validade do decreto desapropriatório, deverá ser determinada a imediata transferência da propriedade do imóvel para o expropriante, independentemente de anuência expressa do expropriado, e prosseguirá o processo somente para resolução das questões litigiosas.

2.3.5 Imissão provisória na posse de imóvel rural

Em que pese a lógica do procedimento de desapropriação apenas efetivar a transferência do imóvel ao patrimônio público, após o pagamento da prévia indenização, o ordenamento prevê a possibilidade de o Poder Público realizar a imissão provisória na posse do bem que está em processo de desapropriação.

Essa imissão provisória na posse do imóvel pelo Poder Público difere em razão do tipo do imóvel.

É que a imissão provisória na posse do imóvel rural pode ocorrer acaso o expropriante alegue urgência e deposite em juízo a quantia que entende devida pelo imóvel, podendo o proprietário levantar 80% do valor depositado.

> O juiz poderá, então, deferir a imissão provisória na posse do imóvel, independentemente da citação do réu.

Confira-se os dispositivos legais abaixo transcritos acerca do cálculo do valor do depósito:

Art. 15. Se o expropriante alegar urgência e depositar quantia arbitrada de conformidade com o art. 685 do Código de Processo Civil, o juiz mandará imiti-lo provisoriamente na posse dos bens;

§ 1.º *A imissão provisória poderá ser feita, independente da citação do réu, mediante o depósito:*

a) do preço oferecido, se este for superior a 20 (vinte) vezes o valor locativo, caso o imóvel esteja sujeito ao imposto predial;

b) da quantia correspondente a 20 (vinte) vezes o valor locativo, estando o imóvel sujeito ao imposto predial e sendo menor o preço oferecido;

c) do valor cadastral do imóvel, para fins de lançamento do imposto territorial, urbano ou rural, caso o referido valor tenha sido atualizado no ano fiscal imediatamente anterior;

d) não tendo havido a atualização a que se refere o inciso *c*, o juiz fixará independente de avaliação, a importância do depósito, tendo em vista a época em que houver sido fixado originalmente o valor cadastral e a valorização ou desvalorização posterior do imóvel.

Essa alegação de urgência, que não poderá ser renovada, obrigará o expropriante a requerer a imissão provisória dentro do prazo improrrogável de 120 (cento e vinte) dias. Excedido tal prazo, **não será concedida a imissão provisória.**

Alegada a urgência, requerida e deferida a imissão provisória na posse do imóvel, esta será **registrada no Registro de Imóveis competente.**

O STJ possuía entendimento segundo o qual só seria possível a imissão provisória na posse após a realização de laudo de avaliação judicial e o depósito prévio de tal valor. Contudo, para o Supremo Tribunal Federal o laudo particular é útil para a imissão provisória na posse, sendo necessário o laudo judicial apenas para definição do justo preço e consequente transmissão da propriedade de forma definitiva.

Nesse sentido:

> **Súmula 652 do STF:** Não contraria a Constituição o art. 15, § 1.º, do Dec.-lei 3.365/1941 (Lei da Desapropriação por utilidade pública).

A Lei n. 13.645/2017 acrescentou ao Decreto-lei n. 3.365/41 o art. 34-A, que estabelece a possibilidade de acordo entre expropriante e expropriado logo após a imissão provisória da posse.

A regra da desapropriação é: ainda que discorde do preço ofertado, poderá o expropriado levantar até 80% (oitenta por cento) do depósito feito pelo ente expropriante. Trata-se da previsão do § 2.º do art. 33 do Decreto-lei n. 3.365/41:

> **Art. 33.** O depósito do preço fixado por sentença, à disposição do juiz da causa, é considerado pagamento prévio da indenização.
>
> § 1.º O depósito far-se-á no Banco do Brasil ou, onde este não tiver agência, em estabelecimento bancário acreditado, a critério do juiz.
>
> § 2.º *O desapropriado, ainda que discorde do preço oferecido, do arbitrado ou do fixado pela sentença, poderá levantar até 80% (oitenta por cento) do depósito feito para o fim previsto neste e no art. 15, observado o processo estabelecido no art. 34.*

Para tanto, contudo, é necessário que o expropriado demonstre a efetiva propriedade do bem, bem como a quitação das dívidas fiscais, além de publicar editais com o prazo de 10 dias para conhecimento de terceiros (art. 34, *caput*). Acaso haja dúvida fundada sobre o domínio do bem, o valor depositado ficará em juízo enquanto os interessados discutem a propriedade em ações próprias (parágrafo único do art. 34).

Já a Lei n. 13.465/2017 criou a possibilidade de as partes transigirem no momento da imissão provisória da posse:

> **Art. 34-A.** Se houver concordância, reduzida a termo, do expropriado, a decisão concessiva da imissão provisória na posse implicará a aquisição da propriedade pelo expropriante com o consequente registro da propriedade na matrícula do imóvel.

O particular, então, não mais contesta a imissão provisória da posse ou o reconhecimento da propriedade por parte do ente expropriante e poderá levantar 100% (cem por cento) do valor depositado (§ 2.º do art. 33).

De tal valor, deverão ser reduzidos eventuais débitos tributários do proprietário do bem ou, ainda, a critério do juiz, valores tidos como necessários para o custeio de despesas processuais, conforme art. 32, §§ 1.º e 2.º, do Decreto-lei n. 3.365/41.

> A concordância do expropriado com a imissão provisória e o reconhecimento da propriedade ao expropriante não implica renúncia ao seu direito de questionar o preço ofertado em juízo.

Curiosa é a possibilidade de se fazer um acordo e continuar discutindo outras questões. Mas esta é a expressa disposição do § 1.º do art. 34-A do Decreto-lei n. 3.365/41:

> Art. 34-A. (...)
> § 1.º A concordância escrita do expropriado não implica renúncia ao seu direito de questionar o preço ofertado em juízo.

Aliás:

> § 4.º Após a apresentação da contestação pelo expropriado, se não houver oposição expressa com relação à validade do decreto desapropriatório, deverá ser determinada a imediata transferência da propriedade do imóvel para o expropriante, independentemente de anuência expressa do expropriado, e prosseguirá o processo somente para resolução das questões litigiosas.

2.3.6 Imissão provisória na posse de imóvel residencial urbano

Já a imissão provisória na posse de imóvel residencial urbano sujeito a desapropriação por utilidade pública segue o disposto no Decreto-lei n. 1.075/70.

Trata-se de norma bastante curta e que estabelece a necessidade de o juiz intimar o réu para se manifestar sobre o preço ofertado, antes da determinação da imissão provisória. Diferentemente da desapropriação de imóvel rural, não será possível a concessão de imissão provisória na posse sem a oitiva do expropriado em imóveis urbanos.

Naturalmente, estas disposições apenas se aplicam à desapropriação de prédio residencial urbano, habitado pelo proprietário ou compromissário comprador, cuja promessa de compra esteja devidamente inscrita no Registro de Imóveis.

Assim, alegada a urgência e depositado o preço ofertado, antes da concessão da liminar, deverá o juiz intimar o réu para se manifestar sobre o preço no prazo de 5 dias. Impugnado o valor ofertado – antes da imissão provisória – **será necessária a realização de perícia prévia, que poderá resultar na necessidade de o ente público complementar o valor ofertado.**

Segundo o art. 3.º do Decreto-lei n. 1.075/70:

> Art. 3.º Quando o valor arbitrado for superior à oferta, o juiz só autorizará a imissão provisória na posse do imóvel, se o expropriante complementar o depósito para que este atinja a metade do valor arbitrado.

Assim, apenas será possível a imissão provisória na posse de imóvel urbano após o Poder Público depositar os valores relativos à perícia realizada pelo Poder Judiciário, não sendo suficiente o depósito do valor ofertado pelo próprio Poder Público.

RECURSO ESPECIAL. REPETITIVO. ART. 543-C DO CPC. DESAPROPRIAÇÃO. IMISSÃO PROVISÓRIA NA POSSE. DEPÓSITO JUDICIAL. VALOR FIXADO PELO MUNICÍPIO OU VALOR CADASTRAL DO IMÓVEL (IMPOSTO TERRITORIAL URBANO OU RURAL) OU VALOR FIXADO EM PERÍCIA JUDICIAL.
– Diante do que dispõe o art. 15, § 1.º, alíneas *a, b, c* e *d*, do Decreto-lei n. 3.365/1941, o depósito judicial do valor simplesmente apurado pelo corpo técnico do ente público, sendo inferior ao valor arbitrado por perito judicial e ao valor cadastral do imóvel, não viabiliza a imissão provisória na posse.
– O valor cadastral do imóvel, vinculado ao imposto territorial rural ou urbano, somente pode ser adotado para satisfazer o requisito do depósito judicial se tiver "sido atualizado no ano fiscal imediatamente anterior" (art. 15, § 1.º, alínea *c*, do Decreto-lei n. 3.365/1941).
– Ausente a efetiva atualização ou a demonstração de que o valor cadastral do imóvel foi atualizado no ano fiscal imediatamente anterior à imissão provisória na posse, "o juiz fixará independente de avaliação, a importância do depósito, tendo em vista a época em que houver sido fixado originalmente o valor cadastral e a valorização ou desvalorização posterior do imóvel" (art. 15, § 1.º, alínea *d*, do Decreto-lei n. 3.365/1941).
– *Revela-se necessário, no caso em debate, para efeito de viabilizar a imissão provisória na posse, que a municipalidade deposite o valor já obtido na perícia judicial provisória, na qual se buscou alcançar o valor mais atual do imóvel objeto da apropriação.*
Recurso especial improvido (REsp 1.185.583/SP, Rel. Min. Benedito Gonçalves, Rel. p/ Acórdão Min. Cesar Asfor Rocha, Primeira Seção, j. 27-6-2012, *DJe* 23-8-2012).

Percebe-se, portanto, que a sistemática da imissão provisória na posse de imóvel residencial urbano é diferente do imóvel rural.

Isto porque no que se refere às desapropriações **ordinárias** de imóveis urbanos, a Constituição Federal de 1988 estabeleceu que haverá a necessidade de pagamento de justa e prévia indenização em dinheiro.

> Art. 182. (...)
>
> § 3.º *As desapropriações de imóveis urbanos serão feitas com prévia e justa indenização em dinheiro.*

2.3.7 Desistência da ação de desapropriação

Tendo por fundamento o poder da autotutela, possível a desistência da ação de desapropriação por meio da revogação do decreto expropriatório. Para o Superior Tribunal de Justiça, possível a desistência a qualquer tempo da ação de desapropriação pelo ente expropriante desde que ainda não tenha sido pago integralmente o valor da indenização ao particular.

Assim, mesmo que iniciado o pagamento, a desistência será viável, se não concluído, restituindo-se o bem ao particular no mesmo estado que recebido. Nesse sentido:

> 2. **Conforme entendimento do Superior Tribunal de Justiça, é cabível a desistência pelo ente público da desapropriação, desde que o bem expropriado seja devolvido nas mesmas condições em que o expropriante o recebeu.** (...) (AgRg no AREsp 88.259/SP, Rel. Min. Sérgio Kukina, Primeira Turma, j. 10-3-2016, *DJe* 28-3-2016).

> **Nesse caso, como deverão ser calculados os honorários advocatícios de sucumbência?**

De acordo com o STJ, na hipótese de desistência da ação de desapropriação por utilidade pública, em virtude da inexistência de condenação e de proveito econômico, os honorários advocatícios sucumbenciais devem observar o **valor atualizado da causa**, assim como os limites da Lei das Desapropriações.

Como não houve condenação e a parte ré não obteve proveito econômico nenhum, já que permaneceu com a mesma situação de antes da demanda, isto é, proprietária do imóvel antes sujeito à pretensão desapropriatória, o parâmetro há de ser o valor atualizado da causa (STJ, 2.ª Turma, REsp 1.834.024/MG, Rel. Min. Mauro Campbell Marques, j. 10-5-2022, Info 736).

2.3.8 Honorários advocatícios

O art. 27 do Decreto-lei n. 3.365/41 disciplina em seu § 1.º o pagamento de honorários advocatícios em ações de desapropriação:

> Art. 27. O juiz indicará na sentença os fatos que motivaram o seu convencimento e deverá atender, especialmente, à estimação dos bens para efeitos fiscais; ao preço de aquisição e interesse que deles aufere o proprietário; à sua situação, estado de conservação e segurança; ao valor venal dos da mesma espécie, nos últimos cinco anos, e à valorização ou depreciação de área remanescente, pertencente ao réu.
>
> § 1.º A sentença que fixar o valor da indenização quando este for superior ao preço oferecido condenará o desapropriante a pagar *honorários do advogado, que serão fixados entre meio e cinco por cento do valor da diferença, observado o disposto no § 4.º do art. 20 do Código de Processo Civil, não podendo os honorários ultrapassar R$ 151.000,00 (cento e cinquenta e um mil reais).*

Contudo, nos termos da ADI 2.332-2, decidiu o Supremo Tribunal Federal que a **limitação prevista em lei com relação ao valor dos honorários advocatícios (R$ 151.000,00) seria inconstitucional.**

Assim, a **base de cálculo dos honorários advocatícios é a diferença entre a oferta e a indenização, além dos valores devidos a título de juros compensatórios e moratórios, tudo corrigido monetariamente**. Sobre esse valor, incide o **percentual de 0,5% a 5%**, a título de honorários advocatícios, **sem limitação de teto.**

Nesse sentido:

> **Súmula 131 do STJ:** Nas ações de desapropriação incluem-se no cálculo da verba advocatícia as parcelas relativas aos juros compensatórios e moratórios, devidamente corrigidas.
>
> **Súmula 141 do STJ:** Os honorários de advogado em desapropriação direta são calculados sobre a diferença entre a indenização e a oferta, corrigidas monetariamente.
>
> **Súmula 617 do STF:** A base de cálculo dos honorários de advogado em desapropriação é a diferença entre a oferta e a indenização, corrigidas ambas monetariamente.

Já as custas processuais estão previstas no art. 30 do Decreto-lei n. 3.365/41 e serão pagas pelo autor se o réu aceitar o preço oferecido, pelo vencido, em caso contrário, ou em proporção, na forma da lei.

2.3.9 Sentença, reexame necessário e coisa julgada

De acordo com o art. 28 do Decreto-lei n. 3.365/41:

> Art. 28. Da sentença que fixar o preço da indenização caberá apelação com efeito simplesmente devolutivo, quando interposta pelo expropriado, e com ambos os efeitos, quando o for pelo expropriante.
>
> § 1.º A sentença que condenar a Fazenda Pública em quantia superior ao dobro da oferecida fica sujeita ao duplo grau de jurisdição.

Assim, da sentença que julga o pedido de desapropriação caberá recurso de apelação pelo particular (apenas no efeito devolutivo) e pelo ente público (no duplo efeito). **Além disso, o reexame necessário é exigido quando o valor fixado na sentença é superior ao dobro do preço inicialmente ofertado pelo ente público.**

Alguma controvérsia doutrinária existe quanto à forma de eventual pagamento da diferença entre o valor ofertado pela Fazenda Pública e a sentença: se em dinheiro ou por precatório. Exatamente porque a Constituição Federal prevê indenização prévia, Fernando Scaff (2009) entende que é possível o pagamento integral da indenização de desapropriação sem observar o regime de precatórios.

Por outro lado, José dos Santos Carvalho Filho (2017) defende que o *quantum* indenizatório correspondente à parcela já depositada pela Administração Pública poderá ser recebido pelo expropriado por meio de simples alvará.

O autor defende que, quanto à parcela complementar, devida em razão da sentença que corresponde à diferença entre o valor que a sentença fixou, com os devidos acréscimos, e a parcela depositada, apenas poderá ser recebida (2017, p. 845) *depois de proposta a ação de execução, na forma do art. 730 do CPC, e observado o sistema de precatórios judiciais previsto no art. 100 da CF.*

Ao analisar o caso, o Supremo Tribunal Federal definiu que:

> No caso de necessidade de complementação da indenização, ao final do processo expropriatório, deverá o pagamento ser feito mediante depósito judicial direto **se o Poder Público não estiver em dia com os precatórios** (STF, Plenário, RE 922.144/ MG, Rel. Min. Luís Roberto Barroso, j. 19-10-2023 (Repercussão Geral – Tema 865), Info 1112).

É dizer: se o ente público está em dia com seus precatórios, a parcela complementar será paga através de precatórios. Do contrário, o depósito precisará ser imediato, por meio de depósito judicial direto.

2.3.10 Juros na desapropriação

A sentença no processo de desapropriação deve fixar o valor da justa indenização a ser paga pelo expropriante, fixando também a incidência de juros e correção monetária.

Os juros **compensatórios** são devidos para compensar a perda antecipada da posse do imóvel pelo particular e passam a incidir **a partir da imissão provisória da posse** pelo ente público, pois este é o momento em que o particular perde a possibilidade de usufruir do bem.

> **Súmula 69 do STJ:** Na desapropriação *direta*, os juros compensatórios são devidos desde a antecipada imissão na posse e, na desapropriação indireta, a partir da efetiva ocupação do imóvel.

> **Súmula 164 do STJ:** No processo de desapropriação, são devidos juros compensatórios desde a antecipada imissão de posse, ordenada pelo juiz, por motivo de urgência.

O STF (medida liminar na ADI 2.332/DF) e o STJ possuíam entendimento no sentido de que os juros compensatórios seriam devidos ainda que o imóvel fosse improdutivo, eis que eventual improdutividade do imóvel não afastaria o direito a tais, pois estes compensam não só o que o expropriado deixou de ganhar com a perda antecipada, mas também o óbice do uso e gozo econômico do bem.

Em 2018, todavia, ao apreciar o mérito da ação o STF **mudou de entendimento e decidiu que os §§ 1.º e 2.º do art. 15-A do Decreto-lei n. 3.365/41 são CONSTITUCIONAIS.** Tais dispositivos preveem o seguinte:

> Art. 15-A. (...)
> § 1.º Os juros compensatórios destinam-se, apenas, a compensar a perda de renda comprovadamente sofrida pelo proprietário.
> § 2.º Não serão devidos juros compensatórios quando o imóvel possuir graus de utilização da terra e de eficiência na exploração iguais a zero.

Os juros compensatórios destinam-se a compensar apenas a perda de renda comprovadamente sofrida pelo proprietário decorrente da privação da exploração econômica do bem. Não se confundem, nestes termos, com a perda da propriedade em si, compensada pelo valor principal, pela correção monetária e pelos juros moratórios.

Assim, para que o Poder Público seja condenado ao pagamento de juros compensatórios, devem estar presentes os seguintes **requisitos:**

a) Ter ocorrido a **imissão provisória na posse do imóvel;**

b) O proprietário deve **comprovar a perda da renda** sofrida pela privação da posse;

c) O imóvel deve possuir **graus de utilização da terra e de eficiência na exploração superiores a zero.**

Com a alteração do entendimento do Supremo, o STJ teve que alterar as suas teses fixando o seguinte:

> – Até 26-9-1999, data anterior à edição da MP n. 1.901-30/99, são devidos juros compensatórios nas desapropriações de imóveis improdutivos (Tese revisada no Tema Repetitivo 280/STJ).
> – Mesmo antes da MP n. 1.901-30/99, são indevidos juros compensatórios quando a propriedade se mostrar impassível de qualquer espécie de exploração econômica

atual ou futura, em decorrência de limitações legais ou fáticas (Tese revisada no Tema Repetitivo 281/STJ).
– A partir de 27-9-1999, data de edição da MP n. 1.901-30/99, exige-se a prova pelo expropriado da efetiva perda de renda para incidência de juros compensatórios (art. 15-A, § 1.º, do Decreto-lei n. 3.365/41) – (Tese revisada no Tema Repetitivo 282/STJ).
– Desde 5-5-2000, data de edição da MP n. 2.027-38/2000, veda-se a incidência dos juros compensatórios em imóveis com índice de produtividade zero (art. 15-A, § 2.º, do Decreto-lei n. 3.365/41) – (Tese revisada no Tema Repetitivo 282/STJ).
– Tema Repetitivo 1.072: Os juros compensatórios observam o percentual vigente no momento de sua incidência (STJ, 1.ª Seção, Pet 1.2344/DF, Rel. Min. Og Fernandes, j. 28-10-2020, Recurso Repetitivo – Info 684).

Quanto aos juros **moratórios**, estes são devidos em razão da mora do ente público em pagar o valor da indenização constante na sentença judicial. Tal mora, em razão do regime de precatórios constante no art. 100 da CF, dá-se com o não pagamento do precatório no prazo constitucional. Dispõe, pois, o art. 15-B do Decreto-lei n. 3.365/41:

> Art. 15-B. Nas ações a que se refere o art. 15-A, os juros moratórios destinam-se a recompor a perda decorrente do atraso no efetivo pagamento da indenização fixada na decisão final de mérito, e somente serão devidos à razão de até seis por cento ao ano, a partir de 1.º de janeiro do exercício seguinte àquele em que o pagamento deveria ser feito, nos termos do art. 100 da Constituição.

Assim, se o precatório for pago dentro do prazo previsto no art. 100 da CF, não há que se falar em pagamento de juros moratórios. Este o entendimento consubstanciado na Súmula Vinculante 17 do STF:

> **Súmula Vinculante 17 do STF:** Durante o período previsto no parágrafo 1.º do artigo 100 da Constituição, não incidem juros de mora sobre os precatórios que nele sejam pagos.

Os juros compensatórios incidem até a data de expedição do precatório original, enquanto os juros moratórios somente incidirão acaso o precatório expedido não seja pago no prazo constitucional.

Recentemente, contudo, o Supremo Tribunal Federal ampliara a incidência dos juros moratórios. Nos autos do RE 579.431/RS, o STF firmara a orientação segundo a qual **entre a elaboração dos cálculos pelo credor e a efetiva inscrição do débito em precatório ou RPV também incidirão os juros de mora.**

Uma vez apresentados os cálculos pelo credor, a Fazenda Pública poderá ou não impugnar os cálculos, nos termos do art. 535, § 3.º, do CPC. Resolvida a discussão dos cálculos pelo juiz, o débito será, então, encaminhado para inscrição em precatório ou RPV. E, segundo o STF, fora fixada a tese de repercussão geral segundo a qual: ***"incidem os juros da mora no período compreendido entre a data da realização dos cálculos e da requisição ou do precatório".***

Ressalte-se que a possibilidade de cumulação de juros compensatórios e moratórios somente se aplica às situações ocorridas até 12-1-2000, data anterior à vigência da MP n. 1.997-34.

Em síntese**: as Súmulas 12, 70 e 102 somente se aplicam às situações ocorridas até 12-1-2000**, data anterior à vigência da MP n. 1.997-34.

> **Súmula 12 do STJ:** Em desapropriação, são cumuláveis juros compensatórios e moratórios.
> **Súmula 70 do STJ:** Os juros moratórios, na desapropriação direta ou indireta, contam-se desde o trânsito em julgado da sentença.
> **Súmula 102 do STJ:** A incidência dos juros moratórios sobre os compensatórios, nas ações expropriatórias, não constitui anatocismo vedado em lei.

Assim sendo, **não ocorre, no atual quadro normativo, hipótese de cumulação de juros moratórios e juros compensatórios**, eis que se tratam de encargos que incidem em períodos diferentes: os juros compensatórios têm incidência até a data da expedição de precatório, enquanto que os moratórios somente incidirão se o precatório expedido não for pago no prazo constitucional (STJ, 1.ª Seção, REsp 1.118.103/SP, Rel. Min. Teori Albino Zavascki, j. 24-2-2010, *DJ*e 8-3-2010).

Em relação à correção monetária, cujo objetivo é a recomposição do valor real da dívida, esta é sempre devida até a data do efetivo pagamento da indenização:

> **Súmula 561 do STF:** Em desapropriação, é devida a correção monetária até a data do efetivo pagamento da indenização, devendo proceder-se à atualização do cálculo, ainda que por mais de uma vez.

> **Mas qual é o percentual de juros compensatórios incidentes sobre a desapropriação?**

O percentual será **fixo de 6% ao ano**, isto porque o STF declarou a inconstitucionalidade do termo "até" previsto no art. 15-A do Decreto-lei n. 3.365/41 (ADI 2.332/DF, j. 17-5-2018, Info 902).

> Art. 15-A. No caso de imissão prévia na posse, na desapropriação por necessidade ou utilidade pública e interesse social, inclusive para fins de reforma agrária, havendo

divergência entre o preço ofertado em juízo e o valor do bem, fixado na sentença, expressos em termos reais, incidirão juros compensatórios de ~~até~~ seis por cento ao ano sobre o valor da diferença eventualmente apurada, a contar da imissão na posse, vedado o cálculo de juros compostos.

O entendimento consolidado na Súmula 618 do STF foi, portanto, superado.

~~Súmula 618 do STF: Na desapropriação, direta ou indireta, a taxa dos juros compensatórios é de 12% (doze por cento) ao ano.~~

3. DESAPROPRIAÇÃO INDIRETA

A desapropriação indireta nada mais é do que a apropriação do bem particular pelo Poder Público, sem respeitar os procedimentos formais exigidos em lei. Nas palavras de Gilmar Mendes (2018, p. 355):

Jurisprudência e doutrina tratam a apropriação de bens de particulares pelo Poder Público sem o devido processo legal expropriatório sob a epígrafe de desapropriação indireta, reconhecendo-se ao proprietário o direito à plena e cabal indenização.

Trata-se, pois, de desapropriação sem o atendimento das formalidades legais, correspondendo a um esbulho estatal e ocorre quando o Poder Público interfere na propriedade do particular e lá pratica atos de domínio, sem prévia ação ou título.

Se o bem expropriado ainda não está sendo utilizado em nenhuma finalidade pública, poderá o particular propor ação possessória visando a manter ou retomar a posse do bem.

Por outro lado, acaso o bem expropriado já esteja afetado a alguma finalidade pública, considera-se que houve fato consumado e somente restará ao particular ajuizar "ação de desapropriação indireta", visando receber indenização, nos termos do art. 35 do Decreto-lei n. 3.365/41:

Art. 35. Os bens expropriados, uma vez incorporados à Fazenda Pública, não podem ser objeto de reivindicação, *ainda que fundada em nulidade do processo de desapropriação*. Qualquer ação, julgada procedente, resolver-se-á em perdas e danos.

O particular poderá, então, manejar ação de desapropriação indireta para ter direito à indenização pelo bem irregularmente apossado pelo Estado.

Segundo entendimento do Supremo Tribunal Federal, a ação de desapropriação indireta possui natureza real e pode ser proposta pelo particular prejudicado enquanto não tiver transcorrido o prazo para que o Poder Público adquira a propriedade do bem por meio da usucapião, aplicando-se por analogia o prazo da usucapião extraordinária.

> Ação direta de inconstitucionalidade com pedido de liminar. Artigo 1.º da Medida Provisória 2.027-40, de 29 de junho de 2000, na parte que acrescenta parágrafo único ao artigo 10 do Decreto-lei n. 3.365, de 11 de junho de 1941. *De há muito, a jurisprudência desta Corte afirmou que a ação de desapropriação indireta tem caráter real e não pessoal, traduzindo-se numa verdadeira expropriação às avessas, tendo o direito à indenização que daí nasce o mesmo fundamento da garantia constitucional da justa indenização nos casos de desapropriação regular.* (...) (ADI 2.260 MC, Rel. Min. Moreira Alves, Tribunal Pleno, j. 14-2-2001, *DJ* 2-8-2002).

A própria Súmula 119 do Superior Tribunal de Justiça reforça este entendimento e estabelece o prazo para manejo da ação de desapropriação indireta como o mesmo prazo para aquisição do bem por usucapião (à luz da época em que editada – antes do Código Civil de 2002):

> **Súmula 119 do STJ:** A ação de desapropriação indireta prescreve em vinte anos (Editada antes da vigência do Código Civil de 2002).

O art. 1.238 do Código Civil atual estabelece que o prazo prescricional da usucapião é de 15 (quinze) anos, podendo ser reduzido para 10 anos se o possuidor tiver realizado obras ou serviços de caráter produtivo no local (parágrafo único do art. 1.238).

> Art. 1.238. *Aquele que, por quinze anos*, sem interrupção, nem oposição, possuir como seu um imóvel, adquire-lhe a propriedade, independentemente de título e boa-fé; podendo requerer ao juiz que assim o declare por sentença, a qual servirá de título para o registro no Cartório de Registro de Imóveis.
>
> Parágrafo único. *O prazo estabelecido neste artigo reduzir-se-á a dez anos se o possuidor houver estabelecido no imóvel a sua moradia habitual, ou nele realizado obras ou serviços de caráter produtivo.*

> **Professor, qual o prazo para manejo da ação de desapropriação indireta, então?**

A segunda turma do STJ sempre entendeu que a desapropriação indireta pressupõe a realização pelo Poder Público de obras de caráter produtivo ou a destinação ao imóvel desapropriado a uma determinada utilidade pública ou interesse social.

Nesse caso, se presumida a realização de obras de caráter produtivo pela Fazenda Pública no bem invadido, entende-se que a situação se enquadraria no parágrafo único do art. 1.238 do Código Civil, de sorte que o prazo para usucapião seria de 10 anos.

Este é o entendimento tradicional da segunda turma do STJ:

ADMINISTRATIVO. DESAPROPRIAÇÃO INDIRETA. PRESCRIÇÃO. ART. 550 DO CÓDIGO CIVIL DE 1916. SÚMULA 119 DO SUPERIOR TRIBUNAL DE JUSTIÇA. APLICAÇÃO DOS ARTS. 1.238, PARÁGRAFO ÚNICO, E 2.028 DO CÓDIGO CIVIL DE 2002. PRAZO DECENAL. JURISPRUDÊNCIA DO SUPERIOR TRIBUNAL DE JUSTIÇA. PRESCRIÇÃO VERIFICADA.

1. A questão controvertida diz respeito à aplicação do parágrafo único do art. 1.238 do Código Civil para a contagem da prescrição da pretensão relativa à chamada desapropriação indireta.

2. *Com efeito, na vigência do Código Civil de 1916, o STJ firmou a orientação de que "a ação de desapropriação indireta prescreve em 20 anos"* (Súmula 119/STJ e art. 550 do Código Civil de 1916). O Código Civil de 2002 reduziu o prazo do usucapião extraordinário para 15 anos (art. 1.238, *caput*) e previu a possibilidade de aplicação do prazo de 10 (dez anos) nos casos em que o possuidor tenha estabelecido no imóvel sua moradia habitual, ou realizado obras ou serviços de caráter produtivo.

3. *Considerando que a desapropriação indireta pressupõe a realização de obras pelo Poder Público ou sua destinação em função da utilidade pública ou do interesse social, com fundamento no atual Código Civil, o prazo prescricional aplicável às expropriatórias indiretas passou a ser de 10 (dez anos).* (...) (REsp 1.715.030/SC, Rel. Min. Herman Benjamin, Segunda Turma, j. 23-4-2019, *DJe* 18-6-2019).

Contudo, a primeira turma do STJ, sempre entendeu que **não necessariamente** o Poder Público realiza obras de caráter produtivo no imóvel invadido. Há hipóteses onde o apossamento irregular ocorre, sem necessariamente ocorrer a prática de atos de caráter produtivo.

Nesse caso, não há razão para se aplicar a redução do prazo, devendo se manter o prazo de 15 (quinze) anos para manejo da ação de desapropriação indireta prevista no *caput* do art. 1.238 do Código civil.

> A Primeira Seção do Superior Tribunal de Justiça – responsável por unificar a jurisprudência da primeira e segunda turmas – afetou o tema para dirimir a controvérsia.

Para o órgão colegiado, a divergência entre os órgãos fracionários era evidente.

Para a Primeira Turma, o prazo é de 15 anos, na medida em que o parágrafo único do art. 1.238 do Código Civil destina-se especificamente a regular os direitos do posseiro particular que ocupa o imóvel para uso residencial ou produtivo.

Para a Segunda Turma, o prazo de 10 anos de referido dispositivo é plenamente aplicável à desapropriação indireta, por **presumir-se** a implementação pelo Poder Público de obras ou serviços de utilidade pública ou interesse social.

Contudo, segundo pacificado pela Primeira Seção do STJ, **a presunção de realização de obras de caráter produtivo é relativa**, podendo ser afastada pela demonstração efetiva de inexistência de referidas obras ou serviços.

Em regra, portanto, o prazo prescricional das ações indenizatórias por desapropriação indireta é decenal. Admite-se, excepcionalmente, o prazo prescricional de 15 anos, caso concreta e devidamente afastada a presunção legal.

Nesse sentido:

> 2. A divergência entre os órgãos fracionários deste Colegiado é evidente. Para a Primeira Turma, o prazo é de 15 anos, na medida em que o parágrafo único do art. 1.238 do Código Civil destina-se especificamente a regular os direitos do posseiro particular que ocupa o imóvel para uso residencial ou produtivo. Para a Segunda Turma, o prazo de 10 anos de referido dispositivo é plenamente aplicável à desapropriação indireta, por presumir-se a implementação pelo Poder Público de obras ou serviços de utilidade pública ou interesse social.
>
> 3. O conceito de desapropriação indireta retrata situação fática em que a Administração, sem qualquer título legítimo, ocupa indevidamente a propriedade privada. Incorporado de forma irreversível e plena o bem particular ao patrimônio público, resta ao esbulhado apenas a ação indenizatória por desapropriação indireta.
>
> 4. A jurisprudência conferiu a essa ação indenizatória caráter de direito real, equiparando seu prazo prescricional ao da ocorrência de usucapião em favor do ente público.
>
> 5. A adoção das regras de Direito Privado decorre unicamente de construção jurisprudencial. Para aplicação ao Direito Administrativo de normas do Código Civil de 2002 destinadas a regular relações estritamente particulares, é preciso interpretá-las de forma temperada. No caso da desapropriação indireta, inexiste sequer norma positiva no Direito Administrativo, não podendo se exigir da lei civil essa disposição.
>
> 6. Todo o sentido do Código Civil é pela ponderação entre os direitos de propriedade do particular e o interesse coletivo. No equilíbrio entre eles, está a função social da propriedade. Assim, plenamente aplicável o parágrafo único às hipóteses de desapropriação indireta, por presunção de haver o Estado implantado obras ou serviços de caráter social ou utilidade pública.
>
> 7. A presunção é relativa, podendo ser afastada pela demonstração efetiva de inexistência de referidas obras ou serviços.

> 8. Em regra, portanto, o prazo prescricional das ações indenizatórias por desapropriação indireta é decenal. Admite-se, excepcionalmente, o prazo prescricional de 15 anos, caso concreta e devidamente afastada a presunção legal. (...) (EREsp 1.575.846/SC, Rel. Min. Og Fernandes, Primeira Seção, j. 26-6-2019, *DJe* 30-9-2019).

ATENÇÃO!

De acordo com o STJ, em regra, o prazo prescricional das ações indenizatórias por desapropriação indireta é de dez anos. Admite-se, excepcionalmente, o prazo prescricional de 15 anos, caso o estado não execute obras ou serviços públicos no imóvel (STJ, EREsp 1.575.846/SC, Rel. Min. Og Fernandes, 1.ª Seção, j. 26-6-2019, *DJe* 30-9-2019).

Ressalte-se que vigora na desapropriação o princípio da justa indenização e exatamente por isso inexiste vinculação entre o valor estimado pelo autor na ação de desapropriação direta ou indireta e a fixação da justa indenização pelo magistrado ao acatar laudo pericial imparcial. Isto porque o valor fixado pelo autor na ação de desapropriação é meramente estimativo.

Ademais, o promissário comprador do imóvel tem direito de receber indenização no caso deste imóvel ter sofrido desapropriação indireta, ainda que esta promessa não esteja registrada no Cartório de Registro de Imóveis.

Por fim, os limites percentuais estabelecidos no art. 27, §§ 1.º e 2.º, do Decreto-lei n. 3.365/41, relativos a honorários advocatícios (percentuais entre 0,5 e 5%), aplicam-se às desapropriações indiretas.

> **Mas, professor, qual a diferença da desapropriação indireta para a limitação administrativa?**

A desapropriação indireta pressupõe o efetivo desapossamento da propriedade pelo Poder Público, caracterizando-se uma intervenção supressiva do Estado na propriedade alheia, gerando direito a indenização por meio do pagamento do justo preço.

Já a limitação administrativa não se confunde com a desapropriação, visto que ocorre tão somente uma restrição ao uso da propriedade imposta genericamente a todos os proprietários, via de regra, sem qualquer direito a indenização.

Pontue-se, portanto, que enquanto a ação de desapropriação indireta possui natureza real e prazo prescricional decenal, nos termos do parágrafo único do art. 1.238 do Código Civil, a ação reparatória em virtude das perdas ocasionadas por limitações administrativas, terá natureza pessoal e por isso prescrição quinquenal, conforme parágrafo único do art. 10 do Decreto-lei n. 3.365/41:

> Art. 10. A desapropriação deverá efetivar-se mediante acordo ou intentar-se judicialmente, dentro de cinco anos, contados da data da expedição do respectivo decreto e findos os quais este caducará. Neste caso, somente decorrido um ano, poderá ser o mesmo bem objeto de nova declaração.
>
> Parágrafo único. *Extingue-se em cinco anos o direito de propor ação que vise a indenização por restrições decorrentes de atos do Poder Público.*

Assim, as restrições ao direito de propriedade impostas por normas ambientais, ainda que esvaziem o conteúdo econômico do bem, não constituem desapropriação indireta, mas sim limitações administrativas, cujos prejuízos causados devem ser indenizados por meio de uma ação de direito pessoal, e não de direito real, como é o caso da ação contra desapropriação indireta.

Caracteriza-se, pois, a aplicação do prazo prescricional quinquenal, eis que não há desapropriação indireta sem que haja o efetivo apossamento da propriedade pelo Poder Público.

4. RETROCESSÃO E TREDESTINAÇÃO

Efetivada a desapropriação, o Poder Público deve destinar o bem desapropriado à finalidade pública que justificou o ato expropriatório. Se não o fizer, ocorrerá o fenômeno da tredestinação.

Esta poderá ser lícita ou ilícita.

A tredestinação lícita ocorre quando o bem é desapropriado para um fim, mas lhe é dado fim diverso pelo Poder Público, porém ainda permanecendo o interesse público. Exemplo: o Poder Público desapropria um terreno para a construção de uma escola, mas por questões de conveniência e oportunidade decide construir um hospital.

Já a tredestinação ilícita ocorre quando ao bem desapropriado é dado destino desprovido de interesse público (transferência do bem a terceiro, por exemplo).

O direito de retrocessão é, pois, aquele que assiste ao proprietário do bem exigi-lo de volta caso, após efetivada a desapropriação, a ele seja dada destinação desprovida de interesse público. Assim, sempre será cabível o direito de retrocessão em caso de tredestinação ilícita. Trata-se de instrumento previsto no art. 519 do Código Civil:

> Art. 519. Se a coisa expropriada para fins de necessidade ou utilidade pública, ou por interesse social, não tiver o destino para que se desapropriou, ou não for utilizada em obras ou serviços públicos, caberá ao expropriado direito de preferência, pelo preço atual da coisa.

Contudo, em caso de tredestinação lícita, passando o bem para finalidade diversa, mas igualmente fundamentada no interesse público (bem desapropriado para construção de uma escola, mas se construiu um hospital), não haverá direito de retrocesso.

Ressalte-se que nas desapropriações ordinárias, após desapropriado o bem, caso pretenda o Poder Público aliená-lo, será necessário ser facultado ao antigo proprietário a preferência na aquisição do imóvel pelo valor atualizado.

Ressalte-se que o Decreto-lei n. 3.365/41 passou a prever expressamente o procedimento a ser adotado pelo expropriante caso haja inviabilidade ou perda objetiva do interesse público relativamente ao bem expropriado em seu art. 5.º, § 6.º, acatando as discussões doutrinárias de tredestinação lícita e ilícita:

Art. 5.º (...)
§ 6.º Comprovada a inviabilidade ou a perda objetiva de interesse público em manter a destinação do bem prevista no decreto expropriatório, o expropriante deverá adotar uma das seguintes medidas, nesta ordem de preferência:
I – destinar a área não utilizada para outra finalidade pública; ou
II – alienar o bem a qualquer interessado, na forma prevista em lei, assegurado o direito de preferência à pessoa física ou jurídica desapropriada.

Por fim, a doutrina majoritária cita-nos ainda o fenômeno da *adestinação* que seria a ausência de qualquer finalidade dada ao bem após finalizada a desapropriação. Celso Antônio Bandeira de Melo defende que em hipóteses de adestinação não caberia o direito de retrocessão, haja vista que o Poder Público não é obrigado a dentro de determinado prazo dar um fim ao imóvel.

ATENÇÃO!
De acordo com o § 4.º do art. 5.º do Decreto-lei n. 3.365/41, não implica retrocessão a alienação, a locação, a cessão, o arrendamento, a outorga em regime de concessão de direito real de uso, de concessão comum ou de PPP, ou mesmo a transferência como integralização de fundos de investimento ou de sociedade de propósito específico dos bens desapropriados para fins de utilidade pública.

Art. 5.º (...)
§ 4.º Os bens desapropriados para fins de utilidade pública e os direitos decorrentes da respectiva imissão na posse poderão ser alienados a terceiros, locados, cedidos, arrendados, outorgados em regimes de concessão de direito real de uso, de concessão comum ou de parceria público-privada e ainda transferidos como integralização de fundos de investimento ou sociedades de propósito específico.

5. DESAPROPRIAÇÃO PARA FINS DE REFORMA AGRÁRIA

A desapropriação para fins de reforma agrária possui previsão constitucional especificamente nos arts. 184 a 186:

> Art. 184. *Compete à União desapropriar por interesse social, para fins de reforma agrária, o imóvel rural que não esteja cumprindo sua função social*, mediante prévia e justa indenização em títulos da dívida agrária, com cláusula de preservação do valor real, resgatáveis no prazo de até vinte anos, a partir do segundo ano de sua emissão, e cuja utilização será definida em lei.
>
> § 1.º As benfeitorias úteis e necessárias serão indenizadas em dinheiro.
>
> § 2.º O decreto que declarar o imóvel como de interesse social, para fins de reforma agrária, autoriza a União a propor a ação de desapropriação.
>
> § 3.º Cabe à lei complementar estabelecer procedimento contraditório especial, de rito sumário, para o processo judicial de desapropriação.
>
> § 4.º O orçamento fixará anualmente o volume total de títulos da dívida agrária, assim como o montante de recursos para atender ao programa de reforma agrária no exercício.
>
> § 5.º São isentas de impostos federais, estaduais e municipais as operações de transferência de imóveis desapropriados para fins de reforma agrária.
>
> Art. 185. São insuscetíveis de desapropriação para fins de reforma agrária:
>
> I – a pequena e média propriedade rural, assim definida em lei, desde que seu proprietário não possua outra;
>
> II – a propriedade produtiva.
>
> Parágrafo único. A lei garantirá tratamento especial à propriedade produtiva e fixará normas para o cumprimento dos requisitos relativos a sua função social.
>
> Art. 186. A função social é cumprida quando a propriedade rural atende, simultaneamente, segundo critérios e graus de exigência estabelecidos em lei, aos seguintes requisitos:
>
> I – aproveitamento racional e adequado;
>
> II – utilização adequada dos recursos naturais disponíveis e preservação do meio ambiente;
>
> III – observância das disposições que regulam as relações de trabalho;
>
> IV – exploração que favoreça o bem-estar dos proprietários e dos trabalhadores.

Assim, o imóvel que poderá sofrer a desapropriação para fins de reforma agrária será apenas aquele imóvel rural que não atende à sua função social, sendo certo que o objetivo da reforma agrária é exatamente dar função social a este bem.

Conclui-se, portanto, que o imóvel rural **produtivo** não será ***desapropriado para fins de reforma agrária*** porque ele já cumpre sua função social.

Ressalte-se que a Lei n. 8.629/93 estabelece como obrigatória a manutenção no Sistema Nacional de Cadastro Rural (SNCR) de informações específicas sobre imóveis rurais com área de até um módulo fiscal.

5.1 Legitimidade

De acordo com o art. 2.º da Lei Complementar n. 76/93, a competência para propor a Desapropriação para fins de reforma agrária é privativa/exclusiva da União Federal, sendo proposta pelo órgão executor (INCRA) perante a Justiça Federal.

> Art. 2.º A desapropriação de que trata esta Lei Complementar é de competência privativa da União e será precedida de decreto declarando o imóvel de interesse social, para fins de reforma agrária.
>
> § 1.º A ação de desapropriação, proposta pelo órgão federal executor da reforma agrária, será processada e julgada pelo juiz federal competente, inclusive durante as férias forenses.
>
> § 2.º Declarado o interesse social, para fins de reforma agrária, fica o expropriante legitimado a promover a vistoria e a avaliação do imóvel, inclusive com o auxílio de força policial, mediante prévia autorização do juiz, responsabilizando-se por eventuais perdas e danos que seus agentes vierem a causar, sem prejuízo das sanções penais cabíveis.
>
> Art. 3.º A ação de desapropriação deverá ser proposta dentro do prazo de dois anos, contado da publicação do decreto declaratório.

Quanto à competência, tem-se, portanto, diferentes tipos de desapropriação:

> a) Desapropriação por interesse social – Não é exclusivo da União (também os Estados, DF e Municípios podem fazê-lo);
>
> b) Desapropriação de Imóvel Rural – Não é exclusivo da União (também os Estados, DF e Municípios podem fazê-lo);
>
> c) Desapropriação por interesse social de imóvel rural – Não é exclusivo da União (também os Estados, DF e Municípios podem fazê-lo);
>
> d) Desapropriação por interesse social para fins de reforma agrária – Regra Geral – Apenas a União (Exclusivo/Privativo).

5.2 Petição e despacho inicial

A petição inicial, além dos previstos no Código de Processo Civil, deverá conter os seguintes requisitos, além do depósito do preço ofertado:

i) texto do decreto declaratório de interesse social para fins de reforma agrária, publicado no *Diário Oficial da União*;

ii) certidões atualizadas de domínio e de ônus real do imóvel;

iii) documento cadastral do imóvel;

iv) laudo de vistoria e avaliação administrativa, que conterá, necessariamente:

- descrição do imóvel, por meio de suas plantas geral e de situação, e memorial descritivo da área objeto da ação;
- relação das benfeitorias úteis, necessárias e voluptuárias, das culturas e pastos naturais e artificiais, da cobertura florestal, seja natural ou decorrente de florestamento ou reflorestamento, e dos semoventes;
- discriminadamente, os valores de avaliação da terra nua e das benfeitorias indenizáveis;

v) comprovante de lançamento dos Títulos da Dívida Agrária correspondente ao valor ofertado para pagamento de terra nua;

vi) comprovante de depósito em banco oficial, ou outro estabelecimento no caso de inexistência de agência na localidade, à disposição do juízo, correspondente ao valor ofertado para pagamento das benfeitorias úteis e necessárias.

Tais requisitos estão previstos no art. 5.º da Lei Complementar n. 73/96:

Art. 5.º A petição inicial, além dos requisitos previstos no Código de Processo Civil, conterá a oferta do preço e será instruída com os seguintes documentos:

I – texto do decreto declaratório de interesse social para fins de reforma agrária, publicado no *Diário Oficial da União*;

II – certidões atualizadas de domínio e de ônus real do imóvel;

III – documento cadastral do imóvel;

IV – laudo de vistoria e avaliação administrativa, que conterá, necessariamente:

a) descrição do imóvel, por meio de suas plantas geral e de situação, e memorial descritivo da área objeto da ação;

b) relação das benfeitorias úteis, necessárias e voluptuárias, das culturas e pastos naturais e artificiais, da cobertura florestal, seja natural ou decorrente de florestamento ou reflorestamento, e dos semoventes;

c) discriminadamente, os valores de avaliação da terra nua e das benfeitorias indenizáveis;

V – comprovante de lançamento dos Títulos da Dívida Agrária correspondente ao valor ofertado para pagamento de terra nua;

VI – comprovante de depósito em banco oficial, ou outro estabelecimento no caso de inexistência de agência na localidade, à disposição do juízo, correspondente ao valor ofertado para pagamento das benfeitorias úteis e necessárias.

Certo é que o depósito referente às benfeitorias do imóvel será feito em dinheiro e o depósito relativo à terra nua será feito em Títulos da Dívida Agrária.

Quanto ao mais, ao despachar a inicial o juiz mandará imitir o Certificado de Cadastro de Imóvel Rural (CCIR), comprovando que o imóvel rural está cadastrado no INCRA, determinará a citação do expropriado para contestar o pedido e indicar assistente técnico, se quiser e expedirá mandado ordenando a averbação do ajuizamento da ação no registro do imóvel expropriando, para conhecimento de terceiros:

Art. 6.º O juiz, ao despachar a petição inicial, de plano ou no prazo máximo de quarenta e oito horas:
I – mandará imitir o autor na posse do imóvel;
II – determinará a citação do expropriando para contestar o pedido e indicar assistente técnico, se quiser
III – expedirá mandado ordenando a averbação do ajuizamento da ação no registro do imóvel expropriando, para conhecimento de terceiros.
§ 1.º Inexistindo dúvida acerca do domínio, ou de algum direito real sobre o bem, ou sobre os direitos dos titulares do domínio útil, e do domínio direto, em caso de enfiteuse ou aforamento, ou, ainda, inexistindo divisão, hipótese em que o valor da indenização ficará depositado à disposição do juízo enquanto os interessados não resolverem seus conflitos em ações próprias, poderá o expropriando requerer o levantamento de oitenta por cento da indenização depositada, quitado os tributos e publicados os editais, para conhecimento de terceiros, a expensas do expropriante, duas vezes na imprensa local e uma na oficial, decorrido o prazo de trinta dias.
§ 2.º O juiz poderá, para a efetivação da imissão na posse, requisitar força policial.
§ 3.º No curso da ação poderá o Juiz designar, com o objetivo de fixar a prévia e justa indenização, audiência de conciliação, que será realizada nos dez primeiros dias a contar da citação, e na qual deverão estar presentes o autor, o réu e o Ministério Público. As partes ou seus representantes legais serão intimadas via postal.
§ 4.º Aberta a audiência, o Juiz ouvirá as partes e o Ministério Público, propondo a conciliação.
§ 5.º Se houver acordo, lavrar-se-á o respectivo termo, que será assinado pelas partes e pelo Ministério Público ou seus representantes legais.
§ 6.º Integralizado o valor acordado, nos dez dias úteis subsequentes ao pactuado, o Juiz expedirá mandado ao registro imobiliário, determinando a matrícula do bem expropriado em nome do expropriante.
§ 7.º A audiência de conciliação não suspende o curso da ação.

5.3 Contestação

A contestação na ação de desapropriação para fins de reforma agrária é mais ampla que no Decreto-lei n. 3.365/41, eis que poderá o réu alegar qualquer matéria de defesa, exceto a relativa à existência de interesse social.

Para discutir o interesse social, seria possível o manejo de ação própria (Mandado de Segurança, Ação Cautelar, enfim). Ex.: possibilidade de se alegar que o imóvel é produtivo e que está em regime de pousio (descanso).

Não se questiona a imissão provisória na posse, eis que não pode ser matéria de contestação. Mesmo antes de ser citado, já fora declarada a imissão provisória na posse, independente de manifestação prévia do expropriado.

Além disso, o direito de extensão visto acima está expressamente previsto em lei:

> Art. 4.º Intentada a desapropriação parcial, o proprietário poderá requerer, na contestação, a desapropriação de todo o imóvel, quando a área remanescente ficar:
> I – reduzida a superfície inferior à da pequena propriedade rural; ou
> II – prejudicada substancialmente em suas condições de exploração econômica, caso seja o seu valor inferior ao da parte desapropriada. (...)
> Art. 9.º A contestação deve ser oferecida no prazo de quinze dias e versar matéria de interesse da defesa, excluída a apreciação quanto ao interesse social declarado.
> § 1.º Recebida a contestação, o juiz, se for o caso, determinará a realização de prova pericial, adstrita a pontos impugnados do laudo de vistoria administrativa, a que se refere o art. 5.º, inciso IV e, simultaneamente:
> I – designará o perito do juízo;
> II – formulará os quesitos que julgar necessários;
> III – intimará o perito e os assistentes para prestar compromisso, no prazo de cinco dias;
> IV – intimará as partes para apresentar quesitos, no prazo de dez dias.
> § 2.º A prova pericial será concluída no prazo fixado pelo juiz, não excedente a sessenta dias, contado da data do compromisso do perito.

Mesmo contestando a demanda, é dado ao expropriado o levantamento de até 80% (oitenta por cento) do valor depositado, apenas quanto ao dinheiro das benfeitorias.

> Art. 17. Efetuado ou não o levantamento, ainda que parcial, da indenização ou do depósito judicial, será expedido em favor do expropriante, no prazo de quarenta e oito horas, mandado translativo do domínio para o Cartório do Registro de Imóveis competente, sob a forma e para os efeitos da Lei de Registros Públicos.
> Parágrafo único. O registro da propriedade nos cartórios competentes far-se-á no prazo improrrogável de três dias, contado da data da apresentação do mandado.

O prazo para registro nos cartórios previsto no parágrafo único do art. 17, em verdade, é para se averbar a ação no Registro de Imóveis.

5.4 Citação e intervenção do Ministério Público

A legislação nada dispõe acerca da citação da mulher e do marido, levando-nos à conclusão de que ambas são necessárias, nos termos do Código de Processo Civil.

> Art. 7.º A citação do expropriando será feita na pessoa do proprietário do bem, ou de seu representante legal, obedecido o disposto no art. 12 do Código de Processo Civil.
>
> § 1.º Em se tratando de enfiteuse ou aforamento, serão citados os titulares do domínio útil e do domínio direto, exceto quando for contratante a União.
>
> § 2.º No caso de espólio, inexistindo inventariante, a citação será feita na pessoa do cônjuge sobrevivente ou na de qualquer herdeiro ou legatário que esteja na posse do imóvel.
>
> § 3.º Serão intimados da ação os titulares de direitos reais sobre o imóvel desapropriando.
>
> § 4.º Serão ainda citados os confrontantes que, na fase administrativa do procedimento expropriatório, tenham, fundamentadamente, contestado as divisas do imóvel expropriando.
>
> Art. 8.º O autor, além de outras formas previstas na legislação processual civil, poderá requerer que a citação do expropriando seja feita pelo correio, através de carta com aviso de recepção, firmado pelo destinatário ou por seu representante legal.

Além disso, o art. 18 da Lei Complementar n. 76/93 dispõe expressamente sobre a necessidade de intimação do Ministério Público:

> Art. 18. As ações concernentes à desapropriação de imóvel rural, por interesse social, para fins de reforma agrária, têm caráter preferencial e prejudicial em relação a outras ações referentes ao imóvel expropriando, e independem do pagamento de preparo ou de emolumentos.
>
> § 1.º Qualquer ação que tenha por objeto o bem expropriando será distribuída, por dependência, à Vara Federal onde tiver curso a ação de desapropriação, determinando-se a pronta intervenção da União.
>
> § 2.º O Ministério Público Federal intervirá, obrigatoriamente, após a manifestação das partes, antes de cada decisão manifestada no processo, em qualquer instância.

Ressalte-se que a lei apenas exige a participação do Ministério Público na ação de desapropriação de imóvel rural para fins de reforma agrária, conforme se depreende do § 2.º do art. 18, acima transcrito. Já nas ações de desapropriação ajuizadas com base no Decreto-lei n. 3.365/41 não é necessária a intervenção do Ministério Público.

O processo de desapropriação por reforma agrária possui grande impacto social e pressão política intensa. Assim, tendo em vista a invasão de fazendas de propriedade de sua família, o então presidente Fernando Henrique Cardoso, editou a MP n. 2.183-56/2001 que adicionou o § 6.º ao art. 2.º da Lei n. 8.629/93:

> § 6.º O imóvel rural de domínio público ou particular objeto de esbulho possessório ou invasão motivada por conflito agrário ou fundiário de caráter coletivo não será vistoriado, avaliado ou desapropriado nos dois anos seguintes à sua desocupação, ou no dobro desse prazo, em caso de reincidência; e deverá ser apurada a responsabilidade civil e administrativa de quem concorra com qualquer ato omissivo ou comissivo que propicie o descumprimento dessas vedações.

Assim, o STJ confirmou este entendimento, afirmando a impossibilidade de se prosseguir as ações desapropriatórias de terras invadidas por movimentos sociais:

> Súmula 354 do STJ: A invasão do imóvel é causa de suspensão do processo expropriatório para fins de reforma agrária.

5.5 Sentença, recurso e reexame necessário

O processo de desapropriação para fins de reforma agrária também gira em torno da verificação do valor da justa indenização a ser paga ao particular pela perda da propriedade. Tradicionalmente, o pagamento da terra nua na reforma agrária era feito por meio de Títulos da Dívida Agrária e as benfeitorias úteis e necessárias pagas eram em dinheiro.

Contudo, a Lei n. 13.465/2017 alterou esta sistemática quando revogou os arts. 14 e 15 da Lei Complementar n. 76/93. Trata-se de entendimento já apontado pelo Supremo Tribunal Federal nos autos do RE 247.866/CE.

É que tais valores deverão ser pagos por meio da sistemática dos precatórios previstos no art. 100 da Constituição Federal.

Assim, seja por meio da sentença judicial ou pelo acordo previsto no art. 10, sempre que houver majoração dos valores referentes às benfeitorias úteis e necessárias a serem pagos pelo ente expropriante, tais valores serão pagos por meio da sistemática dos precatórios.

> Art. 5.º (...)
> § 8.º Na hipótese de decisão judicial transitada em julgado fixar a indenização da terra nua ou das benfeitorias indenizáveis em valor superior ao ofertado pelo expropriante, corrigido monetariamente, a diferença será paga na forma do art. 100 da Constituição Federal.

> § 9.º Se houver imissão prévia na posse e, posteriormente, for verificada divergência entre o preço ofertado em juízo e o valor do bem fixado na sentença definitiva, expressos em termos reais, sobre a diferença eventualmente apurada incidirão juros compensatórios a contar da imissão de posse, em percentual correspondente ao fixado para os títulos da dívida agrária depositados como oferta inicial para a terra nua, vedado o cálculo de juros compostos.

Já quanto à terra nua, os valores majorados deverão ser pagos imediatamente por meio de Títulos da Dívida Agrária.

> Art. 10. Havendo acordo sobre o preço, este será homologado por sentença.
>
> Parágrafo único. Não havendo acordo, o valor que vier a ser acrescido ao depósito inicial por força de laudo pericial acolhido pelo Juiz será depositado em espécie para as benfeitorias, juntado aos autos o comprovante de lançamento de Títulos da Dívida Agrária para terra nua, como integralização dos valores ofertados.
>
> (...)
>
> Art. 12. O juiz proferirá sentença na audiência de instrução e julgamento ou nos trinta dias subsequentes, indicando os fatos que motivaram o seu convencimento.
>
> § 1.º *Ao fixar o valor da indenização, o juiz considerará, além dos laudos periciais, outros meios objetivos de convencimento, inclusive a pesquisa de mercado.*
>
> § 2.º O valor da indenização corresponderá ao valor apurado na data da perícia, ou ao consignado pelo juiz, corrigido monetariamente até a data de seu efetivo pagamento.
>
> § 3.º Na sentença, o juiz individualizará o valor do imóvel, de suas benfeitorias e dos demais componentes do valor da indenização.
>
> § 4.º Tratando-se de enfiteuse ou aforamento, o valor da indenização será depositado em nome dos titulares do domínio útil e do domínio direto e disputado por via de ação própria.

Quanto ao reexame necessário, este será cabível sempre que a sentença fixar o valor da condenação em montante superior a 50% (cinquenta por cento) do valor ofertado pelo Ente Público. Ademais, o recurso interposto pelo expropriante será recebido em ambos os efeitos e o recurso interposto pelo expropriado será recebido apenas no efeito devolutivo.

Rememore-se que no procedimento previsto no Decreto-lei n. 3.365/41 o reexame necessário é cabível sempre que a sentença condenar em montante superior ao dobro do preço ofertado.

5.6 Custas processuais e honorários advocatícios

De acordo com o art. 19 da Lei Complementar n. 76/93, os honorários advocatícios serão fixados em até 20% (vinte por cento) da diferença existente entre a oferta e o preço final.

Art. 19. As despesas judiciais e os honorários do advogado e do perito constituem encargos do sucumbente, assim entendido o expropriado, se o valor da indenização for igual ou inferior ao preço oferecido, ou o expropriante, na hipótese de valor superior ao preço oferecido.

§ 1.º Os honorários do advogado do expropriado serão fixados em até vinte por cento sobre a diferença entre o preço oferecido e o valor da indenização.

§ 2.º Os honorários periciais serão pagos em valor fixo, estabelecido pelo juiz, atendida à complexidade do trabalho desenvolvido.

Segundo Leonardo Cunha (2018, p. 756):

A jurisprudência está pejada de decisões aplicando a limitação de honorários prevista no § 1.º do art. 27, do Decreto-lei n. 3.365/41 aos casos de desapropriação para fins de reforma agrária. Não é, contudo, correto aplicar tal dispositivo para esse tipo de desapropriação, cujo regime jurídico está disciplinado em outro diploma normativo, que é, exatamente, a Lei Complementar 76/93.

Os demais dispositivos legais assim estabelecem:

Art. 20. Em qualquer fase processual, mesmo após proferida a sentença, compete ao juiz, a requerimento de qualquer das partes, arbitrar valor para desmonte e transporte de móveis e semoventes, a ser suportado, ao final, pelo expropriante, e cominar prazo para que o promova o expropriado.

Art. 21. Os imóveis rurais desapropriados, uma vez registrados em nome do expropriante, não poderão ser objeto de ação reivindicatória.

Por fim, efetuada a desapropriação, o INCRA terá 3 anos para efetivar a reforma agrária, sob pena de tredestinação que gera o direito a retrocessão.

Lei n. 8.629/93

Art. 16. Efetuada a desapropriação, o órgão expropriante, dentro do prazo de 3 (três) anos, contados da data de registro do título translativo de domínio, destinará a respectiva área aos beneficiários da reforma agrária, admitindo-se, para tanto, formas de exploração individual, condominial, cooperativa, associativa ou mista.

Rememore-se que a União publica o Decreto declarando o imóvel rural de interesse social para fins de Reforma Agrária e passa para o INCRA o trabalho de promover a Desapropriação.

6. DESAPROPRIAÇÃO PARA FINS URBANÍSTICOS

Há, ainda, outra modalidade de desapropriação extraordinária voltada para a zona urbana. Trata-se da desapropriação para fins urbanísticos prevista no art. 182, § 3.º,III, da CF e no art. 8.º da Lei n. 10.257/2001 (Estatuto da Cidade).

Trata-se de modalidade expropriatória que exige a localização do imóvel em área urbana e sua caracterização como não edificado, não utilizado ou subutilizado.

A Constituição Federal estabelece ser possível a desapropriação de imóveis urbanos.

Contudo, o art. 182 prevê duas hipóteses de desapropriação. A primeira é uma hipótese de desapropriação ordinária (por utilidade ou necessidade pública ou por interesse social) prevista no § 3.º:

> § 3.º As desapropriações de imóveis urbanos serão feitas com prévia e justa indenização em dinheiro.

Assim, mesmo que a propriedade esteja cumprindo sua função social, poderá o Poder Público desapropriá-la em caso de necessidade ou utilidade pública, ou ainda, em caso de interesse social. Neste caso, a indenização será prévia e em dinheiro.

Exemplo disso: tem-se uma casa que cumpre a sua função social, eis que adequada ao Plano Diretor, mas que interessa ao Município, ao Estado ou à União Federal desapropriar para a construção de um hospital naquele determinado bairro.

Hipótese diferente é aquela prevista no § 4.º, III, do art. 182, da CF. Nesse caso, a propriedade que não cumpre sua função social e que já passara sucessivamente pela determinação de edificação ou parcelamento compulsórios e pela cobrança de IPTU progressivo no tempo, poderá ser desapropriada.

Trata-se, pois, de uma desapropriação extraordinária (uma verdadeira sanção ao particular) e cujo pagamento será feito em títulos da dívida pública. Esta desapropriação especificamente apenas poderá ser procedida pelo Poder Público municipal, conforme previsão constitucional:

> § 4.º É facultado ao Poder Público municipal, mediante lei específica para área incluída no plano diretor, exigir, nos termos da lei federal, do proprietário do solo urbano não edificado, subutilizado ou não utilizado, que promova seu adequado aproveitamento, sob pena, sucessivamente, de: (...)

III – desapropriação *com pagamento mediante títulos da dívida pública de emissão previamente aprovada pelo Senado Federal*, com prazo de resgate de até dez anos, em parcelas anuais, iguais e sucessivas, assegurados o valor real da indenização e os juros legais.

A Constituição, portanto, prevê dois tipos de desapropriação da propriedade urbana, nos termos das lições de José Afonso da Silva (2015, p. 57):

Um é a desapropriação comum, que pode ser por utilidade ou necessidade pública ou por interesse social, nos termos dos arts. 5.º, XXIV, e 182, § 3.º, mediante prévia e justa indenização em dinheiro. O outro é a desapropriação-sanção, que é aquela destinada a punir o não cumprimento de obrigação ou ônus urbanístico imposto ao proprietário de terrenos urbanos, nos termos do comentado art. 182, § 4.º.

A legitimidade ativa para a realização da desapropriação urbanística é exclusiva do Município.

6.1 Requisitos

Em primeiro lugar, o imóvel que será desapropriado por ferir as normas do direito urbanístico é aquele solo urbano não edificado, subutilizado ou não utilizado. Para o Estatuto das Cidades, será subutilizado o imóvel cujo aproveitamento seja inferior ao mínimo definido no plano diretor ou em legislação dele decorrente (art. 5.º, § 1.º, I).

6.1.1 Parcelamento, edificação e utilização compulsórios

Verificado que o imóvel trata-se de solo urbano não edificado, subutilizado ou não utilizado, lei municipal específica para área incluída no plano diretor poderá determinar o parcelamento, a edificação ou a utilização compulsórios, fixando as condições para o cumprimento desta obrigação.

Esta é a disposição do art. 5.º, *caput*, do Estatuto das Cidades:

Art. 5.º Lei municipal específica para área incluída no plano diretor poderá determinar o parcelamento, a edificação ou a utilização compulsórios do solo urbano não edificado, subutilizado ou não utilizado, devendo fixar as condições e os prazos para implementação da referida obrigação.

Percebam, pois, que a lei municipal com conteúdo específico em relação àquela determinada área incluída no plano diretor deve prever que imóveis daquela região, acaso estejam em situação de não utilização, subutilização ou não edificação poderão sofrer as determinações deste dispositivo. Segundo Carvalho Filho (2017, p. 96):

> No caso, o conteúdo específico consistirá na indicação de área incluída no plano diretor, em relação à qual podem ser expedidas as imposições urbanísticas de parcelamento, edificação e utilização compulsórios.

Assim, o Poder Executivo Municipal notificará o proprietário para que parcele, edifique ou utilize o imóvel em evidência. Tal notificação deverá ser, inclusive, averbada no competente **Cartório de Registro de Imóveis.**

José dos Santos Carvalho Filho com muita propriedade nos ensina os conceitos de parcelamento e edificação (2017, p. 99, 100 e 101):

> *Parcelamento do solo* é a providência pela qual se procede a sua subdivisão, em partes iguais ou não, de modo a resultarem vários módulos imobiliários autônomos em substituição à área parcelada.
>
> *Edificação* é a atividade por meio da qual se executa alguma construção sobre o solo. Edificar, por conseguinte, é construir, erguer, levantar, fundar algum edifício, a partir de alguma profundidade do subsolo, mas com o início visível a partir do solo.

Além disso, será considerado subutilizado o imóvel cujo aproveitamento seja inferior ao mínimo definido no plano diretor ou em legislação dele decorrente.

Normalmente um servidor do Município faz a notificação formal do proprietário do imóvel ou do seu representante legal, em caso de pessoa jurídica. E, acaso frustrada três vezes a tentativa de notificação pessoal, o Município a fará por meio de edital.

A partir da notificação, o particular terá o prazo de um ano (a depender da previsão da lei municipal) para protocolar o projeto de utilização do bem junto ao órgão municipal competente. Por outro lado, aprovados os projetos, terá o particular o prazo de ***dois anos*** para iniciar as obras do empreendimento, ***contados da data da aprovação destes.***

Além disso, em empreendimentos de grande porte, em caráter excepcional, a lei municipal poderá prever a conclusão em etapas, assegurando-se que o projeto aprovado compreenda o empreendimento como um todo (art. 5.º, § 5.º, do Estatuto das Cidades).

E se o proprietário desejar alienar o imóvel após ser notificado?

O Estatuto das Cidades estabeleceu que a transmissão do imóvel – a título gratuito ou oneroso, por ato *inter vivos* ou *causa mortis* – posterior à notificação transfere todas as obrigações previstas quanto ao parcelamento, edificação e utilização do imóvel e ***sem qualquer interrupção dos prazos.***

Se a notificação consta no Registro de Imóveis, o comprador tem total ciência das obrigações, não podendo, pois, alegar qualquer causa de suspensão ou interrupção dos prazos definidos na notificação.

Percebam que o ato de registro da notificação no Cartório de Imóveis gera efeitos *erga omnes* quanto ao teor da notificação.

> Art. 6.º A transmissão do imóvel, por ato *inter vivos* ou *causa mortis*, posterior à data da notificação, transfere as obrigações de parcelamento, edificação ou utilização previstas no art. 5.º desta Lei, sem interrupção de quaisquer prazos.

6.1.2 IPTU progressivo no tempo

Acaso não cumpridas as condições e prazos estabelecidos quanto às determinações de edificação, parcelamento e utilização compulsórios ou, ainda, acaso o particular descumpra os prazos relativos à apresentação dos projetos ou inícios das obras (um ano ou dois anos – § 5.º do art. 5.º), ***procederá*** o Município à aplicação do IPTU progressivo no tempo.

Em verdade, descumpridas as obrigações impostas na notificação anteriormente explicada, o Município aplicará a majoração das alíquotas do IPTU pelo prazo de cinco anos consecutivos.

> Art. 7.º Em caso de descumprimento das condições e dos prazos previstos na forma do *caput* do art. 5.º desta Lei, ou não sendo cumpridas as etapas previstas no § 5.º do art. 5.º desta Lei, o Município procederá à aplicação do imposto sobre a propriedade predial e territorial urbana (IPTU) progressivo no tempo, mediante a majoração da alíquota pelo prazo de cinco anos consecutivos.

Para Carvalho Filho (2017, p. 120) esta é uma hipótese legítima de utilização do tributo como meio coercitivo:

> A progressão do valor do tributo configura-se como mecanismo de coerção ao proprietário tendo em vista a necessidade de ser preservada a ordem urbanística e cumprido o objetivo firmado pelo plano diretor da cidade.

O valor máximo das alíquotas – progressivo no tempo – será de 15% (quinze por cento). E, a partir do primeiro ano, até chegar ao valor máximo, a alíquota não excederá a duas vezes o valor referente ao ano anterior.

> § 1.º O valor da alíquota a ser aplicado a cada ano será fixado na lei específica a que se refere o *caput* do art. 5.º desta Lei e não excederá a duas vezes o valor referente ao ano anterior, respeitada a alíquota máxima de quinze por cento.

Percebam, portanto, que o Estatuto das Cidades estabeleceu limites para se evitar um possível abuso dos prefeitos municipais, a pretexto de manutenção da ordem urbanística. Além disso:

§ 3.º É vedada a concessão de isenções ou de anistia relativas à tributação progressiva de que trata este artigo.

Mas, professor e se mesmo assim o proprietário continuar descumprindo a obrigação de parcelar, utilizar ou edificar o imóvel?

Nesse caso, passados os cinco anos de cobrança de IPTU progressivo, o Município poderá *ou* manter a cobrança do IPTU em valores máximos até que o proprietário cumpra sua obrigação *ou proceder à desapropriação do imóvel.*

§ 2.º Caso a obrigação de parcelar, edificar ou utilizar não esteja atendida em cinco anos, o Município manterá a cobrança pela alíquota máxima, até que se cumpra a referida obrigação, garantida a prerrogativa prevista no art. 8.º.

Vejam que poderá o prefeito municipal, por conveniência e oportunidade, entender que não é interessante a desapropriação do imóvel, apenas a manutenção da cobrança de IPTU em valores elevados.

6.1.3 Desapropriação

Passados cinco anos da cobrança do IPTU progressivo sem o cumprimento das obrigações por parte do proprietário, poderá o Município proceder à desapropriação do imóvel com pagamento em Títulos da Dívida Pública.

Referidos títulos terão prévia autorização pelo Senado Federal e serão resgatados no prazo de até dez anos, em prestações anuais, iguais e sucessivas, mantendo-se o valor real da indenização e juros legais de *seis por cento ao ano.*

Art. 8.º Decorridos cinco anos de cobrança do IPTU progressivo sem que o proprietário tenha cumprido a obrigação de parcelamento, edificação ou utilização, o Município *poderá* proceder à desapropriação do imóvel, com pagamento em títulos da dívida pública.
§ 1.º Os títulos da dívida pública terão prévia aprovação pelo Senado Federal e serão resgatados no prazo de até dez anos, em prestações anuais, iguais e sucessivas, assegurados o valor real da indenização e os juros legais de seis por cento ao ano.

Percebam que **a lei não estabelece ao Município um dever de desapropriar**, mas uma faculdade, podendo o ente optar por prosseguir com a cobrança da alíquota máxima do IPTU.

6.1.3.1 Valor real da indenização

A doutrina estabelece uma diferença entre a indenização justa (prevista no Decreto-lei n. 3.365/41) com a indenização real, prevista no Estatuto das Cidades (CARVALHO FILHO, 2017, p. 144):

Mas o que significa valor real? Caso se tratasse da desapropriação geral, teríamos que admitir que valor real seria aquele que correspondesse ao exato valor do imóvel. A expressão teria então o significado de indenização justa, tal como os autores comumente a interpretam.

Parece-nos, contudo, que o requisito justiça da indenização não tem – insistimos – inteira aplicação no caso da desapropriação urbanística sancionatória. A *ratio* que conduz o Poder Público a processar a desapropriação por utilidade pública ou interesse social não tem qualquer conotação com eventual comportamento ilícito do expropriado. Cuida-se apenas da aquisição do imóvel para certo fim público.

Certo é que devemos ter em mente para concursos públicos o teor do § 2.º do art. 8.º do Estatuto das Cidades:

§ 2.º O valor real da indenização:

I – refletirá o valor da base de cálculo do IPTU, descontado o montante incorporado em função de obras realizadas pelo Poder Público na área onde o mesmo se localiza após a notificação de que trata o § 2.º do art. 5.º desta Lei;

II – não computará expectativas de ganhos, lucros cessantes e juros compensatórios.

Assim, o valor não deverá computar expectativas de ganhos futuros, lucros cessantes ou compensatórios, mas o valor real apurado naquele momento quanto ao imóvel. **Além disso, e aqui o ponto mais importante do dispositivo, o valor do imóvel deve refletir a base de cálculo do IPTU no momento da notificação feita pelo Município para que o proprietário aproveitasse o imóvel.**

O valor da indenização deve ser o valor do imóvel descontado o montante incorporado em função de obras públicas realizadas na área onde ele se localiza após a notificação.

6.1.3.2 Títulos e poder liberatório

Em determinadas situações, é possível a utilização de Títulos da Dívida Pública para pagamentos de tributos.

Contudo, os títulos previstos para pagamento da desapropriação urbanística **não poderão ser utilizados com este fim.**

§ 3.º Os títulos de que trata este artigo não terão poder liberatório para pagamento de tributos.

6.1.3.3 Procedimento expropriatório

O Estatuto das Cidades estabeleceu apenas requisitos materiais para a desapropriação urbanística, silenciando quanto ao procedimento judicial. Assim, fica a pergunta: qual deve ser o procedimento adotado quando proposta a desapropriação urbanística?

A doutrina nos socorre afirmando que o rito a ser observado é o do Decreto-lei n. 3.365/41, em especial os arts. 11 a 30, que na matéria teria caráter geral (CARVALHO FILHO, 2017, p. 139).

Contudo, referido Autor faz a ressalva de que o procedimento do Decreto-lei n. 3.365/41 apenas deve ser aplicado *no que couber*, devendo o intérprete proceder à adequação entre os procedimentos fins a que se destina cada espécie de desapropriação.

6.1.3.4 Adequado aproveitamento do imóvel pelo Município

De acordo com o § 4.º do art. 8.º do Estatuto das Cidades, o Município tem o prazo máximo de cinco anos, contado a partir da incorporação do imóvel ao patrimônio público, para proceder ao seu adequado aproveitamento.

Ressalte-se que tal aproveitamento poderá ser feito pelo Município diretamente por si ou por meio de alienação ou concessão a terceiros, observando-se, naturalmente, o devido procedimento licitatório.

> § 4.º O Município procederá ao adequado aproveitamento do imóvel no prazo máximo de cinco anos, contado a partir da sua incorporação ao patrimônio público.
>
> § 5.º O aproveitamento do imóvel poderá ser efetivado diretamente pelo Poder Público ou por meio de alienação ou concessão a terceiros, observando-se, nesses casos, o devido procedimento licitatório.

> **Se o Município alienar o imóvel, como fica a questão das obrigações de parcelar ou edificar o bem?**

De acordo com o § 6.º do art. 8.º do Estatuto das Cidades, as obrigações transmitem-se ao adquirente do imóvel:

> § 6.º Ficam mantidas para o adquirente de imóvel nos termos do § 5.º as mesmas obrigações de parcelamento, edificação ou utilização previstas no art. 5.º desta Lei.

Isto porque, conforme lições de José dos Santos Carvalho Filho (2013, p. 153):

> Nem poderia ser diferente. A função do adquirente do imóvel será a de torná-lo amoldado às regras e situações previstas no plano diretor. Portanto, se a obrigação anterior

consistia em proceder à edificação no terreno, fica o adquirente sujeito a essa mesma obrigação.

E o Município deve encetar todo o esforço para verificar se a obrigação será realmente honrada, porque, se não o for, sujeitar-se-á o novo proprietário a todas as sanções urbanísticas cabíveis.

Só não é cabível a renovação da notificação para o cumprimento da obrigação, porque esta se presume conhecida pelo proprietário.

7. EXPROPRIAÇÃO DE GLEBAS COM PLANTAÇÕES ILEGAIS

De acordo com o art. 243 da Constituição Federal, devem ser expropriadas sem direito a indenização as terras em que forem localizadas culturas ilegais de plantas psicotrópicas.

As regras e o procedimento para essa expropriação estão disciplinados na Lei n. 8.257/91, um rito bem mais rápido e objetivo que a desapropriação.

Isto porque, esse procedimento, segundo Guilherme Barros (2015, p. 465):

Não se trata propriamente de modalidade de desapropriação, uma vez que não há a contraprestação do Poder Público com o pagamento de indenização com o pagamento de indenização, mas sim uma sanção pelo ato ilegal.

As terras expropriadas devem ter como destinação o assentamento de colonos. Se o assentamento não puder ser realizado no prazo de 120 dias a partir do trânsito em julgado da sentença, o bem fica incorporado ao patrimônio da União para posterior utilização em sua finalidade social.

Nesse sentido:

Art. 243. As propriedades rurais e urbanas de qualquer região do País onde forem localizadas culturas ilegais de plantas psicotrópicas ou a exploração de trabalho escravo na forma da lei serão expropriadas e destinadas à reforma agrária e a programas de habitação popular, sem qualquer indenização ao proprietário e sem prejuízo de outras sanções previstas em lei, observado, no que couber, o disposto no art. 5.º. Parágrafo único. Todo e qualquer bem de valor econômico apreendido em decorrência do tráfico ilícito de entorpecentes e drogas afins e da exploração de trabalho escravo será confiscado e reverterá a fundo especial com destinação específica, na forma da lei.

Ressalte-se que tanto as propriedades urbanas como rurais poderão ser objeto de confisco em razão do cultivo de plantas psicotrópicas, exploração de trabalho escravo ou tráfico ilícito de entorpecentes.

> **Professor, vamos imaginar que exista uma plantação de maconha que ocupe 2 hectares de uma fazenda com área total de 100 hectares. Neste caso, a pena de expropriação incidirá apenas sobre a área de 2 hectares ou sobre a área total do imóvel?**

Para o Supremo Tribunal Federal, não faz sentido a expropriação de apenas um pequeno pedaço da propriedade.

Ao interpretar a Constituição Federal, o STF entende que a expropriação deve ser realizada na propriedade como um todo, ainda que apenas parcialmente ocupada por plantação de plantas psicotrópicas.

RECURSO EXTRAORDINÁRIO. CONSTITUCIONAL. EXPROPRIAÇÃO. GLEBAS. CULTURAS ILEGAIS. PLANTAS PSICOTRÓPICAS. ARTIGO 243 DA CONSTITUIÇÃO DO BRASIL. INTERPRETAÇÃO DO DIREITO. LINGUAGEM DO DIREITO. LINGUAGEM JURÍDICA. ARTIGO 5.º, LIV, DA CONSTITUIÇÃO DO BRASIL. O CHAMADO PRINCÍPIO DA PROPORCIONALIDADE. 1. *Gleba, no artigo 243 da Constituição do Brasil, só pode ser entendida como a propriedade na qual sejam localizadas culturas ilegais de plantas psicotrópicas. O preceito não refere áreas em que sejam cultivadas plantas psicotrópicas, mas as glebas, no seu todo. 2. A gleba expropriada será destinada ao assentamento de colonos, para o cultivo de produtos alimentícios e medicamentosos.* (...). 5. O entendimento sufragado no acórdão recorrido não pode ser acolhido, conduzindo ao absurdo de expropriar-se 150 m² de terra rural para nesses mesmos 150 m² assentar-se colonos, tendo em vista o cultivo de produtos alimentícios e medicamentosos. (...) (RE 54.3974, Rel. Min. Eros Grau, Tribunal Pleno, j. 26-3-2009, *DJe*-29-5-2009).

> **E se o imóvel estiver alugado a terceiros que estão plantando plantas psicotrópicas na propriedade? A propriedade ainda assim será expropriada?**

Nesse caso, não.

O Supremo Tribunal Federal possui entendimento segundo o qual **a expropriação prevista no art. 243 da Constituição pode ser afastada, desde que o proprietário comprove que não incorreu em culpa, ainda que *in vigilando* ou *in elegendo*** (RE 635.336).

Por fim, destacamos o entendimento do Supremo Tribunal Federal quanto ao confisco de bens e a desnecessidade de habitualidade da conduta delitiva:

É possível o confisco de todo e qualquer bem de valor econômico apreendido em decorrência do tráfico de drogas, sem a necessidade de se perquirir a habitualidade, reiteração do uso do bem para tal finalidade, a sua modificação para difi-

cultar a descoberta do local do acondicionamento da droga ou qualquer outro requisito além daqueles previstos expressamente no artigo 243, parágrafo único, da Constituição Federal (RE 638.491, Rel. Min. Luiz Fux, Tribunal Pleno, j. 17-5-2017, *DJe* 23-08-2017).

CAPÍTULO 14
CONTROLE DA ADMINISTRAÇÃO PÚBLICA

1. INTRODUÇÃO

Como já sabemos, a Administração Pública é regida por um regime jurídico especial, marcado, notadamente, pelos princípios da legalidade, da impessoalidade, da moralidade, da publicidade e da eficiência (art. 37 da CF).

Sua atuação encontra-se limitada e balizada pelo interesse público, com vistas a promover e defender os direitos da coletividade. Nestes termos, como forma de fiscalizar a atividade administrativa, surge o tema do Controle da Administração, materializado pelos instrumentos jurídicos de fiscalização deste mister, os quais serão vistos detalhadamente ao longo deste capítulo.

Trata-se, segundo José dos Santos Carvalho Filho (2017), de **forma de garantir o respeito aos direitos subjetivos dos usuários, bem como de assegurar a observância das diretrizes constitucionais da Administração.**

Sua natureza jurídica é de **"princípio fundamental da Administração Pública"** (MAZZA, 2022, p. 1801), conforme se extrai do art. 6.º, V, do Decreto-lei n. 200/67:

Art. 6.º As atividades da Administração Federal obedecerão aos seguintes princípios fundamentais:
I – Planejamento;
II – Coordenação;
III – Descentralização;
IV – Delegação de Competência;
V – Controle.

2. ESPÉCIES DE CONTROLE

São diversos os critérios utilizados pela doutrina para classificar as espécies de controle da Administração. Em síntese (baseada em OLIVEIRA, 2021 e MAZZA, 2022):

I) Quanto ao órgão ou entidade responsável pela sua efetivação:

a) **Controle interno (ou autocontrole):** realizado pela própria Administração, de ofício ou por provocação;

b) **Controle externo:** exercido por outro Poder. Subdivide-se, ainda, em *controle legislativo* (realizado pelo parlamento com auxílio do Tribunal de Contas) e *controle judicial*;

c) **Controle social ou popular:** realizado pela sociedade, seja por meio do direito de petição, ou mesmo por meio da participação nos processos de planejamento, na monitoração da atividade administrativa, em audiências e consultas públicas... Sobressai, aqui, a ideia de *Administração Pública Dialógica*, de acordo com a qual o administrado deixa de ser um simples objeto da atuação administrativa e passa a se portar como sujeito, participando não só por meio da fiscalização, mas também na própria definição e escolha dos meios a serem utilizados para a consecução do interesse público.

II) Quanto ao momento:

a) **Controle prévio:** ocorre antes mesmo da publicação do ato administrativo;

b) **Controle concomitante:** promovido juntamente da execução do ato (ex.: fiscalização de contrato administrativo em execução);

c) **Controle posterior:** como o nome já sugere, é realizado em face do ato já existente (o que pressupõe a sua publicação).

III) Quanto ao parâmetro ou à natureza:

a) **Controle de legalidade:** verifica a compatibilidade do ato administrativo com a legislação infraconstitucional. Pode ocorrer tanto interna quanto externamente;

b) **Controle de mérito:** diz respeito à análise da conveniência e da oportunidade do ato discricionário, somente podendo ser realizado pela própria Administração.

3. CONTROLE ADMINISTRATIVO

O controle administrativo, também chamado de controle interno (ou autocontrole), é a prerrogativa atribuída à Administração de fiscalizar e corrigir a sua própria atuação, tanto a partir de critérios de legalidade quanto de mérito.

Sobre o tema, é importante distinguir os conceitos de tutela e autotutela administrativa.

A **tutela** (ou supervisão ministerial) é forma de controle administrativo **por vinculação**, dizendo respeito ao controle exercido pela Administração Direta face aos atos praticados pelos entes integrantes da Administração Indireta. Nesse caso, como não há subordinação, o controle se limita a verificar se esta entidade está cumprindo os fins para os quais foi criada, devendo haver previsão legal expressa neste sentido (ex.: controle exercido pelo Ministério da Saúde sobre autarquia a ele vinculada).

A **autotutela**, por sua vez, é espécie de controle **por subordinação**, justificado pela hierarquia administrativa. Como tal, independe de previsão legal. Geralmente, quando se fala em controle administrativo, está-se referindo, grosso modo, a autotutela, consagrada no art. 53 da Lei n. 9.784/99 e nas Súmulas 346 e 473 do STF).

> **Súmula 346 do STF:** A Administração Pública pode declarar a nulidade dos seus próprios atos.
>
> **Súmula 473 do STF:** A Administração pode anular seus próprios atos, quando eivados de vícios que os tornam ilegais, porque deles não se originam direitos; ou revogá-los, por motivo de conveniência ou oportunidade, respeitados os direitos adquiridos, e ressalvada, em todos os casos, a apreciação judicial.

Conforme destaca OLIVEIRA (2021, p. 851), em regra, o controle administrativo ocorre por meio de processos administrativos, instaurados de ofício ou a requerimento do interessado. Isto porque a Constituiçao assegura a qualquer pessoa o direito de petição (art. 5.º, XXXIV, *a*), independentemente do pagamento de taxas, em defesa de direitos ou contra ilegalidade ou abuso de poder.

No âmbito deste direito, inserem-se os recursos administrativos.

Os recursos administrativos são subdivididos pela doutrina em **recurso hierárquico próprio e recurso hierárquico impróprio.**

O recurso hierárquico próprio é decorrente da hierarquia administrativa, evidenciando o controle por subordinação, sendo endereçado à autoridade superior à que praticou o ato recorrido. Como vimos, independe de previsão legal, uma vez que decorrente da própria estrutura administrativa.

O impróprio, por sua vez, está ligado ao controle por vinculação, sendo dirigido à autoridade que não ocupa posição de superior hierárquica em relação à que praticou o ato recorrido. Depende de expressa previsão legal para ser interposto.

4. CONTROLE LEGISLATIVO

O controle legislativo, realizado no âmbito do parlamento e dos órgãos auxiliares do Poder Legislativo, inclui o **controle político** sobre o próprio exercício da função administrativa e o **controle financeiro** sobre a gestão dos gastos públicos dos três poderes.

Como esta forma de controle demonstra a ingerência de um poder na atividade de outro, suas hipóteses devem constar expressamente da Constituição, pois consagram verdadeiras exceções à separação de poderes (art. 2.º da CF). Não se admite, neste diapasão, a previsão de outras hipóteses de controle parlamentar apenas na legislação infraconstitucional, sem respaldo na Constituição Federal.

Vejamos os principais dispositivos constitucionais sobre o tema (MAZZA, 2022, p. 1806):

> Art. 48. (...)
> X – Cabe ao Congresso Nacional legislar sobre criação e extinção de Ministérios e órgãos da Administração Pública.
>
> Art. 49. (...)
> V – É da competência exclusiva do Congresso Nacional *sustar os atos normativos* do Poder Executivo que exorbitem do poder regulamentar ou dos limites de delegação legislativa;
>
> Art. 50. A Câmara dos Deputados e o Senado Federal, ou qualquer de suas Comissões, poderão convocar Ministro de Estado ou quaisquer titulares de órgãos diretamente subordinados à Presidência da República para prestarem, pessoalmente, informações sobre assunto previamente determinado, importando crime de responsabilidade a ausência sem justificação adequada.
>
> Art. 52. Compete privativamente ao Senado Federal:
> I – processar e julgar o Presidente e o Vice-Presidente da República nos crimes de responsabilidade, bem como os Ministros de Estado e os Comandantes da Marinha, do Exército e da Aeronáutica nos crimes da mesma natureza conexos com aqueles;
>
> Art. 58. (...)
> § 3.º As comissões parlamentares de inquérito, que terão poderes de investigação próprios das autoridades judiciais, além de outros previstos nos regimentos das respectivas Casas, serão criadas pela Câmara dos Deputados e pelo Senado Federal, em conjunto ou separadamente, mediante requerimento de um terço de seus membros, para a apuração de fato determinado e por prazo certo, sendo suas conclusões, se for o caso, encaminhadas ao Ministério Público, para que promova a responsabilidade civil ou criminal dos infratores.
>
> Art. 71. (...)
> § 1.º No caso de contrato, o ato de sustação será adotado diretamente pelo Congresso Nacional, que solicitará, de imediato, ao Poder Executivo as medidas cabíveis.

4.1 O controle pelos Tribunais de Contas

A fiscalização contábil, financeira, orçamentária, operacional e patrimonial da União e das entidades da administração direta e indireta, quanto à **lega-**

lidade, legitimidade, economicidade, aplicação das subvenções e renúncia de receitas, será exercida pelo Congresso Nacional, mediante controle externo, e pelo sistema de controle interno de cada Poder.

O controle externo, a cargo do Congresso, é exercido com auxílio do Tribunal de Contas da União, na forma do art. 71 da CF. Tais órgãos **não integram a estrutura administrativa do Parlamento nem com ele mantém qualquer relação hierárquica.**

Ressalte-se que, de acordo com o STF, deve haver um "espelhamento obrigatório" do modelo de controle externo do TCU previsto na Constituição para os Tribunais de Contas dos Estados e do Distrito Federal e para os Tribunais e Conselhos de Contas dos Municípios.

Em outras palavras: o modelo federal de organização, composição e fiscalização do tribunal de contas, fixado pela Constituição, é de observância obrigatória pelos estados.

Desse modo, **norma da Constituição Estadual que trate sobre a organização ou funcionamento do TCE de forma diferente do modelo federal é materialmente inconstitucional,** por violação do art. 75 da CF. Sobre o tema, relevante o seguinte julgado:

> É inconstitucional dispositivo da CE que preveja que, se o TCE reconhecer a boa-fé do infrator e se este fizer a liquidação tempestiva do débito ou da multa, a Corte deverá considerar saneado o processo. Esta regra é inconstitucional porque não há previsão semelhante na CF/88 (STF, ADI 5.323/RN, j. 11-4-2019, Info 937).

Na esfera municipal, preconiza o art. 30, § 4.º, da CF ser *vedada a criação de Tribunais, Conselhos ou órgãos de Contas Municipais*. Os já existentes (ex.: TCM/RJ e TCM/SP), contudo, não precisariam ser extintos.

É possível, contudo, a criação de Tribunais ou Conselhos de Contas "dos municípios", isto é, órgãos de natureza estadual (e não municipal), com competência para fiscalizar as contas de todos os Municípios da circunscrição do Estado.

Os Tribunais de Contas, apesar de terem a atribuição de "julgar" contas, como veremos a seguir, não exercem função jurisdicional. São órgãos com função eminentemente administrativa de natureza técnica, podendo ter a validade de seus atos apreciadas pelo Judiciário.

Nos termos da Súmula 347 do STF, "O Tribunal de Contas, no exercício de suas atribuições, pode apreciar a constitucionalidade das leis e dos atos do Poder Público". Não se trata, contudo, de realização do controle de constitucionalidade propriamente dito, mas apenas da possibilidade de o TCU deixar de aplicar uma norma ao caso concreto caso vislumbre a sua inconstitucionalidade.

O controle a ser exercido pelo Tribunal de Contas pode iniciar-se de ofício ou mediante requerimento de **qualquer cidadão, partido político, associação ou sindicato, os quais são partes legítimas para, na forma da lei, denunciar irregularidades ou ilegalidades perante o Tribunal.**

Além disso, preconiza a CF (art. 74, § 1.º) **que os responsáveis pelo controle interno, ao tomarem conhecimento de qualquer irregularidade ou ilegalidade, dela darão ciência ao Tribunal de Contas da União, sob pena de responsabilidade** *solidária*.

As decisões do Tribunal de que resulte imputação de débito ou multa terão eficácia de título executivo extrajudicial, por força do art. 71, § 3.º, da CF. **De acordo com o STF, contudo, as Cortes de Contas, como são entes despersonalizados, não possuem legitimidade para executar tais títulos. A atribuição para tanto é deferida aos respectivos entes federativos, que executarão as multas por meio de suas Procuradorias.**

O STJ já admitiu, ainda, a legitimidade do Ministério Público para este mister, desde que em defesa do interesse público primário.

O Superior Tribunal de Justiça já se manifestou no sentido de que 'conferir à Fazenda Pública, por meio de suas procuradorias judiciais, a exclusividade na defesa do patrimônio público, é interpretação restritiva que vai de encontro à ampliação do campo de atuação conferido pela Constituição ao Ministério Público, bem como leva a uma proteção deficiente do bem jurídico tutelado', razão pela qual não há falar em exclusividade das Procuradorias estaduais e municipais na defesa de seu Erário (STJ, AgRg no REsp 1.373.917/DF, j. 15-8-2017).

4.1.1 Atribuições do Tribunal de Contas da União

De acordo com o art. 71 da CF, compete ao Tribunal de Contas:

I – **apreciar** as contas prestadas anualmente pelo **Presidente da República, mediante parecer prévio** que deverá ser elaborado em sessenta dias a contar de seu recebimento;
II – **julgar** as contas dos **administradores e demais responsáveis** por dinheiros, bens e valores públicos da **administração direta e indireta, incluídas as fundações e sociedades instituídas e mantidas pelo Poder Público federal, e as contas daqueles que derem causa a perda, extravio ou outra irregularidade de que** *resulte prejuízo ao erário público*;

Quanto ao tema, ressalte-se que:

> não compete ao TCU adotar procedimento de fiscalização que alcance a Fundação Banco do Brasil [FBB] quanto aos recursos próprios, de natureza eminentemente privada, repassados por aquela entidade a terceiros, visto que a FBB não integra o rol de entidades obrigadas a prestar contas àquela Corte de Contas, nos termos do art. 71, II, da CF, não lhe cabendo, por via reflexa, subserviência aos preceitos que regem a Administração Pública (STF, MS 32.703 AgR, j. 10-4-2018).

Com base nesse mesmo inciso, o STF declarou inconstitucional artigo de lei que fixou a competência dos Tribunais de Contas Estaduais e de Câmaras Municipais para análise da prestação de contas da aplicação de recursos financeiros oriundos do Fundo Nacional de Assistência Social, repassados aos Estados e Municípios. Isto porque a competência para o controle da prestação de contas da aplicação de recursos federais é do Tribunal de Contas da União (STF, ADI 1.934, j. 7-2-2019).

Registre-se, ainda, que a tomada de contas especial a que alude a parte final do inciso não consubstancia procedimento administrativo disciplinar. Tem por escopo a defesa da coisa pública, buscando o ressarcimento do dano causado ao erário. Não se aplica, ademais, a tal procedimento o prazo decadencial quinquenal previsto na Lei n. 9.784/99:

> O prazo decadencial quinquenal, previsto no art. 54 da Lei n. 9.784/99, não se aplica para a atuação do TCU em processo de tomada de contas, considerando que se trata de procedimento regido pela Lei n. 8.443/92, que se constitui em norma especial. STF. 1.ª Turma (MS 35.038 AgR/DF, Rel. Min. Rosa Weber, j. 12-11-2019, Info 959).

III – apreciar, para fins de registro, a legalidade dos atos de admissão de pessoal, a qualquer título, na administração direta e indireta, incluídas as fundações instituídas e mantidas pelo Poder Público, excetuadas as nomeações para cargo de provimento em comissão, bem como a das concessões de aposentadorias, reformas e pensões, ressalvadas as melhorias posteriores que não alterem o fundamento legal do ato concessório;

A aposentadoria é um **ato administrativo complexo**, ou seja, é um ato administrativo que exige, para sua formação, a manifestação da vontade de dois ou mais órgãos distintos. Assim sendo, a aposentadoria só se aperfeiçoa após o julgamento de sua legalidade pela Corte de Contas.

Não há uma lei que estabeleça qual o prazo os Tribunais de Contas (tanto no âmbito estadual quanto no federal) dispõem para o julgamento da legalidade do ato de concessão inicial de aposentadoria, reforma ou pensão. O STF, invocando os princípios da isonomia e da segurança jurídica, aplica, por analogia, à hipótese, o prazo de 5 anos previsto no art. 1.º do Decreto n. 20.910/32.

Esse **prazo de 5 anos tem início com a data em que o processo chega ao Tribunal de Contas.**

Durante muito tempo, o Supremo entendeu que, se a Corte de Contas demorasse mais de 5 anos para apreciar a legalidade do ato, deveria, a partir do lustro, assegurar o contraditório e a ampla defesa ao interessado (dentro do quinquênio, o contraditório era desnecessário). Esta era, portanto, uma exceção à Súmula Vinculante 3.

> **Súmula Vinculante 3:** Nos processos perante o TCU asseguram-se o contraditório e a ampla defesa quando da decisão puder resultar anulação ou revogação de ato administrativo que beneficie o interessado, excetuada a apreciação da legalidade do ato de concessão inicial de aposentadoria, reforma e pensão.

Em 2020, todavia, no julgamento do RE 636.553/RS, o Supremo Tribunal Federal alterou o seu entendimento. A **Súmula Vinculante 3 não possui mais exceção.** Em nenhum caso de análise de aposentadoria será necessário assegurar o contraditório ou a ampla defesa.

Significa dizer que, **se o Tribunal de Contas demorar mais de 5 anos para apreciar a legalidade, ele não poderá mais rever esse ato. Esgotado o prazo, considera-se que a aposentadoria, reforma ou pensão está definitivamente registrada, mesmo sem ter havido a análise pelo Tribunal de Contas.**

FIQUE ATENTO! MUDANÇA DE ENTENDIMENTO DO STF!

Para o STF, em atenção aos princípios da segurança jurídica e da confiança legítima, os Tribunais de Contas estão sujeitos ao prazo de cinco anos para o julgamento da legalidade do ato de concessão inicial de aposentadoria, reforma ou pensão, a contar da chegada do processo à respectiva Corte de Contas (STF, Plenário, RE 636.553/RS, Rel. Min. Gilmar Mendes, j. 19-2-2020, Repercussão Geral – Tema 445, Info 967).

Reitere-se: a Súmula Vinculante não possui mais exceção. Decorrido o prazo de 5 anos, haverá apreciação tácita e a aposentadoria, reforma ou pensão estará definitivamente registrada.

> IV – **realizar**, por iniciativa própria, da Câmara dos Deputados, do Senado Federal, de Comissão técnica ou de **inquérito, inspeções e auditorias** de natureza contábil, financeira, orçamentária, operacional e patrimonial, nas unidades administrativas dos Poderes Legislativo, Executivo e Judiciário, e demais entidades referidas no inciso II;
> V – fiscalizar as contas nacionais das empresas supranacionais de cujo capital social a União participe, de forma direta ou indireta, nos termos do tratado constitutivo;

VI – fiscalizar a **aplicação de quaisquer recursos repassados pela União** mediante convênio, acordo, ajuste ou outros instrumentos congêneres, **a Estado, ao Distrito Federal ou a Município**;

Destaque-se, a respeito do inciso, o seguinte julgado do STF:

Embora os recursos naturais da plataforma continental e os recursos minerais sejam bens da União (CF, art. 20, V e IX), a participação ou compensação aos Estados, Distrito Federal e Municípios no resultado da exploração de petróleo, xisto betuminoso e gás natural são receitas originárias destes últimos entes federativos (CF, art. 20, § 1.º). É inaplicável, ao caso, o disposto no art. 71, VI, da Carta Magna, que se refere, especificamente, ao repasse efetuado pela União – mediante convênio, acordo ou ajuste – de recursos originariamente federais (MS 24.312, j. 19-2-2003).

VII – prestar as informações solicitadas pelo Congresso Nacional, por qualquer de suas Casas, ou por qualquer das respectivas Comissões, sobre a fiscalização contábil, financeira, orçamentária, operacional e patrimonial e sobre resultados de auditorias e inspeções realizadas;

VIII – **aplicar aos responsáveis**, em caso de ilegalidade de despesa ou irregularidade de contas, as **sanções** previstas em lei, que estabelecerá, entre outras cominações, **multa proporcional ao dano causado ao erário**;

IX – **assinar prazo para que o órgão ou entidade adote as providências necessárias** ao exato cumprimento da lei, se verificada ilegalidade;

Com base neste inciso, o STF consagrou que o TCU possui a competência para·determinar que empresa pública federal (BNDES) *suspenda pagamentos* que estão sendo realizados com base em contrato de confissão de dívida cuja regularidade está sendo apurada em tomada de contas (MS 35.038 AgR/DF, j. 12-11-2019, Info 959).

X – **sustar, se não atendido, a execução do ato impugnado**, comunicando a decisão à Câmara dos Deputados e ao Senado Federal;

XI – representar ao Poder competente sobre irregularidades ou abusos apurados.

Ressalte-se, por fim, não ser possível invocar sigilo empresarial para sonegar documento requisitado por órgão de controle externo.

Quando enfocados apenas dados operacionais da sociedade de economia mista, sem identificação de dados pessoais ou de movimentações individuais dos correntistas, não há falar em sigilo bancário como óbice ao fornecimento dos documentos de auditoria interna requisitados pelo TCU. Esse é o entendimento que se extrai dos

> princípios da publicidade e da transparência, além da exigência de prestar contas, inerentes, por imposição constitucional, ao atuar dos entes da administração pública direta e indireta (STF, MS 23.168-AgR, j. 27-6-2019).

Isto porque o sigilo de informações necessárias para a preservação da intimidade é relativizado quando se está diante do interesse da sociedade de se conhecer o destino dos recursos públicos.

Operações financeiras que envolvam recursos públicos não estão abrangidas pelo sigilo bancário a que alude a Lei Complementar n. 105/2001, visto que as operações dessa espécie estão submetidas aos princípios da Administração Pública insculpidos no art. 37 da Constituição. Em tais situações, é prerrogativa constitucional do Tribunal [TCU] o acesso a informações relacionadas a operações financiadas com recursos públicos.

4.2 Controle jurisdicional

O controle judicial dos atos da Administração diz respeito à apreciação pelo Poder Judiciário dos atos administrativos oriundos de quaisquer dos poderes (Executivo, Legislativo ou Judiciário).

Lembre-se que todos os poderes exercem função administrativa, mesmo que de forma atípica.

Existem dois sistemas de controle jurisdicional da Administração no Direito Comparado (OLIVIERA, 2021, p. 857):

a) **Sistema da dualidade de jurisdição (ou sistema do contencioso administrativo ou da jurisdição administrativa):** tem origem na França e é adotado em diversos países europeus (por isso se fala em sistema de jurisdição francês). Consagra duas ordens de jurisdição, uma dita ordinária ou comum, exercida pelo Judiciário sobre os particulares em geral, e outra administrativa, exercida pelos juízes e tribunais administrativos.

b) **Sistema da jurisdição una (ou da unidade de jurisdição):** de origem inglesa ou norte-americana (também chamado de sistema de jurisdição inglês), atribui ao Judiciário o poder de decidir de maneira definitiva sobre a juridicidade dos atos praticados por particulares ou pela Administração. É *adotado no Brasil*, com fulcro no princípio da inafastabilidade da jurisdição (art. 5.º, XXXV, da CF).

Não se exige, para a instauração desse tipo de controle, o esgotamento das vias administrativas, de modo que o interessado pode buscar diretamente o Judiciário sem necessidade de interpelar a Administração.

Excepcionalmente, exige-se o esgotamento das vias extrajudiciais no caso das questões desportivas (art. 217, § 1.º, da CF).

4.2.1 Limites do controle jurisdicional

Quanto aos aspectos de legalidade, o controle pode incidir indistintamente sobre atos vinculados ou discricionários, dizendo respeito ao seu amplo aspecto de obediência aos postulados formais e materiais presentes na Carta Magna, sem, contudo, adentrar o mérito administrativo.

A incursão judicial no mérito administrativo, como regra, é vedada. Excepcionalmente, os tribunais superiores admitem a análise judicial do mérito na hipótese de comprovada violação aos princípios da legalidade, da razoabilidade e da proporcionalidade. Vejamos:

> Consoante entendimento consolidado no STJ, a intervenção do Poder Judiciário nos atos administrativos cinge-se à defesa dos parâmetros da legalidade, permitindo-se a reavaliação do mérito administrativo tão somente nas hipóteses de comprovada violação aos princípios da legalidade, razoabilidade e proporcionalidade, sob pena de invasão à competência reservada ao Poder Executivo (STJ, 1.ª Turma, AgInt no REsp 1.271.057/PR, j. 18-5-2017.

Permite-se, nestes termos, que o julgador invalide o ato ilegal da Administração, mas não que ele substitua o administrador e revogue o ato (ou profira outro, substituindo a vontade administrativa) com base em razões de conveniência e de oportunidade.

Em matéria de concurso público, por exemplo, o controle judicial não permite que o magistrado avalie as respostas dadas pelos candidatos.

> Não compete ao Poder Judiciário, no controle de legalidade, substituir banca examinadora para avaliar respostas dadas pelos candidatos e notas a elas atribuídas. Excepcionalmente, é permitido ao Judiciário juízo de compatibilidade do conteúdo das questões do concurso com o previsto no edital do certame (STF, RE 632.853, j. 23-4-2015, Repercussão Geral, Info 782).

Sobre o tema do controle jurisdicional, relevante, ainda, o seguinte julgado:

> A decisão judicial que impõe à Administração Pública o restabelecimento do plantão de 24 horas em Delegacia Especializada de Atendimento à Infância e à Juventude não constitui abuso de poder, tampouco extrapola o controle do mérito administrativo pelo Poder Judiciário (STJ, REsp 1.612.931/MS, j. 20-6-2017, Info 609).

Passemos, agora, à análise das principais ações judiciais de controle da Administração Pública.

4.3 Mandado de segurança

4.3.1 Considerações iniciais

O mandado de segurança é uma criação brasileira e caracteriza-se como uma ação constitucional de natureza civil, qualquer que seja a natureza do ato impugnado, administrativo, jurisdicional, criminal, eleitoral, trabalhista, dentre outros.

Muito embora não seja objeto do nosso estudo, vale destacar que, pontualmente, o mandado de segurança pode ser utilizado na esfera penal.

O remédio constitucional esteve presente pela primeira vez no ordenamento jurídico brasileiro na Constituição Federal de 1934. Na Constituição, está previsto nos incisos LXIX e LXX do art. 5.º:

> LXIX – conceder-se-á mandado de segurança para proteger direito líquido e certo, não amparado por *habeas corpus* ou *habeas data*, quando o responsável pela ilegalidade ou abuso de poder for autoridade pública ou agente de pessoa jurídica no exercício de atribuições do Poder Público;
> LXX – o mandado de segurança coletivo pode ser impetrado por:
> *a)* partido político com representação no Congresso Nacional;
> *b)* organização sindical, entidade de classe ou associação legalmente constituída e em funcionamento há pelo menos um ano, em defesa dos interesses de seus membros ou associados;

Também chamado de *writ*, tal remédio constitucional encontra-se regulado no direito brasileiro pela Lei n. 12.016/2009 e é cabível ante a existência de um direito líquido e certo ameaçado ou violado por um ato ilegal ou abusivo de autoridade pública ou agente de pessoa jurídica no exercício de atribuições públicas.

Poderá, nestes termos, ser tanto preventivo (direito ameaçado) quanto repressivo (direito já violado).

O manejo do mandado de segurança deve ser, contudo, residual, eis que apenas será cabível quanto aos direitos não amparados por *habeas corpus* ou *habeas data*. Nesse sentido, o art. 1.º da Lei n. 12.016/2009:

> Art. 1.º Conceder-se-á mandado de segurança para proteger direito líquido e certo, não amparado por *habeas corpus* ou *habeas data*, sempre que, ilegalmente ou com abuso de poder, qualquer pessoa física ou jurídica sofrer violação ou houver justo receio de sofrê-la por parte de autoridade, seja de que categoria for e sejam quais forem as funções que exerça.

4.3.2 Direito líquido e certo

Segundo a melhor doutrina, direito líquido e certo é aquele que diz respeito à prova dos fatos postos em juízo. Independente da discussão jurídica em relação ao tema, os fatos devem vir todos provados juntamente com a petição inicial, sendo inviável a dilação probatória no seio do procedimento.

Para Leonardo Cunha (2018, p. 503):

> Na verdade, o que se deve ter como líquido e certo é o fato, ou melhor, a afirmação de fato feita pela parte autora. Quando se diz que o mandado de segurança exige a comprovação de direito líquido e certo, está-se a reclamar que os fatos alegados pelo impetrante estejam, desde já, comprovados, devendo a petição inicial vir acompanhada dos documentos indispensáveis a essa comprovação. Daí a exigência de a prova, no mandado de segurança, ser pré-constituída.

A exceção fica por conta da previsão dos §§ 1.º e 2.º do art. 6.º da Lei n. 12.016/2009:

> § 1.º No caso em que o documento necessário à prova do alegado se ache em repartição ou estabelecimento público ou em poder de autoridade que se recuse a fornecê-lo por certidão ou de terceiro, o juiz ordenará, preliminarmente, por ofício, a exibição desse documento em original ou em cópia autêntica e marcará, para o cumprimento da ordem, o prazo de 10 (dez) dias. O escrivão extrairá cópias do documento para juntá-las à segunda via da petição.
> § 2.º Se a autoridade que tiver procedido dessa maneira for a própria coatora, a ordem far-se-á no próprio instrumento da notificação.

Assim, caso o documento essencial para manejo do mandado de segurança esteja em posse de autoridade pública que recuse a fornecê-la, o juiz ordenará, de forma preliminar, a exibição do documento em original ou cópia autêntica, no prazo de 10 (dez) dias.

Se a autoridade que detiver o documento for a própria coatora, a ordem de exibição do documento será dada na própria notificação.

Pacífica a orientação do STF sobre a possibilidade de conceder-se a segurança mesmo havendo controvérsia sobre matéria de direito:

> **Súmula 625 do STF:** Controvérsia sobre matéria de direito não impede concessão de mandado de segurança.

Ressalte-se, contudo, que o mandado de segurança não se presta a discutir lei em tese, razão pela qual eventual discussão acerca da inconstitucionalidade da norma aplicável ao caso somente pode ser reconhecida incidentalmente. É dizer: a inconstitucionalidade pode ser discutida como causa de pedir – não como o pedido.

A ausência de direito líquido e certo possui como consequência a extinção do processo sem resolução do mérito. É que (FONTELES, 2015, p. 58):

> A inexistência de direito líquido e certo não significa que falece ao impetrante o direito alegado, mas apenas que não lhe é possível a demonstração mediante prova pré-constituída.

Isso não impede, todavia, que o pleito seja renovado dentro do prazo decadencial, caso a decisão denegatória não tenha apreciado o mérito (art. 6.º, § 6.º, da Lei n. 12.016/2009).

Da mesma forma, não impedirá o manejo da ação própria. Vejamos:

> Art. 19. A sentença ou o acórdão que denegar mandado de segurança, sem decidir o mérito, não impedirá que o requerente, por ação própria, pleiteie os seus direitos e os respectivos efeitos patrimoniais.

Por outro lado, se o magistrado apreciar o mérito da demanda e julgar improcedente o pedido do impetrante, tal decisão faz coisa julgada material, impedindo a parte de propor nova demanda com idêntico fundamento.

4.3.3 Hipóteses de não cabimento do mandado de segurança

A Lei n. 12.016/2009 trouxe algumas restrições para o manejo do mandado de segurança. Tais hipóteses de não cabimento são, a princípio, constitucionais, eis que não impedem a busca do impetrante pelo direito material por meio de outros tipos de demanda.

Vejamos uma a uma.

4.3.3.1 Ato de gestão comercial

Na atuação das empresas públicas e das sociedades de economia mista, necessário que se distinga os atos de império (praticados no exercício da função administrativa), dos atos de gestão (praticados sob o regime de direito privado) para que se possa analisar o cabimento de mandado de segurança.

De acordo com o § 2.º do art. 1.º da Lei n. 12.016/2009:

> § 2.º Não cabe mandado de segurança contra os atos de gestão comercial praticados pelos administradores de empresas públicas, de sociedade de economia mista e de concessionárias de serviço público.

Referida previsão, de acordo com o STF, é **constitucional** (STF, Plenário, ADI 4.296/DF, Rel. Min. Marco Aurélio, redator do acórdão Min. Alexandre de Moraes, j. 9-6-2021, Info 1021). O próprio art. 5.º, LXIX, da CF, restringe o cabimento do *writ* aos atos ilegais ou praticados com abuso de poder por autoridade pública ou agente de pessoa jurídica "*no exercício de atribuições do Poder Público*".

As sociedades de economia mista e as empresas públicas possuem natureza jurídica de direito privado e, enquanto estiverem atuando como tal, seus atos não são passíveis de controle pela via do mandado de segurança.

Contudo, em que pese possuírem natureza jurídica de direito privado, submetem-se às regras de concurso público e de licitações. Neste caso, fala-se em atos de império, revestidos de caráter público, sendo cabível a impetração de mandado de segurança. Nesse sentido:

> **Súmula 333 do STJ:** Cabe mandado de segurança contra ato praticado em licitação promovida por sociedade de economia mista ou empresa pública.

Ressalte-se que o STJ diferencia inclusive o ato praticado quando do julgamento da licitação, daquele ato praticado quando da execução do contrato. Este é considerado ato de estão e, portanto, não passível de mandado de segurança.

Exemplo clássico em provas, é o da aplicação de multa contratual. Bastante esclarecedor o julgado:

> ADMINISTRATIVO. MANDADO DE SEGURANÇA. EMPRESA PÚBLICA. CONTRATO FIRMADO A PARTIR DE PRÉVIO PROCEDIMENTO LICITATÓRIO PARA ADEQUAÇÃO DE REDE ELÉTRICA DE AGÊNCIA BANCÁRIA. APLICAÇÃO DE MULTA CONTRATUAL. ATO DE GESTÃO. DESCABIMENTO DE MANDADO DE SEGURANÇA.
> 1. *A imposição de multa decorrente de contrato ainda que de cunho administrativo não é ato de autoridade, posto inegável ato de gestão contratual.* Precedentes jurisprudenciais: AGRG RESP 1107565, RESP 420.914, RESP 577.396.
> 2. Os atos de gestão não possuem o requisito da supremacia, por isso são meros atos da administração e não atos administrativos, sendo que a Administração e o Particular encontram-se em igualdade de condições, em que o ato praticado não se submete aos princípios da atividade administrativa, tampouco exercido no exercício de função pública, não se vislumbrando ato de autoridade.
> 3. Sob este enfoque preconiza a doutrina que: Atos de gestão são os que a Administração pratica sem usar de sua supremacia sobre os destinatários. Tal ocorre nos atos puramente de administração dos bens e serviços públicos e nos negociais com os particulares, que não exigem coerção sobre os interessados. (*in* Direito Administrativo Brasileiro, 31.ª Edição, p. 166, Hely Lopes Meirelles).

4. *In casu*, versa mandado de segurança impetrado por empresa privada em face da Caixa Econômica Federal visando anular ato do Presidente da Comissão de Licitação que, nos autos do contrato para prestação de serviços de adequação da rede elétrica de agência bancária aplicou a penalidade de multa por atraso da obra.
5. Deveras, apurar infração contratual e sua extensão é incabível em sede de *writ*, via na qual se exige prova prima facie evidente.
6. A novel Lei do Mando de Segurança n. 12.026/2009 sedimentou o entendimento jurisprudencial do descabimento do mandado de segurança contra ato de gestão, em seu art. 1.°, par. 2.°, *in verbis*: "Não cabe mandado de segurança contra os atos de gestão comercial praticados pelos administradores de empresas públicas, de sociedade de economia mista e de concessionária de serviço público". 7. Consectariamente, a Caixa Econômica Federal mesmo com natureza jurídica de empresa pública que, integrante da Administração Indireta do Estado, ao fixar multa em contrato administrativo pratica ato de gestão não passível de impugnação via mandado de segurança, mercê de não se caracterizar ato de autoridade (REsp 1.078.342/PR, j. 9-2-2010).

4.3.3.2 Ato contra o qual caiba recurso administrativo com efeito suspensivo

De acordo com o art. 5.º, I, da Lei n. 12.016/2009:

> Art. 5.º Não se concederá mandado de segurança quando se tratar:
> I – de ato do qual caiba recurso administrativo com efeito suspensivo, independentemente de caução;

Acaso o particular possua à sua disposição recurso administrativo dotado de efeito suspensivo, independente de caução, não faz sentido a busca ao Judiciário pela via do mandado de segurança.

> O particular não é obrigado a exaurir a via administrativa antes de ingressar na via judicial. **O que não se admite é a simultaneidade entre o *mandamus* e o recurso administrativo com efeito suspensivo** (...). Com isso, deverá haver renúncia ao direito de recorrer ou o decurso do prazo para a interposição do recurso administrativo, após o que voltará a ser possível impetrar o mandado de segurança (FONTELES, 2015, p. 61).

Ressalte-se que a Súmula Vinculante 21 do STF veda a exigência de depósito prévio para admissibilidade de recurso administrativo.

E, além disso, a Súmula 429 do STF possibilita a impetração do *writ* mesmo pendente recurso administrativo com efeito suspensivo, presumindo-se a renúncia com ao recurso administrativo com a discussão judicial:

Súmula Vinculante 21 do STF: É inconstitucional a exigência de depósito ou arrolamento prévios de dinheiro ou bens para admissibilidade de recurso administrativo.

Súmula 429 do STF: A existência de recurso administrativo com efeito suspensivo não impede o uso do mandado de segurança contra omissão da autoridade.

4.3.3.3 Decisão judicial da qual caiba recurso com efeito suspensivo

De acordo com o art. 5.º, II, da Lei n. 12.016/2009, não será concedido mandado de segurança quando se tratar:

II – de decisão judicial da qual caiba recurso *com efeito suspensivo*;

Por outro lado, a Súmula 267, do STF estabelece que:

Súmula 267 do STF: Não cabe mandado de segurança contra ato judicial passível de recurso ou correição.

Para conciliar estes dois diplomas, a melhor interpretação é a que confere a possibilidade de impetrar mandado de segurança em face da decisão cujo recurso cabível, concretamente, é insuficiente para atender ao pedido do recorrente (CUNHA, 2018, p. 557).

Isto porque o mandado de segurança não pode ser utilizado como sucedâneo recursal.

Ademais, caberá o *writ* em face de decisão judicial contra a qual não caiba recurso e que seja ilegal ou abusiva. São hipóteses de decisões teratológicas e que devem ser extirpadas do mundo jurídico.

Ademais (CUNHA, 2018, p. 557):

É possível, de igual modo, que o terceiro prejudicado, que não disponha de mais prazo para interpor recurso, possa valer-se do mandado de segurança. Nesse caso, o mandado de segurança serve como sucedâneo recursal, sendo impetrado contra o próprio ato judicial, destinando-se a obter sua reforma ou anulação.

Trata-se da disposição da Súmula 202 do STJ, cuja hipótese é aquela em que o terceiro sequer é parte no processo, mas fora prejudicado pela decisão.

Súmula 202 do STJ: A impetração de segurança por terceiro, contra ato judicial, não se condiciona à interposição de recurso.

4.3.3.4 Decisão judicial transitada em julgado

De acordo com o art. 5.º, III, da Lei n. 12.016/2009, não será concedido mandado de segurança quando se tratar de decisão judicial transitada em julgado, sob pena de se caracterizar um sucedâneo da ação rescisória. Assim, já estava trilhada a jurisprudência do STF:

> **Súmula 268 do STF:** Não cabe mandado de segurança contra decisão judicial com trânsito em julgado.

Todavia, se a impetração do mandado de segurança for anterior ao trânsito em julgado da decisão questionada, mesmo que este venha a acontecer posteriormente, o mérito do mandado deverá ser julgado, não podendo ser invocado o seu não cabimento ou a perda de objeto.

Nesse sentido, o STJ decidiu:

> É incabível mandado de segurança contra decisão judicial transitada em julgado, incidindo, portanto, o teor do art. 5.º, inciso III, da Lei n. 12.016/2009 e da Súmula n. 268/STF. Precedentes. 3. No entanto, sendo a impetração do mandado de segurança anterior ao trânsito em julgado da decisão questionada, mesmo que venha a acontecer, posteriormente, não poderá ser invocado o seu não cabimento ou a sua perda de objeto, mas preenchidas as demais exigências jurídico-processuais, deverá ter seu mérito apreciado (STJ, EDcl no MS 22157/DF, *DJe* 11-6-2019).

4.3.3.5 Lei em tese

De acordo com a Súmula 266 do STF:

> **Súmula 266 do STF:** Não cabe mandado de segurança contra lei em tese.

Há, contudo, uma exceção: a lei de efeitos concretos. Tais leis são (FONTELES, 2015, p. 68):

> Assim denominadas porque dispensam existência de um ato administrativo para produzirem seus efeitos no suporte fático. Tais normas, que apenas são chamadas de leis em sentido amplo, são atos administrativos no seu âmago, pois falta-lhes a marca da abstração.

> **E o parlamentar, pode impetrar mandado de segurança contra projeto de lei?**

Hipótese diversa é a possibilidade de impetração pelo parlamentar com o objetivo de sustar o trâmite de projeto de lei ou de emenda à Constituição que se afigurem ilegais ou inconstitucionais. A ideia é que se trata de direito subjetivo do parlamentar a participação em um processo legislativo hígido, correto, desprovido de qualquer mácula.

Assim, não se combate a lei em tese, mas o processo legislativo em si.

A regra é o não cabimento de ação judicial para se realizar o controle prévio de constitucionalidade dos atos normativos. Contudo, o Supremo Tribunal Federal tem admitido estas duas exceções:

> a) caso a proposta de emenda à Constituição seja manifestamente ofensiva à cláusula pétrea; e
> b) na hipótese em que a tramitação do projeto de lei ou de emenda à Constituição violar regra constitucional que discipline o processo legislativo.

Ressalte-se que se trata de direito subjetivo exclusivo do parlamentar e que, acaso este venha a perder o mandato no curso do processo, o mandado de segurança deverá ser extinto sem resolução do mérito.

Assim, o cabimento do mandado de segurança pelo parlamentar poderá dizer respeito:

- Em relação a PEC: tanto aspectos formais quanto materiais;
- Em relação a Projeto de Lei: apenas quanto a aspectos formais.

4.3.3.6 Convalidação de compensação de créditos tributários

De acordo com a jurisprudência do STJ, não se admite o mandado de segurança para se convalidar compensação tributária efetuada na seara administrativa. Trata-se da hipótese em que o contribuinte, imaginando possuir um crédito perante o fisco, apresenta requerimento para compensar referido crédito com eventual débito.

Na seara administrativa, acaso tal direito seja negado, não poderá o contribuinte impetrar o *writ* para convalidar tal compensação, por ser necessária dilação probatória. Nesse sentido, a Súmula 460 do STJ:

> **Súmula 460 do STJ:** É incabível o mandado de segurança para convalidar a compensação tributária realizada pelo contribuinte.

Situação diversa é a que o contribuinte ingressa em juízo com mandado de segurança e pretende ver reconhecida a inexigibilidade de determinada exação tributária. Neste caso, poderá o impetrante requerer a declaração do direito a compensação do crédito apurado com eventual débito tributário.

> **Súmula 213 do STJ:** O mandado de segurança constitui ação adequada para a declaração do direito à compensação tributária.

4.3.3.7 Em substituição à ação de cobrança

De acordo com a Súmula 269 do Supremo Tribunal Federal, não cabe mandado de segurança como remédio substitutivo da ação de cobrança:

> **Súmula 269 do STF:** O Mandado de Segurança não é substitutivo de ação de cobrança.

4.3.3.8 Em substituição à ação popular

Do mesmo modo, consoante a Súmula 101 do STF:

> **Súmula 101 do STF:** O Mandado de Segurança não substitui a ação popular.

4.3.4 Legitimidade ativa

Tanto a pessoa física como a pessoa jurídica poderão impetrar mandado de segurança. Tais entes, normalmente, precisam ter capacidade de ser parte, mercê da sua personalidade jurídica e capacidade para adquirir direitos e obrigações (CUNHA, 2018, p. 522).

Há entes que, em que pese não terem legitimidade para ajuizar o procedimento comum, poderão impetrar mandado de segurança, uma vez que lhe é deferida a chamada "personalidade judiciária". É o caso de entes despersonalizados, como a Câmara de Vereadores, uma Secretaria de Estado ou Município ou o Tribunal de Contas.

> **Súmula 525 do STJ:** A Câmara de Vereadores não possui personalidade jurídica, apenas personalidade judiciária, somente podendo demandar em juízo para defender os seus direitos institucionais.

Caso o impetrante venha a falecer no curso do processo, por se tratar de direito personalíssimo e, portanto, intransmissível, a jurisprudência pátria entende que – no caso específico do mandado de segurança – o falecimento do impetrante gera a extinção do processo sem resolução do mérito:

> 1. Com o falecimento da Impetrante, não há como se prosseguir no julgamento do feito, em face do caráter mandamental do *writ* e da natureza personalíssima do direito ora postulado. 2. Extinção do *mandamus* sem julgamento do mérito, ressalvando-se aos herdeiros do Impetrante o direito de recorrerem às vias ordinárias (RMS 27.818/PB, j. 14-2-2012).

Naturalmente, poderão os herdeiros discutir a demanda pelas vias ordinárias.

Além disso, quando o direito ameaçado ou violado couber a várias pessoas, qualquer delas poderá impetrar o mandado de segurança (art. 1.º, § 3.º, da
Lei n. 12.016/2009). Ressalte-se que proposta a demanda individual o ingresso
de algum litisconsorte ativo apenas pode ocorrer até o despacho inicial.

Destaque-se, ainda, que, o titular de direito líquido e certo decorrente de
direito, em condições idênticas, de terceiro poderá impetrar mandado de segurança a favor do direito originário, se o seu titular não o fizer, no prazo de 30
(trinta) dias, quando notificado judicialmente (art. 3.º da Lei).

Quanto ao mandado de segurança coletivo, trataremos mais abaixo, em
tópico específico.

4.3.5 Legitimidade passiva

A petição inicial indicará, além da autoridade coatora, a pessoa jurídica
que esta integra, à qual se acha vinculada ou da qual exerce atribuições. Nos
termos do art. 6.º, § 3.º, da Lei em comento, "considera-se autoridade coatora
aquela que tenha praticado o ato impugnado ou da qual emane a ordem para a
sua prática".

> Art. 1.º (...)
>
> § 1.º Equiparam-se às autoridades, para os efeitos desta Lei, os representantes ou
> órgãos de partidos políticos e os administradores de entidades autárquicas, bem
> como os dirigentes de pessoas jurídicas ou as pessoas naturais no exercício de atri-
> buições do poder público, somente no que disser respeito a essas atribuições.

Nesses termos, o conceito chave para a compreensão do cabimento da
ação constitucional é o exercício de função pública.

O polo passivo da demanda, todavia, será ocupado pela pessoa jurídica
que a autoridade integra.

Vejamos algumas situações com ampla incidência em provas:

4.3.5.1 Órgãos colegiados

Possível impetrar mandado de segurança em face de ato praticado por
órgão colegiado. Contudo, a doutrina entende que quem deve figurar como
autoridade impetrada é o presidente do órgão.

Quando da análise da competência para processar e julgar o feito, há que
se analisar a função exercida pelo presidente do órgão no momento da prática do
ato impugnado.

É que algumas autoridades, a exemplo do Ministro de Estado, possuem o privilégio de responderem a mandados de segurança perante o Superior Tribunal de Justiça. Todavia, apenas serão de competência do STJ os mandados de segurança impetrados contra atos praticados no exercício da função pública de Ministro de Estado.

Acaso referido Ministro também seja presidente de órgão colegiado, tal fato, por si só, não atrairá a competência do STJ para apreciar eventual mandado de segurança contra ato do respectivo órgão colegiado. Nesse sentido:

> **Súmula 177 do STJ:** O Superior Tribunal de Justiça é incompetente para processar e julgar, originariamente, mandado de segurança contra ato de órgão colegiado presidido por Ministro de Estado.

4.3.5.2 Ato administrativo complexo

Certos atos administrativos dependem da manifestação de mais de um órgão de diferentes esferas para se tornarem válidos e eficazes. Ex.: nomeação de magistrado federal escolhido pelo quinto constitucional depende da manifestação do Conselho da OAB, do respetivo Tribunal e da nomeação pelo Presidente da República.

Nesse caso, a autoridade coatora será o próprio Presidente, conforme entendimento pacífico do STF:

> **Súmula 627 do STF:** No mandado de segurança contra a nomeação de magistrado da competência do Presidente da República, este é considerado autoridade coatora, ainda que o fundamento da impetração seja nulidade ocorrida em fase anterior do procedimento.

4.3.5.3 Atos praticados no exercício da competência delegada

Nesse caso, a autoridade coatora será a autoridade que recebera a delegação de competência.

> **Súmula 510 do STF:** Praticado o ato por autoridade, no exercício de competência delegada, contra ela cabe o mandado de segurança ou a medida judicial.

> **A indicação errada da Autoridade Impetrada induz necessariamente à extinção do processo sem resolução do mérito?**

Em caso de indicação errônea da autoridade impetrada, tal fato por si só não deve induzir de imediato a extinção do processo sem resolução do mérito. É que segundo entendimento do STJ, possível a aplicação da **Teoria da Encampação**, visando evitar a extinção de inúmeros mandados de segurança, acaso presentes três requisitos:

i) Necessidade de **vínculo hierárquico** entre a autoridade que ordenou a prática do ato e aquela que prestou informações no mandado de segurança;

ii) A indicação errônea da autoridade coatora **não pode acarretar a mudança na competência para processar e julgar o feito, conforme estabelecido na Constituição** Federal;

iii) A autoridade impetrada, ao apresentar suas informações, não pode se limitar a arguir sua ilegitimidade passiva. Necessário que a **autoridade impetrada apresente manifestação quanto ao mérito** do ato combatido.

Sobre o tema, o STJ aprovou a Súmula 628:

> **Súmula 628 do STJ:** A teoria da encampação é aplicada no mandado de segurança quando presentes, cumulativamente, os seguintes requisitos: a) existência de vínculo hierárquico entre a autoridade que prestou informações e a que ordenou a prática do ato impugnado; b) manifestação a respeito do mérito nas informações prestadas; e c) ausência de modificação de competência estabelecida na Constituição Federal.

Muito embora, o STJ tenha falado em competência determinada pela "Constituição Federal", cabe destacar que a teoria da encampação também não se aplica se isso implicar mudança das regras de competência definidas na Constituição Estadual (STJ, AgInt no RMS 56.103/MG, j. 23-8-2018).

4.3.5.4 Litisconsórcio necessário

Sendo caso de litisconsórcio necessário, a eficácia da sentença depende da citação de todos os litisconsortes no processo. Nesses termos:

> **Súmula 631 do STF:** Extingue-se o processo de mandado de segurança se o impetrante não promove, no prazo assinado, a citação do litisconsorte passivo necessário.

Exemplo desta hipótese é a impetração de mandado de segurança contra decisão judicial, onde a autoridade impetrada seria, por exemplo, o juiz de determinada comarca. Necessariamente, deverá o impetrante promover a citação da parte adversa no processo original, como litisconsorte passivo.

4.3.6 Prazo para impetração

De acordo com o art. 23 da Lei n. 12.016/2009, o prazo para impetração do mandado de segurança é de 120 dias, contados da ciência do ato ilegal ou abusivo pelo interessado. Tal prazo, reconhecido como constitucional pela Súmula 632 do STF, deve ser contado em dias corridos e não em dias úteis.

> Art. 23. O direito de requerer mandado de segurança extinguir-se-á decorridos 120 (cento e vinte) dias, contados da ciência, pelo interessado, do ato impugnado.

Trata-se de prazo decadencial e, como tal, não se suspende nem interrompe. Nem mesmo o pedido de reconsideração na esfera administrativa é capaz de interromper a fluência do prazo:

> **Súmula 430 do STF:** Pedido de reconsideração na via administrativa não interrompe o prazo para o mandado de segurança.

Apesar de não se suspender ou interromper, o STJ consagrou que, se o **último dia do prazo para impetração** ocorrer em um dia de recesso forense ou feriado, é possível a sua prorrogação para o primeiro dia útil subsequente.

Quanto ao *termo a quo* do prazo, necessário distinguir duas hipóteses: a negação do próprio fundo do direito com a supressão de vantagem.

Se houver o pronunciamento expresso da Administração negando formalmente o direito da parte, teremos a negativa do próprio fundo do direito, iniciando-se o prazo decadencial para impetração do *writ*. Se se tratar de supressão, o prazo renovar-se-á mês a mês, configurando-se a prestação de trato sucessivo. Vejamos:

A jurisprudência do STJ é assente em afirmar que, quando houver redução, e não supressão do valor de vantagem, configura-se a prestação de trato sucessivo, que se renova mês a mês, pois não equivale à negação do próprio fundo de direito. *Mutatis mutandis*, a exclusão do pagamento da verba é ato comissivo que atinge o fundo de direito e, portanto, está sujeito ao prazo decadencial do art. 23 da Lei n. 12.016/2009 (RMS 34.363/MT, j. 6-12-2012).

Em caso de mandado de segurança impetrado em face de concurso público, o prazo decadencial conta-se não da data da publicação do edital, mas da efetiva agressão à esfera jurídica do candidato:

> O prazo decadencial do mandado de segurança inicia-se com o ato administrativo que determina a eliminação do candidato do certame, momento em que a regra editalícia passa a afetar seu direito subjetivo, legitimando-o para a impetração. Precedentes, inclusive da Corte Especial (STJ, RMS, 32.216/AM, 2010/0094685-7, j. 16-5-2013).

4.3.7 Desistência do mandado de segurança

O mandado de segurança, diferentemente das ações cíveis comuns, não contém um litígio, na medida em que não há um confronto entre direitos das partes que preenchem os polos opostos da demanda.

Assim, não dispõe a Autoridade Impetrada do direito a uma sentença de mérito favorável, eis que sequer pode ser considerada ré no sentido estrito do termo. Exatamente por isso, o autor pode desistir do mandado de segurança de forma unilateral e incondicionada, independente da concordância da autoridade impetrada.

De acordo com o STF, a desistência da ação mandamental é uma prerrogativa de quem a propõe e pode ocorrer **a qualquer** tempo, sem anuência da parte contrária e independentemente de já ter havido decisão de mérito, ainda que favorável ao seu autor.

Isso porque, para o STF, o mandado de segurança é uma ação conferida em benefício do cidadão contra o Estado e, portanto, não gera direito à autoridade pública coatora de ver o mérito da questão resolvido.

> O Supremo Tribunal Federal, no julgamento do RE 669.367/RJ, Relatora p/ acórdão a Ministra ROSA WEBER, submetido ao regime de repercussão geral, firmou entendimento no sentido de que o impetrante pode desistir de Mandado de Segurança, nos termos do art. 267, VIII, do CPC, a qualquer tempo, sem anuência da parte contrária, mesmo após a prolação de sentença de mérito (AgRg no Resp 1.127.391/DF, j. 11-2-2014).

4.3.8 Atuação do Ministério Público

O Ministério Público atua no mandado de segurança como fiscal da lei. Exatamente por isso que o art. 12 da Lei n. 12.016/2009 determina que, após o prazo para manifestação da autoridade coatora, os autos devem ser encaminhados para o órgão ministerial para parecer, o qual deverá ser dado dentro do prazo improrrogável de 10 dias.

Com ou sem o parecer do Ministério Público, os autos serão conclusos ao juiz, para a decisão, a qual deverá ser necessariamente proferida em 30 (trinta) dias.

Nesse ponto, decidiu o STF que a **oitiva do Ministério Público é desnecessária quando se tratar de controvérsia acerca da qual o tribunal já tenha firmado jurisprudência.**

> O colegiado entendeu que a oitiva do Ministério Público Federal é desnecessária quando se tratar de controvérsia acerca da qual o tribunal já tenha firmado jurisprudência. Inexiste, portanto, qualquer vício na ausência de remessa dos autos ao "parquet" que enseje nulidade processual, se houver posicionamento sólido da Corte. Nessa hipótese, considerou legítima a apreciação de pronto pelo relator. É nesse sentido o entendimento pacífico do Supremo Tribunal Federal. Vencidos os ministros Teori Zavaski e Celso de Mello, que reputaram obrigatória a prévia oitiva do Ministério Público quando o órgão ministerial não for o impetrante do mandado de segurança (RMS 32.482/DF, j. 21-8-2018).

4.3.9 Competência

A competência para processar e julgar o mandado de segurança será fixada a partir da autoridade apontada como coatora, sendo certo que influirá diretamente na competência a qualificação da autoridade como federal ou local e a graduação hierárquica da autoridade.

Necessário, portanto, analisar qual pessoa jurídica irá suportar o ônus da condenação (se a União, autarquia ou fundação federal, a competência será da Justiça Federal – art. 109, VIII, da CF) e se a autoridade coatora possui prerrogativa de foro conforme previsão da Constituição Federal ou Estadual.

Situação interessante oriunda de tal distinção diz com os atos praticados em licitações ou concursos públicos por sociedades de economia mista federais. É que as *ações ordinárias* propostas em face de tais entes são de competência da Justiça Comum Estadual.

Por outro lado, quando do exercício da função pública, a exemplo de licitações e concursos públicos, o *mandado de segurança impetrado* contra tais atos será de competência da Justiça Federal:

> A competência para julgamento de Mandado de Segurança é estabelecida em razão da função ou da categoria funcional da autoridade apontada como coatora. (...) É pacífico no Superior Tribunal de Justiça o entendimento de que compete à Justiça Federal julgar Mandado de Segurança no qual se impugna ato de dirigente de sociedade de economia mista federal (AgRg no CC 131.715/RJ, j. 8-10-2014).

Ademais, por expressa disposição constitucional, quanto à matéria trabalhista, compete à Justiça do Trabalho processar e julgar os mandados de segurança quando o ato questionado envolver matéria sujeita à sua jurisdição (art. 114, IV, da CF).

Por outro lado, o Código Eleitoral (art. 35, III) prevê que compete aos juízes eleitorais decidir os mandados de segurança quando o ato questionado envolver matéria sujeita à sua jurisdição.

Analisando a Constituição Federal, temos:

4.3.9.1 Competência do Supremo Tribunal Federal

Art. 102. Compete ao Supremo Tribunal Federal, precipuamente, a guarda da Constituição, cabendo-lhe:
I – processar e julgar, originariamente:
(...)
d) o habeas corpus, sendo paciente qualquer das pessoas referidas nas alíneas anteriores; o mandado de segurança e o habeas data contra atos do Presidente da República, das Mesas da Câmara dos Deputados e do Senado Federal, do Tribunal de Contas da União, do Procurador-Geral da República e do próprio Supremo Tribunal Federal;

Sobre o assunto:

Súmula 248 do STF: É competente, originariamente, o Supremo Tribunal Federal, para mandado de segurança contra ato do Tribunal de Contas da União.

4.3.9.2 Competência do Superior Tribunal de Justiça

Art. 105. Compete ao Superior Tribunal de Justiça:
I – processar e julgar, originariamente:
(...)
b) os mandados de segurança e os habeas data contra ato de Ministro de Estado, dos Comandantes da Marinha, do Exército e da Aeronáutica ou do próprio Tribunal;

Percebam que a competência tanto do STJ como do STF será do próprio tribunal para processar e julgar mandados de segurança propostos contra seus atos.

Assim, eventual *writ* a ser impetrado contra ato de Tribunal de Justiça ou Tribunal Regional Federal, não deverá ser proposto perante o Superior Tribunal de Justiça, eis que a competência será do próprio tribunal local ou regional. Nesse sentido:

Súmula 41 do STJ: O Superior Tribunal de Justiça não tem competência para processar e julgar, originariamente, mandado de segurança contra ato de outros tribunais ou dos respectivos órgãos.

4.3.10 Cabimento de medida liminar

Conforme disposto no art. 7.º, III, da Lei n. 12.016/2009, a medida liminar poderá ser concedida quando houver fundamento relevante e do ato impugnado puder resultar a ineficácia da medida caso seja deferida.

Deferida ou indeferida a liminar, poderá a parte interessada interpor Agravo de Instrumento.

A lei vedava a concessão de liminar em determinadas hipóteses. Vejamos:

> Art. 7.º (...)
> § 2.º ~~Não será concedida medida liminar que tenha por objeto a compensação de créditos tributários, a entrega de mercadorias e bens provenientes do exterior, a reclassificação ou equiparação de servidores públicos e a concessão de aumento ou a extensão de vantagens ou pagamento de qualquer natureza.~~ (ADI 4.296).

O STF, entretanto, considerou que a vedação à concessão de liminar em mandado de segurança para a compensação de créditos tributários, entrega de mercadorias e bens provenientes do exterior, constante do art. 7.º, § 2.º, da Lei do Mandado de Segurança é **inconstitucional.**

Para o Supremo, tal previsão caracteriza verdadeiro obstáculo à efetiva prestação jurisdicional e à defesa do direito líquido e certo do impetrante. Deste modo:

> É inconstitucional ato normativo que vede ou condicione a concessão de medida liminar na via mandamental (STF, Plenário, ADI 4.296/DF, Rel. Min. Marco Aurélio, redator do acórdão Min. Alexandre de Moraes, j. 9-6-2021, Info 1021).

Fica, portanto, superado o entendimento consolidado na Súmula 212 do STJ, que preconiza que "a compensação de créditos tributários não pode ser deferida em ação cautelar ou por medida liminar cautelar ou antecipatória".

Vale registrar, ademais, que o fato de se negar a liberação do valor da indenização por ação de desapropriação indireta em sede liminar, não ofende o decidido no julgamento da ADI 4.296, em razão do que dispõe o art. 2-B da Lei n. 9.494/97 (STF, Rcl-RgR 49.304/MA, Primeira Turma, Rel. Min. Rosa Weber, *DJe* 17-12-2021).

Além disso, não poderá o impetrante criar embaraços para o normal andamento do processo ou deixar de promover os atos e diligências que lhe cumprirem, sob pena de caducidade da medida liminar:

Art. 8.º Será decretada a perempção ou caducidade da medida liminar *ex officio* ou a requerimento do Ministério Público quando, concedida a medida, o impetrante criar obstáculo ao normal andamento do processo ou deixar de promover, por mais de 3 (três) dias úteis, os atos e as diligências que lhe cumprirem.

Uma vez deferida, seus efeitos persistirão até a prolação da sentença, salvo se revogada ou cassada. Ressalte-se que, denegado o mérito da segurança, fica sem efeito a liminar concedida:

Súmula 405 do STF: Denegado o Mandado de Segurança pela sentença, ou no julgamento do agravo, dela interposto, fica sem efeito a liminar concedida, retroagindo os efeitos da decisão contrária.

4.3.11 Efeitos financeiros da segurança

De acordo com o art. 14, § 4.º, da Lei n. 12.016/2009:

§ 4.º O pagamento de vencimentos e vantagens pecuniárias assegurados em sentença concessiva de mandado de segurança a servidor público da administração direta ou autárquica federal, estadual e municipal somente será efetuado relativamente às prestações que se vencerem a contar da data do ajuizamento da inicial.

Assim, impetrado o mandado de segurança para se discutir enquadramento de determinado servidor público na carreira, acaso concedida a segurança apenas será possível o pagamento ao impetrante das parcelas decorrentes da condenação compreendidas entre a impetração e o trânsito em julgado.

Valores anteriores à impetração deverão ser pleiteados pelo autor por meio de ação própria de cobrança ou pelo requerimento administrativo:

Súmula 271 do STF: Concessão de mandado de segurança não produz efeitos patrimoniais em relação a período pretérito, os quais devem ser reclamados administrativamente ou pela via judicial própria.

Rememore-se o teor da Súmula 269 do Supremo Tribunal Federal:

Súmula 269 do STF: O Mandado de Segurança não é substitutivo de ação de cobrança.

Apenas será possível o pagamento de qualquer valor relacionado à concessão de mandado de segurança se os valores estiverem compreendidos entre a data da impetração e o trânsito em julgado.

Cabe à parte impetrante, após o trânsito em julgado da sentença mandamental concessiva, ajuizar nova demanda de natureza condenatória para reivindicar os valores vencidos em data anterior à impetração do mandado de segurança. É o entendimento do STJ:

> AGRAVO INTERNO NO RECURSO ESPECIAL. PROCESSUAL CIVIL. AÇÃO RESCISÓRIA. MANDADO DE SEGURANÇA. SERVIDOR PÚBLICO. REINTEGRAÇÃO. EFEITOS. TERMO INICIAL. DATA DA IMPETRAÇÃO DO *MANDAMUS*. PRECEDENTES DO STJ. 1. Segundo a atual e predominante jurisprudência do Superior Tribunal de Justiça, "os efeitos financeiros, por ocasião da concessão da segurança, devem retroagir à data de sua impetração, devendo os valores pretéritos ser cobrados em ação própria" (AgInt no REsp 1.481.406/GO, j. 17-4-2018).

Ressalte-se que mesmo estes valores deverão ser pagos por meio da expedição de precatório ou pela requisição de pequeno valor, a depender da hipótese.

4.3.12 Mandado de segurança coletivo

Em geral, tudo que vimos até agora sobre o mandado de segurança individual aplica-se ao mandado de segurança coletivo, salvo algumas nuances específicas que veremos a seguir.

4.3.12.1 Medida liminar

Nos termos do art. 22, § 2.º, da Lei n. 12.016/2009, a liminar no mandado de segurança coletivo apenas poderá ser deferida após a oitiva do representante judicial da pessoa jurídica de direito público no prazo de 72 horas.

> § 2.º No mandado de segurança coletivo, a liminar só poderá ser concedida após a audiência do representante judicial da pessoa jurídica de direito público, que deverá se pronunciar no prazo de 72 (setenta e duas) horas.

Para o Supremo Tribunal Federal, essa vedação é **inconstitucional**, haja vista restringir o poder geral de cautela do magistrado.

Para o Min. Marco Aurélio:

> o preceito contraria o sistema judicial alusivo à tutela de urgência. Se esta surge cabível no caso concreto, é impertinente, sob pena de risco do perecimento do direito, estabelecer contraditório ouvindo-se, antes de qualquer providência, o patrono da pessoa jurídica. Conflita com o acesso ao Judiciário para afastar lesão ou ameaça de lesão a direito.

É, portanto, inconstitucional o art. 22, § 2.º, da Lei n. 12.016/2009.

4.3.12.2 Litispendência e coisa julgada

De acordo com o *caput* e o § 1.º do art. 22 da Lei do Mandado de Segurança:

> Art. 22. No mandado de segurança coletivo, a sentença fará coisa julgada limitadamente aos membros do grupo ou categoria substituídos pelo impetrante.
>
> § 1.º O mandado de segurança coletivo **não induz litispendência para as ações individuais**, mas os efeitos da coisa julgada **não beneficiarão o impetrante a título individual se não requerer a *desistência* de seu mandado de segurança no prazo de 30 (trinta) dias a contar da ciência comprovada da impetração da segurança coletiva.**

4.3.12.3 Legitimidade ativa

De acordo com o art. 5.º, LXX, da CF, o mandado de segurança coletivo poderá ser impetrado por partido político com representação no Congresso Nacional ou por organização sindical, entidade de classe ou associação legalmente constituída há pelo menos um ano em defesa dos interesses de seus membros ou associados.

> LXX – o mandado de segurança coletivo pode ser impetrado por:
>
> *a)* partido político com representação no Congresso Nacional;
>
> *b)* organização sindical, entidade de classe ou associação legalmente constituída e em funcionamento há pelo menos um ano, em defesa dos interesses de seus membros ou associados;

O art. 21 da Lei n. 12.016/2009 assim regulou o respectivo dispositivo constitucional:

> Art. 21. O mandado de segurança coletivo pode ser impetrado por partido político com representação no Congresso Nacional, na defesa de seus interesses legítimos relativos a seus integrantes ou à finalidade partidária, ou por organização sindical, entidade de classe ou associação legalmente constituída e em funcionamento há, pelo menos, 1 (um) ano, em defesa de direitos líquidos e certos da totalidade, ou de parte, dos seus membros ou associados, na forma dos seus estatutos e desde que pertinentes às suas finalidades, dispensada, para tanto, autorização especial.

Quanto à legitimidade partido político, basta a presença de apenas um deputado ou um senador para suprir a exigência legal.

Relevantes, ainda, o entendimento sumulado pelo STF:

SÚMULA 629 do STF: A impetração de mandado de segurança coletivo por entidade de classe em favor dos associados independe da autorização destes.

SÚMULA 630 do STF: A entidade de classe tem legitimação para o mandado de segurança ainda quando a pretensão veiculada interesse apenas a uma parte da respectiva categoria.

4.3.12.4 Quais direitos podem ser discutidos?

De acordo com o parágrafo único do art. 21 da Lei n. 12.019/2016, os direitos difusos não podem ser discutidos em sede de mandado de segurança coletivo. Apenas poderão ser discutidos os direitos:

i) Coletivos – aqueles entendidos como transindividuais, de que seja titular grupo ou categoria ligadas entre si ou com a parte contrária por uma relação jurídica básica. Em que pese tratados de forma coletiva, os titulares do direito são ***determináveis*** ou passíveis de identificação;

ii) Individuais homogêneos – aqueles decorrentes de origem comum e da atividade ou situação específica da totalidade ou de parte dos associados ou membros do impetrante.

5. AÇÃO POPULAR

5.1 Considerações iniciais

De acordo com Hely Lopes Meirelles (2003, p. 174):

ação popular é o meio constitucional posto à disposição de qualquer cidadão para obter a invalidação de atos ou contratos administrativos – ou a estes equiparados – ilegais e lesivos ao patrimônio federal, estadual e municipal, ou de suas autarquias, entidades paraestatais e pessoas jurídicas subvencionadas com dinheiros públicos.

Trata-se de instrumento previsto no art. 5.º, LXXIII, da CF, dispositivo regulamentado pela Lei n. 4.717/65.

LXXIII – qualquer cidadão é parte legítima para propor ação popular que vise a anular ato lesivo ao patrimônio público ou de entidade de que o Estado participe, à moralidade administrativa, ao meio ambiente e ao patrimônio histórico e cultural, ficando o autor, salvo comprovada má-fé, isento de custas judiciais e do ônus da sucumbência;

Da análise do dispositivo constitucional, percebe-se que o autor da demanda, salvo comprovada má-fé, será "isento" de custas judiciais e do ônus da sucumbência. Contudo, por se tratar de expressa disposição constitucional, em essência, tem-se não uma hipótese de isenção, mas de imunidade tributária.

O processo será instaurado no juízo singular de primeiro grau, não em Tribunal, sendo irrelevante que a autoridade pública desfrute de foro por prerrogativa de função.

5.2 Legitimidade ativa

Qualquer cidadão poderá propor ação popular, desde que esteja em pleno gozo de seus direitos políticos e faça-se representar por um advogado. A prova da cidadania pode ser feita pelo título de eleitor do indivíduo ou certidão a ele equivalente.

> Lei n. 4.717/65
>
> Art. 1.º Qualquer cidadão será parte legítima para pleitear a anulação ou a declaração de nulidade de atos lesivos ao patrimônio da União, do Distrito Federal, dos Estados, dos Municípios, de entidades autárquicas, de sociedades de economia mista (Constituição, art. 141, § 38), de sociedades mútuas de seguro nas quais a União represente os segurados ausentes, de empresas públicas, de serviços sociais autônomos, de instituições ou fundações para cuja criação ou custeio o tesouro público haja concorrido ou concorra com mais de cinquenta por cento do patrimônio ou da receita anual de empresas incorporadas ao patrimônio da União, do Distrito Federal, dos Estados e dos Municípios, e de quaisquer pessoas jurídicas ou entidades subvencionadas pelos cofres públicos. (...)
>
> § 3.º A prova da cidadania, para ingresso em juízo, será feita com o título eleitoral, ou com documento que a ele corresponda.

Assim, o Supremo Tribunal Federal já decidiu que:

> **Súmula 365 do STF:** Pessoa jurídica não tem legitimidade para propor ação popular.

Ao Ministério Público incumbe acompanhar a demanda como *custos legis* e, ainda, caso o autor desista ou negligencie a ação, deverá dar prosseguimento ao feito, ocupando o polo ativo da demanda. É o que se extrai do art. 9.º da Lei n. 4.717/65:

> Art. 9.º Se o autor desistir da ação ou der motivo à absolvição da instância, serão publicados editais nos prazos e condições previstos no art. 7.º, inciso II, ficando assegurado a qualquer cidadão, bem como ao representante do Ministério Público, dentro do prazo de 90 (noventa) dias da última publicação feita, promover o prosseguimento da ação.

Qualquer cidadão tem a faculdade de se habilitar como litisconsorte ou assistente do autor da ação popular, nos termos do art. 6.º, § 5, da Lei n. 4.717/65.

Por fim, quanto à natureza jurídica da legitimação do cidadão (FONTELES, 2015, p. 136), tem prevalecido tratar-se de substituição processual ou da legitimação extraordinária. Como consequência, extrai-se a impossibilidade de reconvenção na ação popular. Nesse sentido:

> 1. A ação popular é um dos mais antigos meios constitucionais de participação do cidadão nos negócios públicos, na defesa da sociedade e dos relevantes valores a que foi destinada. **Admitir o uso da reconvenção produziria efeito inibitório do manejo desse importante instrumento de cidadania, o que o constituinte procurou arredar, quando isentou o autor das custas processuais e do ônus da sucumbência.**
> 2. O instituto da reconvenção exige, como pressuposto de cabimento, a conexão entre a causa deduzida em juízo e a pretensão contraposta pelo réu. A conexão de causas, por sua vez, dá-se por coincidência de objeto ou causa de pedir.
> 3. Na hipótese, existe clara diversidade entre a ação popular e a reconvenção. Enquanto a primeira objetiva a anulação de ato administrativo e tem como causa de pedir a suposta lesividade ao patrimônio público, a segunda visa à indenização por danos morais e tem como fundamento o exercício abusivo do direito à ação popular.
> 4. O pedido reconvencional pressupõe que as partes estejam litigando sobre situações jurídicas que lhes são próprias. **Na ação popular, o autor não ostenta posição jurídica própria, nem titulariza o direito discutido na ação, que é de natureza indisponível. Defende-se, em verdade, interesses pertencentes a toda sociedade.** É de se aplicar, assim, o parágrafo único do art. 315 do CPC, que não permite ao réu, "em seu próprio nome, reconvir ao autor, quando este demandar em nome de outrem" (REsp 72.065/RS, j. 3-8-2004).

5.3 Legitimidade passiva

Art. 6.º A ação será proposta contra as pessoas públicas ou privadas e as entidades referidas no art. 1.º, contra as autoridades, funcionários ou administradores que houverem autorizado, aprovado, ratificado ou praticado o ato impugnado, ou que, por omissão, tiverem dado oportunidade à lesão, e contra os beneficiários diretos do mesmo.

Caso não haja beneficiário direto do ato lesivo, ou se for ele indeterminado ou desconhecido, a ação será proposta somente contra as outras pessoas indicadas no artigo.

5.4 Legitimação bifronte ou pendular

A legitimação bifronte na ação popular diz respeito à possibilidade de a pessoa jurídica de direito público ou de direito privado, cujo ato seja objeto de impugnação, poder abster-se de contestar o pedido. Pode, inclusive, atuar em defesa do patrimônio público, ao lado do autor e contrário ao gestor, desde que isso se afigure útil ao interesse público, a juízo do respectivo representante legal ou dirigente. É o que dispõe o art. 6.º, § 3.º, da Lei n. 4.717/65:

> § 3.º A pessoa jurídica de direito público ou de direito privado, cujo ato seja objeto de impugnação, poderá abster-se de contestar o pedido, ou poderá atuar ao lado do autor, desde que isso se afigure útil ao interesse público, a juízo do respectivo representante legal ou dirigente.

Também é chamada pela doutrina de **intervenção móvel.**

Para o STJ, referido deslocamento da pessoa jurídica de direito público do polo passivo para o ativo da demanda pode ser feito a qualquer tempo, não se sujeitando à preclusão:

> O deslocamento de pessoa jurídica de Direito Público do polo passivo para o ativo na Ação Popular é possível, desde que útil ao interesse público, a juízo do representante legal ou do dirigente, nos moldes do art. 6.º, § 3.º, da Lei n. 4.717/1965. Não há falar em preclusão do direito, pois, além de a mencionada lei não trazer limitação quanto ao momento em que deve ser realizada a migração, o seu art. 17 preceitua que a entidade pode, ainda que tenha contestado a ação, proceder à execução da sentença na parte que lhe caiba, ficando evidente a viabilidade de composição do polo ativo a qualquer tempo (REsp 945.238/SP, j. 9-12-2008).

Em caso de cumulação de pedidos, poderá a pessoa jurídica permanecer no polo passivo em relação a parte deles e migrar para o polo ativo com relação a outros pedidos:

> 1. As ações de defesa dos interesses transindividuais e que encerram proteção ao patrimônio público, notadamente por força do objeto mediato do pedido, apresentam regras diversas acerca da legitimação para causa, que as distingue da polarização das ações *uti singuli*, onde é possível evitar a "confusão jurídica" identificando-se autor e réu e dando-lhes a alteração das posições na relação processual, por força do artigo 264 do CPC.
> 2. A ação civil pública e a ação popular compõem um microssistema de defesa do patrimônio público na acepção mais ampla do termo, por isso que regulam a *legitimatio ad causam* de forma especialíssima.

3. Nesse seguimento, ao Poder Público, muito embora legitimado passivo para a ação civil pública, nos termos do § 2.º, do art. 5.º, da Lei n. 7.347/85, fica facultado habilitar-se como litisconsorte de qualquer das partes.

4. O art. 6.º da lei da Ação Popular, por seu turno, dispõe que, muito embora a ação possa ser proposta contra as pessoas públicas ou privadas e as entidades referidas no art. 1.º, bem como as autoridades, funcionários ou administradores que houverem autorizado, aprovado, ratificado ou praticado o ato impugnado, ou que, por omissão, tiverem dado oportunidade à lesão, e contra os beneficiários diretos do mesmo, ressalva no parágrafo 3.º do mesmo dispositivo que, *verbis*: § 3.º A pessoa jurídica de direito público ou de direito privado, cujo ato seja objeto de impugnação, poderá abster-se de contestar o pedido, ou poderá atuar ao lado do autor, desde que isso se afigure útil ao interesse público, a juízo do respectivo representante legal ou dirigente.

5. *Essas singularidades no âmbito da legitimação para agir, além de conjurar as soluções ortodoxas, implicam a decomposição dos pedidos formulados, por isso que o poder público pode assumir as posturas acima indicadas em relação a um dos pedidos cumulados e manter-se no polo passivo em relação aos demais.*

6. *In casu*, a União é demandada para cumprir obrigação de fazer consistente na exação do dever de fiscalizar a atuação dos delegatários do SUS e, ao mesmo tempo, beneficiária do pedido formulado de recomposição de seu patrimônio por força de repasse de verbas.

7. Revelam-se notórios, o interesse e a legitimidade da União, quanto a esse outro pedido de reparação pecuniária, mercê de no mérito aferir-se se realmente a entidade federativa maior deve ser compelida a fazer o que consta do pedido do *parquet* (REsp 791.042/PR, j. 19-10-2006).

5.5 Objeto da ação popular

Tal ação será utilizada para anular atos lesivos ao patrimônio público, de entidade que o Estado participe, à moralidade administrativa, ao meio ambiente e ao patrimônio histórico e cultural.

Os arts. 2.º, 3.º e 4.º da Lei n. 4.717/65 esmiúçam atos em espécie que são considerados nulos:

Art. 2.º São nulos os atos lesivos ao patrimônio das entidades mencionadas no artigo anterior, nos casos de:
a) incompetência;
b) vício de forma;
c) ilegalidade do objeto;
d) inexistência dos motivos;
e) desvio de finalidade.

Parágrafo único. Para a conceituação dos casos de nulidade observar-se-ão as seguintes normas:

a) a incompetência fica caracterizada quando o ato não se incluir nas atribuições legais do agente que o praticou;

b) o vício de forma consiste na omissão ou na observância incompleta ou irregular de formalidades indispensáveis à existência ou seriedade do ato;

c) a ilegalidade do objeto ocorre quando o resultado do ato importa em violação de lei, regulamento ou outro ato normativo;

d) a inexistência dos motivos se verifica quando a matéria de fato ou de direito, em que se fundamenta o ato, é materialmente inexistente ou juridicamente inadequada ao resultado obtido;

e) o desvio de finalidade se verifica quando o agente pratica o ato visando a fim diverso daquele previsto, explícita ou implicitamente, na regra de competência.

Art. 3.º Os atos lesivos ao patrimônio das pessoas de direito público ou privado, ou das entidades mencionadas no art. 1.º, cujos vícios não se compreendam nas especificações do artigo anterior, serão anuláveis, segundo as prescrições legais, enquanto compatíveis com a natureza deles.

Art. 4.º São também nulos os seguintes atos ou contratos, praticados ou celebrados por quaisquer das pessoas ou entidades referidas no artigo 1.º:

I – a admissão ao serviço público remunerado, com desobediência, quanto às condições de habilitação, das normas legais, regulamentares ou constantes de instruções gerais.

II – a operação bancária ou de crédito real, quando:

a) for realizada com desobediência a normas legais, regulamentares, estatutárias, regimentais ou internas;

b) o valor real do bem dado em hipoteca ou penhor for inferior ao constante de escritura, contrato ou avaliação.

III – a empreitada, a tarefa e a concessão do serviço público, quando:

a) o respectivo contrato houver sido celebrado sem prévia concorrência pública ou administrativa, sem que essa condição seja estabelecida em lei, regulamento ou norma geral;

b) no edital de concorrência forem incluídas cláusulas ou condições, que comprometam o seu caráter competitivo;

c) a concorrência administrativa for processada em condições que impliquem na limitação das possibilidades normais de competição.

IV – As modificações ou vantagens, inclusive prorrogações, que forem admitidas, em favor do adjudicatário, durante a execução dos contratos de empreitada, tarefa e concessão de serviço público, sem que estejam previstas em lei ou nos respectivos instrumentos.

V – a compra e venda de bens móveis ou imóveis, nos casos em que não for cabível concorrência pública ou administrativa, quando:

a) for realizada com desobediência a normas legais, regulamentares, ou constantes de instruções gerais;

b) o preço de compra dos bens for superior ao corrente no mercado, na época da operação;

c) o preço de venda dos bens for inferior ao corrente no mercado, na época da operação.

VI – A concessão de licença de exportação ou importação, qualquer que seja a sua modalidade, quando:

a) houver sido praticada com violação das normas legais e regulamentares ou de instruções e ordens de serviço;

b) resultar em exceção ou privilégio, em favor de exportador ou importador.

VII – a operação de redesconto quando, sob qualquer aspecto, inclusive o limite de valor, desobedecer a normas legais, regulamentares ou constantes de instruções gerais.

VIII – o empréstimo concedido pelo Banco Central da República, quando:

a) concedido com desobediência de quaisquer normas legais, regulamentares, regimentais ou constantes de instruções gerais;

b) o valor dos bens dados em garantia, na época da operação, for inferior ao da avaliação.

IX – a emissão quando efetuada sem observância das normas constitucionais, legais e regulamentadoras que regem a espécie.

A sentença que, julgando procedente a ação popular, **decretar a invalidade do ato impugnado, condenará ao pagamento de perdas e danos** os responsáveis pela sua prática e os beneficiários dele, ressalvada a ação regressiva contra os funcionários causadores de dano, quando incorrerem em culpa.

A sentença terá eficácia de coisa julgada oponível *erga omnes*, exceto no caso de haver sido a ação julgada improcedente por deficiência de prova; neste caso, qualquer cidadão poderá intentar outra ação com idêntico fundamento, valendo-se de nova prova.

A lei prevê, ainda, hipótese de remessa necessária invertida, visto que estabelecida em prol do interesse público e não do interesse da Administração. Vejamos:

Art. 19. A sentença que concluir pela carência ou pela improcedência da ação está sujeita ao duplo grau de jurisdição, não produzindo efeito senão depois de confirmada pelo tribunal; da que julgar a ação procedente caberá apelação, com efeito suspensivo.

6. *HABEAS DATA*

6.1 Considerações iniciais

CF

Art. 5.º (...)

LXXII – Conceder-se-á *habeas data*:

a) para assegurar o conhecimento de informações relativas à pessoa do impetrante, constantes de registros ou bancos de dados de entidades governamentais ou de caráter público;

b) para a retificação de dados, quando não se prefira fazê-lo por processo sigiloso, judicial ou administrativo;

Trata-se de remédio constitucional que visa tutelar o direito fundamental à informação, conceituado por Hely Lopes Meireles (2003, p. 339) como o:

meio constitucional posto à disposição de pessoa física ou jurídica para lhe assegurar o conhecimento de registros concernentes ao postulante e constantes de repartições públicas ou particulares acessíveis ao público, para retificação de seus dados pessoais.

O *habeas data* é regulamentado pela Lei n. 9.507/97. Seu objeto, contudo, não se confunde com o direito de obter certidões ou com o direito de obter informações de seu interesse particular, previstos também no art. 5.º da Constituição Federal.

A recusa no fornecimento de certidões é medida a ser impugnada via mandado de segurança e não *habeas data*. O *habeas data* somente será cabível para assegurar o conhecimento ou a retificação das informações e desde que relativas à pessoa do impetrante.

De acordo com o art. 7.º da Lei n. 9.507/97, caberá *habeas data* nas seguintes hipóteses:

Art. 7.º Conceder-se-á *habeas data*:

I – para assegurar o conhecimento de informações relativas à pessoa do impetrante, constantes de registro ou banco de dados de entidades governamentais ou de caráter público;

II – para a retificação de dados, quando não se prefira fazê-lo por processo sigiloso, judicial ou administrativo;

III – para a anotação nos assentamentos do interessado, de contestação ou explicação sobre dado verdadeiro mas justificável e que esteja sob pendência judicial ou amigável.

De acordo com a doutrina e com a jurisprudência, não cabe *habeas data* para:

a) **Obter cópia de processos administrativos** (vide REsp 904.447/RJ);

b) **Discutir correção de provas de concurso público;**

A Lei n. 9.507/97 é suficientemente clara ao expor, no art. 7.º, as hipóteses em que se justifica o manuseio do *habeas data*, não estando ali prevista, nem sequer implicitamente, a possibilidade de utilização da via com o propósito de revolver os critérios utilizados por instituição de ensino na correção de prova discursiva realizada com vista ao preenchimento de cargos na Administração Pública (AgRg no HD 127/DF).

c) **Quebrar o sigilo de inquérito policial.**

O *habeas data* não é meio processual idôneo para obrigar autoridade coatora a prestar informações sobre inquérito que tramita em segredo de justiça, cuja finalidade precípua é a de elucidar a prática de uma infração penal e cuja quebra de sigilo poderá frustrar seu objetivo de descobrir a autoria e materialidade do delito. Não se enquadra, portanto, nas hipóteses de cabimento do *habeas data*, previstas no art. 7.º da Lei n. 9.507/97 (AgRg nos EDcl no HD 98/DF).

O STF, em sede de repercussão geral, fixou tese no sentido de que "O *Habeas Data* é garantia constitucional adequada para a obtenção dos dados concernentes ao pagamento de tributos do próprio contribuinte constantes dos sistemas informatizados de apoio à arrecadação dos órgãos da administração fazendária dos entes estatais".

6.2 Legitimidade ativa e passiva

Qualquer pessoa, física ou jurídica, poderá ajuizar a ação constitucional de *habeas data* para ter acesso às informações a seu respeito. Trata-se de direito personalíssimo que apenas pode ser exercido por seu titular.

Contudo, **excepcionalmente**, decidiu o STJ que os herdeiros legítimos ou o cônjuge supérstite poderão impetrar *habeas data* em nome do *de cujus* para obter informações a seu respeito:

CONSTITUCIONAL. *HABEAS DATA.* VIÚVA DE MILITAR DA AERONÁUTICA. ACESSO A DOCUMENTOS FUNCIONAIS. ILEGITIMIDADE PASSIVA E ATIVA. NÃO OCORRÊNCIA. OMISSÃO DA ADMINISTRAÇÃO CARATERIZADA. ORDEM CONCEDIDA. (...)
2. *É parte legítima para impetrar habeas data o cônjuge sobrevivente na defesa de interesse do falecido.*

3. O *habeas data* configura remédio jurídico-processual, de natureza constitucional, que se destina a garantir, em favor da pessoa interessada, o exercício de pretensão jurídica discernível em seu tríplice aspecto: (a) direito de acesso aos registros existentes; (b) direito de retificação dos registros errôneos e (c) direito de complementação dos registros insuficientes ou incompletos.
4. Sua utilização está diretamente relacionada à existência de uma pretensão resistida, consubstanciada na recusa da autoridade em responder ao pedido de informações, seja de forma explícita ou implícita (por omissão ou retardamento no fazê-lo) (HD 147/DF, j. 12-12-2007).

Na prova de concurso, devemos ter atenção sobre o que fora pedido pelo quesito, eis que a regra continua sendo**: o *habeas data* é vocacionado para obter, retificar ou complementar informação pessoal e não relativa a terceiros** (FONTELES, 2015, p. 128).

O polo passivo, por sua vez, deve ser ocupado pela entidade que mantém as informações a respeito do impetrante. Nestes termos, poderá ser impetrado *habeas data* em face de entidades particulares mas que possuam registros ou bancos de dados de caráter público, a exemplo do SPC e SERASA.

Isto porque o art. 1.º, parágrafo único, da Lei n. 9.507/97 considera de caráter público:

Parágrafo único. Considera-se de caráter público todo registro ou banco de dados contendo informações que sejam ou que possam ser transmitidas a terceiros ou que não sejam de uso privativo do órgão ou entidade produtora ou depositária das informações.

Samuel Fonteles (2015, p. 128) defende que, tal qual no Mandado de Segurança, o impetrado seria a autoridade coatora responsável pela omissão, assim devendo ser considerada aquela que figura no topo da cadeia hierárquica e que deu a última palavra quanto ao indeferimento, não se devendo confundir a autoridade coatora com o órgão depositário das informações.

Para sustentar suas afirmações, o professor aponta a aplicação da Teoria da Encampação pelo STJ em processos de *Habeas Data*:

A teoria da encampação aplica-se ao *habeas data, mutatis mutandis,* quando o impetrado é autoridade hierarquicamente superior aos responsáveis pelas informações pessoais referentes ao impetrante e, além disso, responde na via administrativa ao pedido de acesso aos documentos.
2. A demonstração da recusa de acesso a informação pela autoridade administrativa é indispensável no *habeas data*, sob pena de ausência de interesse de agir. Aplicação, quanto a um dos documentos pleiteados, da Súmula 2/STJ e do disposto no artigo 8.º, I, da Lei n. 9.507/97 (HD 84/DF, j. 27-9-2006).

6.3 Prévio esgotamento da via administrativa

A lei exige o prévio esgotamento da via administrativa para viabilizar a propositura de *habeas data* ou o decurso de prazo razoável sem qualquer decisão:

> Art. 8.º A petição inicial, que deverá preencher os requisitos dos arts. 282 a 285 do Código de Processo Civil, será apresentada em duas vias, e os documentos que instruírem a primeira serão reproduzidos por cópia na segunda.
>
> Parágrafo único. A petição inicial deverá ser instruída com prova:
>
> I – da recusa ao acesso às informações ou do decurso de mais de dez dias sem decisão;
> II – da recusa em fazer-se a retificação ou do decurso de mais de quinze dias, sem decisão; ou
> III – da recusa em fazer-se a anotação a que se refere o § 2.º do art. 4.º ou do decurso de mais de quinze dias sem decisão.

No mesmo sentido, o entendimento sumulado pelo STJ:

> **Súmula 2 do STJ:** Não cabe o *habeas data* (CF/88, art. 5.º, LXXII, *a*) se não houve recusa de informações por parte da autoridade administrativa.

6.4 Procedimento

As regras sobre competência são similares ao mandado de segurança e estão previstas no art. 21 da Lei n. 9.507/97.

A impetração do *habeas data* é gratuita, nos termos da Lei n. 9.507/97:

> Art. 21. São gratuitos o procedimento administrativo para acesso a informações e retificação de dados e para anotação de justificação, bem como a ação de *habeas data*.

Se não for o caso de *habeas data*, a petição deverá ser indeferida, cuja decisão caberá apelação. Recebida a petição, o Ministério Público deverá ser ouvido no prazo de cinco dias.

Após, os autos serão conclusos para o juiz proferir decisão no prazo de cinco dias. Acaso não apreciado o mérito, o pedido poderá ser renovado:

> Art. 18. O pedido de *habeas data* poderá ser renovado se a decisão denegatória não lhe houver apreciado o mérito.

Ademais, acaso julgue procedente o mérito do pedido, o juiz determinará data e horário para que a autoridade coatora apresente as informações a respeito do impetrante ou demonstre a prova da retificação ou da anotação feita nos assentamentos do impetrante.

7. MANDADO DE INJUNÇÃO

7.1 Considerações iniciais

De acordo com o art. 5.º, LXXI, da CF:

> LXXI – conceder-se-á mandado de injunção sempre que a falta de norma regulamentadora torne inviável o exercício dos direitos e liberdades constitucionais e das **prerrogativas inerentes à nacionalidade, à soberania e à cidadania;**

Segundo Hely Lopes Meirelles (2003, p. 321):

> Mandado de Injunção é o meio constitucional posto à disposição de quem se considera prejudicado pela falta de norma regulamentadora que torne inviável o exercício dos direitos e liberdades constitucionais e das prerrogativas inerentes à nacionalidade, à soberania e à cidadania.

O mandado de injunção é útil, portanto, para viabilizar o exercício desses direitos diante de uma norma constitucional de eficácia limitada, ainda pendente de norma regulamentadora face à omissão do Poder Público.

A Lei n. 13.300/2016 disciplinou o processo e o julgamento dos mandados de injunção individual e coletivo.

A falta de norma regulamentadora poderá ser total (quando não houver qualquer norma tratando sobre a matéria) ou parcial (quando em que pese existente a norma regulamentadora, esta o faça de forma insuficiente).

Não caberá mandado de injunção quando a norma constitucional tiver eficácia plena e, por si só, já viabilizar o exercício do direito pelo cidadão.

7.2 Legitimidade ativa e passiva

Qualquer pessoa física ou jurídica poderá impetrar mandado de injunção, quando a falta de norma regulamentadora estiver inviabilizando o exercício de direitos, liberdades e prerrogativas inerentes à nacionalidade, à soberania e à cidadania.

Reconhece-se, inclusive, a possibilidade de propositura de mandado de injunção coletivo:

> Art. 3.º São legitimados para o mandado de injunção, como impetrantes, as pessoas naturais ou jurídicas que se afirmam titulares dos direitos, das liberdades ou das prerrogativas referidos no art. 2.º e, como impetrado, o Poder, o órgão ou a autoridade com atribuição para editar a norma regulamentadora.

O polo passivo, por sua vez, deverá ser ocupado pelo Poder, órgão ou autoridade com atribuição para editar a norma regulamentadora.

No que tange ao mandado de injunção coletivo, a Lei n. 13.300/2016 estabelece como legitimados:

> Art. 12. O mandado de injunção coletivo pode ser promovido:
>
> I – pelo Ministério Público, quando a tutela requerida for especialmente relevante para a defesa da ordem jurídica, do regime democrático ou dos interesses sociais ou individuais indisponíveis;
>
> II – por partido político com representação no Congresso Nacional, para assegurar o exercício de direitos, liberdades e prerrogativas de seus integrantes ou relacionados com a finalidade partidária;
>
> III – por organização sindical, entidade de classe ou associação legalmente constituída e em funcionamento há pelo menos 1 (um) ano, para assegurar o exercício de direitos, liberdades e prerrogativas em favor da totalidade ou de parte de seus membros ou associados, na forma de seus estatutos e desde que pertinentes a suas finalidades, dispensada, para tanto, autorização especial;
>
> IV – pela Defensoria Pública, quando a tutela requerida for especialmente relevante para a promoção dos direitos humanos e a defesa dos direitos individuais e coletivos dos necessitados, na forma do inciso LXXIV do art. 5.º da Constituição Federal.
>
> Parágrafo único. Os direitos, as liberdades e as prerrogativas protegidos por mandado de injunção coletivo são os pertencentes, indistintamente, a uma coletividade indeterminada de pessoas ou determinada por grupo, classe ou categoria.

7.3 Efeitos da decisão

Mesmo antes do advento da Lei n. 13.300/2016, o Supremo Tribunal Federal já havia decidido que a norma constitucional que previa o instituto era autoaplicável. Assim, independente da normatização do mandado de injunção, já era possível o uso do remédio, utilizando-se por analogia o procedimento relativo ao mandado de segurança.

Contudo, com relação aos efeitos da decisão proferida em sede de mandado de injunção, a jurisprudência do STF sofrera diversas alterações, tendo reconhecido, ao longo do tempo, os seguintes posicionamentos:

7.3.1 Teoria não concretista

Durante muito tempo, esta teoria foi dominante no STF. Ao apreciar o mandado de injunção, o Tribunal limitava-se a declarar a inconstitucionalidade por omissão e comunicar a mora ao Congresso Nacional, para que o legislador suprisse a inconstitucionalidade produzindo a norma. Exemplo:

> MANDADO DE INJUNÇÃO: AUSÊNCIA DE LEI REGULAMENTADORA DO DIREITO AO AVISO PRÉVIO PROPORCIONAL; ILEGITIMIDADE PASSIVA DO EMPREGADOR SUPRIDA PELA INTEGRAÇÃO AO PROCESSO DO CONGRESSO NACIONAL; MORA LEGISLATIVA: CRITÉRIO OBJETIVO DE SUA VERIFICAÇÃO: ***PROCEDÊNCIA, PARA, DECLARADA A MORA, NOTIFICAR O LEGISLADOR PARA QUE A SUPRA*** (MI 95).

7.3.2 Teoria concretista individual intermediária

Segundo Pedro Lenza (2015, p. 1.255):

> Avançando, o STF adotou em alguns casos a **posição concretista individual interme-diária** (...), qual seja, fixar um prazo e comunicar ao órgão omisso para que elabore a norma naquele período. Decorrido *in albis* o prazo fixado, o autor passaria a ter o direi-to pleiteado (efeitos *inter partes*).

Assim, o Judiciário regularia a situação após decorrido o prazo do Legislativo. Exemplo:

> Mandado de injunção. Legitimidade ativa da requerente para impetrar mandado de injunção por falta de regulamentação do disposto no par. 7. do artigo 195 da Consti-tuição Federal. Ocorrência, no caso, em face do disposto no artigo 59 do ADCT, de mora, por parte do Congresso, na regulamentação daquele preceito constitucional. ***Mandado de injunção conhecido, em parte, e, nessa parte, deferido para decla-rar-se o estado de mora em que se encontra o Congresso Nacional, a fim de que, no prazo de seis meses, adote ele as providências legislativas que se im-põem para o cumprimento da obrigação de legislar decorrente do artigo 195, par. 7., da Constituição, sob pena de, vencido esse prazo sem que essa obriga-ção se cumpra, passar o requerente a gozar da imunidade requerida*** (MI 232).

7.3.3 Teoria concretista individual direta

Essa posição também foi adotada pelo STF, em especial, no MI 721/DF, no qual o Min. Relator Marco Aurélio salientou o caráter mandamental e não simplesmente declaratório do mandado de injunção. Assim, cabe ao Judiciário não apenas emitir certidão da omissão do poder incumbido de regulamentar os direitos constitucionais, mas viabilizar no caso concreto o exercício desse direito, afastando as consequências da inércia do legislador.

O próprio STF regulou, pois, o direito do impetrante com efeitos *inter partes* da decisão:

> Há ação mandamental e não simplesmente declaratória de omissão. A carga de declaração não é objeto da impetração, mas premissa da ordem a ser formalizada. MANDADO DE INJUNÇÃO – DECISÃO – BALIZAS. Tratando-se de processo subjetivo, a decisão possui eficácia considerada a relação jurídica nele revelada. APOSENTADORIA – TRABALHO EM CONDIÇÕES ESPECIAIS – PREJUÍZO À SAÚDE DO SERVIDOR – INEXISTÊNCIA DE LEI COMPLEMENTAR – ARTIGO 40, § 4.º, DA CONSTITUIÇÃO FEDERAL. Inexistente a disciplina específica da aposentadoria especial do servidor, impõe-se a adoção, via pronunciamento judicial, daquela própria aos trabalhadores em geral – artigo 57, § 1.º, da Lei n. 8.213/91 (MI 721, j. 30-8-2007).

7.3.4 Teoria concretista geral

Já a teoria concretista geral foi adotada pelo STF no julgamento acerca do direito de greve dos servidores públicos, onde o Tribunal, por unanimidade de votos, declarou a omissão legislativa e, por maioria, determinou a aplicação, no que couber, da lei de greve vigente no setor privado, a Lei n. 7.783/89.

Trata-se de decisão onde o Tribunal não somente declara a omissão do Legislativo, mas também regulamenta o direito com eficácia *erga omnes*.

> Diante de mora legislativa, cumpre ao Supremo Tribunal Federal decidir no sentido de suprir omissão dessa ordem. Esta Corte não se presta, quando se trate da apreciação de mandados de injunção, a emitir decisões desnutridas de eficácia. (...)
> O argumento de que a Corte estaria então a legislar – o que se afiguraria inconcebível, por ferir a independência e harmonia entre os poderes [art. 2.º da Constituição do Brasil] e a separação dos poderes (art. 60, § 4.º, III) – é insubsistente.
> 14. O Poder Judiciário está vinculado pelo dever-poder de, no mandado de injunção, formular supletivamente a norma regulamentadora de que carece o ordenamento jurídico.
> 15. No mandado de injunção o Poder Judiciário não define norma de decisão, mas enuncia o texto normativo que faltava para, no caso, tornar viável o exercício do direito de greve dos servidores públicos (MI 712, j. 25-10-2007).

7.3.5 Previsão da Lei n. 13.300/2016

De acordo com o art. 8.º, reconhecida a mora legislativa, deverá o magistrado determinar prazo razoável para que seja promovida a edição da norma regulamentadora.

Não suprida a omissão no prazo estabelecido, deverá o juiz determinar as condições em que se dará o exercício dos direitos ou, se for o caso, as condições em que o impetrante poderá promover ação própria para exercer tais direitos.

Tal procedimento poderá ser dispensado se, em processos semelhantes, o impetrado já tiver deixado de atender ao prazo estabelecido pelo Judiciário. Assim, poderá o juiz, de pronto, estabelecer as condições para o exercício de tais direitos.

Quanto à eficácia subjetiva, a regra adotada pela Lei é a eficácia *inter partes*. Contudo, poderá ser conferida eficácia *ultra partes* ou *erga omnes,* quando inerente ou indispensável ao exercício do direito objeto da impetração. E, uma vez transitada em julgado a decisão, seus efeitos poderão ser estendidos aos casos análogos por decisão monocrática do relator.

> Art. 9.º A decisão terá eficácia subjetiva limitada às partes e produzirá efeitos até o advento da norma regulamentadora.
>
> § 1.º Poderá ser conferida eficácia *ultra partes* ou *erga omnes* à decisão, quando isso for inerente ou indispensável ao exercício do direito, da liberdade ou da prerrogativa objeto da impetração.
>
> § 2.º Transitada em julgado a decisão, seus efeitos poderão ser estendidos aos casos análogos por decisão monocrática do relator.
>
> § 3.º O indeferimento do pedido por insuficiência de prova não impede a renovação da impetração fundada em outros elementos probatórios.

No mandado de injunção coletivo, a sentença fará coisa julgada limitadamente às pessoas integrantes da coletividade, grupo, classe ou categoria substituídos pelo impetrante. Contudo, a depender da hipótese, os efeitos poderão ser estendidos *ultra partes* ou *erga omnes*.

Ressalte-se ainda que o mandado de injunção coletivo não induz litispendência em relação aos individuais, mas os efeitos da coisa julgada apenas beneficiarão os indivíduos que requererem a desistência da ação individual no prazo de 30 (trinta) dias a contar da ciência comprovada da impetração coletiva.

Uma vez criada a norma objeto de mandado de injunção, seus efeitos serão *ex nunc* (daqui para frente) em relação aos beneficiários de decisões transitadas em julgado. Contudo, se a norma editada for mais favorável ao impetrante, seus efeitos serão *ex tunc* (retroativos).

Por outro lado, se a norma regulamentadora surgir antes da decisão do mandado de injunção, a impetração restará prejudicada e o processo deverá ser extinto sem resolução do mérito.

7.4 Competência

A competência para processar e julgar o mandado de injunção depende da Autoridade apontada como impetrada. No mandado de injunção, a competência é absoluta e *ratione personae* (FONTELES, 2015, p. 115).

8. *HABEAS CORPUS*

8.1 Considerações iniciais

O *Habeas Corpus* é ação constitucional que tem por objetivo corrigir ou evitar violência ou coação em sua liberdade de locomoção, por ilegalidade ou abuso de poder (OLIVEIRA, 2019, p. 862). Sua origem remonta à Magna Carta de 1215, tendo sido consagrado constitucionalmente pela primeira vez em 1891.

Atualmente, é previsto no art. 5.º, LXVIII, da CF e regulamentado pelos arts. 647 a 667 do CPP.

Pode ser preventivo (ameaça de violação do direito à liberdade de locomoção) ou repressivo/liberatório (após consumada a lesão, tendo por objetivo cessar a violação ou a coação ao mencionado direito).

8.2 Legitimidade ativa e passiva

A legitimidade para o *habeas corpus* é universal, isto é, toda e qualquer pessoa, nacional ou estrangeira, pode impetrar a ação em seu favor ou de terceiros. Pode ser proposto, inclusive, por incapazes, por analfabetos, pelo Ministério Público, pelo juiz de ofício, ou por pessoas jurídicas em favor da liberdade de pessoas físicas. Independe de assistência por advogado ou de forma específica.

No polo passivo devem estar as autoridades e os particulares responsáveis pela ilegalidade ou abuso de poder que ameaça o direito de ir e vir.

8.3 Objeto

O bem tutelado é a liberdade de locomoção dos indivíduos. Em virtude disso:

> **Súmula 693 do STF:** Não cabe *habeas corpus* contra decisão condenatória a pena de multa, ou relativo a processo em curso por infração penal a que a pena pecuniária seja a única cominada.
>
> **Súmula 694 do STF:** Não cabe *habeas corpus* contra a imposição da pena de exclusão de militar ou de perda de patente ou de função pública.
>
> **Súmula 695 do STF:** Não cabe *habeas corpus* quando já extinta a pena privativa de liberdade.

8.4 Procedimento

A competência depende da autoridade coatora ou do paciente, devendo ser observados os arts. 102 e 105 da CF, em especial.

O procedimento do *habeas corpus* é marcado pela celeridade e simplicidade, razão pela qual o pedido deve ser apresentado por escrito (sem maiores formalidades) e vir acompanhado de prova pré-constituída (é inadmissível dilação probatória).

9. AÇÃO CIVIL PÚBLICA

9.1 Considerações iniciais

Trata-se de instrumento que visa evitar ou reparar lesão a interesse difuso ou coletivo. Como bem destaca OLIVEIRA (2019, p. 894), não se trata de mecanismo de controle exclusivamente da Administração, mas, sim, dos interesses coletivos em sentido amplo de toda a sociedade.

Prevista no art. 129, III, da CF e regulamentada pela Lei n. 7.437/85.

De acordo com o art. 1.º da referida Lei, caberá ação civil pública para discutir as ações de responsabilidade por danos morais e patrimoniais causados ao meio ambiente, ao consumidor a patrimônio artístico ou histórico, à ordem econômica ou a qualquer outro interesse difuso ou coletivo.

> Art. 1.º Regem-se pelas disposições desta Lei, sem prejuízo da ação popular, as ações de responsabilidade por danos morais e patrimoniais causados:
>
> I – ao meio ambiente;
>
> II – ao consumidor;
>
> III – a bens e direitos de valor artístico, estético, histórico, turístico e paisagístico;
>
> IV – a qualquer outro interesse difuso ou coletivo;
>
> V – por infração da ordem econômica;
>
> VI – à ordem urbanística;
>
> VII – à honra e à dignidade de grupos raciais, étnicos ou religiosos;
>
> VIII – ao patrimônio público e social.
>
> Parágrafo único. Não será cabível ação civil pública para veicular pretensões que envolvam tributos, contribuições previdenciárias, o Fundo de Garantia do Tempo de Serviço – FGTS ou outros fundos de natureza institucional cujos beneficiários podem ser individualmente determinados.

O Ministério Público pode ajuizar ação civil pública, por exemplo, para anular ato administrativo de aposentadoria que importe em lesão ao patrimônio público. Sobre o tema:

> O Ministério Público tem legitimidade para ajuizar ação civil pública que vise anular ato administrativo de aposentadoria que importe em lesão ao patrimônio público (STF, Plenário, RE 409356/RO, j. 25-10-2018, Repercussão Geral).

Já o parágrafo único do referido dispositivo estabelece que **não será cabível ação civil pública** para veicular pretensões que envolvam tributos, contribuições previdenciárias, FGTS ou outros fundos de natureza institucional cujos beneficiários podem ser individualmente determinados.

Ressalte-se que o art. 3.º da Lei n. 7.347/85 determina ser possível que a ação civil pública tenha por objeto a **condenação em dinheiro ou o cumprimento da obrigação de fazer ou não fazer:**

> Art. 3.º A ação civil poderá ter por objeto a condenação em dinheiro ou o cumprimento de obrigação de fazer ou não fazer.

Para o STJ, tal dispositivo deve ser interpretado no sentido de possibilitar-se a cumulação de ambos os pedidos: obrigação de fazer, de não fazer e de indenizar.

> A jurisprudência do STJ está firmada no sentido da viabilidade, no âmbito da Lei n. 7.347/85 e da Lei n. 6.938/81, de cumulação de obrigações de fazer, de não fazer e de indenizar (REsp 1.328.753/MG, *DJe* 3-2-2015).

Possível, ainda, o ajuizamento de **ação cautelar** para os fins previstos na norma, objetivando, inclusive, evitar danos ao patrimônio público e social, ao meio ambiente, ao consumidor, à honra e à dignidade de grupos raciais, étnicos ou religiosos, à ordem urbanística ou aos bens e direitos de valor artístico, estético, histórico, turístico e paisagístico.

> Ressalte-se que não se aplica aos processos de ação popular e de ação civil pública a vedação da concessão de liminar em casos de o ato impugnado da respectiva autoridade ser sujeito, na via de mandado de segurança, à competência originária de tribunal (*vide* art. 1.º, § 2.º, da Lei n. 8.437/92).

9.2 Competência

De acordo com o art. 2.º da Lei n. 7.347/85:

> Art. 2.º As ações previstas nesta Lei serão propostas no foro do local onde ocorrer o dano, cujo juízo terá competência funcional para processar e julgar a causa.
>
> Parágrafo único. A propositura da ação prevenirá a jurisdição do juízo para todas as ações posteriormente intentadas que possuam a mesma causa de pedir ou o mesmo objeto.

Quanto à competência territorial, portanto, não restam quaisquer dúvidas: será competente o foro do **local onde ocorrer o dano** para processar e julgar a ação civil pública, sendo esta hipótese de competência absoluta.

9.3 Legitimidade

De acordo com o art. 5.º da Lei n. 7.347/85, poderão propor a ação principal e a ação cautelar:

> I – o Ministério Público;
>
> II – a Defensoria Pública;
>
> III – a União, os Estados, o Distrito Federal e os Municípios;
>
> IV – a autarquia, empresa pública, fundação ou sociedade de economia mista;
>
> V – a associação que, concomitantemente:
>
> a) esteja constituída há pelo menos 1 (um) ano nos termos da lei civil;
>
> b) inclua, entre suas finalidades institucionais, a proteção ao patrimônio público e social, ao meio ambiente, ao consumidor, à ordem econômica, à livre concorrência, aos direitos de grupos raciais, étnicos ou religiosos ou ao patrimônio artístico, estético, histórico, turístico e paisagístico.

O Ministério Público é parte legítima para ajuizar, inclusive, ação civil pública que vise o fornecimento de remédios a portadores de certa doença, ainda que se tratar de beneficiários individualizados. Isso porque o direito à saúde é um direito indisponível.

Assim entendeu o STJ em sede de recurso repetitivo:

> O Ministério Público é parte legítima para pleitear tratamento médico ou entrega de medicamentos nas demandas de saúde propostas contra os entes federativos, mesmo quando se tratar de feitos contendo beneficiários individualizados, porque se refere a direitos individuais indisponíveis, na forma do art. 1.º da Lei n. 8.625/93 (Lei Orgânica Nacional do Ministério Público) (STJ, REsp 1.682.836/SP, j. 25-4-2018).

9.4 Demais peculiaridades

Os interessados poderão firmar com os interessados Termo de Ajustamento de Conduta (TAC), em assunção do compromisso de ajustar suas condutas às exigências legais, mediante cominações, o qual terá a eficácia de título executivo extrajudicial.

Apesar de a lei apenas mencionar de forma expressa os órgãos públicos como legitimados para o acordo, o STF já pacificou o entendimento no sentido de que os órgãos e entidades privadas também são legítimos para tanto.

A lei prevê, ainda, a possibilidade de instauração de inquérito civil pelo Ministério Público, com vistas à obtenção de informações e de elementos de convicção necessários à propositura da ação civil pública.

9.4.1 Prazo prescricional

Como a Lei da Ação Civil Pública não prevê prazo prescricional expresso para a sua propositura, aplica-se, por analogia, o prazo de 5 anos previsto no art. 21 da Lei de Ação Popular, tendo em vista que tais ações integram o chamado microssistema de direitos coletivos.

9.4.2 Liminar

A concessão de liminar depende da oitiva prévia do representante judicial da pessoa jurídica de direito público, no prazo de 72 horas. Vedada a sua concessão *inaudita altera pars.*

10. IMPROBIDADE ADMINISTRATIVA

Dada a relevância do tema, entendemos pertinente a discussão e aprofundamento do assunto Improbidade Administrativa em tópico específico, o que será feito no próximo capítulo.

CAPÍTULO 15

IMPROBIDADE ADMINISTRATIVA

1. INTRODUÇÃO

Em que pese certa divergência doutrinária, defendemos que a probidade administrativa é gênero, sendo a moralidade uma de suas espécies. A improbidade irá, portanto, englobar não apenas os atos desonestos ou imorais, mas também os atos ilegais.

A improbidade administrativa, de acordo com o STJ, é uma **ilegalidade qualificada pelo elemento subjetivo**, qual seja, o dolo.

De acordo com ao art. 37, § 4.º, da Constituição Federal:

> CF
>
> Art. 37. (...)
>
> § 4.º *Os atos de improbidade administrativa* importarão a suspensão dos direitos políticos, a perda da função pública, a indisponibilidade dos bens e o ressarcimento ao erário, na forma e gradação previstas em lei, sem prejuízo da ação penal cabível.

Segundo a doutrina de José dos Santos Carvalho Filho (2017):

> Ação de improbidade administrativa é aquela em que se pretende o reconhecimento judicial de condutas de improbidade na Administração, perpetradas por administradores públicos e terceiros, e a consequente aplicação das sanções legais, com o escopo de preservar o princípio da moralidade administrativa. Sem dúvida, cuida-se de poderoso instrumento de controle judicial sobre atos que a lei caracteriza como de improbidade.

O diploma regulador da improbidade administrativa é a Lei n. 8.429/92, Lei de Improbidade Administrativa, que trata do procedimento e das sanções aplicáveis aos agentes públicos e terceiros que pratiquem atos de improbidade administrativa, sendo certo que o rol de sanções trazidos pelo § 4.º do art. 37 é meramente exemplificativo.

De acordo com o art. 1.º da Lei n. 8.429/92, com redação dada pela Lei n. 14.230/2021, o sistema de responsabilização por atos de improbidade administrativa tutelará a **probidade na organização do Estado e no exercício de suas funções**, como forma de **assegurar a integridade do patrimônio público e social.**

Marçal Justen Filho destaca que esse novo dispositivo, assim como os demais no decorrer da Lei, manteve a imprecisão terminológica do termo improbidade "administrativa", uma vez que a Lei n. 8.429/92 disciplina a improbidade no exercício de toda e qualquer função estatal. O combate à improbidade abrange inclusive as condutas defeituosas verificadas no desempenho de funções políticas, jurisdicionais e legislativas. Assim, tendo em vista que a Lei n. 8.429/92 aplica-se ao exercício de qualquer função pública, segundo ele, seria mais adequado denominar de improbidade pública.

2. A LEI N. 14.230/2021 E AS PRINCIPAIS ALTERAÇÕES NA LEI N. 8.429/92

Em 25 de outubro de 2021, foi publicada, e entrou em vigor, a Lei n. 14.230/2021, que promoveu uma profunda alteração na ação de improbidade administrativa, modificando diversos dispositivos na Lei n. 8.429/92. Ao longo deste capítulo, trabalharemos mais detalhadamente cada um deles, mas citaremos, de logo e resumidamente, as mudanças que consideramos mais significativas e que merecem maior atenção.

2.1 Natureza da ação de improbidade administrativa

Durante muito tempo, a doutrina amplamente majoritária denominou a ação de improbidade administrativa de ação civil pública por ato de improbidade administrativa, caracterizando-a como verdadeira espécie de ação civil pública, e integrando a Lei n. 8.429/92 ao microssistema de processo civil coletivo. Tal entendimento foi adotado pelos Tribunais Superiores.

A tese 8 da Edição 38 da Jurisprudência em Teses do STJ dispõe:

> É inviável a propositura de *ação civil de improbidade administrativa* exclusivamente contra o particular, sem a concomitante presença de agente público no polo passivo da demanda.

Por sua vez, o STF, em diversos e até recentes julgados, conceituava:

> (...) 2. Atos de improbidade administrativa são aqueles que, *possuindo natureza civil e devidamente tipificados em lei federal*, ferem direta ou indiretamente os princípios constitucionais e legais da administração pública, independentemente de importarem enriquecimento ilícito ou de causarem prejuízo material ao erário; podendo ser praticados tanto por servidores públicos (improbidade própria), quanto por particular – pessoa física ou jurídica – que induzir, concorrer ou se beneficiar do ato (improbidade imprópria) (STF, AO 1.833/AC, j. 10-4-2018).

Contudo, essa natureza foi radicalmente alterada com o advento da Lei n. 14.230/2021, que modificou a Lei n. 8.429/92 e passou a declarar expressamente que a **natureza da ação de improbidade é repressiva, sancionatória, não constituindo ação civil.** Assim sendo, seu ajuizamento não pode visar controle de legalidade de políticas públicas e de interesses difusos, coletivos e individuais homogêneos. Na verdade, para este controle, deve ser ajuizada ação civil pública. Veja:

Art. 17-D. A ação por improbidade administrativa é repressiva, de caráter sancionatório, destinada à aplicação de sanções de caráter pessoal previstas nesta Lei, e não constitui ação civil, vedado seu ajuizamento para o controle de legalidade de políticas públicas e para a proteção do patrimônio público e social, do meio ambiente e de outros interesses difusos, coletivos e individuais homogêneos.

Parágrafo único. Ressalvado o disposto nesta Lei, o controle de legalidade de políticas públicas e a responsabilidade de agentes públicos, inclusive políticos, entes públicos e governamentais, por danos ao meio ambiente, ao consumidor, a bens e direitos de valor artístico, estético, histórico, turístico e paisagístico, a qualquer outro interesse difuso ou coletivo, à ordem econômica, à ordem urbanística, à honra e à dignidade de grupos raciais, étnicos ou religiosos e ao patrimônio público e social submetem-se aos termos da Lei n. 7.347, de 24 de julho de 1985.

Contudo, ressalta-se que, a qualquer momento, se o magistrado identificar a existência de ilegalidades ou de irregularidades administrativas a serem sanadas sem que estejam presentes todos os requisitos para a imposição das sanções aos agentes incluídos no polo passivo da demanda, **poderá, em decisão motivada, converter a ação de improbidade administrativa em ação civil pública**, regulada pela Lei n. 7.347, de 24 de julho de 1985.

2.2 Fim da modalidade culposa

É exatamente este o resumo deste tópico: **não há mais previsão de ato de improbidade administrativa culposo.**

Nos termos da redação original da LIA (Lei de Improbidade Administrativa), as condutas previstas em seu art. 10, que causam lesão ao erário, admitiam modalidades culposa ou dolosa. No entanto, a Lei n. 14.230/2021 determina que, agora, somente é considerado ato de improbidade se comprovado, de maneira efetiva, o dolo:

Art. 1.º (...)

§ 1.º Consideram-se atos de improbidade administrativa as **condutas dolosas** tipificadas nos arts. 9.º, 10 e 11 desta Lei, ressalvados tipos previstos em leis especiais.

Considera-se dolo, de acordo com a Lei, a **vontade livre e consciente de alcançar o resultado ilícito tipificado nos arts. 9.º, 10 e 11, não bastando a voluntariedade do agente.**

2.3 Rol do art. 11 passou a ser taxativo

Anteriormente, o rol dos arts. 9.º, 10 e 11 era meramente exemplificativo. Isso significa dizer que as condutas que importassem improbidade não estariam exaustivamente dispostas na Lei n. 8.429/92.

No entanto, **a Lei n. 14.230/2021 modificou o *caput* do art. 11 para determinar que os atos de improbidade administrativa que atentam contra os princípios da administração pública são apenas aqueles dispostos nos seus incisos.** As consequências práticas disto serão analisadas mais à frente neste capítulo.

Veja como ficou o *caput* do art. 11:

REDAÇÃO ANTERIOR	NOVA REDAÇÃO DADA PELA LEI N. 14.230/2021
Art. 11. Constitui ato de improbidade administrativa que atenta contra os princípios da administração pública qualquer ação ou omissão que viole os deveres de honestidade, imparcialidade, legalidade, e lealdade às instituições, *e notadamente:*	Art. 11. Constitui ato de improbidade administrativa que atenta contra os princípios da administração pública a ação ou omissão dolosa que viole os deveres de honestidade, de imparcialidade e de legalidade, *caracterizada por uma das seguintes condutas:*

2.4 Modificação na legitimidade para ajuizamento da ação de improbidade

Com o advento da Lei n. 14.230/2021, **a Fazenda Pública do ente prejudicado passou a não possuir mais a competência para ajuizar ação de improbidade administrativa.** Compare a redação do art. 17 da LIA:

REDAÇÃO ANTERIOR	NOVA REDAÇÃO DADA PELA LEI N. 14.230/2021
Art. 17. A ação principal, que terá o rito ordinário, será proposta pelo *Ministério Público ou pela pessoa jurídica interessada*, dentro de trinta dias da efetivação da medida cautelar.	Art. 17. A ação para a aplicação das sanções de que trata esta Lei *será proposta pelo Ministério Público* e seguirá o procedimento comum previsto na Lei n. 13.105, de 16 de março de 2015 (Código de Processo Civil), salvo o disposto nesta Lei.

Porém, no julgamento das **ADIs 7.042 e 7.043**, o Supremo Tribunal Federal concedeu interpretação conforme à Constituição Federal ao *caput* e §§ 6.º- A, 10-C e 14, do art. 17 da Lei n. 8.429/92, com a redação dada pela Lei n.

14.230/2021, no sentido da **existência de legitimidade ativa concorrente entre Ministério Público e as pessoas jurídicas interessadas para a propositura da ação por ato de improbidade administrativa.**

2.5 Modificações nas sanções

As sanções também sofreram alterações. Algumas ficaram mais brandas, e outras, de certo modo, mais severas. Os detalhes serão destrinchados no tópico específico para as sanções, mas atente-se que, neste ponto, também ocorreram mudanças.

2.6 Alteração no prazo prescricional

Para a ação de improbidade administrativa, o prazo prescricional era de 5 anos, contados do término do exercício do mandato, do cargo em comissão ou da função de confiança, até 5 anos da data da apresentação à Administração Pública da prestação de contas final pelas entidades, ou dentro do prazo prescricional previsto em lei específica para faltas disciplinares puníveis com demissão a bem do serviço público, nos casos de exercício de cargo efetivo ou emprego.

Com a publicação da Lei n. 14.230/2021, **o prazo prescricional foi unificado e aumentado para 8 anos, contados da prática do ato**. Compare a redação do art. 23:

REDAÇÃO ANTERIOR	NOVA REDAÇÃO DADA PELA LEI N. 14.230/2021
Art. 23. As ações destinadas a levar a efeitos as sanções previstas nesta lei podem ser propostas:	Art. 23. A ação para a aplicação das sanções previstas nesta Lei *prescreve em 8 (oito) anos, contados a partir da ocorrência do fato* ou, no caso de *infrações permanentes, do dia em que cessou a permanência.*
I – até cinco anos após o término do exercício de mandato, de cargo em comissão ou de função de confiança;	
II – dentro do prazo prescricional previsto em lei específica para faltas disciplinares puníveis com demissão a bem do serviço público, nos casos de exercício de cargo efetivo ou emprego.	I – (*revogado*); II – (*revogado*); III – (*revogado*).
III – até cinco anos da data da apresentação à administração pública da prestação de contas final pelas entidades referidas no parágrafo único do art. 1.º desta Lei.	

3. ASPECTOS GERAIS

A Lei de Improbidade Administrativa e também as questões de concursos públicos sobre o tema se dividem basicamente em quatro:

- Condutas passíveis de punição pela Lei;
- Definição dos sujeitos ativo e passivo para fins de improbidade;
- Penalidades;
- Prescrição.

Ao longo deste capítulo veremos todos estes aspectos.

3.1 Entes públicos protegidos pela Lei de Improbidade Administrativa

O art. 1.º da LIA foi totalmente modificado. Anteriormente, o *caput* dispunha o seguinte:

> **Redação anterior**
> Art. 1.º Os atos de improbidade praticados por qualquer agente público, servidor ou não, contra a administração direta, indireta ou fundacional de qualquer dos Poderes da União, dos Estados, do Distrito Federal, dos Municípios, de Território, de empresa incorporada ao patrimônio público ou de *entidade para cuja criação ou custeio o erário haja concorrido ou concorra com mais de cinquenta por cento do patrimônio ou da receita anual*, serão punidos na forma desta lei.
> Parágrafo único. Estão também sujeitos às penalidades desta lei os atos de improbidade praticados contra o patrimônio de entidade que receba subvenção, benefício ou incentivo, fiscal ou creditício, de órgão público bem como daquelas para cuja criação ou custeio o erário haja concorrido ou concorra com menos de cinquenta por cento do patrimônio ou da receita anual, limitando-se, nestes casos, a sanção patrimonial à repercussão do ilícito sobre a contribuição dos cofres públicos.

Agora, o correspondente a isso está nos §§ 5.º a 7.º do art. 1.º, pois o *caput* foi alterado e o parágrafo único, revogado. Veja:

> **Redação dada pela Lei n. 14.230/2021**
> Art. 1.º O sistema de responsabilização por atos de improbidade administrativa tutelará a probidade na organização do Estado e no exercício de suas funções, como forma de assegurar a integridade do patrimônio público e social, nos termos desta Lei.
> Parágrafo único. (*Revogado*).
> (...)
> § 5.º Os atos de improbidade violam a probidade na organização do Estado e no exercício de suas funções e a integridade do patrimônio público e social dos **Poderes Executivo, Legislativo e Judiciário**, bem como da administração direta e indireta, no âmbito da União, dos Estados, dos Municípios e do Distrito Federal.
> § 6.º Estão sujeitos às sanções desta Lei os atos de improbidade praticados contra o patrimônio de **entidade privada que receba subvenção, benefício ou incentivo, fiscal ou creditício, de entes públicos ou governamentais**, previstos no § 5.º deste artigo.

> § 7.º Independentemente de integrar a administração indireta, estão sujeitos às sanções desta Lei os atos de improbidade praticados contra o patrimônio de *entidade privada para cuja criação ou custeio o erário haja concorrido ou concorra no seu patrimônio ou receita atual*, limitado o ressarcimento de prejuízos, nesse caso, à repercussão do ilícito sobre a contribuição dos cofres públicos.

Observe que o escopo de proteção da lei de improbidade é bastante amplo e abrange não somente os entes da Administração direta e indireta, mas também qualquer empresa ou entidade que receba subvenção, benefício ou incentivo fiscal ou creditício de órgão público.

Podemos perceber também que, no tocante às entidades para cuja criação ou custeio o erário haja concorrido ou concorra, **não há mais a determinação de que essa contribuição seja de no mínimo 50% (cinquenta por cento) do patrimônio ou da receita anual**. Basta a contribuição, pouco importando o percentual. Nestes casos, **manteve-se a disposição anterior de que o ressarcimento de prejuízos fica limitado à repercussão do ilícito sobre a contribuição dos cofres públicos.**

Portanto, para os fins da Lei de Improbidade Administrativa, **podemos considerar como entes públicos:**

- Poderes Executivo, Legislativo e Judiciário;
- Administração direta e indireta, no âmbito da União, dos Estados, dos Municípios e do Distrito Federal;
- Entidade Privada que receba subvenção, benefício ou incentivo, fiscal ou creditício, de entes públicos ou governamentais;
- Entidade Privada para cuja criação ou custeio o erário haja concorrido ou concorra no seu patrimônio ou receita atual.

Da análise desse rol, poderia ser facilmente afirmado que os partidos políticos estariam incluídos entre as pessoas jurídicas prejudicadas, visto que eles recebem recursos públicos para exercício de suas atividades e, inclusive, para formação do Fundo Partidário. Contudo, **o legislador excluiu expressamente os partidos políticos das pessoas jurídicas tuteladas**, no art. 23-C da LIA:

> Art. 23-C. Atos que ensejem enriquecimento ilícito, perda patrimonial, desvio, apropriação, malbaratamento ou dilapidação de recursos públicos dos partidos políticos, ou de suas fundações, serão responsabilizados nos termos da Lei n. 9.096, de 19 de setembro de 1995.

Assim, após a alteração da Lei n. 8.429/92, as condutas descritas nos arts. 9.º, 10 e 11 da LIA, lesivas aos interesses e direitos de partidos políticos e de suas fundações, não se subordinariam ao regime da Lei n. 8.429/92, mas sim às regras da Lei n. 9.096/95 (Lei dos Partidos Políticos).

> Nos autos da Medida Cautelar na ADI 7.236/DF, em decisão datada de 27-12-2022, o Ministro Alexandre de Moraes deferiu medida liminar para dar interpretação conforme a Constituição Federal a este dispositivo, no sentido de que: *os atos que ensejem enriquecimento ilícito, perda patrimonial, desvio, apropriação, malbaratamento ou dilapidação de recursos públicos dos partidos políticos, ou de suas fundações, poderão ser responsabilizados nos termos da Lei n. 9.096/1995, mas sem prejuízo da incidência da Lei de Improbidade Administrativa.*

3.2 Exigência de dolo

Como já citado, a modalidade culposa foi excluída da Lei n. 8.429/92 pela Lei n. 14.230/2021. Veja:

> Art. 1.º (...)
> § 1.º Consideram-se atos de improbidade administrativa as **condutas dolosas** tipificadas nos arts. 9.º, 10 e 11 desta Lei, ressalvados tipos previstos em leis especiais.
> (...)
> § 3.º O mero exercício da função ou desempenho de competências públicas, **sem comprovação de ato doloso com fim ilícito, afasta a responsabilidade** por ato de improbidade administrativa.

E o que seria o dolo, nesse caso? **Considera-se dolo a vontade livre e consciente de alcançar o resultado ilícito tipificado nos arts. 9.º, 10 e 11 da LIA, não bastando a voluntariedade do agente.**

Desta feita, as condutas dispostas no art. 10 da LIA, que antes admitiam modalidade culposa ou dolosa, agora passam a admitir apenas a modalidade dolosa. Veja como ficou a redação do *caput* do art. 10:

> Art. 10. Constitui ato de improbidade administrativa que causa lesão ao erário qualquer **ação ou omissão dolosa**, que enseje, efetiva e comprovadamente, perda patrimonial, desvio, apropriação, malbaratamento ou dilapidação dos bens ou haveres das entidades referidas no art. 1.º desta Lei, e notadamente:

Ainda, mencione-se que, por disposição do § 8.º do art. 1.º da Lei n. 8.429/92, **não configura improbidade** a ação ou omissão decorrente de divergência interpretativa da lei, baseada em jurisprudência, *ainda que não pacificada*, mesmo que não venha a ser posteriormente prevalecente nas decisões dos órgãos de controle ou dos tribunais do Poder Judiciário.

Além disso, para o Superior Tribunal de Justiça, a Lei de Improbidade passou a exigir apenas e tão somente o dolo específico para configuração da prática dos atos de improbidade, não bastando o dolo genérico. Assim, deve a lei retroagir para absolver um réu em ação de improbidade ainda não transitada em julgado, caso não se demonstre a ocorrência do dolo específico.

Nesse sentido:

> (...) 2. A despeito de ser reconhecida a irretroatividade da norma mais benéfica advinda da Lei n. 14.230/2021, que revogou a modalidade culposa do ato de improbidade administrativa, o STF autorizou a aplicação da lei nova, quanto a tal aspecto, aos processos ainda não cobertos pelo manto da coisa julgada.
>
> 3. A Primeira Turma desta Corte Superior, no julgamento do AREsp 2.031.414/MG, em 9-5-2023, firmou a orientação de conferir interpretação restritiva às hipóteses de aplicação retroativa da LIA (com a redação da Lei n. 14.230/2021), adstrita aos atos ímprobos culposos não transitados em julgado, de acordo com a tese 3 do Tema 1.199 do STF.
>
> 4. Acontece que o STF, posteriormente, ampliou a abrangência do Tema 1.199/STF, a exemplo do que ocorreu no ARE 803.568 AgR-segundo-EDv-ED, admitindo que a norma mais benéfica prevista na Lei n. 14.230/2021, decorrente da revogação (naquele caso, tratava-se de discussão sobre o art. 11 da LIA), poderia ser aplicada aos processos em curso.
>
> **5. Tal como aconteceu com a modalidade culposa e com os incisos I e II do art. 11 da LIA (questões diretamente examinadas pelo STF), a conduta ímproba escorada em dolo genérico (tema ainda não examinado pelo Supremo) também foi revogada pela Lei n. 14.230/2021, pelo que deve receber rigorosamente o mesmo tratamento.** (...) (REsp 2.107.601/MG, Rel. Min. Gurgel de Faria, 1.ª Turma, j. 23-4-2024, *DJe* 2-5-2024).

3.3 O Direito Administrativo Sancionador

A Lei n. 14.230/2021 adota, ainda, o chamado Direito Administrativo Sancionador. Veja:

> Art. 1.º (...)
>
> § 4.º Aplicam-se ao sistema da improbidade disciplinado nesta Lei os princípios constitucionais do direito administrativo sancionador.

Isso significa dizer que alguns princípios mais afetos ao Direito Penal podem contribuir na compreensão de determinados institutos do Direito Administrativo.

Segundo Landolfo Andrade (2020), ainda não há uma delimitação de quais sejam esses princípios do direito administrativo sancionador aplicáveis na seara da improbidade. Porém, de todo modo, ele defende que devem ser incluídos nessa relação o princípio do devido processo legal, contraditório, ampla defesa, segurança jurídica, culpabilidade, individualização da sanção, fundamentação da decisão, razoabilidade e proporcionalidade.

Em síntese, a ideia é a de que, assim como no Direito Penal, também no Direito Administrativo deve ser assegurado que o indivíduo saiba quais são seus deveres e direitos, e tenha a segurança jurídica de que não terá seus direitos ofendidos por discricionariedade ou arbitrariedade. Isso porque, há previsão de sanções muito rígidas em determinadas normas administrativas, como é o caso da perda de função pública ou da suspensão de direitos políticos, que interferem em certa medida no exercício dos direitos fundamentais e na dignidade da pessoa humana.

Sobre o Direito Administrativo Sancionador, discorre Fábio Medina Osório (2022):

> O ramo jurídico do Direito Administrativo sancionador não tutela apenas as atividades processuais da Administração Pública, mas também bens jurídicos primariamente tratados na própria Constituição Federal, como é o caso da função pública.
>
> Nesse sentido, uma concepção material do Direito Administrativo – e desde suas raízes é possível visualizar tal evolução – admite um conceito mais largo de sanções e infrações administrativas, permitindo que o legislador outorgue ao Poder Judiciário a tarefa de reprimir ilícitos e sanções de Direito Administrativo.
>
> Isso veio a ocorrer, por exemplo, com a Lei n. 8.429/92 ou com a Lei n. 12.846/13. Esse é um novo paradigma do Direito Administrativo Sancionador, que tem sido reconhecido pela jurisprudência dos tribunais superiores desde longa data (...).

Especificamente sobre a possibilidade de aplicação do princípio da insignificância, é possível encontrar precedentes do Superior Tribunal de Justiça:

> O ato havido por ímprobo deve ser administrativamente relevante, sendo de se aplicar, na sua compreensão, o conhecido princípio da insignificância, de notável préstimo no Direito Penal moderno, a indicar a inaplicação de sanção criminal punitiva ao agente, quando o efeito do ato agressor é de importância mínima ou irrelevante, constituindo a chamada bagatela penal: *de minimis non curat Praetor* (AgRg no REsp 968.447/PR, Rel. Min. Napoleão Nunes Maia Filho, 1.ª Turma, j. 16-4-2015).

Prevemos que ainda haverá muita discussão sobre isso. O maior debate possivelmente girará em torno da possibilidade de aplicação do princípio da retroatividade da lei penal mais benéfica, previsto no art. 5.º, XL, da CF e art. 9.º do Pacto de São José da Costa Rica.

Nesse ponto, o STF reconheceu a existência de repercussão geral da questão constitucional suscitada no Tema 1199, fixando as seguintes teses:

1) É necessária a comprovação de responsabilidade subjetiva para a tipificação dos atos de improbidade administrativa, exigindo-se nos arts. 9.º, 10 e 11 da LIA a presença do elemento subjetivo dolo;

2) A norma benéfica da Lei n. 14.230/2021– revogação da modalidade culposa do ato de improbidade administrativa, é irretroativa, em virtude do art. 5.º, XXXVI, da CF, não tendo incidência em relação à eficácia da coisa julgada; nem tampouco durante o processo de execução das penas e seus incidentes;

3) A nova Lei n. 14.230/2021 aplica-se aos atos de improbidade administrativa culposos praticados na vigência do texto anterior, porém sem condenação transitada em julgado, em virtude da revogação expressa do tipo culposo, devendo o juízo competente analisar eventual dolo por parte do agente.

4) O novo regime prescricional previsto na Lei n. 14.230/2021 é irretroativo, aplicando-se os novos marcos temporais a partir da publicação da lei.

Veja, portanto, que **o Supremo reconheceu que a nova Lei se aplica aos atos culposos praticados na vigência da norma anterior** *se a ação ainda não tiver decisão definitiva* (se não houve o trânsito em julgado).

Assim, como o texto anterior que não considerava a vontade do agente para os atos de improbidade foi expressamente revogado, não é possível a continuidade da ação em andamento por atos culposos.

Isso mesmo! Se ao agente havia sido imputada conduta culposa referente ao art. 10 de Lei n. 8.429/92, sem decisão com trânsito em julgado, os princípios do direito administrativo sancionador implicam na cessação do processo, sem imposição de qualquer sanção ao agente.

No mesmo sentido, se o agente havia praticado uma conduta do art. 11 que, posteriormente, foi revogada, o processo também deve ser extinto sem imposição de qualquer sanção ao agente, caso não tenha transitado em julgado ainda. Trata-se de posição pacífica do Superior Tribunal de Justiça, a exemplo do seguinte julgado:

(...) 2. Diante do novo cenário, a condenação com base em genérica violação a princípios administrativos, sem a tipificação das figuras previstas nos incisos do art. 11 da Lei n. 8.429/1992, ou, ainda, quando condenada a parte ré com base nos revogados incisos I e II do mesmo artigo, sem que os fatos tipifiquem uma das novas hipóteses previstas na atual redação do art. 11 da Lei de Improbidade Administrativa, remete à abolição da tipicidade da conduta e, assim, à improcedência dos pedidos formulados na inicial. (...) (EDcl nos EDcl no AgInt no AREsp 1.174.735/PE, Rel. Min. Paulo Sérgio Domingues, 1.ª Turma, j. 5-3-2024, *DJe* 8-3-2024).

> **FIQUE ATENTO!**
> A nova redação só retroage se ainda não houver decisão definitiva. Essa retroatividade, portan-
> to, não se confunde com aquela própria do Direito Penal, apta a influenciar processos já transi-
> tados em julgado e em execução.

A maioria do STF, todavia, destacou que o juiz, antes de extinguir o processo, deve analisar caso a caso se houve dolo (intenção) do agente ou se, de fato, a conduta fora imbuída apenas de culpa.

3.4 *Non bis in idem*

Um dos institutos "emprestados" do Direito Penal para o Direito Administrativo Sancionador é a proibição do *bis in idem*.

A Lei de Improbidade Administrativa passou a adotar expressamente a posição de *non bis in idem*, ou seja, proíbe-se que a pessoa jurídica seja condenada por ato de improbidade, e por corrupção, pela Lei Anticorrupção, em razão da prática de um mesmo ato. Isso fica claro nos arts. 3.º, § 2.º, e 12, § 7.º, ambos incluídos pela Lei n. 14.230/2021:

> Art. 3.º (...)
>
> § 2.º As sanções desta Lei não se aplicarão à pessoa jurídica, caso o ato de improbida-
> de administrativa seja também sancionado como ato lesivo à administração pública
> de que trata a Lei n. 12.846, de 1.º de agosto de 2013.
>
> Art. 12. (...)
>
> § 7.º As sanções aplicadas a pessoas jurídicas com base nesta Lei e na Lei n. 12.846,
> de 1.º de agosto de 2013, deverão observar o princípio constitucional do *non bis in
> idem*.

4. ATOS DE IMPROBIDADE ADMINISTRATIVA

4.1 Considerações gerais

Os atos de improbidade estão previstos nos arts. 9.º, 10 e 11 da Lei n. 8.429/92, podendo ser divididos nos seguintes:

I – Atos de improbidade que importam enriquecimento ilícito, previstos no art. 9.º da Lei n. 8.429/92.

II – Atos de improbidade que causam prejuízo ao erário, previstos no art. 10 da Lei n. 8.429/92.

III – Atos de improbidade que atentam contra princípios da Administração Pública, previstos no art. 11 da Lei n. 8.429/92.

Em 2016, a Lei Complementar n. 157/2016 criou um "novo tipo de ato de improbidade", previsto no art. 10-A da Lei n. 8.429/92: os atos de improbidade que decorrem da **aplicação irregular de benefício financeiro ou tributário.**

Porém, a Lei n. 14.230/2021 revogou este artigo e incluiu a mencionada conduta no rol do art. 10, mais precisamente em seu inciso XXII:

> **Art. 10. Constitui ato de improbidade administrativa que causa lesão ao erário** qualquer ação ou omissão dolosa, que enseje, efetiva e comprovadamente, perda patrimonial, desvio, apropriação, malbaratamento ou dilapidação dos bens ou haveres das entidades referidas no art. 1.º desta Lei, e notadamente: (...)
>
> XXII – conceder, aplicar ou manter benefício financeiro ou tributário contrário ao que dispõem o *caput* e o § 1.º do art. 8.º-A da Lei Complementar n. 116, de 31 de julho de 2003.

> Logo, a **concessão indevida de benefício financeiro ou tributário** deixa de ser espécie autônoma de ato de improbidade administrativa e passa a ser uma das hipóteses de **ato que importa lesão ao erário.**

Como já visto, atualmente, para que se configure quaisquer dos atos de improbidade da Lei n. 8.429/92, é necessário que o agente tenha atuado com DOLO.

ATENÇÃO!

TODOS OS ATOS DE IMPROBIDADE ADMINISTRATIVA EXIGEM DOLO.

4.2 Efetiva demonstração de prejuízo ao erário

> **Nos atos de improbidade que causam prejuízo ao erário (art. 10), é necessária a efetiva demonstração de prejuízo ao erário?**

Sim!

Para se configurar a prática de um ato de improbidade que *cause prejuízo ao erário*, é necessária a efetiva demonstração de prejuízo ao erário, sob pena de se desvirtuar a própria prática do ato, conforme orientação do STJ:

> (...) 3. **A configuração dos atos de improbidade administrativa previstos no art. 10 da Lei n. 8.429/92 exige a presença do efetivo dano ao erário e, ao menos, culpa.** Precedentes: AgRg no AREsp. 701.562/RN, Rel. Min. HUMBERTO MARTINS, *DJe* 13.8.2015; REsp. 1.206.741/SP, Rel. Min. BENEDITO GONÇALVES, *DJe*

24.4.2015. 4. Agravo Regimental do MPF a que se nega provimento (AgRg na MC 24.630/RJ, Rel. Min. Napoleão Nunes Maia Filho, Primeira Turma, j. 20-10-2015, *DJe* 09-11-2015).

Isso foi reafirmado pela Lei n. 14.230/2021. Assim, **não há mais a lesão ao erário presumida.**

O art. 21, I, da Lei n. 8.429/92 determina que as sanções da LIA independem de ocorrência de dano ao patrimônio público, exceto quanto à sanção de ressarcimento e no caso dos atos que importem lesão ao erário. Vejamos:

> Art. 21. A aplicação das sanções previstas nesta lei independe:
> I - da efetiva ocorrência de dano ao patrimônio público, *salvo quanto à pena de ressarcimento e às condutas previstas no art. 10 desta Lei;*

A jurisprudência do STJ considerava que havia uma exceção: a hipótese de fracionamento de compras e contratações com o objetivo de dispensar ilegalmente o procedimento licitatório configurava dano ao erário presumido, previsto no art. 10, VIII, da LIA.

> **Redação anterior**
> Art. 10. (...)
> VIII - frustrar a licitude de processo licitatório ou de processo seletivo para celebração de parcerias com entidades sem fins lucrativos, ou dispensá-los indevidamente;

Presumia-se que o dano ao erário ocorrera *in re ipsa,* eis que a Administração deixava de contratar a melhor proposta, ainda que o preço da aquisição do produto ou serviço tenha sido feito em valor inferior ao praticado no mercado. Veja a posição do STJ:

> (...) 2. Segundo entendimento consolidado no âmbito das Turmas que compõem a Primeira Seção, o prejuízo decorrente da dispensa indevida de licitação é presumido (dano *in re ipsa*), consubstanciado na impossibilidade da contratação pela Administração da melhor proposta, não tendo o acórdão de origem se afastado de tal entendimento. (...) (STJ, AgRg no REsp 1.499.706/SP, 2014/0309323-3, Rel. Min. Gurgel de Faria, Primeira Turma, j. 2-2-2017, *DJe* 14-3-2017).

No entanto, a Lei n. 14.230/2021 modificou o inciso VIII do art. 10, determinando que **somente serão punidos os casos em que haja efetiva perda patrimonial:**

> **Redação dada pela Lei n. 14.230/2021**
> Art. 10. (...)

> VIII – frustrar a licitude de processo licitatório ou de processo seletivo para celebração de parcerias com entidades sem fins lucrativos, ou dispensá-los indevidamente, acarretando perda patrimonial efetiva;

Naturalmente, o Superior Tribunal de Justiça superou sua própria jurisprudência, uma vez que a Lei n. 14.230/2021 determinou, de maneira clara, que nos casos de frustração da licitude de processo licitatório, somente haverá punição se houver perda patrimonial efetiva. Nesse sentido:

ADMINISTRATIVO. ATO ÍMPROBO. DANO PRESUMIDO. ALTERAÇÃO LEGAL EXPRESSA. NECESSIDADE DE EFETIVO PREJUÍZO. MANUTENÇÃO DA JURISPRUDÊNCIA DO STJ. IMPOSSIBILIDADE.

1. Em sessão realizada em 22-2-2024, a Primeira Seção, por unanimidade, cancelou o Tema 1.096 do STJ, o qual fora outrora afetado para definir a questão jurídica referente a "definir se a conduta de frustrar a licitude de processo licitatório ou dispensá-lo indevidamente configura ato de improbidade que causa dano presumido ao erário (*in re ipsa*)".

2. Após o referido cancelamento, ressurgiu a necessidade desta Primeira Turma enfrentar a seguinte controvérsia jurídica: com a expressa necessidade (tratada nas alterações trazidas pela Lei n. 14.320/2021) de o prejuízo ser efetivo (não mais admitindo o presumido), como ficam os casos anteriores (à alteração legal), ainda em trâmite, em que a discussão é sobre a possibilidade de condenação por ato ímprobo em decorrência da presunção de dano?

3. Os processos ainda em curso e que apresentem a supracitada controvérsia devem ser solucionados com a posição externada na nova lei, que reclama dano efetivo, pois sem este (o dano efetivo), não há como reconhecer o ato ímprobo.

4. Não se desconhece os limites impostos pelo STF, ao julgar o Tema 1.199, a respeito das modificações benéficas trazidas pela Lei n. 14.320/2021 às ações de improbidade ajuizadas anteriormente, isto é, sabe-se que a orientação do Supremo é de que a extensão daquele tema se reservaria às hipóteses relacionadas à razão determinante do precedente, o qual não abrangeu a discussão ora em exame.

5. *In casu*, não se trata exatamente da discussão sobre a aplicação retroativa de alteração normativa benéfica, já que, anteriormente, não havia norma expressa prevendo a possibilidade do dano presumido, sendo este (o dano presumido) admitido após construção pretoriana, a partir da jurisprudência que se consolidara no STJ até então e que vinha sendo prolongadamente aplicada.

6. **Esse entendimento (repita-se, fruto de construção jurisprudencial, e não decorrente de texto legal) não pode continuar balizando as decisões do STJ se o próprio legislador deixou expresso não ser cabível a condenação por ato ímprobo mediante a presunção da ocorrência de um dano, pois cabe ao Judiciário**

prestar a devida deferência à opção que seguramente foi a escolhida pelo legislador ordinário para dirimir essa questão.

7. Recurso especial desprovido. Embargos de declaração prejudicados (REsp 1.929.685/TO, Rel. Min. Gurgel de Faria, 1.ª Turma, j. 27-8-2024, *DJe* 2-9-2024).

4.3 Rol taxativo ou exemplificativo?

Na redação original, percebia-se que o rol era exemplificativo, em todos os casos, devido a utilização da expressão "notadamente". Ou seja, havia diversas condutas que importavam em improbidade, e, notadamente, aquelas dispostas na Lei. Isso não impediria a caracterização como ato de improbidade administrativa de outras condutas que não estavam explícitas na Lei de Improbidade Administrativa. Vejamos:

> **Redação anterior**
> Art. 9.º Constitui ato de improbidade administrativa importando enriquecimento ilícito auferir qualquer tipo de vantagem patrimonial indevida em razão do exercício de cargo, mandato, função, emprego ou atividade nas entidades mencionadas no art. 1.º desta lei, e **notadamente**:
> Art. 10. Constitui ato de improbidade administrativa que causa lesão ao erário qualquer ação ou omissão, dolosa ou culposa, que enseje perda patrimonial, desvio, apropriação, malbaratamento ou dilapidação dos bens ou haveres das entidades referidas no art. 1.º desta lei, e **notadamente**:
> Art. 11. Constitui ato de improbidade administrativa que atenta contra os princípios da administração pública qualquer ação ou omissão que viole os deveres de honestidade, imparcialidade, legalidade, e lealdade às instituições, e **notadamente**:

Quando lançado o projeto da Lei n. 14.230/2021, muito se falou que a intenção seria de transformar o rol de condutas dos arts. 9.º, 10 e 11 em taxativos. Porém, **na redação da lei publicada, apenas o art. 11 teve seu rol restrito** àquelas condutas. É dizer: os atos de improbidade que atentam contra os princípios da Administração Pública são previstos em rol taxativo (exaustivo – *numerus clausus*) na legislação de regência.

No caso dos arts. 9.º e 10, continuou-se a utilizar a expressão "notadamente", indicativa de rol exemplificativo. Compare:

> Art. 9.º Constitui ato de improbidade administrativa importando em enriquecimento ilícito auferir, mediante a prática de ato doloso, qualquer tipo de vantagem patrimonial indevida em razão do exercício de cargo, de mandato, de função, de emprego ou de atividade nas entidades referidas no art. 1.º desta Lei, e **notadamente**:

> Art. 10. Constitui ato de improbidade administrativa que causa lesão ao erário qualquer ação ou omissão dolosa, que enseje, efetiva e comprovadamente, perda patrimonial, desvio, apropriação, malbaratamento ou dilapidação dos bens ou haveres das entidades referidas no art. 1.º desta Lei, e **notadamente**:
>
> Art. 11. Constitui ato de improbidade administrativa que atenta contra os princípios da administração pública a ação ou omissão dolosa que viole os deveres de honestidade, de imparcialidade e de legalidade, caracterizada por **uma das seguintes condutas**:

Ainda haverá muitas discussões jurisprudenciais e doutrinárias acerca da taxatividade das condutas relativas aos arts. 9.º e 10. Porém, de logo, compreenda e tenha em mente que, **no caso do art. 11, o rol é taxativo.**

E o que isso significa?

Significa que algumas condutas consideradas pela jurisprudência dos Tribunais Superiores como atentatórias aos princípios da Administração Pública, tecnicamente, deixam de ser enquadradas como improbidade. Isso porque, agora, o rol do art. 11 passa a ser taxativo.

- No Informativo 577, por exemplo, o Superior Tribunal de Justiça estabeleceu que a tortura de preso custodiado em delegacia praticada por policial constitui ato de improbidade administrativa que atenta contra os princípios da Administração Pública:

> 2. A Primeira Seção desta Corte Superior, em recente julgado, proclamou entendimento no sentido de que a prática de tortura por policiais configura ato de improbidade administrativa por violação dos princípios da administração pública, ao afirmar que: "atentado à vida e à liberdade individual de particulares, praticado por agentes públicos armados – incluindo tortura, prisão ilegal e 'justiciamento' –, afora repercussões nas esferas penal, civil e disciplinar, pode configurar improbidade administrativa, porque, além de atingir a pessoa-vítima, alcança simultaneamente interesses caros à Administração em geral, às instituições de segurança pública em especial, e ao próprio Estado Democrático de Direito. Nesse sentido: REsp 1081743/MG, Relator Ministro Herman Benjamin, Segunda Turma, julgado em 24.3.2015, acórdão ainda não publicado". (excerto da ementa do REsp 1.177.910/SE, Rel. Ministro HERMAN BENJAMIN, PRIMEIRA SEÇÃO, julgado em 26/08/2015, *DJe* 17/02/2016). (...) (AgRg no REsp 1.200.575/DF, Rel. Min. Mauro Campbell Marques, Segunda Turma, j. 5-5-2016, *DJe* 16-5-2016).

- Em caso de professor da rede pública de ensino que, aproveitando-se dessa condição, assedie sexualmente seus alunos, o STJ também considera conduta que atenta contra os princípios da Administração Pública (STJ, 2.ª Turma, REsp 1.255.120/SC, Rel. Min. Humberto Martins, j. 21-5-2013, Info 523).

- Em caso de prefeito que pratica assédio moral contra servidor público, o STJ também considerou que a conduta se enquadrou no *caput* do art. 11 da Lei n. 8.429/92, em razão do evidente abuso de poder, desvio de finalidade e malferimento à impessoalidade, ao agir deliberadamente em prejuízo de alguém (STJ, 2.ª Turma, REsp 1.286.466/RS, Rel. Min. Eliana Calmon, j. 3-9-2013).

É necessário, portanto, aguardar o posicionamento do STJ acerca destas condutas; se irão continuar sendo consideradas como atos atentatórios aos princípios que regem a Administração Pública, ou se o deixam de ser, por não estarem expressamente dispostas no rol do art. 11 da Lei n. 8.429/92.

Vale ressaltar que isso não significa que estas condutas deixarão de ser punidas; mas, sim, que não serão mais, possivelmente, consideradas atos de improbidade administrativa.

4.4 Análise dos atos em espécie: art. 9.º

Vamos analisar cada artigo que envolve os atos de improbidade administrativa. Ressalto que é cada vez mais comum a cobrança em provas da "letra fria" dos incisos dos arts. 9.º, 10 e 11, da Lei n. 8.429/92. Portanto, deve-se ter atenção especial a cada um deles.

O art. 9.º da Lei de Improbidade prevê os atos que ensejam enriquecimento ilícito. Segundo o dispositivo legal:

> Art. 9.º Constitui ato de improbidade administrativa importando em **enriquecimento ilícito** auferir, mediante a **prática de ato doloso**, qualquer tipo de vantagem patrimonial indevida em razão do exercício de cargo, de mandato, de função, de emprego ou de atividade nas entidades referidas no art. 1.º desta Lei, e notadamente:
>
> I – receber, para si ou para outrem, dinheiro, bem móvel ou imóvel, ou qualquer outra vantagem econômica, direta ou indireta, a título de comissão, percentagem, gratificação ou presente de quem tenha interesse, direto ou indireto, que possa ser atingido ou amparado por ação ou omissão decorrente das atribuições do agente público;
>
> II – perceber vantagem econômica, direta ou indireta, para facilitar a aquisição, permuta ou locação de bem móvel ou imóvel, ou a contratação de serviços pelas entidades referidas no art. 1.º por preço superior ao valor de mercado;
>
> III – perceber vantagem econômica, direta ou indireta, para facilitar a alienação, permuta ou locação de bem público ou o fornecimento de serviço por ente estatal por preço inferior ao valor de mercado;

IV – utilizar, em obra ou serviço particular, qualquer bem móvel, de propriedade ou à disposição de qualquer das entidades referidas no art. 1.º desta Lei, bem como o trabalho de servidores, de empregados ou de terceiros contratados por essas entidades;

V – receber vantagem econômica de qualquer natureza, direta ou indireta, para tolerar a exploração ou a prática de jogos de azar, de lenocínio, de narcotráfico, de contrabando, de usura ou de qualquer outra atividade ilícita, ou aceitar promessa de tal vantagem;

VI – receber vantagem econômica de qualquer natureza, direta ou indireta, para fazer declaração falsa sobre qualquer dado técnico que envolva obras públicas ou qualquer outro serviço ou sobre quantidade, peso, medida, qualidade ou característica de mercadorias ou bens fornecidos a qualquer das entidades referidas no art. 1.º desta Lei;

VII – adquirir, para si ou para outrem, no exercício de mandato, de cargo, de emprego ou de função pública, e em razão deles, bens de qualquer natureza, decorrentes dos atos descritos no *caput* deste artigo, cujo valor seja desproporcional à evolução do patrimônio ou à renda do agente público, assegurada a demonstração pelo agente da licitude da origem dessa evolução;

VIII – aceitar emprego, comissão ou exercer atividade de consultoria ou assessoramento para pessoa física ou jurídica que tenha interesse suscetível de ser atingido ou amparado por ação ou omissão decorrente das atribuições do agente público, durante a atividade;

IX – perceber vantagem econômica para intermediar a liberação ou aplicação de verba pública de qualquer natureza;

X – receber vantagem econômica de qualquer natureza, direta ou indiretamente, para omitir ato de ofício, providência ou declaração a que esteja obrigado;

XI – incorporar, por qualquer forma, ao seu patrimônio bens, rendas, verbas ou valores integrantes do acervo patrimonial das entidades mencionadas no art. 1.º desta lei;

XII – usar, em proveito próprio, bens, rendas, verbas ou valores integrantes do acervo patrimonial das entidades mencionadas no art. 1.º desta lei.

Pela literalidade do *caput*, entende-se que se trata de um rol de condutas meramente **exemplificativo** e que se relaciona, em essência, com atos em que o patrimônio do agente público irá se desenvolver de forma incompatível com seus rendimentos.

Nesse cenário, vale destacar o Enunciado 7 da I Jornada de Direito Administrativo CJF/STJ, que embora não disponha expressamente, trata de uma hipótese de ato de improbidade que causa enriquecimento ilícito:

> **Enunciado 7 da I Jornada de Direito Administrativo CJF/STJ:**
> Configura ato de improbidade administrativa a conduta do agente público que, em atuação legislativa *lato sensu*, recebe vantagem econômica indevida.

Além disso, nota-se que todas as condutas elencadas no art. 9.º expressam uma ação efetiva de perceber vantagem patrimonial, com exceção do inciso V, o qual dispõe que configura ato de improbidade administrativa receber vantagem econômica de qualquer natureza, direta ou indireta, para tolerar a exploração ou a prática de jogos de azar, de lenocínio, de narcotráfico, de contrabando, de usura ou de qualquer outra atividade ilícita, ou somente **aceitar promessa de tal vantagem.**

4.5 Análise dos atos em espécie: art. 10

Já o art. 10 da Lei de Improbidade prevê os atos que ensejam prejuízo ao erário. Segundo o dispositivo legal:

> Art. 10. Constitui ato de improbidade administrativa que causa lesão ao erário qualquer ação ou omissão dolosa, que enseje, efetiva e comprovadamente, perda patrimonial, desvio, apropriação, malbaratamento ou dilapidação dos bens ou haveres das entidades referidas no art. 1.º desta Lei, e notadamente:
>
> I – facilitar ou concorrer, por qualquer forma, para a indevida incorporação ao patrimônio particular, de pessoa física ou jurídica, de bens, de rendas, de verbas ou de valores integrantes do acervo patrimonial das entidades referidas no art. 1.º desta Lei;
> II – permitir ou concorrer para que pessoa física ou jurídica privada utilize bens, rendas, verbas ou valores integrantes do acervo patrimonial das entidades mencionadas no art. 1.º desta lei, sem a observância das formalidades legais ou regulamentares aplicáveis à espécie;
> III – doar à pessoa física ou jurídica bem como ao ente despersonalizado, ainda que de fins educativos ou assistências, bens, rendas, verbas ou valores do patrimônio de qualquer das entidades mencionadas no art. 1.º desta lei, sem observância das formalidades legais e regulamentares aplicáveis à espécie;
> IV – permitir ou facilitar a alienação, permuta ou locação de bem integrante do patrimônio de qualquer das entidades referidas no art. 1.º desta lei, ou ainda a prestação de serviço por parte delas, por preço inferior ao de mercado;
> V – permitir ou facilitar a aquisição, permuta ou locação de bem ou serviço por preço superior ao de mercado;
> VI – realizar operação financeira sem observância das normas legais e regulamentares ou aceitar garantia insuficiente ou inidônea;
> VII – conceder benefício administrativo ou fiscal sem a observância das formalidades legais ou regulamentares aplicáveis à espécie;

VIII – frustrar a licitude de processo licitatório ou de processo seletivo para celebração de parcerias com entidades sem fins lucrativos, ou dispensá-los indevidamente, *acarretando perda patrimonial efetiva*;

IX – ordenar ou permitir a realização de despesas não autorizadas em lei ou regulamento;

X – agir ilicitamente na arrecadação de tributo ou de renda, bem como no que diz respeito à conservação do patrimônio público;

XI – liberar verba pública sem a estrita observância das normas pertinentes ou influir de qualquer forma para a sua aplicação irregular;

XII – permitir, facilitar ou concorrer para que terceiro se enriqueça ilicitamente;

XIII – permitir que se utilize, em obra ou serviço particular, veículos, máquinas, equipamentos ou material de qualquer natureza, de propriedade ou à disposição de qualquer das entidades mencionadas no art. 1.º desta lei, bem como o trabalho de servidor público, empregados ou terceiros contratados por essas entidades;

XIV – celebrar contrato ou outro instrumento que tenha por objeto a prestação de serviços públicos por meio da gestão associada sem observar as formalidades previstas na lei;

XV – celebrar contrato de rateio de consórcio público sem suficiente e prévia dotação orçamentária, ou sem observar as formalidades previstas na lei;

XVI – facilitar ou concorrer, por qualquer forma, para a incorporação, ao patrimônio particular de pessoa física ou jurídica, de bens, rendas, verbas ou valores públicos transferidos pela administração pública a entidades privadas mediante celebração de parcerias, sem a observância das formalidades legais ou regulamentares aplicáveis à espécie;

XVII – permitir ou concorrer para que pessoa física ou jurídica privada utilize bens, rendas, verbas ou valores públicos transferidos pela administração pública a entidade privada mediante celebração de parcerias, sem a observância das formalidades legais ou regulamentares aplicáveis à espécie;

XVIII – celebrar parcerias da administração pública com entidades privadas sem a observância das formalidades legais ou regulamentares aplicáveis à espécie;

XIX – agir para a configuração de ilícito na celebração, na fiscalização e na análise das prestações de contas de parcerias firmadas pela administração pública com entidades privadas;

XX – liberar recursos de parcerias firmadas pela administração pública com entidades privadas sem a estrita observância das normas pertinentes ou influir de qualquer forma para a sua aplicação irregular;

XXI – (*revogado*);

XXII – conceder, aplicar ou manter benefício financeiro ou tributário contrário ao que dispõem o *caput* e o § 1.º do art. 8.º-A da Lei Complementar n. 116, de 31 de julho de 2003.

> § 1.º Nos casos em que a inobservância de formalidades legais ou regulamentares não implicar perda patrimonial efetiva, não ocorrerá imposição de ressarcimento, vedado o enriquecimento sem causa das entidades referidas no art. 1.º desta Lei.
> § 2.º A mera perda patrimonial decorrente da atividade econômica não acarretará improbidade administrativa, salvo se comprovado ato doloso praticado com essa finalidade.

- **Atenção para o inciso VIII:**

Como já citado, o inciso VIII falava em "frustrar a licitude de processo licitatório ou de processo seletivo para celebração de parcerias com entidades sem fins lucrativos, ou dispensá-los indevidamente". Presumia-se que o dano ao erário ocorrera *in re ipsa*, eis que a Administração deixava de contratar a melhor proposta, ainda que o preço da aquisição do produto ou serviço tenha sido feito em valor inferior ao praticado no mercado. Para o STJ, portanto, era o único caso de ato de improbidade que ocasionava lesão ao erário no qual não era necessário comprovar o efetivo dano ao erário público.

Com a nova redação, incluiu-se a expressão "acarretando perda patrimonial efetiva", ficando superada a posição do STJ.

> Em todas as modalidades de atos de improbidade do art. 10, faz-se necessário comprovar a efetiva lesão ao erário.

Nesse sentido, expressa também o art. 21, I, da LIA:

> Art. 21. A aplicação das sanções previstas nesta lei independe:
> I – da efetiva ocorrência de dano ao patrimônio público, **salvo** quanto à pena de ressarcimento e às **condutas previstas no art. 10 desta Lei**;

Portanto, o dispositivo deixa evidente que as condutas do art. 10 da LIA exigem efetiva ocorrência de dano ao patrimônio público, e o mesmo se aplica para possibilitar o ressarcimento ao erário.

Porém, recorda-se que o art. 10, § 1.º, da LIA faz a ressalva de que, nos casos em que a inobservância de formalidades legais ou regulamentares não implicar perda patrimonial efetiva, não ocorrerá imposição de ressarcimento, uma vez que é vedado o enriquecimento sem causa das entidades referidas no art. 1.º da Lei.

- **Atenção para o inciso XXII:**

A Lei Complementar n. 116/2003 regula o Imposto Sobre Serviços de Qualquer Natureza (ISSQN), de competência dos Municípios e do Distrito Federal. Em tal norma, havia a previsão expressa da alíquota máxima que poderia ser cobrada pelo ente tributante quando da ocorrência do fato gerador: 5% (cinco por cento).

Contudo, em razão da guerra fiscal que tanto prejudica as relações entre os entes da Administração Pública, bem como o planejamento das políticas públicas nacionais e regionais, o legislador editou norma prevendo também a alíquota mínima que poderá ser aplicada quanto ao referido imposto.

É possível imaginarmos o exemplo onde municípios de uma mesma região procurem atrair empresas prestadoras de serviço – e consequentemente gerando empregos para o local – concedendo isenções de ISSQN com alíquotas até mesmo em valor igual a zero. A queda na arrecadação – nesta verdadeira guerra – prejudica todos os Municípios brasileiros, em uma análise macroeconômica.

Assim, o legislador estabeleceu no art. 8.º-A da Lei Complementar n. 116/2003 a alíquota mínima do ISSQN: 2% (dois por cento). Além disso, nos termos do § 1.º do referido dispositivo, o imposto não será objeto de qualquer burla a este limite mínimo, seja por meio de redução da base de cálculo, ou concessão de crédito presumido.

Art. 8.º-A. A alíquota mínima do Imposto sobre Serviços de Qualquer Natureza é de 2% (dois por cento).

§ 1.º O imposto não será objeto de concessão de isenções, incentivos ou benefícios tributários ou financeiros, inclusive de redução de base de cálculo ou de crédito presumido ou outorgado, ou sob qualquer outra forma que resulte, direta ou indiretamente, em carga tributária menor que a decorrente da aplicação da alíquota mínima estabelecida no *caput*, exceto para os serviços a que se referem os subitens 7.02, 7.05 e 16.01 da lista anexa a esta Lei Complementar.

E, acaso o administrador municipal descumpra a referida regra, estará incorrendo em ato de improbidade administrativa.

É bem verdade que a própria norma traz algumas exceções à regra, onde a concessão de benefícios fiscais em valor inferior ao mínimo de 2% (dois por cento) será permitido. Eis as hipóteses de exceção:

7.02 – Execução, por administração, empreitada ou subempreitada, de obras de construção civil, hidráulica ou elétrica e de outras obras semelhantes, inclusive sondagem, perfuração de poços, escavação, drenagem e irrigação, terraplanagem, pavimentação, concretagem e a instalação e montagem de produtos, peças e equipamentos (exceto o fornecimento de mercadorias produzidas pelo prestador de serviços fora do local da prestação dos serviços, que fica sujeito ao ICMS).

> 7.05 – Reparação, conservação e reforma de edifícios, estradas, pontes, portos e congêneres (exceto o fornecimento de mercadorias produzidas pelo prestador dos serviços, fora do local da prestação dos serviços, que fica sujeito ao ICMS).
>
> 16.01 – Serviços de transporte coletivo municipal rodoviário, metroviário, ferroviário e aquaviário de passageiros.

Em 2016, a Lei Complementar n. 157 criou uma nova espécie de ato de improbidade administrativa: o ato de improbidade decorrente de concessão ou aplicação indevida de benefício financeiro ou tributário. Ele foi incluído na LIA por meio do acréscimo do art. 10-A.

Em 2021, a Lei n. 14.230 revogou o art. 10-A e incluiu sua previsão no inciso VIII do art. 10. Desse modo, a concessão, aplicação ou manutenção de benefício financeiro ou tributário contrário ao que dispõem o *caput* e o § 1.º do art. 8.º-A da Lei Complementar n. 116/2003 deixou de ser "espécie" de ato de improbidade e passou a ser hipótese de ato de improbidade que importa lesão ao erário.

As bancas procuram cobrar este ponto da norma com a "letra fria da lei". Fique atento aos incisos que sofreram modificações, pois estes têm mais chances de serem questionados.

- **Atenção para os §§ 1.º e 2.º:**

Se o ato não resultar em perda patrimonial efetiva, não ocorrerá imposição de ressarcimento, **vedado o enriquecimento sem causa das entidades.**

Além disso, **a mera perda patrimonial decorrente da atividade econômica não acarretará improbidade administrativa, salvo se comprovado ato doloso praticado com essa finalidade.**

4.6 Análise dos atos em espécie: art. 11

Por fim, o art. 11 estabelece os atos de improbidade que atentam contra os princípios da Administração Pública.

Novamente, imprescindível a memorização dos dispositivos legais, uma vez que este artigo sofreu muitas alterações pela Lei n. 14.230/2021, e as bancas certamente exigirão o conhecimento da "letra da lei", especialmente as que representam "novidades".

> Art. 11. Constitui ato de improbidade administrativa que atenta contra os princípios da administração pública a ação ou omissão dolosa que viole os deveres de honestidade, de imparcialidade e de legalidade, caracterizada por uma das seguintes condutas:
>
> I – (*revogado*);

II – (*revogado*);

III – revelar fato ou circunstância de que tem ciência em razão das atribuições e que deva permanecer em segredo, propiciando beneficiamento por informação privilegiada ou colocando em risco a segurança da sociedade e do Estado;

IV – negar publicidade aos atos oficiais, exceto em razão de sua imprescindibilidade para a segurança da sociedade e do Estado ou de outras hipóteses instituídas em lei;

V – frustrar, em ofensa à imparcialidade, o caráter concorrencial de concurso público, de chamamento ou de procedimento licitatório, com vistas à obtenção de benefício próprio, direto ou indireto, ou de terceiros;

VI – deixar de prestar contas quando esteja obrigado a fazê-lo, desde que disponha das condições para isso, com vistas a ocultar irregularidades;

VII – revelar ou permitir que chegue ao conhecimento de terceiro, antes da respectiva divulgação oficial, teor de medida política ou econômica capaz de afetar o preço de mercadoria, bem ou serviço.

VIII – descumprir as normas relativas à celebração, fiscalização e aprovação de contas de parcerias firmadas pela administração pública com entidades privadas;

IX – (*revogado*);

X – (*revogado*);

XI – nomear cônjuge, companheiro ou parente em linha reta, colateral ou por afinidade, até o terceiro grau, inclusive, da autoridade nomeante ou de servidor da mesma pessoa jurídica investido em cargo de direção, chefia ou assessoramento, para o exercício de cargo em comissão ou de confiança ou, ainda, de função gratificada na administração pública direta e indireta em qualquer dos Poderes da União, dos Estados, do Distrito Federal e dos Municípios, compreendido o ajuste mediante designações recíprocas;

XII – praticar, no âmbito da administração pública e com recursos do erário, ato de publicidade que contrarie o disposto no § 1.º do art. 37 da Constituição Federal, de forma a promover inequívoco enaltecimento do agente público e personalização de atos, de programas, de obras, de serviços ou de campanhas dos órgãos públicos.

§ 1.º Nos termos da Convenção das Nações Unidas contra a Corrupção, promulgada pelo Decreto n. 5.687, de 31 de janeiro de 2006, somente haverá improbidade administrativa, na aplicação deste artigo, quando for comprovado na conduta funcional do agente público o fim de obter proveito ou benefício indevido para si ou para outra pessoa ou entidade.

§ 2.º Aplica-se o disposto no § 1.º deste artigo a quaisquer atos de improbidade administrativa tipificados nesta Lei e em leis especiais e a quaisquer outros tipos especiais de improbidade administrativa instituídos por lei.

§ 3.º O enquadramento de conduta funcional na categoria de que trata este artigo pressupõe a demonstração objetiva da prática de ilegalidade no exercício da função pública, com a indicação das normas constitucionais, legais ou infralegais violadas.

§ 4.º Os atos de improbidade de que trata este artigo exigem lesividade relevante ao bem jurídico tutelado para serem passíveis de sancionamento e independem do reconhecimento da produção de danos ao erário e de enriquecimento ilícito dos agentes públicos.

§ 5.º Não se configurará improbidade a mera nomeação ou indicação política por parte dos detentores de mandatos eletivos, sendo necessária a aferição de dolo com finalidade ilícita por parte do agente.

Inicialmente, observa-se que foi retirado o termo "dever de lealdade", visto que se trata de conceito muito vago.

Pela nova redação, pune-se a ação ou omissão dolosa que viole os deveres de **honestidade, de imparcialidade** e de **legalidade.**

- **Atenção para o inciso III:**

Anteriormente, apenas o ato de revelar fato ou circunstância de que tem ciência em razão das atribuições e que devesse permanecer em segredo, já seria suficiente para enquadrar o agente público em ato de improbidade administrativa.

Porém, com a mudança realizada no inciso III pela Lei n. 14.230/2021, só haverá improbidade se a revelação do fato ou circunstância **propiciar beneficiamento por informação privilegiada ou colocar em risco a segurança da sociedade e do Estado.**

- **Atenção para o inciso IV:**

Na redação original da Lei de Improbidade Administrativa, o simples ato de negar publicidade aos atos oficiais já seria suficiente para enquadrar o agente público em ato de improbidade.

Com as mudanças realizadas pela Lei n. 14.230/2021, **não haverá improbidade se a negativa de publicidade for imprescindível para a segurança da sociedade e do Estado ou em outras hipóteses instituídas em lei.**

- **Atenção para o inciso V:**

Perceba que a nova redação do inciso V engloba **fraude a concurso público, chamamento e procedimento licitatório.**

Ocorre que, até o advento da Lei n. 14.230/2021, fraudar procedimento licitatório era ato que importava lesão ao erário, e fraude a concurso público era ato que atentava contra os princípios da Administração Pública. Agora, em ambos os casos, em regra, trata-se de atentado a princípios da Administração.

No entanto, caso se demonstre que a fraude a procedimento licitatório causou efetivo dano ao erário, só então a conduta se enquadra como ato de improbidade lesivo ao erário.

Além disso, não esqueça que a nova redação no inciso V exige, para que fique caracterizada a improbidade, a **intenção de obter benefício próprio, direto ou indireto, ou a terceiros.**

- **Atenção para o inciso VI:**

Pela redação anterior, o simples fato de deixar de prestar contas quando estivesse obrigado a fazê-lo, já era suficiente para enquadrar o agente público no art. 11.

Com a Lei n. 14.230/2021, o agente só sofre as punições da LIA **se deixar de prestar contas, mesmo dispondo das condições para isso, e com vistas a ocultar irregularidades.** Em outros termos, se o agente deixa de prestar as contas, mas elas estão todas regulares, não se considera mais que ele cometeu ato de improbidade atentatório aos princípios da administração pública.

Deixar de prestar contas continua sendo ato ilícito, apenas não será mais enquadrado como ato de improbidade que atenta contra os princípios da Administração.

- **Atenção para o inciso XI:**

A Lei n. 14.230/2021 incluiu, no inciso XI, o nepotismo como sendo ato de improbidade que atenta contra os princípios da Administração. Porém, para que esse enquadramento seja possível, é necessário que o agente tenha agido com dolo e com finalidade ilícita, conforme o § 5.º do art. 11, acima transcrito.

4.7 Declaração de bens

O art. 13 também sofreu modificações pela Lei n. 14.230/2021. Compare:

REDAÇÃO ANTERIOR	REDAÇÃO DADA PELA LEI N. 14.230/2021
Art. 13. A posse e o exercício de agente público ficam *condicionados à apresentação de declaração dos bens e valores* que compõem o seu patrimônio privado, a fim de ser arquivada no serviço de pessoal competente. (...) § 4.º *O declarante, a seu critério, poderá entregar cópia da declaração anual de bens apresentada à Delegacia da Receita Federal* na conformidade da legislação do Imposto sobre a Renda e proventos de qualquer natureza, com as necessárias atualizações, para suprir a exigência contida no *caput* e no § 2.º deste artigo. **(Revogado pela Lei n. 14.230/2021.)**	Art. 13. A posse e o exercício de agente público ficam *condicionados à apresentação de declaração de imposto de renda e proventos de qualquer natureza*, que tenha sido apresentada à Secretaria Especial da Receita Federal do Brasil, a fim de ser arquivada no serviço de pessoal competente.

Nota-se que, anteriormente, o agente público deveria apresentar declaração de bens e valores que compunham seu patrimônio privado à época da posse, pois esta última, bem como o exercício da função, ficariam condicionados à apresentação da declaração. O agente público PODERIA, A SEU CRITÉRIO, apresentar sua declaração de Imposto de Renda, a qual funcionaria como a declaração de bens e valores exigida.

Com as alterações da Lei n. 14.230/2021, **a posse e o exercício ficam condicionados à apresentação de declaração do Imposto de Renda; ou seja, não há mais uma declaração de bens e valores distinta, especial para o momento da posse. A declaração passa, em qualquer hipótese, a ser a mesma do Imposto de Renda.**

Quanto à **periodicidade** da declaração, não houve alteração, continua sendo anual, e também na data em que o agente deixar o exercício do mandato, do cargo, do emprego ou da função, a saber:

> Art. 13. (...)
> § 2.º A declaração de bens a que se refere o *caput* deste artigo será atualizada anualmente e na data em que o agente público deixar o exercício do mandato, do cargo, do emprego ou da função.

Quanto à **pena** aplicada ao agente que se recusa a apresentar a declaração, também não houve modificação, **continua sendo de demissão.**

> Art. 13. (...)
> § 3.º Será apenado com a pena de demissão, sem prejuízo de outras sanções cabíveis, o agente público que se recusar a prestar a declaração dos bens a que se refere o *caput* deste artigo dentro do prazo determinado ou que prestar declaração falsa.

Ressalte-se que o STF estabeleceu ser constitucional esta exigência legal:

> O art. 13 do diploma legal, que prevê a obrigação de todo agente público apresentar sua declaração de imposto de renda e proventos de qualquer natureza, busca assegurar mecanismos de fiscalização do patrimônio de agentes públicos, de modo a resguardar a moralidade e o erário, razão pela qual normas dessa natureza já foram placitadas pelo Tribunal, inexistindo ofensa ao postulado da proporcionalidade (ADI 4.295, Rel. Marco Aurélio, Rel. p/ acórdão Gilmar Mendes, Tribunal Pleno, j. 22-8-2023, *DJe*-s/n, Divul. 29-9-2023, Public. 2-10-2023, Info 1105).

5. SUJEITO ATIVO DO ATO DE IMPROBIDADE

5.1 Agentes públicos

Anteriormente, "agente público" era aquele que exercesse, ainda que transitoriamente ou sem remuneração, por eleição, nomeação, designação, contratação ou qualquer outra forma de investidura ou vínculo, mandato, cargo, emprego ou função nos entes públicos. Também se aplicavam as disposições da Lei de Improbidade Administrativa àquele que, mesmo não sendo agente público, induzisse ou concorresse para a prática do ato de improbidade ou dele se beneficiasse sob qualquer forma direta ou indireta.

Com a nova redação do art. 2.º da LIA, dada pela Lei n. 14.230/2021, **considera-se agente público o *agente político*, o *servidor público* e *todo aquele que exerce*, ainda que transitoriamente ou sem remuneração, por eleição, nomeação, designação, contratação ou qualquer outra forma de investidura ou vínculo, *mandato, cargo, emprego ou função nas entidades referidas* no art. 1.º desta Lei.**

Também se sujeitam às sanções da Lei n. 8.429/92, **no que se refere a recursos de origem pública, o *particular, pessoa física ou jurídica*, que celebra com a administração pública convênio, contrato de repasse, contrato de gestão, termo de parceria, termo de cooperação ou ajuste administrativo equivalente.**

De todo modo, a Lei de Improbidade Administrativa ainda traz um conceito bastante elástico de agente público, o qual não exige vínculo, remuneração ou lapso temporal, basta que esteja ligado de alguma forma com a Administração Pública ou desempenhe alguma atividade de natureza administrativa, independentemente da atividade finalística própria do Poder da qual emanam ou do lugar que ocupem na organização do sistema federativo.

A interpretação dada ao termo "agentes públicos", portanto, deve ser extensiva. É como entende o Superior Tribunal de Justiça:

> (...) 7. Enfim, os sujeitos ativos dos atos de improbidade administrativa não são apenas os servidores públicos, mas todos aqueles que estejam abrangidos no conceito de agente público, conforme os artigos 1.º, parágrafo único, e 2.º, da Lei n. 8.429/92. Nesse sentido: AgRg no REsp 1196801/MG, Rel. Ministro Napoleão Nunes Maia Filho, Primeira Turma, *DJe* 26/08/2014, MS 21.042/DF, Rel. Ministro Mauro Campbell Marques, Primeira Seção, *DJe* 17/12/2015, E REsp 1081098/DF, Rel. Ministro Luiz Fux, Primeira Turma, *DJe* 03/09/2009. 8. Assim, tendo em vista que figura no polo passivo a AGROINDUSTRIAL URUARA S/A, equiparada a agente público, o processamento da Ação de Improbidade Administrativa é possível, pois há legitimidade passiva. 9. Recurso Especial provido (STJ, REsp 1.357.235/PA, Rel. Min. Herman Benjamin, Segunda Turma, j. 10-11-2016, *DJe* 30-11-2016).

Cumpre lembrar também que muito se discutia acerca da inclusão ou não dos agentes políticos no rol dos sujeitos à LIA. A Lei n. 14.230/2021 dirimiu, de vez, essa celeuma, ao incluir no *caput* do art. 2.º, expressamente, os agentes políticos.

Há algum tempo, questionava-se o fato de os agentes políticos já se sujeitarem à responsabilização política e criminal prevista no Decreto-lei n. 201/67 (referente aos crimes de responsabilidade), e, por isso, deveriam ser imunes às sanções da ação de improbidade administrativa, a pretexto de que estas seriam absorvidas pelo crime de responsabilidade.

Contudo, o Supremo Tribunal Federal (Informativo 901) pacificou que os agentes políticos, com exceção do Presidente da República, encontram-se sujeitos a um duplo regime sancionatório, de modo que se submeteriam tanto à responsabilização civil pelos atos de improbidade administrativa, quanto à responsabilização político-administrativa por crimes de responsabilidade. Não haveria qualquer impedimento à concorrência de esferas de responsabilização distintas.

O STF também já havia determinado, por repercussão geral, que, em relação aos prefeitos, o processo e julgamento por crime de responsabilidade previsto no Decreto-lei n. 201/67 não impediria a responsabilização por atos de improbidade administrativa previstos na Lei n. 8.429/92, em virtude da autonomia das instâncias. Veja:

> (...) 2. A norma constitucional prevista no § 4.º do art. 37 exigiu tratamentos sancionatórios diferenciados entre os atos ilícitos em geral (civis, penais e político-administrativos) e os atos de improbidade administrativa, com determinação expressa ao Congresso Nacional para edição de lei específica (Lei n. 8.429/1992), que não punisse a mera ilegalidade, mas sim a conduta ilegal ou imoral do agente público voltada para a corrupção, e a de todo aquele que o auxilie, no intuito de prevenir a corrosão da máquina burocrática do Estado e de evitar o perigo de uma administração corrupta caracterizada pelo descrédito e pela ineficiência. 3. A Constituição Federal inovou no campo civil para punir mais severamente o agente público corrupto, que se utiliza do cargo ou de funções públicas para enriquecer ou causar prejuízo ao erário, desrespeitando a legalidade e moralidade administrativas, independentemente das já existentes responsabilidades penal e político-administrativa de Prefeitos e Vereadores. 4. Consagração da autonomia de instâncias. Independentemente de as condutas dos Prefeitos e Vereadores serem tipificadas como infração penal (artigo 1.º) ou infração político-administrativa (artigo 4.º), previstas no DL 201/67, a responsabilidade civil por ato de improbidade administrativa é autônoma e deve ser apurada em instância diversa. 5. NEGADO PROVIMENTO ao Recurso Extraordinário. *TESE DE REPERCUSÃO GERAL: "O processo e julgamento de prefeito municipal por crime de responsabilidade (Decreto-lei n. 201/67) não impede sua responsabilização por atos de improbidade administrativa previstos na Lei n. 8.429/1992, em virtude da autonomia das instâncias"* (RE 976.566, Rel. Min. Alexandre de Moraes, Tribunal Pleno, j. 13-9-2019, *DJe* 26-9-2019).

A Lei n. 14.230/2021, então, encerrou de uma vez por todas com qualquer dúvida ao dizer, expressamente, em seu art. 2.º, que **os agentes políticos se enquadram como agentes públicos.**

Ainda poderão ser considerados sujeitos ativos do ato de improbidade, conforme já pacificado pela jurisprudência:

O Notário e o Registrador

2. Consoante a jurisprudência do STJ e a doutrina pátria, notários e registradores estão abrangidos no amplo conceito de "agentes públicos", na categoria dos "particulares em colaboração com a Administração" (...) (REsp 1.186.787/MG, Rel. Min. Sérgio Kukina, Primeira Turma, j. 24-4-2014, *DJe* 5-5-2014).

O Estagiário

O STJ fixou a seguinte tese na Edição n. 187 da sua Jurisprudência em teses – IMPROBIDADE ADMINISTRATIVA IV:

2) É possível o enquadramento de estagiário no conceito de agente público para fins de responsabilização por ato de improbidade administrativa.

O membro do Ministério Público

6. Assim, a demissão por ato de improbidade administrativa de membro do Ministério Público (art. 240, inciso V, alínea *b*, da LC n. 75/1993) não só pode ser determinada pelo trânsito em julgado de sentença condenatória em ação específica, cujo ajuizamento foi provocado por procedimento administrativo e é da competência do Procurador-Geral, como também pode ocorrer em decorrência do trânsito em julgado da sentença condenatória proferida em ação civil pública prevista na Lei n. 8.429/1992. Inteligência do art. 12 da Lei n. 8.429/1992.
7. Recurso especial provido para *declarar a possibilidade de, em ação civil pública por ato de improbidade administrativa, ser aplicada a pena de perda do cargo a membro do Ministério Público, caso a pena seja adequada à sua punição* (REsp 1.191.613/MG, Rel. Min. Benedito Gonçalves, Primeira Turma, j. 19-3-2015, *DJe* 17-4-2015).

Parecerista

Também na Edição n. 187 da sua Jurisprudência em teses – IMPROBIDADE ADMINISTRATIVA IV, o STJ fixou:

3) É possível responsabilizar o parecerista por ato de improbidade administrativa quando demonstrados indícios de que a peça jurídica teria sido redigida com erro grosseiro ou má-fé.

| Dirigentes das entidades do Sistema S

Na mesma edição, o Superior Tribunal de Justiça determinou que:

4) O Ministério Público possui legitimidade para propor ação civil pública por improbidade administrativa contra dirigentes das entidades que compõem os chamados
serviços sociais autônomos – Sistema S.

Tais agentes públicos poderão, portanto, responder por ato de improbidade, nos termos da Lei n. 8.429/92, eis que, para os efeitos da Lei, consideram-se
agente público o agente político, o servidor público e todo aquele que exerce,
ainda que transitoriamente ou sem remuneração, por eleição, nomeação, designação, contratação ou qualquer outra forma de investidura ou vínculo, mandato, cargo, emprego ou função nas entidades referidas no art. 1.º.

Ressalte-se que, para se caracterizar a conduta de improbidade administrativa, necessário que o agente público atue nesta qualidade, conforme decidido
pelo Superior Tribunal de Justiça em caso que tratava de médico do SUS:

3. O fato de o Hospital e Maternidade Gota de Leite possuir vínculo com o SUS não
quer dizer que o referido Hospital somente presta serviços na qualidade de instituição pertencente à rede pública de saúde, pois o art. 199 da CF/88 possibilita a participação complementar da iniciativa privada na prestação dos serviços em comento,
mediante contrato de direito público ou convênios, o que não impede a Instituição
de prestar serviços particulares àqueles de demandam seus serviços nesta qualidade. 4. Neste caso, duas hipóteses de prestação de serviços podem ocorrer: (a) requerimento de atendimento médico-hospitalar com esteio no convênio/contrato de direito público (função pública delegada), caso em que as despesas com a prestação
do serviço pleiteado serão arcados pelo SUS, com o orçamento da Seguridade Social,
da União, dos Estados, do Distrito Federal e dos Municípios (art. 199 da CF); e (b) requerimento de atendimento particular dos serviços em exame, quando a contraprestação ao Hospital será custeada pelo próprio paciente – seja mediante seu plano de
saúde/convênio, ou seja mediante seus próprios rendimentos. 5. O Hospital e Maternidade Gota de Leite atua em parceria com o Poder Público na prestação de serviços
de saúde à população, somente podendo ser qualificada no art. 1.º da Lei de Improbidade quando presta atendimento médico-hospitalar financiado pelo SUS. 6. *Se o
parto da vítima foi custeado pelo IAMSPE (e a Maternidade realizou tal intervenção cirúrgica à luz das diretrizes da iniciativa privada), não há como sustentar que o Médico recorrente prestou os serviços na qualidade de Agente Público, pois mencionada qualificação somente restaria configurada se o serviço tivesse sido custeado pelos cofres públicos, o que não ocorreu no caso concreto;
ademais, não há comprovação de lesão ou ameaça de lesão a* res publica. 7.
*Ausente a comprovação da qualidade de Agente Público do recorrente, bem
como a de lesão a interesse de qualquer das entidades elencadas no art. 1.º da
LIA, inviável se mostra a manutenção da condenação do Médico por ato de*

imprubidade; se algo houver a punir, será o eventual resíduo disciplinar (CRM), por hipotética ofensa a particular. (...) (REsp 1414669/SP, Rel. Min. Napoleão Nunes Maia Filho, Primeira Turma, j. 20-2-2014, *DJe* 27-3-2014).

5.2 Agentes privados

O art. 3.º do referido dispositivo legal estabelece que as disposições sobre improbidade serão aplicadas ao terceiro que, mesmo não sendo agente público, induza ou concorra dolosamente para a prática do ato.

> Art. 3.º As disposições desta Lei são aplicáveis, no que couber, àquele que, mesmo não sendo agente público, induza ou concorra dolosamente para a prática do ato de improbidade.

Na redação original, as disposições da Lei de Improbidade Administrativa seriam aplicadas a todos que, mesmo não sendo agentes públicos, induzissem ou concorressem para a prática do ato de improbidade ou dele se beneficiassem sob qualquer forma direta ou indireta.

Entretanto, pela nova redação, as disposições da LIA são aplicadas somente aos terceiros que, não sendo agentes públicos, **induzam ou concorram *dolosamente* para a prática do ato de improbidade.**

Observe que a Lei n. 14.230/2021 retirou do texto a expressão "ou dele se beneficiem sob qualquer forma direta ou indireta"; ademais, adicionou a expressão "dolosamente". Portanto, se o indivíduo induzir ou concorrer para a prática do ato, mas não o fizer de forma dolosa, não será punido pela Lei n. 8.429/92. O mesmo se pode dizer daquele que apenas se beneficia do ato ímprobo, sem concorrer para ele ou induzi-lo: não há punição pela LIA.

Quanto à aplicação, ao terceiro, das sanções da Lei de Improbidade Administrativa, acreditamos que se mantém o entendimento de que não é possível a propositura de ação de improbidade administrativa somente contra o terceiro, sem que figure também um agente público no polo passivo da demanda.

O Superior Tribunal de Justiça já firmou tese nesse sentido, ao afirmar que é inviável **a propositura de ação civil de improbidade administrativa exclusivamente contra o particular, sem a concomitante presença de agente público no polo passivo da demanda.**

Ajuizada a demanda tão somente contra o terceiro, sem que seja incluído o agente público no polo passivo da demanda, esta deve ser extinta sem resolução do mérito por ausência de pressuposto processual. Ressalte-se que o Ministério Público poderá valer-se do ajuizamento de ação civil pública comum para obter o ressarcimento ao erário nesses casos.

> 5. A jurisprudência desta Corte firmou entendimento no sentido de que "os particulares não podem ser responsabilizados com base na LIA sem que figure no polo passivo um agente público responsável pelo ato questionado, o que não impede, contudo, o eventual ajuizamento de Ação Civil Pública comum para obter o ressarcimento do Erário" (REsp 896.044/PA, Rel. Min. Herman Benjamin, Segunda Turma, julgado em 16.9.2010, *DJe* 19.4.2011). Agravo regimental improvido (AgRg no AREsp 574.500/PA, Rel. Min. Humberto Martins, Segunda Turma, j. 2-6-2015, *DJe* 10-6-2015).

Por outro lado, **inexiste litisconsórcio passivo necessário entre o agente público e os terceiros beneficiados do ato ímprobo**, eis que a conduta dos agentes públicos, que constitui o foco da Lei de Improbidade Administrativa, pauta-se especificamente por seus deveres funcionais e independe da responsabilização dos terceiros que se beneficiaram do ato.

Assim, se estivermos olhando sob a óptica do agente público, este pode sim figurar sozinho no polo passivo da ação de improbidade. A recíproca é que não será verdadeira.

Situação diferente é a de **prosseguimento de ação de improbidade administrativa exclusivamente contra particular quando há pretensão de responsabilizar agentes públicos pelos mesmos fatos em outra demanda conexa.** Nesse caso, o STJ entende ser possível. Isso porque os agentes públicos envolvidos nas fraudes perpetradas já respondiam pelos atos praticados em outra demanda, tratando-se, portanto, de simples cisão das ações de improbidade.

Vejamos ementa, para melhor compreensão:

> DIREITO PROCESSUAL CIVIL. AGRAVO INTERNO EM ARESP. AÇÃO DE IMPROBIDADE ADMINISTRATIVA. RESPONSABILIZAÇÃO DE PARTICULAR QUE FIGURA ISOLADAMENTE NO POLO PASSIVO DA DEMANDA. JURISPRUDÊNCIA PACÍFICA DO STJ PELA IMPOSSIBILIDADE. AGENTE PÚBLICO ACIONADO PELOS MESMOS FATOS EM DEMANDA CONEXA, MOTIVO ÚNICO DE SUA EXCLUSÃO DA LIDE ORIGINÁRIA DESTE RECURSO ESPECIAL. DISTINÇÃO DETECTADA. VIABILIDADE DO PROSSEGUIMENTO DA AÇÃO SANCIONADORA DIANTE DA APONTADA PECULIARIDADE (RESP 1.732.762/MT, REL. MIN. HERMAN BENJAMIN, SEGUNDA TURMA, *DJE* 17.12.2018). ILUSTRATIVO AMOLDÁVEL À HIPÓTESE. AGRAVO INTERNO DO PARQUET FEDERAL PROVIDO PARA PROVER O RECURSO ESPECIAL. 1. Não se está a discutir a já conhecida e reverenciada compreensão desta Corte Superior de que é inviável o manejo da ação civil de improbidade exclusivamente contra o particular, sem a concomitante presença de agente público no polo passivo da demanda (AgInt no REsp 1.608.855/PR, Rel. Min. ASSUSETE MAGALHÃES, *DJe* 12.4.2018). 2. Na presente hipótese, houve o ajuizamento de duas ações de improbidade, uma pelo Ministério Público Federal (0009091-96.2013.4.01.4300),

caso dos autos, outra pelo DNIT (0009288- 22.2011.4.01.4300). Os agentes públicos envolvidos na idêntica trama factual narrada nas duas demandas foram excluídos da segunda ação, que é a ora analisada, restando nesta apenas o particular acionado. 3. No caso presente, o TRF da 1.ª Região proveu o recurso de Agravo de Instrumento da parte demandada, assinalando que particular, que não ostente a condição de agente público, não pode responder isoladamente por ato de improbidade administrativa, e, ainda, não ser admissível ação de improbidade ajuizada somente contra particulares (fls. 257). 4. Contudo, esse não é, como dito, o ponto central da espécie. Em sua fundamentação, a Corte Regional aduziu que, com o reconhecimento da litispendência e a extinção do feito originário contra os agentes públicos, a ação de improbidade foi mantida somente contra o particular, o que não pode ser admitido. Com efeito, inexistindo agentes públicos no polo passivo da ação de improbidade administrativa, destinatários do preceito legal que enumera os atos tidos como ímprobos, não há como prosperar a ação originária em que pretende o agravado a condenação do agravante pela prática de ato de improbidade administrativa (fls. 254/255). 5. O Tribunal Regional asseverou, portanto, que, muito embora houvesse ação conexa promovida contra os Agentes Públicos, a demanda apreciada contaria apenas com o particular no polo passivo, o que não poderia ser admitido em ações de improbidade. 6. Essa conclusão é dissonante de ilustrativos desta Corte Superior de que não é o caso de aplicar a jurisprudência do STJ, segundo a qual os particulares não podem ser responsabilizados com base na LIA sem que figure no polo passivo um agente público responsável pelo ato questionado, pois houve a devida pretensão de responsabilizar os agentes públicos em outra demanda conexa à originária deste Recurso Especial (REsp 1.732.762/MT, Rel. Min HERMAN BENJAMIN, Segunda Turma, *DJe* 17.12.2018). Outro julgado em igual sentido: AgInt nos EDcl no AREsp 817.063/PR, Rel. Ministro NAPOLEÃO NUNES MAIA FILHO, Primeira Turma, *DJe* 24.09.2020). 7. Agravo Interno do Parquet Federal provido para dar provimento ao Recurso Especial (AgInt no AREsp 1.402.806/TO, Rel. Min. Manoel Erhardt (Desembargador Convocado do TRF 5.ª Região), Primeira Turma, j. 19-10-2021, *DJe* 3-11-2021).

Todavia, o julgado trata de uma situação específica, devendo prevalecer a redação do art. 17, § 19, da LIA que passou a vedar o ajuizamento de mais de uma ação de improbidade pelo mesmo fato, nesses termos:

Art. 17. (...)

§ 19. Não se aplicam na ação de improbidade administrativa.

(...)

III – o ajuizamento de mais de uma ação de improbidade administrativa pelo mesmo fato, competindo ao Conselho Nacional do Ministério Público dirimir conflitos de atribuições entre membros de Ministérios Públicos distintos;

Saliente-se ainda que o art. 23 da Lei n. 8.429/92 não estabeleceu expressamente regras de prescrição para o agente particular que participa do ato de improbidade administrativa em conjunto com o agente público. Por esse motivo, a doutrina majoritária defende que o prazo deverá ser o mesmo previsto para o agente público que praticou, em conjunto, o ato de improbidade administrativa.

Esse entendimento vinha sendo acolhido pelo STJ:

> (...) II – A teor do art. 3.º da LIA, "As disposições desta lei são aplicáveis, no que couber, àquele que, mesmo não sendo agente público, induza ou concorra para a prática do ato de improbidade ou dele se beneficie sob qualquer forma direta ou indireta". Portanto, as regras da Lei de Improbidade, por força do preceituado nos seus arts. 2.º e 3.º, alcançam também os particulares que, de qualquer forma, tenham concorrido para o ato acoimado de ímprobo. III – **Logo, não têm os particulares que concorreram, "em tese", para a prática do ato ímprobo o direito à contagem individualizada dos prazos prescricionais, aplicando-se a eles os prazos e termos iniciais previstos na LIA.** (...) (STJ, REsp 1.789.492/PR, 2.ª Turma, Rel. Min. Francisco Falcão, j. 16-5-2019).

Após vários julgados no mesmo sentido, o STJ editou a Súmula 634 afirmando essa posição:

> **Súmula 634 do STJ:** Ao particular aplica-se o mesmo regime prescricional previsto na Lei de Improbidade Administrativa para o agente público.

Desse modo, tanto o agente público como o particular que se beneficia do ato submetem-se ao prazo prescricional de 8 anos, contados a partir da ocorrência do fato ou, no caso de infrações permanentes, do dia em que cessou a permanência.

5.3 Situação dos sucessores e herdeiros dos agentes

> **Em caso de falecimento do agente, a condenação por ato de improbidade se estende a seus herdeiros?**

Sim.

No entanto, chamamos atenção para uma modificação trazida pela Lei n. 14.230/2021. É que, anteriormente, o art. 8.º determinava que o sucessor ficaria sujeito às cominações da Lei n. 8.429/92 até o limite do valor da herança. Contudo, com a alteração, o dispositivo passou a tratar:

> Art. 8.º O sucessor ou o herdeiro daquele que causar dano ao erário ou que se enriquecer ilicitamente estão sujeitos *apenas à obrigação de repará-lo* até o limite do valor da herança ou do patrimônio transferido.

Observa-se que a responsabilidade do sucessor estava sujeita a quaisquer cominações da Lei n. 8.429/92. Contudo, atualmente, **fica determinado que a única penalidade que o sucessor poderá sofrer será a de reparação do dano.**

Sobre o tema, ensina Marçal Justen Filho (2021):

> A reforma determinou que o sucessor ou herdeiro responde pelos efeitos patrimoniais da conduta ímproba do antecessor, nos limites da herança ou do patrimônio recebido. Portanto, o sucessor ou o herdeiro não se subordinam a penalidades destinadas a sancionar o agente responsável pela improbidade. Essa é uma decorrência inclusive do postulado da personalidade da pena. Isso significa a ausência de aplicação das demais sanções previstas na Lei de Improbidade.

Além disso, o mais novo art. 8.º-A, acrescentado pela Lei n. 14.230/2021, dispõe que em caso de alteração contratual, transformação, incorporação, fusão ou cisão societária, a responsabilidade sucessória também fica restrita a reparação do dano.

> Art. 8.º-A. A responsabilidade sucessória de que trata o art. 8.º desta Lei aplica-se também na hipótese de alteração contratual, de transformação, de incorporação, de fusão ou de cisão societária.
>
> Parágrafo único. Nas hipóteses de fusão e de incorporação, a responsabilidade da sucessora será restrita à obrigação de reparação integral do dano causado, até o limite do patrimônio transferido, não lhe sendo aplicáveis as demais sanções previstas nesta Lei decorrentes de atos e de fatos ocorridos antes da data da fusão ou da incorporação, exceto no caso de simulação ou de evidente intuito de fraude, devidamente comprovados.

5.4 Situação das pessoas jurídicas de direito privado

Outra modificação de extrema relevância feita pela Lei n. 14.230/2021 foi no tocante às **pessoas jurídicas de direito privado.**

Seus sócios, cotistas, diretores e colaboradores, em regra, **não respondem pelo ato de improbidade que venha a ser imputado à pessoa jurídica**, salvo se, comprovadamente, houver participação e benefícios diretos, caso em que **responderão nos limites da sua participação.**

Além disso, as sanções da LIA **não se aplicarão à pessoa jurídica caso o ato de improbidade administrativa seja também sancionado como ato lesivo à Administração Pública de que trata a Lei Anticorrupção** (Lei n. 12.846/2013). Como visto, trata-se de expressa proibição do *bis in idem*.

6. LEGITIMIDADE ATIVA PARA PROPOR A DEMANDA

Outra grande modificação promovida na Lei de Improbidade Administrativa deu-se quanto à legitimação para propositura da ação. Compare a redação do art. 17 antes e depois da Lei n. 14.230/2021:

REDAÇÃO ANTERIOR	REDAÇÃO DADA PELA LEI N. 14.230/2021
Art. 17. A ação principal, que terá o rito ordinário, *será proposta pelo Ministério Público ou **pela pessoa jurídica interessada**,* dentro de trinta dias da efetivação da medida cautelar.	Art. 17. A ação para a aplicação das sanções de que trata esta Lei *será proposta pelo Ministério Público* e seguirá o procedimento comum previsto na Lei n. 13.105, de 16 de março de 2015 (Código de Processo Civil), salvo o disposto nesta Lei.

Observa-se que a redação da nova Lei estabelece que somente o Ministério Público é legitimado para a ação de improbidade.

ATENÇÃO!

O Supremo Tribunal Federal, em julgamento encerrado em *31-8-2022*, decidiu que entes públicos que tenham sofrido prejuízos em razão de atos de improbidade também estão autorizados a propor ação e celebrar acordos de não persecução civil em relação a esses atos. Por maioria de votos, o Plenário declarou inválidos dispositivos da Lei n. 14.230/2021, que conferiam ao Ministério Público (MP) legitimidade exclusiva para a propositura das ações por improbidade.

O STF, por maioria, julgou parcialmente procedentes os pedidos formulados na ação direta para:

(a) declarar a **inconstitucionalidade parcial, sem redução de texto**, do *caput* e dos §§ 6.º-A e 10-C do art. 17, assim como do *caput* e dos §§ 5.º e 7.º do art. 17-B, da Lei n. 8.429/1992, na redação dada pela Lei n. 14.230/2021, **de modo a restabelecer a existência de legitimidade ativa concorrente e disjuntiva entre o Ministério Público e as pessoas jurídicas interessadas para a propositura da ação por ato de improbidade administrativa e para a celebração de acordos de não persecução civil;**
(b) declarar a **inconstitucionalidade parcial, com redução de texto**, do § 20 do art. 17 da Lei n. 8.429/1992, incluído pela Lei n. 14.230/2021, no sentido de que não existe "obrigatoriedade de defesa judicial"; havendo, porém, a possibilidade dos órgãos da Advocacia Pública autorizarem a realização dessa representação judicial, por parte da assessoria jurídica que emitiu o parecer atestando a legalidade prévia dos atos administrativos praticados pelo administrador público, nos termos autorizados por lei específica;
(c) declarar a inconstitucionalidade do art. 3.º da Lei n. 14.230/2021;
E, em consequência, declarou a **constitucionalidade:**
(a) do § 14 do art. 17 da Lei n. 8.429/1992, incluído pela Lei n. 14.230/2021; e
(b) do art. 4.º, X, da Lei n. 14.230/2021.
Tudo nos termos do voto ora reajustado do Relator, vencidos, parcialmente, os Ministros Nunes Marques, Dias Toffoli e Gilmar Mendes, nos termos de seus votos. Presi-

dência do Ministro Luiz Fux. Plenário, 31.8.2022 (STF, ADIs 7.042 e 7.043, Plenário, j. 31-8-2022).

A maioria do colegiado acompanhou o voto do relator, Ministro Alexandre de Moraes, e entendeu que a Constituição Federal prevê a legitimidade ativa concorrente entre o Ministério Público e os entes públicos lesados para ajuizar esse tipo de ação. Para o Ministro, a supressão dessa legitimidade fere a lógica constitucional de proteção ao patrimônio público.

Ainda de acordo com a decisão, a Administração Pública fica autorizada, e não obrigada, a representar judicialmente o agente que tenha cometido ato de improbidade, desde que norma local (estadual ou municipal) disponha sobre essa possibilidade.

Observe que o **art. 3.º** da Lei n. 14.230/2021, que previa a "solução" para as demandas propostas pela Fazenda e ainda em curso quando da publicação da aludida lei, também foi reputado **inconstitucional** pelo Supremo.

> Art. 3.º No prazo de 1 (um) ano a partir da data de publicação desta Lei, o Ministério Público competente manifestará interesse no prosseguimento das ações por improbidade administrativa em curso ajuizadas pela Fazenda Pública, inclusive em grau de recurso.
>
> § 1.º No prazo previsto no *caput* deste artigo suspende-se o processo, observado o disposto no art. 314 da Lei n. 13.105, de 16 de março de 2015 (Código de Processo Civil).
>
> § 2.º Não adotada a providência descrita no *caput* deste artigo, o processo será extinto sem resolução do mérito.

7. PROCEDIMENTO

Qualquer pessoa poderá representar à autoridade administrativa competente para que seja instaurada investigação sobre a prática de atos de improbidade. Esta representação poderá ser escrita ou reduzida a termo e assinada e deverá conter a qualificação do representante, as informações sobre o fato e sua autoria e a indicação das provas de que tenha conhecimento.

Atendidos os requisitos da representação, a autoridade determinará a imediata apuração dos fatos, *observada a legislação que regula o processo administrativo disciplinar aplicável ao agente.*

Nos termos do § 2.º do art. 14 da LIA:

> § 2.º A autoridade administrativa rejeitará a representação, em despacho fundamentado, se esta não contiver as formalidades estabelecidas no § 1.º deste artigo. A rejeição não impede a representação ao Ministério Público, nos termos do art. 22 desta Lei.

Além disso, a comissão processante dará conhecimento ao Ministério Público e ao Tribunal ou Conselho de Contas da existência de procedimento administrativo para apurar a prática de ato de improbidade. Estes poderão, a requerimento, designar representante para acompanhar o procedimento administrativo.

Ressalte-se que o art. 19 da Lei n. 8.429/92 tipifica como crime a representação contra agente público sabendo-se infundada:

> Art. 19. Constitui crime a representação por ato de improbidade contra agente público ou terceiro beneficiário, quando o autor da denúncia o sabe inocente.
> Pena: detenção de seis a dez meses e multa.
> Parágrafo único. Além da sanção penal, o denunciante está sujeito a indenizar o denunciado pelos danos materiais, morais ou à imagem que houver provocado.

Como já mencionado, tanto a pessoa jurídica lesada como o Ministério Público poderiam propor a ação de improbidade. Com a nova redação do art. 17 pela Lei n. 14.230/2021, apenas o Ministério Público poderá promovê-la.

Porém, no julgamento das **ADIs 7.042 e 7.043**, o Supremo Tribunal Federal concedeu interpretação conforme à Constituição Federal ao *caput* e §§ 6.º-A, 10-C e 14, do art. 17 da Lei n. 8.429/92, com a redação dada pela Lei n. 14.230/2021, no sentido da existência de legitimidade ativa concorrente entre Ministério Público e as pessoas jurídicas interessadas para a propositura da ação por ato de improbidade administrativa.

Nas palavras do relator, o Min. Alexandre de Moraes:

> A supressão da legitimidade ativa das pessoas jurídicas interessadas para a propositura da ação por ato de improbidade administrativa caracteriza uma espécie de monopólio absoluto do combate à corrupção ao Ministério Público, não autorizado, entretanto, pela Constituição Federal, e sem qualquer sistema de freios e contrapesos como estabelecido na hipótese das ações penais públicas (art. 5.º, LIX, da CF).

Portanto, volta a valer a regra da legitimidade ativa concorrente entre Ministério Público e as pessoas jurídicas interessadas para propor a ação por ato de improbidade administrativa, de modo que sempre que a lei conferir atribuição ao Ministério Público na qualidade de autor da ação, essa atribuição também caberá às pessoas jurídicas interessadas.

> A Ação de Improbidade seguirá o procedimento comum previsto no CPC, devendo ser proposta perante o foro do local onde ocorrer o dano ou da pessoa jurídica prejudicada.

A propositura **prevenirá a competência do juízo** para todas as ações posteriormente intentadas que possuam a mesma causa de pedir ou o mesmo objeto.

Assim, a petição inicial será proposta obedecendo-se os requisitos do art. 319 do CPC e documentos que contenham indícios suficientes da existência de ato de improbidade previsto nos arts. 9.º a 11 da Lei n. 8.429/92. Ademais, deve haver individualização da conduta do réu, com apontamento de elementos probatórios mínimos. De acordo com o art. 17, § 6.º, da LIA:

> § 6.º A petição inicial observará o seguinte:
> I – deverá individualizar a conduta do réu e apontar os elementos probatórios mínimos que demonstrem a ocorrência das hipóteses dos arts. 9.º, 10 e 11 desta Lei e de sua autoria, salvo impossibilidade devidamente fundamentada;
> II – será instruída com documentos ou justificação que contenham indícios suficientes da veracidade dos fatos e do dolo imputado ou com razões fundamentadas da impossibilidade de apresentação de qualquer dessas provas, observada a legislação vigente, inclusive as disposições constantes dos arts. 77 e 80 da Lei n. 13.105, de 16 de março de 2015 (Código de Processo Civil).

É na *petição inicial* também que o Ministério Público poderá requerer as **tutelas provisórias** adequadas e necessárias.

Sem prejuízo da citação dos réus, a *pessoa jurídica interessada será intimada* para, caso queira, intervir no processo.

Vale lembrar, que essas duas normas (art. 17, §§ 10-C e 14) receberam interpretação conforme à Constituição no sentido da existência de legitimidade ativa concorrente entre Ministério Público e as pessoas jurídicas interessadas para a propositura da ação por ato de improbidade administrativa (ADIs 7.042 e 7.043).

Se os requisitos do art. 17, § 6.º, não forem cumpridos, ou se a petição inicial não seguir o disposto no art. 330 do CPC, ou, ainda, se o ato ímprobo imputado for manifestamente inexistente, a petição inicial seja **rejeitada.** Em verdade, quanto a verificação de inexistência do ato de improbidade, esta ocasionará improcedência da demanda em qualquer fase do processo, não só na petição inicial.

Porém, se a inicial estiver toda em ordem, o juiz mandará autuá-la e ordenará a citação dos requeridos para que a **contestem no prazo comum de 30 dias**, iniciado o prazo na forma do art. 231 do CPC.

Vale lembrar que originalmente a Lei de Improbidade Administrativa determinava ao juiz ordenar a notificação do requerido, para oferecer manifestação por escrito, dentro do prazo de quinze dias. Contudo, após alterações, a lei fala expressamente que o requerido deve apresentar contestação, em 30 dias.

> § 7.º Se a petição inicial estiver em devida forma, o juiz mandará autuá-la e ordenará a citação dos requeridos para que a contestem no prazo comum de 30 (trinta) dias, iniciado o prazo na forma do art. 231 da Lei n. 13.105, de 16 de março de 2015 (Código de Processo Civil).

Em sua contestação, o réu poderá suscitar, inclusive, questões preliminares. Da decisão que as rejeitar, caberá **agravo de instrumento.**

De acordo com entendimento do STJ, ainda à luz da redação original da Lei n. 8.429/91, cabe agravo de instrumento contra todas as decisões interlocutórias proferidas nas ações de improbidade administrativa, aplicando à ação de improbidade administrativa o previsto no art. 19, § 1.º, da Lei da Ação Popular, privilegiando-se as normas do Microssistema Processual Coletivo, para assegurar a efetividade da jurisdição no trato dos direitos coletivos (STJ, 2.ª Turma, REsp 1.925.492/RJ, Rel. Min. Herman Benjamin, j. 4-5-2021).

Entretanto, saliento que devemos aguardar as novas decisões das Cortes Superiores, tendo em vista a mudança substancial na natureza da ação, que, como visto, passou a não ser mais considerada ação civil, nem mesmo pode visar controle de legalidade de políticas públicas e de interesses difusos, coletivos e individuais homogêneos, de modo que diversos institutos do Microssistema Processual Coletivo deixam de ser aplicados à ação de improbidade.

Adiante, se houver possibilidade de solução consensual, as partes poderão requerer ao juiz a **interrupção** do prazo para contestação, pelo período de **até 90 dias.**

Além disso, o réu tem o direito de ser **interrogado** sobre os fatos de que trata a ação, e a **sua recusa ou o seu silêncio não implicarão confissão.**

Oferecida, pois, a **contestação**, o juiz, se for o caso, ouvirá o autor, e poderá:

- Proceder ao **julgamento conforme o estado do processo**, observada a eventual inexistência manifesta do ato de improbidade;
- **Desmembrar o litisconsórcio**, com vistas a otimizar a instrução processual.

O Ministério Público, então, poderá oferecer **réplica.**

> Art. 17. (...)
>
> § 10-C. Após a réplica do Ministério Público, o juiz proferirá *decisão* na qual indicará com precisão a tipificação do ato de improbidade administrativa imputável ao réu, sendo-lhe **vedado modificar o fato principal e a capitulação legal apresentada pelo autor.**

> Para cada ato de improbidade administrativa, **deverá necessariamente ser indicado apenas um tipo dentre aqueles previstos nos arts. 9.º, 10 e 11 da Lei n. 8.429/92.**

Pois bem, proferida a decisão referida no § 10-C, as partes serão intimadas a **especificar as provas que pretendem produzir.**

Sobre as *custas*, o art. 23-B, incluído pela Lei n. 14.230/2021, determina que, nas ações e nos acordos regidos pela Lei n. 8.429/92, **não haverá adiantamento de custas, de preparo, de emolumentos, de honorários periciais e de quaisquer outras despesas.** Na verdade, as custas e as demais despesas processuais serão **pagas ao final em caso de procedência da ação.**

Quanto aos **honorários sucumbenciais**, haverá condenação em caso de improcedência da ação de improbidade se comprovada má-fé.

Chamamos atenção também para o § 10-F e o § 11, abaixo:

> Art. 17. (...)
>
> § 10-F. Será **nula** a decisão de mérito total ou parcial da ação de improbidade administrativa que:
>
> I – **condenar o requerido por tipo diverso daquele definido na petição inicial;**
>
> II – condenar o requerido sem a produção das provas por ele tempestivamente especificadas.
>
> § 11. Em qualquer momento do processo, verificada a inexistência do ato de improbidade, o juiz julgará a demanda improcedente.

A qualquer momento, se o juiz identificar ilegalidades ou irregularidades administrativas a serem sanadas, sem que estejam presentes todos os requisitos para a imposição das sanções aos agentes, **poderá, em decisão motivada, converter a ação de improbidade administrativa em ação civil pública.** Da decisão de conversão, **caberá agravo de instrumento.**

Outra disposição de extrema relevância, especialmente para você que estuda para concursos da Advocacia Pública, consta do § 19 do art. 17, incluído pela Lei n. 14.230/2021:

> Não se aplicam na ação de improbidade administrativa:
>
> I – a presunção de veracidade dos fatos alegados pelo autor em caso de revelia;
>
> II – a imposição de ônus da prova ao réu, na forma dos §§ 1.º e 2.º do art. 373 da Lei n. 13.105, de 16 de março de 2015 (Código de Processo Civil);
>
> III – o ajuizamento de mais de uma ação de improbidade administrativa pelo mesmo fato, competindo ao Conselho Nacional do Ministério Público dirimir conflitos de atribuições entre membros de Ministérios Públicos distintos;
>
> IV – o reexame obrigatório da sentença de improcedência ou de extinção sem resolução de mérito.

Essa última disposição é interessante. Como a Lei n. 8.429/92 era silente, o STJ entendia que a sentença que concluísse pela carência ou pela improcedência de ação de improbidade administrativa estaria sujeita ao reexame necessário, com base na aplicação subsidiária do CPC e por aplicação analógica da primeira parte do art. 19 da Lei n. 4.717/65 (REsp 1.799.618/SC, Rel. Min. Herman Benjamin, Segunda Turma, j. 21-5-2019, *DJe* 30-5-2019).

No entanto, com o advento da Lei n. 14.230/2021, ficou determinado que **não se aplica, na ação de improbidade administrativa, o reexame obrigatório da sentença de improcedência ou de extinção sem resolução de mérito.**

No mesmo sentido, o art. 17-C, § 3.º:

> § 3.º Não haverá remessa necessária nas sentenças de que trata esta Lei.

Ademais, no § 20 do art. 17, a Lei n. 14.230/2021 determinou que **a assessoria jurídica que emitiu o parecer atestando a legalidade prévia dos atos administrativos praticados pelo administrador público ficará obrigada a defendê-lo judicialmente**, caso este venha a responder ação por improbidade administrativa, até que a decisão transite em julgado.

Esse parágrafo, contudo, teve declarada a sua **inconstitucionalidade parcial, com redução de texto** também nas ADIs 7.042 e 7.043, em 31-8-2022.

Na ocasião, o **STF fixou a tese de que não existe "obrigatoriedade de defesa judicial"; havendo, porém, a possibilidade dos órgãos da Advocacia Pública autorizarem a realização dessa representação judicial, por parte da assessoria jurídica que emitiu o parecer atestando a legalidade prévia dos atos administrativos praticados pelo administrador público, nos termos autorizados por lei específica.**

Também é necessário ressaltar que, quanto ao procedimento da ação de improbidade, **a Lei n. 14.230/2021 revogou o parágrafo que dizia ser possível aplicar aos depoimentos e inquirições o disposto no Código de Processo Penal.**

Quanto à Súmula 591 do STJ, a Lei n.14.230/2021 nada determinou. Portanto, entendemos que ela ainda se aplica, veja:

> **Súmula 591 do STJ:** É permitida a prova emprestada no processo administrativo disciplinar, desde que devidamente autorizada pelo juízo competente e respeitados o contraditório e a ampla defesa.

Em relação às **sentenças em ações de improbidade administrativa**, estas, além de **observar o art. 489 do CPC**, deverão também:

- indicar de modo preciso **os fundamentos que demonstram os elementos** a que se referem os arts. 9.º, 10 e 11 desta Lei, que não podem ser presumidos;
- **considerar as consequências práticas da decisão**, sempre que decidir com base em valores jurídicos abstratos;
- **considerar os obstáculos e as dificuldades reais do gestor e as exigências das políticas públicas a seu cargo**, sem prejuízo dos direitos dos administrados e das circunstâncias práticas que houverem imposto, limitado ou condicionado a ação do agente;
- **considerar, para a aplicação das sanções, de forma isolada ou cumulativa:**

a) os princípios da proporcionalidade e da razoabilidade;
b) a natureza, a gravidade e o impacto da infração cometida;
c) a extensão do dano causado;
d) o proveito patrimonial obtido pelo agente;
e) as circunstâncias agravantes ou atenuantes;
f) a atuação do agente em minorar os prejuízos e as consequências advindas de sua conduta omissiva ou comissiva;
g) os antecedentes do agente;

- considerar na aplicação das sanções a **dosimetria das sanções relativas ao mesmo fato** já aplicadas ao agente;
- considerar, na fixação das penas relativamente ao terceiro, quando for o caso, **a sua atuação específica**, não admitida a sua responsabilização por ações ou omissões para as quais não tiver concorrido ou das quais não tiver obtido vantagens patrimoniais indevidas;
- indicar, na apuração da ofensa a princípios, **critérios objetivos que justifiquem a imposição da sanção.**

Nota-se a adoção pela LIA de vários conceitos e institutos já expressamente instituídos na LINDB pela Lei n. 13.655/2018, como mais um reflexo da adoção de um Direito Administrativo Sancionador.

Quanto à sentença que julgar procedente a ação fundada nos arts. 9.º e 10, ela condenará ao **ressarcimento dos danos e à perda ou à reversão dos bens e valores ilicitamente adquiridos**, conforme o caso, em favor da pessoa jurídica prejudicada pelo ilícito.

Havendo necessidade de liquidação do dano, **a pessoa jurídica prejudicada procederá a essa determinação e ao ulterior procedimento para cumprimento da sentença** referente ao ressarcimento ou à perda/reversão dos bens.

Caso a pessoa jurídica não adote estas providências no prazo de 6 meses, contados do trânsito em julgado da sentença de procedência da ação, **caberá ao Ministério Público proceder à respectiva liquidação e ao cumprimento da sentença,** sem prejuízo de eventual responsabilização pela omissão verificada.

O juiz poderá, ainda, autorizar o **parcelamento, em até 48 parcelas mensais** corrigidas monetariamente, do débito resultante de condenação pela prática de improbidade administrativa se o réu demonstrar incapacidade financeira de saldá-lo de imediato.

Ademais, a requerimento do réu, na fase de cumprimento da sentença, o **juiz unificará eventuais sanções aplicadas com outras já impostas em outros processos**, tendo em vista a eventual continuidade de ilícito ou a prática de diversas ilicitudes.

Por fim, ressaltamos importante o acréscimo dos §§ 1.º e 2.º ao art. 17-C, pela Lei n. 14.230/2021, que mais uma vez deixa claro a imprescindibilidade do elemento subjetivo doloso para caracterização dos atos de improbidade:

> § 1.º A ilegalidade sem a presença de dolo que a qualifique não configura ato de improbidade.
> § 2.º Na hipótese de litisconsórcio passivo, a condenação ocorrerá no limite da participação e dos benefícios diretos, **vedada qualquer solidariedade**.

Ou seja, para que o agente público incorra em improbidade administrativa e seja punido pelas disposições da Lei n. 8.429/92, não basta que tenha praticado ato ilegal, deve também haver dolo que qualifique essa ilegalidade.

Ademais, caso haja litisconsórcio passivo entre agentes públicos ou privados, cada um responderá pelo que efetivamente participou, não se aplicando regras de responsabilização solidária. Observa-se que a Lei de Improbidade Administrativa caminhou para eliminar qualquer forma de responsabilização objetiva.

8. TRANSAÇÃO EM AÇÕES DE IMPROBIDADE

Um aspecto bastante polêmico da LIA refere-se ao § 1.º do antigo art. 17, que expressamente vedava a transação, acordo ou conciliação nas ações de improbidade administrativa.

Contudo, havia uma tendência doutrinária em admitir referidos acordos, mesmo contra a lei, o que já constava na Resolução n. 179/2017 do CNMP:

> Art. 1.º (...)
> § 2.º É cabível o compromisso de ajustamento de conduta nas hipóteses configuradoras de improbidade administrativa, sem prejuízo do ressarcimento ao erário e da aplicação de uma ou algumas das sanções previstas em lei, de acordo com a conduta ou o ato praticado.

Tal polêmica foi resolvida com a alteração do antigo art. 17, § 1.º, da LIA pela Lei n. 13.964/2019, chamada de Pacote Anticrime, que expressamente autorizou a celebração de acordo de não persecução no âmbito da ação civil de improbidade.

> § 1.º As ações de que trata este artigo admitem a celebração de acordo de não persecução cível, nos termos desta Lei.

Em seguida, foi acrescido o § 10-A ao art. 17, também pela Lei n. 13.964/2019:

> § 10-A. Havendo a possibilidade de solução consensual, poderão as partes requerer ao juiz a interrupção do prazo para a contestação, por prazo não superior a 90 (noventa) dias.

Com o advento da Lei n. 14.230/2021, o § 1.º foi revogado, mas o § 10-A foi mantido.

Além disso, foi acrescentado o art. 17-B, segundo o qual **o Ministério Público poderá, conforme as circunstâncias do caso concreto, celebrar acordo de não persecução civil**, no curso da investigação de apuração do ilícito, no curso da ação de improbidade ou no momento da execução da sentença condenatória. As negociações se darão entre o Ministério Público e o investigado, este último acompanhado de seu defensor.

Caso o demandado descumpra, ficará impedido de celebrar novo acordo pelo prazo de 5 anos, contados do conhecimento pelo Ministério Público do efetivo descumprimento.

Trata-se, inclusive, de instituto muito similar às normas despenalizadoras previstas no Processo Penal, como o acordo de não persecução penal, a transação penal, entre outros. Vejamos:

> Art. 17-B. O Ministério Público poderá, conforme as circunstâncias do caso concreto, celebrar acordo de não persecução civil, desde que dele advenham, ao menos, os seguintes resultados:
> I – o integral ressarcimento do dano;
> II – a reversão à pessoa jurídica lesada da vantagem indevida obtida, ainda que oriunda de agentes privados.
> § 1.º A celebração do acordo a que se refere o *caput* deste artigo dependerá, cumulativamente:
> I – da oitiva do ente federativo lesado, em momento anterior ou posterior à propositura da ação;

II – de aprovação, no prazo de até 60 (sessenta) dias, pelo órgão do Ministério Público competente para apreciar as promoções de arquivamento de inquéritos civis, se anterior ao ajuizamento da ação;

III – de homologação judicial, independentemente de o acordo ocorrer antes ou depois do ajuizamento da ação de improbidade administrativa.

§ 2.º Em qualquer caso, a celebração do acordo a que se refere o *caput* deste artigo considerará a personalidade do agente, a natureza, as circunstâncias, a gravidade e a repercussão social do ato de improbidade, bem como as vantagens, para o interesse público, da rápida solução do caso.

§ 3.º Para fins de apuração do valor do dano a ser ressarcido, deverá ser realizada a oitiva do Tribunal de Contas competente, que se manifestará, com indicação dos parâmetros utilizados, no prazo de 90 (noventa) dias.

§ 4.º O acordo a que se refere o *caput* deste artigo poderá ser celebrado no curso da investigação de apuração do ilícito, no curso da ação de improbidade ou no momento da execução da sentença condenatória.

§ 5.º As negociações para a celebração do acordo a que se refere o *caput* deste artigo ocorrerão entre o Ministério Público, de um lado, e, de outro, o investigado ou demandado e o seu defensor.

§ 6.º O acordo a que se refere o *caput* deste artigo poderá contemplar a adoção de mecanismos e procedimentos internos de integridade, de auditoria e de incentivo à denúncia de irregularidades e a aplicação efetiva de códigos de ética e de conduta no âmbito da pessoa jurídica, se for o caso, bem como de outras medidas em favor do interesse público e de boas práticas administrativas.

§ 7.º Em caso de descumprimento do acordo a que se refere o *caput* deste artigo, o investigado ou o demandado ficará impedido de celebrar novo acordo pelo prazo de 5 (cinco) anos, contado do conhecimento pelo Ministério Público do efetivo descumprimento.

Nas famigeradas ADIs 7.042 e 7.043 (julgadas em 31-8-2022), o **Supremo consignou que entes públicos que tenham sofrido prejuízos em razão de atos de improbidade também estão autorizados a celebrar acordos de não persecução civil em relação a esses atos.**

Declarou, neste ponto, a **inconstitucionalidade parcial, sem redução de texto**, do *caput* e dos §§ 6.º-A e 10-C do art. 17, assim como do *caput* e dos **§§ 5.º e 7.º do art. 17-B**, da Lei n. 8.429/92, na redação dada pela Lei n. 14.230/2021, de modo a restabelecer a existência de **legitimidade ativa concorrente e disjuntiva** entre o Ministério Público e as pessoas jurídicas interessadas para a propositura da ação por ato de improbidade administrativa e para a celebração de acordos de não persecução civil.

Nos autos da Medida Cautelar na ADI 7.236/DF, em decisão datada de 27-12-2022, o Ministro Alexandre de Moraes deferiu medida liminar para suspender a eficácia do art. 17-B, § 3.º, da Lei n. 8.429/92.

Para o Ministro, a necessidade de envio do processo ao Tribunal de Contas para manifestação sobre o acordo de não persecução cível a ser celebrado pelo Ministério Público, condiciona o exercício da atividade-fim do Ministério Público à atuação da Corte de Contas, em possível interferência na autonomia funcional do MP.

Assim, suspensa a eficácia do dispositivo que estabelece que para fins de apuração do valor do dano a ser ressarcido, deverá ser realizada a oitiva do Tribunal de Contas competente, que se manifestará, com indicação dos parâmetros utilizados, no prazo de 90 (noventa) dias.

Mas, professor, é possível a delação premiada em ações de improbidade?

Sim.

Apesar de polêmico o tema, o Supremo Tribunal Federal fixou as seguintes diretrizes para o acordo de delação premiada no âmbito das ações de improbidade administrativa:

Tema 1.043 – A utilização da colaboração premiada no âmbito civil, em ação civil pública por ato de improbidade administrativa movida pelo Ministério Público em face do princípio da legalidade (CF, art. 5.º, II), da imprescritibilidade do ressarcimento ao erário (CF, art. 37, §§ 4.º e 5.º) e da legitimidade concorrente para a propositura da ação (CF, art. 129, § 1.º).

TESE DE REPERCUSÃO GERAL: É constitucional a utilização da colaboração premiada, nos termos da Lei n. 12.850/2013, no âmbito civil, em ação civil pública por ato de improbidade administrativa movida pelo Ministério Público, observando-se as seguintes diretrizes:

(1) Realizado o acordo de colaboração premiada, serão remetidos ao juiz, para análise, o respectivo termo, as declarações do colaborador e cópia da investigação, devendo o juiz ouvir sigilosamente o colaborador, acompanhado de seu defensor, oportunidade em que analisará os seguintes aspectos na homologação: regularidade, legalidade e voluntariedade da manifestação de vontade, especialmente nos casos em que o colaborador está ou esteve sob efeito de medidas cautelares, nos termos dos §§ 6.º e 7.º do artigo 4.º da referida Lei n. 12.850/2013.

(2) As declarações do agente colaborador, desacompanhadas de outros elementos de prova, são insuficientes para o início da ação civil por ato de improbidade;

(3) A obrigação de ressarcimento do dano causado ao erário pelo agente colaborador deve ser integral, não podendo ser objeto de transação ou acordo, sendo válida a negociação em torno do modo e das condições para a indenização;

(4) O acordo de colaboração deve ser celebrado pelo Ministério Público, com a inter-veniência da pessoa jurídica interessada e devidamente homologado pela autorida-de judicial;

(5) Os acordos já firmados somente pelo Ministério Público ficam preservados até a data deste julgamento, desde que haja previsão de total ressarcimento do dano, te-nham sido devidamente homologados em Juízo e regularmente cumpridos pelo beneficiado (ARE 1.175.650, Rel. Alexandre de Moraes, Tribunal Pleno, j. 3-7-2023, *DJe*-s/n, Divulg. 4-10-2023, Public. 5-10-2023, Info 1101).

9. MEDIDAS CAUTELARES

9.1 Indisponibilidade de bens

Com o intuito de resguardar o erário contra eventual desvio do patrimô-nio dos réus, a Lei n. 8.429/92 prevê a possibilidade de decretação de indisponi-bilidade de bens dos réus. Sugere-se a leitura atenta do texto do art. 16, transcri-to abaixo, pois ele foi completamente reformulado pela Lei n. 14.230/2021:

Art. 16. Na ação por improbidade administrativa poderá ser formulado, em caráter antecedente ou incidente, pedido de indisponibilidade de bens dos réus, a fim de garantir a integral recomposição do erário ou do acréscimo patrimonial resultante de enriquecimento ilícito.

§ 1.º (*Revogado*).

§ 1.º-A O pedido de indisponibilidade de bens a que se refere o *caput* deste artigo poderá ser formulado independentemente da representação de que trata o art. 7.º desta Lei.

§ 2.º Quando for o caso, o pedido de indisponibilidade de bens a que se refere o *caput* deste artigo incluirá a investigação, o exame e o bloqueio de bens, contas bancá-rias e aplicações financeiras mantidas pelo indiciado no exterior, nos termos da lei e dos tratados internacionais.

§ 3.º O pedido de indisponibilidade de bens a que se refere o *caput* deste artigo apenas será deferido mediante a demonstração no caso concreto de perigo de dano irreparável ou de risco ao resultado útil do processo, desde que o juiz se convença da probabilidade da ocorrência dos atos descritos na petição inicial com fundamento nos respectivos elementos de instrução, após a oitiva do réu em 5 (cinco) dias.

§ 4.º A indisponibilidade de bens poderá ser decretada sem a oitiva prévia do réu, sempre que o contraditório prévio puder comprovadamente frustrar a efetividade da medida ou houver outras circunstâncias que recomendem a proteção liminar, não podendo a urgência ser presumida.

§ 5.º Se houver mais de um réu na ação, a somatória dos valores declarados indisponíveis não poderá superar o montante indicado na petição inicial como dano ao erário ou como enriquecimento ilícito.

§ 6.º O valor da indisponibilidade considerará a estimativa de dano indicada na petição inicial, permitida a sua substituição por caução idônea, por fiança bancária ou por seguro-garantia judicial, a requerimento do réu, bem como a sua readequação durante a instrução do processo.

§ 7.º A indisponibilidade de bens de terceiro dependerá da demonstração da sua efetiva concorrência para os atos ilícitos apurados ou, quando se tratar de pessoa jurídica, da instauração de incidente de desconsideração da personalidade jurídica, a ser processado na forma da lei processual.

§ 8.º Aplica-se à indisponibilidade de bens regida por esta Lei, no que for cabível, o regime da tutela provisória de urgência da Lei n. 13.105, de 16 de março de 2015 (Código de Processo Civil).

§ 9.º Da decisão que deferir ou indeferir a medida relativa à indisponibilidade de bens caberá agravo de instrumento, nos termos da Lei n. 13.105, de 16 de março de 2015 (Código de Processo Civil).

§ 10. A indisponibilidade recairá sobre bens que assegurem exclusivamente o integral ressarcimento do dano ao erário, sem incidir sobre os valores a serem eventualmente aplicados a título de multa civil ou sobre acréscimo patrimonial decorrente de atividade lícita.

§ 11. A ordem de indisponibilidade de bens deverá priorizar veículos de via terrestre, bens imóveis, bens móveis em geral, semoventes, navios e aeronaves, ações e quotas de sociedades simples e empresárias, pedras e metais preciosos e, apenas na inexistência desses, o bloqueio de contas bancárias, de forma a garantir a subsistência do acusado e a manutenção da atividade empresária ao longo do processo.

§ 12. O juiz, ao apreciar o pedido de indisponibilidade de bens do réu a que se refere o *caput* deste artigo, observará os efeitos práticos da decisão, vedada a adoção de medida capaz de acarretar prejuízo à prestação de serviços públicos.

§ 13. É vedada a decretação de indisponibilidade da quantia de até 40 (quarenta) salários mínimos depositados em caderneta de poupança, em outras aplicações financeiras ou em conta corrente.

§ 14. É vedada a decretação de indisponibilidade do bem de família do réu, salvo se comprovado que o imóvel seja fruto de vantagem patrimonial indevida, conforme descrito no art. 9.º desta Lei.

Logo de início, já podemos perceber que o art. 16 deixou de prever a possibilidade de sequestro dos bens do agente ou terceiro que houvesse enriquecido ilicitamente ou causado dano ao patrimônio público. Logo, pode-se dizer que, atualmente, **não é mais possível a decretação de sequestro de bens em ações de improbidade administrativa.**

No entanto, quando for o caso, o pedido de indisponibilidade incluirá a investigação, o exame e até o bloqueio de bens, contas bancárias e aplicações financeiras mantidas pelo indiciado no exterior, nos termos da lei e dos tratados internacionais.

Quanto aos **requisitos** para o pedido de indisponibilidade de bens, observe o seguinte:

- **apenas será deferido mediante a demonstração no caso concreto de perigo de dano irreparável ou de risco ao resultado útil do processo;**
- além dessa demonstração, o juiz deve se convencer da probabilidade da ocorrência dos atos descritos na petição inicial, após a oitiva do réu em 5 (cinco) dias.
- porém, sempre que o contraditório prévio puder comprovadamente frustrar a efetividade da medida ou houver outras circunstâncias que recomendem a proteção liminar, **não podendo a urgência ser presumida**, indisponibilidade de bens poderá ser decretada sem a oitiva prévia do réu.

Até o advento da Lei n. 14.230/2021, o STJ entendia que, para fins de decretação da indisponibilidade dos bens, não seria necessário demonstrar o *periculum in mora*, pois o perigo seria presumido. Bastaria, pois, o *fumus boni iuris*, pois, segundo o Tribunal, a hipótese era de uma *tutela de evidência* (REsp 1.366.721/BA, Rel. Min. Napoleão Nunes Maia Filho, Rel. p/ Acórdão Ministro Og Fernandes, Primeira Seção, j. 26-2-2014, *DJe* 19-9-2014).

No entanto, **a Lei n. 14.230/2021 deixou bem definido, com a inclusão do § 3.º ao art. 16, a necessidade de demonstração, no caso concreto, de perigo de dano irreparável ou de risco ao resultado útil do processo.** A tutela, pois, passa a ser de urgência.

Tais dispositivos, inclusive, têm aplicação imediata aos processos em curso, conforme entendimento do STJ:

> (...) 3. A nova redação da Lei n. 8.429/1992, dada pela Lei n. 14.230/2021, passou a exigir a demonstração do requisito da urgência, além da plausibilidade do direito invocado, para o deferimento da indisponibilidade de bens em sede de ação de improbidade administrativa.
> 4. Por possuir natureza de tutela provisória de urgência cautelar, podendo ser revogada ou modificada a qualquer tempo, a decisão de indisponibilidade de bens re-

veste-se de caráter processual, de modo que, por força do art. 14 do CPC/2015, a **norma mencionada deve ter aplicação imediata ao processo em curso.**
5. No caso, o acórdão impugnado, a despeito de ter sido prolatado anteriormente à edição do novo diploma legal, consignou a necessidade da demonstração do requisito da urgência, na linha adotada pela Lei n. 14.230/2021. (...) (AgInt no AREsp 2.272.508/RN, Rel. Min. Gurgel de Faria, 1.ª Turma, j. 6-2-2024, *DJe* 21-3-2024, Info 800).

Além das mudanças já mencionadas, **agora a indisponibilidade recai somente sobre bens que assegurem exclusivamente o integral ressarcimento do dano ao erário**, sem incidir sobre os valores a serem eventualmente aplicados a título de multa civil ou sobre acréscimo patrimonial decorrente de atividade lícita. É o que dispõe o § 10 do art. 16, incluído pela Lei n. 14.230/2021. Anteriormente, a indisponibilidade recaía sobre o patrimônio do réu levando-se em consideração, também, o valor de possível multa civil como sanção autônoma.

No entanto, é firme o entendimento do STJ de que não há necessidade de individualização dos bens sobre os quais recairá a indisponibilidade. Nesse sentido, tese da Edição n. 187 da Jurisprudência em teses do STJ:

> 7) É desnecessária a individualização de bens sobre os quais se pretende fazer recair a cautelar de indisponibilidade requerida pelo Ministério Público nas ações de improbidade administrativa.

É possível a decretação de indisponibilidade sobre bens de família?

Pelas novas disposições da Lei n. 8.429/92, em regra, NÃO.

Anteriormente, o STJ possuía entendimento pacificado segundo o qual seria possível a indisponibilidade de bens incidir sobre bens de família (AgInt no REsp 1.670.672/RJ, Rel. Min. Benedito Gonçalves, Primeira Turma, j. 30-11-2017, *DJe* 19-12-2017), mas não seria possível incidir sobre bens absolutamente impenhoráveis (REsp 1.797.598/SP, Rel. Min. Herman Benjamin, Segunda Turma, j. 6-8-2019, *DJe* 12-9-2019).

Ocorre que, com a Lei n. 14.230/2021, acrescentou-se o § 14 ao art. 16, determinando ser **vedada a decretação de indisponibilidade do bem de família do réu**, **salvo se comprovado que o imóvel seja fruto de vantagem patrimonial indevida**, conforme descrito no art. 9.º desta Lei.

Além disso, o § 13 do art. 16, que também foi adicionado pela Lei n. 14.230/2021, determinou a **vedação** da decretação de indisponibilidade da quantia de até 40 salários mínimos depositados em caderneta de poupança, em outras aplicações financeiras ou em conta corrente[1].

Contudo, para o STJ, há ressalvas a essa impossibilidade de penhora, segundo tese publicada na Edição n. 187 da sua Jurisprudência em teses:

> 8) A medida constritiva de indisponibilidade de bens não incide sobre valores inferiores a 40 salários mínimos depositados em caderneta de poupança, em aplicações financeiras ou em conta corrente, **ressalvadas** as hipóteses de comprovada má-fé, de abuso de direito, de fraude **ou de os valores serem produto da conduta ímproba.**

A posição do Tribunal é diferente, contudo, quando se trata de FGTS. Vejamos tese da mesma edição:

> 9) Na ação de improbidade administrativa é cabível decretação de indisponibilidade de bens sobre verbas provenientes do Fundo de Garantia por Tempo de Serviço – FGTS quando o valor resgatado da conta vinculada passa a integrar o patrimônio do réu, ressalvada proteção prevista no art. 833, X, do Código de Processo Civil.

9.2 Afastamento do exercício de cargo, emprego ou função

Nos termos do art. 20 da Lei n. 8.429/92, a perda da função pública e a suspensão dos direitos políticos apenas se efetivarão com o trânsito em julgado da sentença condenatória. Contudo, o próprio § 1.º do art. 20 permite o afastamento do agente público do exercício do cargo, quando a medida se fizer necessária à instrução processual ou para evitar iminente prática de novos ilícitos:

> Art. 20. A perda da função pública e a suspensão dos direitos políticos só se efetivam com o trânsito em julgado da sentença condenatória.
>
> § 1.º A autoridade judicial competente poderá determinar o afastamento do agente público do exercício do cargo, do emprego ou da função, sem prejuízo da remuneração, quando a medida for necessária à instrução processual ou para evitar a iminente prática de novos ilícitos.
>
> § 2.º O afastamento previsto no § 1.º deste artigo *será de até 90 (noventa) dias, prorrogáveis uma única vez por igual prazo,* mediante decisão motivada.

---

[1] Hipótese que se assemelha à impenhorabilidade prevista no art. 833, X, do CPC.

Art. 833. São impenhoráveis: (...)

X – a quantia depositada em caderneta de poupança, até o limite de 40 (quarenta) salários mínimos;

Chamamos atenção neste tópico porque, anteriormente, tanto a autoridade judicial quanto a administrativa poderiam determinar esse afastamento. Com a redação da Lei n. 14.230/2021, **esta competência passa a ser somente da autoridade judicial.**

Nessa hipótese, o agente será afastado e continuará recebendo sua remuneração, sendo certo que se trata de medida excepcional. Nesse sentido, inclusive, a Tese 6 da Edição n. 187 da Jurisprudência em teses do STJ:

> 6) O afastamento cautelar de agente público durante a apuração dos atos de improbidade administrativa se legitima como medida excepcional se configurado risco à instrução processual, não é, portanto, lícito invocar relevância, hierarquia ou posição do cargo para a imposição da medida.

Além disso, tendo em vista que o propósito da medida é evitar a obstrução da instrução processual, uma vez encerrada esta fase do processo, deverá ser determinado o retorno do agente público ao seu cargo, emprego ou função.

Também ressaltamos que, anteriormente, o prazo máximo pelo qual o agente público poderia ficar afastado era de 180 dias. Porém, a **Lei n. 14.230/2021 determinou expressamente que a regra é ficar afastado até 90 dias, apenas,** os quais PODERÃO ser prorrogados, uma única vez, **por mais 90 dias**, mediante decisão motivada.

10. COMPETÊNCIA

Os atos de improbidade administrativa podem ser praticados tanto por servidores públicos (improbidade própria), quanto por particular – pessoa física ou jurídica – que induzir ou concorrer dolosamente (improbidade imprópria). O conceito de agente público previsto na Lei de Improbidade Administrativa, portanto, é amplo, envolvendo inclusive os agentes políticos, os membros da magistratura, do Ministério Público e médicos e administradores de entidade hospitalar privada que administram recursos públicos provindos do Sistema Único de Saúde.

É cabível, pois, refletirmos sobre a competência da ação de improbidade.

Até o advento da Lei n. 14.230/2021, a jurisprudência pátria era uníssona quanto à impossibilidade de aplicação de foro privilegiado em ações de improbidade. Isso porque o sistema idealizado pela Constituição prevê o foro por prerrogativa de função apenas e tão somente em demandas penais propostas contra determinadas autoridades e, para o STF, a ação de improbidade administrativa possuiria natureza civil e não penal.

Ocorre que, com a Lei n. 14.230/2021, incluiu-se o art. 17-D na Lei n. 8.429/92, o qual determina, expressamente, que a ação de improbidade administrativa não constitui ação civil.

> **Art. 17-D.** A ação por improbidade administrativa é repressiva, de caráter sancionatório, destinada à aplicação de sanções de caráter pessoal previstas nesta Lei, **e não constitui ação civil**, vedado seu ajuizamento para o controle de legalidade de políticas públicas e para a proteção do patrimônio público e social, do meio ambiente e de outros interesses difusos, coletivos e individuais homogêneos.

Não sabemos ainda como essa questão será abordada pela doutrina e pela jurisprudência. Aguardemos os debates que certamente virão sobre o tema, à medida que a tão recente Lei n. 14.230/2011 seja alvo das discussões doutrinárias e jurisprudenciais.

Por enquanto, **mantemos o entendimento de que, ainda que o réu tenha foro por prerrogativa de função na seara penal, a ação contra ele deve ser manejada perante o juiz de 1.º grau.**

Quanto aos Ministros do Supremo Tribunal Federal, considera-se que eles respondem por atos de improbidade perante o próprio Tribunal, não por foro por prerrogativa de função, mas pelo fato de que o julgamento de um Magistrado do Tribunal de Cúpula por um juiz de primeiro grau de jurisdição ferir a própria sistemática constitucional, conforme decidido pelo STF.

> Questão de ordem. Ação civil pública. Ato de improbidade administrativa. Ministro do Supremo Tribunal Federal. Impossibilidade. Competência da Corte para processar e julgar seus membros apenas nas infrações penais comuns. 1. *Compete ao Supremo Tribunal Federal julgar ação de improbidade contra seus membros.* 2. Arquivamento da ação quanto ao Ministro da Suprema Corte e remessa dos autos ao Juízo de 1.º grau de jurisdição no tocante aos demais (Pet 3.211 QO, Rel. Min. Marco Aurélio, Relator(a) p/ Acórdão: Min. Menezes Direito, Tribunal Pleno, j. 13-3-2008, *DJe* 27-6-2008).

Além disso, em casos de desvios de verbas públicas oriundas de convênio entre o Governo federal e o Estado ou Município, entendia-se que a competência da Justiça Estadual ou da Justiça Federal era definida nos termos das Súmulas 208 e 209 do STJ.

> **Súmula 208 do STJ:** Compete à Justiça Federal processar e julgar prefeito municipal por desvio de verba sujeita a prestação de contas perante órgão federal.
> **Súmula 209 do STJ:** Compete à Justiça Estadual processar e julgar prefeito por desvio de verba transferida e incorporada ao patrimônio municipal.

Contudo, o STJ passou a entender que tais enunciados se referem apenas às matérias penais, e assim fixou a Tese 1 da Edição n. 187 da sua Jurisprudência em teses – IMPROBIDADE ADMINISTRATIVA IV:

> 1) Nas ações de improbidade administrativa, a competência cível da Justiça Federal é definida em razão da presença das pessoas jurídicas de direito público na relação processual e não em razão da natureza da verba em discussão, afasta-se, assim, a incidência das Súmulas n. 208 e 209 do Superior Tribunal de Justiça, por versarem sobre a fixação de competência em matéria penal.

Vale recordar que o agente público é processado em nome próprio e não em nome da pessoa jurídica de direito público.

11. SANÇÕES, SENTENÇA E COISA JULGADA

A sentença da ação de improbidade será feita com base no art. 12 da Lei n. 8.429/92, o qual foi bastante modificado pela Lei n. 14.230/2021:

> Art. 12. Independentemente do ressarcimento integral do dano patrimonial, se efetivo, e das sanções penais comuns e de responsabilidade, civis e administrativas previstas na legislação específica, está o responsável pelo ato de improbidade sujeito às seguintes cominações, que podem ser aplicadas isolada ou cumulativamente, de acordo com a gravidade do fato:
> I – na hipótese do art. 9.º desta Lei, perda dos bens ou valores acrescidos ilicitamente ao patrimônio, perda da função pública, suspensão dos direitos políticos até 14 (catorze) anos, pagamento de multa civil equivalente ao valor do acréscimo patrimonial e proibição de contratar com o poder público ou de receber benefícios ou incentivos fiscais ou creditícios, direta ou indiretamente, ainda que por intermédio de pessoa jurídica da qual seja sócio majoritário, pelo prazo não superior a 14 (catorze);
> II – na hipótese do art. 10 desta Lei, perda dos bens ou valores acrescidos ilicitamente ao patrimônio, se concorrer esta circunstância, perda da função pública, suspensão dos direitos políticos até 12 (doze) anos, pagamento de multa civil equivalente ao valor do dano e proibição de contratar com o poder público ou de receber benefícios ou incentivos fiscais ou creditícios, direta ou indiretamente, ainda que por intermédio de pessoa jurídica da qual seja sócio majoritário, pelo prazo não superior a 12 (doze) anos;
> III – na hipótese do art. 11 desta Lei, pagamento de multa civil de até 24 (vinte e quatro) vezes o valor da remuneração percebida pelo agente e proibição de contratar com o poder público ou de receber benefícios ou incentivos fiscais ou creditícios, direta ou indiretamente, ainda que por intermédio de pessoa jurídica da qual seja sócio majoritário, pelo prazo não superior a 4 (quatro) anos;
> IV – (revogado).
> Parágrafo único. (Revogado).
> § 1.º A sanção de perda da função pública, nas hipóteses dos incisos I e II do caput deste artigo, atinge apenas o vínculo de mesma qualidade e natureza que o agente

público ou político detinha com o poder público na época do cometimento da infração, podendo o magistrado, na hipótese do inciso I do *caput* deste artigo, e em caráter excepcional, estendê-la aos demais vínculos, consideradas as circunstâncias do caso e a gravidade da infração.

§ 2.º A multa pode ser aumentada até o dobro, se o juiz considerar que, em virtude da situação econômica do réu, o valor calculado na forma dos incisos I, II e III do *caput* deste artigo é ineficaz para reprovação e prevenção do ato de improbidade.

§ 3.º Na responsabilização da pessoa jurídica, deverão ser considerados os efeitos econômicos e sociais das sanções, de modo a viabilizar a manutenção de suas atividades.

§ 4.º Em caráter excepcional e por motivos relevantes devidamente justificados, a sanção de proibição de contratação com o poder público pode extrapolar o ente público lesado pelo ato de improbidade, observados os impactos econômicos e sociais das sanções, de forma a preservar a função social da pessoa jurídica, conforme disposto no § 3.º deste artigo.

§ 5.º No caso de atos de menor ofensa aos bens jurídicos tutelados por esta Lei, a sanção limitar-se-á à aplicação de multa, sem prejuízo do ressarcimento do dano e da perda dos valores obtidos, quando for o caso, nos termos do *caput* deste artigo.

§ 6.º Se ocorrer lesão ao patrimônio público, a reparação do dano a que se refere esta Lei deverá deduzir o ressarcimento ocorrido nas instâncias criminal, civil e administrativa que tiver por objeto os mesmos fatos.

§ 7.º As sanções aplicadas a pessoas jurídicas com base nesta Lei e na Lei n. 12.846, de 1.º de agosto de 2013, deverão observar o princípio constitucional do *non bis in idem*;

§ 8.º A sanção de proibição de contratação com o poder público deverá constar do Cadastro Nacional de Empresas Inidôneas e Suspensas (CEIS) de que trata a Lei n. 12.846, de 1.º de agosto de 2013, observadas as limitações territoriais contidas em decisão judicial, conforme disposto no § 4.º deste artigo.

§ 9.º As sanções previstas neste artigo somente poderão ser executadas após o trânsito em julgado da sentença condenatória.

§ 10. Para efeitos de contagem do prazo da sanção de suspensão dos direitos políticos, computar-se-á retroativamente o intervalo de tempo entre a decisão colegiada e o trânsito em julgado da sentença condenatória.

Como se pode perceber, as mudanças foram extensas. Elaboramos 2 quadros para que você compare e compreenda melhor:

SANÇÕES SEGUNDO A REDAÇÃO ORIGINAL DO ART. 12 DA LEI N. 8.429/92						
	Suspensão dos direitos políticos	Multa civil	Proibição de contratar	Perda da função	Ressarcimento ao erário	Perda dos bens ilícitos
Art. 9.º	8 a 10 anos	3x o acréscimo	10 anos	Sim	Sim	Sim
Art. 10	5 a 8 anos	2x o dano	5 anos	Sim	Sim	Sim
Art. 10-A	5 a 8 anos	3x o benefício	Não se aplica	Sim	Sim	Não se aplica
Art. 11	3 a 5 anos	100x a remuneração	3 anos	Sim	Sim	Não se aplica

SANÇÕES SEGUNDO A REDAÇÃO DO ART. 12 DADA PELA LEI N. 14.230/2021						
	Suspensão dos direitos políticos	Multa civil	Proibição de contratar	Perda da função	Ressarcimento ao erário	Perda dos bens ilícitos
Art. 9.º (enriquecimento ilícito)	Até 14 anos	Valor do acréscimo patrimonial	Até 14 anos	Sim	Sim	**DEVE** ser aplicada
Art. 10 (lesão ao erário)	Até 12 anos	Valor do dano	Até 12 anos	Sim	Sim	**PODE** ser aplicada
Art. 11 (atentado contra princípios da Administração)	Não se aplica	24x a remuneração	Até 4 anos	Não se aplica	Não se aplica	Não se aplica

- Veja que, em regra, a sanção de perda da função pública atinge apenas o **vínculo de mesma qualidade e natureza que o agente público ou político detinha com o Poder Público na época do cometimento da infração**. Em caso de enriquecimento ilícito, pode o magistrado, **em caráter excepcional, estender a sanção aos demais vínculos**, consideradas as circunstâncias do caso e a gravidade da infração.

CURIOSIDADE

Esse tópico é interessante porque, anteriormente, existia divergência nos tribunais superiores, acerca de qual função a expressão "perda da função pública" estaria se referindo: àquela ocupada pelo agente à época dos fatos ou ao cargo ocupado atualmente?

A 1.ª turma do STJ possuía entendimento segundo o qual a sanção da perda do cargo público prevista entre aquelas do art. 12 da Lei n. 8.429/92 não está relacionada ao cargo ocupado pelo agente ímprobo ao tempo do trânsito em julgado da sentença condenatória, mas sim àquele (cargo) que serviu de instrumento para a prática da conduta ilícita (REsp 1.766.149/RJ, Rel. Min. Regina Helena Costa, Rel. p/ Acórdão Min. Gurgel de Faria, Primeira Turma, j. 8-11-2018, *DJe* 4-2-2019).

Já a 2.ª turma possuía entendimento segundo o qual a sanção de perda da função pública visa a extirpar da Administração Pública aquele que exibiu inidoneidade (ou inabilitação) moral e desvio ético para o exercício da função pública, abrangendo qualquer atividade que o agente esteja exercendo ao tempo da condenação irrecorrível (REsp 1.297.021/PR, Rel. Min. Eliana Calmon, Segunda Turma, j. 12-11-2013, *DJe* 20-11-2013).

Com a nova redação do art. 12, § 1.º, a discussão foi – em tese – dirimida, pois ficou expressamente determinado que a sanção de perda da função pública atinge apenas o vínculo de mesma qualidade e natureza que o agente público ou político detinha com o poder público na época do cometimento da infração. Em caso de enriquecimento ilícito, somente, o magistrado pode, em caráter excepcional, estender a sanção aos demais vínculos, consideradas as circunstâncias do caso e a gravidade da infração.

Nos autos da Medida Cautelar na ADI 7.236/DF, em decisão datada de 27-12-2022, o Ministro Alexandre de Moraes deferiu medida liminar para suspender a eficácia do art. 12, §§ 1.º e 10, da Lei n. 8.429/92.

Para o Ministro, o dispositivo que prevê que a perda da função pública atinge apenas o vínculo de mesma qualidade e natureza do agente com o poder público no momento da prática do ato. No entendimento do relator, a defesa da probidade administrativa impõe a perda da função pública independentemente do cargo ocupado no momento da condenação.

Já quanto ao § 10 que estabelece que, na contagem do prazo de suspensão dos direitos políticos, o intervalo entre a decisão colegiada e o trânsito em julgado da sentença condenatória deve ser computado retroativamente, o Ministro Relator entendeu que os efeitos dessa alteração podem afetar a inelegibilidade prevista na Lei de Inelegibilidade (Lei Complementar n. 64/90), razão pela qual também determinou a suspensão do dispositivo.

- No tocante à *sanção de multa civil*, esta **pode ser aumentada até o dobro,** se o juiz considerar que, em virtude da situação econômica do réu, o valor calculado é ineficaz para reprovação e prevenção do ato de improbidade.

- Já a *sanção de proibição de contratar com o Poder Público*, em regra, se restringe ao ente público lesado. **Apenas em casos excepcionais e por motivos relevantes devidamente justificados, a proibição poderá extrapolar o ente público lesado** pelo ato de improbidade, observados os impactos econômicos e sociais das sanções, de forma a preservar a função social da pessoa jurídica.

- Ademais, essa sanção deverá constar do Cadastro Nacional de Empresas Inidôneas e Suspensas (CEIS) de que trata a Lei n. 12.846/2013, observadas as limitações territoriais contidas na decisão judicial.

- No caso da *sanção de ressarcimento*, a reparação do dano deverá **deduzir o ressarcimento ocorrido nas instâncias criminal, civil e administrativa** que tiver por objeto os mesmos fatos.

Acerca da sanção de ressarcimento ao erário, o STJ fixou duas importantes teses na Edição n. 187 da sua Jurisprudência em teses, que reforçam a independência e possibilidade de cumulação com as demais sanções:

> 10) Eventual ressarcimento ou restituição dos bens à administração pública não afasta a prática de ato de improbidade administrativa, pois tal recomposição não implica anistia ou exclusão deste ato.
>
> 11) Caracterizada a improbidade administrativa por dano ao erário, a devolução dos valores é imperiosa e deve vir acompanhada de pelo menos uma das sanções legais que visam a reprimir a conduta ímproba, pois o ressarcimento não constitui penalidade propriamente dita, mas sim consequência imediata e necessária do prejuízo causado.

- Sobre a **sanção de suspensão dos direitos políticos**, para efeitos de contagem do prazo da sanção **computar-se-á retroativamente o intervalo de tempo entre a decisão colegiada e o trânsito em julgado da sentença** condenatória.
- Conforme art. 18-A, parágrafo único, as **sanções de suspensão de direitos políticos e de proibição de contratar** ou de receber incentivos fiscais ou creditícios do Poder Público observarão o **limite máximo de 20 anos.**

Na responsabilização da pessoa jurídica, o magistrado deve considerar os efeitos econômicos e sociais das sanções, para que estas não venham a inviabilizar a manutenção de suas atividades.

Além disso, como já citamos, as sanções devem observar o princípio constitucional do *non bis in idem*.

11.1 Improbidade de "menor valor ofensivo"

A Lei n. 14.230/2021 incluiu no § 5.º do art. 12 a chamada improbidade de menor valor ofensivo.

Assim, se for caso de ato que gere menor ofensa aos bens jurídicos tutelados pela Lei n. 8.429/92, **a sanção ficará limitada à aplicação de multa**, sem prejuízo do ressarcimento do dano e da perda dos valores obtidos, quando for o caso.

11.2 Aplicação das sanções

Nos termos do *caput* do art. 12, poderá o magistrado aplicar as sanções previstas de forma **isolada ou cumulada, de acordo com a gravidade do fato.** Assim já era o entendimento do STJ:

> 1. Esta Corte Superior possui entendimento de que é possível a aplicação cumulativa das sanções previstas no art. 12 da Lei n. 8.429/1992 observados os princípios da razoabilidade e proporcionalidade, o que ocorreu no caso. (...) (STJ, AgInt no REsp 1.386.409/SP, Rel. Min. Og Fernandes, Segunda Turma, j. 15-3-2018, *DJe* 21-3-2018.

Assim, um ato de improbidade administrativa sem grande relevância não pode ser punido da mesma forma que um ato que tenha causado grande dano ao erário e, ainda, onde o autor tenha enriquecido de forma ilícita. Igualar as duas condutas seria dar tratamento igual a casos distintos, numa clara violação aos princípios da isonomia e da proporcionalidade.

O magistrado, portanto, não está obrigado a aplicar todas as sanções previstas na norma, podendo escolher quais as penalidades que se amoldam ao caso concreto.

Veja também que **não há mais que se falar em período mínimo de aplicação das sanções**. Antes, a Lei n. 8.429/92 determinava que a suspensão dos direitos políticos se daria *de 8 a 10 anos*, em caso de enriquecimento ilícito; *de 5 a 8 anos*, em caso de lesão ao erário; e *de 3 a 5 anos* em caso de ato que atenta contra princípios da Administração.

É certo que a Lei n. 14.230/2021 aumentou a previsão máxima nos casos dos arts. 9.º e 10 para, respectivamente, **"até 14 anos" e "até 12 anos"**; no entanto, não há mais previsão mínima, o que pode ocasionar, a depender do magistrado e do caso, uma duração da pena menor que antes. Além disso, no caso do art. 11, não há mais previsão da sanção de suspensão de direitos políticos.

O mesmo correu quanto à sanção de proibição de contratar com o Poder Público. Anteriormente, a duração era fixa: *10 anos* para os atos do art. 9.º; *5 anos* para os atos do art. 10; e *3 anos* para os atos do art. 11.

Agora, com a Lei n. 14.230/2021, esses valores passaram para **"até 14 anos"**, **"até 12 anos", e "até 4 anos"**, respectivamente. Novamente, não há valor determinado ou limiar mínimo, o que significa dizer que a sanção pode ser aplicada por duração bem abaixo de antes.

O Superior Tribunal de Justiça possui entendimento de que as penalidades aplicadas em decorrência da prática de atos de improbidade administrativa podem ser revistas em recurso especial desde que esteja patente a violação aos princípios da proporcionalidade e da razoabilidade, não encontrando óbice na Súmula 7 (reexame de provas):

> 2. No que tange ao dissídio invocado em relação ao REsp 1.130.198/RR, comprovada a divergência jurisprudencial; **é possível, em sede de Recurso Especial, a revisão**

das sanções impostas por improbidade administrativa, desde que violados os princípios da proporcionalidade e razoabilidade.

3. *In casu*, contudo, não restou demonstrada a suposta violação ao art. 12 da Lei n. 8.429/92, uma vez que o Tribunal *a quo* aplicou, de forma fundamentada, tão somente a penalidade de multa civil, considerando, para isso, as peculiaridades do caso concreto; a reprimenda imposta se mostra, portanto, adequada e suficiente, diante das especificidades analisadas pela Corte de origem. (...) (EREsp 1.215.121/RS, Rel. Min. Napoleão Nunes Maia Filho, Primeira Seção, j. 14-8-2014, *DJe* 1.º-9-2014).

Ressalte-se que no caso de a sentença determinar a reparação de dano, **o pagamento do respectivo valor havido ilicitamente será revertido em favor da própria pessoa jurídica prejudicada pelo ato ilícito**, se se tratar de atos que gerem enriquecimento ilícito ou lesão ao erário (arts. 9.º e 10):

> Art. 18. A sentença que julgar procedente a ação fundada nos arts. 9.º e 10 desta Lei condenará ao ressarcimento dos danos e à perda ou à reversão dos bens e valores ilicitamente adquiridos, conforme o caso, em favor da pessoa jurídica prejudicada pelo ilícito.

Além disso, a aplicação das sanções previstas na Lei n. 8.429/92 **independe da efetiva ocorrência de dano ao patrimônio público**, salvo quanto à pena de ressarcimento e às condutas previstas no art. 10 da Lei.

Também **independe da aprovação ou rejeição das contas pelo órgão de controle interno ou pelo Tribunal ou Conselho de Contas**; no entanto, os atos dos órgãos de controle interno ou externo, bem como as provas produzidas perante eles, devem ser considerados pelo juiz na formação de sua convicção.

Veja a redação do art. 21, bastante modificada pela Lei n. 14.230/2021:

> Art. 21. A aplicação das sanções previstas nesta Lei independe:
>
> I – da efetiva ocorrência de dano ao patrimônio público, salvo quanto à pena de ressarcimento e às condutas previstas no art. 10 desta Lei;
>
> II – da aprovação ou rejeição das contas pelo órgão de controle interno ou pelo Tribunal ou Conselho de Contas.
>
> § 1.º Os atos do órgão de controle interno ou externo serão considerados pelo juiz quando tiverem servido de fundamento para a conduta do agente público.
>
> § 2.º As provas produzidas perante os órgãos de controle e as correspondentes decisões deverão ser consideradas na formação da convicção do juiz, sem prejuízo da análise acerca do dolo na conduta do agente.
>
> § 3.º As sentenças civis e penais produzirão efeitos em relação à ação de improbidade quando concluírem pela inexistência da conduta ou pela negativa da autoria.

§ 4.º A absolvição criminal em ação que discuta os mesmos fatos, confirmada por decisão colegiada, impede o trâmite da ação da qual trata esta Lei, havendo comunicação com todos os fundamentos de absolvição previstos no art. 386 do Decreto-lei n. 3.689, de 3 de outubro de 1941 (Código de Processo Penal).

§ 5.º Sanções eventualmente aplicadas em outras esferas deverão ser compensadas com as sanções aplicadas nos termos desta Lei.

Nota-se que, se a sentença civil ou penal concluir pela **inexistência da conduta** ou pela **negativa da autoria**, produzirá efeitos em relação à ação de improbidade. E as **sanções aplicadas em outras esferas serão compensadas** com as sanções aplicadas pela Lei n. 8.429/92.

Destacamos, ainda o disposto no § 4.º do art. 21, pois em caso de decisão colegiada que absolva criminalmente o réu, em ação que discuta os mesmos fatos previstos na LIA, ficaria **impedido o trâmite da Ação de Improbidade Administrativa.**

Nos autos da Medida Cautelar na ADI 7.236/DF, em decisão datada de 27-12-2022, o Ministro Alexandre de Moraes deferiu medida liminar para suspender a eficácia do art. 21, § 4.º, da Lei n. 8.429/92.

Para o Ministro, a independência de instâncias exige tratamentos sancionatórios diferenciados entre os ilícitos em geral (civis, penais e político-administrativos) e os atos de improbidade administrativa.

Assim, suspensa a eficácia do dispositivo que estabelece que a absolvição criminal em ação que discuta os mesmos fatos, confirmada por decisão colegiada, impede o trâmite da ação por improbidade.

11.3 Execução das sanções

O § 9.º do art. 12, incluído pela Lei n. 14.230/2021, determina que as sanções dispostas na Lei n. 8.429/92 **somente poderão ser executadas após o trânsito em julgado da sentença condenatória**. É a mesma lógica da presunção de inocência.

Essa determinação vale para todas as sanções, pois a Lei n. 14.230/2021 não fez diferenciação no tocante às sanções. Anteriormente, apenas as sanções de perda da função pública e suspensão dos direitos políticos que exigiam o trânsito em julgado para serem aplicadas. Agora, todas elas exigem.

Como visto, a autoridade judicial competente também poderá, de acordo com art. 20, §§ 1.º e 2.º (cujas redações foram dadas pela Lei n. 14.230/2021), determinar o **afastamento do agente público do exercício do cargo, do emprego ou da função, por até 90 (noventa) dias, prorrogáveis uma única vez por igual prazo**, mediante decisão motivada sem prejuízo da remuneração, em caso de:

- a medida ser necessária à instrução processual;
- ou para evitar a iminente prática de novos ilícitos.

12. PRESCRIÇÃO

As sanções previstas na Lei n. 8.429/92 estão elencadas no art. 12, acima analisado. Dentre as penalidades previstas, estão a perda de bens ou valores, proibição de contratar com a Administração Pública, aplicação de multa e ressarcimento ao erário, dentre outras.

Em tese, a pena de ressarcimento ao erário seria imprescritível, por força do § 5.º do art. 37 da CF:

> CF
>
> Art. 37. (...)
>
> § 5.º A lei estabelecerá os prazos de prescrição para ilícitos praticados por qualquer agente, servidor ou não, que causem prejuízos ao erário, ressalvadas as respectivas ações de ressarcimento.

Este sempre foi o entendimento dominante na doutrina e jurisprudência pátrias: as penalidades da Lei de Improbidade Administrativa prescrevem segundo o art. 23 e a penalidade de ressarcimento ao erário seria imprescritível, conforme art. 37, § 5.º, da CF.

Ocorre que o Supremo Tribunal Federal veio sendo reiteradamente provocado quanto aos limites da interpretação do § 5.º desse art. 37 da Constituição.

Inicialmente, o STF pacificou o entendimento de que **seria prescritível a ação de reparação de danos à Fazenda Pública decorrente de ilícito civil.** Dito de outro modo, se o Poder Público sofreu um dano ao erário decorrente de um ilícito civil e deseja ser ressarcido, ele deverá ajuizar a ação no prazo prescricional previsto em lei, inexistindo razão para se defender a imprescritibilidade (STF, Plenário, RE 669.069/MG, Rel. Min. Teori Zavascki, j. 3-2-2016).

Porém, em julgado de agosto de 2018, o Supremo Tribunal Federal entendeu, por 6 votos a 5, que eram **imprescritíveis as *ações de ressarcimento* envolvendo atos de improbidade administrativa praticados DOLOSAMENTE.**

> São imprescritíveis as ações de ressarcimento ao erário fundadas na prática de ato doloso tipificado na Lei de Improbidade Administrativa (STF, Plenário, RE 852.475/SP, Rel. orig. Min. Alexandre de Moraes, Rel. para acórdão Min. Edson Fachin, j. 8-8-2018, Info 910).

A intenção aqui era diferenciar os atos de improbidade cometidos em modalidade culposa (os quais deveriam seguir o prazo prescricional determinado na LIA), dos atos praticados em modalidade dolosa (os quais seriam imprescritíveis).

> Com o advento da Lei n. 14.230/2021, extinguiu-se, como já vimos no decorrer do capítulo, a modalidade culposa. Como, atualmente, os atos de improbidade administrativa só podem ser praticados de forma dolosa, pode-se dizer que todas as ações de ressarcimento envolvendo atos de improbidade administrativa são imprescritíveis.

Ação de reparação de danos à Fazenda Pública decorrentes de ilícito civil	PRESCRITÍVEL (STF, RE 669.069/MG)
Ação de ressarcimento decorrente de ato de improbidade administrativa (atualmente, só existe a modalidade dolosa)	IMPRESCRITÍVEL (§ 5.º do art. 37 da CF)

Quanto ao prazo prescricional da ação de improbidade administrativa em si, anteriormente, esse era de 5 anos, contados do término do exercício do mandato, do cargo em comissão ou da função de confiança. Com a publicação da Lei n. 14.230/2021, **o prazo prescricional foi aumentado para 8 anos, contados da prática do ato.** Veja a nova redação do art. 23:

> Art. 23. A ação para a aplicação das sanções previstas nesta Lei prescreve em 8 (oito) anos, contados a partir da ocorrência do fato ou, no caso de infrações permanentes, do dia em que cessou a permanência.

Sobre a **suspensão do prazo**, tem-se que a instauração de inquérito civil ou de processo administrativo para apuração ato de improbidade suspende o curso do prazo prescricional por, **no máximo, 180 dias corridos.** A contagem recomeça a correr após a conclusão do inquérito ou, caso este não seja concluído, esgotado o prazo de suspensão.

O mencionado inquérito será concluído no prazo de 365 dias corridos, prorrogável uma única vez por igual período, mediante ato fundamentado submetido à revisão da instância competente do órgão ministerial, conforme dispuser a respectiva lei orgânica. Encerrado esse prazo, a ação deverá ser proposta no prazo de 30 (trinta) dias, se não for caso de arquivamento do inquérito civil.

Sobre a **interrupção do prazo**, podemos dizer que ocorre em, basicamente, 3 hipóteses, conforme art. 23, § 4.º, da Lei n. 8.429/92:

- pelo ajuizamento da ação de improbidade administrativa;
- pela publicação de sentença condenatória;
- pela publicação de decisão ou acórdão de Tribunal (TJ, TRF, STJ, STF) que confirme a sentença/acórdão condenatório ou que reforme sentença/acórdão de improcedência.

Observe que o simples ajuizamento da ação dentro do prazo previsto em lei já interrompe a prescrição da pretensão condenatória, ainda que a citação do réu seja efetivada após esse prazo. Assim, se a ação de improbidade foi ajuizada dentro do prazo prescricional, eventual demora na citação do réu não prejudica a pretensão condenatória da parte autora. Essa é também a posição do STJ.

Veja também o que determina os §§ 5.º e 8.º:

> Art. 23. (...)
>
> § 5.º Interrompida a prescrição, o prazo recomeça a correr do dia da interrupção, pela metade do prazo previsto no *caput* deste artigo.
>
> (...)
>
> § 8.º O juiz ou o tribunal, depois de ouvido o Ministério Público, deverá, de ofício ou a requerimento da parte interessada, reconhecer a prescrição intercorrente da pretensão sancionadora e decretá-la de imediato, caso, entre os marcos interruptivos referidos no § 4.º, transcorra o prazo previsto no § 5.º deste artigo.

Portanto, pode-se dizer que, com o advento da Lei n. 14.230/2021, **há prescrição intercorrente na ação de improbidade administrativa.**

Ademais, tanto a suspensão quanto a interrupção da prescrição produzem efeitos relativamente a todos os que concorreram para a prática do ato de improbidade. Inclusive, nos atos de improbidade conexos que sejam objeto do mesmo processo, a suspensão e a interrupção relativas a qualquer deles estendem-se aos demais.

E qual é o prazo prescricional aplicável aos terceiros?

De acordo com o entendimento pacífico do STJ em consonância com a doutrina majoritária, o prazo prescricional será analisado da mesma forma que o prazo aplicável ao agente público que tenha atuado em conluio com o terceiro. Como a Lei n. 14.230/2021 foi silente quanto a esse tópico, **acreditamos que o entendimento se mantém.**

Súmula 634 do STJ: Ao particular aplica-se o mesmo regime prescricional previsto na Lei de Improbidade Administrativa para o agente público.

Por fim, ressalte-se que, na forma do art. 23-A, incluído pela Lei n. 14.230/2021, é dever do Poder Público oferecer contínua capacitação aos agentes públicos e políticos que atuem com prevenção ou repressão de atos de improbidade administrativa.

Em caso de atos que ensejem enriquecimento ilícito, perda patrimonial, desvio, apropriação, malbaratamento ou dilapidação de recursos públicos dos **partidos políticos, ou de suas fundações**, serão responsabilizados nos termos da Lei n. 9.096/95.

ATENÇÃO!

De acordo com o Supremo Tribunal, o novo regime prescricional previsto na Lei n. 14.230/2021 é irretroativo, aplicando-se os novos marcos temporais a partir da publicação da lei (STF, Plenário, ARE 843.989, Rel. Min. Alexandre de Moraes, j. 18-8-2022, Repercussão Geral, Tema 1199).

REFERÊNCIAS

ALEXANDRE, Ricardo. *Direito administrativo*. 3. ed. Rio de Janeiro: Forense, 2017.

ALEXANDRINO, Marcelo; PAULO, Vicente. *Direito administrativo descomplicado*. 26. ed. São Paulo: GEN, 2018.

ANDRADE, Adriano; MASSON, Cleber; ANDRADE, Landolfo. *Interesses difusos e coletivos*. 10. ed. Rio de Janeiro: Forense; São Paulo: Método, 2020.

ATALIBA, Geraldo. Decreto regulamentar no sistema brasileiro. *Revista de Direito Administrativo*, n. 97, p. 21-33, 1969. Disponível em: <http://bibliotecadigital.fgv.br/ojs/index.php/rda/article/view/32548/31364>. Acesso em: 14 out. 2022.

BANDEIRA DE MELLO, Celso Antônio. *Curso de direito administrativo*. 27. ed. São Paulo: Malheiros, 2010.

BARROS, Guilherme Freire de Melo. *Poder público em juízo para concursos*. 5. ed. Salvador: JusPodivm, 2015.

CARVALHO FILHO, José dos Santos. *Comentários ao Estatuto das Cidades*. 5. ed. São Paulo: Atlas, 2013.

_____. *Manual de direito administrativo*. 31. ed. São Paulo: Atlas, 2017.

CAVALCANTE, Márcio André Lopes. Buscador Dizer o Direito. Manaus: [s.n.], [s.d.]. Disponível em: https://www.buscadordizerodireito.com.br/jurisprudencia/detalhes/a3a51080d3fcd1adab3a-44996fd6b977. Acesso em: 07 maio 2024.

CAVALCANTE, Márcio André Lopes. Buscador Dizer o Direito. Manaus: [s.n.], [s.d.]. Disponível em: https://www.buscadordizerodireito.com.br/jurisprudencia/detalhes/0079e3e6d496ad07cee7fd63d3d7c9b2. Acesso em: 02 out. 2024.

CAVALCANTE, Márcio André Lopes. *Súmulas do STF e STJ anotadas e comentadas por assunto*. 4. ed., rev., atual. e ampl. Salvador: JusPodivm, 2018.

CORREIA, Henrique. *Direito do trabalho*. 3. ed. Salvador: JusPodivm, 2016.

CRETELLA JÚNIOR, José. *Lições de direito administrativo*. São Paulo: J. Bushatsky, 1970.

CUNHA, Leonardo Carneiro da. *A fazenda pública em juízo*. 15. ed. Rio de Janeiro: Forense, 2018.

DECOMAIN, Pedro Roberto. *Improbidade administrativa*. São Paulo: Dialética. 2007.

DI PIETRO, Maria Sylvia Zanella. *Direito administrativo*. São Paulo: Atlas, 2018.

FONTELES, Samuel Sales. *Remédios constitucionais para concursos*. 2. ed. Salvador: JusPodivm, 2015.

JUSTEN FILHO, Marçal. *Comentários à Lei de Licitações e Contratos Administrativos:* Lei 8.666/1993. 3. ed. São Paulo: Thomson Reuters Brasil, 2019 [livro eletrônico].

_____. *Comentários à Lei de Licitações e Contratos Administrativos*. 11. ed. São Paulo: Dialética, 2007.

_____. *Comentários à Lei de Licitações e Contratos Administrativos*. 16. edição. Revista dos Tribunais, 2014.

_____. *Reforma da Lei de Improbidade Administrativa:* Lei n. 14.230 comparada e comentada. Rio de Janeiro: Forense, 2021.

LENZA, Pedro. *Direito constitucional esquematizado*. 19. ed. São Paulo: Saraiva, 2015.

LOUBAK, Isabela. O Procedimento de Manifestação de Interesse (PMI) e suas recentes alterações. Disponível em: <https://www.migalhas.com.br/depeso/318275/o-procedimento-de-manifestacao-de-interesse--pmi--e-suas-recentes-alteracoes>. Acesso em: 14 out. 2022.

MAFFINI, Rafael. Administração pública dialógica (proteção procedimental da confiança) em torno da Súmula Vinculante n. 3, do Supremo Tribunal Federal. *Revista de Direito Administrativo*, Rio de Janeiro, n. 253, jan./abr. 2010, p. 161.

MARINELA, Fernanda. *Direito administrativo*. 11. ed. São Paulo: Saraiva, 2017.

MAZZA, Alexandre. *Manual de direito administrativo*. 12 ed. São Paulo: SaraivaJur, 2022.

MEIRELLES, Hely Lopes. *Direito administrativo brasileiro*. 28. ed. São Paulo: Malheiros, 2003.

MENDES, Gilmar Ferreira. *Curso de direito constitucional*. 13. ed. São Paulo: Saraiva Educação, 2018.

MIRÓ, Mirela. A obrigatoriedade da implementação de programa de integridade nas contratações de grande vulto à luz do artigo 25, parágrafo 4.º, do Projeto de Lei n. 1.292/95. *Observatório da nova Lei de Licitações (ONLL)*. Disponível em: <http://www.novaleilicitacao.com.br/2020/01/13/nova-lei-de-licitacao-exige-programa-de-integridade-as-empresas-licitantes/>. Acesso em: 8 jan. 2021.

NUNES JUNIOR, Flávio Martins Alves. *Curso de direito constitucional*. 2. ed. São Paulo: Revista dos Tribunais, 2018.

OLIVEIRA, Rafael Carvalho Rezende. *Curso de direito administrativo*. 9. ed. Rio de Janeiro: Forense/Método, 2021.

OLIVEIRA, Rafael Sergio de. 10 tópicos mais relevantes do projeto da nova Lei de Licitação e Contrato. Disponível em: <http://www.novaleilicitacao.com.br/2020/12/18/10-topicos-mais-relevantes-do-projeto-da-nova-lei-de-licitacao-e-contrato/>. Acesso em: 11 jan. 2023.

OSÓRIO, Fábio Medina. *Direito administrativo sancionador*. 8. ed. São Paulo: Revista dos Tribunais, 2022.

RAMOS, André de Carvalho. *Curso de direitos humanos*. 8. ed. São Paulo: Saraiva, 2021.

RIBEIRO, Maurício Portugal. *Concessões e PPP's:* melhores práticas em licitações e contratos. São Paulo: Atlas, 2011.

SCAFF, Fernando Facury. O uso de precatórios para pagamento de tributos. In: ROCHA, Valdir de Oliveira (Coord.). *Grandes questões atuais de direito tributário*. São Paulo: Dialética, 2009. v. 13.

SILVA, José Afonso da. *Direito urbanístico brasileiro*. 7. ed. São Paulo: Malheiros Editores, 2015.

TORRES, Ronny Charles Lopes de. *Leis de Licitações Públicas comentadas*. Salvador: JusPodivm, 2019.